L'Année balzacienne
2023

Quatrième série

4

L'ANNÉE BALZACIENNE
QUATRIÈME SÉRIE

Directeur de la publication	Bernard Gendrel.
Rédacteur en chef	Mireille Labouret.
Secrétaire	Isabelle Mimouni.
Comité de Rédaction	Patrick Berthier, Thierry Bodin, Régine Borderie, José-Luis Diaz, Danielle Dupuis, Jacques-David Ebguy, Owen Heathcote, Willi Jung, Alex Lascar, Michel Lichtlé, Arlette Michel, Nicole Mozet, Nathalie Preiss, Stéphane Vachon, André Vanoncini.

L'Année balzacienne, fondée en 1959, est publiée par le *Groupe d'Études balzaciennes*. Elle paraît en un volume chaque année.

Pour recevoir la revue :

Le service de *L'Année balzacienne* est assuré gratuitement à tous les adhérents au *Groupe d'Études balzaciennes*. Pour devenir adhérent ou renouveler l'adhésion, il suffit d'adresser à son trésorier, M. Alex Lascar, 22, avenue Lavoisier, 78600 Maisons-Laffitte, un chèque libellé au nom du *Groupe d'Études balzaciennes* et correspondant au montant de la cotisation, fixée pour 2023 à 40 € (étranger 43 €).

Pour les étudiants, ce montant est réduit à 20 € (joindre une attestation d'inscription).

Pour proposer un article :

Les articles proposés, qui ne doivent pas dépasser l'étendue de 30 000 signes, doivent être envoyés à la revue avant le 15 janvier à l'adresse électronique : lanneebalzacienne@gmail.com.

Une version sur papier sera par ailleurs adressée pour la même date à M. Pierre Séjournant, 28 avenue Léonard de Vinci, 92400 Courbevoie.

L'article proposé sera assorti d'un résumé en français et en anglais. Les textes non insérés ne sont pas rendus.

Pour adresser à la revue un ouvrage en vue d'un compte rendu :

Les volumes envoyés pour compte rendu doivent être adressés à *L'Année balzacienne*, c/o Mme Régine Borderie, 3 passage Foubert, 75013 Paris (France), accompagnés de la mention « Groupe d'Études balzaciennes (pour compte rendu) ».

Vente Humensis / Presses Universitaires de France, Département des Revues, 170bis, boulevard du Montparnasse, 75014 Paris
Tél. 01 55 42 72 52

L'ANNÉE BALZACIENNE

2023

QUATRIÈME SÉRIE

4

puf

Liste des abréviations couramment utilisées
dans *L'Année balzacienne*

Lov.	Bibliothèque Lovenjoul. Exemple : *Lov.* A. 231, f° 19 v° = Bibliothèque Lovenjoul, armoire A, cote 231, folio 19 verso.
CH	*La Comédie humaine* de Balzac, publiée sous la direction de P.-G. Castex dans la « Bibliothèque de la Pléiade » en 12 vol. (1976-1981).
OD	*Œuvres diverses* de Balzac, publiées sous la direction de P.-G. Castex, coll. « Bibliothèque de la Pléiade », 2 vol. parus : t. I (1990) ; t. II (1996).
PR	*Premiers Romans* de Balzac, éd. A. Lorant, R. Laffont, coll. « Bouquins », 1999, 2 vol.
CHH	*Œuvres complètes* de Balzac [éd. M. Bardèche], Club de l'Honnête Homme, 28 vol. (1955-1963).
BO	*Œuvres complètes illustrées* de Balzac, édition inachevée, publiée sous la direction de Jean A. Ducourneau, Les Bibliophiles de l'Originale, 26 vol. (1965-1976).
Corr. Gar.	*Correspondance* de Balzac, éd. R. Pierrot, Garnier, 5 vol. (1960-1969).
Corr. Pl.	*Correspondance* de Balzac, éd. R. Pierrot et H. Yon, coll. « Bibliothèque de la Pléiade », I, II et III : t. I (1809-1835, 2006) ; t. II (1836-1841, 2011) ; t. III (1842-1850, 2017).
LHB	Balzac, *Lettres à Mme Hanska*, éd. R. Pierrot, R. Laffont, coll. « Bouquins », 1990, 2 vol.
AB et millésime	*L'Année balzacienne*, Garnier (1960-1982) ; Puf (1983→).

ISBN : 978-2-13-084322-1
ISSN : 0084-6473
Dépot Légal – novembre 2023
© Humensis / Presses Universitaires de France, 2023
170bis, boulevard du Montparnasse, 75014 Paris

SOMMAIRE

MÉMOIRE ET ACTUALITÉ DE LA CRITIQUE

BALZAC ET LES VOIES DE LA CRITIQUE

Thomas Conrad et Bernard Gendrel : Introduction 17

Voies et méthodes

Takayuki Kamada : La génétique balzacienne et la
   question de l'inachèvement 25
Bernard Gendrel : Balzac et les formalismes 43
Éric Bordas : Balzac : études de langue et de style (1850–
   2019) 63
Marie Scarpa : L'ethnocritique et/de Balzac. Les voies
   de la critique balzacienne et l'anthropologie de la litté-
   rature 89
Dominique Massonnaud : Souvent textes (de Balzac)
   varient. La production balzacienne et l'analyse tex-
   tuelle des discours 107
Owen Heathcote : Balzac et la critique féministe........... 127

Voix de la critique

José-Luis Diaz : Les « fils de Balzac » en campagne
   (1846–1862) 149

6 *Sommaire*

Tim Farrant : Balzac et la critique britannique, miroir de la création 1830-2023. 1re partie : 1830-1891 177

Philippe Dufour : Balzac, la forme et la force. Jean-Pierre Richard répond à Jacques Derrida 215

Andrea Del Lungo : Les repentirs de Barthes. De l'insolubilité de Balzac dans la *French Theory* 233

Gérard Gengembre : Le moment Barbéris 247

Maria Beliaeva Solomon : Constructions critiques d'un « Balzac 1830 » 261

MÉMOIRES DE DEUX JEUNES MARIÉES : APPROCHES CRITIQUES ET PÉDAGOGIQUES

Mireille Labouret : Introduction aux lectures de *Mémoires de deux jeunes mariées* 277

Antonia Maestrali : Des personnages-lecteurs aux élèves-lecteurs des *Mémoires de deux jeunes mariées* : lire pour guider sa vie ? 299

Cyrille Fabre-Lalbin : Du lieu à l'espace. Chemins de formation des personnages féminins dans *Mémoires de deux jeunes mariées* 317

Gérard Gengembre : *Mémoires de deux jeunes mariées* ou Bonald contredit par le romanesque 333

VARIÉTÉS

André Lorant : Balzac et les ambiguïtés. Une relecture des *Œuvres complètes de feu Horace de Saint-Aubin*, édition Souverain (1836-1839) (2de partie) 349

Thomas Welles Briggs : Balzac, l'Amérique et la transformation de la réalité 385

Guillaume Ménard : « Peindre la société moderne en action ». Une théorie de l'art : le tableau balzacien 405

Danielle Dupuis : Florina Ilis, *Le Livre des Nombres*. Une *Comédie humaine* roumaine 421

Jean-Jacques Gautier : Le château de *l'Héritière*. « comme les Dreux reparurent un jour en Brézé» 437

Sommaire 7

DOCUMENTATION

Revue critique :

Baron (Anne-Marie), *Balzac, spiritualiste d'aujourd'hui. Au-delà du bien et du mal*, Paris, Honoré Champion, 2022, 386 p. (André Vanoncini), 464. – Gleize (Joëlle), *Balzac ininterrompu*, Rennes, Presses Universitaires de Rennes, coll. « Interférences », 2023, 301 p. (Owen Heathcote), 465.

Revue bibliographique :

Julien Dimerman et Michel Lichtlé : *Bibliographie balzacienne (année 2021)*.. 467
Willi Jung, Jean-François Richer, Armine K Mortimer, Tim Farrant, Mariolina Bertini, Marco Stupazzoni, Takayasu Oya et Véra Milchina : *Balzac à l'étranger*..... 477

Informations et nouvelles.. 501
Résumés / Abstracts.. 511

TABLE OF CONTENTS

BALZAC AND THE PRACTICES OF CRITICISM

Thomas Conrad and Bernard Gendrel: Introduction 17

Critical Practices

Takayuki Kamada: Genetic Criticism and the Question of Incompletion 25
Bernard Gendrel: Balzac and Formalisms 43
Éric Bordas: Balzac. Linguistic and Stylistic Studies (1850-2022) 63
Maria Scarpa: Ethnocriticism and/in Balzac 89
Dominique Massonnaud: Common Textual Variants (in Balzac). The Work of Balzac and Discourse Analysis.. 107
Owen Heathcote: Balzac and Feminist Criticism 127

Critical Voices

José-Luis Diaz: Campaigning with the "Sons of Balzac" (1846-1862) 149
Tim Farrant: Balzac and British Criticism, Mirroring Creativity between 1830 and 2023. Part One: 1830-1891 177
Philippe Dufour: Balzac, Force and Form: Jean-Pierre Richard's Response to Jacques Derrida 215
Andrea Del Lungo: Barthes's Regrets. On Balzac's not being assimilable to French Theory 233

10 *Table of contents*

Gérard Gengembre: The Balzac of Pierre Barbéris......... 247
Maria Beliaeva Solomon: Critical Constructions of a
"Balzac of 1830".. 261

MÉMOIRES DE DEUX JEUNES MARIÉES : CRITICAL AND PEDAGOGICAL APPROACHES

Mireille Labouret: Introduction to the readings of
Mémoires de deux jeunes mariées.................................... 277
Antonia Maestrali: From the character-readers to the
pupil-readers of *Mémoires de deux jeunes mariées*: Rea-
ding as a Guide to Life.. 299
Cyril Fabre: From Place to Space: Paths of Development
in the Female Characters of *Mémoires de deux jeunes
mariées*.. 317
Gérard Gengembre: *Mémoires de deux jeunes mariées* or
Bonald at Odds with Fiction...................................... 333

VARIA

André Lorant: Balzac or Ambiguities: A Re-reading of
the *Œuvres complètes de feu Horace de Saint-Aubin*, édi-
tion Souverain (1836-1839) – Part Two 349
Thomas Welles Briggs: Balzac, America and the Trans-
formation of Reality 385
Guillaume Ménard: "Peindre la société moderne en
action". A Theory of Art: the tableau in Balzac......... 405
Danielle Dupuis: Florina Illis, *Le Livre des Nombres*: A
Romanian *Comédie humaine*...................................... 421
Jean-Jacques Gautier: The castle of *L'Héritière* II.
"Comme les Dreux reparurent en Brézé" 437

Table of contents 11

DOCUMENTATION

Reviews:

Baron (Anne-Marie), *Balzac, spiritualiste d'aujourd'hui. Au-delà du Bien et du Mal*, Paris, Honoré Champion, 2022, 386 p. (André Vanoncini) – Gleize (Joëlle), *Balzac ininterrompu*, Rennes, Presses universitaires de Rennes, "Interférences", 2023, 302 p. (Owen Heathcote).. 465

Bibliography :

Julien Dimerman and Michel Lichtlé: *Bibliography (Year 2021)*... 467
Willi Jung, Jean-François Richer, Armine Kotin Mortimer, Tim Farrant, Mariolina Bertini, Marco Stupazzoni, Takayasu Oya and Véra Milchina : *International Balzac*.. 477

News and Information... 501
Abstracts... 511

Mémoire et actualité de la critique

Balzac et les voies de la critique

INTRODUCTION

Chaque année, les pages de *L'Année balzacienne* témoignent de l'actualité de la recherche balzacienne, autrement dit de cette prolifération de discours critiques autour du texte balzacien, dont on ne saurait dire s'ils le dévoilent ou le recouvrent, et s'il faut y voir des plongées de plus en plus profondes dans la signification de l'œuvre ou des couches sédimentaires déposées au fil du temps sur quelque monument englouti dont elles redessinent les contours. C'est ce rapport entre la critique et l'œuvre qui fait l'objet de ce dossier, issu du colloque « Balzac et les voies de la critique », organisé à l'École normale supérieure, les 17 et 18 novembre 2022, avec le soutien d'ENS-PSL, de l'EUR Translitterae, de l'équipe LIS (UPEC) et du Groupe d'Études balzaciennes.

Quelle place occupe Balzac dans les débats de la critique, qu'elle soit passée ou présente ? Deux siècles après le compte rendu qui accueillit froidement en 1822 ses premiers romans de jeunesse, *L'Héritière de Birague* et *Jean-Louis*[1], quel regard peut-on avoir sur deux cents ans de critique balzacienne, sur deux cents ans de dialogue entre le texte balzacien et ses lecteurs ? Comment s'est mis en place ce dialogue, depuis les recensions dans la presse jusqu'au développement du discours

---

1. *Le Miroir*, n° 494, 1er juin 1822, cité par Roland Chollet, *L'Œuvre de Balzac en préfaces. Des romans de jeunesse au théâtre*, textes réunis par Marie-Bénédicte Diethelm et Nicole Mozet, Paris, Classiques Garnier, 2014, p. 35 (« Ceux qui aiment les mœurs de la borne et le style de l'échoppe, pourront peut-être rire un moment des aventures de la *Fille trouvée* »).

L'Année balzacienne 2023

universitaire qui nous est familier ? Comment la critique, l'histoire littéraire, la théorie du roman, ont-elles reconnu en Balzac une figure fondatrice et centrale du roman français ? Cela n'est pas allé sans débats houleux, dès l'article de Sainte-Beuve en 1834[2].

Autant dire que ce regard rétrospectif sur la critique balzacienne n'est pas un thème de commémoration ou un bilan des grandes approches théoriques : nous avons souhaité mener une réflexion métacritique sur le rapport entre l'œuvre et ses lecteurs. C'est la question de la relation entre le texte et le métatexte qui impose, en un sens, d'accorder à la critique une certaine primauté sur le texte qu'elle commente[3], dans la mesure où c'est ce commentaire qui contribue à créer le texte : à constituer sa cohérence et sa lisibilité, à lui conférer sa légitimité, à lui attribuer une place, à en interpréter le sens[4]. Ces procédures de légitimation (ou de contestation), de comparaison, d'évaluation et d'interprétation sont au centre des réflexions qui suivent.

On sait que *La Comédie humaine* se prête particulièrement à ces constructions critiques plurielles, et que l'histoire de la critique littéraire s'est jouée notamment dans ces appropriations successives de Balzac : y a-t-il un courant de la critique, depuis le XIXe siècle, qui n'ait créé « son » Balzac ? La « Nouvelle Critique » n'a pas délaissé cette œuvre sous prétexte qu'elle avait été célébrée par Taine ou par Lanson : elle s'est plu, au contraire, à la relire, en éclairant ses zones d'ombre ou en mettant au jour ses structures profondes. Dans ces mouvements de reprise et de renversement, se manifeste une certaine ductilité de l'œuvre vis-à-vis de ses actualisations possibles. Comme le rappelle plaisamment Franc Schuerewegen :

Balzac était visionnaire, nous l'avons fait réaliste, et c'était partir à la recherche d'un autre Balzac. Balzac était de droite, nous l'avons mis

2. Dans la série « Poètes et romanciers modernes de la France » (*Revue des deux mondes*, tome 4, 1834, p. 440-458). Voir « Balzac et Sainte-Beuve, ou de l'inimitié créatrice », Patrick Labarthe, *AB 2008*, p. 7-23.

3. Cerisuelo, Marc. « De la critique avant toute chose », *Nouvelle Revue d'esthétique*, vol. 27, n° 1, 2021, p. 5-10.

4. Voir Florian Pennanech, *Poétique de la critique littéraire. De la critique comme littérature*, Paris, Seuil, « Poétique », 2019.

Introduction 19

à gauche, et est réapparu l'autre Balzac. Balzac était lisible, nous l'avons fait scriptible, c'était encore une fois un autre Balzac. Balzac, c'était *La Comédie humaine* ; nous avons réédité les *Œuvres diverses*, nous avons découvert un autre Balzac [...] comme si nous ne savions pas, au plus profond de nous-mêmes, que ces transformations ne sont qu'un mirage dû aux manipulations que nous nous autorisons, et que nous tournons depuis toujours autour d'un objet où tout cela, toutes ces facettes sont présentes en même temps : *totum simul* [5].

Tour à tour biographique, positiviste, historique, traditionaliste, marxiste, psychanalytique, thématique, structuraliste, génétique, sociologique ou encore ethnologique, la critique balzacienne s'est sans cesse renouvelée – a sans cesse renouvelé Balzac. Pour un auteur qui affirme hautement ses prétentions à l'unité et à la cohérence de son œuvre, une telle prolifération de lectures contradictoires a quelque chose de paradoxal.

Il ne s'agit pas pour autant de tomber dans les facilités d'un relativisme critique aussi simpliste que le positivisme qu'il prétend réfuter. En étudiant sur pièces les opérations de la critique, ce dossier montre qu'il ne s'agit pas (ou pas toujours) d'appropriations arbitraires et de coups de force interprétatifs. Objectiver et historiciser les gestes critiques qui ont façonné et transformé notre vision de Balzac, c'est mesurer certes la pluralité du texte balzacien, mais aussi sa cohérence et sa résistance aux discours qui prétendent en livrer la clef ; c'est aussi constater, comme on le verra, les progrès dans la connaissance objective de l'œuvre, et la prise en compte croissante de sa complexité.

Les articles qui suivent explorent les voies et les voix de la critique, dans leur histoire tout autant que dans leur actualité.

Dès la fin du XIXe et le début du XXe siècle, deux grandes voies critiques se dégagent, l'une plus attentive à l'histoire des textes et de leurs éditions successives, l'autre plus attentive à leur forme. Takayuki Kamada propose ici une histoire de la génétique balzacienne, centrée sur la question de l'inachèvement, depuis les travaux du vicomte de Lovenjoul jusqu'à nos jours. Bernard Gendrel essaie, quant à lui, de tracer les grandes

---

5. Franc Schuerewegen, *Balzac, suite et fin*, Lyon, ENS Éditions, 2004, p. 16-17

lignes d'une approche formaliste de l'œuvre balzacienne, en soulignant bien que le formalisme est multiple et ne peut se réduire au seul structuralisme. Liée à la fois à la génétique et au formalisme, la stylistique balzacienne a son histoire, marquée par ses propres scansions et changements de paradigmes, que retrace ici Éric Bordas, de la critique journalistique des années 1850 jusqu'à aujourd'hui. Parmi les voies critiques contemporaines, trois se détachent particulièrement : l'ethnocritique, dont le solide bilan balzacien, qui n'est peut-être pas son versant le plus connu, est présenté par Marie Scarpa ; l'analyse de discours, ici commentée par Dominique Massonnaud, et devenue, par la prise en compte de la « poétique du support » un axe majeur de la critique dix-neuviémiste ; la critique féministe enfin, qu'Owen Heathcote analyse en traçant la figure d'un Balzac résolument contemporain des problématiques de notre société.

La critique, ce sont des *voies* diverses mais aussi des *voix* fortes qui se sont imposées dans le débat d'idées. Les contributions rassemblées en retracent les apports, ou les revirements, successifs, depuis les premiers lecteurs, dès la fin des années 1840 : José-Luis Diaz documente ici les efforts déployés par cette première génération mal connue pour légitimer durablement l'œuvre de Balzac dans le paysage littéraire. Cette première salve, relevant encore de la critique mondaine, précède la fameuse étude de Taine, qui joua le rôle considérable que l'on sait. On connaît sans doute moins l'impact de sa traduction en anglais : Tim Farrant en montre l'importance sur l'évolution de la critique balzacienne anglaise au XIXe siècle, qu'il présente dans un article tout à fait panoramique, des premiers comptes rendus journalistiques jusqu'aux écrits d'Oscar Wilde (une seconde partie, consacrée au XXe siècle, suivra dans *L'Année balzacienne 2024*). Au passage, notons l'importance des lieux de la critique (journaux, revues, institutions, groupes de recherche), qui pourraient faire l'objet d'études complémentaires pour documenter les clivages et les dynamiques de la critique universitaire au XXe siècle.

Toutes les *voix* de la critique balzacienne du XXe siècle ne sont certes pas représentées dans ce dossier, et l'on peut

Introduction 21

évidemment dresser la liste des absents (Auerbach, Alain, E. R. Curtius, Albert Béguin, Michel Butor, Claude Duchet, etc.). C'est le début des années 1970 qui a retenu l'attention de nos contributeurs, moment capital en effet où se croisent des lectures mémorables, dont la cohérence n'est pas toujours sans tension ni contradiction. Andrea Del Lungo met en évidence les hésitations de Barthes sur la figure de l'auteur autour de *S/Z* (1970). Philippe Dufour lit dans « Corps et décors balzaciens » de Jean-Pierre Richard (*Études sur le romantisme*, 1970) une réponse à Derrida, permettant de mieux situer, à l'horizon, les héritages critiques de Jean Rousset et de Georges Poulet. C'est encore en 1970 que commence avec *Balzac et le mal du siècle* le travail de Pierre Barbéris, dont la voix magistrale, rappelle Gérard Gengembre, mêla puissamment prise de parti politique et documentation historique. Cette veine marxiste se prolonge d'ailleurs dans des lectures postmarxistes (Macherey, Rancière) qui seront étudiées par Jacques-David Ebguy dans le prochain volume de *L'Année balzacienne*. L'apport de Barbéris est également relevé par Maria Beliaeva Solomon, qui l'articule aux travaux de P.-G. Castex, de Roland Chollet et de José-Luis Diaz pour construire la figure d'un « Balzac 1830 ». On constate sur ce point l'importance croissante du Balzac des *Œuvres diverses* dans ce déplacement d'accent : c'est aussi la mise à disposition éditoriale des textes qui a progressivement transformé notre vision de Balzac.

Assurément, ce dossier ne suffit pas à clore un « bilan », d'autant plus qu'il vise à dessiner les pistes d'une critique contemporaine. D'autres « voies » se dessinent déjà, de nouvelles « voix » se font entendre, nous appelant à modifier nos approches de l'œuvre balzacienne – preuve que *La Comédie humaine* n'en finit pas de nous interpeller et de nous provoquer.

Thomas CONRAD ET Bernard GENDREL.

Voies et méthodes

LA GÉNÉTIQUE BALZACIENNE
ET LA QUESTION
DE L'INACHÈVEMENT

Pour l'œuvre littéraire, appréhendée comme un objet à valeur esthétique, la notion d'achèvement était et demeure primordiale. Inversement, l'inachèvement constitue un fait ambigu aux yeux des critiques et des lecteurs. Pour les chercheurs érudits, les textes inachevés de leur auteur sont certes des documents capitaux dans la mesure où, souvent inédits, ils permettent une enquête de première main. Et pourtant l'évaluation d'ordre esthétique et créatif de ces entités ne va pas de soi. On a été longtemps sous le joug d'une conception ancienne prenant tout projet définitivement interrompu pour un échec, un fiasco.

Mise en pratique depuis les années 1970, la critique génétique tâche de revaloriser l'inachèvement en littérature, en posant qu'il incarne la dynamique perpétuelle de l'invention, qui résisterait par là même à toute fixation formelle [1]. De là, on serait amené à penser que les études dites traditionnelles tendent, sinon à ignorer, du moins à méconnaître la dimension interprétative de différents faits d'inaboutissement, tandis que les investigations modernistes en viennent à la réévaluer totalement. Néanmoins, une telle schématisation générale doit être

---

1. Voir notamment Louis Hay (dir.), *Le Manuscrit inachevé. Écriture, création, communication*, Paris, Éditions du CNRS, 1986.

L'Année balzacienne 2023

26   *Takayuki Kamada*

nuancée au cas par cas, à l'épreuve de la réalité des études de génèse effectuées pour chaque auteur[2].

Dans ces conditions, on a intérêt à voir depuis quand et comment la critique balzacienne envisage l'inachèvement chez son écrivain. Ce serait une vaste enquête. Le propos de notre étude est beaucoup plus restreint. Il s'agit d'exposer dans le déploiement des études balzaciennes en génétique (y compris celles avant la lettre) quelques moments privilégiés où le regard des critiques vers différents effets d'inachèvement chez cet auteur permet de renouveler l'intelligibilité de son écriture tout entière[3].

Travaux précurseurs

Il n'est pas exagéré d'affirmer que la génétique balzacienne commence *de facto* avec des hommes de lettres plus ou moins contemporains de l'écrivain[4]. Dans « Conseils aux jeunes littérateurs » (1846), Baudelaire signale par une étonnante intuition la dynamique de la méthode de Balzac chez qui « [u]n roman passe [...] par une série de genèses, où se disperse non seulement l'unité de la phrase, mais aussi de l'œuvre[5] ». Quant

2. Avant d'entrer en matière, gardons-nous d'oublier l'asymétrie fondamentale entre achèvement et inachèvement qui entraîne une conséquence décisive au niveau de l'enquête génétique. À la différence des œuvres « achevées », élaborées comme telles, et qui, en régime moderne, parviennent le plus souvent à la publication, identifiable et retraçable sauf rares exceptions, les aventures inachevées de création ne laissent pas toujours trace de leur existence. De nombreux projets peuvent ainsi échapper aux recherches documentaires. La critique génétique n'y peut rien. Elle explore seulement la partie émergée d'un iceberg, sans pouvoir mesurer sa partie cachée.

3. La présente enquête bénéficie d'un bon nombre d'études balzaciennes précédentes qui seront évoquées au fur et à mesure de l'argumentation. Citons d'emblée la récente mise au point en forme de notice par Éric Bordas, « Inachevées (Œuvres) », dans Éric Bordas, Pierre Glaudes et Nicole Mozet (dir.), *Dictionnaire Balzac*, Paris, Classiques Garnier, 2021, p. 647-649.

4. Voir ici même la contribution de José-Luis Diaz.

5. Baudelaire, *Œuvres complètes*, Paris, Gallimard, « Bibliothèque de la Pléiade », t. II, 1976, p. 17. Pour Baudelaire, qui évoque ici le nombre important d'épreuves de Balzac pour un même manuscrit, c'est une « mauvaise méthode qui donne souvent au style ce je ne sais quoi de diffus, de bousculé et de brouillon, – le seul défaut de ce grand historien » : l'intuition de Baude-

La génétique balzacienne et la question de l'inachèvement   27

à Théophile Gautier, ancien collaborateur et ami du romancier, il offre bien des remarques précises sur les documents
de travail balzaciens, notamment dans son texte « Honoré de
Balzac [6] ». De son côté, Champfleury, en qualité de collaborateur d'Armand Dutacq dans le cadre d'une enquête sur les
œuvres diverses de Balzac [7], relève différents dossiers inédits
de l'écrivain dans son étude reprise dans *Grandes figures d'hier
et d'aujourd'hui* [8] : ce sont des essais poétiques, plans, notes,
fragments abandonnés, épaves de feuillets rédigés, manuscrits
développés (*Sténie, Falthurne*). Premier enquêteur des pages
inachevées de Balzac, il en cite quelques-unes dans son essai [9].
Par ailleurs, il est symptomatique qu'un Zola, tout en étant
séduit par l'univers de *La Comédie humaine*, tient à se différencier de l'auteur d'une grande œuvre hypertrophique telle qu'il
l'analyse et à mettre en perspective pour son propre compte
un cycle plus restreint et construit, comme il le note dans
« Différences entre Balzac et moi [10] ».

Attardons-nous maintenant sur les travaux du vicomte de
Lovenjoul, bienfaiteur absolu des études balzaciennes et dix-
neuviémistes. Privilégions ses deux ouvrages principaux en la
matière, *Histoire des œuvres d'Honoré de Balzac* et *La Genèse d'un
roman de Balzac : « Les Paysans »* [11]. Son ouvrage de 1879, un

---

laire est aussi une critique. Ajoutons qu'à partir de 1851, le poète s'intéresse
même à l'acquisition de manuscrits balzaciens ; voir Susi Pietri, « Mémoires
d'une genèse. *La Comédie humaine* et ses écrivains-lecteurs », *AB 2007*, p. 199.

6. Titre de sa préface aux *Œuvres complètes*, Paris, Houssiaux, 1855, t. I,
p. 1-16.

7. Le fondateur du *Siècle*, un des éditeurs les plus étroitement liés avec
Balzac, lance cet essai d'enquête après la mort du romancier et avec l'aval de sa
veuve, en vue de reprendre l'ancien projet des *Œuvres complètes*.

8. Champfleury, « Balzac. Fragments biographiques et esthétiques »,
Grandes figures d'hier et d'aujourd'hui, Paris/Alençon, Poulet-Malassis et de
Broise, 1861, p. 9-108.

9. Champfleury proposera plus tard, dans *Balzac, sa méthode de travail, étude
d'après ses manuscrits* (A. Patay, 1879), d'analyser le processus de création balzacien à partir des documents originaux d'*Un début dans la vie*.

10. Voir *Les Manuscrits et les dessins de Zola. Notes préparatoires et dessins des
« Rougon-Macquart »*, éd. Olivier Lumbroso et Henri Mitterand, Paris, Textuel,
2002, 3 vol., t. II, p. 223. Pour la question de la gestion cyclique chez les
auteurs modernes, voir Thomas Conrad, *Poétique des cycles romanesques de Balzac
à Volodine*, Paris, Classiques Garnier, 2016.

11. Calmann-Lévy, 1879, et Ollendorff, 1901.

28   *Takayuki Kamada*

« essai bibliographique » selon lui [12], prend comme objet un ensemble de dossiers *imprimés*. Ce n'est qu'un peu plus tard, dans les années 1880, qu'il commencera à faire collection de documents de genèse originaux de Balzac et d'autres écrivains. La première partie de l'ouvrage donne à lire une histoire éditoriale des textes balzaciens, d'abord les romans de *La Comédie humaine*, avec, à la fin, le « Catalogue de 1845 », projet de réédition en vingt-six volumes, comptant cent trente-sept œuvres dont cinquante restent à faire, puis les œuvres diverses de l'écrivain. Et cela principalement en suivant l'ordre adopté dans l'édition Lévy des *Œuvres complètes*. Le vicomte signale, au fur et à mesure, des projets annoncés sans lendemain chez Balzac. Après la deuxième partie consacrée à la mise en ordre chronologique des publications balzaciennes, il propose dans la troisième partie une « Table alphabétique des titres » qui inventorie à la fois les œuvres abouties et les entreprises inaccomplies de Balzac. La longue liste, complétée en réédition, compte six cent trois titres dont cent un restent à l'état de projet [13]. Cette quête d'exhaustivité bibliographique démontre une complexité particulière des actes de création balzaciens : la construction de ce qui sera *La Comédie humaine*, avec d'autres œuvres dites diverses, s'inscrit dans un ensemble de mouvements d'invention largement parallèles et superposés, dont les lignes de force se déplacent sans cesse, toujours avec une grande marge de manœuvre et donc avec maints projets flottants et éphémères.

Une vingtaine d'années plus tard, le vicomte mène à bien l'étude d'un grand roman inachevé, *Les Paysans*. Entre-temps, il a effectué un rassemblement décisif de matériaux de genèse

---

12. *Op. cit.*, p. 1. Le fait est que l'édition des *Œuvres complètes* chez Michel Lévy frères (1869-1876) n'ayant pas retenu de variantes pour montrer l'épaisseur du travail balzacien, comme l'avait souhaité Lovenjoul, celui-ci tente lui-même une histoire des publications de caractère exhaustif. Voir Catherine Gaviglio-Faivre d'Arcier, « Le vicomte de Lovenjoul. De la bibliographie à la génétique », *AB 2002*, p. 15-17.

13. Tous niveaux confondus : les titres d'œuvres et de cycles conçus par Balzac, avec toutes leurs variantes observables. Ajoutons que la quatrième partie de l'essai du vicomte offre une bibliographie des principaux ouvrages et articles critiques sur cet auteur.

La génétique balzacienne et la question de l'inachèvement   29

balzaciens, grâce notamment à la vente après décès de Mme Hanska en 1882. C'est sa perspective de collecte intégrale qui sauve des masses de feuilles de papier de l'écrivain comprenant non seulement des liasses de manuscrits reliés, mais aussi d'innombrables fragments épars apparemment déconcertants. Il tient surtout à publier des inédits balzaciens, d'où un ouvrage d'une telle envergure [14]. La première partie du volume, intitulée « Avant », décrit les moments de gestation et du premier développement du projet. Le vicomte porte à la connaissance du public ce qu'il considère comme la première version du roman, esquissée en 1835, *Le Grand Propriétaire*, ainsi que les toutes premières épreuves des *Paysans*, tous cités *in extenso*. La section suivante, « Pendant », est consacrée à l'histoire de la seule publication auctoriale du roman, en feuilleton dans *La Presse*, bientôt interrompue. La troisième et dernière partie, « Après », raconte l'histoire de la brouille entre Balzac et Girardin, et présente un reliquat des épreuves pour le feuilleton dans *La Presse*. En guise de conclusion, le critique érudit évoque l'histoire *post mortem* du roman, pris en charge par Mme Hanska devenue veuve du romancier. Si l'exploration documentaire de Lovenjoul est toujours magistrale, cet ouvrage dévoile une posture particulière, destinée à mettre en valeur sa collection, surtout le manuscrit du *Grand Propriétaire*. Il entend y faire apparaître les vicissitudes d'un dossier *singulier*, en se montrant pour une fois peu enclin à examiner les effets de mise en relation que celui-ci aurait suscités avec d'autres entreprises balzaciennes. Ainsi, il aime à supposer le passage linéaire du *Grand Propriétaire* – son fleuron – aux *Paysans*, là où la critique balzacienne d'aujourd'hui voit plutôt une fusion de deux dossiers parallèles [15]. Reste à constater que son enquête d'ensemble était inaccomplie : le vicomte n'a pu publier que quatre dossiers inédits, alors qu'il examinait avec

---

14. Voir Catherine Gaviglio, « Lovenjoul et la publication des inédits de Balzac », *Le Courrier balzacien*, n. s., n° 75, 1999, p. 3-14.

15. « On a cru, jusqu'ici, que les deux projets du *Grand Propriétaire* et de *Qui a terre a guerre* étaient nés l'un de l'autre. En fait, ils ont coexisté, bien distincts […] » (Thierry Bodin, « Histoire du texte », *CH*, t. IX, p. 1238).

30 *Takayuki Kamada*

soin un important corpus de matériaux génétiques [16]. Il aurait pu travailler plus systématiquement sur l'inachèvement en tant qu'il fait partie de l'univers créatif de Balzac.

Âge des éditions savantes

Léguée par le vicomte à l'Institut, sa collection monumentale est conservée, à partir de 1910, à Chantilly. Inventoriée par le conservateur Georges Vicaire, elle devient accessible aux chercheurs autorisés. Cette situation documentaire aidant, la critique balzacienne entre dans une nouvelle phase, caractérisée par un grand intérêt pour les éditions modernes [17]. Par une volonté de complétude, de telles tentatives éditoriales explorent différents dossiers balzaciens inédits en libraire, dont beaucoup de textes interrompus.

Ainsi, c'est en continuateur de Lovenjoul que Maurice Bardèche procure en 1950 chez Grasset une intéressante édition, « *La Femme auteur* » *et autres fragments inédits de Balzac recueillis par le vicomte de Lovenjoul*. Les « autres fragments inédits » sont au nombre de cinq : *Un caractère de femme, La Modiste, La Frélore, Valentine et Valentin* et *Une heure de ma vie*. Les textes sont assortis chacun d'une notice du vicomte, à l'exception des deux derniers présentés par Bardèche. Dans une copieuse introduction générale, ce dernier problématise de façon très marquante les enjeux des récits inachevés de Balzac. Il s'agit moins, selon lui, d'étudier chacun d'eux en lui-même, que de viser à éclairer la formation d'une œuvre d'ensemble : « [...] c'est la confrontation des œuvres écrites et des œuvres ébauchées ou des plans notés en hâte sur quelque feuillet d'album, qui nous permet seule d'avoir une idée complète de l'ampleur du dessein de Balzac et des dates auxquelles

---

16. *Entre savants, Les Paysans, L'École des ménages* et *Du gouvernement moderne*. Voir Catherine Gaviglio, « Lovenjoul et la publication des inédits de Balzac », art. cité, p. 3.

17. « C'est en 1930 que s'ouvre vraiment ce que l'on pourrait appeler le grand chantier de Chantilly, où toute une équipe travaille avec assiduité à la recherche sur Balzac et à la publication de ses inédits » (Thierry Bodin, « Esquisse d'une préhistoire de la génétique balzacienne », *AB 1999*, p. 472).

La génétique balzacienne et la question de l'inachèvement   31

il correspond [18] ». Donnant quelques illustrations par catégories cycliques, à commencer par l'*Histoire de France pittoresque*, il dessine tout un horizon de recherche à envisager.

La même année, Pierre-Georges Castex offre deux éditions chez José Corti : *Mademoiselle du Vissard ou la France sous le Consulat* et *Falthurne* [19]. Cette dernière est tout à fait novatrice en ce qu'elle s'interroge sur « le premier roman ébauché par Balzac [20] », mais la reconstitution du dossier s'avère plus tard problématique, s'agissant en fait non d'un seul, mais de deux essais romanesques successifs, *Agathise* et *Falthurne* [21]. On constate, et c'est frappant, que l'écriture de Balzac à son début tâtonne mais qu'elle progresse d'un texte inachevé à l'autre. Tout se passe comme si un projet n'était abandonné que pour en dynamiser un autre : si cet archi-texte qu'on appelle aujourd'hui *Agathise* n'est pas abouti, il donne lieu à la matière de *Falthurne*. Celui-ci, également tombé à l'eau, inspire à son tour un autre roman du même nom (*Falthurne II*).

Les grandes éditions, souvent préparées collectivement, jouent un rôle capital de rassemblement et d'établissement de textes inédits et/ou inachevés. Alors que l'édition Conard, malgré l'intérêt qu'elle manifeste pour un élargissement du corpus balzacien, reste timide quant à l'investigation des pages inachevées [22], l'ancienne « Pléiade » dirigée par Marcel Bouteron comporte, dans son dixième tome paru en 1937, huit textes ébauchés pour *La Comédie humaine* [23]. Tentative complétée une vingtaine d'années plus tard par la publication de dix autres esquisses dans le cadre d'un volume supplémentaire

---

18. « *La Femme auteur* » *et autres fragments inédits de Balzac recueillis par le vicomte de Lovenjoul*. Introduction par Maurice Bardèche, Grasset, 1950, p. 11.

19. *Mademoiselle du Vissard* comprend une « Notice » de Lovenjoul et un « Avant-propos » de Marcel Bouteron. Le texte en est établi par P.-G. Castex, comme pour *Falthurne*, dont il assure en outre la présentation.

20. *Falthurne*, p. XI.

21. Voir René Guise, « Le problème de *Falthurne* », *AB 1972*, p. 3-42, et Stéphane Vachon, « Y a-t-il un jeune Balzac ? », *Romantisme*, n° 80, 1993, p. 114, n. 11.

22. Voir *Œuvres complètes*, texte révisé et annoté par Marcel Bouteron et Henri Longnon, Louis Conard, 1912-1940, 40 vol.

23. Voir *La Comédie humaine*, texte établi par Marcel Bouteron, Éditions de la *NRF*, t. X, 1937.

consacré principalement aux *Contes drolatiques*[24]. Entre-temps, *L'Œuvre de Balzac* sous la direction d'Albert Béguin et Jean-A. Ducourneau intègre sous la rubrique *Œuvres diverses* un certain nombre de récits balzaciens inaboutis[25].

Vient alors l'édition des *Œuvres complètes* au Club de l'Honnête Homme (1955-1963) qui prête pour la première fois une attention soutenue à la compilation critique des notes, fragments, ébauches et autres documents éparpillés chez l'auteur de *La Comédie humaine*. Elle s'évertue à présenter la production littéraire de Balzac dans sa totalité, même si elle renonce aux œuvres de jeunesse signées Lord R'hoone ou Saint-Aubin. Pour l'armature de *La Comédie humaine*, elle contient, outre quelques « faux départs » d'œuvres achevées, une vingtaine de récits inachevés qui auraient pu appartenir à l'édifice balzacien. En plus, *Les Contes drolatiques* (t. XXII) et le *Théâtre* (t. XXIII-XIV) sont aussi enrichis de plusieurs textes suspendus. Il en est de même pour les quatre volumes consacrés aux *Œuvres diverses*, généralement présentées dans l'ordre chronologique et avec un système de classement raisonné. Le tome XXV offre les premiers essais romanesques du jeune Balzac, avec, en appendice, les « Notes philosophiques » (le titre est de l'éditeur, Maurice Bardèche), ainsi que quelques fragments poétiques. Les trois volumes suivants rassemblent une panoplie d'écrits isolés de la maturité. Là encore, différents fragments et canevas textuels trouvent refuge en appendice, mais ils sont aussi parfois dans le corps même du volume. L'édition reproduit dans son dernier tome l'album *Pensées, sujets, fragmens*.

Toujours en quête de complétude éditoriale, l'édition des *Œuvres complètes illustrées* sous la direction de Jean-A. Ducourneau aux Bibliophiles de l'Originale (1965-1976) prend en charge un autre défi audacieux. Après les dix-sept volumes reprenant en fac-similé la version du Furne corrigé[26], les tomes XVIII-XIX contiennent les oublis du Furne et vingt-

24. *Contes drolatiques*, précédés de *La Comédie humaine* (*Œuvres ébauchées*, II. Préfaces), établissement du texte, notices et notes par Roger Pierrot, index de *La Comédie humaine* par Fernand Lotte, Gallimard, 1959.

25. Formes et reflets, 1950-1953, 16 vol., t. XIV.

26. Sauf le t. XVII (*Les Parents pauvres*) qui est une reproduction simple du Furne, l'exemplaire corrigé n'étant pas connu.

La génétique balzacienne et la question de l'inachèvement   33

deux ébauches rattachées à *La Comédie humaine*[27]. Cette mise
en ordre rend particulièrement intelligible une part indécise de
la fresque romanesque de Balzac. Le dossier des *Contes drolatiques* (t. XX), annoté par Roland Chollet, est muni de nombreux fragments préparés. Grâce aux soins de René Guise,
l'édition réalise le premier rassemblement complet des pièces
de théâtre de Balzac, dont dix-huit œuvres inachevées (t. XXI-
XXIII). Écartant la classification « Œuvres diverses », elle propose, pour les textes épars, un regroupement par genres et selon
la chronologie. Des pans entiers de la rubrique « Romans et
contes », étalés sur un tome et demi (t. XXIV-XXV), sont
consacrés à l'inachevé. Il s'agit d'une vingtaine de récits interrompus où se remarquent entre autres les vestiges de l'*Histoire
de France pittoresque* et quelques « avant-textes » d'œuvres achevées de *La Comédie humaine* comme *Le Grand Propriétaire, La
Fleur des pois, Les Jeunes Gens, Robert l'obligé*. Le tome XXVI,
« Fantaisies et œuvres historiques », contient également le texte
de quelques manuscrits abandonnés (« En marge de Brillat-
Savarin », « Philarète Chasles », « Lettre sur Kiew »). Malgré
l'intégration des *Lettres à Mme Hanska* (t. XXIX-XXXII) par
Roger Pierrot, l'édition resta inachevée : les tomes XXVII-
XXVIII (suite et fin des œuvres éparses) n'ont jamais paru.

Parallèlement, d'autres tentatives éditoriales, notamment
chez Garnier avec Pierre-Georges Castex, connaissent une
évolution critique et scientifique qui mènera à la nouvelle
« Pléiade ».

Les éditeurs de la « Pléiade » face aux textes inachevés

Constituant incontestablement un exploit éditorial,
La Comédie humaine dans l'édition de la « Pléiade » (1976-1981),
dirigée par Pierre-Georges Castex, couronne la tradition
critique et philologique des études balzaciennes par une double
visée de complétude et de raffinement. Son enjeu est de

---

27. *La Dernière incarnation de Vautrin, Les Petits Bourgeois, L'Initié, Le Député
d'Arcis, Les Paysans* (t. XVIII), *Petites misères de la vie conjugale, Pathologie de la vie
sociale*, ébauches rattachées à *La Comédie humaine* et préfaces originales (t. XIX).

34   *Takayuki Kamada*

construire une rigoureuse édition critique annotée en l'accompagnant d'un apparat d'érudition le plus complet : large choix de variantes, paratextes successifs, documents divers afférents à chaque dossier. Or tous ces efforts d'établissement d'une édition « canonique » de *La Comédie humaine* butent sur un paradoxe : celui auquel les éditions de référence précédentes n'étaient déjà pas étrangères. En effet, les documents et renseignements accumulés au bout de longues années de recherche laissent voir que les contours de l'édifice romanesque balzacien sont particulièrement flous parce qu'il est toujours en mouvement. Plus on connaît les dossiers de genèse du romancier, plus il s'avère difficile de présenter son écriture dans une structure finie. D'où la nécessité d'un parti pris éditorial, dont la critique balzacienne postérieure interroge régulièrement la pertinence [28].

Ainsi qu'on le rappelle souvent de nos jours, cette édition procède à une mise en ordre des récits de *La Comédie humaine* de nature à masquer sa dimension d'inachèvement [29]. Elle prend pour édition de base le Furne corrigé avec quelques arrangements, surtout en ce qui concerne les *Études analytiques*, section à vrai dire encore mal formée chez le romancier [30]. En plus de l'inachèvement au niveau de la structure sérielle, les textes et fragments interrompus de l'écrivain posent une pierre d'achoppement à cette édition. Les trois grands romans inachevés, *Les Petits Bourgeois*, *Le Député d'Arcis* et *Les Paysans*, sont bien retenus, chacun avec un appareil critique précis. Vingt-cinq autres récits avortés, de taille plus ou moins limitée, sont regroupés dans le tome XII sous l'appellation « Ébauches rattachées à *La Comédie humaine* ». Cependant, le choix de ces textes n'est pas totalement à l'abri de l'arbitraire. On connaît aussi d'autres fragments qui auraient pu les

---

28. Voir entre autres Pierre Laforgue, *La Fabrique de « La Comédie humaine »*, Besançon, Presses Universitaires de Franche-Comté, 2013 ; Andrea Del Lungo, « Éditions et représentations de *La Comédie humaine* », *Genesis*, n° 44, 2017, p. 81-96.

29. Voir Pierre Laforgue, *op. cit.*, p. 261-262.

30. Voir Roger Pierrot, « Les éditions de Balzac depuis 1950 », *AB 1999*, p. 421.

La génétique balzacienne et la question de l'inachèvement   35

rejoindre [31]. Par ailleurs, certaines esquisses considérées comme avant-textes d'œuvres achevées, tels *La Fleur des pois, Les Jeunes Gens, Robert l'obligé*, sont reproduites à titre de « documents » dans l'apparat critique du récit concerné. Par un tel classement, qui n'est pas toujours incontestable, l'édition peine à gérer les entités problématiques.

Quant aux *Œuvres diverses*, dont le troisième et dernier tome est en cours de préparation, les deux premiers parus respectivement en 1990 et en 1996 contiennent environ cent cinquante titres y compris quelques morceaux interrompus. Pour se démarquer de leurs devanciers, les responsables de l'édition déclarent adopter un principe rigide de choix de textes et mettre en œuvre trois paramètres de classement, chrono-biographique, génétique et séquentiel [32]. Exception est faite pour *Les Contes drolatiques* qui se placent en tête du premier tome de l'édition, avec reliquats et ébauches du projet. Ce volume met ensuite en perspective les premiers tâtonnements littéraires de Balzac en les classant par genres : essais philosophiques, romanesques, dramatiques et poétiques. D'autre part, les dossiers postérieurs dans le deuxième volume sont entremêlés de pages inachevées, contrairement à l'annonce faite dans le premier par Pierre-Georges Castex, et selon laquelle les deuxième et troisième devaient être consacrés aux « textes publiés » respectivement de 1824 à 1835 et de 1836 à 1848 [33]. Ainsi les fragments rédigés pour l'*Histoire de France pittoresque*, dont les éditeurs du volume soulignent la continuité avec la future *Comédie humaine* en matière de

---

31. Éric Bordas précise : « P.-G. Castex n'explique pas pourquoi certaines ébauches qui se trouvent [dans l'édition des Bibliophiles de l'Originale] et sont dûment attestées n'ont pas été retenues : *Une horrible histoire, Les Amours d'une laide* ou *Douleurs de mère* (« Inachevées (Œuvres) », *Dictionnaire Balzac, op. cit.*, p. 649).

32. Voir Roland Chollet, « Éditer l'autre Balzac », *in* Thierry Bodin (dir.), *Pour Balzac et pour les livres*, Paris, Klincksieck, 1999, p. 83-84. Deux groupes massifs de textes en dehors de *La Comédie humaine*, les romans de jeunesse et les pièces de théâtre de maturité, ne font pas l'objet de cette édition.

33. *OD*, t. I, p. XVII, n. 3. En effet, dans sa recension du volume, Stéphane Vachon se demandait s'il fallait prendre cette annonce au pied de la lettre, rappelant l'importance des ébauches et projets souterrains des périodes concernées (« Y a-t-il un jeune Balzac ? », art. cité, p. 113, n. 2).

construction cyclique et de dimension historique[34], se lisent comme s'il s'agissait moins d'un abandon en chemin que d'un mouvement de transfiguration mis en avant. Dans l'ensemble, toutefois, il n'est pas dans le propos de l'édition d'inventorier les projets enterrés par son écrivain. Il y en a plusieurs qui auraient pu y être reproduits[35]. On est foncièrement devant un dilemme. Un classement éditorial si harmonieux et sophistiqué laisse peu de place à l'insertion de textes avortés, génériquement et thématiquement hésitants, et souvent difficiles à dater. Il revient sans doute aux éditions numériques actuelles (et futures) de surmonter ces problèmes, mais puisqu'elles sont en plein développement, il faudrait plus de recul temporel pour juger de leurs ambitions et de leurs apports[36].

Problématisation moderniste de l'inachèvement balzacien

Or précisément, cette genèse polymorphe et réticulaire, qui se montre réfractaire à toutes les tentatives d'édition de type classique, intéresse comme telle la critique dite moderniste. Il convient d'abord d'évoquer, en remontant dans le temps, quelques études remarquables qui apparaissent au cours des années 1960 comme un avant-goût d'une telle dynamisation critique.

L'ouvrage de Tetsuo Takayama paru en 1966 est en effet une référence indispensable sur la question de l'inachèvement balzacien[37]. Il cible la période cruciale allant de 1829 à 1842. C'est par une analyse systématique des projets mort-nés et des textes interrompus, et cela suivant le classement balzacien,

---

34. *OD*, t. II, p. 1364-1374.

35. Voir Stéphane Vachon, « Y a-t-il un "autre" Balzac ? », compte rendu du t. II des *Œuvres diverses*, *Romantisme*, n° 96, 1997, p. 90-92.

36. Pour le dernier état d'évolution des éditions électroniques de Balzac, voir Andrea Del Lungo, « L'édition numérique eBalzac. Une nouvelle lecture de *La Comédie humaine* », *Revue Balzac*, n° 4, 2021, p. 119-140 ; Rudolf Mahrer et Joël Zufferey, « Variance de l'œuvre moderne. De la variante à l'édition numérique », *ibid.*, p. 141-172.

37. *Les Œuvres romanesques avortées de Balzac (1829-1842)*, Tokyo, The Keio Institute of Cultural and Linguistic Studies, 1966.

La génétique balzacienne et la question de l'inachèvement   37

qu'il tâche d'étudier la constitution globale de *La Comédie humaine*. Si ces éléments avortés n'apparaissent pas tels quels dans la version finale de l'édifice romanesque, ils participent bel et bien à sa structuration et témoignent en creux de certains aspects spécifiques d'évolution sérielle des romans de Balzac.

Publié en volume à la même époque, l'article de Michel Butor sur *La Muse du département* est une autre enquête essentielle dans ce contexte. Sa première phrase donne parfaitement le ton : « *La Comédie humaine* est un seul grand roman inachevé dont nous ne connaissons que quelques chapitres [38] ». L'écrivain critique qui, dès 1960, a proposé de lire *La Comédie humaine* comme un mobile romanesque [39], retrace ici pas à pas le processus de réemploi de plusieurs fragments, épisodes ou bribes de récit, qui trouvent leur place dans la matrice du roman de 1843. En passant par une authentique démarche généticienne, Butor, rare défenseur de l'auteur de *La Comédie humaine* contre sa dévalorisation prononcée par la plupart des « nouveaux romanciers », postule la dialectique du fragment et du tout qui dynamise l'œuvre balzacienne en devenir. Cette problématisation inspira en partie les travaux fondateurs de Lucien Dällenbach parus dans la revue *Poétique* en matière de visée totalisante et de mosaïcité de l'écriture balzacienne [40].

Enfin, dans les années 1980, il est décisif qu'un tel concept novateur soit reformulé avec beaucoup de sens programmatique par Claude Duchet dans le cadre d'un travail collectif sous les auspices de l'ITEM. C'est le cas Balzac qu'il privilégie en discutant du phénomène d'inachèvement comme dynamique de la relance perpétuelle de la création, où l'écriture,

---

38. « Les Parisiens en province », *Répertoire III*, Paris, Éditions de Minuit, 1968, p. 169.

39. « Balzac et la réalité » [1959], *Répertoire I*, Paris, Éditions de Minuit, 1960, p. 79-93.

40. Voir « Du fragment au cosmos (*La Comédie humaine* et l'opération de lecture I) », *Poétique*, n° 40, 1979, p. 420-431 ; « Le tout en morceaux (*La Comédie humaine* et l'opération de lecture II) », *id.*, n° 42, 1980, p. 156-169. Dällenbach fait état des travaux de Butor dans le premier article cité (p. 426-427) ainsi que dans *Le Récit spéculaire*, Paris, Seuil, 1977, p. 104.

38 *Takayuki Kamada*

renvoyée à ses possibilités multiples, reste toujours active et dynamisante :

> Il serait étonnant de ne pas découvrir que, d'une manière ou d'une autre, il y a toujours de l'inachèvement dans une œuvre, en raison directe de son ambition. *La Comédie humaine* est un exemple massif de l'inachèvement créateur, qui relance l'écriture et redistribue l'économie des textes, comme s'il s'agissait d'en concrétiser successivement tous les possibles dans un mouvement de totalisation sans totalité [...] [41].

Le passage condense tout un concept moderniste de l'écriture balzacienne à explorer : celle dynamisée sans cesse par la mobilité d'un ensemble de genèses en superposition visant à former une œuvre totalisante. Inscrivant la création balzacienne dans une problématique génétique de pointe, la conceptualisation d'une telle *macrogenèse sans fin* prend la valeur d'un programme d'investigation critique.

De fait, la proposition de Duchet donne lieu à plusieurs projets de recherche de premier plan, comme les travaux de sociocritique de Duchet lui-même, qui dirige avec Isabelle Tournier le colloque « Balzac, *Œuvres complètes*. Le « moment » de *La Comédie humaine* », puis les actes publiés par eux sous le même titre [42], ainsi que l'important colloque d'orientation génétique : « Balzac, l'éternelle genèse » dont les actes paraissent sous la coordination de Jacques Neefs [43].

D'autre part et surtout, Stéphane Vachon prend en charge le programme de son maître en définissant méthodologiquement son objet comme une *macrogénétique* de l'écriture balzacienne. Pour saisir les lignes de force de la gestion balzacienne

41. Claude Duchet, « Notes inachevées sur l'inachèvement », *in* Almuth Grésillon et Michaël Werner (dir.), *Leçons d'écriture. Ce que disent les manuscrits. Textes réunis en hommage à Louis Hay*, Paris, Minard, « Lettres Modernes », 1985, p. 245-246.

42. Claude Duchet et Isabelle Tournier (dir.), *Balzac, Œuvres complètes. Le « moment » de « La Comédie humaine »*, Saint-Denis, Presses Universitaires de Vincennes, 1993. Il convient aussi de mentionner la thèse d'In-Kyoung Kim qui, sous leur direction, consacre un chapitre aux inachèvements balzaciens en rapport avec le sujet des classes sociales : *La Sociocritique et le sociogramme du bourgeois balzacien*, Sarrebruck, Éditions universitaires européennes, 2011.

43. Jacques Neefs (dir.), *Balzac, l'éternelle genèse*, Saint-Denis, Presses Universitaires de Vincennes, 2015.

La génétique balzacienne et la question de l'inachèvement 39

de la grande Œuvre, Vachon, dans un premier temps, s'enquiert principalement des publications inextricablement mêlées (avec beaucoup de projets annulés) du romancier. Le critique définit sa démarche comme une « génétique de l'imprimé [44] », pour faire apparaître la dynamique de l'écriture balzacienne qui se relance plus ou moins à l'occasion des rééditions, de plus en plus regroupées dans une perspective de totalisation éditoriale. Inutile de rappeler l'importance et la richesse de son célèbre ouvrage de 1992 dont nul ne peut se passer désormais. Pourtant, cette exploration laborieuse des imprimés balzaciens l'amène à une conclusion fondamentalement négative à propos des dernières années de carrière du romancier :

> Après la rédaction des *Parents pauvres*, le monument, garni de menuiseries, est délaissé. Il y a partout des vides dans la multitude des parties achevées, et l'inachèvement ne se limite pas aux lacunes thématiques : l'effort de cohésion lui-même échoue. Sur tous les points, à chaque endroit se révèle la tension entre l'intuition de la totalité, nécessaire mais non effective, et le sentiment de l'impossibilité de l'état dernier [45].

On aurait affaire à un monument inachevé non *par excès* mais *par défaut*. Vachon élargit par la suite son objet d'enquête, tout en justifiant toujours l'efficacité de la génétique de l'imprimé [46]. Son ample investigation diversifiée, à la fois génétique, bibliographique, bibliométrique, codicologique, est de plus en plus attentive à tous les éléments de la construction balzacienne d'une macro-œuvre, y compris les catalogues ainsi que les plans, notes, scénarios souvent éparpillés [47]. Mais

---

44. « "*Et ego* in Chantilly". Petit essai de genèse de la génétique balzacienne (les éditions) », *Genesis*, n° 13, 1999, p. 141.

45. « Construction d'une cathédrale de papier », *Les Travaux et les jours d'Honoré de Balzac. Chronologie de la création balzacienne*, Saint-Denis/Paris/Montréal, Presses Universitaires de Vincennes/Presses du CNRS/Presses de l'Université de Montréal, 1992, p. 40.

46. Voir son article « La plume et le plomb. Les manuscrits d'Honoré de Balzac », *AB 2009*, p. 216.

47. Voir par exemple « La gestion balzacienne du classement : du "catalogue Delloye" aux *Notes sur le classement et l'achèvement des œuvres* », *Le Courrier balzacien*, n. s., n° 51, 1993, p. 1-17.

40   *Takayuki Kamada*

tout cela, sans rétracter la thèse précédemment notée : au contraire, elle s'affermit. Sur la base de l'hypothèse d'une mise à l'arrêt de la création balzacienne, Vachon en examine dans *Le Dernier Balzac* (2001) différents motifs possibles et parvient à y voir un épuisement, voire un désœuvrement du créateur géant vis-à-vis de son monument inachevable [48].

Assiste-t-on dès lors à la fin d'une éternelle genèse se déroulant jusque-là sous la logique de l'inachèvement créateur ? Pour Nicole Mozet, cette fin n'en est pas une. C'est sur sa proposition stimulante que nous allons conclure rapidement. En mettant en cause « [c]ette idée d'un effondrement brutal de l'élan créateur [49] », la critique pose que si, à la fin des années 1840, l'entreprise de *La Comédie humaine* est en apparence quasiment à l'abandon, c'est que l'auteur est en passe d'entrer dans une nouvelle phase de création où l'accent est mis sur les arts scéniques. Cette hypothèse suppose donc un croisement intergénérique chez le dernier Balzac. Elle nous invite à penser à réinterpréter l'état d'arrêt de *La Comédie humaine* non en lui-même, mais en le plaçant dans cet espace d'invention encore bien actif [50]. Il serait question de reconsidérer chez cet écrivain, sous un nouvel angle, la dynamique d'un inachèvement où, encore une fois, d'intenses mouvements de réorganisation de tels projets (déplacement, mutation, reconversion), tout en laissant quelques entreprises et

---

48. Voir *Le Dernier Balzac*, Tusson, Du Lérot, 2001, p. 44.

49. N. Mozet, « 1848 : après *La Comédie humaine*, le théâtre ? Les lettres à Mme Hanska comme paratexte », *in* Roland Le Huenen et Andrew Oliver (dir.), *Paratextes balzaciens. « La Comédie humaine » en ses marges*, Toronto, Centre d'études du XIXe siècle Joseph Sablé, 2007, p. 169-178, repris dans N. Mozet, *Honoré de Balzac, l'Hommœuvre*, Joué-lès-Tours, Pirot/La Simarre, 2017, p. 163-171 (p. 164 pour la citation).

50. La dernière tentative critique pour revaloriser le théâtre de Balzac entend principalement l'étudier pour lui-même, « sans [le] rapporter immédiatement à *La Comédie humaine* » (Agathe Novak-Lechevalier, « Introduction. Le théâtre de Balzac : un parent pauvre ? », *in* Éric Bordas et Agathe Novak-Lechevalier (dir.), *Le Théâtre de Balzac*, Paris, Classiques Garnier, 2020, p. 57). La confrontation des deux pans de l'œuvre balzacienne du point de vue génétique reste largement à envisager. Nous nous permettons à cet égard de renvoyer à notre article, « Les interventions de Charles Rabou dans *Les Petits Bourgeois* », *AB 2022*, p. 222.

La génétique balzacienne et la question de l'inachèvement 41

textes en jachère, débouchent sur la mise en œuvre d'une nouvelle configuration esthétique. C'est, nous semble-t-il, à ce prix qu'on aura quelque chance, sinon de remodeler, du moins de redynamiser la problématique de la génétique balzacienne.

Takayuki KAMADA.

BALZAC
ET LES FORMALISMES

Pourrait figurer en épigraphe de cet article le commentaire par Frenhofer d'un tableau de Porbus :

> Vous ne descendez pas assez dans l'intimité de la forme, vous ne la poursuivez pas avec assez d'amour et de persévérance dans ses détours et dans ses fuites. [...] La forme est un Protée bien plus insaisissable et plus fertile en replis que le Protée de la fable ; ce n'est qu'après de longs combats qu'on peut la contraindre à se montrer sous son véritable aspect [1].

Parole de peintre ici − et d'écrivain −, mais parole que le critique pourrait faire sienne à son tour (et d'ailleurs Frenhofer est à ce moment-là juge et critique), tant il est appelé, lui aussi, à « descendre dans l'intimité de la forme », dans « ses détours et dans ses fuites » pour bien comprendre une œuvre.

Le formalisme esthétique naît à peu près à l'époque de Balzac, du côté de l'empire d'Autriche et de l'Allemagne, avec Bernard Bolzano et Johann Friedrich Herbart. S'ensuit toute une tradition qui s'étend jusqu'au XXᵉ siècle et qui, en croisant la route de la linguistique (Saussure, Baudoin de Courtenay), donnera naissance au formalisme critique. Chronologiquement, les formalistes russes ouvrent l'ère du formalisme en littérature. Ils sont suivis par les formalistes tchèques, pendant que dans les pays anglo-saxons le *New Criticism* offre un autre type de

1. *Le Chef-d'œuvre inconnu*, CH, t. X, p. 418-419.

L'Année balzacienne 2023

44   *Bernard Gendrel*

formalisme, débarrassé de l'histoire littéraire et de la question de l'auteur, mais beaucoup plus centré sur l'œuvre et sa singularité que sur les modèles abstraits issus de la linguistique. Le structuralisme français des années 1950-1960 se voudra l'héritier des formalistes russes, et, même si ses figures marquantes (Todorov, Barthes) ont fini par prendre leurs distances avec le « mouvement », les questions formalistes et poétiques continuent encore d'animer les débats critiques. Au milieu de toute cette histoire du formalisme, Balzac tient une place importante, non tant chez les Russes et les Anglo-Saxons (sauf exceptions), qui lui préfèrent Maupassant, que chez les Français. L'ampleur de l'œuvre et sa construction attirent, à n'en pas douter, le formaliste, mais elles l'effraient également : un tel critique aime maîtriser son objet, or *La Comédie humaine* échappe de toute part aux grilles et aux modèles. Cela explique sans doute que la plupart des analyses portent sur des textes courts (*L'Auberge rouge*, *La Fille aux yeux d'or*, *La Paix du ménage*, *La Maison du Chat-qui-pelote…*).

À la base de tout formalisme, dans un parallélisme troublant avec la philosophie adverse – la phénoménologie –, il y a une *épochè*, une mise à distance d'un certain nombre d'éléments pour se concentrer sur la forme même[2]. Mise à distance de l'auteur, de l'histoire littéraire (au moins dans sa forme traditionnelle), de toutes les disciplines extérieures à la littérature, mise à distance également du sens : « Ce n'est que par la possibilité que l'on se donne de mettre entre parenthèses l'investissement sémantique que l'on peut parler, par exemple, de l'architecture d'une œuvre ou, plus modestement, d'une correspondance entre les parties, d'un effet de symétrie, etc.[3] » L'idée n'est pas d'interdire l'interprétation mais de la « réserver » ou de la « retarder[4] » le plus possible, dans la droite ligne de ce que réclamait Susan Sontag, en 1964, dans *Against interpretation*[5]. Mais la mise entre parenthèses du « sens » ne signifie

---

2. François Van Laere voit le structuralisme comme une « phénoménologie inversée » (« Existe-t-il un structuralisme littéraire ? », *Raison présente*, n° 19, juillet-septembre 1971, p. 100).

3. Michel Charles, *Composition*, Paris, Seuil, « Poétique », 2018, p. 90.

4. *Ibid.*, p. 418.

5. Susan Sontag, « Contre l'interprétation » [1964], dans *L'œuvre parle*, trad. fr. Guy Durand, Paris, Seuil, « Pierres vives », 1968.

Balzac et les formalismes 45

pas que le formalisme s'intéresse uniquement aux formes compositionnelles : dès le formalisme russe (et dès le formalisme de Herbart ou de Bolzano), la question de la forme inclut, pour reprendre la terminologie de Hjelmslev, « forme de l'expression » et « forme du contenu » : la « forme du sens », comme le dit Michel Charles, est « la façon dont le sens est agencé pour produire une forme[6] » – et, à ce titre, elle est pleinement une forme. Si tous les formalismes partagent cette *épochè* et cet intérêt pour les agencements de l'expression et du contenu, deux types de formalisme se font jour néanmoins : l'un est plus « horizontal[7] », plus « narratif » et suit les effets d'écho, de symétrie ou de dissonance d'un texte donné (c'est le formalisme le plus proche du formalisme esthétique des origines), l'autre est plus « vertical », plus « descriptif » et propose de lire l'œuvre à travers un modèle abstrait (c'est le formalisme le plus proche du formalisme linguistique).

Le premier est le plus commun, le plus facilement acceptable sans doute, celui que prône Jean Rousset au début de *Forme et signification* :

Mais il n'y a de forme saisissable que là où se dessine un accord ou un rapport, une ligne de forces, une figure obsédante, une trame de présences ou d'échos, un réseau de convergences. [...] Sonate plutôt que tableau [...] ; le livre obéit à des rythmes, à des mouvements, à des cadences ; il s'assujettit à des lois qui sont celles de la présentation successive[8].

Et Rousset d'en appeler à Balzac justement, pour appuyer cette idée de forme dynamique : « Balzac nous invite à lire ses romans dans cet esprit, lorsqu'il attire notre attention sur les différences de mouvement qui opposent la précipitation des *Scènes de la vie parisienne* à la lenteur des *Scènes de la vie de province*[9] ». Et c'est cette métaphore musicale que l'on retrouvera

6. Michel Charles, « À refuser le formalisme, on s'interdit bien des émotions », entretien avec Marc Cerisuelo, Jean-Louis Jeannelle, Andrei Minzetanu et Philippe Roger, *Critique*, n° 858, novembre 2018, p. 957.
7. À rapprocher de ce que dit Tzvetan Todorov de la critique « horizontale » et de la critique « verticale » dans *Introduction à la littérature fantastique*, Paris, Seuil [1970], « Points Essais », 2015, p. 104-105.
8. Jean Rousset, *Forme et signification*, José Corti, 1962, p. XII-XIII.
9. *Ibid.*, p. XIII.

dans l'étude des *Mémoires de deux jeunes mariées*, Balzac déployant, selon Rousset, une « cantate à deux voix » où chacune des héroïnes vit, à tour de rôle, une « vie par délégation » [10].

Le second type de formalisme, celui qui érige la question du modèle abstrait en démarche heuristique, est celui qui a prêté le flanc aux plus importantes critiques. C'est celui dont nous essaierons de comprendre le fonctionnement et le rapport à Balzac, même si nous n'oublierons pas, chemin faisant, le premier formalisme. Deux cas de figure se présentent : soit les modèles de lecture sont *a priori* (lectures formalisées du texte balzacien), soit ils sont *a posteriori* (lectures formalisantes).

I

MODÈLES *A PRIORI* ET LECTURES FORMALISÉES

Il faut bien distinguer, ici, ce qui a trait à la poétique et ce qui a trait à la critique, même si les deux en viennent souvent à se confondre. Jaap Lintvelt, après Tzvetan Todorov, a précisé cette distinction : « La typologie relève de la poétique, parce qu'elle offre un *modèle théorique abstrait* des *formes narratives virtuelles*. Cependant, la typologie pourra aussi servir de méthode de critique, si elle fonctionne comme *instrument d'analyse pratique* des *actualisations concrètes* des types narratifs dans une œuvre littéraire particulière [11] ». La critique formaliste s'intéresse donc aux textes particuliers mais elle les lit comme les actualisations d'un modèle abstrait. Ce modèle peut être compositionnel, sémantique ou tonal.

Modèles compositionnels

C'est la part la plus importante de la critique formaliste. Ses tenants partent d'une définition ou d'une modélisation

---

10. *Ibid.*, p. 103.
11. Jaap Lintvelt, *Essai de typologie narrative. Le « point de vue ». Théorie et analyse*, Paris, José Corti, 1981, p. 181-182.

Balzac et les formalismes   47

a priori d'un genre ou d'une technique pour comprendre le
texte balzacien.

C'est sans doute la confrontation avec un modèle générique
qui est la plus ancienne. Que manque-t-il aux réflexions
d'Edmond Schérer et de Paul Bourget sur l'alliance du roman
de mœurs et du roman de caractères chez Balzac pour être
formalistes ? Sans doute une précision plus scientifique dans
l'étude des deux genres. Ramon Fernandez, quant à lui, s'en
rapproche, et il n'est pas indifférent que Georges Poulet voie
dans *Messages* (1926) « une pensée critique formaliste », peu
éloignée de ce qui deviendra la « critique structuraliste » [12].
Dans l'article qu'il consacre à Balzac en 1926, Fernandez commence par définir précisément le « récit », qui relate des événements passés, et le « roman », qui les fait advenir devant nous.
Et Fernandez de comparer le texte balzacien à ces deux modèles
préalables : même si le mélange y apparaît, c'est le récit – et
avec lui tout le discours du narrateur – qui l'emporte, chez
Balzac, sur le roman [13]. Il serait trop long de citer tous les critiques qui ont confronté les romans balzaciens à tel ou tel
modèle générique donné : roman d'aventures, mélodrame,
conte, roman-feuilleton... – avec pour but, bien souvent, de
montrer que Balzac puise sa matière dans la bibliothèque plus
que dans le monde réel. Il ne faudrait pas oublier non plus les
petits genres (ou les petites formes) à l'intérieur du roman, que
sont la description, le portrait ou la digression et qui ont donné
lieu à d'abondantes études à partir de schèmes préétablis.

À côté des modèles génériques, il faut faire une place aux
techniques narratives étudiées par la poétique et appliquées à
Balzac. La plus célèbre étude de ce type est sans doute l'article
« Vraisemblance et motivation » de Gérard Genette (*Figures II*,
1969). Genette y distingue récit vraisemblable (dont les
actions répondent à un corps de maximes implicites), récit
motivé (qui explicite les maximes) et récit arbitraire. L'application de ce modèle à Balzac montre non seulement son goût

12. Georges Poulet (dir.), *Les Chemins actuels de la critique*, Paris, UGE,
« 10/18 », 1968, p. 25.

13. Voir Ramon Fernandez, « La méthode de Balzac », in *Messages* [1926],
Paris, Grasset, 1981, p. 54-69.

48 *Bernard Gendrel*

pour la motivation et par là pour le discours par rapport au récit, mais aussi la propension de la motivation balzacienne à l'arbitraire : « N'importe quel sentiment pouvant aussi bien, au niveau de la psychologie romanesque, justifier n'importe quelle conduite, les déterminations sont presque toujours, ici, de pseudo-déterminations », et leur « abondance suspecte ne fait pour nous que souligner, en fin de compte, ce qu'elles voudraient masquer : *l'arbitraire du récit* » [14]. Ramon Fernandez avait déjà souligné ce phénomène dans *Balzac ou l'Envers de la création romanesque* (1943) à propos d'une analyse du personnage de Rosalie dans *Albert Savarus* [15]. Après les problèmes de motivation, ce sont ceux d'énonciation et de point de vue qui ont intéressé les balzaciens formalistes. Jean Rousset, dans *Le Lecteur intime*, étudie ainsi la manière dont l'implication du lecteur dans la narration est une constante de l'œuvre balzacienne (cela souligne encore l'idée d'un discours balzacien dominant le récit), de même qu'il analyse les spécificités de *L'Auberge rouge* dans son dispositif narratif (auditeur du récit qui est aussi un personnage de l'intrigue, conséquences du récit sur l'auditeur-narrateur, etc. : « le texte balzacien [...] met en péril l'auditeur, toute la chaîne des auditeurs et le narrateur lui-même [16] »). De son côté, Percy Lubbock, en 1921, voit chez Balzac un mélange de vision panoramique et de vision scénique (un mélange de « pictural » et de « dramatique ») : il est l'un des premiers à prendre en considération la question du point de vue, et à l'associer à des effets esthétiques [17]. Dans le même esprit, Jaap Lintvelt, fortement influencé par Lubbock et par toute la tradition structuraliste, fait

14. Gérard Genette, « Vraisemblance et motivation », *Figures II*, Paris, Seuil [1969], « Points Essais », 2015, p. 85.
15. Voir Ramon Fernandez, *Balzac*, Stock, 1943, p. 22 : « Ainsi, Balzac, ayant choisi une certaine action pour les commodités de son intrigue, rend cette action réelle par l'énumération des causes qui la font être. Mais comme cette action n'existe que dans son imagination, les causes, elles-mêmes imaginées, absorbent cette action, la résorbent dans leur système ».
16. Jean Rousset, *Le Lecteur intime. De Balzac au journal*, Paris, José Corti, 1986, p. 71.
17. Voir Percy Lubbock, *The Craft of Fiction*, New York, Charles Scribner's Sons, 1921, p. 220-235.

Balzac et les formalismes 49

de Balzac, en 1981, le représentant du « type narratif aucto-riel » où commentaires et discours narratifs foisonnent[18].

Modèles sémantiques

Dans la logique sémiotique et structuraliste, les modèles sémantiques peuvent être saisis à des niveaux plus ou moins profonds (depuis le carré sémiotique jusqu'à la textualisation en passant par la thématisation, la figuralisation ou l'actorialisation). L'étude la plus ambitieuse, à cet égard, est sans doute celle de Roland Le Huenen et de Paul Perron dans *Balzac. Sémiotique du personnage romanesque*[19]. Le livre, on le sait, se consacre à *Eugénie Grandet*, reprenant des études sur le « signifiant du per-sonnage » et sur l'« objet » publiées précédemment et offrant une construction sémiotique du roman grâce aux modèles four-nis par Greimas (carré sémiotique, schéma actantiel, modalisa-tion). L'ouvrage aboutit à cinq séquences, qui permettent de décrire les transformations de Grandet, de Charles et d'Eugénie dans le roman ainsi que l'objet qu'ils recherchent les uns et les autres (mythique ou pratique), tout en spécifiant les diverses modalités (savoir, pouvoir ou vouloir) de cette transformation. Il propose également un ultime carré sémiotique fondé sur les rapports de contrariété et de contradiction dans l'association du « social » et de l'« argent », ce qui provoque un jeu entre « jouissance », « curiosité » (en haut du carré), « insatisfaction » et « souffrance » (en bas). Nicole Mozet a aussi proposé dans *L'Année balzacienne 1974* (étude reprise dans *Balzac au pluriel*) une analyse structuraliste de *La Fille aux yeux d'or*. Comme chez Roland Le Huenen, le structuralisme en question est la sémiotique greimasienne, Nicole Mozet pensant à la fois le schéma actantiel du roman et, à un niveau plus profond, son/ses carré(s) sémiotique(s) : le premier carré tente de rendre compte du chapitre liminaire sur Paris et fait jouer travail, jouis-sance, non-travail et non-jouissance ; l'autre revient sur le roman proprement dit entre pouvoir, jouissance, non-pouvoir

18. Voir Jaap Lintvelt, *op. cit.*
19. Montréal, Presses universitaires de Montréal, et Paris, Didier-Érudition, 1980.

50   *Bernard Gendrel*

et non-jouissance. La superposition possible de Margarita (dans le second carré) avec les ouvriers (dans le premier), amène à reconnaître leur proximité dans l'énergie créatrice et destructrice et surtout leur place importante dans la logique de l'œuvre : « La condition ouvrière et l'homosexualité féminine sont deux sujets tabous. On a l'impression que Balzac, dans l'impossibilité où il se trouvait de développer un discours complet et cohérent sur chacun d'eux, a choisi de parler *à la fois et en même temps* des lesbiennes et des ouvriers [20] ».

À côté de ces études globales, plusieurs critiques se sont saisis de formes sémantiques singulières. L'on peut évoquer ici la théorie des *modes* de Northrop Frye, qui place Balzac du côté de la *low mimesis*, forme dégradée du mythe (à la fois dans sa version comique – le « coquin habile [21] » parvenant à monter dans la société – et dans sa version tragique – l'individu brisé par un conflit « entre le réel imaginatif et la réalité de la convention sociale [22] »), le chronotope bakhtinien, qui fait du *salon* le « lieu commun » balzacien [23] (et stendhalien) où se concentre toute la signification du roman, ou les *topoï* romanesques que sont « la scène de première vue » (Jean Rousset [24]) ou l'*incipit* (Andrea Del Lungo, *L'Incipit romanesque* [25], avec une troisième partie consacrée exclusivement à Balzac et la mise en avant de deux modèles balzaciens : « l'*incipit* narratif ponctuel » et « l'*incipit* descriptif dynamique »).

L'on sait combien, chez Bakhtine, le chronotope est un nœud sémantique essentiel, d'où semble découler toute l'œuvre. Le « salon » n'est pas spécifique à Stendhal et Balzac mais tous deux lui donnent « sa signification pleine et entière [26] » : « […] le principal, ici, c'est la conjugaison de ce

20. Nicole Mozet, *Balzac au pluriel*, Paris, Puf, 1990, p. 142.
21. Northrop Frye, *Anatomie de la critique* [1957], tr. Guy Durand, Paris, Gallimard, « Bibliothèque des sciences humaines », 1969, p. 55.
22. *Ibid.*, p. 62.
23. Mikhaïl Bakhtine, *Formes du temps et du chronotope dans le roman [1937-1938], Esthétique et théorie du roman* [1975], tr. Daria Olivier, Paris, Gallimard, « Tel », 1978, p. 387-388.
24. Jean Rousset, *Leurs yeux se rencontrèrent. La scène de première vue dans le roman*, Paris, José Corti, 1989.
25. Andrea Del Lungo, *L'Incipit romanesque*, Paris, Seuil, « Poétique », 2003.
26. Mikhaïl Bakhtine, *op. cit.*, p. 387.

Balzac et les formalismes 51

qui est historique, social, public, avec ce qui est privé, et même foncièrement intime, l'association de l'intrigue personnelle, commune, avec l'intrigue politique et financière [27] ». Mais Bakhtine ne s'arrête pas au « salon », même s'il est symptomatique d'une époque et d'un type de roman : le modèle chronotopique s'actualise aussi chez Balzac dans la « maison », dans les « rues », dans les « villes » ou dans le « paysage rural ». L'ouvrage de Rousset est, quant à lui, assez exemplaire d'une démarche de formalisme sémantique : après avoir présenté quelques textes de « première vue » (sans texte de Balzac) dans le chapitre Ier, il construit un « modèle » théorique dans le chapitre II (« mise en place » puis « mise en scène » avec « effet », « échange » et « franchissement »), puis étudie, dans le chapitre III (« *La Comédie humaine* comme répertoire »), la manière dont Balzac épuise toutes les possibilités de jeu avec le modèle (effet sans échange – *Sarrasine* –, échange par tableau interposé – *La Maison du Chat-qui-pelote* –, effet provoqué – *Le Cabinet des Antiques* –, franchissement qui précède la vue et constitue l'échange – *La Peau de chagrin, Le Lys dans la vallée* –, effet précédant la vue – *Béatrix* –, échange précédant la vue – *Modeste Mignon*).

Modèles tonals

Les registres, modes, tonalités, constituent des formes problématiques. Mikhaïl Bakhtine les nomme « formes architectoniques » et estime qu'elles émergent de certains « procédés définis » des autres formes de l'œuvre [28]. L'on peut dire que, bien souvent, ces procédés sont d'origine sémantique [29].

Deux études sont ici à signaler. La première est l'analyse – succincte – de *La Peau de chagrin* dans *Introduction à la littérature fantastique* de Tzvetan Todorov, après la définition du fantastique comme incertitude entre l'étrange et le merveilleux.

27. *Ibid.*, p. 388.
28. Voir Mikhaïl Bakhtine, *Le Problème du contenu, du matériau et de la forme dans l'œuvre littéraire* [1924], *Esthétique et théorie du roman*, éd. citée, p. 21-82.
29. Sur la sélection de traits sémantiques, voir Alastair Fowler, *Kinds of Literature : An Introduction to the Theory of Genres and Modes*, Oxford, Clarendon Press, 1982.

Le roman de Balzac obéit bien à cette définition, mais pas à la clause qui veut que « si ce que nous lisons décrit un événement surnaturel, et qu'il faille pourtant prendre les mots non au sens littéral mais dans un autre sens qui ne renvoie à rien de surnaturel, il n'y a plus de lieu pour le fantastique [30] ». En d'autres termes, le roman de Balzac étant allégorique, il perd *de facto* sa tonalité fantastique. Autre analyse d'une tonalité balzacienne : le commentaire du portrait de Mlle Cormon par Philippe Hamon dans *L'Ironie littéraire*. Philippe Hamon y voit converger les trois grands moyens signalétiques de l'ironie (distanciation d'une énonciation envers son propre énoncé, distanciation entre des contenus éloignés co-présents, distanciation avec des énoncés extérieurs cités), mais souligne aussi toute l'ambiguïté du texte et de son interprétation entre volonté de sérieux et ironie [31]. La question de l'ironie chez Balzac a beaucoup intéressé les balzaciens ces dernières années, comme l'a montré la journée d'étude du GIRB consacrée en 2002 aux « ironies balzaciennes », et le volume dirigé par Éric Bordas qui a suivi [32]. Nous aurons l'occasion de revenir sur cette question des tonalités.

Un premier constat s'impose, celui de la richesse de ces entreprises, et des éclaircissements qu'ils ont pu apporter sur l'œuvre balzacienne. Deux attitudes, au sein de ces lectures formalisées : une attitude quasi « scientifique », qui confronte le texte au modèle et tente de rendre compte du texte balzacien en langage parfois algébrique ; une attitude plus souple, celle défendue par Jean Rousset notamment, qui ne s'interdit pas la construction de modèles mais cherche à rendre compte de l'originalité du texte (pour Rousset, notons-le, l'auteur n'est pas mort, et il y a bien une conscience qui crée en jouant avec les formes et une autre qui les reçoit). Un manque, semble-t-il, dans cette typologie des lectures formalisées : *S/Z* de Roland

30. Tzvetan Todorov, *op. cit.*, p. 69.
31. Philippe Hamon, *L'Ironie littéraire. Essai sur les formes de l'écriture oblique*, Paris, Hachette, « Hachette Supérieur », 1996, p. 94-99.
32. Éric Bordas (dir.), *Ironies balzaciennes*, Saint-Cyr-sur-Loire, Christian Pirot, 2003.

Balzac et les formalismes 53

Barthes. Andrea Del Lungo y consacre un article dans ce dossier. Nous signalerons donc seulement le caractère problématique de cette œuvre qui récuse le structuralisme tout en y renvoyant, comme l'ont bien étudié Thomas Pavel et Claude Bremond (*De Barthes à Balzac. Fictions d'un critique, critiques d'une fiction* [33]). Barthes, dès les premières lignes, semble renoncer à son projet antérieur d'« analyse structurale du récit » :

> On dit qu'à force d'ascèse certains bouddhistes parviennent à voir tout un paysage dans une fève. C'est ce qu'auraient bien voulu les premiers analystes du récit : voir tous les récits du monde (il y en a tant et tant eu) dans une seule structure : nous allons, pensaient-ils, extraire de chaque conte son modèle, puis de ces modèles nous ferons une grande structure narrative, que nous reverserons (pour vérification) sur n'importe quel récit : tâche épuisante (« *Science avec patience. Le supplice est sûr* ») et finalement indésirable, car le texte y perd sa différence [34].

Le texte de Balzac sera donc brisé, étoilé, divisé en différentes lexies. Malgré ce préambule, le formaliste n'est jamais très loin, et les cinq codes pourraient permettre un agencement du matériau, même si Barthes prévient : « Pour les sèmes, on les relèvera sans plus – c'est-à-dire sans essayer, ni de les tenir attachés à un personnage (à un lieu ou à un objet), ni de les organiser entre eux pour qu'ils forment un même champ thématique ; on leur laissera leur instabilité, leur dispersion, ce qui fait d'eux les particules d'une poussière, d'un miroitement du sens [35] ». Cette tentative ambivalente de Barthes reflète sans doute une sorte de malaise du structuralisme au début des années 1970. Certains formalistes vont donc proposer non pas une lecture formalisée mais ce que nous appellerions une lecture formalisante : les modèles n'y sont plus *a priori* mais *a posteriori*, construits et révisés au cours de la lecture.

---

33. Paris, Albin Michel, 1998.
34. Roland Barthes, *S/Z*, Paris, Seuil [1970], « Point Essais », 1976, p. 9.
35. *Ibid.*, p. 23.

II

MODÈLES *A POSTERIORI* ET LECTURES FORMALISANTES

Deux théoriciens, qui ont commenté Balzac, semblent ici incontournables : Michael Riffaterre et Michel Charles. Ils sont, d'une certaine manière tous deux assez critiques envers le structuralisme, mais ils assument pleinement l'appellation de « formalistes ». En tête de son étude sur *La Paix du ménage*, Riffaterre indique bien les données du problème par rapport à ce que nous avons appelé les lectures formalisées :

> La « narratologie » en effet donne la priorité aux structures, en vertu de ce postulat de Greimas qu'il existe une organisation immanente du narratif antérieure à la réalisation textuelle [...] une analyse fondée sur ce postulat ne considérera le texte que comme l'aboutissement, le produit final d'un processus génératif. Or le phénomène littéraire se situe dans l'échange dialectique entre texte et lecteur ; en conséquence le texte n'a d'existence ou de fonction littéraire que comme *point de départ* du processus génératif, lequel se déroule dans l'esprit du lecteur [36].

Dans ses *Essais de stylistique structurale*, Riffaterre avait déjà critiqué la propension du formalisme français à ne pas prêter assez d'attention au texte, en partant de modèles parfois gratuits et en faisant le pari de structures latentes. Riffaterre dénonçait ainsi la mythologie de la profondeur propre au formalisme, qui lui faisait inventer des structures sans assise dans le texte. Son formalisme part au contraire du texte et des éléments saillants (ou marqués) de celui-ci pour construire un « modèle abstrait » (un invariant).

La matrice sémantique

Dans son article sur *La Paix du ménage*, Riffaterre commence par noter ce que le structuralisme traditionnel peut apporter à l'étude de cette nouvelle. Reprenant les catégories

---

36. Michael Riffaterre, *La Production du texte*, Paris, Seuil, 1979, p. 154.

Balzac et les formalismes   55

de Claude Bremond dans *Logique du récit*, il voit dans le petit roman de Balzac un équilibre quasi parfait du processus d'amélioration et de dégradation : « [...] les actions autodestructrices du roué [Martial de la Roche-Hugon] correspondent point par point aux actions par lesquelles l'épouse [Hortense de Soulanges] améliore sa propre situation [37] ». Malgré l'utilité du modèle, Riffaterre fait un constat : « Ce modèle est si simple qu'il s'applique à beaucoup de textes, et ne peut rendre compte de ce que notre roman a en propre [38] ». Il propose donc d'être attentif à la surface du texte et à ses répétitions. Or un détail fait retour à tous les moments importants de l'intrigue : le « candélabre » sous lequel est assise Hortense pendant le bal chez le comte de Gondreville. Il lui est d'ailleurs associé par contiguïté physique et verbale, devenant « métonyme de l'épouse » et symbole du récit. Non seulement toute une dialectique de la lumière et de l'obscurité traverse la nouvelle, mais régulièrement les personnages parlent du « candélabre » pour parler d'Hortense, soit parce qu'ils comprennent mal ce qu'on leur demande (comme le comte de Gondreville), soit parce qu'ils ne veulent pas nommer la femme (ainsi Soulanges lorsqu'il parle à la comtesse de Vaudremont). C'est la survenue d'une nouvelle occurrence du « candélabre », et son déplacement de la métonymie vers la métaphore, qui oriente le lecteur dans la bonne direction. Il s'agit du passage où Martial de la Roche-Hugon vient inviter la femme mystérieuse à danser : « Au moment où le maître des requêtes s'approchait en papillonnant du candélabre, sous lequel la comtesse de Soulanges, pâle et craintive, semblait ne vivre que des yeux [39] [...] ». L'image de surface du « papillon » s'approchant de la lumière non seulement annonce l'échec à venir du séducteur, mais nous met également sur la voie de l'invariant, du noyau sémantique de l'œuvre : « Ce message, cet invariant, c'est, bien entendu, la duperie universelle de l'amour, la tricherie des passions [40] ». C'est cela qui permet

37. *Ibid.*, p. 157.
38. *Loc. cit.*
39. *La Paix du ménage, CH*, t. II, p. 122.
40. Michael Riffaterre, *op. cit.*, p. 161.

d'unir les réflexions morales du début de la nouvelle, « la passion effrénée » de l'époque « pour tout ce qui brillait[41] » et l'histoire qui nous est racontée. Et c'est ce « tout ce qui brillait » du texte balzacien qui permet à Riffaterre d'être au plus près de la phrase matricielle de la nouvelle, en rétablissant la « composante refoulée[42] » du proverbe : « Tout ce qui brille n'est pas or ». À partir de cette structure minimale, de ce noyau sémantique, le texte se développe par *expansion* (répétition de l'invariant sous diverses formes, le « brillant » pouvant être réel ou figuré) et *conversion* (jeu distancié et parodique avec le proverbe).

Voilà une lecture stimulante de la nouvelle de Balzac, qui ne l'astreint pas à un modèle *a priori*, mais qui la restreint à un noyau sémantique donné. Comme l'a noté Max Andréoli[43], l'effacement de personnages importants, comme Mme de Lansac et Mme de Vaudremont, peut sembler gênant. Riffaterre expliquerait sans doute que les processus d'expansion du noyau permettent de rendre compte de ces personnages. Plus gênante est, à n'en pas douter, l'association de Mme de Soulanges avec un élément qui se révèle au bout du compte négatif (le « candélabre », symbole de la duperie de « tout ce qui brille »), mais il faut bien reconnaître, là encore, que Mme de Soulanges prend, dans la nouvelle, son mari et son époque à leur propre jeu. Nous le voyons, la brièveté de l'œuvre permet assez facilement la réduction à une matrice : qu'en serait-il néanmoins pour *Illusions perdues* ? Pourrait-on tenir tout du long l'idée d'un « invariant », d'un « hypogramme » à retrouver dans les jeux formels à la surface du texte ? Il faut sans doute assouplir encore le principe de la lecture formalisante pour atteindre un résultat plus satisfaisant, qui intègre différentes composantes de l'œuvre.

---

41. *CH*, t. II, p. 96.
42. Michael Riffaterre, *loc. cit.*
43. Max Andréoli, « Quelques perspectives de lecture sur une nouvelle de Balzac : *La Paix du ménage* », *AB 1981*, p. 65-122.

Balzac et les formalismes   57

Analogue rationnel et régimes de texte

C'est ce à quoi s'emploie Michel Charles dans *Introduction à l'étude des textes* (1995) et *Composition* (2018). La théorisation de l'« analogue rationnel » (« formule accompagnée de règles touchant sa mise en œuvre ») dans le premier de ces ouvrages n'est pas sans rappeler certaines formules de Riffaterre :

> Les efforts pour considérer le texte comme issu, sorti, né d'une matrice, d'une phrase, d'un germe... sont nombreux et divers ; quant aux règles, il s'agit de règles de « composition » et telle étude sur l'amplification, par exemple, voire sur le régime descriptif, touche directement aux procédures de développement de tel texte ou de tel type de texte, et à leurs dynamiques [44].

Ce dernier terme est sans doute à relever, car il distingue Michel Charles des tentatives formalistes précédentes. Plus que tout il tient à prendre en compte la « dynamique » des textes et s'il indique, dès 1995, que l'« analogue » est un « objet rationnellement construit », il insiste aussi sur le fait que la « description de la dynamique du texte [...] est la description des transformations susceptibles d'affecter la formule [45] ». Par là, Michel Charles tente, semble-t-il, de concilier formalisme vertical (maintien de l'idée de « modèle ») et formalisme horizontal (mise en valeur des jeux formels au fil de la lecture). *Composition*, paru récemment, et qui contient une étude de *La Maison du Chat-qui-pelote*, va encore plus loin dans l'assouplissement de la méthode de lecture. Le modèle *a posteriori* n'y est plus nommé « analogue rationnel » mais « agencement » ou « configuration dynamique », et ce sont les régimes de texte et leur variation qui sont mis en avant. « Ce formalisme », nous dit Michel Charles,

> n'est donc plutôt pas un structuralisme, sauf à avancer l'idée de structures souples. [...] Il s'agira en effet de marquer les différences, de leur donner du relief, de mettre en lumière les changements de *tempo*, d'objet, de rhétorique, et donc d'affaiblir délibérément la cohérence ou plutôt la cohésion du texte étudié [...] [46].

44. Michel Charles, *Introduction à l'étude des textes*, Seuil, « Poétique », 1995, p. 259.
45. *Ibid.*
46. Michel Charles, *Composition*, *op. cit.*, p. 103.

58   *Bernard Gendrel*

La notion clé de ce formalisme dynamique est celle de « régime » : « concept flou regroupant différents critères sémantiques, grammaticaux, génériques, stylistiques, il permet de parcourir le réseau en connectant des éléments qui ont la même couleur, le même *tempo* et d'examiner divers parcours, de faire intervenir diverses hiérarchies, quand les critères ou les traits divergent [47] ».

L'analyse de *La Maison du Chat-qui-pelote* illustre parfaitement les principes de lecture de Michel Charles. De même que Riffaterre montrait les limites du modèle narratif pour comprendre la littérarité de *La Paix du ménage*, de même Michel Charles montre au début de son chapitre IV les limites de l'analyse narrative mais aussi de l'analyse matricielle. La première tentation du critique est en effet – en suivant en cela le narrateur et son commentaire final de l'œuvre – de voir dans toute cette nouvelle une fable (action, symétrie des deux mariages, leçon sur le mariage déséquilibré). Mais, comme il aime à le faire, Michel Charles indique deux perturbations de cette structure : la chaîne amoureuse Virginie-Lebas-Augustine-Théodore (chaîne comique et inutile du point de vue de la fable) et la chaîne Augustine-Théodore-duchesse de Carigliano-Victor d'Aiglemont (chaîne tragique peu économe, qui dépasse le cadre de la fable). La lecture de la nouvelle par le seul recours à la fable est donc trompeuse (il s'agit d'une « lecture de crête », qui laisse de côté un ensemble d'éléments). Lorsque Michel Charles propose une autre solution – de voir dans le « tableau » une sorte de matrice de l'œuvre, aux sens propre, littéraire et symbolique – le critique visé semble être Riffaterre et sa théorie de la « production du texte ». Là encore, Michel Charles rejette cette possibilité comme trop simplificatrice et ne rendant pas justice à la complexité de l'œuvre.

Michel Charles insiste sur un point important : le récit ne se présente pas comme un récit économique et cohérent, et pour ne pas le forcer, il faut le décrire dans sa progression, sans coup de force herméneutique. Plutôt que d'opérer des « coupes sombres », il faut « jouer des hiérarchies, les modifier,

---

47. *Ibid.*

Balzac et les formalismes   59

changer les éclairages »[48]. Le critique décrira donc quatre séquences : 1°) la grande scène d'ouverture de la rue Saint-Denis (avec présentation de la famille et de la maison et récit rétrospectif des deux tableaux), scène qui se met en place comme un conte (le prince charmant est un baron d'Empire) avec des moments de galanterie et de farce ; 2°) le récit théâtralisé avec une succession de petites scènes qui nous orientent vers la comédie, ses quiproquos et son mariage final ; 3°) un sommaire rapide des premières années de mariage (avec, ici ou là, des leurres en forme d'amorces de scènes), qui nous met sur la voie du roman réaliste (« contextes sociaux et ce qui s'ensuit ») ; 4°) une décélération et un retour à la succession des scènes, qui, à travers les trois consultations puis les trois moments de dénouement, nous mène à la fin tragique d'Augustine. Le parcours est donc « accidenté » pour le lecteur si l'on ne décide pas de gommer arbitrairement tel ou tel détail. Michel Charles va même jusqu'à décrire les textes fantômes qui s'esquissent ici ou là dans l'œuvre sans être véritablement actualisés et qui complexifient encore plus la nouvelle : la possible pièce galante qui se joue entre Théodore, la duchesse et Victor d'Aiglemont, la doublure fantasmatique du texte avec un registre maritime faisant de l'« activité du négoce » un « roman d'aventures », le conte de fées inversé que propose la fin de l'œuvre (avec le portrait-talisman et le prince qui se transforme en bête). Plus le critique laissera miroiter les possibles du texte, plus sa lecture sera riche − et fidèle. Il est des moments, par exemple, où l'on ne peut trancher et où il faut exhiber toutes les combinaisons envisageables : ainsi des trois consultations finales (les Lebas, les parents, la duchesse). Faut-il les lire comme la gradation de trois séquences, culminant dans la scène chez la duchesse, selon la logique du conte, ou faut-il y voir, comme le texte y invite aussi, deux séquences (les Lebas et les parents d'un côté et la duchesse de l'autre), selon une logique réaliste postulant la séparation entre deux mondes ? Les deux lectures sont possibles et les deux doivent être décrites.

48. *Ibid.*, p. 276

On le voit, Michel Charles réussit le tour de force d'unir formalisme vertical, épris de modèles abstraits, et formalisme horizontal, attentif à la progression du texte et aux formes dynamiques qui s'y dessinent. Au fil de son œuvre critique, les catégories utilisées se font plus floues et la notion de « régime » englobe volontairement, dans son dernier livre, des éléments hétéroclites. Michel Charles se garde bien aussi de définir le « réalisme », le « comique », « la farce », le « conte » ou toute autre notion qu'il convoque : ce qui importe est moins la concordance avec tel ou tel genre bien établi que la constitution dynamique de réseaux et d'échos au sein de l'œuvre. Une remarque, malgré tout, peut être faite sur les genres et les tonalités, à partir de ces analyses de la nouvelle de Balzac. La notion de genre, comme celle de la « fable » au début de l'analyse, n'a pas besoin de la description dynamique du texte : un résumé lui suffit où l'on retrouve tous les éléments plus ou moins nécessaires qui s'additionnent alors les uns aux autres (on pourrait ainsi rapprocher le genre de la « qualité additive » dont parle Monroe Beardsley dans *Aesthetics*[49]). La forme tonale, ou « forme architectonique » comme l'appelle Bakhtine, ne peut se satisfaire du résumé : son noyau sémantique a besoin d'être dynamisé en réseaux de signifiants et de signifiés (elle s'apparente plutôt à la « qualité émergente » décrite par Beardsley[50]). Michel Charles entremêle formes additives et formes émergentes dans sa description du texte, mais l'addition, au fil de la nouvelle, d'un nouveau trait qui vient confirmer un genre (les dialogues, le « quiproquo » ou le mariage, par exemple, pour la comédie) n'a pas tout à fait la même valeur que la résonance d'un nouveau trait par rapport à d'autres pour faire naître une tonalité (le tragique, par exemple, qui entoure Augustine). La description dynamique est indispensable mais le matériau qu'elle traite n'est pas tout à fait interchangeable.

Suivre le fil de l'utilisation de Balzac par les formalistes, c'est suivre finalement toute l'histoire du formalisme, ses ful-

---

49. Voir Monroe Beardsley, *Aesthetics. Problems in the Philosophy of Criticism* [1958], Indianapolis-Cambridge, Hackett Publishing Company, 1981, p. 83-84.
50. *Ibid.*

Balzac et les formalismes 61

gurances, ses errances, ses reniements, ses tentatives sans lendemain, ses propositions fécondes. La lecture formalisée n'est pas
morte, même si le structuralisme scientifique des années 1960
a été remplacé par une approche plus souple des formes. Elle
permet, dans la version d'un Jean Rousset, de mesurer les
écarts et les singularités d'une œuvre avec une norme, de
montrer la « vie des formes », pour reprendre l'expression de
Focillon, tant un auteur comme Balzac exploite tous les possibles d'un modèle. La lecture formalisante permet, quant à
elle, de placer le texte, et sa relation au lecteur, au premier
plan. Plus le critique obéira au rythme de l'œuvre, plus il
pourra espérer lui être fidèle. L'inconvénient est de ne pouvoir
traiter ainsi de vastes ensembles. Le formalisme, qu'il soit russe,
américain ou français, s'est bâti sur l'analyse de poèmes ou de
contes, c'est-à-dire d'œuvres facilement maniables ; il trouve
dans Balzac une prolifération de formes qui le comble, mais il
achoppe sans doute sur le projet totalisant de *La Comédie
humaine*.

Bernard GENDREL.

BALZAC : ÉTUDES
DE LANGUE ET DE STYLE
(1850-2019)

On commencera cette lecture des travaux sur la langue et le style de Balzac après la mort du romancier, en 1850. De son vivant, Balzac n'était pas étudié mais simplement lu et les articles qui lui étaient consacrés étaient des comptes rendus journalistiques ou des gestes de sympathie ou d'hostilité de ses pairs écrivains. Les choses changent après sa mort : l'intérêt pour l'œuvre du romancier à la mode de la monarchie de Juillet perdure, ses romans se lisent même toujours plus et deviennent des références pour évaluer les mérites et surtout l'originalité des créations. En 1888, *Eugénie Grandet* est mis au programme de l'agrégation de l'enseignement secondaire spécial, puis, en 1897, à celui de l'agrégation de l'enseignement secondaire de jeunes filles, l'une et l'autre sans latin [1]. Désormais, Balzac n'est plus simplement lu pour passer le temps, mais analysé en tant que texte qui a des enseignements à fournir aux élèves et à leurs professeurs. Le regard change nécessairement et avec lui les modes d'appréhension de la prose balzacienne, hier encore prétendu talon d'Achille du colosse qui écrivait mal parce qu'il écrivait beaucoup et vite. Mais ce changement va prendre du temps.

---

1. Voir « Agrégation », *in* Éric Bordas *et al.* (dir.), *Dictionnaire Balzac*, Paris, Classiques Garnier, 2021, p. 51.

L'Année balzacienne 2023

64 *Éric Bordas*

1850-1928 : de la critique journalistique intuitive à l'analyse universitaire littéraire

Si les six articles publiés par Hippolyte Taine dans le *Journal des débats* entre le 3 février et le 3 mars 1858, souvent cités aujourd'hui encore pour la livraison intitulée « Style de Balzac », font référence comme somme synthétique et par l'importance reconnue à Balzac dans l'histoire du roman, ils restent dans la tradition journalistique des textes de Sainte-Beuve publiés vingt-cinq ans plus tôt, mais, cette fois-ci, dans une perspective positive [2]. Raillant les détracteurs, et d'abord les adversaires de son style, ils n'échappent pas à la rhétorique des lectures d'humeur des journalistes qui distribuent bons et mauvais points, faisant de ce fameux style, compris comme norme d'expression écrite, le point d'achoppement suprême pour adouber ou disqualifier tout écrivain prétendant à l'immortalité [3]. Mais l'on constate que l'analyste sérieux, professionnel, est désormais tenu de faire l'effort de considérer l'ensemble d'une œuvre, avec l'idée d'une globalité de création pensée dans son évolution, et d'insister pour que Balzac soit lu comme un écrivain de son temps et non à l'aune de la langue classique [4]. Pour Taine, le style de Balzac est avant tout « un chaos gigantesque » puisque « tout y est : les arts, les sciences, les métiers, l'histoire entière, les philosophes, les religions » [5]. Taine, figure très particulière du Second Empire,

2. Voir *in* Stéphane Vachon (éd.), *Balzac*, Paris, Presses universitaires de Paris-Sorbonne, « Mémoire de la critique », 1999, p. 195-245 ; et l'article de Sainte-Beuve sur *La Recherche de l'Absolu* de 1834, lu et relu par tous, *ibid.*, p. 65-79.
3. Pour une synthèse sur la pratique de la critique littéraire sous la monarchie de Juillet, voir Jean-Louis Cabanès et Guy Larroux, *Critique et théorie littéraires en France (1800-2000)*, Paris, Belin, 2005, p. 65-97. Sur la référence récurrente au style valant comme argument qualitatif majeur, voir É. Bordas, « "Style" (et norme) dans la critique littéraire du XIXe siècle », *in* Romain Jalabert & Boris Lyon-Caen (dir.), *Le siècle de la critique. Écrire sur la littérature au XIXe siècle*, Paris, Éditions du CNRS (à paraître).
4. Sur l'originalité de la méthode de Taine, voir J.-L. Cabanès & G. Larroux, *op. cit.*, p. 113-116.
5. *In* S. Vachon (éd.), *op. cit.*, p. 218. La conclusion est souvent citée : « Évidemment cet homme, quoi qu'on en ait dit et quoi qu'il ait fait, savait sa langue ; même il la savait aussi bien que personne ; seulement il l'employait à

Balzac : études de langue et de style (1850-2019)

philosophe normalien et docteur, sans n'avoir jamais été universitaire à cause de son intelligence séditieuse, reste, de toute façon, un franc-tireur, de grand luxe, assurément, fondamentalement un essayiste[6]. Tout comme Bourget, par exemple, restera à sa façon, peu après, dans la tradition des écrivains qui s'expriment sur leur propre rapport à Balzac, ce père encombrant[7]. L'intuition est leur force, tout comme leurs partis pris : c'est ce que l'on attend d'eux.

Les choses changent quand Balzac est lu et prétendument analysé par une première génération d'universitaires qui sans être des théoriciens de la littérature moderne, en particulier au sens sociologique qui se découvre au même moment, sont, incontestablement, des professionnels de la rhétorique – qu'ils enseignent –, de la réception critique, et des penseurs de l'histoire de la littérature, confondue avec une histoire littéraire. Pensant à un public d'étudiants, leurs exigences ne sont pas les mêmes. Lanson, Faguet publient des textes importants dans les années 1890, ainsi que Brunetière. Les personnalités et les parcours des trois hommes sont radicalement différents, mais ils enseignent dans le supérieur : à la Sorbonne, depuis 1890 pour Faguet, et 1904 pour Lanson, et à l'École normale supérieure à partir de 1886 pour Brunetière. Faguet et Lanson sont eux-mêmes normaliens, agrégés, docteurs ès Lettres, enseignants en lycée avant de devenir universitaires ; Brunetière, directeur de la *Revue des Deux Mondes*, n'a jamais eu que le bac[8] et s'inscrit dans les traces de Sainte-Beuve qui avait pu être nommé au Collège de France en 1854 sur une chaire de poésie latine, et avait été maître de conférences à la même École normale supérieure entre 1857 et 1861 : sous les débuts

---

sa façon », *ibid.*, p. 220. Pour une autre édition de ce texte, recontextualisé et richement commenté, voir Taine, *Essais de critique et d'histoire*, éd. Paolo Tortonese *et al.*, Paris, Classiques Garnier, 2021, p. 589-568 – les deux citations ici données s'y trouvent p. 628 et p. 631.

6. Sur Taine, sa vie et son œuvre, voir Nathalie Richard, *Hippolyte Taine. Histoire, psychologie, littérature*, Paris, Classiques Garnier, 2013.

7. Voir Michel Raimond, « Le Balzac de Paul Bourget », *AB 1991*, p. 383-394.

8. Voir Antoine Compagnon, *Connaissez-vous Brunetière ? Enquête sur un antidreyfusard et ses amis*, Paris, Seuil, 1997.

66 *Éric Bordas*

de la IIIe République, l'accès à l'enseignement supérieur restait très ouvert, par nomination libre, aux personnalités de la presse et au monde des lettrés, jusqu'aux différentes réformes qui vont, au tournant du siècle, en réécrire l'histoire [9].

C'est dans le cadre d'une *Histoire de la littérature française* publiée chez Hachette, éditeur devenu la référence en matière de manuels didactiques dès les années 1860 [10], que Lanson publie en 1894 un chapitre appelé à faire référence avec son titre en forme de dogme scolaire définitif : « Du romantisme au réalisme : Balzac [11] ». Faguet, pour sa part, s'interroge sur « l'influence de Balzac » quatre ans plus tard, dans un geste qui est, lui aussi, porté par une pensée historique qualitative, assénant, à deux reprises, comme une évidence de peu d'intérêt, que « sauf exception, [Balzac] écrit mal » [12]. Quant à l'étude de Brunetière, d'abord conférence prononcée à Tours pour le centenaire de la naissance d'Honoré, elle trouva sa place ensuite dans les *Études critiques sur l'histoire de la littérature française*, également chez Hachette [13]. Elle contient, du reste, une déclaration en forme de *mea culpa* qui témoigne, déjà, de l'évolution de l'approche critique du texte balzacien en ces dernières années du siècle : « Lui reprocher d'avoir mal écrit, comme on le fait encore, et comme je l'ai fait moi-même, il y a bien des années, quand j'étais jeune, c'est [...] se rapporter à une conception du style un peu étroite et un peu abstraite [14] ». Et l'ombrageux critique admet qu'il a confondu

---

9. Sur l'évolution profonde du recrutement des universitaires sous la IIIe République, voir Christophe Charle, « Le champ universitaire parisien à la fin du XIXe siècle », *Actes de la Recherche en Sciences Sociales*, n° 47-48, 1983, p. 77-89.

10. Louis Hachette n'a « jamais cessé de concentrer son attention sur son domaine de base, la librairie scolaire et universitaire », rappelle Jean-Yves Mollier, *Louis Hachette (1800-1864). Le fondateur d'un empire*, Paris, Fayard, 1999, p. 433.

11. *In* S. Vachon (éd.), op. cit., p. 319-324.

12. *Revue politique et littéraire* [*Revue bleue*], 21 mai 1898, *ibid.*, p. 351-366 ; la citation est à la page 365 ; plus haut, déjà : « et Balzac écrit très mal », p. 353.

13. *Ibid.*, p. 367-382.

14. *Ibid.*, p. 368. Le 15 juin 1880, Brunetière avait écrit dans la *Revue des Deux Mondes* que Balzac était un romancier « franchement détestable », « l'un des pires écrivains qui aient jamais tourmenté la langue française ».

Balzac : études de langue et de style (1850-2019) 67

longtemps lui-même « style » et « goût », tout comme il confondait « réception » et « analyse », mais continue, malgré sa bonne volonté sincère, à persévérer dans ses propres aveuglements en concluant que Balzac écrit incontestablement mal « quand il s'applique et qu'il veut bien écrire ; […] quand il veut faire des effets de style [15] ».

Le chemin sera encore bien long pour que l'université se débarrasse de son droit à condamner ou saluer un écrivain, sinon exactement contemporain, du moins proche dans le temps, sans sacrifier au jugement de valeur venu de la critique journalistique. Alain, pendant longtemps, continuera à lire ainsi Balzac, en pédagogue et formateur du goût, s'accordant tous les droits, du haut de l'excellence de son expérience de lecteur, faisant du dilettantisme critique guidé par une formation généraliste de luxe une prétendue leçon d'intelligence et de liberté, de vivacité [16]. La non-compréhension du style rejoint ici l'illisibilité, encore, cinquante ans après la mort de l'auteur, de la polyphonie balzacienne, cette prise de risque esthétique pour représenter et surtout faire entendre le monde moderne dans toute sa disparate, parfois choquante, souvent ridicule et brutale. La disparate constitutive de la représentation critique du monde par l'écriture de la fiction déplaît et confronte le critique à ses propres blocages politiques.

Malgré ces lenteurs générationnelles dans l'évolution des lectures et surtout des pratiques de commentaire, affranchies de citations fiables, presque toujours, ou de tout effort de pensée de l'histoire des œuvres, il n'en demeure pas moins que c'est l'université, et elle seule, qui devait être à même de proposer et de créer une stylistique balzacienne qui se baserait sur des études théoriques de la langue et des discours qui pourraient ainsi dépasser ces jugements de valeur dégoûtés ou louangeurs se présentant comme des analyses quand ils ne sont que des réactions. Et c'est à ce titre qu'il convient de saluer

15. *Ibid.*, p. 368-369. Sur le « dogmatisme » et « l'évolutionnisme » de Brunetière, voir Jean-Thomas Nordmann, *La Critique littéraire française au XIXe siècle*, Librairie Générale Française, « Le Livre de Poche », 2001, p. 112-120.
16. Pour un recueil des textes d'Alain sur Balzac, dont « Le style de Balzac » (1949), voir Alain, *Balzac*, Paris, Gallimard, « Tel », 1999.

68   *Éric Bordas*

les deux premières publications résolument universitaires sur
Balzac : or ce sont deux travaux consacrés à des questions de
langue et de style.

La première fut américaine. En 1921, John Marvin Burton
publie sa thèse de l'université de Princeton, dans une coédi-
tion avec Champion : *Honoré de Balzac and his figures of speech*,
court volume d'une centaine de pages qui inaugure les études
à venir sur la métaphore romanesque chez Balzac. Mais c'est
un travail d'une tout autre ampleur que donne, sept ans plus
tard, Pierre Barrière (né en 1892), qui a soutenu la première
thèse française sur Balzac, laquelle bénéficie d'une publication
quasi immédiate chez Hachette : *Honoré de Balzac et la tradition
littéraire classique*. Seul, sans doute, ce sujet était alors possible
pour permettre à Balzac de devenir un sujet d'étude à la Sorbonne : montrer ce que Balzac doit à ce que la littérature
française a canonisé comme étant sa part la plus brillante et la
plus noble de sa production séculaire. De ce travail pionnier
et remarquable d'intelligence et de distance critique, on
retiendra, en particulier, que l'auteur se montre très attentif
aux questions de contextualisation énonciative, ne confondant
jamais discours du narrateur et discours des personnages. En
outre, il faut savoir que le même Pierre Barrière avait donné,
la même année, avec sa thèse, un autre ouvrage sur *Les Romans
de jeunesse* de Balzac, s'inscrivant, par sa curiosité pour ce
corpus marginal et inconnu, dans l'héritage de Lovenjoul, et
annonçant les théorisations à venir de la génétique de la création, au-delà de la stricte philologie des textes. Maurice Bardèche en nourrira sa propre démarche pour étudier la
poétique romanesque de Balzac, et après lui Pierre Barbéris,
l'un et l'autre sacrifiant à la pulsion téléologique difficilement
évitable avec ce corpus.

*1928-1952 : de l'analyse universitaire littéraire (histoire
de la littérature) à l'analyse linguistique (histoire de la langue)*

La Sorbonne n'est pas coupée du reste du monde et, dans
les années 1930, l'autorité qu'est Ferdinand Brunot (1860-
1938), référence en matière d'histoire de la langue française et

Balzac : études de langue et de style (1850-2019)   69

de linguistique générale, introduit la discipline intitulée « stylistique » que Charles Bally, le premier disciple de Saussure, était en train de théoriser à Genève comme « science du sens et de l'expression », étude de l'expressivité, ce néologisme dix-neuviémiste pour nommer les phénomènes de valorisation du sens de l'énoncé par une modalisation de l'énonciation[17]. Malheureusement, il confia cette introduction à son gendre, le dialectologue Charles Bruneau (1883-1969), qui, à l'encontre de ce que voulait Bally, c'est-à-dire un travail sur la langue commune des non-écrivains, décida que la stylistique serait, dans la continuité de ce qu'avait voulu le novateur Lanson dans son travail autour de l'explication de texte, la grammaticalisation de cet exercice, restreint à l'unique corpus littéraire[18]. Le rendez-vous avec la linguistique générale et les sciences du langage était donc raté, et ce pour au moins un siècle comme le prouve aujourd'hui encore la place de la stylistique à l'université[19]. Mais les études littéraires y gagnèrent une nouvelle approche méthodologique des textes. La stylistique d'auteur, aboutissement universitaire logique de la valorisation de l'individuel et du singularisant que le XIXe siècle avait cultivée depuis le romantisme[20], venait de naître et allait donner des résultats remarquables, réunissant, d'une certaine façon, l'histoire de la littérature de Curtius inspirée par les études de style des grands écrivains proposées par Spitzer, et l'histoire de la langue et des formes promue par le maître Brunot dans une nouvelle considération de la diachronie, moins textuellement philologique et plus discursivement épistémologique et sociale.

17. Voir Étienne Karabétian, *Histoire des stylistiques*, Armand Colin, 2000 ; Anamaria Curea, *Entre expression et expressivité : l'école linguistique de Genève de 1900 à 1940. Charles Bally, Albert Sechehaye, Henri Frei*, Lyon, ENS éditions, 2015.

18. Sur l'histoire de ce contresens universitaire, dont, du reste, le cas de Balzac écrivit un chapitre précis, voir Jacques-Philippe Saint-Gérand, « À Brunot, Bruneau et demi !... Balzac, madame Honesta et la *doxa* », *in* É. Bordas (dir.), *Balzac et la langue*, Paris, Kimé, 2019, p. 243-265.

19. Voir J.-Ph. Saint-Gérand, « Styles, apories et impostures », *Langages*, n° 118, 1995, p. 8-30 ; É. Bordas, « La "stylistique des concours" », *Pratiques*, n° 135-136, Metz, 2007, p. 248.

20. Voir É. Bordas (dir.), *Style d'auteur*, *Romantisme*, n° 148, 2010.

70   *Éric Bordas*

Balzac bénéficia tout de suite de cette évolution des méthodes de travail du texte, qui n'étaient pourtant portées par aucune théorie générale des savoirs à proprement parler. Dès 1940, Gilbert Mayer publie chez Droz une somme sur *La Qualification affective dans les romans d'Honoré de Balzac*, travail sur l'énonciation telle qu'on pouvait comprendre ce processus d'appropriation de la langue par le discours avant les leçons de Benveniste qui viendraient vingt-six ans plus tard. Et dans une perspective qui restait plus traditionnelle, moins analytique et plus documentaire, Wayne Conner, à Princeton, en 1948, soutenait une thèse sur le vocabulaire des *Contes drolatiques* – après les romans de jeunesse, on voit que le premier âge des études balzaciennes universitaires ne limitait pas sa curiosité à la seule *Comédie humaine*.

Mais, déjà, le détournement de ce qu'avait voulu Brunot, allait être donné presque immédiatement par son homme de main, puisque c'est Bruneau lui-même qui rédigea les vingt pages du chapitre « Balzac » dans l'*Histoire de la langue française des origines à nos jours* publiée chez Armand Colin en 1948, puis, trois ans plus tard, le fascicule à l'attention des étudiants *La Langue de Balzac*, publié chez C.D.U.-Tournier & Constans, dans la série « Les Cours de la Sorbonne. Certificat d'études supérieures de grammaire et de philologie françaises », éditeur et canal de publication déterminants dans l'histoire des études littéraires, épaulé quelques années plus tard par la Société d'Études d'Enseignement Supérieur (SEDES). Tout le monde a lu ces pages redoutables. Reprenant les préjugés mêmes de Lanson, Faguet et Brunetière, ses maîtres, également obsédés par les classements des rôles des individus dans l'histoire des patrimoines, et continuant cette tradition du blâme pour des formes langagières dont ne sont pas interrogées les fonctions et valeurs de représentation narrative et romanesque, Bruneau propose un réquisitoire qui, au-delà du seul Balzac, condamne la prose dite « réaliste » sur l'autel du bon goût français dont la transparence et la fluidité cursive doivent être les mesures de base. Voici la conclusion du premier cours :

Balzac n'est pas un écrivain (comme Flaubert) : c'est un créateur, un créateur d'hommes et de paysages, qu'il présente dans une langue

Balzac : études de langue et de style (1850-2019)   71

et un style qui sont, au fond, la langue et le style de tout le monde, mais qu'il adapte à ses sujets. Alors que certains romanciers ont un style – aisément reconnaissable – on pourrait dire que la langue de Balzac disparaît pour le lecteur simple et naïf. Une fois la coloration donnée à son livre (ton, nature et nombre des images), Balzac improvise au courant de la plume. Mais la langue est vivante. Pour un romancier, c'est sans doute l'essentiel [21].

Les choses se précisent au cours suivant, qui commence par expliquer, en s'appuyant sur le témoignage de Delécluze (*Souvenirs de soixante années*), « comment travaillait Balzac » : vite et mal, par nécessité. Le titre du cours est d'une belle clarté : « La faiblesse de Balzac : la grammaire » : « Balzac ne connaît pas la grammaire : au contraire de Flaubert, il ne consultait pas la *Grammaire des grammaires* de Girault-Duvivier. Il n'avait pas non plus le sens de la langue. Ce sont là deux choses tout à fait différentes. » La preuve ? La liste des « barbarismes » et « solécismes » que donne le professeur [22] qui commence par recopier, mot à mot, l'illustre article de 1834 de Sainte-Beuve sur *La Recherche de l'Absolu* pour la *Revue des Deux Mondes*, avec, en particulier les chicanes autour de *en* auquel Balzac avait répondu avec les mêmes arguments dans sa *Revue parisienne* de 1840 [23]. Et le bon pédagogue d'expliquer à ses étudiants :

Balzac était plein de bonne volonté à l'égard de la grammaire, mais il n'en savait pas et il n'avait pas le loisir de consulter aucun des manuels de son temps, de plus il était dépourvu de sens grammatical. Ajoutez à toutes ces raisons qu'il écrivait très vite, le plus souvent la nuit, et qu'il faisait trop de choses à la fois. Il n'est donc pas étonnant de trouver dans son œuvre – qui est immense – d'innombrables fautes de grammaire. Sachez-le une fois pour toutes et passez ces imperfections de détail au créateur de *La Comédie humaine*. Mais ce n'est pas un exemple à suivre [24].

Toutefois l'élément remarquable de cette époque, en fait, n'est pas tant dans ces études si décevantes, publiées dans des

---

21. *La Langue de Balzac, op. cit.*, fascicule I, p. 11.
22. *Ibid.*, p. 17-19.
23. Pour une analyse de cet illustre règlement de comptes, voir É. Bordas, « "Style" (et norme) dans la critique littéraire du XIXe siècle », art. cité.
24. *La Langue de Balzac*, fascicule cité, p. 19.

72 *Éric Bordas*

circuits dits « de référence » qui font encore autorité, que dans l'authentique volée de bois vert que leur adresse, pour qui sait lire, exactement au même moment LE grand linguiste et philologue de la Sorbonne, collègue direct de Bruneau donc, l'ici inattendu médiéviste Mario Roques (1875-1961).

En effet, en 1949, pendant que Bruneau s'obstinait à traquer les (très peu nombreuses) fautes d'accord ou de préposition, Roques publiait une brève étude sur « les remaniements du *Père Goriot*[25] » qui ouvrait la porte à la génétique balzacienne qui allait jouer un rôle si important quarante ans plus tard. Sans juger, Roques constate des formes : ce qui existe, ce qui est modifié, ce qui est supprimé ; il remarque les étapes et les strates d'une écriture dans la langue du roman, et comprend que ce travail est l'étage de déploiement du sens et de l'expression de la fiction. Pour la première fois, Balzac est lu comme un artisan de la forme langagière, et, une dramaturgie du style se dégageant de ce que son travail découvre, comme un écrivain, en somme, et même un artiste.

Mieux encore : un an après la publication du cours de la Sorbonne par son collègue, le même Roques dans le cadre du *Livre du centenaire* publié par Flammarion donne un article qui reprend le même titre lapidaire que celui dudit cours, « La langue de Balzac », et pulvérise, littéralement, tout ce qui avait été proposé comme prétendu travail d'analyse : « [...] la condamnation de la langue et du style de Balzac devint une des propositions fondamentales de la critique de son temps, elle le poursuivit après sa mort, et, de manuel en manuel [*sic*], elle est, malgré les réserves de quelques bons juges, devenue un dogme de notre histoire littéraire[26] ». Roques fait remarquer que les phrases de Balzac sont loin d'être toutes longues et compliquées et juge qu'elles sont portées par un souffle prosodique qui résout toute ambiguïté de lecture. Il reprend également l'argument balzacien entre tous, celui de la totalité des références : « Pas de style, c'est vite dit. Pas *un* style ? J'en

---

25. In M. Roques, *Études de littérature française*, Lille-Genève, Giard & Droz, p. 107-115.

26. *Le Livre du centenaire*, Flammarion, 1952, p. 246.

Balzac : études de langue et de style (1850-2019)   73

suis d'accord : il les a tous, il les prend tous [27] ». Sensible à la métonymie balzacienne, plus encore qu'à l'analogie dont elle découle, il remarque qu'« une harmonie s'établit entre le ton de l'écrivain et le ton des êtres qu'il présente et la tonalité même de leur vie [28] ». Il vante l'oreille de Balzac phonostylisticien des accents et des parlures, et salue, exemples à l'appui, et avec un humour gourmand, son génie décrié du néologisme [29]. Enfin, ignorant superbement l'aveuglement de son collègue méprisé, Roques réclame une étude scientifique digne de ce nom qui s'appuierait donc d'abord sur l'histoire des textes, de la rédaction aux publications et éditions, pour parvenir, enfin, à comprendre les raisons de l'irrésistible efficacité du récit balzacien, que personne ne conteste mais sans vouloir comprendre le rôle matriciel que constitue en premier lieu sa langue. Une étape vient d'être franchie.

1952-1976 : de la langue au style, philologie et rhétorique

Les deux premiers travaux d'importance qui suivent cette mise au point décisive sont très différents l'un de l'autre. En 1954, Robert Dagneaud soutient sa thèse sur *Les Éléments populaires dans le lexique de « La Comédie humaine »*, authentique étude d'histoire de la langue, mais qui échappe à la volonté de Bruneau de tirer des conclusions sur les réussites

27. *Ibid.*, p. 249.
28. *Ibid.*, p. 250.
29. « *Jugeur* est une heureuse formation pour exprimer la manie, ou le besoin, de certains d'apprécier immédiatement les caractères et les choses, et *chipeur* est un dérivé commode. Il a fallu le cinéma pour que *exclusivité* sortît de la technique commerciale [...]. *Chouchou* et *chouchouter* nous sont connus d'abord par Balzac et de même *gâterie*, qui vient heureusement les accompagner. *Victimer*, resté longtemps dans l'ombre, a pris, grâce à Balzac, une vie nouvelle ; *courailler, intrigailler*, sont des formations tellement naturelles qu'on s'étonne de ne pas les trouver avant lui ; *bagoût* (ou *bagou*) et *embêter* sont antérieurs à Balzac, mais il n'est pas étranger à leur succès. Il faut aussi rendre à Balzac l'honneur, réclamé par Hugo, d'avoir introduit *gamin* dans la langue littéraire », *ibid.*, p. 255. Etc. Sur le génie néologique réel de Balzac, voir José-Luis Diaz, « Mots nouveaux, mots à la mode : Balzac théoricien et praticien du néologisme », *in* É. Bordas (dir.), *Balzac et la langue, op. cit.*, p. 105-136.

74 *Éric Bordas*

ou les échecs de Balzac en matière de création : la thèse propose d'abord une analyse descriptive sur un état de langue à un moment donnée, en quoi elle reste un travail, de grande qualité, de documentation sur le XIXe siècle linguistique en général. Il n'en demeure pas moins que, en avant-dernière page [30], l'auteur ne peut s'empêcher de conclure : « Il est à noter, en effet, comme n'ont pas manqué de le faire tant de critiques, que Balzac est un mauvais écrivain ».

En revanche, c'est un ouvrage essentiel et majeur pour les études balzaciennes que publie en 1957 Jean Pommier (né en 1893) : *L'Invention et l'écriture dans « La Torpille » d'Honoré de Balzac*[31]. S'inscrivant résolument dans le geste intellectuel et heuristique qu'avait proposé Mario Roques un peu plus tôt, Pommier, proche de Marcel Bouteron, livre là la première étude approfondie de génétique moderne, à l'opposé des enseignements laborieux et scolaires présentés par Albalat au début du siècle, prétendant apprendre à soigner le style à la lumière des ratures des grands écrivains sur leurs manuscrits[32]. Le choix de *La Torpille* est déjà un geste fort, prenant explicitement pour objet un point de départ textuel perfectible, et non un point d'arrivée achevé et intouchable les futures discussions essentielles autour du choix du texte à éditer sont ainsi abordées. Pommier retient de la philologie le goût du matériau concret papier, livre, volume, format, et anticipe également la poétique des supports qui sera si importante, plus tard. Et surtout Pommier n'interprète pas. Refusant et récusant le geste herméneutique de l'explication lansonienne, sa démarche, analytique, remarque, constate, décrit. Le travail de l'écriture de Balzac n'est pas ramené à une poétique de l'intention démonstrative par une fétichisation du signe et du sens à comprendre, mais est donné à voir dans son déploiement dans le temps[33].

30. *Op. cit.*, p. 196.
31. Genève-Paris, Droz & Minard.
32. Voir Antoine Albalat, *Le Travail du style enseigné par les corrections manuscrites des grands écrivains* [1903], Armand Colin, 1991 ; sur Balzac, *ibid.*, p. 212-217.
33. Tel est le sens de cette leçon de génétique. Il est donc permis de déplorer une conclusion, elle, très en retrait de l'ouvrage, étrangement, dans laquelle, l'auteur ne peut s'empêcher de revenir aux pires lieux communs, tant ils étaient puissants pour les hommes de cette époque : « [Balzac] était aussi peu doué

Balzac : études de langue et de style (1850-2019)   75

Une telle démarche, science des matériaux, implique un travail de documentation de première main, et il faudra du temps, de la disponibilité, à une future génération de chercheurs pour pouvoir proposer des résultats conséquents dans ce prolongement : ils viendront, mais un peu plus tard. Sous la forme d'articles ponctuels, comme celui de Graham Falconer en 1969 sur « le travail du style dans les révisions de *La Peau de chagrin* [34] ». Mais, le plus souvent, par le canal des éditions critiques qui vont devenir, dans les années 1960 avec les éditions Garnier frères, puis la « Pléiade » de Gallimard des années 1970, les bases les plus averties en matière d'études de langue et de style de Balzac [35].

Pour l'instant, pensant confusément à cette stylistique qui leur a été refusée et restant tributaire de leur formation classique en matière de rhétorique, les auteurs d'études universitaires sur la langue et le style de Balzac font le choix, sans surprise, d'entrer en Balzacie linguistique par l'analyse des figures, comme Burton en 1921, et en premier chef par la prestigieuse et brillante métaphore qui a le double avantage de bénéficier d'une bibliographie théorique considérable et de se rencontrer partout, ou presque, dans *La Comédie humaine*, des titres à la clausule. En 1963, Léon-François Hoffmann inaugure, dans la toute jeune *Année balzacienne* la tradition des études sur la métaphore de telle ou telle référence, en l'occurrence les animaux [36]. Elles ne varieront plus dans leur

pour le style que Démosthène pour l'éloquence. [...] Peut-être cet élève-maître n'aurait-il pas lutté aussi âprement avec le Verbe, s'il avait mieux appris à Vendôme la grammaire et la rhétorique. [...] Animé par le "louable besoin d'une perfection presque chimérique", selon le mot un peu sec de Sainte-Beuve, il n'a pas connu, comme Flaubert, l'obsession d'une musique intérieure qu'une phrase ne pouvait rendre. Humble, résigné, infatigable, il s'est courbé sur les fautes qui passaient à travers ses criblages. Ne voyait-il donc pas les beautés sorties de ses doigts ? », *ibid.*, p. 233-235.

34. *AB 1969*, p. 71-106.

35. Voir, en particulier, chez Garnier, les éditions critiques de Pierre-Georges Castex qui ont marqué la recherche : *Histoire des Treize*, 1956 ; *La Vieille Fille*, 1957 ; *Le Cabinet des Antiques*, 1958 ; *Le Père Goriot*, 1960 ; *La Maison du Chat-qui-pelote. Le Bal de Sceaux. La Vendetta*, 1963; et surtout *Eugénie Grandet*, 1965, véritable aboutissement.

36. « Les métaphores animales dans *Le Père Goriot* », *AB 1963*, p. 91-105.

régularité, et la conclusion de cette richesse de travail, qui est aussi une impasse théorique sur la notion même de stylistique générale, sera, en 1976, la thèse de Lucienne Frappier-Mazur : *L'Expression métaphorique dans « La Comédie humaine »*[37]. Et c'est en stylisticien universitaire, précisément, et non en balzacien, que le très respecté et consensuel Pierre Larthomas au même moment pose quelques jalons méthodologiques et théoriques autour de l'étude d'« une image de Balzac[38] ». En même temps que lui, d'autres chercheurs de ces années commencent à s'interroger sur la nature d'une étude stylistique, comme sur l'existence d'une spécificité balzacienne pour semblable approche[39].

Parallèlement à ces travaux minutieux, ces mêmes années voient, dans la continuité de l'article de Mario Roques, se multiplier les articles dénonçant l'échec et l'imposture, et surtout les manques, des quelques approches historiques du style de Balzac qui n'avaient jamais fait que rendre impossible le sujet. Francis Bar publie un « Balzac styliste » en 1963[40], et, deux ans plus tard, Henri Mitterand quelques remarques intitulées « À propos du style de Balzac »[41] qui, dans le cadre d'un colloque relevant explicitement des études marxistes du romancier, firent grande impression en ce que leur auteur rappelait, simplement, que le style, et celui de Balzac moins qu'un autre, n'est pas seulement un vêtement ornemental douteux à destination des lectrices à la main blanche du *Figaro*, mais la vérité même de la force d'un texte, et qu'il conviendrait de se décider à l'analyser avec précision et rigueur dans le cas de ce romancier de plus en plus mal lu. L'approche de la langue

---

37. Klincksieck.

38. *AB 1973*, p. 301-326.

39. On pense à l'article de Martin Kanes sur « Balzac et la psycholinguistique », *AB 1969*, p. 107-131, qui est une interrogation sur la stylistique et même la métastylistique balzacienne. Voir également Françoise Frangi, « Sur *La Duchesse de Langeais*. Un essai de lecture stylistique », *AB 1971*, p. 235-252 ; Marisol Amar, « Le néologisme de type hapax : quelques exemples et leur usage chez Balzac », *AB 1972*, p. 339-345 ; Jean-Louis Tritter, « Y a-t-il une linguistique balzacienne ? », *Grammatica*, n° 3, Toulouse, 1974, p. 27-33.

40. *Cahiers de l'Association Internationale des Études Françaises*, n° 15, p. 309-329.

41. *Europe*, n° 429-430, p. 145-163.

Balzac : études de langue et de style (1850-2019)   77

commençait à se politiser, mais la stylistique, quant à elle, vilipendée au même moment, avec talent et arguments, par Michel Arrivé et Henri Meschonnic, faisant de Pierre Larthomas ou de son maître Jules Mazaleyrat des ringards besogneux [42], ne parvenait à convaincre personne qu'elle pouvait être autre chose qu'une épreuve bâclée pour agrégatifs de Lettres Modernes.

1976-1993 : le temps de la poétique (et des collectifs)

Ces années 1960 ont vu la véritable émergence en France de ce que l'on commence à appeler « les études formelles », d'héritage structuraliste saussurien, choix théorique (et nettement idéologique) de celles et ceux qui ne se contentent plus des analyses thématiques et historiennes traquant l'objet d'époque sous les artifices de la fiction et de ses discours, ou qui restent obsédés par la compréhension du sens supposé de la représentation voulue par l'auteur, terminus *ad quem* de toute « recherche » de lecture. Contre la substance du contenu (le référent), cette nouvelle génération de chercheuses et chercheurs préfère la forme du contenu (le signifié envisagé comme élément d'une structure) [43]. C'est-à-dire, pour un romancier, l'étude des composantes récurrentes du récit comme archiforme, dont on cherchera, parfois, à dire, dans le cas de Balzac, qu'elles constituent un « système » de représentation du monde pour insister sur la cohérence générale des choix particuliers, et ce en dépit de la non-compréhension de l'auteur lui-même, résolument *persona non grata* dans des approches qui privilégient la réception, dans la synchronie épistémologique du contemporain, contre la diachronie historique. Les mots ou les phrases, substances de l'expression, unités d'une grammaire de convention, sont délaissés au profit

---

42. Voir *Langue française*, n° 3, 1969 [*Stylistique*].
43. On reconnaît le modèle théorique dominant de ces années autour de la quadripartition hjelmslévienne du signe linguistique, premier héritage saussurien : substance de l'expression, forme de l'expression, substance du contenu, forme du contenu. Voir Louis Hjelmslev, *Prolégomènes à une théorie du langage* [1943], traduction, Paris, Minuit, 1968.

78   *Éric Bordas*

du signe textuel et discursif, toujours apte à devenir indice idéologique d'une époque, unité reine de la sociocritique qui apparaît alors, prétendant faire, dans l'analyse discursive du sociogramme de la monarchie de Juillet ce que la scolaire stylistique n'aurait jamais été capable de faire [44].

En 1970, Barthes avait donné un exemple magistral de ces études structurales du récit, en cherchant à faire croire que le choix de son exemple n'avait quasi aucune importance – ou presque [45]. La recherche balzacienne allait suivre dans ce sens, sans ambition théorique novatrice et sans se réclamer vraiment de cet exemple trop intimidant et ambigu, mais, contrairement à Barthes, en privilégiant le choix le plus attentif des objets d'analyse et en explorant les formes narratives et désignatives, en effet, les plus caractéristiques de Balzac. C'est l'époque des grands travaux sur la description [46] et sur la narration de et dans *La Comédie humaine* – le reste du corpus balzacien étant désormais totalement oublié, car ne rentrant pas dans les mêmes catégories formelles générales que les grands romans ou cursives nouvelles, mais cette *Comédie humaine* n'est plus lue comme un massif achevé et monolithique, mais comme un ensemble composite dont les trous et les manques constituent, à certains égards la part la plus précieuse [47] – dont les études de Françoise Van Rossum-Guyon sur le métadiscours [48] et de Franc Schuerewegen sur

44. Voir Claude Duchet (dir.), *Sociocritique*, Nathan, 1979 ; Marc Angenot *et al.* (dir.), *Discours social*, n° 7, Montréal, 1995 [*La littérature comme objet social*].

45. Roland Barthes, *S/Z*, Seuil, 1970. Voir Andrea Del Lungo, « *S/Z* ou les envers de la critique balzacienne », *in* Alexandre Gefen *et al.* (dir.), *Barthes, au lieu du roman*, Desjonquères & Nota Bene, 2002, p. 111-125.

46. Patrick Imbert, *Sémiotique et description balzacienne*, Ottawa, Éditions de l'université, 1978.

47. Voir la lecture décisive de Lucien Dällenbach, « Du fragment au cosmos (*La Comédie humaine* et l'opération de lecture I), *Poétique*, n° 40, 1979, p. 420-431 ; « Le tout en morceaux (*La Comédie humaine* et l'opération de lecture II), *id.*, n° 42, 1980, p. 156-169.

48. L'étude inaugurale de Françoise Van Rossum-Guyon paraît dans la *Revue des Sciences Humaines*, n° 175, Lille, 1979, p. 99-110 : « Des nécessités d'une digression : sur une figure du métadiscours chez Balzac ». Elle sera suivie de plusieurs autres à rythme régulier dans les dix années qui suivirent : voir leur réunion par l'autrice sous le titre *Balzac, la littérature réfléchie. Discours et autoreprésentations*, Montréal, Publications du département d'études françaises de l'Université, 2002.

Balzac : études de langue et de style (1850-2019)   79

le narrataire [49] constituent les plus importantes avancées, renouvelant en profondeur la recherche.

En ces années 1980, la poétique du récit est donc reine [50]. C'est ainsi que l'on peut nommer l'objet de travaux qui sans être de la narratologie sémiotique stricte, façon Greimas lecteur de Propp, s'inspirent surtout des ouvrages de Bakhtine récemment découverts en traduction. Après la révélation en 1966 par Benveniste du monde des discours individualisants ou collectifs contre la superstructure de la langue – qui devait sonner le coup d'arrêt du structuralisme –, la découverte de la polyphonie moderne à l'œuvre dans le roman, à travers l'exemple de Dostoïevski, notoirement si proche de Balzac dans ses prises de risques esthétiques, mais aussi de Rabelais, autre référence balzacienne forte, bouleverse la recherche littéraire. Mais, pour l'instant, avant d'approfondir les acquis linguistiques de cette avancée épistémologique générale – ce qui sera le fait de la génération suivante –, c'est le genre du roman qui est à l'honneur de la recherche, puisque les théoriciens du texte et de la littérature ont découvert un matériau tout aussi riche que la poésie et le théâtre, mais qui peut sembler encore quelque peu inédit dans son approche synthétique. Et c'est en tant qu'«inventeur du roman» moderne que Balzac est fêté très régulièrement en ces années d'effervescence créative, de Toronto en 1978 à Cerisy en 1980, en des colloques, séminaires et autres manifestations collectives et internationales qui renouvellent également, par leur pratique ouverte des interventions brèves et des études ponctuelles, les méthodes de recherche en Lettres [51].

Le terme et la notion très floue, de caution aristotélicienne, de *poétique* permet d'accueillir à peu près tout ce qui prétend

---

49. Franc Schuerewegen, « Réflexions sur le narrataire. *Quidam et Quilibet* », *Poétique*, n° 70, 1987, p. 247-254. Voir également du même auteur, *Balzac contre Balzac : les cartes du lecteur*, Toronto-Paris, Paratexte & CDU-SEDES, 1990.

50. Voir J.-L. Cabanès & G. Larroux, *op. cit.*, p. 342-359 : « Les travaux et les jours de la poétique ».

51. Les Actes ont été publiés : Roland Le Huenen & Paul Perron (dir.), *Le Roman de Balzac*, Montréal, Didier, 1980 ; Claude Duchet & Jacques Neefs (dir.), *Balzac, l'invention du roman*, Belfond, 1982.

80   *Éric Bordas*

étudier, répétons-le, les formes du roman : hypogenres énon-
ciatifs, comme le roman épistolaire, ou thématiques, comme
le roman d'apprentissage ou le roman noir ; espaces textuels
(*incipit*, clausule, illustrations) ; narration ; dialogues ; digressions ; conduites du récit, avec ce que l'on apprend à appeler
avec Gérard Genette « analepses », « prolepses » et « méta-
lepses » ; paratexte et épitexte, avec l'étude des préfaces, puis
des correspondances.

Et la langue, la matière première de cette forme, dans tout
cela ? Il faut bien constater qu'elle est purement et simplement
absente de ces années si riches. Au colloque de Cerisy
de 1980, Denis Slatka était la caution sémio-linguistique dont
ne pouvaient se passer celles et ceux qui prétendaient s'inspirer
d'un structuralisme qu'ils contribuaient à enterrer, avec sa
brève étude de la « grammaire du nom propre » dans *Un prince
de la bohème*[52], tandis qu'en 1987 et 1988 Pierre Larthomas,
fidèle à ses convictions, et Arlette Michel dans *L'Année balzacienne* revenaient, non sans le courage des causes perdues, aux
références de plus en plus vieillissantes de la stylistique et de la
rhétorique pour proposer de repenser la textualité balzacienne,
entre matériau de la prose dans l'histoire et pratiques des argu-
mentations.

Pourtant, entre ce qui était, d'un côté, déjà, un piétine-
ment qui allait conduire les mêmes chercheurs ou presque, ou
leurs disciples désignés, à refaire le colloque de Toronto
de 1978 à Montréal en 1994, éloquemment intitulé *Balzac,
une poétique du roman*[53], et de l'autre, un renoncement,
quelque chose d'important se préparait bel et bien et allait se
découvrir, non pas grâce à la publication d'une monographie
révolutionnaire, en un coup de tonnerre tout romantique et
bouleversant, mais par la convergence de deux approches plurielles complémentaires, menées en parallèle, l'une conduisant
à l'autre.

---

52. *In* Cl. Duchet & J. Neefs (dir.), *op. cit.*, p. 235-256.
53. Voir les Actes : Stéphane Vachon (dir.), *Balzac, une poétique du roman*,
Saint-Denis-Montréal, Presses universitaires de Vincennes & XYZ éditeur,
1996.

Balzac : études de langue et de style (1850-2019)   81

1993-2019 : génétique et stylistique

L'évolution des études de poétique narrative balzacienne vers, d'abord la génétique des textes, puis la stylistique des discours – puisque c'est de cela qu'il s'agit – commence en 1976-1981. En effet, la publication de la nouvelle édition de *La Comédie humaine* pour la « Pléiade » (Gallimard) coordonnée par Pierre-Georges Castex entend révéler le profond travail d'écriture du romancier en proposant pour chaque texte un choix de variantes considérable. Un savoir qui, jusqu'à présent, était réservé aux seuls chercheurs pouvant se rendre, semaine après semaine, à Chantilly pour consulter et analyser les documents précieux du fonds Lovenjoul, était ainsi mis à disposition de tous les lecteurs. Un nouveau Balzac apparaissait, cette fois-ci par une connaissance directe des matériaux : un Balzac maniaque de la correction, de la réécriture, du développement, du déplacement. Un Balzac professionnel de l'édition, mais aussi styliste et linguiste à sa manière, celle d'un romancier. Tout ce qui auparavant avait été décrit et résumé dans les histoires des textes de quelques éditions éparses était rassemblé et montré au lecteur attentif, et en particulier aux universitaires balzaciens, ces chercheurs qui travaillaient sur la poétique du roman.

Il fallut quelques années pour relire Balzac à la lumière de cette révélation, avec la masse des documents réunis et proposés, puis pour assimiler la nouveauté que représentait cette découverte. Il n'en demeurait pas moins que la rigueur d'une véritable philologie des textes, celle que Mario Roques avait appelée de ses vœux et que Jean Pommier avait déjà inaugurée, mais en solitaire, se découvrait ainsi pour Balzac, à charge pour les chercheurs de savoir l'adapter aux spécificités de l'auteur et de son époque, en particulier par une attention précise aux supports, à l'imprimé, aux livres et aux revues. Que l'un des acteurs les plus importants de cette entreprise, Roland Chollet (1931-2014), ait été et un spécialiste de Balzac et un spécialiste de la presse, était le contraire d'un hasard, mais l'indication d'une direction qui fut admirablement suivie par la communauté scientifique.

82   *Éric Bordas*

La génétique balzacienne universitaire, donc organisée et pérenne, venait de naître, elle aussi du fait d'un travail d'équipe : il lui restait à se penser, s'organiser et se théoriser en tant que telle, sans vouloir, par exemple, se contenter d'imiter ce qui existait déjà pour Flaubert et Proust. À partir de la fin des années 1980 les travaux réguliers de Nicole Mozet, Stéphane Vachon et Isabelle Tournier, s'appuyant sur le savoir complémentaire de Roger Pierrot, éditeur incomparable de correspondances, commencèrent à proposer des modèles de référence pour identifier, décrire et classer le corpus balzacien dans son entier tout en problématisant sa contextualisation par une pensée de ce que l'on se mettait, au même moment, à décrire comme des « régimes d'historicité » pour penser la trace du sujet dans l'histoire [54]. La comparaison, à cet égard, entre le colloque de Cerisy de 1980 et celui de Saint-Denis huit ans plus tard [55] est éloquente : alors que le premier ignorait tout des histoires de textes et n'avait pas de véritable sujet, s'imposant simplement par une modification de la lecture de Balzac (et du roman), le second, explicitement centré autour de la question de l'édition, multipliait les études sur la matière de la forme romanesque, dans l'empirisme des supports : histoire des déplacements de textes, des modifications et autres. La poétique du récit s'appuyait sur la forme éditoriale du contenu.

Il était inévitable que la langue revienne, enfin, au premier plan de la recherche balzacienne après ces trop longues années de silence. La génétique est une pensée de l'écriture ; et l'écriture est une pratique de la langue, entre parole et discours, entre singulier et collectif. Ce que l'histoire de la langue, avec

---

54. Rappelons que la notion de « régime d'historicité » a été proposée dans les années 1970 par Reinhardt Koselleck pour penser des périodisations de l'expérience de l'histoire par un sujet, singulier ou collectif ; elle passe d'abord par une interrogation profonde de ce que l'historien allemand appelle la « *Geschichte* » comme pensée concomitante du temps de l'évèvement et du temps du discours. Pour la généalogie de cette notion théorique capitale, voir Christian Delacroix (dir.), *Historicités*, La Découverte, 2009.

55. Voir les Actes : Claude Duchet & Isabelle Tournier (dir.), *Balzac, Œuvres complètes. Le « moment » de « La Comédie humaine*, Saint-Denis, Presses universitaires de Vincennes, 1993.

Balzac : études de langue et de style (1850-2019) 83

sa perspective faussée par le modèle de la norme et ses comparaisons pernicieuses, n'avait pas permis, la stylistique venue de l'analyse du discours allait le faire. Mais, précisément, ce n'était plus la stylistique « des procédés » qui collectionnait, sur le modèle paradigmatique des figures, les faits de langue propres à tel ou tel auteur pour produire un sens supposé être lisible et explicable par la grammaire, mais une étude des discours comme espaces de singularisation, en somme une analyse des modélisations des points de vue modalisant et modalisés. La langue, objet de Saussure, revenait par la parole – appelée « discours » par Benveniste pour éviter la prégnance d'une oralité supposée –, objet de Bally. Et la stylistique réussissait ce que la linguistique ne pouvait pas atteindre : décrire la langue d'une pratique narrative originale et unique de représentation romanesque, un idiolecte, en somme. Parfaitement conscient de cette évolution, c'est à la stylisticienne et généticienne dix-neuviémiste Anne Herschberg-Pierrot que le *Groupe International de Recherches Balzaciennes* confiait, en 1996, l'organisation d'une journée d'études intitulée, non pas « le style de Balzac », mais « Balzac et le style » qui témoignait de la modification de l'approche[56].

Soutenue en 1995 à Bordeaux et publiée deux ans plus tard, ma propre thèse sur l'énonciation du récit balzacien, et en particulier sur ses ambiguïtés dans la pratique des reproductions de discours pluriels[57], allait ouvrir la voie à l'analyse des scénographies balzaciennes de la représentation. Qui parle à qui ? Mais également d'où parle-t-on ? Et surtout comment parle-t-on ? Telles sont les questions de base qui vont désormais retenir l'attention des chercheurs et chercheuses. Le « discours du récit » présenté par Gérard Genette à propos de Proust en 1972[58], objet littéraire, allait bénéficier des travaux linguistiques les plus exigeants autour des discours rapportés d'Oswald Ducrot et Jacqueline Authier-Revuz. Les linguistes commencent à s'intéresser aux textes littéraires, ce qui est tout

---

56. Voir les Actes : SEDES, 1998.

57. É. Bordas, *Balzac, discours et détours. Pour une stylistique de l'énonciation romanesque*, Toulouse, Presses universitaires du Mirail, 1997.

58. *Figures III*, Seuil.

84   *Éric Bordas*

nouveau, en particulier pour étudier les représentations de
point de vue, le travail d'Alain Rabatel, par exemple, étant
un renouvellement complet de la métaphore de la focalisation
de Genette [59].

Une dynamique épistémologique était lancée et les thèses
se multipliaient dans une convergence heureuse. Aude
Déruelle, partie d'un travail de poétique narrative sur la pratique de la digression balzacienne, comprend qu'il s'agit d'un
mode d'énonciation dans la langue, à la fois général et particulier, qui détermine le rythme et le phrasé de la prose comme
matériau d'expression du sujet [60] : serrant de près les questions
d'historicité, son travail important est peut-être d'abord et
avant tout une étude sur la production de l'inédite textualité
discursive du réalisme, preuve de l'évolution théorique qui est
en train de se faire dans les études littéraires, rendant le binôme
forme/contenu, mais aussi *langue/roman* de plus en plus fragile.
Et la thèse de Christèle Couleau réussit ce que je n'avais pas
pensé ou su faire moi-même dix ans plus tôt : analyser la
pratique du discours narratif balzacien comme la forme idio-
syncrasique d'une proposition d'auctorialité non personnelle
mais fonctionnelle [61]. Fondamentalement attentive aux enjeux
propres du roman balzacien en termes de fiction, nourrie également par l'histoire littéraire de José-Luis Diaz et son renouvellement de l'approche de l'auteur par le biais indispensable
des péritextes et des sociotopes institutionnels, sa thèse se propose d'abord comme un travail de stylistique du roman balzacien, que l'on aurait présenté comme de la poétique narrative
vingt ans plus tôt. Travail rendu possible d'abord par l'analyse
linguistique des discours. Mais là où ma thèse, par exemple,
se contentait de la référence linguistique des discours *rapportés*,

---

59. Voir sa somme, *Homo narrans. I. Les points de vue et la logique de narration.
II. Dialogisme et polyphonie du récit*, Limoges, Lambert-Lucas, 2008. Sur Balzac
lu par une spécialiste des sciences du langage, voir Nicole Le Querler, « Formes
et interprétations des énoncés exclamatifs dans *Le Lys dans la vallée* », *L'Information grammaticale*, n° 61, 1994, p. 33-36.

60. Aude Déruelle, *Balzac et la digression. Une nouvelle prose romanesque*,
Saint-Cyr-sur-Loire, Christian Pirot, 2004.

61. Christèle Couleau-Maixent, *Balzac, le roman de l'autorité. Un discours
auctorial entre sérieux et ironie*, Champion, 2007.

Balzac : études de langue et de style (1850-2019) 85

celle de Christèle Couleau, partie de la même base, inaugurait l'étude des discours *représentés* et *représentant* des sujets du texte. Il n'est pas exagéré de penser que le retour à la base de la question même de la littérature, la représentation, qui allait caractériser toutes les thèses sur Balzac à partir de ce moment, s'est fait par la théorisation des objets de discours et de locuteur sujet issue de la linguistique benvenistienne des années 1980.

Une autre manifestation de l'évolution des études sur Balzac, venue de la stylistique linguistique des discours de ces années de la fin du XXe siècle, se remarque également dans le renouvellement de l'approche de l'ironie de Balzac et dans Balzac au même moment. Maurice Ménard avait proposé dans sa thèse de 1983 d'étudier l'ironie balzacienne comme un élément du comique du romancier, en travaillant principalement dans une perspective d'esthétique littéraire : l'ironie comme procédé du rire [62]. Les chercheurs des années 2000 récusent la réduction de l'ironie à sa seule dimension humoresque de représentation dramatique pour en étudier d'abord les saillances argumentatives scénographiées avant d'en interroger le sens des valeurs critiques [63]. La théorisation des discours a rejoint l'évolution parallèle des études sur l'ironie, devenue ironologie à part entière, entre philosophie et anthropologie culturelle, depuis les apports de la « nouvelle rhétorique » de Perelman [64] – et quelqu'un comme Ruth Amossy, par exemple, a joué un rôle de jonction essentiel, de la linguistique des discours à Balzac [65]. Dix ans plus tard, parce que tout s'approfondit en se renouvelant dans la recherche, Vincent Bierce montrerait que, plutôt que l'ironie, forme de référence figée, disponibilité finalement passe-partout, Balzac

---

62. Maurice Ménard, *Balzac et le comique dans « La Comédie humaine »*, Puf.
63. Voir É. Bordas (dir.), *Ironies balzaciennes*, Saint-Cyr-sur-Loire, Christian Pirot, 2003.
64. Voir Chaïm Perelman & Lucie Olbrechts-Tyteca, *Traité de l'argumentation. La nouvelle rhétorique*, Bruxelles, Éditions de l'Université, 1976 (troisième édition).
65. Voir, par exemple, « Fonctions argumentatives de l'ironie balzacienne », *in* É. Bordas (dir.), *Ironies balzaciennes*, op. cit., p. 143-154.

pratique l'ironisation, cette déstabilisation systématique du sens avancé [66].

Mais il faut admettre que, avec tous ces travaux sur les discours, leurs pratiques et leurs usages, domaine du singulier par définition, les études balzaciennes devenues stylisticiennes finissaient pourtant par négliger un peu la langue fondatrice, le français de Balzac, en somme, le signifiant, en particulier dans sa dimension historique, celle que Brunot, il y a un siècle, aurait voulu mettre en avant : vocabulaire, orthographe, formes de phrases, registres, positions critiques, connaissances et imaginaires linguistiques, français et étranger. Tout ce matériau que Balzac sut si bien parodier et pasticher lui-même dans l'aventure des *Contes drolatiques*, en particulier. Et un matériau qui doit se traduire, avec ses originalités irréductibles. Pour poser quelques jalons en matière d'étude du traitement de la langue française par Balzac, une journée d'études se tint à Paris en 2018, sur le modèle explicite de ce qui avait été fait, vingt ans plus tôt, sur le style : *Balzac et la langue* [67]. En effet, le style comme modalisation expressive de discours, avait permis, grâce à la linguistique de l'énonciation, de, enfin, apprendre à lire la prose de Balzac en tant que telle, dans toute sa richesse et son originalité : il n'était que justice que le style ramène à la langue dans sa concrétion la plus précieuse et la plus belle [68].

Ce parcours permet d'être assurément, comme Balzac lui-même, confiant en l'idée de progrès. On voit, en effet, que la langue a conduit au style, qui a permis les études linguistiques respectueuses et descriptives qui manquaient depuis le début de « la critique balzacienne » comme référence universitaire. Redisons que c'est la réunion de la génétique et de la stylistique, comme disciplines théorisées et sciences du sujet dans l'histoire, dans le temps, qui a rendu possible cette réussite. Or les progrès techniques actuels en matière de numérisation et

---

66. Voir Vincent Bierce, *Le Sentiment religieux dans « La Comédie humaine ». Foi, ironie et ironisation*, Classiques Garnier, 2019, p. 459-517.

67. Voir les Actes : É. Bordas (dir.), *Balzac et la langue, op. cit.*

68. En 2016, Ada Smaniotto soutint une belle thèse sur la poétique des noms de personnage dans *La Comédie humaine*, publiée en 2020. Mais son travail est d'abord une étude du romanesque des noms comme producteurs de sens dans la fiction : son objet est l'imaginaire, non la langue.

Balzac : études de langue et de style (1850-2019)   87

surtout d'interrogation des données, eux-mêmes parallèles au développement des linguistiques de corpus, sont en train de réinventer en profondeur les études génétiques. Déjà, bien au-delà de la concordance lexicale de Kazuo Kiriu (1935-2015), qui fit tant progresser la recherche en ce début de XXIe siècle, les morphèmes peuvent être sélectionnés, les phrases de Balzac sont quantitativement mesurables, les ponctèmes répertoriables exhaustivement, et ce dans la comparaison complète des éditions, les unités textuelles matérielles (paragraphes, sauts de ligne). On voit arriver des synthèses qui visualiseront le travail infini et fascinant d'une écriture dans la langue de l'imprimé. Ce n'est donc pas céder à un optimisme scientiste que de penser que le meilleur est encore devant nous.

Éric BORDAS.

L'ETHNOCRITIQUE ET/DE BALZAC

Les voies de la critique balzacienne et l'anthropologie de la littérature

Avant de préciser les apports de l'ethnocritique aux études balzaciennes, il convient peut-être de dire un mot déjà sur la place de l'anthropologie de la littérature dans ce même champ critique [1]. On peut commencer par une première remarque : le terme « anthropologie » est tout sauf rare dans les travaux sur l'œuvre de Balzac et notre auteur l'emploie lui-même fréquemment. Ainsi par exemple, le narrateur déplore, à la fin de *La Vieille Fille*, l'absence dans les départements français de « chaires d'anthropologie » :

> [...] mais elle [cette histoire] renferme une moralité bien plus élevée !... ne démontre-t-elle pas la nécessité d'un enseignement nouveau ? N'invoque-t-elle pas, de la sollicitude si éclairée des ministres de l'instruction publique, la création de chaires d'anthropologie, science dans laquelle l'Allemagne nous devance ? Les mythes modernes sont encore moins compris que les mythes anciens, quoique nous soyons dévorés par les mythes. [...] Si Mlle Cormon eût été lettrée, s'il eût existé dans le département de l'Orne un professeur d'anthropologie, enfin si elle avait lu l'Arioste, les effroyables malheurs de sa vie conjugale eussent-ils jamais eu lieu [2] ?

---

1. Nous ne pouvons prétendre proposer une exploration complète tant les études balzaciennes sont nombreuses. Nous avons procédé par rapides coups de sonde bibliographiques dont les résultats nous semblent offrir tout de même des pistes de réflexion intéressantes.

2. *La Vieille Fille*, *CH*, t. IV, p. 935. Désormais, toutes les références à ce roman seront insérées entre parenthèses in-texte.

L'Année balzacienne 2023

L'anthropologie « allemande » mentionnée ici serait peut-être, selon Nicole Mozet, celle d'un Kant qui écrit en 1798 une *Anthropologie du point de vue pragmatique*, mais elle désignerait plus vraisemblablement la phrénologie de Gall ou la physiognomonie de Lavater[3]. De fait, quand le terme est employé par Balzac, il revêt dans la plupart des cas son acception générale de « science de l'homme », une acception qui est également la plus courante dans le discours critique : *La Comédie humaine* délivrerait sur l'espèce humaine un ensemble de savoirs dont les paradigmes scientifiques de référence sont les sciences naturelles et quelques autres disciplines afférentes d'ordre plus ou moins bio-médical (que sont la phrénologie et la physiognomonie, auxquelles on peut ajouter la psychologie). Ainsi, l'important ouvrage collectif récemment consacré à *Balzac, l'invention de la sociologie*, s'ouvre sur une contribution de Jacques Noiray, qui considère précisément que le terme le plus approprié pour qualifier cette « somme sur les comportements humains » qu'est l'œuvre balzacienne est « anthropologie » dont le « modèle [serait] les sciences naturelles »[4]. Il s'agit donc bien d'une anthropologie générale et physique, qui n'est pas l'anthropologie plus « ethnologique » si l'on peut dire, soit l'anthropologie sociale et culturelle dont relève en grande partie l'anthropologie de la littérature ou de l'imaginaire (forgée par exemple par Mircea Eliade, Gilbert Durand ou René Girard). Pourtant, à première vue, un auteur qui intitule certaines des parties de son grand œuvre *Études de mœurs* ou *Scènes de la vie privée* aurait pu ouvrir une large voie à une critique littéraire soucieuse d'analyses des us et coutumes, des modes de vie, des pratiques, des croyances et des représentations.

Dans les faits, cette anthropologie-là est peu sollicitée, en tout cas elle semble moins l'être que d'autres disciplines du savoir. Peut-être a-t-elle souffert de la part, longtemps dominante, de la sociologie historico-politique et de la sociocri-

---

3. Voir *ibid.*, p. 1522, n. 1 de la page citée.

4. Jacques Noiray, « L'anthropologie de Balzac et le modèle des sciences naturelles », *in* Andrea Del Lungo et Pierre Glaudes (dir.), *Balzac, l'invention de la sociologie*, Classiques Garnier, 2019, p. 13.

L'ethnocritique et/de Balzac

tique (qui l'auraient absorbée en quelque sorte), dans la lignée des travaux de Georg Lukács et surtout de Pierre Barbéris[5]. À cet égard, les programmes de deux grands colloques récents sur le sujet sont révélateurs. Dans la dernière décade de Cerisy consacrée à « Balzac et les disciplines du savoir[6] », à côté des sciences naturelles et sciences médicales d'époque déjà citées, les spécialistes sollicitent l'histoire sociale et politique, la philosophie, la morale, auxquelles ils ont ajouté, pour les approches plus nouvelles, l'épistémocritique, l'écocritique, l'économie, le droit, voire les *gender studies*. Quant au colloque à l'origine de ce dossier et dédié aux « voies de la critique balzacienne », aucune de ses sections n'est consacrée au bilan de lectures longtemps considérées comme ouvertement anthropologiques (avant l'ethnocritique) : ainsi n'y trouve-t-on pas de chapitre sur la mythocritique balzacienne ou sur les lectures girardiennes de *La Comédie humaine*. On peut s'en étonner dans la mesure où ces théories ont pu rencontrer un large succès pour d'autres auteurs du même siècle[7]. Quelques sondages bibliographiques ont semblé confirmer le constat. Si l'étude des « mythes » dans l'œuvre de Balzac n'est pas rare, loin de là, le

5. Dans son excellente mise au point « Le réalisme balzacien selon Pierre Barbéris » (*Littérature*, n° 22, 1976, p. 98-117), Nicole Mozet donne quelques éléments d'explication. Jusqu'à Barbéris, la critique balzacienne aurait été enfermée entre deux tendances aussi contestables l'une que l'autre pour lui, celle d'un réalisme documentaire historico-positiviste (« la peinture des maisons et des comptes de cuisinière ») et celle qui tente d'échapper à la première en privilégiant un Balzac mystique ou spiritualiste. Il se propose de les dépasser dans l'opposition entre idéalisme et matérialisme, plus globale et plus unitaire, au nom d'un réalisme résolument politique. Peut-être les études relevant d'une forme de réalisme ethnographique ou d'une anthropologie de l'imaginaire n'ont-elles pas été, dans ce mouvement qui a concerné une majeure partie de la critique balzacienne moderne, les plus favorisées.

6. Colloque organisé à Cerisy-la-Salle en août 2022 par Éric Bordas, Andrea Del Lungo et Pierre Glaudes. En voir la présentation ici : https://cerisy-colloques.fr/balzac2022/

7. De manière générale, les théories girardiennes relatives à la violence, à la victime émissaire et au désir triangulaire ont rencontré un franc succès dans les études littéraires. Citons pour un cas particulier l'essai, important, de Naomi Schor, *Zola's Crowds*, Baltimore et Londres, The John Hopkins University Press, 1978. Pensons aussi aux nombreux travaux mythocritiques consacrés par exemple à l'œuvre de Jules Verne (ceux de Simone Vierne en particulier).

mot est entendu plutôt dans sa teneur thématique ou idéologique (un peu à la manière des mythologies barthésiennes [8]). On trouve toutefois quelques études qui relèvent clairement de la mythocritique, en particulier celles de Brigitte Grente-Mera [9]. Quant aux références d'obédience girardienne, elles apparaissent de la même manière dans des bibliographies ponctuelles, dédiées plutôt à tel ou tel roman [10] ; peu d'essais complets en revanche semblent opter prioritairement pour cette orientation critique [11]. Il est vrai que René Girard a choisi de ne pas travailler directement sur *La Comédie humaine* ; il en fait pourtant l'un des points de départ (mais en creux et

8. Balzac ne cesse d'employer le terme, lui qui se considère comme le « mythographe » de son temps (voir par exemple la citation de *La Vieille Fille* donnée plus haut). Quant à la critique, elle n'hésite pas non plus, à commencer par Pierre Barbéris lui-même dans *Mythes balzaciens* (Armand Colin, 1972) ou *Balzac : une mythologie réaliste* (Larousse, 1971). On trouve ainsi des travaux sur le mythe de Paris ou de Napoléon chez Balzac, qui ont peu à voir avec les méthodologies dont on parle ici.

9. Brigitte Grente-Mera, « Balzac et le mythe », *AB 2001*, p. 169-183 ou encore « En chevauchant l'hippogriffe », *AB 2012*, p. 109-120. B. Grente-Mera a soutenu une thèse de doctorat d'inspiration durandienne sur *L'Expérience du sacré dans les « Études philosophiques »*. La mythocritique telle que la fonde Durand s'appuie sur la psychanalyse (jungienne en particulier), les travaux de Bachelard ou d'Eliade. Ce dernier par ailleurs évoque *Séraphîta* dans son essai de 1962, *Méphistophélès et l'Androgyne*. Simone Vierne dans une mise au point intitulée « Mythocritique et mythanalyse » (*IRIS*, 1993, p. 43-56) évoque rapidement Balzac à propos des figures féminines mythiques : https://aacri.hypotheses.org/121. – Si l'on n'a pas vraiment trouvé d'essai de mythocritique entièrement consacré à l'œuvre de Balzac (hors la thèse de B. Grente-Mera), des références spécifiques à l'étude de tel ou tel roman (*La Peau de chagrin* ou *Le Lys dans la vallée* en particulier) peuvent relever de ce type d'approche, bien évidemment. Voir par exemple l'instructive bibliographie sélective suivante : http://www.lysdanslavallee.fr/fr/article/bibliographie-critique-selective.

10. Ainsi Annika Mörte Alling, « Le désir mimétique dans *Illusions perdues* », *Nineteenth Century French Studies*, 42 (1-2), 2013/2014, p. 18-34. Mais de nombreux travaux peuvent avoir ponctuellement recours au modèle de la violence mimétique et de la victime émissaire : pour un exemple, voir Jacques-David Ebguy, « *Une ténébreuse affaire*, un roman politique ? Souveraineté, société et dissensus », *in* Romuald Fonkoua, Pierre Hartmann et Éléonore Reverzy (dir.), *Les Fables du politique des Lumières à nos jours*, Presses universitaires de Strasbourg, 2019, p. 81-98.

11. La seule référence que nous pouvons mentionner est la thèse de doctorat de Rodrigue Ndong Ndong, *Le Désir mimétique chez Balzac*, soutenue en 2006 sous la direction de Francis Marcoin, à l'université d'Artois.

L'ethnocritique et/de Balzac 93

en négatif) de sa théorie, qui lui serait venue dans la comparaison entre « l'arrivisme » du héros balzacien, au désir concret et pragmatique, et le « snobisme » du héros stendhalien ou proustien, au désir davantage « médiatisé » par celui d'autrui [12]. Sans doute ce survol bibliographique est-il bien trop lacunaire, mais la conclusion semble malgré tout s'imposer : la critique des « grandes structures anthropologiques de l'imaginaire » n'a manifestement pas fait de Balzac l'un de ses auteurs privilégiés et la critique balzacienne n'a pas fait de l'anthropologie sociale et culturelle l'un de ses paradigmes majeurs [13].

L'ethnocritique balzacienne. Préambule

S'il recourt également à l'anthropologie sociale et culturelle, notre paradigme critique – qui est plus récent puisqu'il se développe à partir des années 1990 – obéit à des principes méthodologiques et théoriques bien différents des approches ci-dessus mentionnées. Moins à l'affût des grandes structures anthropologiques et des universaux, l'ethnocritique est attentive à la culture *de* l'œuvre (et non *dans* l'œuvre), une culture constitutivement plurielle, feuilletée, polyphonique dont elle se propose d'étudier les configurations et les modalités discursives. Toute culture vivante est « meslée » (Montaigne), le produit d'incessants réarrangements et branchements, de réinventions sémantiques et sémiotiques de ses schèmes, valeurs et imaginaires. L'ethnocritique se situe dans l'héritage de ceux des formalistes qui ont pensé leurs recherches sémio-linguistiques dans la relation à la culture (y

---

12. On trouve en ligne plusieurs comptes rendus d'entretiens donnés par René Girard (notamment ceux qu'il accorde à Benoît Chantre) et qui reviennent sur cet aspect. On peut lire par exemple : www.revuelepassemuraille.ch/presence-de-rene-girard/

13. Quant à l'anthropologie sociale contemporaine, elle a pu se consacrer à Balzac dans des études très éclairantes. Voir l'important article de Daniel Fabre, « Le corps pathétique de l'écrivain », *Gradhiva*, n° 25, 1999, p. 1-13 ou les lignes qu'il consacre au cousin Pons dans un volume dirigé par Odile Vincent, *Collectionner ? Territoires, objets, destins*, Créaphis, coll. « Silex », 2011.

compris populaire [14]), en premier lieu desquels Bakhtine [15], dans l'affiliation à une certaine anthropologie historique [16] et dans le dialogue constant avec l'anthropologie contemporaine, en particulier celle de Lévi-Strauss et de ses continuateurs pour l'étude des sociétés européennes et de leurs imaginaires (Claude Gaignebet ou Nicole Belmont pour le folklore et les littératures orales, Yvonne Verdier ou Daniel Fabre pour les écrits ordinaires ou littéraires, par exemple). C'est de là – dans cette manière, ethnologique si l'on veut, de considérer la littérature qui est tout autant une lecture au plus près du texte, de sa langue et de ses contextes socio-historiques – que la démarche tire son originalité dans le champ plus vaste des herméneutiques [17]. Et parce qu'elle fait sien le principe jakobsonien selon lequel « le langage et la culture s'impliquent mutuellement [18] », l'ethnocritique n'a pas de corpus privilégié, ni de genre ni d'époque mais, pour des raisons conjoncturelles, elle ne s'est attelée qu'à trois reprises à l'œuvre de Balzac, dans des études consacrées au *Colonel Chabert*, à *Adieu* et à *La Vieille Fille* [19].

14. Jakobson, Propp, Greimas par exemple. L'ethnocritique fait sienne une théorie, politique, de la culture populaire (au sens de Gramsci qui la considère comme forte de « conceptions du monde et de la vie » puis de Bourdieu et de Michel de Certeau).

15. Que l'on songe par exemple aux perspectives tracées jadis par Mikhail Bakhtine (*Esthétique de la création verbale*, Gallimard, 1984, p. 342) : « La science de la littérature se doit, avant tout, de resserrer son lien avec l'histoire de la culture. La littérature fait indissolublement partie de la culture [...] ».

16. Les travaux de Vernant, Vidal-Naquet, Le Goff, Schmitt, Ginzburg ou Chartier sont pour nous des références constantes.

17. On se permet de renvoyer à l'article en ligne de Jean-Marie Privat et Marie Scarpa, « L'ethnocritique de la littérature » : https://revues-msh.uca.fr/sociopoetiques/index.php?id=181

On pourra y lire notre analyse des conditions d'émergence de l'ethnocritique, tributaire d'une configuration épistémologique qui s'inscrit elle-même dans une relative longue durée intellectuelle et politique. On y trouvera aussi une définition plus développée de l'ethnocritique et un résumé de nos principales proposition théoriques (dont la catégorie de « personnage liminaire »).

18. Roman Jakobson, « Le langage commun des linguistes et des anthropologues », *Essais de linguistique générale*, Seuil, 1963, p. 27.

19. Voir Jean-Marie Privat et Marie Scarpa, « *Le Colonel Chabert* ou le roman de la littératie », *in* J.-M. Privat et M. Scarpa (dir.), *Horizons ethnocritiques*, postface de Philippe Hamon, Presses universitaires de Nancy, coll. « EthnocritiqueS »,

L'ethnocritique et/de Balzac

Après coup, ces travaux pourtant séparés par plusieurs années nous apparaissent s'être attachés à rendre compte, dans un cadre ethnocritique commun, de ce qui est sans doute l'une des problématiques balzaciennes majeures : la question d'un désordre social et culturel traduit en termes de désordre sexuel et textuel. Et dans les trois cas, l'hypothèse d'une homologie, fonctionnelle et structurelle, entre le récit et le rite a pu être posée, qu'elle concerne la séquentiation tripartite – séparation, marge, agrégation – du rite de passage (selon Arnold Van Gennep), cynégétique et existentiel, pour décrire au plus près de son déroulement l'ensauvagement de Stéphanie de Vandières, ou qu'elle prenne les formes d'une charivarisation narrative et langagière dans *Le Colonel Chabert* et d'une carnavalisation dans/de *La Vieille Fille*. Les enjeux de telles lectures sont tout aussi poétiques que politiques. On rappelle en effet que l'une des fonctions du rite est sans doute de conjurer, en les exhibant parfois, les désordres, les crises, les ruptures (cosmologiques, sociales et personnelles) et l'on pourrait peut-être dire, avec les historiens, que tout se passe « comme si l'écrit [fictionnel ici] jouait dans les sociétés alphabétisées le rôle assumé par les rituels collectifs dans les civilisations orales [20] ».

2010, p. 161-206 ; et Véronique Cnockaert, « L'empire de l'ensauvagement : *Adieu* de Balzac », *Romantisme*, n° 145, 2009, p. 37-50. Lors d'une journée d'études organisée à l'université de Lorraine par Jacques-David Ebguy et nousmême, en mars 2017, dans le cadre de notre séminaire annuel « Le triangle des approches critiques » (voir : http://seebacher.lac.univ-paris-diderot.fr/content/seminaire-annuel-triangle-des-approches-critiques), nous avions présenté une étude, non publiée, de *La Vieille Fille*, qui fait partiellement l'objet de la présente contribution.

20. François Furet et Jacques Ozouf, *Lire et écrire. L'alphabétisation des Français de Calvin à Jules Ferry*, Éditions de Minuit, 1977, p. 364. Notre long article sur *Le Colonel Chabert*, *op. cit.*, est consultable maintenant en ligne : http://ethnocritique.com/sites/ethno.aegir8.uqam.ca/files/2023-02/Chabert_Horizons_ethnocritiques-1.pdf]. Notre propos était de montrer comment le roman de Balzac met en scène finement un changement de monde, qualifié ensuite par les historiens et les anthropologues de moment de la « mutation graphique ». La poétique particulière de ce récit résiderait selon nous dans le croisement d'une ancienne culture coutumière, liturgique, orale, où le mari défunt vient parfois hanter les nuits des vivants qui usurpent sa place, et d'un univers de plus en plus structuré par la culture de l'écrit. Pour illustrer ce « conflit de cosmologies » (Vincent Descombes), nous nous sommes intéressée à la question du retour (du mauvais mort), des réécritures bibliques et autres intertextes, de la

96   *Marie Scarpa*

Ethnocritique de « La Vieille Fille »

Le titre du roman n'est pas trompeur : c'est bien du statut et de la situation de Rose Cormon qu'il traite dans une sorte de physiologie politique [21]. Rose est une vieille fille et pour l'ethnocritique (comme pour Balzac) cet « état de femme » se dit explicitement en termes d'initiation inachevée. L'initiation, qui ne se superpose exactement ni à « formation » ni à « éducation », pourrait être définie comme le processus de socialisation de l'individu en termes d'apprentissages des différences de sexes, d'états et de statuts [22]. Si le devenir-femme ou le devenir-homme est tributaire d'une voie pédagogique, qui en passe par la transmission de savoirs positifs, de règles et de préceptes, il résulte aussi, par des biais plus officieux et plus « invisibles [23] », d'un ensemble de croyances, de discours et de pratiques moins explicitement formulables et qui relèveraient de formes d'apprentissage *par corps* plutôt que *par cœur*. Que l'on pense aux premières fois sexuelles ou à l'enfantement, pour ne donner que quelques exemples assez communément partagés, qui gardent une part secrète et mystérieuse jusqu'à l'initiation expérientielle proprement dite. On peut faire l'hypothèse – c'est en tout cas la nôtre – que le roman moderne (celui qui émerge en Europe à partir de la seconde moitié du XVIIIe siècle) ne cesse d'explorer ces territoires, et *La Vieille Fille* nous en semble une magistrale illustration, qui narre la mauvaise initiation de son personnage principal en

charivarisation dans/de la narration. On peut lire aussi dans le même ouvrage (*Horizons ethnocritiques, op. cit., p.* 217-250*)* la contribution de Stéphane Vachon qui vient dialoguer, en spécialiste, avec notre étude.

21. Éléonore Reverzy parle quant à elle de « gynéco-histoire » (« Que s'est-il passé en 1816 ? Lecture de *La Vieille Fille* de Balzac : essai de gynéco-histoire », *Nineteenth Century French Studies*, 48, 1/2, 2019-2020, p. 49-63).

22. Nous nous permettons de renvoyer ici à notre essai *L'Éternelle Jeune Fille. Une ethnocritique du « Rêve » de Zola* [2009], Champion, 2021, où l'on trouvera une synthèse sur la question de l'initiation du personnage féminin dans le roman du XIXe siècle.

23. Pour écouter la dernière conférence de Daniel Fabre sur le sujet (donnée en 2015) et introduite par Jean-Claude Schmitt, suivre le lien suivant : https://www.canal-u.tv/chaines/campus-condorcet/l-invisible-initiation-devenir-filles-et-garcons-dans-les-societes-rurales

L'ethnocritique et/de Balzac
97

ces termes mêmes, comme le laisse entendre la thématique, largement filée, du malentendu, du mensonge, de l'énigme[24], et la polysémie d'une langue à double fond (voire à triple fond) que certains personnages manient mieux que d'autres (et le narrateur balzacien mieux que quiconque) et que Rose peine à déchiffrer, elle dont la vie n'est qu'un « contresens perpétuel » (p. 933). En témoignent aussi les derniers mots du roman relatifs à son regret de « mourir fille » (p. 936), alors qu'elle a fini par se marier, et qui sont comme narrativement ramenés à un « mourir idiote[25] », soit à un mourir non initiée précisément.

Une « vieille fille », comme cette dénomination l'indique, n'est dans les représentations culturelles du XIXe siècle (et encore de nos jours...) ni une fille ni une femme (soit une alliée – une épouse – et une mère). Elle n'est pas « passée » et c'est ce type de personnage arrêté constitutivement sur les seuils, dans un entre-deux états qui est une marge tant existentielle que sociale, que nous proposons d'appeler un « personnage liminaire[26] ». Dans le roman moderne, qui « archive les

24. Chantal Massol, dans *Une poétique de l'énigme. Le récit herméneutique balzacien*, Genève, Droz, 2006 (p. 93-96), rappelle (en partant de l'étude de Nicole Mozet « La genèse d'un roman-feuilleton : *La Vieille Fille* » dans *Balzac au pluriel*, Paris, Puf, 1990, p. 264 et suiv.) que l'énigme constituée par l'impuissance de Du Bousquier n'était pas présente dans le manuscrit originel et qu'elle « tend à se subordonner à l'allégorique » (historique), ce qui « contribue à la priver de densité ». Selon nous, l'incompétence herméneutique de Rose tend à acquérir une autre importance, qui déplace l'accent sur la trajectoire du personnage. Voir les pages que Lévi-Strauss, à propos du mythe d'Œdipe, consacre aux liens symboliques qui existent entre « chasteté et question sans réponse », entre marche et communication (entravées) dans *Anthropologie structurale II*, Paris, Plon [1973], 1996, p. 31-35, et la discussion qu'entame avec lui Jean-Pierre Vernant dans « Le tyran boiteux. D'Œdipe à Périandre », *Le Temps de la réflexion*, II, Paris, Gallimard, 1981, p. 235-255.

25. Le narrateur revient à plusieurs reprises sur le fait que Rose « péchait aux yeux du monde par la divine ignorance des vierges » (p. 863) et qu'elle est et restera malgré le mariage un peu « *bestiote* » (932).

26. Outre *L'Éternelle Jeune Fille, op. cit.*, nous avons consacré plusieurs travaux au personnage liminaire. Parmi ceux qui prennent en compte en particulier le destin de la vieille fille, voir « Le personnage liminaire », *Romantisme*, n° 45, 2009, p. 25-35 (c'est le personnage de la Teuse dans *La Faute de l'abbé Mouret* qui sert d'exemplification principale) et « Si Félicité portait malheur ? », Revue *Flaubert*, n° 10, 2013 [en ligne] : https://journals.openedition.org/flaubert/2162

anomalies » selon la formule de Lotman[27], il est placé au degré ultime sur l'échelle du ratage initiatique qu'empruntent peu ou prou tous les personnages – dans un conte ou dans un mythe, on n'en dirait pas autant dans la mesure où la logique initiatique y est, selon nous, davantage binaire que scalaire. Dans *La Vieille Fille*, l'ensemble des personnages principaux pourraient être qualifiés de non ou de mal initiés (que l'on pense au chevalier de Valois, le vieillard juvénile, à Athanase Granson, le jeune suicidé au prénom d'immortel et à du Bousquier, aussi dynamique qu'impuissant). Mais ils sont tous dépassés en la matière par Rose Cormon, qui reste « vieille fille » jusqu'après son mariage ! Rose est donc une vieille fille superlative, une éternelle vieille fille en somme. Elle constitue à elle seule un désordre majeur dans l'ordre patriarcal (et dans l'ordre socio-culturel tout court) : si le long célibat qu'elle connaît est déjà une entorse à ces derniers, sa virginité dans le mariage met à mal la conception traditionnelle de la sexualité conjugale, pensée comme une « domestication » du sang sauvage (et cru) des vierges, qu'il faut *cuire* pour le mener, idéalement, vers l'enfantement. Le roman de Balzac est hanté par la question des cycles du sang féminin. « Il était authentique dans Alençon que le sang tourmentait Mlle Cormon » (p. 858) ; le narrateur insiste sur ses rougeurs et ses chaleurs : « [...] elle faisait subir ses confidences au chevalier de Valois à qui elle nombrait ses bains de pieds, en combinant avec lui des réfrigérants ». Et le chevalier répond à ces confidences invariablement : « Le vrai calmant [...] serait un bel et bon mari » (p. 858). Rappelons aussi « les fièvres du sang » qui saisissent Rose quand elle apprend que le vicomte de Troisville s'installe chez elle et qui la font revenir à toute allure du Prébaudet[28], le choc affreux quand elle comprend qu'il est déjà marié (« Mlle Cormon tomba foudroyée », p. 903). Ce coup de foudre littéral est soigné par une « saignée » qui doit lui rééquilibrer les humeurs en permettant au sang de re-circuler correctement.

---

27. Iouri Lotman, *La Sémiosphère*, Presses universitaires de Limoges, 1999, p. 73.

28. Rose est tellement pressée que Josette [croit rêver] « en voyant sa maîtresse volant par les escaliers comme un éléphant auquel Dieu aurait donné des ailes » (p. 890).

L'ethnocritique et/de Balzac

99

En réalité, le récit fait se conjoindre dans Rose deux types d'ardeurs, celle du sang vif de la vierge pubère et surtout celle de la femme en passe d'être ménopausée, un état dont on dit qu'il se signale par un sang redevenu furieux comme à l'adolescence [29]. Le narrateur ne s'y trompe pas en effet, qui évoque la « *seconde jeunesse* » (p. 856) de Rose. Lorsqu'il tente d'expliquer son évanouissement brutal (au moment de sa cruelle mésaventure avec Troisville), le chevalier de Valois met en cause les « mouvements du sang au printemps », qualifiés ensuite de « révolutions », ce qui amène le commentaire suivant : « Elle me disait avant-hier qu'elle ne l'avait pas eue [sa révolution] depuis trois mois » (p. 904). En somme, le roman file le motif de la « mauvaise circulation » du sang (vite superposable au motif de la circulation − entravée − de la fille, entre filiation et alliance) et celui du sang « tourné », autres manières de dire la pré-ménopause du personnage. Le portrait physique de Rose nous conforte dans cette lecture. En 1816, elle a quarante-deux ans et la « décroissance » (p. 858) commence pour celle qui voit se détruire « ses primitives proportions » (p. 857) : la fille bien en chair semble maintenant « fondue d'une seule pièce », « son teint blanc contract[e] des tons jaunes » et sa lèvre s'orne d'un duvet qui se met à « grandir » et à « dessin[er] comme une fumée » (p. 858). Dans les représentations culturelles (il suffit d'ouvrir le *Littré* pour le vérifier), la vieille fille − dont le sang cru a tourné − est souvent qualifiée de « jaunie », de « rance », d'« aigre » et la ménopause est imaginée comme une phase de masculinisation des femmes (en tout cas de neutralisation de la différence sexuée). À cette description stéréotypée s'ajoutent des traits psychologiques attendus, comme l'amour des bêtes (à défaut de celui pour des enfants qu'on n'a pas), la maniaquerie voire une certaine mesquinerie qui rend parfois insupportable pour des petits riens. Bref, Rose n'est pas seulement une vieille fille (on l'était dès lors qu'on avait coiffé sainte Catherine, soit à partir de l'âge de vingt-cinq ans) : c'est une vieille fille vieillie, en panne

---

29. Il s'agit du fameux « retour d'âge ». Voir Véronique Moulinié, *La Chirurgie des âges. Corps, sexualité et représentations du sang*, Éditions de la Maison des Sciences de l'Homme, coll. « Ethnologie de la France », 1998.

100   *Marie Scarpa*

de « révolution », qui finit par épouser un homme « impuissant
[…] comme une insurrection » (p. 830) ! Rose et du Bousquier ne se seraient peut-être pas si mal trouvés finalement…

La (très) mauvaise initiation de Mlle Cormon, qui se poursuit donc dans le mariage, est surdéterminée par toute une
série de données, à commencer par son nom. Ses premiers
prénoms, Rose et Marie, sont parmi les plus virginaux qui
soient[30]. Quant à son nom patronymique, comment ne pas
entendre dans sa consonance [conmor] – une contrepèterie
attendue – mais aussi un [moncor] qui serait, dans ce roman
du sang et du « sacrifice » d'une « vierge et martyre » (p. 860),
comme la version parodique de l'eucharistique « Ceci est mon
corps » (qui, il est vrai, se disait alors en latin) ? Car le corps
de Rose est bien à prendre et à partager, tel un trophée –
Victoire est son troisième prénom – par celui des partis qui
l'emportera. L'initiation inachevée est programmée également
par l'absence d'initiateurs chargés de guider la jeune fille sur
le périlleux chemin du mariage et de la sexualité (un rôle
souvent dévolu à la mère, parfois à la marraine ou aux amies).
Rose est orpheline et c'est son oncle, l'abbé de Sponde, qui
fait office de père et de parrain. Le narrateur insiste sur la
catastrophe qu'a été son éducation : non seulement « l'abbé
de Sponde était incapable d'aider sa nièce en quoi que ce soit
dans ses manœuvres matrimoniales » (p. 861) mais sa dévotion
excessive cause chez Rose « une ophtalmie morale » (p. 863),
et son innocence précipite le dénouement fatal. Enfin on ne
trouve nulle mention dans le roman des passages obligés dans
le devenir-femme que sont la première communion[31] et surtout l'apprentissage des travaux d'aiguille. On ne voit jamais
Rose brodant ou cousant alors même que le motif textile est
filé partout dans les mailles du texte : Alençon est la ville des

---

30. Il n'est guère besoin de commenter celui de Marie ; quant à Rose :
« La rose rassemble les images populaires de l'amour et celles, catholiques, de
la virginité. […] La rose c'est bien la jeune fille, douce fragilité protégée par
ses épines comme l'épouse le sera par ses épingles, entourée des pointes vives
qui au temps des fleurs font couler le sang du dedans au-dehors » (Daniel Fabre,
« Passeuse au gué du destin », *Critique*, n° 402, 1980, p. 1088).

31. Que l'on pense à celle de Virginie dans *Un cœur simple* ou à celle de
Nana dans *L'Assommoir*.

L'ethnocritique et/de Balzac

101

dentelles ; le roman s'ouvre sur le logement du chevalier de Valois, qui vit chez la blanchisseuse Mme Lardot, au milieu d'un peuple de lingères ; Suzanne dont la destinée influe fortement sur celle de Rose est précisément l'une d'entre elles ; le confesseur de Rose se nomme l'abbé Couturier et sa confidente, à la fin du roman, Mme du Coudrai. On pourrait mentionner aussi le nom d'une autre de ces dames influentes, Mme du Ronceret, et bien entendu la jument Pénélope, qui « semblable à la belle reine dont elle portait le nom, avait l'air de faire autant de pas en arrière qu'elle en faisait en avant » (p. 891). On peut rappeler que les travaux d'aiguille – filer, tisser, coudre, broder – sont autant de façons de dire la socialisation (ou non) d'une femme dans l'alliance (le mariage) et la sexualité. Avec la fortune de Rose, du Bousquier, entre autres activités, « donn[e] des fonds pour relever les manufactures du point d'Alençon ; il aviv[e] le commerce des toiles, la ville [a] une filature » (p. 927). Seule son épouse reste en dehors de cette *entreprise de filature*, elle qui, comme le souligne l'expression populaire, est « tombée en quenouille ». L'expression s'usait ironiquement pour désigner une lignée où les filles étaient appelées à la succession soit, dans une société patriarcale, une lignée sans avenir. Ainsi les vieilles filles du *Chevalier des Touches* de Barbey d'Aurevilly, tout aussi « politiques » que Rose, sont-elles tombées en quenouille : véritables figures de « dernières », elles emblématisent la fin d'un règne. Il s'agit bien ici de la fin de la lignée Cormon et d'une certaine France, appuyée sur la religion et l'aristocratie (les deux piliers de la maison sapés par du Bousquier), au profit de valeurs bourgeoises et libérales que Rose, à son corps défendant, a contribué à propager en se mariant.

Si la destinée des filles se décline bien en termes de passage (ou non) de la filiation à l'alliance, soit, en d'autres termes, de circulation entre le foyer paternel et celui de l'époux, celle de Rose Cormon a été entravée de multiples façons et pour des raisons qui sont donc aussi familiales qu'historiques et politiques. Sa trajectoire finit par tourner littéralement en rond (« [elle] avait couru sus au mariage sans réussir à se marier », p. 932) et trouve un couronnement humiliant dans le fait de voir son mari s'installer chez elle (ce que l'on nommait un

102 *Marie Scarpa*

« mariage en gendre ») en maître absolu : du Bousquier la dépossède de sa fortune, de ses habitudes et de ses valeurs. Lui, qui a « le mauvais goût d'un agent de change », fait restaurer la demeure patricienne, ce qui ôte « tout son lustre, sa bonhomie, son caractère patriarcal à la vieille maison » (p. 923). Mais, même chez elle sans être chez elle et sans être elle, Rose eût tout accepté pour être mère (« Moi, […] j'achèterais un enfant par cent années d'enfer ! », p. 931). L'ensemble de notre démonstration nous conduit à penser que le sujet du roman est peut-être davantage encore le (difficile) passage de l'alliance à la filiation, soit la possibilité d'avoir une descendance. Les épousailles d'une presque ménopausée et d'un impuissant ont toutes les chances de rester stériles et c'est bien cela qui constitue « le mensonger mariage » (p. 932), Alençon ne s'y trompe pas :

> Sa femme ne lui donna pas d'enfants. Le mot de Suzanne, les insinuations du chevalier de Valois [sur l'impuissance du mari] se trouvèrent ainsi justifiés. Mais la bourgeoisie libérale, la bourgeoisie royaliste-constitutionnelle, les hobereaux, la magistrature et le parti-prêtre, comme disait *Le Constitutionnel*, donnèrent tort à Mme du Bousquier. M. du Bousquier l'avait épousée si vieille ! disait-on. D'ailleurs quel bonheur pour cette pauvre femme, car à son âge il était si dangereux d'avoir des enfants ! (p. 929).

L'enfant dans le roman est rêvé, fantasmé et… manquant toujours. C'est un véritable leitmotiv. Ainsi, on s'en souvient, au départ de notre intrigue se trouve l'épisode de la grossesse feinte de Suzanne, et du Bousquier se laisse prendre un instant au rêve d'une paternité même putative. L'Œuvre de charité des bonnes dames d'Alençon, qui tient une place non négligeable dans l'histoire, se nomme la Société Maternelle et prend en charge les filles-mères et les mères infanticides. Rose, dont le seul bon mot porte sur « les enfantillages » de du Bousquier, se damnerait quant à elle, on l'a vu, pour un enfant. Mais ses trois prétendants visent plutôt leur établissement social (bien plus en tout cas que leur progéniture future), comme si Balzac, qui ne peut nier le dynamisme du XIXe siècle bourgeois (« *Du Bousquier est un homme très fort* [32] »,

---

32. L'italique est de Balzac.

L'ethnocritique et/de Balzac

p. 929), le construisait sans descendance voire sans posté-rité[33]... En somme, avec (« [...] un enfant serait votre mort », *ibid.*) ou sans enfant, c'est de la mort de/dans la maison Cormon que nous parle un tel roman.

Si la fable politique voire économique finit par trouver une orientation (dans le sens de l'Histoire), la narration, quant à elle, sème le désordre jusque dans la dernière ligne. C'est un mariage particulièrement dissonant qui nous est raconté : si le mari finit par devenir « l'un des hommes les plus heureux du royaume de France et de Navarre » (p. 934), l'épouse éprouve un « malheur » qui « s'éten[d] [...] comme une goutte d'huile qui ne quitte l'étoffe qu'après l'avoir lentement imbibée » (p. 930). Le roman en déplie les raisons ; pour autant, il choisit d'accentuer, on l'a vu, le vieillissement de la vieille fille et la construit clairement, alors même que les désirs de Rose peuvent être légitimes (ne pas être épousée pour sa fortune, vouloir un mari assez jeune, etc.), en « fille difficile ». Le motif, ancien, est filé largement[34] et la fable ici ira plus loin que celle de La Fontaine : plus qu'un « malotru », Rose épouse la stérilité et la destruction de son monde[35]. À lire de près le texte, on se rend compte qu'il écrit et réécrit le thème de la mort depuis l'*incipit*, et que les mauvais augures planent

---

33. La Postérité hante le roman. On note tout le sel de la comparaison que le narrateur établit entre l'ignorante Rose et un *country gentleman* qui s'écrie à la Chambre des Communes : « Messieurs, j'entends toujours parler ici de la Postérité, je voudrais bien savoir ce que cette puissance a fait pour l'Angleterre » (p. 871). Et la question de l'héritage tout autant : du Bousquier, après avoir capté à son profit la plus importante succession d'Alençon, après l'avoir fait fructifier en relançant la ville et en régnant sur elle, tient « sa vengeance » dans les premières mesures de la Monarchie constitutionnelle (en 1830) : « La pairie sans hérédité, la Garde nationale qui met sur le même lit de camp l'épicier du coin et le marquis, l'abolition des majorats [...] » (p. 928).

34. « Le mariage de Mlle Cormon était devenu dès 1804 quelque chose de si problématique que *se marier comme Mlle Cormon* fut dans Alençon une phrase proverbiale qui équivalait à la plus railleuse des négations » (p. 864). C'est la conclusion de plus d'une dizaine de pages sur les difficultés de Rose à choisir le « bon » mari et les « mille pièges [qu'elle tend] à ses adorateurs ».

35. Voir la double fable intitulée « Le héron » et « La fille ». Dans certains contes, c'est la Mort qui échoit comme époux à la fille difficile : ainsi dans « La femme du Trépas » (François-Marie Luzel, *Contes populaires de Basse-Bretagne*, Maisonneuve et Leclerc, 1887).

104   *Marie Scarpa*

sur le parcours de Mlle Cormon ; contentons-nous de citer les plus spectaculaires, au moment de son mariage :

> Enfin la meurtrière prophétie de la vieille fille fut accomplie. Pénélope succomba à la pleurésie qu'elle avait gagnée quarante jours avant le mariage, rien ne la put sauver. Mme Granson, Mariette, Mme du Coudrai, Mme du Ronceret, toute la ville remarqua que Mme du Bousquier était entrée à l'église *du pied gauche* ! présage d'autant plus horrible que déjà le mot *La Gauche* prenait une acception politique. Le prêtre chargé de lire la formule ouvrit par hasard son livre à l'endroit du *De profundis*. Ainsi ce mariage fut accompagné de circonstances si fatales, si orageuses, si foudroyantes, que personne n'en augura bien. Tout alla de mal en pis. Il n'y eut point de noces, car les nouveaux mariés partirent pour le Prébaudet. Les coutumes parisiennes allaient donc triompher des coutumes provinciales, se disait-on. Le soir, Alençon commenta toutes ces niaiseries [...]. » (p. 914-915)

Le « pire » ici est sûr. Le triomphe de du Bousquier inaugure une série de malheurs : la mort volontaire d'Athanase Granson (« un événement qui se rattachait à ce mariage et qui le fit paraître encore plus funeste », p. 913), le décès de l'abbé de Sponde (brutalisé par tant de changements), le « suicide continu » du chevalier de Valois (il « mourut de son vivant, il se suicida tous les matins pendant quatorze ans », p. 921) et... le chagrin sans fin de Rose. Dans une savante orchestration des voix, entre dialogue et dialogisme (discours des personnages, de la coutume, de la tradition, de l'actualité ; rumeur et opinion publique ; intertextes populaires et savants – le conte, la fable, le proverbial, textes antiques, sacrés, juridiques etc.), la narration choisit, on l'entend, de donner à l'ensemble une tonalité tragicomique.

Ou plus exactement, selon nous, carnavalesque. Tout se passe un peu comme si le cours de l'Histoire allait dans un sens et l'histoire des personnages principaux dans l'autre. Le monde de Rose est à l'envers, *cen dessus dessous* pour reprendre une expression du texte (p. 861, 891, 894). Sans entrer, faute de place, dans le détail de la carnavalisation [36] du récit balza-

---

36. L'ethnocritique a consacré de nombreux travaux à penser et prolonger le modèle bakhtinien de la carnavalisation littéraire. Nous nous permettons de renvoyer à notre essai *Le Carnaval des Halles*, CNRS Éditions, 2000, et à notre article « La carnavalisation littéraire. De Bakhtine à l'ethnocritique », *in* Sophie Ménard et Jean-Marie Privat (dir.), *À l'œuvre, l'œuvrier*, Nancy, Presses universitaires de Lorraine, coll. « EthnocritiqueS », 2017, p. 21-34.

L'ethnocritique et/de Balzac   105

cien, arrêtons-nous seulement sur quelques (autres) disso-
nances et bigarrures, mises au service d'une forme
d'ambivalence romanesque. Ni fille ni femme, adulte restée
en enfance, humaine et oiselle (perdrix dodue, bécasse ou oie
blanche), Mademoiselle Cormon poursuit sa destinée liminaire
jusque dans le mariage et, d'une certaine manière, n'en finit
pas, comme le colonel Chabert, de vivre sa mort (sociale). Le
chevalier de Valois est le double inversé de du Bousquier
(Rose rêve un temps d'épouser un homme-Janus composé de
ces deux prétendants). Si les deux partagent au début la condition célibataire, l'un (le chevalier) est un homme entre
deux siècles, deux âges, deux sexes : d'une élégance de femme,
le vieux gentilhomme voltairien, aussi désargenté que spirituel, porte jeune et a « la voix de son nez », un « nez prodigieux », indice d'une évidente virilité (que Rose ne comprend
pas). Mais le narrateur ne s'arrête pas en si bon chemin : « Ce
nez partageait vigoureusement [sa] figure pâle en deux sections qui semblaient ne pas se connaître, et dont une seule
rougissait pendant le travail de la digestion. Ce fait est digne
de remarque par un temps où la physiologie s'occupe tant du
cœur humain. Cette incandescence se plaçait à gauche »
(p. 812-813). L'autre, du Bousquier, n'a ni « la voix de ses
muscles » (p. 829) ni les cheveux de son torse d'Hercule Far-
nèse (son faux toupet fait régulièrement rire tout Alençon).
Et « comme tous ceux qui ne peuvent plus vivre que par la
tête, [il] portait dans ses sentiments haineux la tranquillité d'un
ruisseau faible en apparence, mais intarissable » (p. 830). Quant
à Athanase, qui aurait pu convenir à Rose si elle avait percé
ses desseins à jour, la narration en fait une sorte de *puer senex* :
il est avant tout le fils de sa mère et un jeune homme précoce-
ment vieilli qui vit à rebours, au plus loin cette fois du programme prévu par son prénom, « avec l'ardeur d'un agonisant
qui embrasse la vie » (p. 917) et qui sera « promptement
oublié par la société » (p. 921). En somme, on pourrait écrire
du roman entier ce que le narrateur dit de l'intérieur domestique de du Bousquier : « L'harmonie, lien de toute œuvre
humaine ou divine, manquait dans les grandes comme dans
les petites choses » (p. 831). Et de Rose, qui règne sur ce

monde *cen dessus dessous* en « *fille originale* », « malgré les apparences » (p. 864), qu'elle est bien, et à la fois, une Reine de Carnaval et une Vieille de Carême [37]. Que cette carnavalisation ait des enjeux esthétiques, éthiques et politiques, *La Vieille Fille* ne permet pas d'en douter un instant. Nous retrouvons ici la question des désordres – et plus encore – du monde balzacien par laquelle nous avions commencé cette étude et notre ethnocritique s'est faite en quelque sorte *entropologie* [38] littéraire.

Marie SCARPA.

37. L'une des propositions ethnocritiques est de penser la carnavalisation, dans un monde – ou un texte – à dominante judéo-chrétienne, à l'aide du cycle folklorico-liturgique entier : Carnaval/Carême/Pâques. Le schème est dans *La Vieille Fille* très opératoire. N'en donnons, faute de place, qu'un seul petit exemple : on aura noté dans une des citations du roman précédemment données que la mort de Pénélope est liée à la pleurésie contractée *quarante jours* avant le mariage de sa maîtresse.

38. Nous empruntons conjoncturellement le terme à Lévi-Strauss, qui conclut *Tristes tropiques* (Plon [1955], Terre Humaine/Poche, p. 496) en revenant sur la désagrégation de « l'ordre originel » du monde et en écrivant : « Plutôt qu'anthropologie, il faudrait écrire "entropologie", le nom d'une discipline vouée à étudier dans ses manifestations les plus hautes ce processus de désintégration ».

SOUVENT TEXTES (DE BALZAC) VARIENT

La production balzacienne et l'analyse textuelle des discours

Le titre de ce travail fait doublement écho aux travaux de spécialistes de linguistique textuelle des discours. Jean-Michel Adam [1] a développé les motivations théoriques et montré à partir d'études de cas ce que sont des variations créatrices de sens, en particulier dans un ouvrage paru en 2018 chez Garnier, intitulé *Souvent textes varient*. Cet ouvrage reprenait lui-même une formule de Jean Peytard, utilisée en 1993 dans un numéro des *Cahiers du CRELEF* où il développait les enjeux des notions de « sémiotique différentielle » et d'« altération » [2]. Les perspectives engagées par ces travaux invitent le critique à considérer effectivement que « le sens d'un texte n'est défini que par la somme de ses variations (et diachroniques et synchroniques) », ce qui « oblige à s'arrêter sur les conditions qui déterminent l'échange et le change » [3].

Si le livre de Jean-Michel Adam peut être considéré comme un « traité de critique génétique » ainsi que l'indique

---

1. Auteur de *La Linguistique textuelle. Introduction à l'analyse textuelle des discours*, Armand Colin, 2011.
2. *Cahiers du CRELEF*, n° 36, Presses universitaires de Besançon, 1993.
3. Jean Peytard, « Introduction », *Sémiotique différentielle de Proust à Perec, Syntagmes*, n° 5, Besançon, Presses de l'Université de Franche-Comté, et Paris, Les Belles-Lettres, 2001, p. 14, cité par Jean-Michel Adam, *Souvent textes varient. Génétique, intertextualité, édition et traduction*, Classiques Garnier, « Investigations stylistiques », 2018, p. 19.

L'Année balzacienne 2023

Philippe Willemart dans un compte rendu [4], le travail articule plus largement – dans une réflexion théorique et une pratique analytique – les domaines indiqués par son sous-titre : « génétique » mais aussi « intertextualité », « édition » et « traduction ». Ainsi, l'intertextualité est considérée « comme un phénomène linguistique dialogique qui fait qu'un énoncé récrit des énoncés empruntés à un autre texte, littéraire ou non [5] ». L'approche s'ancre dans les travaux de Bakhtine, mais surtout de Volochinov [6] sur le « principe dialogique », dans une perspective que Barthes avait rappelée, en précisant que « le concept d'intertexte est ce qui apporte à la théorie du texte le volume de la socialité [7] ». Dans ce contexte, une redéfinition de la notion d'« intratextualité » est proposée, prenant en charge les différentes variations d'un même matériau diégétique : l'intratextualité permet de s'interroger sur les « relations de récriture entre plusieurs textes d'un même auteur [8] ». Les notions de « récriture », de « série », de « variation » et de « variance » sont centrales dans ces perspectives et ont pu rencontrer ou alimenter des travaux passés et récents dans la critique balzacienne [9].

---

4. Philippe Willemart, « Souvent textes varient », *French Studies*, vol. 73, n° 2, avril 2019, p. 321, en ligne : https://doi.org/10.1093/fs/knz068

5. Jean-Michel Adam, *Souvent textes varient*, *op. cit.*, p. 211.

6. Valentin Volochinov & Mikhaïl Bakthine, *Le Marxisme et la philosophie du langage. Essai d'application de la méthode sociologique en linguistique* [1929], trad. fr. de Marina Yaguello, Éditions de Minuit, « Le sens commun », 1977 ; une réédition récente a paru en 2010, trad. fr. de Patrick Sériot & Inna Tylkowski-Ageeva, Limoges, Lambert-Lucas, 2010. L'ouvrage a été attribué à Bakhtine par Ivanov en 1973, bien qu'il n'en ait pas revendiqué la paternité. Sur ce point voir : http://ctlf.ens-lyon.fr/notices/notice_367.htm

7. Comme le rappelle J.-M. Adam : voir plus largement *Souvent textes varient*, en particulier p. 210-217.

8. *Ibid.* p. 74.

9. Par exemple : Dominique Massonnaud, « Modalités et enjeux de la "revenance textuelle" dans *La Comédie humaine* », in Lætitia Hanin (dir.), *L'Intratextualité dans le roman français du XIXe siècle*, Les Lettres romanes, vol. 71, n° 1-2, Turnhout, Brepols Publishers, 2017, p. 23-36. En ligne : https://www.brepolsonline.net/doi/10.1484/J.LLR.5.113613 ; ou l'importante contribution de Rudolf Mahrer et Joël Zufferey, « Variance de l'œuvre moderne. De la variante à l'édition numérique », *in* Andrea Del Lungo & Takayuki Kamada (dir.), *Publishing / L'Édition*, The Balzac Review / Revue Balzac, n° 4, Classiques Garnier, 2021, p. 141-172.

Souvent textes (de Balzac) varient   109

Plus précisément, eu égard à l'objet de nos réflexions, mon propos semble faire un pas de côté puisque Jean-Michel Adam n'est pas un critique balzacien et n'a pas développé de travaux en ce sens. En revanche, sa voix théorique mobilise l'exemple de Balzac – et celui de balzaciens – pour fonder une méthode qui tente de tenir ensemble les voies de la sociocritique et de l'analyse des discours après les échanges qui ont pu avoir lieu à ce sujet, en particulier au début du XXIe siècle[10]. La perspective qui mobilise l'expression « analyse textuelle des discours » paraît ainsi entrer en résonance avec la proposition faite par Éric Bordas en 2005 :

> L'analyse du discours (pensée comme une épistémologie linguistique et une philosophie du sujet sensible) réalise ce salutaire rapprochement des deux disciplines. [...] Sociocritique et stylistique deviennent alors des thématiques disciplinaires d'une interrogation générale du sujet dans la langue[11].

De fait, Jean-Michel Adam a pu convoquer, par exemple, une référence à Deleuze et Guattari, pour rappeler que :

> Ce qu'on appelle un style, qui peut être la chose la plus naturelle du monde, c'est précisément le procédé d'une variation continue. Or, parmi tous les dualismes instaurés par la linguistique, il y en a peu de moins fondés que celui qui sépare la linguistique de la stylistique[12].

Le titre d'une de ses conférences : « La Linguistique textuelle : entre stylistique et analyse de discours[13] », prononcée

---

10. On peut mentionner les travaux suivants : Dominique Maingueneau et Ruth Amossy (dir.), *L'Analyse du discours dans les études littéraires*, Toulouse, Presses Universitaires du Mirail, 2003 ; Jean-Michel Adam et Ute Heidman (dir.), *Sciences du texte et analyse de discours*, Genève, Slatkine, 2005, ainsi que Ruth Amossy (éd.), *Analyse du discours et sociocritique*, *Littérature*, n° 140, décembre 2005.

11. Éric Bordas, « Stylistique et sociocritique », *Analyse du discours et sociocritique*, *op. cit.*, p. 39.

12. Gilles Deleuze & Félix Guattari, « Postulats de la linguistique », *Mille plateaux*, Minuit, 1980, p. 123, cité dans Jean-Michel Adam, « Le Style dans la langue et dans les textes », *La Stylistique entre rhétorique et linguistique*, *Langue française*, n° 135, 2002, p. 71.

13. Jean-Michel Adam, *La Clé des Langues* [en ligne], Lyon, ENS de LYON/DGESCO (ISSN 2107-7029), septembre 2010. Consulté le 13 octobre 2022. URL : http://cle.ens-lyon.fr/plurilangues/langue/domaine-de-la-linguistique/la-linguistique-textuelle-entre-stylistique-et-analyse-de-discours

110 *Dominique Massonnaud*

à l'ENS de Lyon en 2010, semble confirmer cette perspective, et sa proposition d'un « dépassement bakhtinien des frontières disciplinaires [14] » paraît être tout à fait efficace. Éric Bordas a pu également mentionner *Le Marxisme et la philosophie du langage*, en rappelant une de ses formules : « L'énonciation est de nature sociale [15]». Sans développer davantage ces points, il s'agit simplement de préciser rapidement le contexte théorique de travaux qui me semblent avoir leur importance aujourd'hui parce qu'ils ont la singularité d'avoir pu penser avec Balzac et avec des critiques balzaciens pour développer des outils théoriques et des principes d'analyse, tout en générant également des lectures singulières de la production balzacienne.

L'intérêt de ce Balzac – celui que ces approches ont construit et peuvent permettre de construire – peut être rapproché du renouveau contemporain que connaît aujourd'hui le nom de « Balzac » devenu référence pour nombre d'écrivains et de critiques journalistiques ou littéraires [16], comme des voies nouvelles qui se développent, plus largement, dans le domaine de la recherche sur les objets littéraires, concernant les rapports entre fictions et textes factuels, les questions énonciatives ou des questions de point de vue, celles qui sont liées à l'hétérogénéité générique et la rythmique prosaïque, à la représentation de l'autorité et de l'auctorialité, ainsi que l'analyse des réemplois comme les questions liées à l'intertextualité

14. Voir la section qui porte ce titre dans Jean-Michel Adam, « Le style dans la langue et dans les textes », art. cité, p. 80-93.

15. V. Volochinov & M. Bakthine, *Le Marxisme et la philosophie du langage*, *op. cit.*, p. 119, cité par Éric Bordas, « Stylistique et sociocritique », art. cité, p. 36, n. 18.

16. De nombreux travaux ont pris en charge et analysé les modalités et les enjeux de ce retour à Balzac, depuis la fin du XXᵉ siècle : on peut citer le livre d'Aline Mura-Brunel : *Silences du roman. Balzac et le romanesque contemporain*, Rodopi, 2004, et celui de Susi Pietri : *L'Invention de Balzac. Lectures européennes*, Presses universitaires de Vincennes, 2004, qui identifiait précisément « la leçon de Balzac ». Les articles d'un numéro du *Magazine littéraire* (2011, nº 509) parus sous le titre « Balzac, l'éternel retour » élucidaient de façon très efficace les enjeux et les modalités de cette présence balzacienne dans les productions d'aujourd'hui ; le dossier « Balzac, une référence pour le XXᵉ siècle ? » dirigé par Michel Lichtlé pour l'*AB 2015* donnait suite à ces analyses.

Souvent textes (de Balzac) varient 111

ou à l'interdiscursivité. Dans le cadre de ce travail il s'agit tout d'abord de préciser les références faites au nom de Balzac dans l'ouvrage de Jean-Michel Adam, qui le sont essentiellement pour ce qui concerne le domaine de la génétique mais ont alors des enjeux plus larges.

Balzac, l'exemple d'une œuvre faite de textes mouvants

Dans *Souvent textes varient*, les textes balzaciens ne sont donc pas l'objet d'analyses de détail et, à ma connaissance, Jean Peytard n'avait non plus développé de travaux sur ce corpus. Cependant, la mention du nom « Balzac » est présente d'emblée dans l'introduction de l'ouvrage lorsqu'il s'agit de penser une œuvre comme un objet toujours perfectible et per-pétuellement inachevé. Adam cite alors Claude Duchet faisant des années 1840-1846 « [u]n exemple massif de l'inachève-ment créateur qui relance l'écriture et distribue l'économie des textes, comme s'il s'agissait d'en concrétiser successive-ment tous les possibles dans un mouvement de totalisation sans totalité [17] ». L'auteur mobilise également la référence au travail de Jacques Neefs sur « l'éternelle genèse » balzacienne [18]. La notion de « mobile » est alors présente, et j'ajouterai volontiers une référence à ce *perpetuum mobile* qu'est l'ensemble de la production balzacienne, à considérer dans son entier, dans l'important travail critique qu'a été celui de Michel Butor [19]. Une autre mention du nom de « Balzac » est faite ensuite, toujours dans l'introduction de l'ouvrage de Jean-Michel Adam, à l'occasion du rappel détaillé et très élogieux d'un travail métacritique d'Andrea Del Lungo, concernant le *S/Z*

---

17. Jean-Michel Adam, *Souvent textes varient*, *op. cit.*, p. 34.
18. Voir Jacques Neefs, *Balzac, l'éternelle genèse*, Presses universitaires de Vincennes, 2015, p. 5-9 et p. 71-87.
19. Michel Butor écrivait dès 1960 : « [...] si l'on prend l'œuvre dans son ensemble, on découvre que sa richesse et son audace sont bien loin d'avoir été jusqu'à présent appréciées à leur juste valeur, et qu'elle est, par conséquent, pour nous une mine prodigieuse d'enseignement » (*Répertoire I*, Éditions de Minuit, 1960, p. 80).

112   *Dominique Massonnaud*

de Barthes[20], qui prend en charge le conflit des interprétations antérieures et sert de cas exemplaire, en particulier pour
préciser ensuite, plus globalement, la nécessité de l'établissement des différents états textuels et de la variation pour travailler un objet soumis à l'étude[21].

On voit donc que le cas de Balzac est central pour l'explici-
tation des principes fondateurs du travail de Jean-Michel
Adam concernant la théorie du texte, reprenant les positions
de Jean Peytard qui affirmait : « Un texte n'est lui-même que
dans et par son instabilité[22] ». Il affirme ainsi la nécessité d'un
travail génétique qui donne le texte à lire dans sa variance, y
compris sa variance éditoriale, au-delà des avant-textes qui
avaient à eux seuls, pendant longtemps, constitué l'objet de la
génétique à l'ITEM, gardant, sur le plan théorique, un présupposé de « texte idéal[23] », figé, tel qu'il a été dénoncé dans les
travaux de Roger Chartier. Adam précise qu'au fil des récri-
tures et des éditions se crée un rapport autre au texte où « tout
varie pour accéder à un équilibre autre, où se redistribue
chaque élément[24] ». Le travail de Jacques Neefs en ce sens est
de nouveau mobilisé[25], ainsi que les noms de Ramuz, Balzac
et Aragon, cas exemplaires d'auteurs qui ont proposé des
textes différents à partir de leurs productions premières, par
des modifications péritextuelles, compositionnelles, cotex-
tuelles en particulier. Les médiations éditoriales transformant
un livre en un autre livre sont ainsi prises en charge.

Nous savons que Balzac est, effectivement, à cet égard un
cas exemplaire : la contribution d'Andrea Del Lungo au dos-

---

20. Andrea Del Lungo, « *S/Z*, ou les envers de la critique balzacienne »,
in Marielle Mace et Alexandre Gefen (éd.), *Barthes, au lieu du roman*, Desjon-
quières, « Nota Bene », 2002, p. 111-125. Voir également sa contribution dans
ce dossier.

21. Voir Jean-Michel Adam, *Souvent textes varient, op. cit.*, p. 49.

22. Jean Peytard, « Variance et coalescence textuelles », *Sémiotique différentielle de Proust à Perec, op. cit.*, p. 168.

23. Roger Chartier, *La Main de l'auteur et l'esprit de l'imprimeur. XVIIe-
XVIIIe siècles*, Gallimard, « Folio Histoire », 2015, p. 263.

24. J.-M. Adam, *op. cit.*, p. 166.

25. En particulier : Jacques Neefs, « Manuscrits littéraires : comparaisons
et histoires littéraires », *in* David G. Bevan et Peter Michael Wetherill (dir.), *Sur
la génétique textuelle*, Amsterdam / Atlanta, Rodopi, « Faux-titre », 1990.

Souvent textes (de Balzac) varient 113

sier *Après le texte* de la revue *Genesis* apporte l'éclairage lié à la genèse éditoriale – ou post-éditoriale – concernant Balzac [26], et l'ouverture du site Variance.ch dirigé par Rudolf Mahrer à Lausanne en septembre 2017, guidée par des principes proches de ceux de Jean-Michel Adam, s'est effectuée avec la mise en ligne de *La Peau de chagrin* en ses huit états imprimés « de 1831 à 1845, publiés, contrôlés et assumés par l'écrivain ». Le travail de Rudolf Mahrer et Joël Zufferey met également à disposition sur ce site les six états de *Sarrasine* ainsi que ceux du *Colonel Chabert*, à partir de « La transaction » qu'avait donnée à lire Isabelle Tournier dans sa si précieuse édition des *Contes et nouvelles* de Balzac, dans leur première édition [27]. *Albert Savarus* est également présent sur le site Variance et significativement donné comme « un observatoire privilégié de la création balzacienne en phase post-éditoriale » puisqu'on peut observer ce qu'ont été en moins de deux ans « les variations liées au changement de support (de la presse au livre), de composition (avec puis sans chapitres), de titre et même de genre par l'ajout d'un épisode conclusif » [28]. Aujourd'hui le développement des comparaisons entre différents états des textes de *La Comédie humaine* est également présent sur le site ebalzac – majoritairement pour le Furne et le Furne corrigé – et la collaboration entre les deux équipes est une perspective fort stimulante.

Les balzaciens savent à quel point le travail de Stéphane Vachon a pu révéler la nécessité d'une saisie et d'une analyse du fascinant faisceau des publications multipliées comme des réagencements macrogénétiques qui caractérisent la production balzacienne [29]. La nature des supports éditoriaux, des

26. Voir Andrea Del Lungo, « Éditions et représentations de *La Comédie humaine* », *in* Rudolf Mahrer (dir.), *Après le texte. De la réécriture après publication*, *Genesis*, ITEM-CNRS, n° 44, 2017, p. 81.

27. Honoré de Balzac, *Contes et nouvelles*, Gallimard, « Quarto », 2005-2006, 2 vol.

28. Voir la notice du roman sur le site : Jessica Chessex, « *Albert Savarus* (1842-1843). Édition et genèse éditoriale de l'œuvre », en ligne : http://variance.ch/honore_de_balzac/albert_savarus/comparaison/1as-2as

29. On pense bien sûr à la somme de Stéphane Vachon, *Les Travaux et les jours d'Honoré de Balzac. Chronologie de la création balzacienne*, Presses universitaires de Vincennes / Presses du C.N.R.S. / Presses de l'Université de Mon-

114 *Dominique Massonnaud*

contextes discursifs et des publics visés dans un moment particulier doit, selon ses perspectives, nourrir le travail critique.
L'attention portée à ces questions est sensible dans des
recherches récentes : je pense par exemple au travail de Pierre
Laforgue sur *La Fabrique de « La Comédie humaine »* qui prend
en charge – autrement que je ne l'ai fait mais exactement en
même temps que lui et selon des lignes théoriques et critiques
proches – une méthode macrogénétique [30]. Balzac donne
effectivement à penser et ouvre de nombreuses pistes pour
l'analyse selon ces perspectives. Dans l'espace de ce travail, il
s'agira à présent d'observer quelques exemples significatifs.

Inscrire la place du lecteur

Dans ces rapides études de cas, on peut tout d'abord observer *Le Cousin Pons* dont les quatre versions sont disponibles
sur le site ebalzac [31]. D'abord envisagée comme une fiction
courte, munie d'autres titres, l'histoire initiale va produire un
roman qui connaît tout d'abord une parution échelonnée dans
Le Constitutionnel : du 18 mars au 10 mai 1847 en trente livraisons [32] ; après les hésitations liées au titre au cours de la genèse

tréal, 1992, sans oublier d'importants articles développant la spécificité de
l'approche nécessaire à Balzac et ses enjeux théoriques : par exemple « De
l'étoilement contre la linéarisation : approche macrogénétique du roman balzacien » *in* Juliette Frølich (dir.), *Point de rencontre : le roman*, Kults skriftserie n° 37,
Oslo, 1995, t. II, p. 195-204 ; ou « Perspectives en génétique balzacienne » *in*
Kazuhiro Matsuzawa (dir.), *Balzac, Flaubert. La Genèse de l'œuvre et la question
de l'interprétation*, Université de Nagoya, 2009, en ligne : http://www.gcoe.
lit.nagoya-u.ac.jp/eng/result/pdf/F06_VACHON.pdf

30. Voir Dominique Massonnaud, *Faire vrai. Balzac et l'invention de l'œuvre-
monde*, Genève, Droz, 2014, et Pierre Laforgue, *La Fabrique de « La Comédie
humaine »*, Besançon, Presses universitaires de Franche-Comté, 2013.

31. Du feuilleton paru dans *Le Constitutionnel* du 18 mars au 10 mai 1847,
à la publication dans *La Comédie humaine*, Furne, 1848, t. XVII, p. 380-650.
En ligne : https://ebalzac.com/genetique/46b-cousin-pons

32. On lit parfois « trente "chapitres feuilletons" » ; trente chapitres ont un
titre spécifique, le suivant et dernier est intitulé : « Conclusion ». Le roman
paraît donc avec trente et une sections et trente livraisons. Voir sur ce point
Marie-Ève Thérenty, « Chapitres et feuilletons, les scansions-fantômes de *La
Comédie humaine* », *in* Takayuki Kamada et Jacques Neefs (dir.), *Balzac et alii,
génétiques croisées. Histoires d'éditions*, actes du colloque international organisé

Souvent textes (de Balzac) varient 115

du texte – *Les Deux Musiciens, Le Bonhomme Pons* – cette publication entraîne le choix du *Cousin Pons*, pour souligner d'emblée le lien avec *La Cousine Bette* et accentuer l'effet diptyque des *Parents pauvres* [33]. À propos de la parution initiale du roman dans la presse, on peut rappeler que Balzac a effectivement occupé une place de choix dans le champ littéraire grâce à une position dominante dans le domaine du roman-feuilleton, au moins jusqu'en 1839 : René Guise fait de lui un des « maréchaux du feuilleton [34] » en reprenant un terme d'époque. La légende critique devenue *doxa* qui lui attribue le « premier » roman-feuilleton en France avec *La Vieille Fille* en 1836 en est la trace [35]. En revanche, *Les Mystères de Paris* d'Eugène Sue ont connu un succès particulièrement retentissant de juin 1842 à octobre 1843 dans le *Journal des débats*, détrônant ainsi Balzac. Jean-Louis Bory, dans un texte déjà ancien sur l'esthétique du feuilleton chez Sue et Balzac, considérait que se développe alors chez Balzac un « complexe Eugène Sue [36] ». Au moment où commence à paraître *La Comédie humaine, en* 1842, Balzac est dans une période plutôt creuse, où il n'occupe pas le devant de la scène. l'histoire des *Parents pauvres*, initialement pensée comme un ensemble de trois textes – le récit court du *Bonhomme Pons*, le roman *La Cousine Bette* ainsi que *Pierrette* – vise à renverser Sue et Dumas, désignés le 16 juin 1846 dans une lettre à Mme Hanska comme « les faux-dieux » d'une « littérature

par le GIRB du 3 au 5 juin 2010, en ligne : http://balzac.cerilac.univ-paris-diderot.fr/balzacetalii.html

33. *Le Cousin Pons* a ensuite connu une édition en volume destiné aux cabinets de lecture, chez Pétion. L'édition comporte alors 78 chapitres (on lit parfois « 77 » mais auxquels s'ajoute un ultime chapitre qui porte le titre « Conclusion ») et reparaît dans le *Musée littéraire* du journal *Le Siècle* du 7 septembre au 1er novembre, pourvu de chapitres, sans titres cette fois.

34. René Guise, « Balzac et le roman-feuilleton », *AB 1964*, p. 289 ; voir également Alex Lascar, « Balzac et Sue : échanges à feuilletons mouchetés », *AB 2010*, p. 201-221.

35. En fait, *La Vieille Fille* a paru en pages intérieures sous la rubrique « Variétés », et non pas en position de « rez-de-chaussée » à la une du journal.

36. Cette formule de Jean-Louis Bory dans *Tout feu tout flamme. Premiers éléments pour une esthétique du roman feuilleton : Eugène Sue – Balzac* (Julliard, 1966) a été ensuite reprise par la critique, par exemple par René Guise, art. cité, p. 309.

116   *Dominique Massonnaud*

bâtarde » [37]. Effectivement, *La Cousine Bette* va permettre à Balzac de reconquérir sa place dans le champ : le roman paraît en quarante livraisons dans *Le Constitutionnel* du 8 octobre au 3 décembre 1846, entre deux parties d'un feuilleton d'Eugène Sue, *Martin l'enfant trouvé*, et « surpasse l'œuvre de ce dernier et gagne la faveur du public » comme l'indique Kyoko Murata [38]. Un article de *La Silhouette* paru le 13 décembre 1846 évoque « les lecteurs écœurés par les filandres infectes de M. Sue » et leur oppose la production balzacienne : « [...] pour cette fois, M. de Balzac paraît avoir vaincu toutes les hostilités, muselé toutes les critiques : la louange est générale et absolue » [39]. *Le Cousin Pons* n'a pas encore paru au moment de cette critique fort élogieuse et le second volet de *L'Histoire des Parents pauvres* succède à ce succès : il s'inscrit dans la suite de *La Cousine Bette*. La première livraison du *Cousin Pons* dans *Le Constitutionnel*, le 18 mars 1847, occupe effectivement la position en rez-de-chaussée, dès la une, à la différence de *La Vieille Fille*. En revanche, comme l'avait souligné Isabelle Tournier, la mise en page choisie est très étonnante, comme elle l'a été l'année précédente pour *La Cousine Bette* : l'impression *recto verso* du texte est conçue pour permettre de constituer un livre, au fur et à mesure, en découpant le pied de page, chaque jour : « Le feuilleton se donne alors sur quatre colonnes calibrées, imitant la mise en page d'un livre et conçues pour pouvoir être aisément découpées et reliées [40] ». Le roman-feuilleton qui suivra *Le Cousin Pons*, dans le même quotidien – *Les Quarante-cinq* d'Alexandre Dumas – ne bénéficie pas d'une telle présentation : on lit alors en continuité de gauche à droite le texte, en bas de page 1 et il se poursuit

---

37. *LHB*, t. II, p. 213.

38. Kyoko Murata, « Assimilation de l'esthétique du roman-feuilleton chez Balzac », *Balzac et alii, op. cit.* En ligne : http://balzac.cerilac.univ-paris-diderot.fr/balzacetalii.html

39. Cité dans *Joëlle Gleize commente « La Cousine Bette » d'Honoré de Balzac*, Gallimard, « Foliothèque », 2011, p. 222-223.

40. Isabelle Tournier, « Les livres de comptes du feuilleton (1836-1846) », *Mesure(s) du livre*, colloque organisé par Philippe Hoch, la BnF et la Société des études romantiques, 25-26 mai 1989, Publications de la Bibliothèque nationale, 1992, p. 131.

Souvent textes (de Balzac) varient 117

ensuite dans le même ordre tabulaire et linéaire en bas de page 2. Cette mise en page très singulière se démarque donc du roman-feuilleton sur le plan matériel : on peut également observer la présence des numéros de pages qui inscrivent ce texte nouveau dans la continuité de *La Cousine Bette* qui avait également été présentée ainsi. Le début du *Cousin Pons* se présente sous les numéros de pages 245-248 au premier jour de sa publication. Le choix de présentation des deux volets de l'histoire des *Parents pauvres* dans *Le Constitutionnel* donne donc à voir *un livre* en cours de parution et non proprement un « feuilleton ». Cette attention à une poétique du support – à laquelle les voies théoriques et critiques que j'évoque ici nous invitent – est particulièrement significative pour Balzac et peut effectivement donner à penser. Le geste auctorial tend en effet à solliciter un lecteur actif. La présentation sous forme de livre à découper pour la parution contemporaine des *Parents pauvres* dans *Le Constitutionnel* fait de la sollicitation une très concrète possibilité offerte pour proprement construire le livre, au fil des parutions échelonnées.

On peut mettre ceci en relation avec une observation concernant *L'Élixir de longue vie* : un premier texte a paru en deux chapitres dans la *Revue de Paris* le 24 octobre 1830. Il comportait alors une adresse au lecteur à la fin du premier chapitre. Comme l'indique Robert Tranchida [41], cette intervention auctoriale qui séparait alors les deux parties du récit est ensuite remaniée, augmentée et déplacée en tête du texte : devenue une dédicace « Au lecteur » pour la cinquième édition, lorsque cet *Élixir de longue vie* s'insère dans la section *Études philosophiques* de *La Comédie humaine* en août 1846. Plus largement, il me semble qu'une telle posture éditoriale peut être mise en rapport avec les adresses au lecteur récurrentes chez Balzac, significatives de postures auctoriales différentes, selon les moments et les textes. Thomas Conrad, à propos du *Cousin Pons*, a souligné les marques d'une inscription du temps

---

41. Dans sa notice du texte pour l'édition en ligne de l'édition Furne de *La Comédie humaine* : https://www.maisondebalzac.paris.fr/vocabulaire/furne/notices/elixir_de_longue_vie.htm

sensible dans le roman [42], par les mentions de « souvenirs désormais lointains », comme celui du « célèbre Lucien de Rubempré » lui-même « dont l'affaire a soulevé tout Paris *dans le temps* ». L'inscription de la durée écoulée peut également apparaître si l'on observe les différents textes constituant la même œuvre, selon les catégories proposées par Jean-Michel Adam ; elle engage ainsi une variation dans la construction de l'instance auctoriale. À cet égard un exemple pour lequel les éléments qui changent peuvent sembler très ténus, semble néanmoins significatif.

Il s'agit d'un discours métafictionnel célèbre, présent au début du *Père Goriot*, et ceci dès la publication du roman en quatre livraisons dans la *Revue de Paris* à partir du 14 décembre 1834, puis dans l'édition Werdet en 1835. Dès ces parutions, l'accent est mis sur le principe « *All is true* » placé en exergue avec le nom de Shakespeare à l'ouverture du roman dans la revue, affiché sur la couverture pour la publication en volume. L'interpellation du lecteur fait écho à l'adresse liminaire rabelaisienne qui figure dans *Gargantua* : « Amis lecteurs qui ce livre lisez [43] ». On lit en décembre 1834 :

Ainsi ferez-vous, *vous qui tenez LA REVUE DE PARIS* d'une main blanche, et vous enfoncez dans un moelleux fauteuil en vous disant : – Peut-être ceci va-t-il m'amuser ? Après avoir lu les secrètes infortunes du père Goriot, vous dînerez avec appétit en mettant votre insensibilité sur le compte de l'auteur, en le taxant d'exagération, en l'accusant de poésie. *Eh bien*, sachez-le ! Ce drame n'est ni une fiction, ni un *roman ; all is true* : il est si véritable que chacun *pourra* en reconnaître les élémens chez soi, dans son cœur peut-être ! [Je souligne]

Puis :

Ainsi ferez-vous, *vous qui tenez ce livre* d'une main blanche, vous qui vous enfoncez dans un moelleux fauteuil en vous disant : Peut-être ceci va-t-il m'amuser. Après avoir lu les secrètes infortunes du père Goriot,

---

42. Thomas Conrad, « Réseaux et séries : *Le Cousin Pons* dans *La Comédie humaine* », in Aude Déruelle (dir.), *Honoré de Balzac. « Le Cousin Pons »*, Presses universitaires de Rennes, 2018, en ligne : https://hal.science/hal-03150432

43. Ce poème liminaire figure pour l'édition de *Gargantua* en 1534-1535. Voir sur ce point Michel Jeanneret, « "Amis lecteurs". Rabelais, interprétation et éthique », *Poétique*, vol. 164, n° 4, 2010, p. 419-431.

Souvent textes (de Balzac) varient   119

vous dînerez avec appétit en mettant votre insensibilité sur le compte de l'auteur, en le taxant d'exagération, en l'accusant de poésie. *Ah !* Sachez-le : ce drame n'est ni une fiction, ni un roman. *All is true*, il est si véritable, que chacun *peut* en reconnaître les éléments chez soi, dans son cœur peut-être [44].

Le texte est présent pour l'édition du *Père Goriot* dans *La Comédie humaine* en 1843 puis dans le Furne corrigé, comme on le voit sur le site Phoebus – ebalzac pour ces deux éditions. En effet, dans ces états de texte où l'on note au premier regard assez peu de variations, la vue projective d'un lecteur et sa sollicitation programment et engagent des modes de réception différents pour la fable contée. L'observation du co-texte immédiat fait en effet apparaître que la *captatio benevolentiae* du lecteur est suscitée de manière sensiblement différente. En 1835, l'accent est plus clairement mis sur la dimension romanesque et l'attente de pathétique, alors que les textes suivants soulignent le travail d'un historien : les versions insérées dans *La Comédie humaine* soulignent alors le fait qu'une fiction peut donner à voir une vérité historique du présent.

Si l'on prend pleinement en compte ce qu'est *La Comédie humaine* dans le Furne en 1842, une publication illustrée, on constate que l'image de Mme Vauquer est présente à la page suivant le texte cité, face au portrait écrit qui est fait du personnage ; le portrait en pied est dû à un célèbre caricaturiste du temps, Bertall [45]. Devenu un ami de Balzac après cette

---

44. Sauf pour *All is true*, je souligne dans les deux citations.
45. Pseudonyme de Charles-Albert d'Arnoux (1820-1882). Comme de nombreux dessinateurs de son temps, Bertall a fourni des caricatures, dont les supports de presse faisaient des commentaires sur l'état de l'art ou des comptes rendus des toiles faisant événement lors des Salons de peinture : voir la « Revue pittoresque du Salon de 1844 » dans *L'Illustration*, n° 60, 20 avril 1844, mais aussi *La Semaine* ou le *Journal pour rire* – fondé en 1851 – qui propose « Le Salon dépeint et dessiné par Bertall ». À partir de 1856, Bertall collabore également sur ce mode au *Journal amusant*. On peut voir : « Revue patriotique : les néocritiques », *La Semaine*, 30 avril 1848, p. 832 ou le *Journal pour rire*, n° 91, 25 juin 1853, p. I. Les exemples mentionnés figurent dans Dominique Massonnaud, *Le Nu moderne au salon. Revue de presse*, Grenoble, UGA éditions, « Archives critiques », 2005, respectivement p. 194 et p. 233. Réédité en ligne en 2019 : https://books.openedition.org/ugaeditions/8555.

première collaboration [46], il devient ensuite le dessinateur le plus productif pour l'ensemble des volumes de l'édition Furne. Le travail balzacien engage ainsi la complexité d'une « énonciation éditoriale », selon la catégorie pensée par Emmanuel Souchier [47], l'objet textuel relevant alors d'une élaboration plurielle. Comme l'indique Baudelaire, valorisant ces collaborations : « La véritable gloire et la vraie mission de Gavarni et de Daumier a été de compléter Balzac, qui d'ailleurs le savait bien et les estimait comme des auxiliaires et des commentateurs [48] ». L'image fait ainsi sens, pour un texte qui rend visible ce qui est caché sous les apparences aux yeux d'un lecteur attentif, ciblé : lorsqu'il a des compétences de Parisien connaisseur du territoire observé. On lisait dans la *Revue de Paris* : « L'œuvre accompli, peut-être aura-t-on versé quelques larmes *intramuros et extra ; car, tout en demi-teintes, les poésies* de cette scène *empruntée à la vie parisienne*, ne peuvent être *parfaitement comprises* qu'entre les buttes de Montmartre et les hauteurs de Montrouge [49] ». En 1843 on note la mention du « doute » qui s'affirme dans le texte, alors que la position du « spécialiste » s'affiche :

> [L]'œuvre accompli, peut-être aura-t-on versé quelques larmes *intramuros* et *extra. Sera-t-elle comprise au-delà de Paris ? le doute est permis.* Les *particularités* de cette scène *pleine d'observations et de couleurs locales* ne peuvent être *appréciées* qu'entre les buttes de Montmartre et les hauteurs de Montrouge [...].

46. Bertall raconte la rencontre qui eut lieu avec Balzac après ce premier dessin dans ses *Souvenirs intimes*, texte cité dans le *Supplément littéraire du dimanche du Figaro*, 20 août 1881, repris par Roger Pierrot, *Courrier balzacien*, nouv. série, n°58, 1er trimestre 1995, p. 29-32.

47. Voir Emmanuel Souchier, *Lire et écrire : éditer, des manuscrits aux écrans, autour de l'œuvre de Raymond Queneau*, Habilitation à diriger des recherches, université Paris VII-Denis-Diderot, 1998. Pour quelques précisions concernant la genèse éditoriale de diverses productions balzaciennes qui font place aux images : Dominique Massonnaud, « Les textes "imagés". Histoire et enjeux », Introduction à D. Massonnaud & Vanessa Obry, *Genèse et génétique éditoriale des "Textes imagés", Textimage*, n° 13, Lyon, IHRIM-CNRS, printemps 2021, p. 9-12 en particulier.

48. Charles Baudelaire, « Quelques caricaturistes français », *Œuvres complètes*, éd. dir. par Claude Pichois, Gallimard, « Bibliothèque de la Pléiade », t. II, 1976, p. 560.

49. Je souligne, et de même ensuite.

Souvent textes (de Balzac) varient 121

La posture auctoriale qu'inscrivent ces discours change effectivement : l'expression plus forte du doute concernant la capacité de compréhension d'un lectorat provincial souligne davantage la spécialisation liée à la connaissance du milieu, et le lecteur voit la fable racontée passer d'une production chargée des « poésies d'une scène empruntée à la vie parisienne » aux « particularités » significatives d'une scène « pleine d'observations et de couleurs locales ». De fait la singularité d'un sujet ancré dans une situation, observateur lui-même et porteur de valeurs singulières – la monarchie et la religion pour l'auteur de l'« Avant-propos » – est alors affirmée.

L'idée d'associer *Pierrette* à l'ensemble des *Parents pauvres* pour leur publication dans *Le Constitutionnel en 1846* peut être éclairante ici. Cette fiction a initialement paru dans *Le Siècle*, du 14 au 27 janvier 1840 puis chez Souverain la même année, avant d'entrer dans *La Comédie humaine* en 1843 [50]. L'instance auctoriale qu'a alors construite le péritexte de l'« Avant-propos » vient rencontrer dans l'intrigue de *Pierrette* des figures d'autorité : Horace Bianchon, « le plus grand médecin de Paris [51] », voit son arrivée suffire à cautionner la rumeur qui condamne les Rogron. Face aux traitements subis par l'héroïne éponyme dans sa famille, un discours narrativisé livre sa position : « Horace Bianchon exprima son indignation en termes véhéments. Épouvanté d'une telle barbarie, il exigea que les autres médecins de la ville fussent mandés [52] ». De fait, à sa demande, Martener ausculte, le chirurgien Desplein opère. Sous l'autorité de Bianchon, les hommes de loi font eux aussi les constats et les actes nécessaires. Cependant, les valeurs cautionnées par ces figures d'autorité mises en scène sont invalidées par le dénouement. La mort de la jeune fille se fait preuve de leur impuissance, et la dernière page annonce l'impunité des bourreaux : « Aux élections de 1830, Vinet fut nommé député […] Rogron est Receveur général ». « Le général baron Gouraud […] a été récompens[é] par le grand

50. Dans la section « Les Célibataires » des *Études de mœurs*, *Scènes de la vie de province*, *La Comédie humaine*, Furne, t. V, p. 366-492.
51. Balzac, *Pierrette*, *CH*, t. IV, p. 140-141.
52. *Ibid.*, p. 147.

cordon de la Légion d'Honneur [53] ». Le lecteur d'aujourd'hui pense alors à *Madame Bovary* [54]... L'efficacité narrative révèle ainsi le chaos du monde contemporain dans un texte où le discours lié à l'*auctoritas* tenu dans la fiction est réduit au silence par la fiction. L'instance auctoriale balzacienne se fait ainsi, de plus en plus nettement, sujet singulier ancré dans un présent chaotique ; l'auteur devient celui qui remplit une fonction, *augeo*, il ajoute et fait varier les textes dans une fiction où les valeurs portées par son autorité sont bafouées. L'écrivain est ainsi mis en scène dans une posture de sujet singulier, à présent désenchanté il se fait l'observateur des dérives du présent.

Un dernier exemple peut être significatif de la puissance et des enjeux des productions balzaciennes : l'ouverture de *Madame Firmiani*. La nouvelle a d'abord paru dans la *Revue de Paris*, le 19 février 1832 : elle s'ouvre par un discours auctorial qui caractérise précisément le lecteur attendu : « [...] le lecteur doit [...] partager ce sentiment inexplicable, être initié à cette vague et nerveuse tristesse qui, n'ayant point d'aliment, répand des teintes grises autour de nous, demi-maladie dont nous aimons presque les molles souffrances ». Le propos adressé précise de plus l'état particulier de ce lecteur qui, seul, lui permettra d'entendre « cette histoire simple », « cette histoire vraie » : « Si vous pensez, par hasard, aux personnes chères que vous avez perdues, si vous êtes seul, s'il est nuit ou si le jour tombe, écoutez le récit de cette aventure... ». Après avoir énoncé un constat sur le bouleversement des catégorisations dans la société contemporaine : « Aujourd'hui, notre langue a autant d'idiomes qu'il existe de variétés d'hommes dans la grande famille française ; et c'est vraiment chose curieuse et agréable que d'écouter les différentes versions données sur une même chose, un même événement, un même mot [55] », la

53. *Ibid.*, p. 161.
54. On se souvient de l'*explicit* du roman qui s'achève sur Homais : « Il fait une clientèle d'enfer ; l'autorité le ménage, l'opinion publique le protège. Il vient de recevoir la croix d'honneur » (*Madame Bovary. Mœurs de province*, Michel Levy frères, 1857, p. 490).
55. « Madame Firmiani », *Revue de Paris*, 19 février 1832, en ligne sur Gallica : https://gallica.bnf.fr/services/engine/search/sru?operation=searchRetrieve& version=1.2&startRecord=0&maximumRecords=15&page=1&collapsing=dis abled&query=arkPress%20all%20%22cb34437736v_date%22%20and%20dc.date

Souvent textes (de Balzac) varient   123

fiction propose la saisie, « à l'ouverture du texte, d'un personnage par l'évocation des regards de divers observateurs fictifs sur ce personnage » comme l'indique Jacques-David Ebguy rappelant que le procédé est présent, de façon moins extrême, dans d'autres textes balzaciens : *Une double famille, Sarrasine, Le Curé de village, La Peau de chagrin, Le Colonel Chabert*[56]. On se souvient en effet que *Madame Firmiani* s'ouvre avec une sorte de rêverie sur le nom propre de l'héroïne éponyme qui suscite les propos rapportés de divers personnages, caractérisés comme des types sociaux, manifestant des points de vue singuliers, variés, voire opposés. Ce passage initial de *Madame Firmiani* « est explicitement donné comme un artifice, une technique de romancier[57] ». Mais il semble également que la séquence mette concrètement en œuvre ce qu'on peut penser sous la catégorie du « point de vue[58] » en multipliant les saisies discordantes du personnage ainsi nommé, mettant en péril dans ce jeu polyphonique la cohésion et la cohérence associées à ce qui peut paraître le plus singulier : ce désignateur rigide qu'est le nom propre selon Kripke[59]. Le cas des vues divergentes et nombreuses livrées à partir du nom propre de Mme « Firmiani » est commenté très explicitement dans le texte balzacien qui dit d'emblée la dispersion, la disparate et le désordre contemporains, dans une société où l'on ne peut plus proprement s'entendre, chacun « traduisant » à sa manière le nom. Comme on peut le lire très explicitement : « [...] bref, il y avait autant de Mmes Firmiani que de classes dans la société, que de sectes dans le catholicisme »[60]. La multiplication des discours sur le nom de Mme Firmiani a constitué

%3D%221832%22%20and%20%28gallica%20all%20%22Madame%20Firmiani%22%29

56. Jacques-David Ebguy, « D'une totalité l'autre : l'invention d'un personnage dans *Madame Firmiani* », *AB 2000*, p. 119-143.

57. *Ibid.*, p. 122.

58. Voir sur la notion les travaux d'Alain Rabatel, en particulier A. Rabatel (dir.), *Le Point de vue, Cahiers de praxématique*, n° 41, Montpellier, Presses Universitaires de la Méditerranée, 2003. En ligne : https://journals.openedition.org/praxematique/456

59. Voir Saul Kripke, *La Logique des noms propres* [*Naming and Necessity*, 1980], trad. fr. Pierre Jacob et François Récanati, Paris, Éditions de minuit, 1982.

60. « Madame Firmiani », *Revue de Paris*, 19 février 1832.

un nœud, un point d'entrecroisement, qui crée une épaisseur paradigmatique. L'entrée dans la narration a lieu ensuite, et pour que l'intrigue s'amorce, un choix singulier est fait. Une autre vue subjective se manifeste, en acte, à partir d'une image arrêtée dans le flux : à ce moment du texte, la fonction-auteur se manifeste dans le choix d'une seule Mme Firmiani, son roman peut alors commencer. Les *res fictae* jouent ainsi leur rôle pour la constitution du sens de l'expérience historique balzacienne [61].

À terme, les textes de Balzac paraissent donc effectivement offrir une « pensée sans concepts », et se faire « le siège d'une pensée qui s'énonce sans se donner les marques de sa légitimité, parce qu'elle ramène son exposition à sa propre mise en scène » comme l'indiquait Pierre Macherey [62]. Les chemins ouverts par les propositions théoriques et pratiques faites dans l'ouvrage de Jean-Michel Adam rencontrent avec force les propositions balzaciennes : nous faisant voir les textes comme des objets changeants, à ressaisir patiemment et précisément, sans négliger leurs modes de présence éditoriaux, leurs rapports aux productions discursives antérieures, la place assignée à leurs lecteurs dans un champ social et à un moment historique donnés. Dans un moment historique qui est celui de l'émergence d'une « société des individus [63] » contre la société d'ordres de l'Ancien Régime, moment où émergent la singularité des styles d'auteur et la déprise des modèles académiques et rhétoriques – compositionnels en particulier – la production balzacienne est éminemment significative. En faisant place à Balzac et à ses critiques, la voix théorique de Jean-Michel Adam rencontre et ouvre effectivement la voie pour les travaux des balzaciens. Peut-être parce que l'on peut, me semble-t-il, saisir cet écrivain sous la figure d'un auteur-tisserand : figure venue de Goethe, lorsqu'il définissait dans *Faust*

---

61. Comme l'écrivait Hans Robert Jauss : « *La Comédie humaine* de Balzac [...] avait entrepris d'interpréter et de juger, en passant par le médium de la fiction, l'histoire en tant que réalité quotidienne et totalité sociale » (« L'usage de la fiction en histoire », *Le Débat*, n° 54, Paris, Gallimard, 1989, p. 90.

62. *À quoi pense la littérature ?*, Paris, Puf, 1990, p. 198.

63. Voir Norbert Élias, *La Société des individus* [*Die Gesellschaft der Individuen*, 1987], préface de Roger Chartier, Paris, Fayard, 1991.

Souvent textes (de Balzac) varient

« le fabricant de pensées ». Celui qui assure par le nouage des fils, sa présence au centre de la tapisserie, l'auteur d'une œuvre, qui confirme son métier en reprenant sans cesse son ouvrage.

Dominique MASSONNAUD.

BALZAC ET LA CRITIQUE FÉMINISTE

> Toute notre société est dans la jupe. [...] Il y a des mouvements de jupe qui valent un prix Monthyon [*sic*].
> *Théorie de la démarche, CH,.t. XII,*
> p. 288-289.

> « Comment si jeune savez-vous ces choses ? Avez-vous donc été femme ? »
> Henriette de Mortsauf
> à Félix de Vandenesse,
> *Le Lys dans la vallée, CH,* t. IX, p. 1020.

I

Balzac était-il féministe ? Ou − et ce n'est pas la même question car les féminismes d'autrefois ne sont pas nécessairement ceux d'aujourd'hui − Balzac *est-il* féministe ? Ces questions ont été très largement débattues pendant des décennies et ont soulevé des réponses diverses, voire divergentes, de la part de la critique balzacienne. De l'étude pionnière de Marie-Henriette Faillie *La Femme et le Code civil dans « La Comédie humaine » d'Honoré de Balzac*[1] jusqu'au chapitre récent d'Alexis Karklins-Marchay sur « Balzac le féministe[2] », en passant par les ouvrages de Richard Bolster, Arlette Michel,

1. Didier, 1968.
2. Dans son livre *Notre monde selon Balzac. Relire « La Comédie humaine » au XXIe siècle*, Ellipses, 2021, p. 427-457.

L'Année balzacienne 2023

128 *Owen Heathcote*

Catherine Nesci, Nicole Mozet, Mireille Labouret, Véronique Bui et de bien d'autres encore, la représentation de la femme, du sexe, de la sexualité et du genre chez Balzac a suscité des jugements aussi variés qu'en apparence tous bien fondés [3]. Pour certain(e)s critiques, l'œuvre de Balzac est teintée, même imprégnée, de misogynie, tandis que pour d'autres, ses textes expriment les idées les plus actuelles sur le sexe, la sexualité et le genre. Avant de développer notre propre approche de ce problème, passons rapidement en revue les principaux courants de la critique dite féministe de Balzac.

Quand on lit de la plume de Balzac dans *Ferragus* que « *Toute femme ment* » et quand il se demande dans *La Fille aux yeux d'or* : « […] qu'est-ce que la femme ? Une petite chose, un ensemble de niaiseries » [4], on comprend qu'une critique telle que Brinda J. Mehta souligne le côté misogyne de Balzac. Selon elle, « la sexualité féminine dans le roman balzacien acquiert les proportions du péché, du crime [5] ». Bien plus récemment, l'écrivaine Chantal Chawaf n'ignore pas qu'il y a chez Balzac « des relents de misogynie [6] » et Elisabeth Gerwin quant à elle reconnaît qu'« on aurait du mal à qualifier les écrits de Balzac de féministes [7] ». En même temps, Chantal Chawaf admire l'aptitude balzacienne « à la métamorphose »

---

3. Voir Richard Bolster, *Stendhal, Balzac et le féminisme romantique*, Minard, 1970 ; Arlette Michel, *Le Mariage chez Honoré de Balzac. Amour et féminisme*, Les Belles Lettres, 1978 ; Catherine Nesci, *La Femme mode d'emploi. Balzac, de la « Physiologie du mariage » à « La Comédie humaine »*, Lexington, Kentucky, French Forum, 1992 ; Nicole Mozet, *Balzac au pluriel*, Puf, 1990, p. 124-180 ; Mireille Labouret, *Balzac, la duchesse et l'idole. Poétique du corps aristocratique*, Champion, 2002 ; Véronique Bui, *La Femme, la faute et l'écrivain. La mort féminine dans l'œuvre de Balzac*, Champion, 2003.

4. *CH*, t. V, p. 834 et p. 1072.

5. Brinda J. Mehta, *Corps infirme, corps infâme. La femme dans le roman balzacien*, Birmingham, Alabama, Summa, 1992, p. 5.

6. Chantal Chawaf, « Dual Balzac » *in* Owen Heathcote et Andrew Watts (dir.), *The Cambridge Companion to Balzac*, Cambridge University Press, 2017, p. 192. Article traduit en anglais pour la publication du volume.

7. Elisabeth Gerwin, « Balzac : A Portrait of the Novelist as Social Historian and Scientist », *ibid.*, p. 18. Sauf indication contraire, les traductions en français sont les nôtres. Selon Arlette Michel, Balzac cherche plutôt à résister aux « tentations féministes » (« Balzac juge du féminisme. Des *Mémoires de deux jeunes mariées* à *Honorine* », *AB 1973*, p. 200).

Balzac et la critique féministe 129

qui lui permet non seulement de parler au nom des deux sexes et des deux rôles de père et de mère mais d'écrire aussi un roman résistant qui « travaille à notre liberté de vivre là où la vie ne suffit pas » [8]. Malgré ses réserves sur le féminisme de Balzac, Elisabeth Gerwin pour sa part souligne le fait que Balzac distingue entre ce que nous appelons aujourd'hui sexe et genre « à une époque où les rôles des hommes et des femmes sont de plus en plus sujets à des prescriptions légales [9] ». L'accent mis sur ces difficultés explique tout au moins en partie la faveur dont jouissait Balzac auprès de ses nombreuses lectrices et admiratrices car, pour Christiane Anglés Mounoud, « c'est finalement dans le silence des femmes qu'il [Balzac] cherche à originer son écriture [10] ».

L'accent mis sur les difficultés auxquelles font face les femmes, et dont leur silence est peut-être le témoignage le plus éloquent, se relie à un autre courant de la critique dite féministe qui souligne l'opacité et le mystère de la femme chez Balzac. Plutôt qu'un manque à être ou le « continent noir » des poncifs misogynes, le silence féminin chez Balzac évoque soit le mutisme de l'être opprimé – celle qu'il se plaît assez souvent à appeler une « ilote [11] » – soit une puissance qu'il importe de libérer et de développer. Pour Dorothy Kelly, par exemple, le côté inconnaissable de la femme balzacienne suggère des profondeurs inaccessibles aux hommes : « La vérité sur le genre de la femme n'est jamais révélée [...] On [...] n'arrive jamais à la vérité de la femme [12] ». Dans un article trop peu cité, Nicole Ward Jouve insiste sur l'ambivalence de la femme chez Balzac, ambivalence que la femme elle-même, prise entre inconvenance et pudibonderie, se voit forcée de partager. Dans *Une fille d'Ève*, par exemple, la femme est, pour

---

8. Chantal Chawaf, art. cité, *loc. cit.*
9. Elisabeth Gerwin, art. cité, *loc. cit.*
10. Christiane Anglés Mounoud, *Balzac et ses lectrices : l'affaire du courrier des lectrices de Balzac*, Indigo, 1994, p. 26.
11. Récurrence notée par Martine Reid (dir.), *Femmes et littérature. Une histoire culturelle, II*, Gallimard « Folio-Essais », 2020, p. 170.
12. Dorothy Kelly, *Fictional Genders. Role and Representation in Nineteenth-Century French Narrative*, Lincoln and London, University of Nebraska Press, 1989, p. 114.

130   *Owen Heathcote*

N. Ward Jouve, « tout à la fois quelqu'un qui peut savoir et qui sait mais aussi quelqu'un qui n'a pas le droit de savoir [13] ». On voit que chez Balzac la femme-mystère est doublement, voire triplement, parlante, parce que son silence parle soit de son oppression, soit de son pouvoir souvent caché, soit d'une oppression ou d'un pouvoir qui ne se connaissent pas encore mais dont *parle*, en silence, le roman balzacien.

Un troisième courant de la critique « féministe » de Balzac se rapporte à sa capacité non seulement à s'identifier aux deux sexes, comme le souligne Chantal Chawaf, mais à montrer dans quelle mesure le « sexe » lui-même est multiple et donc instable – les « *deux sexes et autres* » de l'écriteau de la pension Vauquer [14]. Si, d'après Ch. Chawaf, Balzac peut être alternativement ou à la fois homme et femme, c'est parce que, selon d'autres critiques, le sexe, chez lui, peut être dépassé et désamorcé par le *genre*. Selon Elisabeth Gerwin, comme on l'a vu, Balzac distingue ce que nous nommons aujourd'hui sexe et genre en donnant à certains personnages des « traits qui connotent la masculinité et la féminité, et l'appartenance genrée est, chez certains personnages, flexible (Henri de Marsay en est un bon exemple), ou même fluide au point qu'elle représente le désir de l'interlocuteur (comme pour l'angélique Séraphîta) [15] ». La déstabilisation des sexes peut se faire non seulement parce que le rôle ou le genre adopté par un personnage est celui du sexe dit opposé (quand de Marsay se travestit en femme par exemple dans *La Fille aux yeux d'or*), mais encore parce que son corps lui-même est désexualisé ou re-sexualisé – comme Camille Maupin qui n'est ni homme ni femme dans *Béatrix* [16] ou la Zambinella dans *Sarrasine* qui,

13. Nicole Ward Jouve, « Balzac's *A Daughter of Eve* and the Apple of Knowledge », *in* Susan Mendus and Jane Rendall (dir.), *Sexuality and Subordination*, London and New York, Routledge, 1989, p. 49.

14. *CH*, t. III, p. 51.

15. E. Gerwin, art. cité. Selon Martine Reid (*op.cit.* p. 192), Balzac figure parmi les romanciers du début du XIXe siècle qui montrent « le caractère problématique du 'genre' et de la norme hétérosexuelle », problématique qui sera développée bien plus profondément, ajoute-t-elle, par des figures ultérieures comme Rachilde, Colette, Vivien, de Pougy et Barney.

16. Voir *CH*, t. II, p. 677. C'est l'abbé Grimont, curé de Guérande, qui qualifie Mlle des Touches d'« être amphibie qui n'est ni homme ni femme ».

Balzac et la critique féministe 131

comme castrat, est peut-être à la fois homme et femme ou même en quelque sorte *neutre*. Si sexe et sexualité – car on ne sait si Sarrasine désire un homme, une femme ou un être qui n'est ni l'un ni l'autre – peuvent être dépassés de la sorte chez Balzac, la critique « féministe » débouche sur une critique *queer* ou *post-queer*. Androgynes, hermaphrodites, homosexuels, hétérosexuels, bisexuels et asexuels s'assemblent et s'échangent dans un univers où catégories et taxonomies se fondent et se fusionnent. Comme le dit très bien José-Luis Diaz, « quelle que soit la variante, c'est bien d'identités en mutation et/ou en crise qu'il est toujours question, sur fond de transformation sociale. Heureuses *révolutions :* sans le tremblement qu'elles provoquent le roman balzacien n'aurait pas lieu d'être [17] ».

II

Quelle que soit la pertinence de ce petit historique de la critique féministe de Balzac, il témoigne d'une lacune importante : nulle explication de ce qu'on entend par « féminisme » et « féministe ». Car comme toute méthodologie qui se veut aussi *praxis*, les mots « féminisme » et « féministe » se prêtent – comme sexe, sexualité et genre – à de multiples interprétations selon l'époque et le lieu de leur usage. « Vérité au-deçà des Pyrénées, erreur au-delà. » Puisque les mots « féminisme » et « féministe » ne sont ni monolithiques ni atemporels, nous avons intérêt à essayer de situer Balzac par rapport à des féminismes différents, par exemple par rapport aux différentes « vagues » du féminisme qu'on s'accorde à distinguer et à relever des deux côtés de la Manche et de l'Atlantique [18]. Avant de voir comment se positionne Balzac dans ses rapports à ces

17. José-Luis Diaz, « "De quel moi parlez-vous ?" Quelques réflexions sur la crise des identités chez Balzac », in Emmanuelle Cullmann, José-Luis Diaz et Boris Lyon-Caen (dir.), *Balzac et la crise des identités*, Christian Pirot, 2005, p. 22.
18. Voir par exemple Christine Bard, *Le Féminisme au-delà des idées reçues*, Paris, Le Cavalier Bleu, 2018. Voir également Michelle Perrot avec Edouardo Castillo, *Le Temps des Féminismes*, Paris, Grasset, 2023, p. 99-168.

132 *Owen Heathcote*

différents féminismes, commençons donc par une petite caractérisation des première, deuxième et troisième vagues du féminisme – et même d'une hypothétique quatrième vague et/ou de ce qu'il est convenu d'appeler le post-féminisme.

Il est communément admis que l'enjeu principal de la première vague féministe est le statut légal et politique de la femme, par exemple la question du vote des femmes. Il serait sans doute étonnant qu'il en soit question chez Balzac, les femmes n'ayant eu droit au vote en France qu'en 1944, près de cent ans après sa mort, et même si le substantif « citoyenne » n'est pas rare sous sa plume, ce n'est pas pour appuyer la *Déclaration des droits de la femme et de la citoyenne* d'Olympe de Gouges de 1791 [19] mais plutôt pour indiquer à quel point la femme en question déroge au statut de « citoyenne », soit parce que, comme Mme Cibot dans *Le Cousin Pons*, elle est dépourvue des qualités morales qui conviendraient à cette dénomination, soit parce que, comme Mme de Dey dans *Le Réquisitionnaire* ou Mlle de Verneuil dans *Les Chouans* (où le mot revient le plus souvent), elle est en fait une aristocrate qui essaie de se faire passer pour une simple citoyenne.

Là où Balzac et la première vague sont plus en harmonie, c'est dans l'importance qu'ils accordent tous les deux à la différence sexuée ou sexuelle de la femme. Plutôt que de définir « le sujet politique du féminisme comme un sujet asexué et universel », les femmes de la première vague se pensent, d'après Christine Bard, dans « un registre féminocentré dans lequel "les femmes" sont le sujet politique du féminisme » [20]. Et selon Christine Bard encore : « La différence des sexes reste pensée, très majoritairement, comme un fait naturel, indiscutable, invariable ». Le fait, donc, que « [l]a première vague [...] se développe dans un climat de pensée naturaliste et différentialiste » [21] concorde plutôt bien avec un Balzac qui ne cesse

---

19. Ni bien sûr le journal d'Hubertine Auclert, *La Citoyenne* (1781-1791). On peut regretter également l'absence chez Balzac d'autres femmes « révolutionnaires » comme Théroigne de Méricourt, Manon Roland, Reine Audu, Claire Lacombe et Lucile Desmoulins. Voir Anne Soprani, *La Révolution et les femmes de 1789 à 1796*, MA Éditions, 1988.

20. Christine Bard, *op. cit.*, p. 43.

21. *Ibid.*, p. 36 puis p. 269.

Balzac et la critique féministe   133

de souligner la particularité d'être femme à son époque, comme le confirment force titres de ses ouvrages : *La Femme de trente ans*, *La Vieille Fille*, « La femme supérieure », *La Femme abandonnée*… La femme est donc un être à part, une catégorie, un type tellement créateur, voire procréateur, qu'elle engendre de multiples sous-types – la mère, la concierge, la courtisane, la duchesse, la femme comme il faut[22], la mal mariée[23]… Mais toujours sur fond différentialiste. Comme l'affirme le narrateur d'*Honorine* : « [J]e comparais entre elles ces deux existences, celle du comte tout action, tout agitation, tout émotion ; celle de la comtesse, tout passivité, tout inactivité, tout immobilité. La femme et l'homme obéissaient admirablement à leur nature[24] ».

Le différentialisme que prônent des femmes de la première vague, et que prolongent avec insistance des féministes de la mouvance Psychanalyse et Politique (PsychetPo) menée et développée par Antoinette Fouque[25], n'épuise pourtant pas tout ce qu'on peut dire des titres de Balzac tels que *La Femme de trente ans*. Car à plus d'un titre, *La Femme de trente ans* évoque à la fois le personnage, très disparate d'ailleurs, de Julie d'Aiglemont dans le(s) texte(s) et une catégorie de femme qui a contribué à consolider la popularité et la renommée de Balzac. Comme le note Éric Bordas dans sa notice sur le texte,

---

22. Voir par exemple *Autre étude de femme*, CH, t. III, p. 694-699.

23. Même si les mal mariées sont légion chez Balzac – de Jeanne d'Hérouville dans *L'Enfant maudit* à Honorine dans *Honorine* en passant par Henriette de Mortsauf et Julie d'Aiglemont et maintes autres –, il ne saurait guère être question du divorce, interdit en France entre 1816 et 1886, dans l'œuvre de Balzac : « Balzac ne fit qu'une mention, assez neutre, du divorce dans la *Physiologie du mariage* ; mais très vite, dès 1830, il montra qu'il n'en était pas partisan » (Alex Lascar, « Les Anglais face à l'amour et au mariage. *Balzac et les mœurs d'outre-Manche* », *AB 2019*, p. 68). Il va de soi que le divorce n'était guère un enjeu pour les féministes de la première vague.

24. CH, t. II, p. 570, cité par Mireille Labouret, *op. cit.*, p. 115-116. Dans cette optique, la position de Balzac rejoindrait celle d'Auguste Comte pour qui « les différences entre hommes et femmes sont "naturelles" » (Annie Petit, « La femme et la famille selon Auguste Comte », *Cahiers philosophiques*, n° 166, 3e tr. 2021, p. 49).

25. Voir Antoinette Fouque, *Il y a deux sexes. Essais de féminologie*, éd. revue et augmentée, Gallimard. 1995. Repris sous le même titre dans « Folio actuel », Gallimard, 2015.

« la réussite de [*La Femme de trente ans*] est bien réelle, et sa postérité inébranlable parmi les plus célèbres livres de B[alzac] [...] [*La Femme de trente ans*] est LE grand roman explicitement féministe d'un auteur qui dut beaucoup de son succès au lectorat féminin [26] [...] ». Il s'ensuit de l'éclatement du récit que « la femme de trente ans » de Balzac est toujours et déjà multiple – à la fois, titre du texte, personnage principal, lui-même fragmenté à travers les épisodes différents de sa vie, et enfin stéréotype littéraire et social. Il s'ensuit aussi que « la femme de trente ans » représente une sorte de palimpseste entre le textuel (le titre), l'individuel (le personnage) et le sériel (la femme de trente ans en tant que modèle culturel). Et puisque le lecteur de *La Femme de trente ans* rebondit sans cesse entre les couches différentes de ce palimpseste textuel, individuel et culturel qu'est la femme de trente ans, la femme de trente ans balzacienne reste hétérogène, instable et fuyante. Quel que soit donc le monolithisme du sexe féminin chez Balzac, ce monolithisme est toujours en suspens, en différé, et paradoxalement, la différence sexuée ou sexuelle chez Balzac est une différence incomplète – la fameuse *différance* de Jacques Derrida – parce qu'on n'arrivera jamais à faire fondre en une seule femme les dimensions textuelle, individuelle et sérielle de son « être ». De la même façon, la « vieille fille », la « femme supérieure » et la « courtisane » (qui, dans *Splendeurs et misères des courtisanes*, n'exclut pas la « courtisane-homme », Lucien de Rubempré) sont à la fois titres, individus, groupes et types, ce qui fracture là aussi le monisme sexuel et identitaire chez Balzac. Il y a peut-être toujours deux sexes chez Balzac, mais qui semblent véhiculer des connotations différentes selon leur contexte et l'usage qu'on leur impose. En se démultipliant et en se fissurant, « le » sexe, comme l'identité fracturée de Mme de Mortsauf, risque de déboucher sur la question déjà citée : « de quel *moi* parlez-vous [27] ? », à laquelle la réponse « votre moi en tant que femme » serait bien loin du compte.

Que peut-on donc conclure sur Balzac et la première vague du féminisme ? Tout d'abord que Balzac réussit à élargir

---

26. *Dictionnaire Balzac*, Classiques Garnier, 2021, t. I, p. 528.
27. Voir ci-dessus et *CH*, t. IX, p. 1136.

Balzac et la critique féministe 135

et à nuancer la norme du différentialisme sexuel ou sexué en multipliant les perspectives sur la femme être de chair mais aussi création textuelle et discursive dans *La Comédie humaine*. En ce qui concerne le statut légal et politique de la femme, Balzac réussit à montrer des femmes, souvent supérieures en intelligence et en détermination aux hommes (pensons aux Évangélista mère et fille du *Contrat de mariage*), qui sont en train d'avancer leurs ambitions soit en se moquant « des lois que les hommes ont faites[28] » soit en faisant « un large usage de l'ambiguïté, ou "hasards", laissés dans le *Code* par les législateurs[29] ». Là aussi, en dépassant les cadres restrictifs du *Code* ainsi que le carcan du différentialisme, Balzac justifie amplement sa réputation d'être « le romancier des femmes[30] ».

III

Passons maintenant au féminisme de la deuxième vague, qui recouvre la période des années soixante aux années quatre-vingt du siècle dernier. L'une des caractéristiques les plus marquantes de la deuxième vague est le rejet progressif, sauf chez certains groupes comme celui de PsychetPo, du différentialisme en faveur d'un certain matérialisme qui « dans le prolongement de la pensée beauvoirienne, met l'accent sur la construction du genre et conteste vigoureusement les manifestations du féminisme différentialiste[31] ». Dans la foulée de la

---

28. Voir *CH*, t. VI, p. 781 et M.-H. Faillie, *op. cit., p.* 132.

29. *Ibid.*, p. 184. Lors d'une conférérence prononcée aux Grands Moulins à Paris le 16 décembre 2022 (séminaire du GIRB) intitulée « La Guerre des sexes dans *La Comédie humaine* : une conjugalité héroïcomique », Marie Janin Sartor note que des femmes comme la comtesse Ferraud (*Le Colonel Chabert*) et Nathalie Évangélista (*Le Contrat de mariage*) l'emportent haut la main sur leurs maris passés ou futurs.

30. Voir la notice « Femme » de Véronique Bui dans le *Dictionnaire Balzac, op. cit.*, t. I, p. 520. Voir également l'exposition réalisée par le musée Balzac de Saché, d'octobre 2015 à janvier 2016, sous ce titre de « Balzac romancier des femmes », ainsi que le catalogue édité par le Conseil départemental d'Indre-et-Loire, 2015.

31. Christine Bard, *op. cit.*, p. 273.

publication fracassante du *Deuxième sexe* de Simone de Beauvoir en 1949, nous entrons donc dans la génération MLF – mouvement fondé selon beaucoup de féministes en 1970 mais selon PsychetPo en 1968 – qui met l'accent sur les conditions matérielles de l'existence des femmes : la revendication de l'accès à l'avortement ; la campagne pour l'égalité des salaires ; la lutte contre la violence faite aux femmes – telle que le viol dans le mariage ; la mise en valeur du lesbianisme ; les parallèles entre le sexisme et le racisme ; le fait que la maternité ne soit pas une fin en soi ; la lutte contre la domination masculine et contre le « patriarcat » comme un système d'oppression des femmes. On voit que l'un des grands enjeux de cette deuxième vague est le corps de la femme. Vu traditionnellement comme étant d'une nature biologique différente de celle de l'homme et plus déterminante, car l'homme était caractérisé tout autant par sa raison et son libre arbitre, le corps de la femme doit, dans cette optique, être abordé pour élucider et confronter les constructions de la différence sexuelle. La femme étant traditionnellement vue comme empêtrée dans sa corporalité souvent problématique, ce lien entre la femme et sa corporalité devait être réexaminé et, si besoin est, déconstruit[32].

Il s'avère qu'à sa façon Balzac participe à plusieurs des revendications des femmes de la deuxième vague : même s'il stigmatise le célibat, incarné par exemple par la cousine Bette, Sophie Gamard et Sylvie Rogron, et met donc en valeur la maternité[33], comme le prouvent les sorts contrastés de Louise et de Renée dans *Mémoires de deux jeunes mariées*, *La Comédie humaine* ne manque pas de couples vraisemblablement lesbiens, par exemple dans *La Fille aux yeux d'or*[34]. Plus impor-

---

32. Voir Kathleen Lennon, « Feminist Perspectives on the Body », *in* Edward N. Zalta (dir.), *The Stanford Encyclopedia of Philosophy* (Fall 2019 Edition), https://plato.stanford.edu/archives/fall2019/entries/feminist-body/. Voir également Christine Détrez, *La Construction sociale du corps*, Paris, Seuil, 2002, p. 149-155.

33. Le prestige accordé à la maternité persiste en France de nos jours. Voir Michelle Perrot, *op. cit.*, p. 58.

34. Pour Camille Islert, toutefois, la représentation balzacienne de la lesbienne concourt à l'entériner dans une esthétique voyeuriste masculine (voir Aurore Turbiau *et al.* (dir.), *Écrire à l'encre violette. Littératures lesbiennes en France de 1900 à nos jours*, Le Cavalier Bleu, 2022, p. 40-41).

Balzac et la critique féministe 137

tant encore pour la deuxième vague, Balzac s'insurge sans cesse contre la violence faite à leurs conjointes par des maris incompréhensifs : le comte Octave dans *Honorine*[35] ; le père Grandet dans *Eugénie Grandet* ; le comte de Mortsauf dans le *Lys* ; Hulot dans *La Cousine Bette* ; ou franchement cruels : le duc d'Hérouville dans *L'Enfant maudit* et Victor d'Aiglemont dans *La Femme de trente ans*, où revient sous sa plume le leit-motiv du mariage comme « une prostitution légale[36] ». Si dans tous ces cas la femme est « empêtrée » dans sa corporalité c'est parce que c'est là autant que dans son moral qu'elle souffre, parce que c'est dans son corps qu'elle est emprisonnée par son conjoint et dont la seule échappatoire est, précisément, la fuite comme pour Honorine ou Dinah de la Baudraye. Il s'ensuit que si essentialisme il y a pour le corps de la femme balzacienne, c'est pour en montrer les limites et les contraintes : la femme balzacienne ne *choisit* pas d'être enfer-mée dans son corps ; elle est en quelque sorte assignée à rési-dence dans son corps par son mari même quand ce mari est bienveillant et compréhensif comme Félix de Vandenesse dans *Une fille d'Ève*. Soit les femmes qui quittent leurs maris rentrent au bercail (Dinah de la Baudraye, Honorine), soit elles entrent au couvent (Antoinette de Langeais), soit elles restent éternellement chez elles. Quand Henriette de Mort-sauf explique à Félix : « Si je m'absentais, nous serions ruinés. [...] Si je partais, aucun domestique ne resterait ici huit jours. Vous voyez bien que je suis attachée à Clochegourde comme ces bouquets de plomb le sont à nos toits[37] », elle montre que

35. N'oublions pas l'injonction XXVI dans la *Physiologie du mariage* : « Ne commencez jamais le mariage par un viol » (*CH*, t. XI, p. 955). Pour une analyse détaillée de la thématique du viol dans *Honorine*, voir Diana Knight « Balzac's *Honorine* or The Rape of the Independent Woman, *in* Margaret Atack et al.,(dir.), *Women, Genre and Circumstance. Essays in Memory of Elizabeth Fallaize*, Oxford, Legenda, 2002, p. 60-73.
36. Voir Mireille Labouret, *op. cit., p.* 230 et p. 247-252. Voir également Virginie Despentes, *King Kong Théorie*, Grasset, 2006, p. 85 : « [...] quand on affirme que la prostitution est une "violence faite aux femmes", on veut nous faire oublier que c'est le mariage qui est une violence faite aux femmes ». Il faut dire aussi que la femme peut être violente envers les hommes chez Balzac : voir Owen Heathcote, « Balzac, la violence et les femmes », *Le Courrier balzacien*, n° 46, janvier 2019, p. 5-13.
37. *CH*, t. IX, p. 1032-1033.

138 Owen Heathcote

le matérialisme du corps féminin est inséparable de la matière minéralisée de son environnement.

Même si le corps d'Henriette de Mortsauf est minéralisé ici, de la même façon qu'il est statufié quand elle se dit « pétrifiée par la douleur [38] », son corps n'est pas seulement fixe et immobile. Comme la Gradiva analysée par Freud [39], Henriette est aussi une femme en mouvement, qui arrive à se dématérialiser, à se volatiliser : « Elle fit quelques pas légers, comme pour aérer sa blanche toilette, pour livrer au zéphyr ses ruches de tulle neigeuses, ses manches flottantes, ses rubans frais, sa pèlerine et les boucles fluides de sa coiffure à la Sévigné [40] ». Conjuguant, comme la Gradiva, l'immobilité de la statue et le dynamisme de la jeunesse, le corps d'Henriette brise par ses ambiguïtés et ses mutations l'essentialisme réprouvé par les féministes de la deuxième vague et qui semblait être confirmé par la toilette ultra-féminine d'Henriette. Alternant la frigidité et l'effusion, l'impassibilité et l'indiscipline, le corps d'Henriette dépasse les stéréotypes du corps et de la toilette féminins. Car, comme nous le rappelle Georges Vigarello dans une conférence magistrale à la Maison de Balzac [41], le corps féminin balzacien est toujours en mouvement, en suspens, en attente et toujours prêt à s'échapper : « Mme Firmiani n'acheva pas, elle se leva, salua le bonhomme et disparut dans ses appartements dont toutes les portes successivement ouvertes et fermées eurent un langage pour les oreilles du planteur de peupliers [42] ». La femme *plante* l'homme-planteur et, comme Séraphîta, s'envole [43].

38. *Ibid.*, p. 1141.
39. Sigmund Freud, *Le Délire et les rêves dans la « Gradiva » de W. Jensen* [1912], Paris, Puf, 2010.
40. *CH*, t. IX, p. 1114. Voir également p. 1132 : « [...] enfin, elle me servait, avec quel pétillement de joie dans les mouvements, avec quelle fauve finesse d'hirondelle [...] elle s'élançait agile, vive et joyeuse ».
41. « Rencontre avec Georges Vigarello », La Maison de Balzac, 10 juin 2018. Il se peut donc que la référence aux « mouvements de jupe » citée en épigraphe soit un peu moins stéréotypée qu'elle n'en a l'air.
42. *CH*, t. II, p. 154.
43. Et comme Léontine de Sérizy à la nouvelle du suicide de Lucien de Rubempré : « Personne n'aurait pu suivre Léontine, elle volait. Un médecin expliquerait comment ces femmes du monde, dont la force est sans emploi, trouvent dans les crises de la vie de telles ressources. La comtesse se précipita

Balzac et la critique féministe   139

Avant de passer au féminisme de la troisième vague, citons trois autres exemples où le corps féminin chez Balzac s'échappe et se multiplie. Par exemple, dans un article devenu classique intitulé « Le voile de Véronique », Patrick Berthier montre comment le visage plutôt disgracié de Véronique Graslin dans *Le Curé de village* peut s'illuminer par moments et la transformer de l'intérieur et à l'extérieur : « [...] il semblait qu'une lumière intérieure effaçât par ses rayons les marques de la petite vérole. Le pur et radieux visage de son enfance reparaissait dans sa beauté première [44] ». Ailleurs, dans *Béatrix*, ce sont, selon Madeleine Fargeaud, d'autres qualités physiologiques – les rougeurs et les larmes – qui paraissent d'un moment à l'autre, et qui, elles aussi, lèvent le masque qui cache les émotions et bloque la communication : « Dans ces jeux de masques et du miroir, c'est donc toute une vision du monde qui se reflète, et aussi toute une vision des êtres, révélés en eux-mêmes, dans leurs plus secrètes profondeurs [45] ». Ailleurs encore, dans *Mémoires de deux jeunes mariées*, c'est un autre jeu de miroirs qui permet à Louise de Chaulieu de se créer dans une glace un personnage « réel » et qui, selon Bernard Vannier, permet à Balzac d'écrire un texte qui se crée « dans le mirage du corps référentiel [46] ». De ces diverses façons on voit que la femme chez Balzac est en effet toujours en mouvement, toujours diffractée dans un jeu de miroirs complexe qui profite à la représentation de la condition féminine et, en même temps, à la production du texte. La complexification de la femme va de pair avec la complexification du texte. Et à la femme en mouvement chez Balzac correspond le mouvement des femmes de la deuxième vague du féminisme.

par l'arcade vers le guichet avec tant de célérité que le gendarme en faction ne la vit pas entrer » (*CH*, t. VI, p. 795).

44. *CH*, t. IX, p. 652, cité par Patrick Berthier, « Le voile de Véronique », *AB 1998*, p. 290. Une transformation comparable se retrouve chez Fœdora dans *La Peau de chagrin* : voir Régine Borderie, *Balzac peintre de corps. « La Comédie humaine » ou le sens du détail*, Paris, SEDES, 2002, p. 111.

45. Madeleine Fargeaud, « Une lecture de *Béatrix* », *AB 1973*, p. 108.

46. Bernard Vannier, *L'Inscription du corps. Pour une sémiotique du portrait balzacien*, Paris, Klincksieck, 1972, p. 181.

IV

Comme nous l'avons suggéré plus haut, la troisième vague est caractérisée par ce que Christine Bard appelle « la profusion de nouvelles identités culturelles-politiques qui complexifient toutes les questions traditionnelles du féminisme et en posent de nouvelles [47] ». Ces questions comprennent le développement de l'idée du sexe comme construction − « on ne naît pas femme, on le devient » − et donc de l'idée du *genre* qui souligne que les corps biologiques de « mâle » et de « femelle » sont inséparables des constructions sociales que sont le « masculin » et le « féminin ». Qui plus est, dans son livre-phare, *Gender Trouble*, traduit en français sous le titre de *Trouble dans le genre* [48], Judith Butler prétend que le *gender* ne fait pas que se superposer au sexe mais, en modelant et en sculptant les corps, rend la prétendue vérité du sexe inaccessible et inatteignable : personne ne saurait dire quelle est la part du sexe et quelle est la part du genre, car les deux se contaminent et se déstabilisent dans une « identité » donnée. Il n'y a donc seulement « trouble *dans* le genre », comme le veut le titre français du livre de J. Butler, mais « trouble occasionné *par* le genre » et donc « trouble dans le sexe », provoqué, justement, par l'indissociabilité du sexe et du genre dans le sexe genré et le genre sexué ; comme elle le dit elle-même : « On ne pourrait [...] plus concevoir le genre comme un processus culturel qui ne fait que donner un sens à un sexe donné [...] ; désormais il faut aussi que le genre désigne précisément l'appareil de production et d'institution de sexes eux-mêmes [49] ».

L'œuvre de Balzac foisonne de personnages dont le sexe ou les sexes peuvent être mis en question. Dans *Séraphîta*, par exemple, on ne saurait dire si les personnages de Séraphîtüs et de Séraphîta sont deux personnages ou même un seul car,

---

47. Chr. Bard, *op. cit.*, p. 169.

48. Judith Butler, *Trouble dans le genre. Le Féminisme et la subversion de l'identité*, trad. fr. Cynthia Kraus, préface d'Éric Fassin, La Découverte, 2005.

49. *Ibid.*, p. 69. Comme nous le rappelle Michelle Perrot, le genre peut être défini « comme la construction sociale et culturelle de la différence des sexes » (*op. cit.*, p. 138).

Balzac et la critique féministe 141

selon Elizabeth Gerwin, ils sont « fluides au point qu'ils représentent le désir de l'interlocuteur[50] ». On peut supposer, comme on a vu, que Camille Maupin dans *Béatrix* est bel et bien une femme, mais ce nonobstant elle se considère comme un monstre sexuel ou sexué, qui n'est ni homme ni femme. Quel que soit son sexe « véritable », ce sexe ne la définit plus. Et, comme on sait, nombreux sont chez Balzac les jeunes hommes dont le corps sexué laisse planer quelque doute, comme Calyste du Guénic, également dans *Béatrix* : « Calyste avait les beaux cheveux blonds, le nez aquilin, la bouche adorable, les doigts retroussés, le teint suave, la délicatesse, la blancheur de sa mère. Quoiqu'il ressemblât assez à une jeune fille déguisée, il était d'une force herculéenne[51] ». Ailleurs dans *La Comédie humaine*, ce mélange des sexes et des genres, que Balzac note chez les jeunes gens, va de pair avec une certaine ambiguïté sur le plan de la sexualité – chez Eugène de Rastignac et Lucien de Rubempré par exemple, qui se plaisent dans la compagnie de Vautrin dont la sexualité a fait couler beaucoup d'encre mais qui, à la différence des jeunes premiers, est connu pour son hypervirilité, étant « fort comme un Turc » et dont la « palatine » dévoilée impressionne ses voisins de la pension Vauquer[52]. Dans *La Vieille fille*, en revanche, du Bousquier, qui se pavane lui aussi comme un colosse, s'avère impuissant. Les corps balzaciens sont donc très souvent ambigus et trompeurs, à la fois sur le plan du sexe, du genre et de la sexualité. Comme le montre à merveille *Splendeurs et misères des courtisanes*, l'identité n'est qu'une série de rôles, de masques et de noms interchangeables, comme chez Jacques Collin/Trompe-la-mort/Vautrin/Carlos Herrera et Lucien Chardon de Rubempré, « femme manquée[53] ». Que dire enfin d'Henri de Marsay qui se travestit en femme pour plaire à Paquita ou de la Zambinella, castrat qui, il ou elle aussi, n'est ni homme ni femme, et de Sarrasine lui-même qui s'éprend soit d'un

50. E. Gerwin, art. cité, p. 18.
51. *CH*, t. II, p. 681.
52. Voir *Le Père Goriot, CH*, t. III, p. 214.
53. *CH*, t. VI, p. 898. Voir également J. Butler, *op. cit.*, p. 96 : « Ainsi, le genre est toujours un faire, mais non le fait d'un sujet qui précéderait ce faire ».

homme soit d'une femme ? Étant donnée cette extraordinaire variété de sexes, de genres et de sexualités, il n'est guère surprenant que les critiques parlent d'un Balzac *queer*. Pour citer à ce sujet Lawrence Schehr : « Balzac nous propose un monde où la sexualité et le genre ne sont jamais décidables. [...] Dans un monde ostensiblement hétérosexuel, Balzac rend les positions d'adresse, de sexualité, et de genre tout à fait *queer*[54] ». Ici, donc, comme ailleurs, selon Jacques Noiray, « [l]e réel échappe aux catégories qui cherchent à l'emprisonner[55] ».

V

Ces quelques remarques sur la première, la deuxième et la troisième vague du féminisme font valoir en Balzac un précurseur qui semble bien mériter le titre de « féministe » sur bien des points et bien avant la lettre, le mot « féministe » n'ayant pas été utilisé avant la deuxième moitié du XIXe siècle[56]. Plus que sensible à la condition féminine dans une société largement patriarcale, Balzac se comporte souvent comme le défenseur et le porte-parole des femmes.

Afin d'en venir à notre conclusion, disons quelques mots sur ce qu'il est convenu d'appeler dorénavant la quatrième vague du féminisme. À ces dénonciations renouvelées contre les violences faites aux femmes s'ajoute une nouvelle prise de conscience des liens entre le féminisme et d'autres revendications en faveur d'autres soi-disant minorités comme les gens de couleur et les transsexuel(le)s. Alliant des mouvements comme « Me-Too » à celui de « Black Lives Matter », les revendications se cumulent dans ce que Kimberlé Crenshaw a

---

54. Lawrence Schehr, « Homo-diégèse », *in* Raymond Mahieu et Franc Schuerewegen (dir.), *Balzac ou la Tentation de l'impossible*, SEDES, 1998, p. 141. Voir également Michael Lucey, *Les Ratés de la famille. Balzac et les formes sociales de la sexualité*, trad. fr. Didier Eribon, Fayard, 2003, p. 11.

55. Jacques Noiray, « L'anthropologie de Balzac", *in* Andrea Del Lungo et Pierre Glaudes (dir.), *Balzac, l'invention de la sociologie*, Classiques Garnier, 2019, p. 27.

56. Il ne se trouve pas, par exemple, dans le Bescherelle de 1853.

Balzac et la critique féministe   143

nommé en 1989 « l'intersectionnalité ». La race, le sexe – et
la classe – se trouvent réunis comme dans les années
soixante-dix[57].

En ce qui concerne la race, il faut dire que Balzac est assez
loin d'être un pionnier, comme le précise Nicole Mozet : « En
Balzacie, le Turc ne quitte guère son divan, les Nègres sont
perfides ou naïfs, les Juifs modernes se distinguent par la
beauté des femmes et la laideur des hommes ». En même
temps, selon N. Mozet, « le roman balzacien sait l'art de faire
travailler préjugés et clichés »[58]. Il faut donc noter que des
Créoles telles que Paquita Valdès (et n'oublions pas que les
deux Évangélista du *Contrat de mariage* sont elles aussi d'origine
créole) se démarquent par leur passion et leur force, et que
nombre des courtisanes juives telles qu'Esther et Josépha sont
connues pour leur beauté mais aussi pour leur droiture et leur
noblesse de cœur. Comme le fait remarquer Dorothy Kelly :

> Ironiquement, Josépha, l'ancienne maîtresse de Hulot, semble être
> l'un des personnages les plus moraux du roman, quand elle sauve Ade-
> line et l'aide à tenter de restaurer sa famille. En même temps, Josépha
> est reliée aux grandes œuvres artistiques et au théâtre tout en étant la
> maîtresse de l'un du petit nombre de vrais aristocrates du roman, le
> duc d'Hérouville[59].

Plus ironiquement encore, la personnalité et le rôle de Josépha contrastent singulièrement avec la honte de la prostitution
dans le mariage, mise en avant, par exemple, par Julie d'Aiglemont dans *La Femme de trente ans*[60]. Reflétant en ceci des
divisions à l'intérieur du féminisme actuel vis-à-vis de la prostitution, Balzac semble hésiter entre la reconnaissance de la
prostituée comme travailleuse de sexe digne, légitime et hono-
rable, et sa stigmatisation comme incarnation d'une déchéance

---

57. Voir Aurore Koechlin, *La Révolution féministe*, Éditions Amsterdam,
2019, p. 63-81.

58. Nicole Mozet, « Race », *Dictionnaire Balzac, op. cit.*, t. II, p. 1089-1090.

59. Dorothy Kelly, « Balzac, Gender and Sexuality : *La Cousine Bette* », *The
Cambridge Companion to Balzac, op. cit.*, p. 124. Voir aussi la description d'Esther
dans *Splendeurs et misères des courtisanes* : « A la fois le spectateur et l'acteur, le
juge et le patient, elle réalisait l'admirable fiction des contes arabes, où se trouve
presque toujours un être sublime caché sous une enveloppe dégradée. » (*CH*,
t. VI, p. 643).

60. Voir par exemple *CH*, t. II, p. 1114 et la note 1.

généralisée, par exemple dans « le temple de la prostitution » qu'est le Palais-Royal[61]. La femme prétendument déchue devrait-elle être « sauvée » par une Adeline Hulot ou une Mme de la Chanterie, ou bien honorée, voire adorée, en dépit de ses « fautes », comme la bien-nommée Honorine ? Balzac aurait-il adhéré à « Ni putes ni soumises » ou à la « marche des salopes »[62] ?

La réponse à ces questions serait sans aucun doute incertaine, car Balzac aurait vu que les deux étiquettes étaient ironiques et ambiguës, la femme étant prise inextricablement, comme Marie de Vandenesse dans *Une fille d'Eve*, entre désir et innocence, entre « the woman who does and the woman who doesn't », entre la femme « qui le fait » et la femme « qui ne le fait pas. » Comme le rappelle Nicole Ward Jouve dans son article déjà cité : « Le sexe traverse Marie comme une ligne de démarcation[63] ». Et aucune réponse définitive à ces questions n'est possible, car la position de la femme est, elle aussi, toujours et déjà ambiguë. Cette ambiguïté peut aller jusqu'à faire mourir une femme comme Henriette de Mortsauf, déchirée entre volupté et retenue, entre pudeur et impudeur car, comme elle l'avoue à Félix dans sa dernière lettre : « J'étais aussi une de ces filles de la race déchue que les hommes aiment tant[64] ». Tout est dans cette phrase déchirante – la femme voluptueuse mais coincée- et dont les désirs (et la retenue) viennent tous les deux non seulement de sa propre libido mais du pouvoir des hommes à les inspirer, à les exacerber et à les contrôler. Il n'y a pour la femme aucune échappatoire, aucune solution, sauf peut-être dans le cloître ou dans la mort- à moins que ce ne soit dans la maternité de Renée de l'Estorade ou dans l'ombre et le silence de la charité de Mme de la Chanterie dans le si bien nommé *Envers de l'histoire contemporaine*. Dans la mesure où Balzac expose ce paradoxe et

---

61. *Illusions perdues*, *CH*, t. V, p. 360.

62. Voir Christine Bard, *op. cit.*, p. 172-175.

63. N. Ward Jouve, art. cité, p. 56. Voir aussi l'observation d'Aude Déruelle « [...] les vierges raphaëlesques se [révèlent] souvent des courtisanes, telles Esther ou la petite Olympe Bijou » (Introduction, « Le corps », *The Balzac review/ Revue Balzac*, n° 3, 2020, p. 18).

64. *CH*, t. IX, p. 1218.

ce *double bind* – qui conjugue condition féminine et être-femme, sexe et genre– il peut être qualifié de profondément, très profondément, féministe.

Owen HEATHCOTE.

Voix de la critique

LES « FILS DE BALZAC »
EN CAMPAGNE
(1846–1862)

Poursuivant des études sur la réception critique de Balzac au XIXe siècle qui m'ont conduit déjà à trouver sur mon chemin les Balzac de Gautier, de Taine[1], de Caro, de Faguet, de Brunetière, et à en traiter sous des angles divers[2], je me propose aujourd'hui de prendre pour objet d'étude le remarquable tournant critique qui, à partir de la fin des années 1840, tend – enfin – à prendre Balzac au sérieux. Soit donc à le délivrer des mauvaises imagos imposées jusque-là par la corporation critique – Sainte-Beuve, Janin, Chaudesaigues, la *Revue des Deux Mondes* tout entière (Paul Gaschon

---

1. « La modernité de Balzac selon Gautier », *Bulletin de la société Gautier*, 2015, n° 37, « Gautier/Balzac : parcours croisés », p. 85-101. – « "Ses personnages vivent"… », exposé dans le cadre du colloque du GIRB à la Maison de Balzac : « Vivre (avec) le personnage », juin 2017, à paraître.
2. La modernité, le personnage, le romanesque et son influence sociale (« Des romans à vivre ou De l'influence sociale du romanesque balzacien », exposé dans le cadre du séminaire du GIRB sur le romanesque balzacien, juin 2021, à paraître dans les actes) ; Balzac considéré comme penseur (« Balzac philosophe, penseur, inventeur, chercheur : la réception critique, 1831-1906 », exposé au séminaire du GIRB, décembre 2019 sur « Balzac : l'inventeur réinventé ») ; « Balzac comme figure médiatique », exposé à la Maison de Balzac, 2020, à paraître) ; Balzac selon ses premiers biographes (« Comment Balzac entra en biographie », *in* Philippe Desan et Daniel Desormeaux (éd.), *Les Biographies littéraires. Théories, pratiques et perspectives nouvelles*, Classiques Garnier, 2018).

L'Année balzacienne 2023

150 *José-Luis Diaz*

de Molènes, Charles de Mazade, Eugène Lerminier[3], etc.) –, imagos que vont continuer de répandre, dans la décennie suivante, les Pontmartin et les Poitou[4].

I

DES GÉMONIES À L'APOTHÉOSE

Le virage dans la courbe de la réception critique de Balzac est alors si net, qu'on passe, de manière soudaine si l'on en croit certains observateurs, d'un Balzac « traîné aux gémonies », selon le mot de Jacques Chaudesaigues[5], à un Balzac objet d'admirations, mieux encore, d'adulation, de fétichisme et d'apothéoses. L'évolution est si surprenante que les critiques hostiles à Balzac s'en inquiètent. C'est Pontmartin, en effet, critique réactionnaire, qui dans un article retentissant de 1856, ayant pour titre « Les fétiches littéraires. M. de Balzac » est le premier attentif au phénomène de ces « apothéoses insensées que l'on décerne depuis quelques années à M. de Balzac ». Notant que la « réaction violente qui [le] déifie, aujourd'hui », fait contraste « avec les innombrables insultes qu'il eut à subir de son vivant », Pontmartin détaille les signes de cette consécration contre nature :

3. Paul Gaschon de Molènes, « Revue littéraire. Les derniers romans de M. de Balzac et de M. Frédéric Soulié » (*sur David Séchard*), *Revue des Deux Mondes*, 1ᵉʳ décembre 1843, p. 810-829. – Charles de Mazade, « Des œuvres littéraires de ce temps. Le roman, la poésie et la critique », *ibid.*, 15 juin 1846, p. 1014-1040. – Eugène Lerminier, « De la peinture des mœurs contemporaines. *Œuvres complètes* de M. de Balzac », *ibid.*, 15 avril 1847, p. 193-216.

4. Armand de Pontmartin, « Les fétiches littéraires. I. M. de Balzac », *Le Correspondant*, novembre 1856, p. 311-329. Eugène Poitou, « M. de Balzac, étude morale et littéraire. Ses œuvres et son influence sur la littérature contemporaine », *Revue des Deux Mondes*, 15 décembre 1856, p. 713-767 ; *Du roman et du théâtre contemporains et de leur influence sur les mœurs*, A. Durand, 1857.

5. Chaudesaigues annonce que Balzac « pourra voir avant peu, de ses fenêtres, le cadavre de sa réputation traîné aux gémonies » (« Écrivains contemporains. M. de Balzac. III. *Une fille d'Ève* », *Revue de Paris*, 1839, t. XI, p. 37, repris dans *Les Écrivains modernes de la France*, Gosselin, 1841, p. 229).

Les « fils de Balzac » en campagne (1846-1862)   151

Comme les empereurs romains, auxquels fait songer d'ailleurs sa littérature, M. de Balzac a pu dire en mourant : "Je sens que je deviens dieu !" On ne peut ouvrir une Revue ou un journal sans y retrouver les titres de l'auteur de *Vautrin* et des *Parents pauvres* à la vénération et à la reconnaissance publiques. [...] La Société des gens de lettres [...] l'adopte comme le premier héros de son histoire, le plus grand saint de son martyrologe. Des écrivains de talent se font ses biographes, ses scoliastes, — que dis-je ? ses hagiographes et ses légendaires. [...] La foi en Balzac, le culte de Balzac, le fétichisme-Balzac, voilà, pour le moment, *l'alpha* et *l'ôméga* de tout début littéraire, la preuve péremptoire d'une vocation d'artiste, d'inventeur, de fantaisiste, de réaliste et de poète, qui donne le droit de regarder de haut le bourgeois, la grammaire et l'orthographe [6].

Dès après la mort de Balzac, en 1850, ponctuation majeure de son destin critique [7], un article de la *Revue suisse* observait déjà que, dans le monde et dans la presse, l'habitude avait été prise de parler de « Balzac, mort, comme on ne lui a[vait] pas donné la satisfaction d'en parler de son vivant ». Ce qui revenait à le faire passer « décidément à l'état de grand homme », au prix d'une « canonisation littéraire » [8]. Canonisation que confirme la même revue en 1858, en notant l'« espèce d'accord tacite » parmi les gens de lettres (Lamartine, Champfleury, Taine) pour lui reconnaître « une place élevée et à part dans la littérature contemporaine » [9], et, la même année, Elme

---

6. *Le Correspondant*, art. cité, p. 312-313.

7. Sur laquelle on lira l'ouvrage de Stéphane Vachon, *1850. Tombeau d'Honoré de Balzac*, Montréal, XYZ, coll. « Documents », et Presses universitaires de Vincennes, 2007.

8. « Chronique de la *Revue suisse*. Octobre », *Revue suisse et chronique littéraire*, octobre 1850, t. XIII, p. 682. L'article rend compte avec éloge des bonnes feuilles parues dans un journal, *L'Ordre*, du livre sur Balzac de Gustave Desnoiresterres qui paraîtra daté de l'année suivante.

9. « M. de Lamartine ne voit guère moins en lui que le Molière du roman, ce qui ferait de Molière le Balzac de la comédie ; les romanciers réalistes ou d'après nature, comme voudrait plutôt les appeler l'un de ceux qui ont le mieux l'intelligence et la conviction du genre, M. Champfleury, le réclament hautement pour leur maître et leur chef de file. Un critique philosophe et peut-être, au fond, très réaliste aussi, plus spirituel en tout cas que spiritualiste, M. Taine, lui consacre en ce moment, dans le *Journal des Débats*, une de ces études méthodiques, serrées et roides, mais fortes, qui vous étreignent comme une chaîne aux anneaux de fer, et qui lui ont fait aussitôt un genre et une réputation » (« Chronique de la *Revue suisse* », *Revue suisse*, février 1858, t. XXI, p. 127).

Caro, qui se plaint des « ovations immodérées qui célèbrent à l'envi ce génie défunt », de la « conspiration d'enthousiasme en sa faveur dans plusieurs régions de la haute et de la basse critique », et qui observe qu'on assiste à « une réhabilitation absolue de toutes les idées, de toutes les œuvres, du style même de Balzac », se scandalise qu'on ait nommé Balzac le « Molière du XIXe siècle », qu'on l'ait mis même aussi haut que Shakespeare, tout en observant que « comme pour tous les demi-dieux de la littérature et de l'histoire, sa légende est déjà prête. [...] Sa vie privée a été scrutée, fouillée, retournée dans tous les sens ». De quoi imaginer Balzac revenant au monde, et croyant ses rêves les plus fous réalisés : « En voyant son nom triomphant à la vitrine des libraires, sur les affiches de spectacles, au feuilleton et à l'article Variétés des grands et des petits journaux, il pourrait vraiment croire que son aventureux pressentiment se réalise, et que le XIXe siècle lui appartient » [10].

Génération Balzac

En 1856, Pontmartin évoque de manière discrète, on l'a vu, l'aspect générationnel de cette nouvelle foi en Balzac. Mais le même critique, deux ans auparavant, y avait plus nettement insisté. Cela au moment de rendre compte de deux « jeunes volumes » ayant manifesté envers Balzac une franche sympathie : le livre d'Armand Baschet, *Honoré de Balzac, essai sur l'homme et l'œuvre*, publié en 1852, et l'article de Clément de Ris, repris en 1853 dans ses *Portraits à la plume* [11]. « M. de Balzac, notait

10. Elme-Marie Caro, « Le roman contemporain. M. de Balzac, son œuvre et son influence. Première partie », *Revue européenne*, 1er octobre 1859, t. V, p. 6-7.
11. « Voici deux jeunes volumes qui m'arrivent comme pour rouvrir la lice et accepter le tournoi en l'honneur de l'illustre romancier ; l'un consacré tout entier à sa gloire, l'autre se terminant par une étude qui est presque un panégyrique ; si bien que, pour rendre compte de ces deux ouvrages et relever ce gant, brodé peut-être par la duchesse de Langeais ou madame de Mortsauf, je suis forcé, – quel désavantage ! – de riposter par un sermon » (« Honoré de Balzac. À propos de MM. Clément de Ris et Armand Baschet », *Causeries littéraires*, Michel Lévy frères, 1854, p. 294).

Les « fils de Balzac » en campagne (1846-1862)   153

Pontmartin, est devenu, pour les jeunes gens qui se pressent autour de son monument inachevé, un homme de génie, un révélateur, un maître, un modèle : il a des commentateurs et des scoliastes comme Homère et comme le Dante [12] ». C'est là un aspect générationnel du phénomène que Sainte-Beuve lui-même, distillant ses poisons, ne manque pas de noter dans ses carnets à la même période, avec une acrimonie envieuse bien dans sa manière : « Rien ne juge mieux les générations littéraires qui nous ont succédé, que l'admiration enthousiaste et comme frénétique dont tous les jeunes gens ont été saisis, les gloutons pour Balzac et les délicats pour Musset [13] ».

Mais ce sont aussi les « fils de Balzac » qui, les tout premiers, n'ont pas manqué de mettre en avant la dimension juvénile de leur admiration collective pour Balzac, à commencer par Champfleury. C'est ce qu'il fait dès sa « Dédicace » à Balzac de *Feu miette. Fantaisies d'été*, paru en 1847, acte paratextuel inaugural par lequel, soucieux de compenser les « calomnies » et les « accusations mensongères » de la critique, il tient à dire à Balzac combien il inspire de « dévotion à quelques jeunes gens qui essaient à grand-peine de trouer les vingt couches de médiocrités en possession des journaux et des revues » [14]. En 1861, Champfleury a recours de nouveau à un langage marqué de connotations religieuses lorsqu'il dit admirer Balzac pour s'être fait « initiateur » grâce à sa nouvelle conception du roman, s'inscrivant ainsi de plein droit dans la « nouvelle génération » : « Peu à peu des groupes intelligents

---

12. *Ibid.*, p. 293.

13. *Le Cahier brun (1847-1868)*, éd. Patrick Labarthe, avec la collaboration de Bénédicte Elie, Genève, Droz, 2017, p. 222.

14. Champfleury, « À M. de Balzac », [Dédicace] de *Feu Miette. Fantaisies d'été*, Paris, Martinon et Sartorius, 1847, p. 7. Baudelaire apprécie beaucoup cette dédicace de Champfleury, alors très proche de lui : « Il est impossible de placer des œuvres plus sensées, plus simples, plus naturelles, sous un plus auguste patronage. Cette dédicace est excellente, excellente pour le style, excellente pour les idées. Balzac est en effet un romancier et un savant, un inventeur et un observateur ; un naturaliste qui connaît également la loi de génération des idées et des êtres visibles. C'est un grand homme dans toute la force du terme ; c'est un créateur de méthode et le seul dont la méthode vaille la peine d'être étudiée » (« Les *Contes* de Champfleury : *Chien-Caillou, Pauvre Trompette, Feu Miette* », *Le Corsaire*, 18 janvier 1848).

se formaient autour de *La Comédie humaine* ; des disciples humbles et dévoués essayaient de faire comprendre les intentions du grand maître ; l'initiation se faisait, d'autant plus sérieuse qu'elle avait été plus lente » [15]. Bien plus tard encore, dans un article publié le 28 mai 1887, à propos de la statue à épisodes de Balzac, le vieux Champfleury propose une vision rétrospective de la campagne orchestrée par ces admirateurs juvéniles :

> Balzac étant à cette époque en butte aux attaques passionnées, injustes et agressives des journaux, les jeunes gens, sensibles aux idées de justice et qui ne se préoccupent pas des questions de rancunes et des prétentions de journalistes dont il ne reste pas une ligne, ces jeunes gens défendaient Balzac avec autant de vivacité que ses adversaires l'attaquaient [16].

Champfleury rappelle alors combien Balzac fut « tout étonné, en revenant [de Russie] à la Révolution de février, de trouver un groupe de jeunes gens qui sollicitaient l'honneur de défendre son œuvre ». Et, considérant après coup le destin de cette génération, il en vient à la formule prise ici pour titre, lorsqu'il déclare à propos de la cohorte de critiques initialement hostiles en corps à Balzac qu'ils ne se doutaient pas que « la fin du siècle verrait ce phénomène de toute une littérature issue des principes qui avaient déterminé l'éclosion de *La Comédie humaine* ». De quoi l'inviter à conclure : « Tous nous sommes les fils de Balzac, tous nous avons sucé le lait de ses féconds enseignements. » Ce qui consiste en fait à reprendre une formule de Zola dans *Le Roman expérimental* (1881), visant Chaudesaigues. Constatant la survie insolente de Balzac, Zola lui répondait :

> Où est-elle ta jeunesse qui devait traîner Balzac aux gémonies, ô Chaudesaigues ? Aujourd'hui les fils et les petits-fils de Balzac triom-

---

15. *Grandes figures d'hier et d'aujourd'hui. Balzac, Gérard de Nerval, Wagner, Courbet*, Poulet-Malassis, 1861, p. 108. Ces propos ont déjà paru dans *La Mode*, le 25 septembre 1853, dans une publicité non signée en faveur de la nouvelle édition Houssiaux de *La Comédie humaine*, qu'il convient donc d'attribuer à Champfleury.

16. Champfleury, « La statue de Balzac », *Paris illustré*, 28 mai 1887, p. 74, de même que les citations suivantes.

Les « fils de Balzac » en campagne (1846-1862)   155

phent ; ce romancier de génie, qui n'avait rien à démêler avec la littérature sérieuse, ni avec l'esprit philosophique du siècle, a justement laissé la formule scientifique de notre littérature actuelle [17].

De quoi m'inciter à reprendre à mon tour la formule, en m'en tenant à un empan chronologique plus restreint que celui de Zola et Champfleury, pour désigner les complicités juvéniles qui, à partir de 1846 puis dans la décennie qui a suivi sa mort, ont beaucoup contribué à inverser la courbe de la réception critique de Balzac.

« Jeunes balzaciens » de 1850

Parmi ces premiers complices [18], le rôle de Champfleury a été majeur [19], d'autant que son action en faveur de Balzac est

17. *Le Roman expérimental*, Charpentier, 1881, p. 336. Avant Champfleury, l'expression a déjà été reprise à propos de Zola par un feuilletoniste de *La Liberté* qui signe « Y » : « C'est un spectacle tout à fait réjouissant de voir M. Zola [...] proscrire l'imagination sans répit ni miséricorde dans les œuvres de l'esprit et se proclamer pourtant fils de Balzac, le plus prodigieux imaginatif de notre histoire littéraire. À la vérité, il arrange les choses en disant : "Ce sont les ignorants qui trouvent de l'imagination dans Balzac !" – Il faut croire ou que M. Zola seul est véridique, ou que Philarète Chasles était un âne : pas de milieu » (« À travers champs », 9 janvier 1885). Dès le mois qui suit la parution du texte de Champfleury, et comme encouragé par elle, « Y » revient à la charge dans une « Causerie » qui prélude par ces mots : « [...] pas un Grimaud de lettres, depuis trente ans, qui ne se soit proclamé fils de Balzac ». « Y » devine que Balzac était trop aristocrate pour apprécier une telle populace admirative (13 juin 1887). En un autre sens, pour dire cette fois l'influence que les personnages balzaciens ont eue sur des personnes de la vie réelle, l'expression a déjà été employée avant Zola et Champfleury : « Balzac d'ailleurs, plus créateur qu'observateur... osons le dire... a produit une génération, bien plutôt que cette génération ne l'a produit. Nous sommes les fils de Balzac ; nous réalisons aujourd'hui tous les types de *La Comédie humaine*, mais avec toutes les différences qui s'établissent entre un caractère rêvé et une existence sérieuse » (Henry M, « Les *Notes sur Paris* de M. Frédéric-Thomas Graindorge », *La Vie parisienne*, 1er juin 1867 p. 393).

18. Pour compléter le panorama ici proposé, on pourra lire le passage de la « Préface » de Stéphane Vachon à son *Mémoire de la critique* sur Balzac (PUPS, 1999), intitulé « Premier culte » (p. 9-13), ainsi que les deux rééditions commentées et annotées de Marie-Bénédicte Diethelm ci-après mentionnées.

19. Voir sur ce point Stéphane Vachon, « Champfleury, Balzac et Castille. Complément à une "Note sur Balzac, Nerval et Champfleury" », *Le Courrier balzacien*, n° 67, 2e trimestre 1987.

restée constante, après la « Dédicace » de *Feu miette*, premier signe public d'un *new deal* critique à son égard. Son action aux côtés de Dutacq en faveur de l'édition posthume des *œuvres* de Balzac, ses articles de *chercheur*, peut-on dire, sur Balzac poète, sur Balzac imprimeur, sur la jeunesse de Balzac, sa contribution biographico-documentaire au livre de son ami Armand Baschet en 1852, par un long appendice narrant une visite à Balzac rue Fortunée[20], sans oublier son statut de « petiot chéri » de Mme Ève de Balzac[21], font de lui un témoin mais d'abord un acteur majeur de la mutation critique ici envisagée.

Si l'on cherche ses complices, c'est Champfleury lui-même qui en 1887 nous met sur la piste de quelques-uns d'entre eux, lorsqu'il fait l'appel du groupe des jeunes journalistes du *Corsaire-Satan*, ligués en faveur de Balzac, écrivant dans un organe de presse dirigé par l'un de ses collaborateurs de jeunesse, le « vieux journaliste » Auguste Lepoitevin de Saint-Alme, qui les « tenait en lisière », tout en crachant sur son ancien binôme, Lord Rhoone devenu « M. de Balzac »[22]. La

20. Dans sa deuxième édition, le titre de l'ouvrage est le suivant : *Honoré de Balzac. Essai sur l'homme et sur l'œuvre, avec des notes historiques par Champfleury, Giraud* et Dagneau, 1852. Un autre tirage de la même édition complète le sous-titre par une indication de collection : « *Les Physionomies littéraires de ce temps* », précédant le titre, et par une annonce en fin de volume d'un ouvrage du même auteur : *Essai sur la jeunesse et les tendances littéraires de Théophile Gautier*, qui ne paraîtra pas. Ces notes historiques occupent les pages 217-248 du livre. Elles se terminent par une réflexion sur « la manière d'honorer les grands hommes après leur mort » qui, selon Champfleury, « n'est pas de se livrer à l'ode et au poème épique, mais de tâcher de raconter quelque vérité sur leur manière de vivre, sur leur costume, sur leurs habitudes » (*ibid.*, p. 247). Une première version du livre de Baschet avait paru en octobre 1851 en plaquette à Blois, sous le titre : *Variétés littéraires. H. de Balzac ;* elle ne se trouve pas à la BnF, mais elle comportait déjà une partie de l'appendice de Champfleury, selon Ch. Dufay (voir « Résumé bibliographique des œuvres d'Armand Baschet », *Armand Baschet et son œuvre*, Orléans, Herluison, 1887, p. 241).

21. Sur ce point, voir la biographie de Roger Pierrot, *Honoré de Balzac*, Fayard, 1994, p. 517-519.

22. Jules Viard, autre jeune rédacteur du *Corsaire-Satan*, dans une série d'articles intitulée « Mes souvenirs sur Lepoitevin Saint-Alme », publiée dans le *Figaro* les 1er, 15 et 29 octobre 1854, rappelle les paroles acrimonieuses que prononçait celui-ci à propos de Balzac : « On lui a fait une réputation colossale, étonnante, que je ne comprends pas !... *Je l'ai vu commencer !...* il s'est pris au sérieux, le fat, et maintenant, il ne regarde plus son vieux camarade... ».

Les « fils de Balzac » en campagne (1846-1862)   157

liste proposée par Champfleury comporte « Baudelaire, Murger, Th. de Banville, Auguste Vitu, Marc Fournier et [lui]-même [23] », ce qui ne manque pas de suggérer un effet-génération, comme le prouve la date de naissance des six nommés, entre 1818 (Fournier) et 1823 (Vitu), ce qui fait que ces « fils de Balzac » originels ont entre vingt-trois et vingt-huit ans en 1846. Armand Baschet quant à lui (né en 1829) n'en a alors que dix-sept, et vingt-deux au moment de la première publication de son livre.

Comme l'a montré Marie-Bénédicte Diethelm dans une étude remarquable publiée dans *L'Année balzacienne* en 2008, c'est là un groupe qui, par trois de ses membres, Vitu, Banville et Baudelaire, a été probablement à la manœuvre pour publier un article fantaisiste, très élogieux bien que de verve délurée, intitulé « Le Grand Balzac », paru dans *La Silhouette* en janvier 1846, article qu'elle a réédité avec des commentaires savants prouvant la collaboration à trois et indiquant la convergence de vues [24], tout comme elle l'avait fait en 2006 pour un autre article du seul Vitu consacré en 1851 au Balzac des œuvres de jeunesse [25]. La démonstration est d'autant plus forte que, selon Claude Pichois, le trio se trouve probablement être aussi l'auteur de neuf « Causeries » du *Tintamarre*, publiées entre septembre 1846 et avril 1847 [26], et que, pris séparément, les trois confirment ensuite leur engagement en faveur de Balzac : Vitu en 1851, Banville par des salves à répétition en l'honneur

23. Champfleury, « La Statue de Balzac », *Paris illustré*, 28 mai 1887, p. 74.
24. « Petits profils contemporains. Le Grand Balzac », *La Silhouette. Chronique de Paris*, n° 55, 18 janvier 1846. Et Marie-Bénédicte Diethelm, « Le Grand Balzac », *AB 2008*, p. 319-343.
25. M.-B. Diethelm, « "Portraits littéraires. Honoré de Balzac", par Auguste Vitu » (feuilleton du *Messager de l'Assemblée*, 24 juin 1851), *AB 2006*, p. 345-360.
26. Claude Pichois juge cette collaboration à trois presque certaine pour ces « Causeries » parues dans *Le Tintamarre* du 20-26 septembre 1846 au 28 mars-3 avril 1847, et signées « Joseph d'Estienne » (voir Baudelaire, *Œuvres complètes*, Gallimard, « Bibliothèque de la Pléiade » [désormais *OC*], t. II, p. 1012-1027 et p. 1546-1548). Ces « Causeries » évoquent de manière cursive Balzac et son échange contemporain avec Hippolyte Castille, en ironisant sur le moralisme de ce dernier.

158   *José-Luis Diaz*

de Balzac, en vers comme en prose[27], Baudelaire en 1845 d'abord, par un article mi-ironique mi-admiratif, « Comment on paie ses dettes quand on a du génie[28] », puis par la vibrante péroraison du *Salon de 1846*, consacrant Balzac comme prouvant par son œuvre qu'il existe « une beauté et un héroïsme modernes » et étant lui-même « le plus héroïque, le plus singulier, le plus romantique, le plus poétique » de ses propres personnages[29], enfin tout au long de sa vie par une constante sympathie pour Balzac que manifeste encore en 1859 son article sur Gautier.

Certes, parmi les laudateurs de Balzac de la décennie suivante, il n'est pas que des jeunes, puisqu'y contribuent aussi des écrivains plus âgés tels que Lamartine (né en 1790), Léon Gozlan (né en 1803), Barbey d'Aurevilly (né en 1808), Gautier (né en 1811), sans oublier Philarète Chasles (né en 1798), ci-devant introducteur des *Contes et romans philosophiques* en 1831, et inventeur en 1850 du Balzac « voyant » dans son article d'hommage funèbre publié dans le *Journal des débats*. Mais si, par fidélité à la focale ici adoptée, on s'en tient aux jeunes, une place doit être faite à d'autres écrivains : dans l'ordre de leur intervention, Hippolyte Castille (1846), Gustave Desnoiresterres (1851), Clément de Ris (1853), Louis Ulbach (1855), Charles Monselet (1862), et surtout Hippolyte Babou et Taine, le premier, né en 1823, en raison de la continuité de son militantisme balzacien à partir de 1847 ; le second, né en 1828, en raison de sa magistrale série d'articles sur Balzac publiée dans le *Journal des débats* en 1858[30]. Série qui constitue l'aboutissement critique le plus approfondi de ce *moment* de la réception de Balzac, et qui mérite de ce fait à

---

27. Dans *Le Feuilleton d'Aristophane*, comédie satirique en deux actes et en vers (Odéon, 26 décembre 1852), il consacre Balzac comme « l'Homère d'aujourd'hui ». Plus tard, il admire « sa FEMME ondoyante et multiple dont l'univers entier a accepté la domination souveraine » (« Lettres chimériques. II. Les sculpteurs d'hommes », *Figaro*, 25 juin 1863, p. 5).

28. Paru de manière anonyme dans le *Corsaire-Satan* le 24 novembre 1845, l'article reparaît, signé « Baudelaire-Dufays », dans *L'Écho*, journal dirigé par Auguste Vitu, le 23 août 1846.

29. Baudelaire, « Salon de 1846 », *OC*, t. II, p. 496.

30. Le « Balzac » de Taine paraît dans le *Journal des débats* du 3 février au 3 mars 1858 ; celui de Gautier dans *L'Artiste* du 21 mars au 21 mai.

Les « fils de Balzac » en campagne (1846-1862)   159

elle seule une étude spécifique à faire dans un second temps [31], parce que, plus philosophique et systématique que simplement militante, elle échappe, *par le haut*, à ma prise du jour.

Parmi les nommés, chacun participe à sa manière à la campagne. Le jeune Baschet par un livre bien plus complice avec Balzac que celui de Desnoiresterres paru l'année précédente, et auquel, effet générationnel redoublé, a aussi, on l'a dit, contribué Champfleury. Louis Ulbach, en 1855, par la préface à son roman *Suzanne Duchemin*, parue dans *L'Artiste*, où il estime que Balzac a été l'initiateur d'une « seconde révélation du romantisme [32] », qu'il « a élevé à la hauteur de Shakespeare les trivialités de la vie du dix-neuvième siècle [33] », qu'il est « démocrate à la façon de Molière », et où il souhaite que le roman moderne s'engage dans la voie « psychologique » qu'il a ouverte [34]. Charles Monselet par l'émotion qu'il dit avoir eue quand il a vu Balzac pour la première fois [35], par le parallèle qu'il propose entre Balzac et Rétif de la Bretonne en 1854 [36], et surtout par une lettre adressée à Mme de Balzac que publie le *Figaro* en 1862 et où il plaide pour une édition de ses œuvres diverses [37]. Sans oublier les « buveurs de bière »

31. J'ai évoqué Taine à propos de la problématique du personnage dans une étude dont le titre reprend l'une de ses expressions : « Ses personnages vivent » (voir ci-dessus note 1).

32. « Balzac a été l'initiateur tout-puissant de cette seconde révélation du romantisme. Il nous a débarrassés des souliers à la poulaine, et a ébréché les bonnes lames de Tolède. Rejetant le manteau théâtral dont René, accoudé sur des ruines, s'enveloppait pour pleurer, il a pris le drame dans la boutique, dans le salon bourgeois, et jusque dans l'ombre du poêle étouffant de la bureaucratie » (« Du roman moderne. Préface à *Suzanne Duchemin* », *L'Artiste*, 6 juin 1855, p. 60-64, ici p. 61).

33. Ulbach ajoute qu'« il a fait un poëme plus touchant et plus universel, en racontant la grandeur et la décadence de M. César Birotteau, le parfumeur, que s'il eût chanté les hauts faits d'un roi ou les incartades amoureuses d'un paladin du moyen âge » (*ibid.*).

34. « L'avenir du roman moderne nous semble assuré dans la route psychologique tracée par Balzac » (*ibid.*, p. 63-64).

35. « [...] les pleurs m'ont jailli des yeux en voyant Balzac pour la première fois » (*Figurines parisiennes*, Jules Dagneau, 1854, p. 97).

36. Charles Monselet (1825-1888), *Rétif de la Bretonne. Sa vie et ses amours ; documents inédits ; ses malheurs, sa vieillesse et sa mort ; ses descendants ; catalogue complet de ses ouvrages, suivi de quelques extraits*, Alvarès fils, 1854.

37. « Lettre à Madame de Balzac », *Figaro*, 6 novembre 1862, p. 1-3.

160   José-Luis Diaz

de la Brasserie des Martyrs que visite Philibert Audebrand en 1855 et qui crient « À bas les manitous », parce que « les temps futurs n'ont pas besoin de fétiches », mais qui exceptent « Balzac, notre idole ! Balzac, notre parangon ! – Balzac, le Jéhovah qui a prononcé le *fiat lux* du Réalisme » [38].

Par son article sur Balzac publié le 4 octobre 1846 dans *La Semaine* [39], Castille, né en 1820, participe lui aussi, malgré ses réticences, à la montée en puissance du *cours critique* de Balzac qu'orchestre la jeune génération. Bien que formulant des réserves d'ordre moral, dont les causeurs du *Tintamarre* se moquent [40] et auxquelles Balzac répond [41], Castille offre l'avantage de prendre acte dès cette date précoce du « vif enthousiasme dont la jeunesse littéraire s'est enflammée pour M. de Balzac [42] ». Ce qui constitue une confirmation anticipée de la photographie du renouveau critique de Balzac que vont proposer, après 1850, on l'a vu, la *Revue suisse* puis Pontmartin et Caro. Certes, posant au moraliste, Castille s'empresse d'ajouter que les « fanatiques littéraires » de Balzac subissent surtout la mauvaise influence de ses héros masculins, aussi cyniques et fantasques [43]. Mais, au total, il s'avère un vrai lecteur de Balzac, en particulier des *Parents pauvres*, et finit par le consacrer comme « un génie moderne, plein de sève, d'étude et d'amour », qui « honore les lettres, [...] malgré les légères inobservances que nous avons signalées ». Et par se proclamer

38. Philibert Audebrand, « Les buveurs de bière », *L'Artiste*, 10 juin 1856, p. 76-77.

39. « Critique littéraire. Romanciers contemporains. I. M. H. de Balzac », *La Semaine*, 4 octobre 1846, p. 725-727.

40. Dans le numéro du 25 au 31 octobre 1846 du *Tintamarre*, ils évoquent l'échange Castille-Balzac que publie *La Semaine*, en disant qu'« entre autres idées baroques, le jeune Castille a eu celle d'accuser d'immoralité le roi des romanciers » (Baudelaire, *OC*, t. II, p. 1013-1014). Castille a pressenti d'ailleurs que « les partisans de l'art pour l'art » lui « reprocher[aie]nt ce point de vue » (art. cité, p. 726).

41. Par sa « Lettre de M. de Balzac à M. Hippolyte Castille, l'un des rédacteurs de *La Semaine* », parue le 11 octobre 1846.

42. Hippolyte Castille, *loc. cit.*

43. « Après mûres réflexions, je me vois forcé de le déclarer, hélas ! c'est plutôt à ses défauts qu'à ses grandes qualités que le romancier doit la majorité de ses fanatiques littéraires. Il les doit surtout à cet étrange talent qui le pousse à doter les mauvaises natures des dons les plus brillants, et à les entourer d'une auréole d'intérêt » (*ibid.*).

Les « fils de Balzac » en campagne (1846-1862) 161

« fils de Balzac » à sa manière, en disant *in fine* de façon un peu mystérieuse sa « passion filiale pour cette cohorte intelligente qui est appelée à jouer un si grand rôle dans l'avenir » [44].

Babou en campagne

Au nombre de ces « fils de Balzac » de divers acabits, on doit compter aussi avec un autre jeune critique, injustement oublié, Hippolyte Babou. Son intervention dans la campagne a été précoce, puis confirmée. Dès 1847, il fait, à vingt-quatre ans, une entrée dans le débat critique balzacien par de « Petites lettres confidentielles à M. de Balzac, par une femme du monde, un diplomate et un pédant » publiées dans la *Revue nouvelle* [45]. Tandis que le pédant, sous sa forme nouvelle de l'agrégé passé par l'École normale, marque des réticences vis-à-vis du style de Balzac, le diplomate, moraliste et philosophe, le loue pour avoir transcendé le genre du roman [46], tandis que, pour compenser le silence que la critique a gardé à son égard, la marquise lui dit, de délicieuse manière, en vieille femme libérée d'Ancien Régime, combien *Les Parents pauvres* l'ont « jetée dans l'enchantement [47] ».

44. *Ibid.*, p. 726-727.
45. 1er février 1847, t. XIII, p. 94-124.
46. « Le genre que vous avez abordé si heureusement vous aura d'éternelles obligations. Grâce à vous, il s'est agrandi, transformé, complété jusqu'à devenir la forme la plus riche de la littérature actuelle. Nous avions en France des nouvelles gracieuses, des contes étincelants de verve, des histoires de cœur racontées avec un charme délicieux ; le roman n'était point encore définitivement établi dans le cadre offert à ses destinées. Il se précipitait dans une suite de piquantes aventures, il décrivait les alternatives saisissantes de la passion, mais il n'osait point tenter d'une façon hardie le difficile tableau des mœurs de la société actuelle » (*ibid.*, p. 115). De même, Champfleury lui déclare en 1847 : « Vous avez monté de dix coudées le ROMAN », et précise en 1861 : « L'auteur de *La Comédie humaine* fit faire un pas énorme au roman ; il le plaça dans de nouvelles conditions, il l'avança par de suprêmes efforts, il dépassa tous les romanciers de son époque, et, par ce côté scientifique et sérieux, il se fit initiateur et appartient à la nouvelle génération » (Champfleury, *Grandes figures d'hier et d'aujourd'hui, loc. cit.*, p. 99).
47. « *Les Parents pauvres*, je le répète, m'ont jetée dans l'enchantement. Jamais, ce me semble, vous n'aviez noué d'une main aussi énergique le fil d'une intrigue romanesque ; jamais vous n'aviez mené de front avec un tel bonheur

162 *José-Luis Diaz*

C'est de nouveau au moyen d'une lettre, adressée cette fois non *par une femme* mais *à une femme*, la sœur de Balzac dont vient alors de sortir le livre biographique sur son frère, que Babou poursuit en 1858 sa campagne balzacienne, en traitant du « noviciat de Balzac » grâce aux révélations qu'apporte cette publication qu'il apprécie [48]. Vu sa position désormais rétrospective, lui aussi est à même d'évoquer la génération des « fils de Balzac » tout en s'y inscrivant – mais tout autrement. Ce qu'il fait en évoquant, en historien, le moment où la jeunesse, après avoir épuisé les « modes romantiques », « nia le romantisme, nia les faux classiques et se voua définitivement à Balzac [49] ». Mais à quel Balzac ? se demande alors Babou, avant de répondre : « celui de la secte des balzaciens » [50]. Et de se démarquer du Balzac des réalistes à la Champfleury lorsqu'il précise :

[...] car il y a eu des Balzaciens comme il y avait eu des hugolâtres ; il poussa même un beau jour des sous-Balzaciens, qui se dégradèrent jusqu'à tomber dans la platitude érigée en système, dans le Réalisme. Dès lors on inaugura le Balzac réaliste, un Balzac observateur, copiste, photographe, qui a réussi partout comme la photographie [51].

« Ridicule image d'Épinal », à laquelle Babou répond en affirmant que « l'auteur de *La Comédie humaine* est pour nous

le soin du détail et le soin de l'ensemble. L'inspiration ne vous a pas abandonné un seul instant dans la conception et dans l'exécution de cette œuvre attachante. Nulle trace de mollesse ou de précipitation fiévreuse ; point de défaillance soudaine aux passages difficiles ; point d'ivresse factice dans les scènes où rien ne peut remplacer le cri de la passion sincère. Vous êtes le maître absolu des situations et des incidents qui tour à tour se compliquent et se développent. La part de l'imprévu est large, et pourtant chaque péripétie est calculée de telle sorte qu'on la devinerait d'avance si, par un raffinement de curiosité intelligente, on ne préférait suivre sans raisonner le mouvement soutenu de l'action » (art. cité, p. 100).

48. Hippolyte Babou, « Le noviciat de Balzac. Lettre à Mme Surville », *Revue française*, 1858, t. XIV, p. 235-244.

49. Louis Ulbach préfère parler, on l'a vu, de Balzac comme provoquant une « nouvelle révélation du romantisme ».

50. H. Babou, « Le noviciat de Balzac », p. 236. Babou reprend ainsi un mot déjà employé par Gautier en un autre sens (1833), et destiné après Babou à bien d'autres aventures, que je me propose de suivre une autre fois.

51. *Ibid.*

Les « fils de Balzac » en campagne (1846-1862)   163

un homme d'imagination » et en souscrivant à la formule de
Chasles sur « Balzac voyant »[52]. Ce qui l'inscrit dans un tout
autre lignage, où se rassemblent Gautier et Baudelaire, on le
sait, mais aussi Desnoiresterres[53], Clément de Ris[54], Castille[55], Louis de Cormenin, l'ami de Flaubert. De quoi
démarquer deux chapelles de balzaciens juvéniles, séparés par
la « bataille réaliste », à laquelle Babou a contribué déjà
en 1857 par un ouvrage de polémique : *La Vérité sur le cas de
M. Champfleury*, dans lequel il reproche à l'auteur de *Chien-
Caillou* de s'être rendu prisonnier à vie de son « racoleur[56] » :
Balzac. Babou se flatte de surcroît de délivrer Balzac d'une
troisième espèce de balzaciens, les « jeunes scoliastes de l'École

52. *Ibid.*, p. 236-237.
53. « Des nombreux jugements portés sur cette grande, cette incomparable
nature, celui qui nous a le plus frappé, le seul juste, c'est l'appréciation qu'en a
faite en quelques lignes une plume aussi spirituelle, aussi coquette que savante,
dans un numéro des *Débats* : "On a répété à outrance que le don de l'observation appartenait à Balzac ; il n'observait pas, il se plongeait et s'absorbait dans
les faits observés. Ce qui me surprend avant tout dans l'étude de cette intelligence, c'est le peu de conscience d'elle-même. Ce n'est pas un analyste ; c'est
mieux ou pis, c'est un voyant" » (Auguste Desnoiresterres, *M. de Balzac*, Paris,
Paul Permain et Cie, 1851, p. 156).
54. « L'on admire beaucoup l'observation de monsieur de Balzac, et l'on
tombe, selon moi, dans une grave erreur. Sans être dépourvu de cette précieuse
faculté, ce qui domine surtout chez lui, c'est l'imagination. Monsieur de Balzac
a beaucoup plus deviné qu'il n'a observé, et monsieur Ph. Chasles a pu très
justement dire de lui que c'était un voyant » (Clément de Ris, « Honoré de
Balzac », *Portraits à la plume*, Eugène Didier, 1853, p. 296).
55. Castille, bien qu'employant le mot de « voyant » (en un autre sens), ne
peut, vu la date, reprendre la formule de Chasles. Mais il affirme : « Chez M. de
Balzac, la réalité occupe une grande place au point de vue matériel ; il décrit
un intérieur avec autant d'exactitude que le daguerréotype ; s'il passe au costume, la réalité devient si belle qu'elle en florit… et pourtant je vois déjà se
glisser le fantastique dans ce nœud d'une cravate ou ces plis d'un frac. Qu'il
arrive au caractère, et alors adieu le vrai pur, la fantaisie à tous crins chevauche
à bride abattue » (art. cité, p. 726).
56. « Vous n'étiez pas entré librement dans les lettres comme je l'avais cru
tout d'abord. Vous aviez eu votre racoleur ; Balzac vous avait grisé avec sa
théorie de la volonté. Travail opiniâtre, fausse vocation, tout en vous, jusqu'à
votre jaunisse d'esprit, tout émanait directement de Balzac. Personnage détaché
de *La Comédie humaine*, ô le plus malheureux de tous les balzaciens, vous avez
voulu, vous aussi, et *voulu* fortement ; mais au prix de quelles angoisses, juste
ciel ! Balzac grand homme ! Balzac bourreau ! » (*La Vérité sur le cas de
M. Champfleury*, Poulet-Malassis et de Broise, p. 26).

164 *José-Luis Diaz*

normale » pour qui « *La Comédie humaine* est désormais une thèse de Sorbonne ou du *Journal des débats* »[57] : formule qui vise le normalien Taine, dont la série d'articles sur Balzac vient tout juste d'y paraître.

II

DE L'ANTI-CRITIQUE AU COMMENTAIRE

Comme le présent dossier porte sur les « voies de la critique », il convient dans un second temps de se demander en quoi ces « fils de Balzac » divers, dont vient d'être dressé un premier panorama, ont contribué à infléchir les débats critiques le concernant. Pour ce faire, partons de la remarque acerbe de Caro qui devant tant de propos admiratifs en vient à s'écrier : « Ce n'est plus la critique, c'est une apothéose [58] ». Pour une part, Caro a raison. C'est là en tout cas un reproche qui a dû courir alors, puisqu'un autre « fils de Balzac », Jules Assezat, s'en défend dans un article publié en 1857 dans la revue de Duranty, *Le Réalisme* [59]. La part de l'éloge l'emporte alors souvent sur la part de l'analyse ; la polémique et la signalétique guerrière tendent elles aussi à simplifier la critique.

Ce à quoi on doit répondre que nos « fils de Balzac » ont au moins cette caractéristique commune d'avoir véritablement une conception de la critique. « Anticritiques », tous pensent avec Champfleury qu'« une des raisons qui rendent la critique impossible, c'est qu'il faut une intelligence égale à celle de

---

57. « Vous avez repris Balzac aux anecdotiers ; nous le reprendrons aux pédants » (art. cité, p. 235).

58. Elme-Marie Caro, art. cité, p. 6.

59. « Je ne crois pourtant pas avoir fait à Balzac une apothéose. Il m'a semblé voir autre chose en lui qu'un excentrique et je l'ai dit ; Mme Surville m'a montré un homme plein de bonté, de grandeur d'âme, enfant à ses heures, esclave de ses engagements, travailleur infatigable, et je l'ai cru. Si je suis coupable, c'est la faute de Mme Surville » (« *Balzac en pantoufles*, par M. Léon Gozlan ; *Balzac, sa vie et ses œuvres d'après sa correspondance*, par Mme Surville, née de Balzac », *Le Réalisme*, 15 février 1857, p. 61).

Les « fils de Balzac » en campagne (1846-1862)   165

l'artiste pour l'expliquer à la foule. Or, ces intelligences ne se font jamais critiques, sinon par hasard[60] ». Ensemble, ils s'insurgent avec Baschet contre la « tenue scandaleuse de la critique à l'égard de M. de Balzac[61] ». Tous, ils pourraient souscrire aux propos qui ouvrent la « Dédicace » de *Feu Miette* : « Vous êtes pour moi la preuve la plus saillante de l'impuissance de la critique ; calomnies, accusations mensongères, vie privée, vie publique, on a tout essayé contre vous. De tout cela il est resté – La COMÉDIE HUMAINE ».

Comme Vitu, ils en veulent à « la foule de calomnies entassées persévéramment au pied de ce monument qu'on appelle *La Comédie humaine*, par tout ce qui a porté une plume de 1829 jusqu'à 1850 », y compris les prétendus camarades de Balzac, déployant un « système de dénigrement sourd »[62]. L'idée qui prévaut est que, comme le dira Barbey en 1865, Balzac est tellement « colossal […] que la Critique en est accablée[63] » ; et que, comme l'affirme la publicité pour une nouvelle édition du *Traité de la vie élégante* en 1854, « il est encore trop près de nous, et se dérobe en quelque sorte à la critique[64] ». Face à cette impuissance de la critique, nos jeunes écrivains ne se contentent pas d'une fin de non-recevoir. Ils cherchent de nouvelles « voies de la critique ». Point de critique, dit Champfleury, mais de simples « commentaires »,

---

60. Champfleury, *Grandes figures d'hier et d'aujourd'hui, op. cit.*, p. 60.

61. « La tenue scandaleuse de la critique à l'égard de M. de Balzac dès le temps même de ses débuts, couvre de honte toutes les plumes qui n'ont tendu qu'à le décourager » (Armand Baschet, *op. cit.*, p. 68).

62. « Les contemporains, je veux parler des camarades et des amis de M. de Balzac, ont déployé dans ce système de dénigrement sourd une énergie prodigieuse, symptôme non équivoque de l'action considérable exercée sur son époque par cet homme de génie, et dont la haine de ses rivaux donne la mesure exacte, comme le moule donne en creux tout le relief de la médaille » (Auguste Vitu, « Portraits littéraires. Honoré de Balzac », *La Silhouette. Chronique de Paris*, n° 55, 18 janvier 1846).

63. « Balzac reste tellement colossal encore, que la Critique en est accablée, que l'Imagination en sourit, et que diminué, oui, réellement diminué dans sa stature, il ne nous paraît pas moins grand ! » (*Les Œuvres et les hommes*, t. IV. *Les Romanciers*, Amyot, 1865, « Préface », p. 7).

64. Cette publicité paraît à la suite du tome I des *Mémoires de Bilboquet* (Librairie nouvelle, 1854), parmi d'autres qui vantent les productions de l'éditeur.

amassés au fil des années dans le cadre d'une recherche patiente :

> Il n'y a que deux façons de critiquer M. de Balzac. La plus simple est de *comprendre* ses œuvres et d'écrire un article où se résumerait l'idée qui a servi de base à *La Comédie humaine*. Le second moyen, presque impossible à la littérature actuelle, consisterait à s'enfermer un an, à étudier scrupuleusement, dans les moindres détails, – comme l'exigerait l'étude d'une langue ardue, – non seulement *La Comédie humaine*, mais toutes les éditions des romans de M. de Balzac. Ce travail ne sera pas fait de sitôt. Peut-être dans vingt ans, dans cinquante ans, quand dix lettrés patients auront amassé les principaux matériaux, un homme d'une grande intelligence profitera-t-il de ces travaux et les reliera-t-il en un vaste et grand commentaire. Nous disons commentaire et non pas critique [...] [65].

Et ce sera là sa propre pratique, empilant matériaux et articles sur Balzac tout au long de sa vie. Point de « critique *ex professo* », jugeant doctoralement dans les journaux, dit lui aussi Babou ; mais, partant dans une tout autre direction, il rêve avec sa vieille marquise que la critique véritable s'exercerait mieux si elle s'exprimait, comme elle-même le fait, par « de petites lettres manuscrites adressées à tel ou tel écrivain par un de [s]es lecteurs aristocratiques » [66]. Critique épistolarisée qu'il pratique lui-même, en s'adressant en trio à Balzac en 1847, puis à sa sœur en 1858, tout comme Monselet le fait en 1862 à Ève de Balzac.

Mais c'est plutôt dans la voie Champfleury que beaucoup partent de préférence. Tout en s'en prenant aux « anecdotiers » (comme Babou), ils s'émerveillent des révélations en direct sur la jeunesse de Balzac qu'apporte le livre de sa sœur, grâce à ses « lettres intimes » qui « font connaître l'homme tout

---

65. Champfleury, *Grandes figures d'hier et d'aujourd'hui, loc. cit.*
66. « Au lieu des articles de critique *ex professo* répandus par la presse dans les cabinets de lecture et les cafés, il courra par le monde de petites lettres manuscrites adressées à tel ou tel écrivain par un de ces lecteurs aristocratiques dont il était question tout à l'heure. On en laissera tirer des copies, mais il sera défendu de rien imprimer ; ce sera comme une résurrection des beaux usages littéraires, si malheureusement détruits par les coups de marteau de l'éloquence politique » (art. cité, p. 97).

Les « fils de Balzac » en campagne (1846-1862)   167

entier »[67]. Ils ont de l'indulgence pour Gozlan, le témoin amical des Jardies[68]. En cette époque où Balzac, homme et œuvre, apparaît encore comme une mine à explorer, ils se font *chercheurs*, de détails biographiques, de textes disparus. Desnoiresterres dit avoir « frappé à toutes les portes, quêtant ici un renseignement, là un détail presque puéril, puisant aux moindres sources, questionnant jusqu'au concierge qui lui donnait le bougeoir », car il sait que « le lecteur est friand des plus futiles actions de ses favoris »[69]. Baschet dit avoir passé six mois à chercher « une lettre littéraire de M. de Balzac qu'il écrivit à un journaliste inconnu mort depuis (M. Francis Giraud)[70] ». Vitu est en 1851 en quête d'une connaissance précise des œuvres de jeunesse, et rêve de commencer par en faire une « bibliographie exacte[71] ». Champfleury rappelle qu'il a eu le privilège « de mettre en ordre les *Œuvres diverses* et les papiers de jeunesse de l'auteur », et que lors de ce travail l'introuvable *Traité de la volonté* « se montra entouré de ses rayons brillants et [l]'empêcha de travailler pendant plusieurs mois ». Évoquant ces « œuvres diverses considérables qui restent encore à publier », il se réjouit que les « notes

---

67. « Ces lettres intimes écrites par le poète dans les divers greniers qu'il habita et qu'il meubla de ses rêveries, ces lettres font connaître l'homme tout entier, bon, affectueux, enjoué et plein de cette naïveté précieuse, que la connaissance du mal qui dévore les sociétés ne doit pas enlever aux grands artistes » (Champfleury, « La jeunesse de Balzac. Balzac poète, Balzac imprimeur », *La Gazette de Champfleury*, 1er novembre 1856, p. 81).

68. « La mode aujourd'hui est d'admirer démesurément l'auteur de *La Comédie humaine* ; tout le monde le comprend, l'apprécie, le vénère. Les critiques qui ont empoisonné sa vie crient le plus haut : Merveille ! La biographie s'empare de M. de Balzac et le chante sur tous les tons ; des nombreux petits livres que la spéculation a enfantés à ce propos, il faut distinguer les spirituelles et piquantes études de M. Léon Gozlan. Elles n'ont pas l'intimité des souvenirs de madame de Surville, c'est un ami littéraire, frappé des excentricités du maître, qui en a fait un gros bouquet dans le petit jardin des Jardies. M. Gozlan est surtout impressionné par l'étrange et par le grotesque : quelquefois le paradoxe et l'amour du merveilleux l'entraînent et lui montrent un Balzac un peu fantastique, mais il n'en reste pas moins des reflets réels du grand homme tourmenté que nous avons eu le malheur de perdre en 1850 » (*ibid.*, p. 82).

69. Gustave Desnoiresterres, *M. de Balzac, op. cit.*, p. 15.

70. Armand Baschet, *op. cit.*, p. VII.

71. Auguste Vitu, « Portraits littéraires. Honoré de Balzac », feuilleton du *Messager de l'Assemblée*, 24 juin 1851.

168 *José-Luis Diaz*

curieuses » qu'il a pu prendre alors lui aient permis d'évoquer « Balzac poëte, Balzac imprimeur, Balzac journaliste »[72]. Soit donc le *Balzac d'avant Balzac*. Comme si nos «jeunes balzaciens» d'alors, eux-mêmes écrivains programmatiques, se sentaient plus en connivence avec ce semblable encore à la recherche de lui-même.

Le Grand Balzac

Dans l'esprit général qui anime ces recherches, c'est plus Balzac en tant que figure biographique, médiatique et littéraire, que considéré dans le détail de ses œuvres et de leurs pratiques qui est concerné. Balzac en tant que « physionomie littéraire », comme le dit le sous-titre du livre de Baschet. Appréciant la jeunesse de ce critique, tout en se défendant de « camaraderie », l'un de ses recenseurs déjà cité l'en félicite : « Il s'est pris bravement corps à corps avec la plus imposante, la plus gigantesque figure de l'époque […]. Un monde à explorer[73] ! » De même, aux yeux de Desnoiresterres, Balzac est une « grande, incomparable nature », une « vraiment grande physionomie d'une époque qui en offre si peu de remarquables, bien qu'on n'ait oncques rencontré autant d'aligneurs de lignes et de barbouilleurs de papier que de notre temps »[74]. Thématique de la grandeur qu'on retrouve dans le mot de « colossal », prononcé par Barbey, on l'a vu, mais aussi dans le titre même des trois complices de *La Silhouette* en 1846 : « Le Grand Balzac », qui annonce un portrait en majesté, alors que c'est « un Balzac apocryphe, l'homme à la grosse canne, l'homme aux ananas, l'homme du Cheval-

---

72. Champfleury, « La jeunesse de Balzac », art. cité, p. 83.

73. « Un tout jeune homme, – nous ne le connaissons pas, mais son style exhale un enivrant parfum de jeunesse, – M. Armand Baschet, a entrepris d'esquisser les physionomies littéraires de notre temps, et, pour son coup d'essai, il s'est pris bravement corps à corps avec la plus imposante, la plus gigantesque figure de l'époque, celle d'Honoré de Balzac. Un monde à explorer ! » (Louis Jourdan, « Revue bibliographique », *Revue de Paris*, juin 1852, t. IX, p. 162).

74. Gustave Desnoiresterres, *op. cit.*, p. 14.

Les « *fils de Balzac* » en campagne (1846-1862) 169

Rouge [75] » que la presse retient ordinairement. Et qu'importe si l'*ethos* « petit journal » qui règne dans cet article amoindrit un peu ce registre grandiose, comme pour signifier la liberté d'esprit que gardent malgré tout les jeunes adeptes. Pour nos « fils de Balzac » en quête de père, Balzac est tantôt un « génie [76] », tantôt un « maître [77] », voire, tant ses qualités sont surhumaines, un « monstre », comme convergent à le dire Baudelaire, Castille [78] et les trois complices du « Grand Balzac [79] ». Un *personnage*, en tout cas, fait sur le patron de ses propres personnages et les transcendant tous, comme le disent Baudelaire [80] et *Le Charivari* [81]. Insufflant à tous son « ardeur vitale », comme dit encore Baudelaire [82]. Et, en retour, les cumulant tous en lui, comme l'affirme le trio du « Grand Balzac [83] ». Le même trio ajoute que Balzac concentre aussi

75. C'est en ces termes que Babou évoque « M. de Balzac », devenu « la proie des anecdotiers » (« Le noviciat de Balzac… », art. cité, p. 235).

76. Voir entre autres Barbey d'Aurevilly : « […] le génie le plus grand du siècle est un romancier. Comme tout le monde, à un certain moment, voulut imiter Ronsard et Desportes, et plus tard Corneille et Racine, tout le monde veut maintenant imiter Balzac » (« Préface » citée, p. II).

77. Louis Jourdan s'exclame : « Ô Balzac ! ô maître vénéré ! » (*loc. cit.*).

78. « Balzac, grand, terrible, complexe aussi, figure le monstre d'une civilisation, et toutes ses luttes, ses ambitions, ses fureurs » (Baudelaire, « Théophile Gautier », *L'Artiste*, 13 mars 1859, *OC*, t. II, p. 117). – « M. de Balzac congédia, d'un geste noble et gracieux, la belle femme qui m'avait introduit, et je restai seul avec le *monstre* » (Hippolyte Castille, *Les Hommes et les mœurs en France sous le règne de Louis-Philippe*, 2ᵉ éd., Paris, Paul Henneton, 1853, p. 315).

79. « Sur le monstre est assise la grande figure de la poésie moderne, sombre comme le doute, spirituelle comme Bixiou, curieuse comme tout Lesbos […] » (« Le Grand Balzac », *AB 2008*, p. 328).

80. Dans « Comment on paie ses dettes quand on a du génie », Baudelaire avait déjà décliné le thème sur le registre satirique en faisant de Balzac « le plus curieux, le plus cocasse, le plus intéressant et le plus vaniteux des personnages de *La Comédie humaine* », avant de le reprendre sur le mode majeur dans la péroraison du *Salon de 1846*. Ce mélange d'admiration et d'esprit « petit journal » est caractéristique des jeunes journalistes du *Corsaire-Satan*.

81. « La voix publique a souvent dit que M. de Balzac est un personnage fabuleux » (Auguste Vitu [?] « L'Ubiquité de M. de Balzac », *Le Charivari*, 21 octobre 1846).

82. « Tous ses personnages sont doués de l'ardeur vitale dont il était doué lui-même » (« Théophile Gautier [I] », *L'Artiste*, 13 mars 1859, *OC*, t. II, p. 120).

83. Le Grand Balzac est « fort comme Marsay, audacieux comme Rastignac, séduisant comme Lucien de Rubempré, torpille comme Esther, bête

170   *José-Luis Diaz*

en lui les sucs multiples des écrivains qui l'ont influencé, fondus dans la « marmite universelle » du petit journal[84]. Idée reprise, en plus terne, par Champfleury, qui lui aussi détecte en Balzac un « alliage » : de Shakespeare, de Rabelais, de Molière et de Dante[85].

Face au monument

« On le connaissait bien plus par ses œuvres que par lui-même », affirme Desnoiresterres, après avoir appelé la propension de « M. de Balzac », cet « être fantastique », à déjouer curieux et créanciers[86]. Pourtant, dans le corpus retenu, la part des œuvres est loin d'être la plus importante.

S'il est un premier trait qui caractérise nos « fils de Balzac » dans leur manière commune de considérer l'œuvre de Balzac, c'est qu'ils sont aux trousses de ses textes les moins faciles d'accès. Le *Traité de la vie élégante*, selon la publicité déjà citée, compte parmi les merveilles qui restent à publier, et qui, derrière le « Balzac extérieur », font découvrir un « Balzac intime »[87]. Champfleury quête ses préfaces et ses articles de critique, « malheureusement épars et qui devraient être réunis en volumes pour l'éducation des gens qui songent encore à étudier[88] ». Barbey trouve que la critique de *La Chartreuse de Parme* est « l'un des plus grands morceaux de critique qui aient

comme Nucingen, habile comme Vautrin, femme comme Fœdora et la fille aux yeux d'or » (*AB 2008*, p. 327).

84. « Dans le petit journal, cette marmite universelle de laquelle il faut bien que tout sorte, notre siècle fit bouillir, à doses convenables, de l'Homère, du Walter Scott, du Stendhal, de l'Anacréon, de l'Hoffmann, du Machiavel et du Paul de Kock, avec un assaisonnement convenable de Callot, de Daumier et de Rabelais » (*ibid.*).

85. Voir Champfleury, [Dédicace] de *Feu Miette. Fantaisies d'été*, *op. cit.*, p. 10.

86. Desnoiresterres, *M. de Balzac*, *op. cit.*, p. 12.

87. « À côté de ces conceptions immenses, dramatisées avec tant de puissance, analysées avec une attention si patiente, qui constituent, s'il est permis de parler ainsi, le Balzac extérieur, il est une série de travaux fort importants, et presque inconnus, qui révèlent un Balzac intime, tout aussi étonnant pour le moins » (publicité citée n. 64).

88. Dédicace de *Feu Miette*, *loc. cit.*

Les « fils de Balzac » en campagne (1846-1862) 171

jamais été écrits dans la langue consommée d'une vieille civilisation[89] ». Monselet le sait bien, « Balzac n'est pas tout entier dans sa *Comédie humaine*. Le dieu n'habite pas un seul temple. Il y a de lui des fragments qui, sans se rattacher à ce monument prodigieux, n'en sont pas moins d'une grande beauté ou d'une grande curiosité[90] ». Et il regrette la disparition des préfaces en tête des romans de *La Comédie humaine*. Tout en acceptant de négliger les œuvres de jeunesse ou en collaboration, il rêve d'une édition en un ou deux volumes des œuvres diverses, et présélectionne les incontournables : la « Lettre à Charles Nodier », le « Voyage à Java », la « Lettre aux écrivains français du dix-neuvième siècle », la *Monographie de la presse parisienne*, chef-d'œuvre certifié. Baschet, quant à lui, se met à la piste des lettres adressées par Balzac, a le projet de les publier, ce qui déclenche l'ire de sa veuve[91].

Quant à *La Comédie humaine*, ils l'admirent mais la prennent en bloc, sans trop la détailler ni en distinguer les ensembles[92], sauf rares exceptions[93]. Champfleury trouve qu'elle « est, pour tout esprit consciencieux, une lecture vertigineuse[94] ». Monselet se scandalise que Lamartine n'ait lu en fait que trois de ses romans, qu'il cite outrancièrement[95]. Le

89. Barbey d'Aurevilly, « Stendhal et Balzac », *Le Pays*, 13 juillet 1853, repris dans *Les Œuvres et les hommes. XIX. Romanciers d'hier et d'avant-hier*, Lemerre, 1904, p. 8.
90. Charles Monselet, « Lettre à Madame de Balzac » citée, p. 1.
91. Voir sur ce point le paragraphe intitulé « Correspondance I » dans le livre de Stéphane Vachon, *Honoré de Balzac*, Paris, PUPS, coll. « Mémoire de la critique », 1999, p. 13-17.
92. Ainsi de Baschet, qui avoue : « L'œuvre de ces Esquisses deviendrait par trop longue et trop difficile s'il me fallait étudier un par un, depuis *Le Bal de Sceaux* jusqu'aux *Parents pauvres*, les différents ouvrages de Balzac. Je ne veux plus voir le penseur qu'aux prises avec son œuvre et tout sera dit » (*op. cit.*, p. 98).
93. Clément de Ris compte parmi les exceptions à cet égard : « Voici, d'après monsieur de Balzac lui-même, comment était divisée *La Comédie humaine*. Il la séparait d'abord en trois grandes parties [...] », etc. (*Portraits à la plume, op. cit.*, p. 319).
94. Champfleury, « La jeunesse de Balzac », art. cité, p. 83.
95. « Des œuvres de Balzac, Lamartine n'en connaît que trois : *Eugénie Grandet, Le Père Goriot, Le Lys dans la Vallée* ; cela lui suffit ; il y a pratiqué de larges emprunts qui remplissent les sept huitièmes de son volume » (Monselet, *Petits Mémoires littéraires*, Paris, Charpentier & Fasquelle, 1892, p. 16).

172   *José-Luis Diaz*

diplomate de Babou n'est pas de ces « lecteurs superbes » qui reprochent à l'auteur ce « titre pompeux ». Il admire l'ambition de construire une œuvre monumentale, dût-on finir « écrasé par le rocher de Sisyphe »[96]. À la fin des années 1840, face aux derniers romans qui paraissent, ils ont le sentiment que ceux-ci sont encore en progrès, parce que, remarque Castille, Balzac s'est affranchi des « nécessités mélodramatiques[97] ». La marquise de Babou admire *La Cousine Bette*, et s'applique à dire son sentiment sur « les femmes qui y jouent un rôle[98] », comme elle le ferait pour les habituées de son salon. « Dieu m'est témoin que je sais par cœur tous les personnages de votre *Comédie humaine*, personnages impérissables que votre imagination puissante a créés », s'exclame Louis Jourdan en 1852, dans sa recension du livre de Baschet[99], en prenant lui aussi l'œuvre de Balzac en bloc et en donnant lui aussi une importance primordiale à l'instance personnage, trait récurrent chez ses semblables, Taine compris[100]. Vu la date, Vautrin est alors le personnage balzacien par excellence, monstre selon Castille, dans lequel Balzac s'est trop cherché[101].

Ulbach a beau s'inquiéter de ce que lui-même appelle la « poétique de Balzac[102] », et regretter qu'« on ne s'avise guère

96. « Petites lettres confidentielles à M. de Balzac… », art. cité, *p.* 114.

97. « En bonne littérature, l'étude sérieuse des caractères, des passions et des objets matériels, l'emporte sur le fracas des événements, c'est pourquoi, contrairement à l'opinion générale (en dehors des lettres), nous pensons que M. de Balzac est en progrès dans ses derniers romans : *Les Paysans, Les Comédiens sans le savoir, Une instruction criminelle, La Femme de soixante ans*. L'artiste s'est plus complètement affranchi des nécessités mélodramatiques qui font les succès populaires ; on doit donc lui savoir gré de cet effort sinon vers le Beau, du moins vers le Vrai » (H. Castille, art. cité, p. 726).

98. « Petites lettres confidentielles… », art. cité., p. 96.

99. Louis Jourdan, art. cité, p. 162.

100. Taine consacre un chapitre important de son étude aux « Grands personnages ».

101. « Enivré de votre propre talent, vous vous êtes contemplé vous-même, et, tant était puissante votre création, vous avez oublié l'immonde nature du monstre et l'avez adoré » (H. Castille, *loc. cit.*).

102. Selon Louis Ulbach, l'école réaliste « ne ressemble pas plus à la poétique de Balzac que M. Bouchardy, qui n'est pas un réaliste, ne ressemble à Shakespeare » (« Du roman moderne. Préface à *Suzanne Duchemin* », art. cité, p. 62).

Les « fils de Balzac » en campagne (1846-1862) 173

d'interroger ses procédés littéraires [103] », lui-même aborde peu le sujet, comme c'est le cas de la plupart de ses pareils, hors pour dire que la poétique de Balzac se veut « éclectique », comme Balzac lui-même l'a écrit dans la *Revue parisienne*, et qu'elle se démarque de celle des réalistes. En romancier praticien, il rappelle que Balzac avait marqué sa méfiance envers le dialogue, ressource ordinaire des feuilletonistes tireurs à la ligne [104].

Sur le style de Balzac, la marquise de Babou y va d'une jolie tirade :

> [...] qu'on ne me fatigue plus de critiques puériles sur l'insuffisance de votre style et la bizarrerie de votre langue. Vous êtes incorrect, à merveille ! Barbare, que m'importe ! Précieux, je m'en réjouis ! [...] votre patois restera [...], M. de Balzac, car il est expressif, coloré, plein de curieux artifices, parsemé de tours nouveaux et de rapprochements inattendus, prolixe et concis à la fois, également propre à l'abstraction et à l'image, vivant et remuant comme une fourmilière, tendu jusqu'à la roideur énigmatique et parfois aussi d'une négligence toute féminine.

Et elle apprécie jusqu'aux titres de chapitre saugrenus et enjoués qui ponctuent *La Cousine Bette* : « "Aventures d'une araignée qui trouve dans sa toile une mouche trop grosse pour elle...", "Acte de société d'une lionne et d'une chèvre", "Deux confrères de la confrérie des confrères", etc. » [105].

---

103. « Balzac, que nous aimons d'autant mieux à citer qu'on ne s'avise guère d'interroger ses procédés littéraires, Balzac divisait, en 1840, la littérature contemporaine en trois écoles : la littérature des images, la littérature des idées, et enfin la littérature d'éclectisme littéraire qui demande une représentation du monde comme il est, les images et les idées, l'idée dans l'image, ou l'image dans l'idée, le mouvement et la rêverie » (*ibid.*).

104. « Le roman nouveau se défiera du dialogue, et lui préférera l'analyse, le récit, souvent aussi les lettres. "Le dialogue, disons-le hautement, s'écrie Balzac dans un des numéros de la *Revue parisienne*, est la dernière des formes littéraires, la moins estimée, la plus facile". En effet, si l'on veut bien se rendre compte des procédés de la plupart des feuilletonistes, on verra qu'à l'aide de demandes entrecoupées, de réponses hâtives, d'interjections, de soupirs, de réticences, de tirades répétées tour à tour, ils arrivent promptement à construire un dialogue qui court après l'idée et l'abat quelquefois en lui jetant des mots aux jambes ; mais deux lignes d'analyse savante en disent plus que ces coups de raquette qui font danser le volant à droite et à gauche, sans autre but que de gagner du temps et de la place » (*ibid.*, p. 63).

105. « Petites lettres confidentielles... », p. 104.

174   *José-Luis Diaz*

Balzac dans la bataille réaliste

Vu le moment de l'histoire littéraire où leur lecture de Balzac a lieu, c'est la question du réalisme qui fait aller les plumes. La question est de savoir s'il est légitime de dire que Balzac est le père des réalistes et donc que le réalisme est « fils de Balzac ». Caro se moque de cette « école, plus bruyante que féconde, des réalistes [qui] se réclame à grands cris de sa prétendue paternité [106] ». Pour gâcher le prestige de la métaphore paternelle, Pontmartin préfère dire que « toute notre petite école de réalistes se prétend arrière-nièce de l'auteur des *Parents pauvres* ». Et, en veine de mots d'esprit, il estime que « c'est, si l'on s'en tient au titre, l'œuvre qui peut le mieux servir à désigner sa parente ». Portrait de Balzac en grand-oncle à arrière-nièce indigente, mais qui, à tous ces « petits bohèmes », à tous ces « réalistes avortés donne l'ineffable joie d'avoir un ancêtre » [107]. Castille trouve que Balzac est réaliste par ses descriptions, mais « cesse d'appartenir à [l']école réaliste » du fait du caractère trop romanesque de ses héros [108]. Mais c'est un jeune balzacien antiréaliste, comme il en existe pas mal, Louis Ulbach, qui s'en prend lui aussi à « cette école [qui] se croit fille de Balzac, [et] n'est que la filleule de Paul de Kock » ; qui « a eu son Molière dans M. Henri Monnier, et son *Gil Blas* dans *Jérôme Paturot* ». « Ses plus réels personnages, ajoute Ulbach, ont le reflet divin ; et il sait rester vrai dans ses plus paradoxales inventions, sans jamais risquer d'être plat. L'école prétendue réaliste s'en tient, au contraire, à la platitude » [109]. De même, Cormenin s'étonne lorsqu'il entend « l'école réaliste s'écrier qu'elle procède de Balzac » :

> Si jamais école en fut distante, c'est à coup sûr celle-là. Qu'elle accepte Hogarth comme ancêtre, passe encore, mais Balzac, non pas.
> Balzac a été non le pharmacien vulgaire, mais l'alchimiste de génie de la civilisation actuelle. Il l'a regardée d'un œil monstrueux, plein

106. Caro, art. cité, p. 6.
107. Pontmartin, « Les fétiches littéraires », art. cité, p. 311-312.
108. « Ce héros est le plus souvent quelque génie étrange, dévoré de projets gigantesques et qui doit étonner la terre » (Castille, art. cité, p. 726).
109. Ulbach, « Préface à *Suzanne Duchemin* », *loc. cit.*

Les « fils de Balzac » en campagne (1846-1862)   175

d'éclairs et de ténèbres, et sa *Comédie humaine*, si une et si complexe, si hybride et si simple, si fantasque et si réelle à la fois, est le procès-verbal apocalyptique de la société. Observez ses femmes, elles ont des queues de syrènes [*sic*] ; examinez ses bourgeois, ils ont des extrémités de chimères [110].

Ce qui concorde avec le cri célèbre de Baudelaire évoquant *Le Cousin Pons*, selon qui, chez Balzac, même les portières ont du génie [111].

Au total, ce n'est pas tant par la profondeur de leur relecture de Balzac que ses « fils » méritent de retenir l'attention. Ce qui a compté, c'est l'antithèse qu'ils ont réussi à imposer, en corps, pour renverser le consensus critique dévoyé qui prévalait jusqu'à eux. Et ils y ont réussi, si l'on en juge par les colères du camp d'en face. Ce qui a compté, ce sont les moyens tactiques qu'ils ont mis au service de leur intervention dans la mêlée : une dédicace, une préface, des lettres, des textes publiquement adressés, à Balzac, à sa sœur, à sa femme, sur fond de relations personnelles avec lui et les siens et, pour certains, de « visites à l'écrivain [112] », de rencontres avec lui [113] – tout cela lancé dans la caisse de résonance du journal, grand et petit, et de la revue, avec des réactions complices ou hostiles parmi les lecteurs, dont on a aperçu quelques signes : la preuve que ces « fils de Balzac » se lisent entre eux, et sont lus par leurs adversaires.

Ce qui a fait la force et la réussite de leur campagne, c'est aussi, paradoxalement, leur division en clans plus ou moins hostiles mais malgré tout complémentaires dans leurs relectures de Balzac. Si la famille des « balzaciens » et « sous-balzaciens » n'était pas très unie, elle n'en fut que plus nombreuse,

---

110. Louis de Cormenin, « Chronique de la quinzaine. Du vrai dans l'art », *Revue de Paris*, 1er mars 1854, t. III, p. 832.

111. « Bref, chacun, chez Balzac, même les portières, a du génie. Toutes les âmes sont des âmes chargées de volonté jusqu'à la gueule. C'est bien Balzac lui-même » (Baudelaire, « Théophile Gautier [I] », art. cité, *OC*, t. II, p. 120).

112. C'est le cas, on l'a vu, de Champfleury et de Castille.

113. Telle la rencontre émue, déjà évoquée, que dit en avoir fait Monselet, les larmes aux yeux, ou celle d'Albéric Second, qu'on devine à travers ses propos sur *Mercadet* : « M. de Balzac n'était point un de ces hommes qu'on aime à demi. Ceux qui ont eu l'honneur de l'approcher et de le connaître conservent avec une sorte de religion le culte de sa mémoire dans la meilleure place de leurs souvenirs et de leur cœur » (« La centième représentation de *Mercadet* », *Le Constitutionnel*, 18 juin 1852).

car elle a réuni des réalistes [114], des « partisans de l'art pour l'art » et des « fantaisistes », tout comme des écrivains qui se situaient en dehors de ces deux écoles ennemies, tels que Ulbach [115] ou Castille [116] ; des démocrates et des aristocrates [117] ; et, pour reprendre les catégories de Thibaudet, de purs journalistes, des écrivains journalistes et des critiques d'origine universitaire tels que Taine.

Point chez eux d'étude systématique, de synthèse novatrice, de thèse prometteuse. Mais de la critique de combat et de la critique en acte, – et qui fait mouche, en élevant au maximum le prix symbolique de Balzac et en imposant de nouveaux consensus à son égard. Et qui, plutôt qu'une canonisation immobilisante, impose une inversion de polarité irréversible, met en branle une dynamique dont notre propre lecture frémit encore. À d'autres, alors, à la fin des années 1850, Gautier, Caro, Taine surtout [118], d'aller bien plus au fond des choses, en profitant de l'allant multiforme de toute cette génération. À d'autres, plus tard, les « petits-fils de Balzac » cette fois, Zola en tête, de reprendre la campagne. Mais ce sera pour une autre fois.

José-Luis DIAZ.

114. En sus de Champfleury et d'Assezat, on peut compter parmi eux, de manière probablement fugace, Armand Baschet, qui affirme : « Peut-être après avoir lu *Les Années d'apprentissage de Wilhem* [*sic*] *Meister*, peut-être après qu'il eut connu Sterne, Balzac comprit-il tout le côté magnifique du Réalisme dans le roman [...] » (*op. cit.*, p. 83).

115. Ulbach déclare en effet : « La réalité [...] doit [...] jouer un grand rôle dans les œuvres contemporaines ; mais elle ne doit pas jouer tout le rôle. C'est pour cela qu'en nous tenant éloigné de l'école fantaisiste, nous évitons aussi cette prétendue école réaliste qui copie la nature, sans autre but que de la copier, et qui fait de ses drames des miroirs platement fidèles, supprimant tout à fait l'art, sans lequel pourtant la nature n'existerait jamais pour l'âme » (« Préface à *Suzanne Duchemin* », p. 61).

116. Castille prévoit le jugement négatif des « partisans de l'art pour l'art ».

117. On a vu Ulbach faire de Balzac un démocrate, tout comme Hugo, alors que les accointances de Babou semblent du côté de sa marquise du noble Faubourg.

118. Dont on a vu la *Revue suisse* apprécier, dès 1858, son Balzac, « une de ces études méthodiques, serrées et roides, mais fortes, qui vous étreignent comme une chaîne aux anneaux de fer, et qui lui ont fait aussitôt un genre et une réputation ».

BALZAC ET LA CRITIQUE BRITANNIQUE, MIROIR DE LA CRÉATION 1830-2023

1re partie : 1830-1891

L'amitié de Balzac et l'Angleterre est, on le sait, une amitié armée. Pourtant, comme bien des amitiés de ce genre, elle est de ce fait d'autant plus forte, durable et solide ! On a déjà exploré, dans *L'Année balzacienne 2019*, le sujet apparemment peu prometteur de « Balzac et l'Angleterre ». La question de la critique britannique de l'œuvre balzacienne peut paraître encore moins propice à la réflexion, pour des motifs divers : l'immensité de cette œuvre ; son caractère « essentiellement local », qu'avait déjà remarqué Henry James ; la difficulté de sa langue et, surtout pour ses premiers lecteurs, deux facteurs sans doute liés, la rareté des traductions et l'immoralité notoire de l'auteur.

À maints égards ces questions sont loin d'être résolues, surtout à l'époque de « Me Too / Balance ton porc », du nationalisme résurgent, du monolinguisme anglophone et de la domination du « *globish* », antithèse de l'expression et de la discussion littéraire et cultivée. Un florilège d'articles de grands écrivains a été présenté en traduction en 2015 par la regrettée Susi Pietri ; en 2017 Juliette Atkinson a remis Balzac dans le contexte de la réception d'autres romanciers français à l'époque victorienne [1]. Et certains aspects de ces questions ont

---

1. Voir Susi Pietri, *L'Invention de Balzac. Lectures européennes*, Saint-Denis, Presses universitaires de Vincennes, 2004 ; Juliette Atkinson, *French Novels and the Victorians*, Oxford, Oxford University Press, 2017.

L'Année balzacienne 2023

178   *Tim Farrant*

déjà été explorés, par rapport à la critique et à la création de
Balzac, dans le volume de 2019 et dans d'importantes études
antérieures [2]. Mais on ne s'est jamais penché sur l'ensemble
de la critique britannique de Balzac, de ses débuts jusqu'à nos
jours ; on n'a pas non plus suffisamment mis en lumière la
relation symbiotique de cette critique avec la perception de
son œuvre. L'Angleterre est, dès le début, un miroir, on est
tenté de dire *le* plus grand miroir de son œuvre, par le biais
de la critique et de la traduction qui vont souvent de pair ;
miroir, certes, souvent déformant, mais toujours présent de
l'autre côté du « détroit », comme l'appelait Taine, et maintes
fois concentrant sinon concentrique, dans la mesure où il
reflète et focalise les préoccupations essentielles, mais aussi
existentielles, de son œuvre, des lecteurs et de la société du
moment. Dans un premier temps, les traductions, souvent par-
tielles et fautives mais toujours accompagnées de commentaires,
se montrent le plus souvent désobligeantes pour Balzac et pour
la France ; leur succèdent des analyses plus éclairées de la part
de créateurs de qualité, journalistes, romanciers et artistes
(Reynolds, Dickens, Egg). Et, dans ces échanges, les interventions des différents acteurs, quels que soient leurs rôles (et bon
nombre sont et créateurs et critiques) ont aidé à façonner, de
manière décisive, l'image de Balzac en Grande Bretagne et

---

2. Voir notamment, dans *AB 2019, Balzac et l'Angleterre*, les contributions
suivantes : Colton Valentine, « Conception *versus* réception. La remise en cause
balzacienne d'une homologie transnationale », p. 271-287 ; Michel Rapoport,
« Les éditions anglaises de Balzac, 1850-1900 », p. 303-315, et l'article fort
complet de Michael Tilby, « Balzac décadent. L'auteur de *La Comédie humaine*
vu par la fin de siècle anglaise », p. 317-333. Parmi les études antérieures signalons Clarence Raymond Decker, « Balzac's literary reputation in Victorian
society », *Publications of the Modern Language Association of America*, t. 47, n° 4,
décembre 1932, p. 1150-1157, qui a le mérite de traiter aussi cette réception
en Irlande ; article repris et développé dans *The Victorian Conscience*, New York,
Twayne publishers, 1952, chap. 2 ; H. O. Stutchbury, « English writers on
Balzac », *Adam*, t. 17, n° 195, juin 1949, p. 12-18, commenté dans la section VIII ; Sylvère Monod, « La fortune critique de Balzac en Angleterre »,
Revue de littérature comparée, t. XXIV, 1950, p. 181-210 ; Walter M. Kendrick,
« Balzac and British Realism : Mid-Victorian Theories of the Novel », *Victorian
Studies*, t. 20, n° 1, automne 1976, p. 5-24 ; et Donald Adamson, « La réception
de *La Comédie humaine* en Grande-Bretagne au XXe siècle » *AB 1992*, p. 391-
420.

Balzac et la critique britannique 179

ailleurs. Dans le XIXe siècle c'est le cas notamment pour Taine, qui peut figurer parmi les critiques "anglais", et pour Wilde, ce génie plus français que britannique (et rien moins qu'anglais [3]), qui le premier reconnut que le critique est artiste [4] ; et au XXe siècle pour Mortimer, Stutchbury, Bellos et Prendergast qui ont su enfin faire croire en un Balzac-Shakespeare, moderniste et mondial [5]. Le présent article, qui se présente en deux parties, tente de dégager les grandes lignes de la critique britannique de Balzac durant les deux derniers siècles, et de mettre en valeur la nature et l'importance de ces interprétations. La première partie traite la période des débuts à la fin du XIXe siècle ; la deuxième, qui paraîtra dans *L'Année balzacienne 2024*, celle de la fin du XIXe siècle à l'époque actuelle. Il privilégie, pour le XXe siècle, l'apport des manuels et de la critique universitaire plutôt que celui des écrivains déjà connus et déjà étudiés dont certains pourtant (on pense à l'immense Arthur Symons) attendent encore leur historien. Mais tous ont contribué, de manière significative, à cerner l'image de Balzac, contemporaine et postérieure, qu'elle soit anglaise, française, ou mondiale, et à façonner le regard que nous portons sur nous-mêmes, sur le roman et sur la réalité.

---

3. L'Irlande a pourtant fait partie de la Grande-Bretagne jusqu'à 1922. Voir notamment la biographie de Richard Ellmann, *Oscar Wilde*, Londres, Penguin, 1988 ; et Dominique Morel (dir.), *Oscar Wilde, l'impertinent absolu*, catalogue de l'Exposition de 2016 au Grand Palais, Paris, Éditions Musées, 2016, – qui néglige curieusement les relations littéraires françaises de Wilde.

4. *The Critic as Artist, Part I & II, in* Russell Jackson et Ian Small (éd.), *The Complete Works of Oscar Wilde*, Oxford, Oxford University Press, 9 vol., 2000-2021, t. IV, *Criticism. Historical Criticism, Intentions, The Soul of Man*, Oxford, éd. Josephine M. Guy, p. 122-206.

5. Voir plus loin les sections III, VI, VIII et IX.

180
Tim Farrant

I

1830-1860
TRADUCTIONS ET CRITIQUES, « EXOTIQUES »
ET « SYMPATHIQUES »

« Exotiques » et « frénétiques », 1832-1836 : de Southern à Croker

La critique trouve sa justification dans la création : sans création, pas de critique. Mais aussi, pas de création sans critique, puisque pour le lecteur britannique, même à Londres, pourtant bien pourvu en librairies françaises [6], les premières annonces des nouveautés françaises paraissent dans les journaux, toutes fraîches mais déjà de seconde main, celle du journaliste, auteur de l'article concerné. Les tout premiers comptes rendus britanniques d'œuvres de Balzac paraissent dans la *Foreign Quarterly Review* en mai et en octobre 1832 – le second article sous la plume de Henry Southern – et dans le *Monthly Magazine*, qui publie quatre articles en 1833 et 1834. D'abord, en mai 1832, Balzac est traité comme une espèce « exotique » mais de manière courtoise, regroupé avec d'autres auteurs sous le titre de « *Recent French Literature* ». Cet article de la *Foreign Quarterly Review* [7] commence, dans un préambule vite devenu habituel, en attribuant le désordre, la mobilité et l'instabilité de la littérature contemporaine à la révolution de 1830 – indice de la priorité de la politique dans cette critique, et qui justifie la date de départ du présent article – et en préconisant un ordre moral stable, fondé sur la religion. Le calme des *Feuilles d'automne* fait exception ; mais les autres fictions contemporaines reflètent l'agitation incessante de la France ; « *all is wild merriment or gnashing of teeth* [8] » [tout est folle joyeu-

---

6. Voir Juliette Atkinson, *French Novels...*, chap. 1, « Obtaining French Novels ».

7. « Recent French Literature. The Hundred and One. Art. IV. 1. *Paris ou le Livre des Cent-et-Un* [...] 2. ; *Feuilles d'automne* [...] 3. *Romans et Contes philosophiques. Par M. de Balzac. 2nde Édition [sic]* », *Foreign Quarterly Review*, t. 9, n° 18, mai 1832, p. 345-373.

8. *Ibid.*, p. 349.

Balzac et la critique britannique 181

seté ou grincements de dents]. Dans *La Peau de chagrin* « *We are perpetually treading on the confines of decency [...] often plunging into undisguised licentiousness* » [Nous foulons constamment les limites de la décence, nous plongeant souvent dans une licence ouverte]. En Angleterre, selon l'auteur, des scènes comme la fête suivant l'acquisition du talisman ou celle de la mort du héros auraient attiré l'attention de l'avocat général. Cependant cet article se distingue des critiques contemporains et postérieurs en saluant la maîtrise de Balzac dans le maniement de moyens vivants, variés et puissants,

> *perhaps the best instruments for making an impression on minds which the strong excitement of the time has rendered callous to slighter emotions [...] Balzac is a French Hoffmann, a master of the fantastic and the horrible, dealing however with a more daring phantasmagoria than the German, not losing himself or turning the brain of his readers by a labyrinth of mazy images, born of the mingled fumes of French tobacco and the nervous excitement of dissipation, but bringing his fantastic world into direct bearing upon the actual, making it, in fact, only an embodied and palpable representation of the good and evil principles which divide the mixed nature of man*[9].
>
> [peut-être la meilleure manière de frapper des esprits que la vive excitation de l'époque a rendus indifférents à des émotions moins fortes [...] Balzac est un Hoffmann français, passé maître ès arts du fantastique et de l'horrible, qui trafique pourtant des phantasmagories plus osées que celles de l'Allemand, et qui ne se perd ni ne tord son propre cerveau pas plus que celui de ses lecteurs dans le dédale d'imaginations nées des vapeurs mêlées de tabac français et de l'énervement de la dissipation, mais qui fait porter son monde fantastique directement sur le monde réel, le réduisant, en fait, à la simple incarnation de principes du bien et du mal qui divisent la nature partagée de l'homme].

La déclaration est sidérante et historique : c'est du Baudelaire avant Baudelaire, du Wilde bien avant Wilde, la toute première affirmation en Angleterre (voire peut-être ailleurs) du caractère et du fondement *moral* de l'œuvre de Balzac, et qui comprend qu'il ne s'agit pas de faire le choix entre l'observateur et le visionnaire[10], mais que l'observateur, c'est le

---

9. *Ibid.*, p. 349-350.

10. Voir plus bas dans cette même section, et Baudelaire, « Théophile Gautier [I] », *Œuvres complètes*, éd. dir. par Claude Pichois, Paris, Gallimard, « Bibliothèque de la Pléiade », t. II, 1976, p. 120 : « J'ai maintes fois été étonné que la grande gloire de Baudelaire fût de passer pour un observateur ; il m'avait toujours semblé que son principal mérite était d'être visionnaire, et visionnaire passionné ». Selon Pichois ce serait Philarète Chasles qui le premier aurait salué

182   *Tim Farrant*

visionnaire, que le fantastique, c'est le réel, et que le combat du bien et du mal a lieu dans le monde réel lui-même. Chose encore plus remarquable : l'auteur reconnaît, déjà en 1832, la supériorité de Balzac et l'unité de son œuvre avant même que cette œuvre ne soit entamée, ou presque : il est de la même école que Janin, « *But Balzac seems to us to study his details better, and to give more consistency and unity to his conceptions* [11] » [Mais Balzac semble mieux étudier ses détails, et doter ses conceptions de plus de conséquence et d'unité].

En octobre 1832, le titre et les propos de Henry Southern sont également pondérés. Dans « *French Novels* [12] », Southern donne bien le ton des premières lectures britanniques, en faisant la part entre la superficialité des romans anglais, dits les « *silver fork novels* » [« romans de la fourchette d'argent »] et la pénétration plus profonde des romans français contemporains. Les premiers ne concerneraient que les dehors de la vie sociale, confortant les nantis et se moquant des ambitieux ; les seconds s'intéresseraient davantage à ce que Balzac allait appeler la « comédie » humaine (Southern n'emploie pas encore le mot), c'est-à-dire la sociologie, l'anthropologie des comportements humains :

The grand business of French fiction is the feeling excited by certain situations and relations of life [...] We have in French novels experiments upon the moral or sentimental codes in peculiar cases, or else we have exhibitions of

en Balzac un voyant dans son article nécrologique du *Journal des débats* du 24 août 1850 (voir *loc. cit.*, n. 1).

11. *Foreign Quarterly Review, loc. cit.*

12. *Ibid.*, t. 10, octobre 1832, p. 474-481 ; reproduit en partie dans John Olmsted (dir.), *A Victorian Art of Fiction. Essays on the Novel in British Periodicals, 1830-1850*, Londres et New York, Garland Publishing Inc., 1979, t. I, p. 129-132. Le célèbre (et ample) article du même titre, « French Novels » par John Wilson Croker (*The Quarterly Review,* t. 56, avril 1836, p. 65-131), est partiellement reproduit dans le même volume p. 167-195, de même que de nombreuses autres recensions du roman français. Balzac est souvent, dès le début, au centre des préoccupations contemporaines : signalons notamment « French Romances », *Fraser's Magazine*, n° 27, février 1843, p. 184–194, et deux articles du compagnon de George Eliot, George Henry Lewes, « Balzac and George Sand », *The Foreign Quarterly Review,* n° 33, juillet 1844, p. 265-298, et « Recent Novels : French and English », *Fraser's Magazine*, n° 36, décembre 1837, p. 686-965.

Balzac et la critique britannique   183

character as displayed by individuals in ordinary life. [...] In the French novels character is thoroughly individual ; the effects described are such as arise from ordinary experience acting upon common natures, showing in full relief, however, all those shades of variety that necessarily distinguish every human being from his fellow creatures [13].

[La grande affaire des romans français, c'est le sentiment de l'excitation devant certaines situations et certaines relations dans la vie [...] On retrouve dans les romans français des expériences sur les codes moraux ou sentimentaux dans certains cas particuliers, ou des représentations du caractère chez certains individus dans la vie de tous les jours. [...]. Dans les romans français le caractère relève entièrement de l'individu ; les effets qu'ils décrivent sont de l'ordre de ceux qui résultent de l'action de l'expérience de tous les jours sur des natures ordinaires, mais qui démontrent tout le relief et toutes les nuances variées qui distinguent nécessairement chaque être humain de ses congénères.]

En Angleterre, en 1832, le roman français est donc déjà un roman expérimental, une étude sociale, comme le diraient plus tard les Goncourt.

Mais tout cela allait bientôt changer. Dès février 1833, Balzac est regroupé, de manière quasi pathologique, avec d'autres « *French convulsives* », par le *Monthly Magazine* [14]. Cette fois-ci, c'est de la critique frénétique à fond. Si le génie de Balzac est salué, c'est avec beaucoup moins de finesse que dans l'article du *Foreign Quarterly* et, comme c'est souvent le cas ailleurs, en termes d'aberration par rapport à ses pairs : les « convulsions » dont prend acte le journaliste anonyme du *Monthly* sont à la fois psychologiques et pathologiques, comme le démontre un extrait en traduction *in extenso* de *La Peau de chagrin*. Néanmoins, on doit être reconnaissant au *Monthly* d'avoir été parmi les premiers à publier, de nouveau en traduction et sans commentaires supplémentaires, des contes de Balzac, et ce à de nombreuses reprises, bien en harmonie avec sa politique éditoriale progressiste [15] : ainsi trouve-t-on, par exemple, *The Proscrits* et *The Atheist's Mass* , aussi bien que

---

13. Southern, art. cité, *in* Olmsted, *op. cit.*, t. I, p. 131-132.

14. « *The French Convulsives : With a Specimen* », *Monthly Magazine*, t. 15, n° 8, février 1833, p. 193-199.

15. Le *Monthly* comptait parmi ses contributeurs Richard Phillips, William Hazlitt et William Blake.

184   *Tim Farrant*

Plik et Plok d'Eugène Luc [*sic*], ce dernier agrémenté d'une explication de l'ignorance et de l'incompréhension des Français à l'égard de la mer... [16]

C'est par le biais du reportage, de la publication et de la traduction que la critique balzacienne britannique a fait un deuxième pas. En septembre 1834, même année que la fin de la série des « *Convulsives* » du *Monthly, The Athenaeum* publie un compte rendu de *Ferragus*, sorti simultanément à Paris et à Londres [17]. C'est le premier compte rendu consacré uniquement à Balzac, mais aussi la première traduction, quoique partielle, d'un roman de Balzac en anglais. Et elle est importante parce que la parution simultanée, en anglais et en français, comme celle des films aujourd'hui, trahit la volonté de jouer sur tous les tableaux (ou du moins sur deux, l'anglais et le français) pour exploiter le frénétique et l'exotique, à la dernière mode à l'époque. Cependant, pour l'instant, l'auteur compte moins que la denrée – on est presque tenté de dire la drogue – intoxicante. Par la suite, et dans l'édition le marqueur générique « roman à sensations » persistera jusque dans les années 1840 et comptera plus que la marque Balzac, puisqu'encore et de nouveau en 1842 (on n'a pas repéré d'autres traductions dans l'intervalle) on trouve *Les Marana*, mais confondus parmi des textes d'auteurs différents. On attendra 1859 pour la traduction en Anglais en Angleterre en volume d'un roman majeur, *Eugénie Grandet*, qui avait pourtant paru à New York en 1843 et sur la scène londonienne dès 1835 [18].

Ce compte rendu de *Ferragus* a, à ses débuts, des allures de bulletin de guerre [19]. Il commence de manière typique, dans

16. Les contes seront parmi les œuvres les plus fréquemment traduites de Balzac : voir Michael Tilby, Michael Taggart et A. Levi, « Balzac », *in* Olive Classe (dir.), *Encyclopedia of Literary Translation into English*, Londres et Chicago, Fitzroy Dearborn, 2000, t. I, p. 99.

17. Voir Michael Tilby, « A Miser's Daughter : Awareness of Balzac's *Eugénie Grandet* in Nineteenth-Century England », *Revue de littérature comparée*, 2012, n° 3, p. 273.

18. Voir *ibid.*, p. 274.

19. Herbert J. Hunt note la docilité avec laquelle les critiques britanniques suivent leurs confrères français, citant en exemple un article de la *Foreign Quarterly Review* où l'expression « *chiefs of the epileptic and anatomical school* » [chefs de l'école épileptique et anatomique] semble familière (t. 9, janvier-avril 1833,

Balzac et la critique britannique 185

la mesure où, comme bien d'autres, il situe le texte par rapport à l'école convulsionnaire, qu'il explique (comme l'article de mai 1832 de la *Foreign Quarterly* déjà cité) par la révolution de 1830. Mais il change de cap en rejetant l'excentrique et le frénétique, tout en saluant le talent de ses adeptes, déclarant qu'ils sont passés de mode, méprisant totalement leur production, ne sauvant qu'un seul meuble : le génie de l'observation, manifeste dans la scène : « *The volcano is now fairly burnt out. The story of Ferragus is not worth analyzing : some scenes, however, in no way connected with it, may interest the reader. Here is an artist-like sketch of a group assembled under a gateway during a thunderstorm* » [Le volcan est maintenant totalement éteint. Ce n'est pas la peine d'analyser l'histoire de Ferragus : pourtant certaines scènes qui n'y ont rien à voir pourront intéresser le lecteur. Voici une esquisse d'artiste d'un groupe sous un portail pendant un orage]. Suit la traduction – nouveau pas capital, car la traduction est aussi une modalité de la critique, en l'occurrence, la description de Maulincour s'abritant de la pluie et l'évocation du gardien du Père Lachaise[20], avant le point d'orgue : « *The translator is said to be a lady resident in Paris. She has, we incline to believe, been long enough there to have forgotten English taste and English feeling*[21] ». [On dit que la traductrice serait une dame anglaise qui réside à Paris. Nous

p. 200, cité par H. J. Hunt, « The "Human Comedy" : First English Reactions », *in* W. G. Moore (dir.), *The French Mind. Studies in Honour of Gustave Rudler*, Oxford, Clarendon Press, 1952, p. 282.

20. *CH*, t. V, p. 814-815, de « Comment aucun de nos peintres n'a-t-il pas encore essayé » à « C'étaient des découpures d'indienne [...] des fragments de métal » ; et p. 895-896, de « Sa place n'est d'ailleurs pas une sinécure » à « trois fois par siècle [...] il est sublime à toute heure... en temps de peste ».

21. On trouve une autre notice, plus approbatrice, deux mois plus tard, dans *The Metropolitan*, qui, en saluant la qualité de la traduction, décrit *Ferragus* comme « *a singularly wild story [which] blends much of the improbable with the true, the natural, and the real [...] the volume will be very acceptable to the English reader. There are many more much better, and more exciting tales of the same author, that have attained great celebrity in Paris. We presume that we shall see them all in due time, among the series that are promised to the public* » [un conte d'une sauvagerie insigne [qui] va très loin dans le mélange du vrai, du naturel et du réel [...] Il y a beaucoup d'autres histoires bien meilleures et plus passionnantes qui ont atteint une grande célébrité à Paris. Nous supposons que nous les verrons toutes en temps opportun parmi les séries qui sont promises au public] (*The Metropolitan Magazine*, t. 11, n° 43, novembre 1834, p. 83).

186 *Tim Farrant*

serions enclins à supposer qu'elle y ait habité assez longtemps pour oublier le goût et la sensibilité anglais.]

Et paf ! Comment peut-on être *lady* à Paris ?

Néanmoins, malgré la misogynie condescendante de la fin, ce compte rendu opère une transition importante, entre la critique « frénétique » et « exotique » et la critique « sympathique », et entre traduction et critique, qui met en valeur, certes, le pittoresque mais avant tout les pouvoirs de description et d'observation de Balzac.

La première traduction en anglais d'un grand roman de Balzac, c'est la publication d'une version raccourcie du *Père Goriot*, « *Le Père Goriot. A True Parisian Tale of the Year 1830* » [*sic*], paraphrase en six pages de l'exposition du roman, de la Maison Vauquer et de Rastignac jusqu'à l'explication des mystérieuses visites des filles de Goriot. On découvre bien, dès le début, la « pension bourgeoise des deux sexes et autres » (phrase laissée telle quelle en français) mais rien du tout de Vautrin, à la différence des autres membres de la famille Goriot, et de Mme de Beauséant ; Restaud devient pourtant Rastand ; sa femme Anastasia de Bostaud ; pas de mention de Bianchon, ni de Michonnaud ou de Poiret, ou de Victorine Taillefer ; mais le moment de l'action redevient 1820 dans le texte[22]. C'est *Goriot* dans un miroir déformant, privé des trois quarts du texte, et désalcoolisé, pour ainsi dire : le style de la traduction est plat, et n'a rien des breuvages forts et pétillants de Balzac ou de Dickens. C'est un début peu prometteur.

Ce premier *Goriot* estropié paraît dans *Blackwood's Edinburgh Magazine.* Tant que Balzac ne sera présent que dans les revues, il n'aura généralement droit qu'à une dénaturation du genre *Blackwood's*, et à la critique des revues, en général encline aux préjugés et conservatrice, qui le rejettera comme un corps étranger et immoral dont les écrits seraient rachetés uniquement par la très grande précision des détails dans les descriptions. C'est de la critique « exotique », voire xénophobe. Le représentant-type du courant conservateur, largement dominant dans la critique, c'est le bien nommé John Wilson Croker, député tory, secrétaire à la Marine, inventeur

---

22. Blackwood's Edinburgh Magazine, février 1835, p. 349.

Balzac et la critique britannique   187

même du terme « conservateur » appliqué depuis à son parti et critique, chose fâcheuse, fort érudit du *Quarterly Review*. Croker n'a pas tardé à éreinter Balzac, après cette première publication dans *Blackwood's*, le rival du *Quarterly*, des *Scenes from Parisian Life*, dans un article, long de presque soixante-dix pages, intitulé « Paul de Kock – Œuvres complètes », mais qui passe de cet auteur à Victor Hugo et Dumas avant de traiter de Balzac et de le faire suivre par Michal [*sic*] Raymond, Michel Masson et George Sand. Balzac est donc au cœur, au sens propre comme au sens figuré, de cet article qui prend pour sujet le roman français contemporain, comme un article précédent le faisait du drame [23].

Il ne s'agit pas donc uniquement de Balzac, ni d'ailleurs uniquement du Balzac « fourbe », poncif de la critique balza-cienne au XIXe siècle, mais du talent de Balzac, loué aux dépens de ses pairs (« the cleverest, the most prolific and the most popular of all these novelists [24] ») et de la menace qu'il présente pour la morale. Et cette menace est de nouveau donnée comme auparavant et encore par la suite, comme le résultat néfaste de la révolution de 1830 ; le critique insiste sur le danger que représente Balzac pour les femmes, pour la morale et pour l'ordre, y compris en Grande-Bretagne (!), à cause de la licence de ses romans, de leur grossièreté et du détail de leurs descriptions. C'est le crescendo à la fin de l'article, après la critique de Georges [*sic*] Sand : Balzac aurait frappé juste (c'est l'expression de Croker, « *made a lucky hit* ») en établissant sa popularité auprès des femmes en adaptant ses romans à leurs sentiments au moment où les avaient éveillés et excités – après l'*émancipation* de Juillet – les *tableaux* et des *promesses* des Saint-Simoniens [*sic* ; c'est Croker qui souligne]. Et il poursuit, en citant avec malice la *Revue des Deux Mondes* :

> *There was evidently something of* etiquette *and* reserve *as connected with the* condition of women, *which has* fallen and disappeared under the blows of the July Revolution. *Nothing may have been* substantially *changed in their condition, but it has received a new development, and* delicate matters

23. J. W. Croker, « French Novels », The Quarterly Review, t. 56, n° 3, avril 1836, p. 65-131.
24. Ibid., p. 81.

188 *Tim Farrant*

have been more plainly spoken of (l'on a parlé plus crûment). *St. Simonism – M. de Balsac – and the ILLUSTRIOUS WRITER under the title of George Sand, have all been in their several ways, the* instruments *and* organs *of this change – a change, if not actually in female morals (*mœurs*), at least in the description and representation of those morals. [...] – Revue des Deux Mondes,* Ser. 3, vol. IV, p. 44.]

[Il semble que quelque chose de l'esprit d'étiquette et de la réserve, touchant la condition des femmes, ait déchu et disparu sous les coups de la Révolution de Juillet. Il se peut que rien n'ait été sérieusement changé dans leur condition, mais elle a reçu un nouveau développement, et l'on a parlé plus crûment des sujets délicats. Le St. Simonisme – M. de Balsac – [*sic*] et l'ILLUSTRE ÉCRIVAIN sous le titre de George Sand, ont tous été, de diverses façons, les *instruments* et les *organes* de ce changement – changement, sinon des mœurs féminines, du moins dans la description et la représentation de ces mœurs.]

We need hardly add, that in a civilized country the corruption of female virtue is the worst and most irretrievable of all corruptions [...] We are justified in drawing like satisfactory conclusions as to the great body of the people *during the* Reign of Terror, *the numerical majority was innocent ; but the active, reckless, profligate, and* victorious minority *gave its own character to the astonished age and the subjugated nation. This is probably the real state of the present question as to national morality* [25].

[Il n'est guère besoin d'ajouter que dans un pays civilisé la corruption de la vertu féminine est la pire et la plus irrécupérable des corruptions [...] Nous sommes habilités à tirer des conclusions analogues et tout aussi satisfaisantes quant à la *grande masse du peuple* pendant le *Règne de la Terreur,* la grande majorité était innocente ; mais la *minorité* active, imprudente, prodigue et *victorieuse* a marqué de son propre caractère la nation étonnée et subjuguée. C'est sans doute le véritable état de la question concernant la moralité nationale.]

On est frappé (dans tous les sens du terme) par l'évocation de Saint-Simon, considéré comme un véritable adversaire de premier plan ; les personnages féminins de Sand et de Balzac relèveraient de cette doctrine et, on le comprend, serviraient de poncifs pour les lectrices [26]. Et on voit le clou de cette position conservatrice : la littérature ne peut pas « vacciner »

---

25. *Ibid.*, p. 129-130. On notera le retour malicieux *via* la *Revue des Deux Mondes.*

26. Dans ce sens on peut estimer que d'excellents travaux récents sont peut-être trop portés vers le roman pour représenter le véritable état des choses, à l'époque, à l'égard d'autres genres.

Balzac et la critique britannique 189

en donnant des exemples du danger de l'inconduite, elle ne peut, selon cet argument, qu'encourager le vice.

On constate donc qu'en Angleterre, avec Croker, Balzac est dès ses débuts britanniques au cœur du pouvoir, de l'Establishment, et au centre des polémiques sur la France et sur sa moralité, avant qu'un mot en soit publié, du moins en volume, ou presque. En répondant à cet article, Sainte-Beuve s'est contenté de faire état du fossé entre les esprits français et anglais, avant sa fameuse attaque contre Balzac en 1839 : « L'article du *Quarterly Review* peut être bon, suffisant, relativement à l'Angleterre ; c'est une mesure d'hygiène morale, je dirais presque de police locale... cet article, pour nous autres Français, est tout simplement... (le mot d'*inintelligent* rendrait faiblement ma pensée) »[27].

1858 : Balzac écrasé dans l'œuf ?

L'image, la concrétisation picturale de cette attitude conservatrice et influente semblerait bien être le célèbre *Past and Present n° 1* (1858) d'Augustus Egg, premier d'une série de trois tableaux numérotés, aux titres bien moralisateurs, illustrant la destruction d'une famille bourgeoise à la suite de l'adultère de la femme : *Misfortune, Prayer, Despair* [Malheur, Prière, Désespoir]. Dans le premier trône sans émotion le mari sur une scène de désarroi digne de la fin de *La Fille aux yeux d'or* : sa femme inconsciente étendue par terre, la lettre de l'amant toujours dans la main et, en fond du tableau, leurs deux petites filles médusées par un château de cartes qui s'écroule, à côté d'une pile de volumes où l'on lit le nom néfaste de... Balzac[28].

Le tableau d'Egg est déjà une critique, et l'une des plus en vue et pérennes : toujours exposé à la Tate Gallery, toujours

---

27. *Revue des Deux Mondes*, 15 juin 1836, p. 751.
28. Londres, Tate Gallery ; voir Lionel Lambourne, *Victorian Painting*, Londres, Phaidon Press, 1999, p. 376 ; Christopher Wood, *Victorian Painting*, Londres, Weidenfeld & Nicolson, 1999, p. 52-53 : https://www.tate.org.uk/art/artworks/egg-past-and-present-no-1-n03278 ; Tim Farrant, *AB 2019*, p. 15 et p. 32.

190　　　　　　　　　　　　　　　　　　　*Tim Farrant*

disponible en reproduction dans sa boutique. Mais que dit ce tableau exactement ? Il semble conforter l'opposition conservatrice à Balzac, reprocher à l'auteur son immoralité notoire, voire le rendre responsable par ses romans de l'adultère de la mère, de la catastrophe familiale, une petite année après la publication et le procès de *Madame Bovary*. Mais les choses ne sont peut-être pas si simples ni si dépourvues de nuances. Egg était membre du groupe appelé *The Clique*, qui refusait l'académisme, se réclamait de Wilkie, de Hogarth, et de la peinture de genre, comptait parmi ses membres Dadd et William Frith, et préconisait une peinture plus pertinente et plus réaliste [29]. Il était également ami de Wilkie Collins, auteur de *La Femme en blanc*, qui organisa en 1852 la première publication d'un texte de Balzac en revue, *The Midnight Mass*, traduction d'*Un épisode sous la Terre*ur, et de Dickens, qui ne cachait pas son amour et son admiration pour la France et les Français et regrettait en privé l'hypocrisie qui empêchait les romanciers et les artistes britanniques de traiter aussi ouvertement que leurs homologues français les problèmes sociaux, provoquant ainsi, en 1856, un différend avec une dame du grand monde londonien, Mrs. Brown, avant d'invoquer la liberté et le réalisme d'expression de Balzac et de Sand, tandis que « le héros d'un livre anglais manque toujours d'intérêt – il est trop bon ». Et Dickens de déclarer :

> [...] *this same unnatural young gentleman (if to be decent is necessarily to be unnatural), whom you meet in those other books and in mind, must be presented to you in that unnatural aspect by reason of your morality, and is not to have, I will not say any of the indecencies you like, but not even any of the experiences, trials, perplexities, and confusions inseparable from the making or unmaking of all men* [30].

> [ce même jeune homme dénaturé (si être décent, c'est nécessairement être dénaturé), que vous rencontrez dans ces autres livres et en esprit, doit de manière inévitable vous être présenté dans son aspect

---

29. Voir J. W. T. Ley, *The Dickens Circle. A Narrative of the Novelist's Friendships*, New York, J.-P. Dutton, 1919, p. 283-286. Malgré son « illustration » de Balzac, Egg ne fit jamais autant pour son ami Dickens. Il devint pourtant membre de la Royal Academy en 1860.

30. Dickens à Charles Forster, 15 août 1856, cité par Claire Tomalin, *Charles Dickens. A Life*, Londres, Viking Penguin, 2011, p. 272-273 et n. 11-13.

Balzac et la critique britannique 191

dénaturé en raison de votre moralité, et ne doit pas avoir, je ne dirai pas aucune des indécences qui vous plaisent, mais pas même une seule des expériences, supplices, perplexités et confusions qui sont inséparables du succès ou de l'échec de tous les hommes.]

Cri du cœur éloquent, comme l'observe sa biographe Claire Tomalin, quant aux circonstances dans lesquelles il travaillait comme écrivain et qu'il croyait impossible de contester dans ses romans ; commentaire qui anticipe celui de Wilde, pour qui la littérature est immorale parce que la vie est immorale [31].

On constate donc que, malgré la domination de la position conservatrice à l'époque, et en particulier jusqu'aux années 1860, la critique et la réception de Balzac sont loin d'être catégoriques, uniformes ou de manquer de nuances, la position « artiste » et progressiste du cercle Collins / Dickens / Egg étant plus avancée et bien établie dès le milieu du siècle [32].

Critique « sympathique » : Reynolds, « The Edinburgh Review » et la « Foreign Quarterly », Elizabeth Browning et Lewes, 1839-1844

Bien avant Egg, dans les années 1830, le pionnier du progrès, et la grande exception à la règle de la diffamation de Balzac par les conservateurs, c'est George W. M. Reynolds,

---

31. Voir plus bas section III.
32. Courant représenté aussi par le critique anonyme de *Bentley's Miscellany* qui en 1859 reconnaît, sans doute pour la première fois, la méthode « photographique » de Balzac mais croit que sa « Frenchness » [sa Francité] l'empêchera à jamais d'atteindre une grande popularité en Angleterre, à cause, de nouveau, de ses doctrines morales étrangères et subversives – et ce malgré la première publication dans la même revue, et par l'entremise de Wilkie Collins, de *A Midnight Mass* sept ans auparavant : *Bentley's Miscellany*, 1er janvier 1859, p. 156. Des articles progressistes du milieu du siècle on retiendra notamment celui, également de Collins, de la même année : « Portrait of an Author, Painted by His Publisher. In Two Sittings », n° 8, 18 juin 1859, p. 184-189. Voir Juliette Atkinson, *op. cit.*, p. 268, n. 93, et plus bas la section II. Wilde, au début de son célèbre « Balzac in English », attribue de manière erronée mais révélatrice cet article à Dickens, qui pourtant ne s'est jamais exprimé publiquement en faveur de Balzac.

192   *Tim Farrant*

dont *The Modern Literature of France* paraît dès 1839, année même du réquisitoire contre le Balzac d'*Illusions perdues*, l'article « De la littérature industrielle » de Sainte-Beuve [33] ; dans la voie du progrès Reynolds sera bientôt suivi par le compagnon de George Eliot, G. H. Lewes, comme nous le verrons à la fin de cette section [34]. Reynolds s'insurge contre Croker et tance l'ignorance des Anglais alors qu'il s'agit de

> *the most desperate attack ever made upon a foreign nation by the pen [...]. This assault upon the literature and morals of the French was disgraceful in the extreme* [35].

[l'attaque la plus désespérée qu'ait jamais faite une nation étrangère au moyen de la plume [...]. Cet assaut contre la littérature et les mœurs des Français était des plus honteux].

Balzac devient, de nouveau, la cible de la polémique sur la moralité, et notamment celle de la littérature française ; s'il

---

33. Voir G. W. M. Reynolds, *The Modern Literature of France*, England [*sic*], G. Henderson, 1839, 2 vol. ; Sainte-Beuve, « De la littérature industrielle », *Revue des Deux Mondes*, 1er septembre 1839, p. 675-691. Le chartiste, polémiste et romancier Reynolds qui a publié des *Mysteries of London en 1836-1837*, donc bien en avance sur Sue ou Féval, n'a sans doute pas reçu toute l'attention qu'il mérite. Voir cependant Katherine Newey, « Popular Culture » *in* Joanne Shattock (dir.), *The Cambridge Companion to Victorian Literature*, Cambridge, Cambridge University Press, 2010, p. 147-162 ; M. H. Atal, « G. W. M. Reynolds in Paris, 1835-1836 : A new discovery », *Notes and Queries*, t. 55, n° 4, 2008, p. 448-453; et Juliette Atkinson, *op. cit., passim*.

34. George H. Lewes, « Balzac and George Sand », *The Foreign Quarterly Review*, t. 33, Juillet 1844, p. 265-298 ; et « Recent Novels : French and English », *Fraser's Magazine*, n° 36, décembre 1847, p. 681-695 ; articles reproduits dans John Olmsted, *A Victorian Art of Fiction, op. cit.*, p. 393-433 et p. 563-574. Nous mettons l'accent ici sur Reynolds et le premier article de Lewes, d'un intérêt plus grand que le second. Notons cependant que ce dernier, en commentant *Le Cousin Pons*, suggère que ce roman aurait été infléchi, voire gâté, par les besoins de la publication du journal, en particulier en ce qui concerne la peinture de Mme Cibot, peinture qui, selon Lewes, offenserait la crédulité en la transformant d'ange en démon entre les deux parties du roman : ce « *Dutch painter in prose* » aurait « *added a fish's tail to the woman's breast, having no fear of Horace and the "Ars poetica"* » [ce peintre hollandais en prose (a) complété un buste de femme par une queue de poisson, sans crainte d'Horace et de l'*Art poétique*]. Néanmoins ce compte rendu conclut en beauté : malgré maintes réserves, *Le Cousin Pons* est un roman qui vaudrait non seulement la lecture mais la relecture (*Fraser's Magazine*, n° cité, Olmsted, *op. cit.*, p. 574).

35. Reynolds, *op. cit.*, t. I, p. III.

Balzac et la critique britannique 193

trouve déjà un défenseur impressionnant avec Reynolds en 1839 (à la différence de Sainte-Beuve en France...), Balzac se heurtera à l'hostilité jusqu'au moment de ce que nous nommons plus loin le « Big Bang » de la critique balzacienne dans les années 1860. Le livre de Reynolds, qui, malgré son titre, ne traite que du roman, se présente sous la forme d'une anthologie, la première[36], d'extraits des principaux auteurs contemporains (dont – en tête ! – une seule femme, George Sand, mais aussi Balzac, Sue, Lamartine, Soulié, Dumas, Ricard, Paul de Kock et Mérimée), traduits par Reynolds et précédés de présentations détaillées ; il constitue une apologie vigoureuse, la première, des lettres françaises contemporaines et de la vie politique française, bien en avance, selon Reynolds, sur l'anglaise.

Comme ses prédécesseurs, c'est la vie politique que Reynolds prend comme point de départ, expliquant le succès de Sand et de Balzac par la révolution de 1830. Si Sand est, dès ses débuts, brillante, Balzac n'échappe pas au récit des années d'apprentissage, comme c'est souvent le cas par la suite, ni aux remarques sur l'ampleur et sur l'inégalité inévitable de son œuvre. Reynolds annonce aussi un *topos* capital de la critique balzacienne française et britannique, celui du parallèle entre Balzac et Shakespeare, mais pas encore tout à fait : il insiste davantage sur le détail qu'il admire tant chez Balzac, en liant Balzac non pas à l'ensemble de Shakespeare, mais à *King Lear* et à propos du *Père Goriot*. Manière détournée, et pas encore tout à fait franche, de hisser Balzac à la hauteur du plus grand des écrivains mondiaux ? Non pas : Reynolds n'a pas cette prétention. Ce qui frappe, c'est plutôt l'audace avec laquelle il ne craint pas, déjà en 1839, d'apprécier et d'estimer Balzac à sa juste valeur et pour lui-même, mettant en avant des éléments, dont la description, qui posaient déjà un problème pour d'autres lecteurs. Balzac, tout en étant « a most voluminous writer », est

gifted with a wonderful degree of perception [...] and this aided by a most powerful memory enables him to sustain his elevated rank in the literary world with undiminished splendour. He is elaborate in his descriptions; but those

36. Les anthologies formeront par la suite un volet important de la découverte et de la réception de Balzac. Voir plus loin sur van Laun et sur Saintsbury.

descriptions are so entertaining that the reader does not wish to skip a single page nor omit the perusal of a solitary sentence [37].

[un écrivain des plus prolifiques [...] doté d'une capacité de perception merveilleuse [...] et d'une mémoire des plus puissantes [...] Ses descriptions sont complexes ; mais elles sont si amusantes que le lecteur ne veut pas en sauter une seule page ou omettre d'en parcourir une seule phrase].

Reynolds fait preuve, comme c'est le cas pour son chapitre sur Sand et comme le feront ses principaux successeurs, tels Stutchbury plus d'un siècle plus tard, d'une connaissance développée de Balzac (en temps réel, pour ainsi dire) et d'une grande indépendance d'esprit critique. Commençant par *La Bourse*, et s'intéressant surtout aux questions sociales et féminines, Reynolds commente en particulier *La Femme de trente ans*, *La Peau de chagrin*, et *Eugénie Grandet*, qu'il met au tout premier rang des œuvres de Balzac, devant *Le Médecin de campagne*, *Le Père Goriot*, *Le Lys dans la vallée* et *La Recherche de l'Absolu*. Ému, voire blessé par la description de l'indigence dans *La Bourse*, il la justifie comme étant « the counterpart of life » [l'analogue de la vie] ; il est impressionné par la passion dans *La Peau de chagrin* et admire tout particulièrement *Eugénie Grandet*,

a splendid production, in which a deep and profound acquaintance with the human mind individually and the world generally is everywhere displayed. It is a work one page of which is sufficient to confer the honours of immortality upon a writer; it is a book which none who have read it can ever forget [38].

[une production splendide, qui à chaque page atteste une connaissance profonde de l'esprit de chaque être humain et du monde en général. Une seule page de cet ouvrage suffit à conférer à son auteur les honneurs de l'immortalité ; c'est un livre inoubliable pour celui qui l'a lu.]

L'autre roman de la future *Comédie humaine* qu'apprécie spécialement Reynolds, c'est *La Vieille Fille*, choix qui témoigne de sa grande sympathie pour les femmes. Mais loin d'en réprouver la supposée immoralité Reynolds en célèbre la

37. Reynolds, vol. cité, p. 29.
38. *Ibid.*, p. 31 et p. 34.

Balzac et la critique britannique

vérité et l'honnêteté, avec une pointe malicieuse de critique sociale ironique :

> *"La Vieille Fille" must have caused many an aristocrat of the Faubourg Saint-Germain to start, when he first perused it, with the conviction that he was reading a minute delineation of himself. It is thus that this mighty magician can cast his spells round us, and weave so complicated a web of interest to retain us in its toils, that we become the willing slaves of his wand before we are even well acquainted with the witchery of his language; and then, the more he speaks, the more eagerly do we listen* [39] *!*

[Une première lecture de *La Vieille Fille* a dû faire broncher maint aristocrate du Faubourg Saint-Germain en le persuadant qu'il découvrait la description minutieuse de lui-même. C'est ainsi que ce puissant enchanteur nous envoûte de ses charmes, tissant une toile d'intérêt si compliquée pour nous entraver dans ses lacs, faisant de nous les esclaves complaisants de sa baguette avant même de nous bien initier à la sorcellerie de sa langue ; ensuite, plus il parle, plus on l'écoute avidement !]

Reynolds prend donc le contrepied de Croker et de la position conservatrice en arguant que si, la littérature peut très bien « vacciner » – on ne devient pas assassin pour avoir été témoin d'un assassinat –, et son commentaire de *La Vieille Fille* anticipe l'argument de Wilde : si la littérature est immorale, c'est parce que la vie est immorale. Mais Reynolds réserve pour la fin sa plus grande surprise pour le lecteur du XXIe siècle. Son échantillon d'un roman de Balzac, c'est... *Le Vicaire des Ardennes*, déjà annoncé comme contenant « some of the most powerful pages ever penned by a modern writer [40] » [quelques-unes des pages les plus puissantes dues à la plume d'un écrivain moderne] et dont Reynolds donne un extrait, long de quelque quarante pages, de la scène du procès [41]. Cependant, cela surprend moins quand on sait que *Le Vicaire des Ardennes* est aussi le roman par lequel Croker a commencé sa critique de Balzac en 1836, sans doute à cause de la republication récente des *Œuvres de Horace de Saint Aubin* dans l'édition Souverain [42]. Nous passerons sur le détail de ces analyses d'un roman que Croker réprouve pour cause d'inceste et que

---

39. *Ibid.*, p. 37.
40. *Ibid.*, p. 24.
41. *Ibid.*, p. 38 à 78.
42. Voir Croker, art. cité, p. 82-83.

Reynolds admire, en nous contentant de saluer, en la personne de Reynolds, le premier grand enthousiaste britannique de Balzac, et l'un des plus originaux et les plus perspicaces, en lui laissant le dernier mot, mot qui reconnaît bien l'importance et la grandeur de Balzac, dont la moindre page vaut la peine d'être lue :

> *To the casual reader [...] De Balzac will often appear prolix and tedious ; but to the individual who reads for instruction, who reads to ascertain the workings of the human mind in all its phases, and who reads to receive an impression somewhat more lasting than that which the mere reminiscence of a tale is capable of affording − to such a one are the writings of De Balzac are deep and peerless treasures [...] The more he speaks the more eagerly do we listen [...] he transferred to his writings that vast knowledge which his mind had long treasured up* [43].

> [Au lecteur paresseux [...] de Balzac paraîtra souvent prolixe et ennuyeux ; mais à l'individu qui lit pour s'instruire, pour découvrir les mécanismes de l'esprit humain dans tous ses états, et pour recevoir une impression quelque peu plus durable que celle que permet le souvenir d'un conte [...] à de tels lecteurs les écrits de Balzac sont des trésors profonds et incomparables [...] Plus il parle, plus on l'écoute avidement [...] il a transporté dans ses écrits ce savoir énorme que son esprit avait depuis longtemps engrangé].

Parmi les premières réactions critiques à Balzac, Reynolds fait donc figure à part : c'est la grande exception à la critique en général hostile à Balzac de son vivant ; c'est d'ailleurs son premier lecteur anglais sérieux. D'autres (anonymes, cette fois) se profilent dans *The Edinburgh Review*, qui dès 1843 salue comme un chef-d'œuvre *La Femme de trente ans* et, c'est une première, place Balzac de manière audacieuse au même rang que Richardson, Byron et... Shakespeare, entourage qui se métamorphosera en Panthéon sous la plume d'Arthur Symons en 1904 [44]. L'autre critique « sympathique » et progressiste distingué, c'est George H. Lewes, compagnon de George Eliot. Dans un article publié cinq ans après le livre de Reynolds, en 1844, Lewes est tout aussi impressionné que lui par les dons du romancier, mais plus sévère à l'égard de la moralité. Faisant

---

43. Reynolds, p. 37-38.
44. Voir *The Edinburgh Review*, t. 78, juillet 1843, p. 117-139, cité par S. Monod, art. cité, p. 190, et plus loin la section IV.

Balzac et la critique britannique   197

la distinction entre le roman poétique et le roman d'analyse, bref, entre Sand et Balzac, il loue le premier aux dépens du second, mais constate la grande immoralité de Balzac : Balzac est un philosophe, voire un savant, mais son savoir même fait peur :

> *Balzac anatomizes, and then delivers a learned lecture [...] everything [his characters] do or say receives its explanatory comment [...] Balzac's knowledge of character is immense, his penetration of motive is astonishing; his works are experiences of life, psychological studies [...] But he imparts his knowledge like a professor, not like an artist. He analyses when he should create, describes when he should paint.*
>
> [Balzac analyse, et puis prononce un cours d'anatomie [...] tout ce que font ou disent [ses personnages] reçoit son commentaire explicatif [...] sa connaissance de la personnalité est immense, sa pénétration des mobiles étonne ; ses ouvrages sont des expériences de la vie, des études psychologiques [...] Mais il transmet son savoir en professeur, non pas en artiste. Il analyse quand il doit créer, décrit quand il doit peindre [...].]

Et, comble d'audace, « Balzac draws his polished rascals in such glowing colours, and manifests such an utter insensibility to their vices, that the result is highly immoral [45] ». [Balzac peint ses fourbes achevés en des couleurs tellement brillantes, et fait preuve d'une telle insensibilité envers leurs vices, que le résultat en est profondément immoral.] Critique multiple, et qui anticipe bien des tendances des réponses anglaises et françaises pour les décennies à venir. Audace ? Non, honnêteté : Lewes reconnaît que, tout immorale que puisse paraître la peinture, compte avant tout la sincérité du peintre, condition du progrès. Car Balzac est sincère:

> *It is incumbent on an author, not that he speaks the truth, but what he holds to be the truth; he is accountable [...] for the uprightness, not the rightness, of his doctrine [46].*
>
> [Il incombe à un auteur, non pas qu'il parle la vérité, mais ce qu'il prend pour la vérité ; il est responsable [...] de l'honnêteté et non pas de la justesse de sa doctrine.]

Lewes défend le droit à la franchise, à la sincérité, avec une vigueur inspirée par Balzac lui-même : le romancier est tenu

45. « Balzac and George Sand », *The Foreign Quarterly Review*, t. 33, Juillet 1844, p. 413.
46. *Ibid.*, p. 396.

non d'avoir raison, mais d'être honnête. Cette défense de la liberté malgré l'immoralité pose un jalon important dans l'évolution de la critique du roman, à preuve la conclusion de cet article : « Balzac, however, is not an ordinary writer. He triumphs because he has discovered the true source of human interest to lie in human nature [47] ». [Balzac n'est pas un écrivain ordinaire. Il triomphe parce qu'il a découvert que la vraie source de l'intérêt se trouve dans la nature humaine ». Ce jugement trouve son écho, mais en privé, dans une lettre à son mari d'Élisabeth Barret Browning qui salue le visionnaire, tout en renonçant à se prononcer sur la morale :

> [...] he is a writer of the most wonderful faculty – with an overflow of life everywhere, with the vision and utterance of a great seer [...][48]
> [C'est un écrivain doué du don le plus merveilleux – d'un trop-plein de vie qui déborde partout, de la vision et du verbe d'un grand mage].

Néanmoins, si certains écrivains et critiques éclairés apprécient donc Balzac dès le début, ils sont vraiment minoritaires, et même des écrivains importants, tel Thackeray, mettent Balzac au-dessous de... Charles de Bernard [49]. Et, dans le domaine de l'art visuel, on ne verra pas de véritable appréciation britannique *artiste* de Balzac avant les gracieuses illustrations par Charles Conder de la traduction qu'Ernest Dowson fit de *La Fille aux yeux d'or* en 1896, et qui devait tant inspirer l'auteur de la *Danse de la vie humaine*, Anthony Powell, et le puissant Balzac de Beardsley, en 1897 [50].

---

47. *Ibid.*, p. 293.
48. E. B. Browning to R. B. Browning, 27 avril 1846, *The Letters of Robert Browning and Elisabeth Barrett*, London, Smith, Elder & Co., 1899, 2 t., p. 113 et p. 107, cité par S. Monod, art. cité, p. 190.
49. Voir William Thackeray, « On Some French Fashionable Novels », *The Paris Sketchbook*: By Mr Titmarsh [...], London, John Macrone, 1840, 2ème édition, 2 t., t. I, p. 165-205, p. 174 ; et voir Juliette Atkinson, *op. cit.*, p. 68, n. 143, et p. 209, sur l'hypocrisie supposée de la religion de Balzac.
50. Ernest Dowson (tr.), *La Fille aux yeux d'or. The Girl with the Golden Eyes*, illustrations de Charles Conder, London, 1896 ; Aubrey Beardsley, « Balzac ». Gravure sur bois pour la couverture de l'édition de *The Novels of Balzac* publiée par Leonard Smithers, Londres, 1897, 10 vol. ; voir Tim Farrant, *AB 2019*, p. 20-22.

II

ANNÉES 1860 : LE « BIG BANG » DE LA RÉCEPTION BALZACIENNE

Des premières publications de *Ferragus* et des extraits de *Goriot* en 1834 et 1835 aux premières traductions des grandes œuvres de Balzac en anglais, en entier et en volume, il a fallu attendre plus d'un quart de siècle, et presque autant depuis le livre de Reynolds. Si *The Midnight Mass* figure dès 1852 dans *Bentley's Miscellany*, grâce à Wilkie Collins, dont la défense vigoureuse de Balzac paraît en 1859 [51], ce n'est effectivement qu'en 1859 et 1860 que paraissent en anglais des traductions complètes d'*Eugénie Grandet* et du *Père Goriot*, ce dernier sous le titre bien scottien de *Daddy Goriot*, titre qui cherche à grandir la réputation de Balzac en invoquant Daddie [*sic*] Rat, criminel de *La Prison d'Édimbourg* (qui ferait pourtant plutôt penser à Vautrin...). Les années 1860 sont en quelque sorte le *Big Bang* de la critique balzacienne britannique, voire de la critique balzacienne tout court. Après le *Past and Present* d'Egg venait en 1869 l'*Histoire de la littérature anglaise* de Taine, philosophe de premier plan, traduite en anglais deux ans plus tard par Henri van Laun, professeur au prestigieux lycée de Cheltenham, qui sortit la même année et qui est à proprement parler, après le *Modern Literature* de Reynolds, le premier manuel sur Balzac en anglais, anthologie accompagnée d'amples commentaires [52]. Les traductions, et surtout la critique de Taine et sa version anglaise changent totalement la donne. D'abord parce que, comme l'a très bien suggéré Colton Valentine, elles rendront accessibles aux lecteurs non ou peu francophones, parfois en le simplifiant, un texte hétéroglossique censé être difficile [53]. Ensuite à cause de la suggestion par Taine des premiers parallèles entre

---

51. Wilkie Collins, « Portrait of an Author », art. cité, 18 juin 1859, p. 184-189.

52. Hippolyte Taine, *History of English Literature*, tr. Henry van Laun, Edinburgh, Edmiston and Douglas, 1871, 2 vol., avec de nouvelles éditions en 1873 et 1883, et une édition américaine en 1900.

53. Voir Colton Valentine, « Conception *versus* Réception, art. cité, *AB 2019*, p. 271-287.

200 *Tim Farrant*

Balzac et Dickens et Balzac et Thackeray, dans le dernier cas entre *Vanity Fair* (*La Foire aux vanités*) et *La Cousine Bette*, publiés tous les deux moins de deux décennies plus tôt (1847 et 1848), et surtout par sa comparaison osée de Balzac à Shakespeare, audace capitale. Il y a pourtant un certain manque de sincérité chez Taine. Car, en comparant, dans un premier temps, Dickens et Sand, plutôt que Dickens et Balzac, à qui, à suivre la logique de Taine lui-même, Dickens ressemble pourtant davantage par son obsession du détail et par la puissance hallucinante de son imagination, Taine peut par la suite comparer Dickens, Stendhal et Balzac et enfin Balzac directement à Shakespeare pour démontrer d'abord qu'en Angleterre on exige toujours que l'art soit moral, tandis qu'en France les romanciers sont libres d'être artistes ; et ensuite, que beaucoup d'Anglais s'intéressent à Balzac mais que peu le tolèrent à cause de la question morale, alors que cette question n'est jamais soulevée à propos de Shakespeare qui, lui, a la liberté d'être artiste sans se soucier d'être moral [54]. C'est dans ce sens donc que la critique britannique serait un miroir concentrique, reflet renvoyé du côté opposé au voisin le plus proche, les deux se regardant l'un l'autre comme deux ménechmes : miroir de la création, tout d'abord, dans la mesure où Balzac s'est inspiré, dès ses débuts, de philosophes et de romanciers britanniques (Locke, Hobbes, Radcliffe, Maturin, Lewis, et surtout Scott, et Shakespeare) ; ensuite, miroir de ou dans la critique, au sens où, en mesurant Balzac à l'aune de Shakespeare, Taine mettrait le plus grand des écrivains britanniques (voire mondiaux) au cœur de sa critique, mais aussi, de manière implicite, de la création balzacienne, et – et c'est, pour notre propos, le principal – Balzac au cœur de la critique et de la culture britanniques.

En procédant ainsi, Taine opère un changement radical, voire sans doute plusieurs. En rapprochant Balzac de Shakespeare, il l'érige en monument. En le comparant aussi avec

---

54. Voir Taine, *Histoire de la littérature anglaise. Les Contemporains*, Paris, Librairie Hachette et Cie, 1864, t. IV, p. 14, 18, 23-28, 30-32, 42-47 ; et, pour la comparaison Balzac-Thackeray, p. 126-132. L'argument de Taine sur la grandeur « shakespearienne » de Balzac, qui transcenderait justement par sa grandeur et sa polyvalence toute objection contre l'immoralité qu'on lui impute souvent reflète, sans doute de manière inconsciente, l'attitude de Lewes dans son article de 1844. Voir section III, fin.

Dickens et Thackeray, il le met en relation avec les plus grands auteurs contemporains (et ce – tout juste ! – du vivant de Balzac), auteurs de la plus grande puissance politique et militaire de l'époque, créant ainsi une réputation et un retentissement contemporain sans égal de et pour Balzac, et dont on ne trouve l'équivalent nulle part ailleurs, ni en Allemagne, ni en Italie, ni en Russie, pour ne prendre que ces exemples [55]. Comme avant lui Croker, mais d'une manière bien différente, Taine réalise ainsi une ambition dont Balzac lui-même n'aurait même pas pu rêver, celle de rivaliser avec Shakespeare. En lui donnant le rang et l'envergure d'un écrivain mondial, Taine agrandit la réputation de Balzac d'une manière inédite et incomparable.

Taine, philosophe français, a donc été le vecteur de la transmission voire de la création de la réputation et de la critique sérieuses de Balzac en Angleterre, la littérature étant au cœur de ses préoccupations depuis longtemps. Et Taine est incontournable pour avoir rendu possible la grandeur de Balzac en le comparant à Shakespeare. Non seulement il a ainsi élevé Balzac au rang d'écrivain mondial, mais il l'a également rendu Bazac, cet écrivain censé être des plus *improper*, désormais respectable, lui ouvrant droit de cité même dans l'*Establishment*, ouvrant ainsi la voie aux appréciations influentes [56]. C'est dans ce sens aussi que la critique britannique serait un miroir concentrique : d'abord dans celui de refléter, de juger et d'apprécier une œuvre fondamentalement inspirée par de grands auteurs et de grandes conceptions britanniques dont au premier rang Scott et Shakespeare [57] ; ensuite de susciter à

---

55. Pour Taine, dans son *Histoire*, il n'y a que trois pays à idées en Europe : l'Angleterre, la France, et l'Allemagne : œuvre citée., t. IV, p. iii.

56. Et ce malgré les réserves du très conservateur *Spectator*, à propos du volume d'extraits de Balzac de van Laun, *Honoré de Balzac*, London, Oxford, Cambridge, Rivingtons, 1869 : « This is a very serviceable book of extracts from a great writer whom no student of French thought should neglect, but whose works are certainly not to be read in their entirety by any one not capable of digesting very strong meat indeed » (10 juillet 1869, p. 826). [Ceci est un livre très utile d'extraits d'un grand écrivain qu'aucun étudiant de la pensée française ne doit ignorer, mais dont les œuvres ne doivent certainement pas être lues en entier par ceux qui ne sont pas capables de digérer des viandes bien fortes.]

57. Voir les articles de Peter John Tremewan et André Lorant dans *AB 1967* et *1992* respectivement, et ceux d'Émilie Ortiga, Laelia Véron et Isabelle Mimouni dans *AB 2019*. Dans le domaine français, c'est certes Taine qui serait à l'origine de la comparaison entre Balzac et Shakespeare, repris ensuite par Lesley Stephen, père de Virgi-

202 *Tim Farrant*

l'occasion une attente, de la part des critiques et à leur suite des lecteurs britanniques, d'incarner une conception monumentale de l'homme et de l'œuvre, de l'auteur et de sa création, digne avant tout du père de Hamlet, de Macbeth et du roi Lear sous une forme essentiellement dramatique, dans une *Comédie humaine* au sens le plus le plus noble et le plus large.

Ces évolutions ont pris un certain temps et bon nombre de critiques, face au défi artiste et anti-moraliste de Taine, ont choisi la voie morale[58]. Mais le progrès l'aura bientôt emporté, et se voit dans les réactions de trois critiques en particulier : Leslie Stephen, Henry James, et Oscar Wilde.

III

LA (SAINTE ?) TRINITÉ DE LA CRITIQUE VICTORIENNE : STEPHEN, JAMES ET WILDE, 1873-1891

Leslie Stephen

Dans son compte rendu de Taine de 1873 et son essai sur Balzac de 1876[59], Leslie Stephen[60] fut le premier à fondre la statue de Balzac en Shakespeare façonné par Taine et importé

---

nia Woolf : voir *AB 2019*, p. 15, n. 28 ; *cf.* p. 27, n. 63 ; p. 28, n. 66 ; p. 29, n. 69 ; p. 36. Mais le Balzac shakespearien semble avoir fait ses débuts en Angleterre, ou plutôt en Écosse, dès 1843, accompagné du Balzac-Richardson et du Balzac-Byron, dans l'article de Abraham Hayward, « Parisian Morals and Manners », *Edinburgh Review,* juillet 1843, n° 78, p. 64 (voir W. M. Kendrick, art. cité, p. 8).

58. Voir Juliette Atkinson, *French Novels…, op. cit.*, p. 337-338.

59. Leslie Stephen, « Taine's *History of English Literature* », *Fortnightly Review,* t. 14, n° 84, décembre 1873, p. 693-714 ; « Balzac's Novels », *Hours in a Library,* 2e éd., Londres, Smith, Elder & Co., 1877, t. I, p. 299-300. Voir Noël Annan, *Leslie Stephen: The godless Victorian* [1951], Londres, Weidenfeld & Nicolson, 1984 ; Paolo Tortonese, « Taine et la grandeur du roman, ou Balzac à la lumière de Dickens », *Romantisme*, n° 195, 2022, p. 67.

60. Leslie Stephen (1832-1904), d'abord ecclésiastique et « Fellow » [Régent] de Trinity College, Cambridge avant de devenir gendre de Thackeray, critique au *Fortnightly Review,* mais aussi père de Virginia Woolf.

Balzac et la critique britannique 203

par van Laun, avec un autre Balzac, hallucinant et hallucinatoire. Ce Balzac ressemble davantage au Dickens de Taine qu'à son Balzac, et serait en effet pour Stephen « *apparently himself almost incapable of distinguishing his dreams from realities* » [lui-même presque incapable de distinguer entre ses rêves et ses réalités], ce qui deviendra par la suite un *topos* de la critique balzacienne britannique (Balzac meilleur analyste de ses propres fantasmes [61]). Mais si Stephen, s'inspirant de Taine, est le pionnier du Balzac shakespearien, cette interprétation tourne également court : à la fin de son article il constate que le monde de Balzac étant trop artificiel, trop étroit, le Balzac-Shakespeare se fera attendre : ce sera par la suite à Mortimer, dans son *Introduction to Balzac* (1942) de se persuader que Balzac serait le véritable Shakespeare moderne. Dans l'intervalle, et à l'intérieur même de cet important article de Stephen, plus pondéré et moins provocateur que ceux de Wilde, pourtant mieux connus et plus spirituels, Stephen reconnaît l'unité du monde de Balzac, parfois du bout des lèvres (Balzac aurait tendance à conter toujours la même histoire), mais au fond de manière profonde : Balzac serait un enchanteur, un mystificateur, et son œuvre une mystification, un enchantement, au sens propre. Car c'est en écartant Scott, et en citant à l'appui les maîtres du mouvement d'Oxford, le Dr Newman (plus tard cardinal) et le Dr Pusey, que Stephen présente un « anglo-catholic Balzac », visionnaire, baudelairien presque, mais sans le dire et sans le savoir, et à la sauce ultramontaine, dont les femmes seraient souvent des courtisanes jouant des vierges, par nature portées vers le mal et manquant seulement d'occasions d'en profiter. Toutes ses histoires sont la même, celle d'un martyre, dont le plus éminent est, bien sûr, Goriot, inspiré de King Lear [62]. Stephen, d'ailleurs, passe outre à la question de l'extravagance de Balzac, voire à celle de son immoralité. « I feel sorry for people who take Balzac too

---

61. Sous les plumes de Wilde et de Symons, par exemple (voir plus loin et section IV).

62. Stephen n'est d'ailleurs pas persuadé par les femmes de Balzac : il trouve Eugénie Grandet bête, voire bovine (une Emma avant la lettre) et ne croit même pas qu'un homme soit capable de peindre ou de comprendre l'esprit et les émotions d'une femme.

204   *Tim Farrant*

seriously » écrit-il [j'ai pitié des gens qui prennent Balzac trop au sérieux], se montrant ainsi plus averti et plus ironique que la plupart des critiques contemporains. Le monde peut très bien être peuplé de fripons, c'est ce que Balzac (et à sa suite Stephen) trouve fascinant. Qu'on ne s'y méprenne pas : Stephen affirme bien qu'un esprit sain évite les choses malsaines, et que Balzac, selon lui, serait démesurément attiré vers elles. Stephen, pourtant, ne juge pas ; ou s'il juge, il analyse, de manière quasi scientifique, en termes de maladie et de santé, prenant plaisir au spectacle, déclarant notamment que Balzac laisse libre cours à ses Tartuffe et se passe des messieurs Loyal. Bien que le monde de Balzac soit souvent immonde, cruel et grotesque, c'est parce que le monde est ainsi, et que ce monde veut être répertorié et conté. Les crimes n'en sont que le symptôme, ce qui intéresse Balzac, ce sont les causes, les passions. Et, malgré l'invocation des maîtres à penser du Mouvement d'Oxford qu'on vient de citer, Balzac n'est ni catholique, ni légitimiste ; il ne croit ni à Dieu ni au diable, qui semblent peu intéressés au sort de ses personnages et de son monde. Mais ce monde est puissamment infusé par la drogue de l'opiomane, qui semble mener directement des détails les plus banals du monde extérieur aux mystères les plus profonds et les plus excitants du monde moderne.

Henry James

En 1878, deux ans après le Balzac de Stephen, Henry James, [re]lancé par la publication récente des *Œuvres complètes* en français, s'étonne de l'absence de commentaires probants sur Balzac, regrette les défaillances et l'incompréhension de Sainte-Beuve, et, comme Stephen, prend comme point de départ Taine, dont il admire la perception mais récuse les théories [63]. Pour James – et c'est nouveau – le cœur de Balzac,

63. Henry James, *French Poets and Novelists*, Londres, Macmillan, 1878. Nous citons d'après l'édition de 1893, reproduite par Folcroft Library Editions, 1977. Sur James, dont nous ne discutons ici qu'un des cinq articles sur Balzac, voir les études de Marcel Ruff (*AB 1980*), Josephine Ott (*AB 1977, 1981* et *1986*), Donald Adamson (*AB 1986*) et Sotirios Paraschas, « La catastrophe de

Balzac et la critique britannique

c'est l'argent ; il est avant tout un romancier social, qui comprend mieux que tout autre les mécanismes de la société, de la banque, de la haute administration, « *the immense and complicated machinery of civilisation* » [les rouages immenses et compliqués de la civilisation] ; Balzac (comme James...) peut être pédant, mais sa précision est extraordinaire, même si certains de ses personnages (notamment féminins) sont manqués : ses grandes dames, ses aristocrates (Mme de Mortsauf) viciées par l'argent qui les transforme en « *attorneys in pettycoats* » [avoués en jupons] [64]. Pour James, les femmes sont la clef de voûte de *La Comédie humaine*, mais Balzac serait tout sauf féministe : être femme est pour lui un métier, celui d'attirer l'attention des hommes ; sa position politique, celle du tory le plus pur. Seul un esprit français, observe-t-il, aurait tenté de faire un système de tout cela. L'ambition de Balzac est précoce et démesurée : James s'étonne qu'il ait tenté d'écrire si jeune des œuvres aussi ambitieuses que ses romans de jeunesse, alors que d'autres attendent l'âge de trente ans ; et le résultat de l'ambition est que Balzac est très inégal : si ses portraits de grandes dames sont souvent manqués, ses personnages les plus simples, telle Nanon dans *Eugénie Grandet*, sont les plus réussis (on sent, comme pour Stephen, Flaubert quelque part en fond de tableau).

On devine pourtant que, pour James, Balzac est un romancier du paradoxe, de la contradiction, mais que tous deux sont au fond de son œuvre comme une force motrice, une puissance réactive. Son œuvre, en effet, serait bourrée de contradictions, mais il lui arriverait de « *to believe his own rubbish* » [croire à ses propres bêtises]. Car, il y a, pour James, deux romanciers chez Balzac, l'un spontané, l'autre méditatif ; si tout est double, même la vertu, chez le Balzac de James même la pureté peut nous jouer des tours bizarres : Véronique Graslin s'allie avec un criminel ; Adeline Hulot s'offre à Crevel. Le

---

Balzac : le génie, l'échec et l'image de Balzac chez Henry James », *AB 2019*, p. 335-349, ainsi qu'Erik Roraback, *The Dialectics of Late Capital and Power : Balzac, James, and Critical Theory*, Newcastle upon Tyne, Cambridge Scholars Publishing, 2007.

64. James, éd. citée, p. 79 et p. 72.

206 *Tim Farrant*

goût de Balzac est douteux, et ne devait pas plaire à l'auteur fastidieux de Portrait of a Lady. Mais Balzac croit (nouvel écho de Taine et de Stephen) à ses propres hallucinations, et à sa fantaisie, et nous y fait croire aussi : c'est ce qui fait sa force. C'est un romancier physique, instinctif : « [...] his method is successful as an instinct and a failure as a theory ; hallucination settles upon him »[65] [sa méthode réussit comme instinct et échoue comme théorie ; l'hallucination l'enveloppe de sa chape].

Ce n'est pourtant pas une critique. Ce qui importe à James – et, comprend-on, à Balzac –, c'est non le succès mais la tentative : « [...] he cannot be exhibited by specimens. It is the attempt itself – it is the method » [on ne peut pas démontrer ses mérites à l'aide d'échantillons. C'est la tentative elle-même, la méthode qui importe]. Cette interprétation de James fait de la nécessité une vertu, constate et accepte l'inévitable, que cette grande entreprise totalisante est restée et restera pour toujours inachevée. Mais l'inachèvement, la tentative plutôt que la réalisation sont ce qui fait la grandeur de Balzac ; car tout, chez Balzac, est fort ; tout est décidé et bien arrêté, bien défini. Il n'est jamais nuancé ou subtil, est souvent brutal, et demande à être manié avec ses propres outils : « Balzac grudges and hates and despises : these sentiments [...] often give a masterly force to his touch » [Balzac est rancunier, il déteste et il méprise ; ce sont ces sentiments qui dotent son toucher d'une force de maître]. On sent, pour la première fois, Baudelaire, non pas avant la lettre (comme dans la *Foreign Quarterly Review*, en 1832), mais pour de vrai : comparons l'avis de Baudelaire, pour qui Balzac était fort « parce qu'il y a jeté tout son être » [...] « Son goût prodigieux du détail [...] l'obligeait [...] à marquer avec plus de force les lignes principales, pour sauver la perspective de l'ensemble. [...] cette disposition se définit généralement : les défauts de Balzac [...] c'est justement là ses qualités[66] ». Pour James, Balzac est le plus confiant et le plus philosophe des romanciers

---

65. *Ibid.*, p. 72, 85, 117.
66. Baudelaire, « Théophile Gautier », *L'Artiste*, 13 mars 1859 (« Pléiade », éd. citée, t. II, p. 120).

Balzac et la critique britannique 207

qui, en dépit ou peut-être à cause de ses contradictions et de ses insuffisances, nous offre le tableau le plus complet et le plus cohérent de la société, le plus grand échantillon d'expériences humaines, à mettre à côté de celui de Shakespeare : « It is hard to think of a virtue or a vice to which he has not given some eminent embodiment » [67] [on a du mal à concevoir la vertu ou le vice qu'il n'a pas incarnés de manière distinguée]. James met donc Balzac au rang du créateur de Hamlet et de Lear, ce que Taine avait proposé et Stephen refusé, et le salue non comme une conscience, comme Sand ou Tourgueniev, mais comme un tempérament, une force physique douée d'une force incomparable.

Oscar Wilde, traductions et transsubstantiation : une critique symboliste ?

Oscar Wilde, dans son *Balzac in English*, compte rendu de la première traduction d'un ensemble de quatorze fictions de *La Comédie humaine* par Katharine Prescott Wormeley, publié huit ans après l'étude de James (première publication aux États-Unis à partir de 1885) [68], regrette, après Dickens, qu'on lise très peu Balzac en Angleterre et fait écho à Taine, en saluant en Balzac « *really the greatest monument that literature has produced in our century* » [vraiment le monument le plus grand que la littérature ait produit dans notre siècle]. Wilde fait de

---

67. James, éd. citée, p. 81-82 et p. 102.
68. Voir O. Wilde, « Balzac in English », *Pall Mall Gazette*, 13 septembre 1886, p. 5 ; K. P. Wormeley (tr.), *Balzac's Novels in English*, New York et Londres, George Routledge : 1. *Père Goriot*, 1886 ; 2. *The Duchesse de Langeais. With An Episode under the Terror, The Illustrious Gaudissart, A Passion in the Desert, and The Hidden Masterpiece*, 1887 ; 3. *César Birotteau* (1886) ; 4. *Eugénie Grandet* (1886) ; 5. *Cousin Pons* (1886) ; 6. *The Country Doctor* (1887) ; 7. *The Alkahest, or the House of Claës* (1887) ; 8. *Modeste Mignon* (1888) ; 9. *The Wild Ass's Skin* ; 10. *Bureaucracy, or A Civil Service Reformer* (1891). Voir Michael Tilby, « Honoré de Balzac », *in* O. Classe (dir.) *Encyclopedia of Literary Translation into English, op. cit.*, t. I, p. 98-104 (contient également des articles sur *Eugénie Grandet*, et des écrits de M. G. Taggart et A. Levi, *Old Goriot* et *Cousin Bette*, p. 104-107). Voir également à ce sujet M. Lesser, "Ellen Marriage and the Translation of Balzac", *Translation and Literature*, t. 21, 2012, p. 343-363.

208 *Tim Farrant*

Balzac avec Shakespeare la réserve la plus importante de documents que nous ayons sur la nature humaine. C'est le premier écrivain britannique qui reflète Balzac pour la première fois, pour un public britannique, dans un miroir *français*. Balzac voulait faire pour l'humanité ce que Buffon ambitionnait pour le règne animal : « *The distinction between [...] M. Zola's* L'Assommoir *and [...] Balzac's* Illusions perdues *is the distinction between unimaginative realism and imaginative reality* [69] » [la différence entre *L'Assommoir* et *Illusions perdues* est celle du réalisme qui manque d'imagination et la réalité imaginative] ; et il cite pour la première fois en anglais, dans une revue britannique, le célèbre jugement de Baudelaire : « Toutes ses fictions sont aussi profondément colorées que les rêves [...] Chacun, chez Balzac, même les portières, a du génie [70] », avant de poursuivre jusqu'au bout la logique du raisonnement et de faire sien le *topos* du Balzac hallucinatoire, ou plutôt (pour oser ce néologisme) « hallucinationniste », croyant à ses propres rêves en invertissant et en intériorisant le modèle transcriptif, « copiste », mimétique de la création, et en faisant, dans une provocation que seul Wilde aurait pu réussir [71], de *La Comédie humaine* un monde plus vrai que le vrai : « *A steady course of Balzac reduces our friends to shadows, and our acquaintances to the shadows of shades* [72] » [« Un programme soutenu de lectures de Balzac réduit nos amis à l'état d'ombres, et nos fréquentations à l'ombre de fantômes »]. Et il abandonne en cours de route la vieille question de la moralité de Balzac comme indigne d'intérêt.

69. Boutade « pillée » par Wilde dans l'article de William Samuel Lilly « The New Naturalism », paru dans *The Fortnightly Review* en 1885, comme l'observe Michael Tilby, art. cité, *AB 2019*, p. 320.

70. Wilde, « *The Decay of Lying* », Intentions, 1891, *The Complete Works of Oscar Wilde*, éd. citée, t. IV, *Criticism*, éd. Josephine M. Guy, p. 81-82 ; Baudelaire, « Théophile Gautier », éd. citée, « Pléiade », t. II, p. 120.

71. Susi Pietri fait de cet aspect le thème de sa lecture : « L'art du paradoxe. Oscar Wilde relit Balzac », *AB 2015*, p. 67-83. Sa traduction de « The Decay of Lying » / « La décadence du mensonge » figure comme premier essai dans son *Balzac. Lectures européennnes*.

72. O. Wilde, « Balzac in English », *Pall Mall Gazette*, art. cité, p. 5 ; « *The Decay of Lying* », éd. citée, p. 82.

Balzac et la critique britannique   209

« Balzac in English » : il est significatif que ces premières déclarations de Wilde soient faites dans le cadre d'un compte rendu de cette première traduction, par Katharine Wormeley, d'une partie de *La Comédie humaine,* parue d'abord aux États-unis[73]. Malgré les réserves de Wilde (et de James) sur les défaillances de cette production et de son auteure, « Balzac in English » fait passer Balzac du domaine français à celui des « *speakers of English* » (comme les appelle James), et situe Balzac *en* anglais, permettant ainsi pour la première fois aux non-francophones une lecture de Balzac *dans la durée,* au fur et à mesure de la découverte de ses personnages et de leurs situations à travers ses différentes fictions. Et cela change complètement la donne, rendant possible ce « *steady course of Balzac* », cette lecture soutenue (l'expression fait penser à un dosage, à une posologie médicale) impossible en traduction auparavant, et cette identification, cette absorption du lecteur dans, comme le dira Proust, « ce dont parlait l'ouvrage[74] », réduisant « *our living friends to shadows, and our acquaintances to the shades of shades* ».

La seconde déclaration-clé de Wilde, dans « The Decay of Lying » (1891), semble en quelque sorte corriger la première. En affirmant que « *The nineteenth century, as we know it, is largely an invention of Balzac*[75] » [le dix-neuvième siècle, tel que nous le connaissons, est dans une grande mesure une invention de Balzac], Wilde semble faire volte-face pour mettre l'accent sur la description objective du monde, telle que la propose Balzac, faire appel à une conception simplement mimétique, observatrice, de l'entreprise balzacienne, celle du « secrétaire » de l'« Avant-propos » ou de la préface à *Une fille d'Ève.* En ce

---

73. K. P. Wormeley (tr.), *The Comedy of Human Life,* Boston, Roberts, 1896, 40 vol., redistribution d'une publication commencée en 1885 : voir M. Tilby, « Honoré de Balzac » dans O. Classe (dir.), *op. cit.,* t. I, p. 98. En Angleterre d'autres traductions suivront en masse entre 1895 et 1900, autour du cinquantenaire de la mort de Balzac et du centenaire de sa naissance : voir M. Rapoport, art. cité, p. 306-307.

74. Proust, *À la recherche du temps perdu,* éd. dir. par Jean-Yves Tadié *et al.,* Paris, Gallimard, « Pléiade », 1987, t. I, p. 3.

75. O. Wilde, « Balzac in English », *Pall Mall Gazette, loc. cit. ;* « The Decay of Lying », éd. citée, p. 92.

210 *Tim Farrant*

sens, Balzac serait un formidable outil de découverte et de connaissance du monde contemporain, dont chacun se servirait en validant (ou en contestant ?) ses perceptions (et celles de Balzac) par rapport à ses propres expériences, reflet, miroir objectif de la réalité, tenu par le fidèle historien-copiste. Mais cette petite expression de « *as we know it* » est aussi proprement traîtresse. Elle reflète le travail du copiste ; mais elle fait écho à *As you like it* / [*Comme il vous plaira*], où Shakespeare nous apprend que « *All the world's a stage* » mais dont La Comédie et les comédiens, chez Wilde, et chez Balzac pour Wilde, passent à la trappe pour ne laisser que les perceptions, qui sont subjectives : c'est bien *As you like it* / [*Comme il vous plaira*], et totalement moderne [76]. Wilde réinvente donc Honoré en Oscar, en laissant deviner que notre connaissance du monde serait validée et affirmée non par notre expérience dans la vie réelle, mais par le contraire : notre expérience dans la vie réelle serait façonnée, voire déterminée par nos « lectures » de Balzac (et de Wilde).

Wilde ferait donc figure de miroir concentrique à l'apogée de la critique britannique de Balzac au XIXe siècle [77], non pas en proposant un simple reflet de la réalité, encore moins de son monde, mais selon la peau de chagrin elle-même [78] ou la canne de Balzac imaginée par Delphine de Girardin, en adoptant un angle de vue qui permette une perception, une compréhension supérieure voire visionnaire de la réalité ; miroir

76. C'est sur la modernité qu'insistera Wilde dans *The Critic as Artist*, sur l'Absolu subjectif.

77. Voir Michael Tilby, « Balzac décadent », art. cité, *AB 2019*, p. 317-333.

78. Dans le magasin de l'Antiquaire : « Les grains noirs du chagrin étaient si soigneusement polis et si bien brunis, les rayures capricieuses en étaient si propres et si nettes que, pareilles à des facettes de grenat, les aspérités de ce cuir oriental formaient autant de petits foyers qui réfléchissaient vivement la lumière » (*CH*, t. X, p. 82) ; dans la préface de la première édition (1831), Balzac affirmait que « l'écrivain [...] est obligé d'avoir en lui je ne sais quel miroir concentrique où, suivant sa fantaisie, l'univers vient se réfléchir ; sinon le poète et même l'observateur n'existent pas » (*ibid.*, *p.* 51). On découvre bien le visionnaire et l'observateur, voire le réaliste et le spiritiste de la critique ultérieure. Voir également Margaret Hayward, « Supercherie et hallucination : *La Peau de chagrin* », *Revue de littérature comparée*, t. LIV, n° 4, octobre-décembre 1982, p. 437-456.

Balzac et la critique britannique   211

indispensable pour comprendre sa création, comme l'a bien
reconnu par exemple Peter Brooks, en s'en servant comme
point de départ pour le deuxième chapitre de son *Realist
Vision* (« *Balzac invents the Nineteenth Century*[79] »), comme
pour comprendre la critique britannique elle-même : c'est
dans ce sens aussi que ce miroir serait concentrique, focalisant,
brûlant, incendiaire même, nous renvoyant toujours vers
l'œuvre balzacienne, comme vers la réalité matérielle ou figu-
rative, miroir concentrique aussi dans la mesure où Wilde
fusionne le modèle objectif et le modèle subjectif.

On serait, en effet, tenté de croire qu'on est déjà dans
Proust, dans la mesure où l'image, l'imagination, la métaphore, le discours sembleraient façonner et déterminer la réalité, plus que la réalité externe elle-même. Mais contentons-
nous de dire qu'on est déjà dans Wilde, dans la mesure où, à
l'apogée du naturalisme, Wilde s'insurge contre la domination
du mimétisme, de la transcription, et regrette « The Decay of
Lying », en d'autres termes, la décadence de l'imagination. Et
ce faisant, Wilde suggère un autre Balzac et un autre modèle
du roman, voire de l'art, fait non de la transcription, de la
représentation, du supposé reflet (effet miroir) de la réalité,
mais de son contraire, du reflet de la réalité dans l'imagination
et dans la connaissance ; en d'autres termes, ceux de Baudelaire, chantre de la poésie et non du pain quotidien (« Vous
pouvez vivre trois jours sans pain ; – sans poésie, jamais[80] »),
de l'Art pour l'art, pas pour la vie / le progrès ou la politique ;
termes qui reflètent ceux de Gautier lui-même (« *All art is
quite useless*[81] » [Tout art est parfaitement inutile].

L'Histoire de la littérature anglaise de Taine, transfigurée par
Stephen, James et Wilde peut donc être considérée comme
un premier pas, mais fondamental, dans la réhabilitation de la
réputation britannique de Balzac, le mettant au rang du plus
grand des auteurs, Shakespeare, pour la respectabilité et l'*establishment* de la société contemporaine. Le second pas, c'est

79. P. Brooks, *Realist Vision*, Newhaven, Yale University Press, 2005.
80. Baudelaire, *Salon de 1846.*
81. *The Picture of Dorian Grey* (1891), preface, *The Complete Works*, éd.
citée, t. III, p. 168.

celui de ce que nous pourrions appeler la « double transsub-
stantiation » (pain et vin, création / traduction et critique,
corps et esprit) opérée par celui qu'on saluerait volontiers
comme le saint Jean-Baptiste voire l'Évangéliste britannique
de Balzac, Oscar Wilde. En 1897, le critique de *The Athenaeum*
avait évoqué Macaulay pour comparer une mauvaise traduction à un champagne dans une carafe à décanter, avant d'expliquer que la traduction idéale de Balzac serait comme la
transfusion artistique d'un vin ancien de Bordeaux dont la lie
reste au fond de la bouteille[82]. Si la difficulté et l'immoralité
supposées de l'œuvre balzacienne avaient fait obstacle à sa traduction et à sa réception[83] (et donc à la critique, du moins
favorable) avant les années 1870 et les critiques Taine / Stephen / James, la coïncidence de la publication de traductions
meilleures et mieux diffusées et de la fascination de Wilde
pour le monde de Balzac, à l'instar de celle de Balzac pour
son monde, avaient totalement changé la donne, annonçant
voire permettant ainsi l'engouement pour Balzac de la génération *Yellow Book*[84]. Taine, puis Stephen et surtout Wilde ont
aidé Balzac non seulement à passer la frontière entre la France
et l'Angleterre, mais à se dépasser lui-même et enfin à dépasser
les simples oppositions entre observateur et visionnaire, entre
réalisme et imagination, en créant la catégorie du « réalisme
imaginatif ». C'est en quelque sorte un Balzac dépassant Balzac
à l'insu de lui-même, un Shakespeare sans le savoir réinventé
pour un public britannique. Shakespeare a constitué un réservoir d'exemples de la nature humaine dont parlaient Taine,
Stephen, James et Wilde, réservoir susceptible de fournir un
fonds inépuisable d'exemples sans préjugés et sans *a priori*,
contribuant ainsi à créer ce Balzac neutre, impavide, qui est
tout sauf responsable des comportements des gens et du
monde qu'il décrit – pas plus que Shakespeare, voire la Bible

82. *The Atheneum*, n° 3642, 1897, p. 219-221, cité par Colton Valentine,
art. cité, p. 284, n. 34.
83. Voir C. Valentine, p. 284-285, et Susi Pietri, *AB 2015*, p. 67-86.
84. Revue décadente publiée entre 1894 et 1897 et qui eut pour auteurs,
entre autres, Beerbohm, James et Bennett, et pour artistes Wilson Steer et
Sickert, sans compter des balzaciens en herbe (Dowson, Beardsley) : voir
M. Rapoport, art. cité, p. 307.

Balzac et la critique britannique 213

– ; ces deux grands chefs-d'œuvre des lettres britanniques sont souvent évoqués dans la même phrase en Angleterre, indice de leur capacité à s'élever au-dessus des conflits (religieux et idéologiques) des siècles qui les ont vus naître.

La critique britannique de Balzac est donc parvenue, à la fin du XIXe siècle, grâce à Taine, Stephen, James et Wilde, à lire Balzac dans une optique française – celle de Taine et de Baudelaire – en l'opposant à Zola, et, grâce à l'entremise de Wilde, à le libérer du moralisme qui l'entravait jusque-là. La traduction, et notamment la traduction d'extraits, l'a souvent trahi ; Balzac, comme l'a observé James, ne peut être lu ni compris en morceaux choisis ; mais la traduction, en particulier d'œuvres complètes, a permis à Balzac de larguer ses amarres et de devenir indépendant, « *free-standing* », à valoir pour lui-même. « *All art is quite useless* », avait déjà remarqué Wilde, et dans ce sens, Balzac est bien « *useless* », il montre et ne juge pas. Mais l'art est bien « *useless* » dans l'autre sens, plus esthétique, plus décadent, de Wilde. Enfin, Taine a posé, par sa distinction et son érudition, la première pierre de la critique universitaire qui n'atteindra sa maturité qu'un siècle plus tard, vers 1960. Dans les dernières décennies du XIXe siècle, d'autres lecteurs moins chics, moins huppés se lançaient également à la découverte de Balzac et de son monde grâce à la traduction, et notamment aux nouvelles traductions d'une grande partie de *La Comédie humaine* : les lecteurs et lectrices anglophones qui commençaient tout juste à découvrir notre auteur, des deux côtés de la Manche et de l'Atlantique, comme nous le verrons pour la période 1891-2023 dans la deuxième partie de cet article.

Tim FARRANT.

(à suivre)

BALZAC, LA FORME ET LA FORCE

Jean-Pierre Richard répond à Jacques Derrida

> Ce sont les corps qui s'aiment ou se
> haïssent chez Balzac bien plus que les intel-
> ligences ou les âmes [...].
> Jean-Pierre Richard,
> *Études sur le romantisme.*

Après *Paysage de Chateaubriand*, Jean-Pierre Richard publie
en 1970 un autre volume consacré à la littérature romantique,
Études sur le romantisme, lesquelles s'ouvrent sur une partie
consacrée à Balzac, « Corps et décors balzaciens ». Après
Stendhal et Flaubert (en 1954), avant bientôt Céline et Proust
(respectivement en 1973 et en 1974), Jean-Pierre Richard
revient à un romancier pour l'un de ses grands parcours thématiques. Le titre du volume l'annonce, il sera question d'un
Balzac romantique, tout entier défini par un imaginaire de
l'énergie. Pour autant, le romantisme n'est pas au centre de
l'étude. Les auteurs réunis dans le volume appartiennent à un
même moment (« de grands auteurs de l'époque romantique »,
dit la quatrième de couverture), ils ne participent pas véritablement à un imaginaire collectif. On croirait plutôt à une
coïncidence chronologique qu'à une communauté esthétique.
Pas d'introduction d'ensemble au volume, ni de conclusion
générale qui rassemblerait les schèmes d'une mythologie
romantique. Celle-ci est tout au plus évoquée en passant à
propos de tel motif balzacien, ainsi l'ombre et l'énergie qui
s'y cache et en jaillit comme pour « tout grand univers romantique [1] », sans qu'un rapprochement avec Victor Hugo auquel

---

1. Jean-Pierre Richard, *Études sur le romantisme*, Paris, Seuil, coll. « Pierres
vives », 1970, p. 108. Désormais les références aux pages de cet ouvrage figureront entre parenthèses dans le corps du texte.

L'Année balzacienne 2023

216   *Philippe Dufour*

on songe aussitôt vienne préciser l'assertion (mais la suggestion fait son chemin dans la rêverie du lecteur : homme de l'ombre, Vautrin a à voir avec « le on qui est dans les ténèbres [2] »…). Ou ainsi encore à propos du motif du gouffre pour caractériser la vie intérieure du héros : « Cette dimension d'abîme et de secret toute conscience romantique la réclame » (p. 46). Pour le reste, le livre de Jean-Pierre Richard est un enchaînement de monographies, avec simplement un classement par genre : un romancier, des poètes (« Petite suite poétique »), un critique (qui est aussi poète et romancier : Sainte-Beuve).

Comme toujours, c'est la singularité d'un imaginaire qui intéresse Jean-Pierre Richard, à l'écart de cette histoire littéraire qui dominait la Sorbonne et qu'ignorait superbement la « nouvelle critique ». L'heure était au structuralisme et Jean-Pierre Richard s'inscrit dans cette mouvance : le texte, tout le texte et rien d'autre. L'étude sur Balzac n'occasionne pas de rapprochements avec les autres romantiques présents dans le volume, ni d'ailleurs avec Chateaubriand objet du précédent livre de Jean-Pierre Richard. Au lecteur somme toute de les faire par lui-même, s'il le souhaite, par exemple entre le paysage idyllique chez Balzac et la géographie de l'intime chez Lamartine, entre le motif du volcan chez Balzac et chez Chateaubriand, ou plus massivement entre la tension de la force et de la forme dans *La Comédie humaine* et le *chaos vaincu* qui est au cœur de l'étude sur Victor Hugo (ni dans la partie sur Balzac, ni dans le chapitre sur Hugo, le rapprochement n'est fait). Les comparaisons de ce type sont rares sous la plume de Jean-Pierre Richard. Il y a bien celle, presque obligée, entre le regard panoramique de Balzac et le regard de myope de Flaubert (p. 115), mais justement elle pose une antithèse et permet ainsi de singulariser un univers imaginaire. La comparaison, quand le maître y recourt, vise à différencier. Sinon, Jean-Pierre Richard privilégie les rapprochements inattendus, comme un pied de nez à l'histoire littéraire : le désert de Balzac (dans *Une passion dans le désert*) est ainsi rapproché de

2. Se reporter aussi au commentaire sur Mirabeau « brusquement sorti de l'ombre » dans l'étude sur Victor Hugo (p. 183).

Balzac, la forme et la force

l'azur mallarméen (p. 119), ou ponctuellement, dans un rythme de phrase, Balzac apparaît l'inventeur de la prose flaubertienne : « Elle se coulait parfois le long des murs, le soir, comme une couleuvre, sans châle, les épaules nues[3]. » La phrase figure dans *Splendeurs et misères des courtisanes* et on pourrait effectivement la croire tirée de *Madame Bovary*. Jean-Pierre Richard commente : « Phrase d'une respiration déjà quasi flaubertienne, où se parle toute la solitude du désir » (p. 65). Esther : Emma. Pour l'essentiel, il n'y a pas d'intertexte chez Jean-Pierre Richard : les motifs balzaciens dialoguent entre eux, s'appellent et se répondent pour constituer un imaginaire cohérent et autonome, à nul autre pareil. Essayons de détailler comment le maître met au jour cette originalité.

À partir d'une métaphore

Le parcours s'organise autour d'un thème séminal, le feu, avec son correctif (l'eau) et ses variantes (l'électricité, le fluide, la lumière) qui sont les manifestations de l'énergie vitale. Tout comme le thème de l'alimentation et ses valeurs métaphoriques (les appétits : avoir faim de, avoir soif de) avaient été le point de départ à l'essai sur Flaubert, ou encore tout comme pour la métaphore liquide traduisant chez Sainte-Beuve un désir de fluidité, l'image-clé du feu va donner sa cohérence à l'imaginaire vitaliste de *La Comédie humaine*. Jean-Pierre Richard l'emprunte directement à un personnage de Balzac pour en faire une sentence d'auteur : « Toute vie implique une combustion », dit le savant Balthazar Claës dans *La Recherche de l'Absolu*[4]. « Je brûle de » : le personnage balzacien est une ardeur à la tâche. Les premières références du critique à *La Comédie humaine* sont empruntées aux *Études philosophiques* (outre *La Recherche de l'Absolu*, *La Peau de chagrin* et *Les Martyrs ignorés*) qui formulent très consciemment une économie de

---

3. *CH*, t. VI, p. 469.
4. *CH*, t. X, p. 719.

218   *Philippe Dufour*

l'énergie, entre rétention et débauche, comme autant de manières de *se dépenser*.

À partir de ce thème, Jean-Pierre Richard en explore la traduction rêveuse en des motifs concrets (synecdoques corporelles : le *vaste front* du génie par exemple comme rempart au bouillonnement intérieur d'une énergie aussi dévastatrice que créatrice ; ou plus brièvement inscription de ce corps dans l'espace, par exemple la domination panoramique d'un regard conquérant). Le motif suivant une lecture littérale dénote (il s'épuise dans une fonction référentielle au service de l'illusion mimétique) ; mais dans la lecture symbolique de Jean-Pierre Richard, il connote le thème. Bachelard a inspiré ce type de regard sur la littérature au thématicien qui lui rendit hommage dans un colloque organisé par Georges Poulet :

> Ce que je dois à Bachelard est tout à fait essentiel. Les choses qui ne signifiaient pas avant lui, avec lui se sont mises à signifier. Toute une partie de la littérature qui traitait du monde sensible (paysages, décors, portraits, etc.) formait des parties neutres qu'on ne pouvait rattacher à un projet personnel. Avec Bachelard, ces choses-là ont pris un sens [5].

À la traque d'une *mythologie charnelle* (p. 25), Jean-Pierre Richard se situe dans cette sphère de l'insignifiant significatif, de l'interprétation du résiduel, mais à la différence de Bachelard classifiant les rêveries sensibles, son but n'est pas de rattacher des archétypes à des familles d'esprits. Une fois repéré l'archétype, il cherche à voir comment il s'inscrit dans un imaginaire d'auteur, la ligne de vie empreinte dans une écriture. L'archétype se désorigine et s'originalise. L'originel est original. Jean-Pierre Richard a forgé son regard sur la littérature à l'époque existentialiste : l'œuvre littéraire est une *aventure d'être,* disait-il au terme de son Avant-Propos à *Littérature et sensation* [6]. Par où la thématique est une psychanalyse existentielle.

Euphoriques ou dysphoriques, les motifs expriment la circulation de l'énergie désirante, toujours guettée par le déséquilibre. Ce parcours, comme tous les parcours richardiens,

---

5. Georges Poulet (éd.), *Les Chemins actuels de la critique*, Paris, UGE, coll. « 10/18 », 1968, p. 329.

6. *Stendhal, Flaubert*, Paris, Seuil, coll. « Points », 1970, p. 15.

Balzac, la forme et la force   219

est très charpenté. L'apparent camaïeu des motifs (et Jean-Pierre Richard revendique certes ce plaisir du glissement[7]) cache un ordre tendu vers une résolution : on part d'un thème fondateur, décliné en une série de motifs corporels, bons ou mauvais conducteurs de l'énergie (ou conducteurs d'une bonne ou d'une mauvaise énergie), qui se révèlent s'organiser en un système binaire (corps bénéfiques / corps maléfiques), lequel est mis en jeu dans des scènes de rencontre (elles aussi bénéfiques ou maléfiques), de confrontation des énergies (sur le mode de l'agression souvent, de la neutralisation parfois, de l'harmonie plus rarement), avec pour horizon la recherche d'un équilibre, la définition de la bonne énergie, de l'heureuse rencontre (le duo amoureux réussi). Un art de vivre se dessine au bout du parcours qui trouve son répondant chez Balzac même, dont l'énergie créatrice parvient à concilier la force et la forme, à se contenir dans le cadre d'une œuvre, à la différence de Frenhofer qui consumé par son désir finit par brûler ses toiles... « Lyrisme de la puissance et passion de l'agencement, sens de la pulsion et besoin du système » sont au cœur de l'imaginaire balzacien, conclut Jean-Pierre Richard (p. 135).

Une physiologie du désir

La lecture de Jean-Pierre Richard est en rupture avec les approches critiques antérieures. Elle ne considère pas les contenus narratifs en eux-mêmes (les rivalités amoureuses, les conflits d'intérêts, les oppositions idéologiques), elle cherche la source secrète du comportement des personnages, l'origine non psychologique, sociologique ou circonstancielle (ce sont des explications secondes, des conséquences), mais biologique, les *humeurs* des personnages qui se manifestent à

---

7. Il écrira : « D'un élément à l'autre on ne cesse de glisser, et c'est ce glissement d'ailleurs, plus qu'un parti pris sensualiste ou eudémoniste, qui provoque l'euphorie foncière d'une lecture thématique » (« Sur la critique thématique », *L'Étrangère*, novembre 2004, repris dans *Sur la critique et autres essais*, Genève, La Baconnière, coll. « Langages », 2022, p. 53).

fleur de peau. Non pas l'objet de la quête du personnage balzacien, mais son moteur, son aliment, mieux : son principe, à l'œuvre dans le psychisme comme dans l'Histoire ou dans la société. Cette critique entretient ainsi un rapport empathique avec le regard de l'observateur balzacien, dressant le portrait physique des protagonistes suivant une « rêverie déchiffrante » à la traque de *l'humeur profonde* (p. 19). Rien de commun donc avec la thématique de Georges Poulet orientée vers une psychologie de la volonté, de la conscience, du *caractère* (un hommage est cependant rendu à *La Distance intérieure* à l'occasion d'une analyse d'*Albert Savarus*[8] [p. 86]). De là aussi l'absence de référence à la conscience de l'auteur, à ses intentions esthétiques ou politiques : Jean-Pierre Richard ne cite jamais l'« Avant-propos » de 1842, ni les préfaces, ni les articles ou comptes rendus, ni les lettres de Balzac. Pas plus que l'intertexte n'existe le paratexte. Le maître vise à surprendre l'identité du personnage dans un corps-au-monde. La quatrième de couverture rapporte un propos d'Emmanuel Levinas explicitant le présupposé phénoménologique : «Les sens ont un sens[9]. » D'inspiration phénoménologique, la critique richardienne s'intéresse aux états préréflexifs de la conscience, voire à l'inconscient[10] : les références à la psychanalyse qui prendront davantage de place dans la période des microlectures s'affirment dans les notes de bas de page, notamment par un rapprochement entre l'imaginaire balzacien des fluides et la notion freudienne de *libido*[11], comme si cette dernière était

8. Dans une lettre à Jean-Pierre Richard, Georges Poulet, de son côté, saluera « Corps et décors balzaciens » dont il a alors lu une cinquantaine de pages « avec une immense admiration. Vous n'avez jamais rien fait de plus dense ni de plus riche, ni de plus merveilleusement plausible. Votre constante réussite – recréation veux-je dire – verbale devient la preuve de l'authenticité de votre vision » (après le 22 mars 1971 ; *in* Georges Poulet et Jean-Pierre Richard, *Correspondance. 1949-1984*, Genève, Slatkine Érudition, 2022, p. 301).

9. On reconnaît là une allusion au titre du livre d'Erwin Straus, *Vom Sinne der Sinne*, alors non traduit et que Jean-Pierre Richard ne découvrirait que plus tard à un moment où il ne pouvait plus rien lui apporter : « C'est mastoc », me dit-il un jour à propos de cet ouvrage.

10. Dans l'œuvre, un être-au-monde qui est le produit d'une « intentionnalité inconsciente » (« Quelques aspects nouveaux de la critique littéraire en France » (1963), *Sur la critique et autres essais, op. cit.*, p. 59).

11. Voir p. 15, note 27.

Balzac, la forme et la force 221

une version scientifique des rêveries balzaciennes sur l'imagination désirante. Anticipant une coupure épistémologique, la fiction balzacienne a l'intuition d'une psychologie profonde. La lecture de Jean-Pierre Richard prend donc la forme d'une physiologie du désir : sur le corps du personnage balzacien se lisent les symptômes, les lapsus d'une énergie refoulée, avant que ne rompent les digues du surmoi qui ne demande que *ça*.

L'objectif est de cerner « la définition quasi physiologique de chacun » (p. 100). Différent de la psychologie de l'intellect, ce matérialisme biologique heurte aussi la sociocritique marxiste attachée au matérialisme historique. Pierre Barbéris réagira aussitôt à cette lecture qui écarte l'Histoire, néglige ostensiblement la dimension politique des romans balzaciens, leur mise en scène des contradictions idéologiques au sein de la société libérale bourgeoise comme dans le monde aristocratique : l'énergie est là partout, soit, mais, demande Barbéris, pourquoi la société est-elle en feu, qu'est-ce qui la dévore de l'intérieur, pourquoi les personnages se brûlent-ils[12] ? De fait, l'étude de Jean-Pierre Richard efface délibérément la donnée historique : on y chercherait en vain les mots *Restauration* ou *monarchie de Juillet*. Ce n'est pas le regard de Balzac sur « le présent qui marche » qui intéresse le critique, contrairement à son livre précédent sur Chateaubriand qui comportait un chapitre intitulé « L'Histoire déchirée ». Cette fois le cadrage est autre et l'on comprend qu'un Barbéris soit irrité par cette image donnée du monstre sacré du réalisme bourgeois qu'est Balzac avec Tolstoï aux yeux de la critique marxiste. Avec son matérialisme physiologique où tout se ramène à des questions d'humeur, de tempérament, de pulsion, ce Balzac du thématicien se met à ressembler par trop au Zola vilipendé par Lukàcs ! Le Balzac romantique de Jean-Pierre Richard est un Balzac zolien, chez qui les personnages connaissent « les fatalités de la chair[13] ».

On pourrait dire que Jean-Pierre Richard propose une physiognomonie sur nouveaux frais, qui n'est pas celle de

12. Pierre Barbéris, *Balzac, une mythologie réaliste*, Paris, Larousse, 1971, p. 279.
13. Expression de Zola dans sa préface de 1868 à *Thérèse Raquin*.

222   *Philippe Dufour*

Lavater (lequel est l'objet d'une brève allusion, dans une note
où il figure au côté de Swedenborg pour leur commun imaginaire des correspondances [p. 114]). Il anticipe ainsi ce que
Régine Borderie montrera des rapports de Lavater et de
Balzac : l'œuvre du pasteur suisse n'est pas une source documentaire que Balzac aurait transposée dans ses portraits physiques de personnages, elle aura simplement fourni l'idée
d'une psychophysiologie que Balzac rêve pour son propre
compte [14]. C'est cette « mythologie balzacienne de la chair »
(p. 95) que Jean-Pierre Richard reconstitue à travers son étude
des motifs corporels, substituant à la notion de type social (ou
de type psychologique : le caractère classique) la notion de
type humoral.

Le roman balzacien construit une physiologie du désir et
de la passion. Sur le corps s'annoncent « les aventures du vital »
(p. 17) que déchiffre le narrateur en scrutant quelques motifs
privilégiés, comme la pilosité : cheveux, sourcils, barbe, poils
en tout genre trahissent une énergie débordante (l'hirsute, le
velu) ou au contraire une usure (le front dégarni, la calvitie,
les cheveux blond filasse). Qu'au moment de l'arrestation de
Vautrin sa perruque saute pour faire apparaître sa chevelure
rouge feu, et alors sa véritable identité *saute aux yeux* de
l'assemblée (p. 20). Le corps vaut preuve. Ou bien, c'est la
peau (le teint, les veines), autre zone corporelle particulièrement révélatrice, qui laisse transparaître l'ardeur désirante. Le
sang est une lave intérieure. La profondeur fait surface. Un
teint d'albâtre ou de porcelaine, images choyées de Balzac [15],
est promesse d'amour. La peau lumineuse manifeste le feu
intérieur. À l'opposé, la peau sèche, avec ses rides, ses os
saillants, signale un corps fermé au-dehors, hostile à autrui, au
contact stérile. La physiognomonie balzacienne aboutit ainsi à
une taxinomie des corps suivant leur potentiel énergétique :
« Toute la mythologie charnelle de Balzac s'organisera donc

---

14. Voir Régine Borderie, *Balzac peintre de corps*, Paris, SEDES, 2002.
15. Notons au passage l'exceptionnelle mémoire du texte, requise par sa
méthode même, dans les lectures de Jean-Pierre Richard, en un temps d'avant
les ressources informatiques : pas de *Vocabulaire de Balzac* établi par Kazuo Kiriu
alors pour donner instantanément des listes d'occurrences.

Balzac, la forme et la force 223

en fonction du double écueil rêvé de l'anéantissement par excès et de l'inexistence par manque » (p. 25). Le personnage balzacien est toujours au bord du déséquilibre, du trop (surchauffe du cerveau de Louis Lambert) ou du trop peu (vie à petit feu de Gobseck), à l'écart de la sagesse juste-milieu [16]. La médiocrité n'est pas son fait. Ou en tout cas Jean-Pierre Richard ne nous parle pas des corps des médiocres : dans *Mémoires de deux jeunes mariées*, c'est Louise qui l'intéresse, pas Renée. Un Camusot, après tout, ce degré zéro de l'énergie, a-t-il même un corps dans *La Comédie humaine* ? Le romanesque balzacien louvoie au milieu de la mythologie d'un double écueil.

La forme et la force

Les corps balzaciens s'organisent en un système, suivant « le grand principe structural d'opposition » (p. 116). À un chapitre intitulé « Corps maléfiques » répondent deux autres : « Corps heureux ». L'antithèse informe l'imaginaire de la chair. Nous avons déjà rencontré des exemples de ces binaires à propos de la pilosité et du teint. En voici d'autres. À l'œil noir (au fond duquel brille le feu magnétique de la passion ou du génie) s'oppose l'œil bleu décevant (« le bleu regard, – qui ment ! », dira Rimbaud). Plus largement les regards lumineux contrastent avec les yeux vitreux : ceux-là se projettent vers l'extérieur, s'adressent à autrui ; ceux-ci ne laissent rien transparaître (le vitreux est un mauvais miroir de l'âme) et n'envisagent pas autrui. Pareille opposition, qui est celle du montré et du caché, de la projection et du recel, se retrouve avec les lèvres minces (symboles de clôture et d'incommunicabilité) et les lèvres pulpeuses (promesse de bonté ou de sensualité). Jean-Pierre Richard dresse ainsi un portrait-robot du corps maléfique, sournoisement recroquevillé sur lui-même, dont les avares sont une illustration majeure (p. 32) : lèvres minces,

---

16. L'équilibre réussi ne consistera pas dans un entre-deux, mais dans une alternance : Rastignac paresseux et ambitieux tour à tour, au repos avant, d'autant plus efficace, d'entrer en action (p. 49).

petits yeux, petit front, crâne dégarni. Autant de tares de la chair de nature à inspirer méfiance et inquiétude et auxquelles font face les corps de l'élan vital tournés vers le monde extérieur.

Cette structure en binaires inhérente à l'imaginaire de Balzac n'a cependant rien de figé. L'imaginaire possède sa cohérence, mais l'œuvre n'est pas un système statique. Les portraits préparaient l'action, en programmaient les possibles. Les virtualités énergétiques s'actualisent. La rhétorique de l'antithèse se dramatise. Elle est le branle d'un romanesque du heurt. Corps heureux et corps maléfiques finissent par se retrouver face à face en un « conflit des chairs » (p. 100), ainsi l'abbé Troubert et l'abbé Birotteau, ou Mme de Mortsauf et Lady Dudley. Dans ces scènes de *rencontre* (et Jean-Pierre Richard laisse entendre dans ce mot son sens de duel) se distribuent les rôles : d'un côté, le fort ; de l'autre, le faible ; – ou l'actif et le passif, l'agresseur et l'agressé. Au reste, ces rôles ne sont pas établis une fois pour toutes comme dans le roman noir ou dans le mélodrame : un personnage peut être tantôt acteur, tantôt passif, tel Lucien au parcours sinueux alternant victoires et défaites. Les personnages connaissent ainsi plusieurs identités suivant la force énergétique de ceux qu'ils rencontrent. Pour décrire ces champs de forces, Jean-Pierre Richard recourt au schéma actantiel, sans s'embarrasser de lourdeur terminologique, en empruntant un cadre de réflexion pour mettre en forme les scénarios narratifs, sans nommer Vladimir Propp ou A. J. Greimas (dont la *Sémantique structurale* était récemment parue, en 1966) : « certaine linguistique », dit-il (p. 98) [17]. Plus que d'une boîte à outils, il s'agit d'une source d'inspiration pour examiner « la distribution romanesque des acteurs » (*ibid.*) suivant les situations narratives. Les catégories du *destinateur* et de l'*opposant* sont plus particulièrement mobilisées. Parle-t-on du destinateur, alors apparaît le motif de la vie par procuration, de l'énergie par délégation : le destinateur jouit dans l'ombre de la quête d'un sujet. Surgissent ainsi des rapprochements parfois inattendus et

---

17. Ailleurs c'est « certaine psychanalyse » : Jean-Pierre Richard faisait son miel sans se soucier des chapelles.

Balzac, la forme et la force 225

tout à coup évidents : ses protégés sont à Vautrin ce que Wenceslas est à Bette, ses filles au père Goriot, Louise à Renée (la sage Renée est émoustillée de connaître sans risque le frisson du romanesque grâce à son amie). Considère-t-on les opposants, c'est le motif de la persécution qui se révèle omniprésent, et fréquemment une persécution menée par une collectivité contre un individu solitaire, lequel ne peut résister à cette addition d'énergies. Tels le cousin Pons ou l'abbé Birotteau. On mesure alors dans les analyses de Jean-Pierre Richard comment Balzac a recyclé le schéma mélodramatique du roman noir où le traître poursuit la victime pour faire du persécuteur la Société : le syntagme « la société tout entière », commun au *Colonel Chabert* et à *Une ténébreuse affaire*, remarque Jean-Pierre Richard, dénote cette nouvelle puissance maléfique. Pierre Barbéris aurait pu y trouver du grain à moudre. Les corps maléfiques ont raison des corps heureux. Les mauvaises énergies (celles des cauteleux à l'intérêt égoïste qui emblématisent la société) triomphent, pendant que les êtres désintéressés à la vocation sublime (Louis Lambert, Gambara, mais aussi bien Esther) sont voués au rôle de victime car incapables de transiger ou d'anticiper le pire. L'analyse actantielle de Jean-Pierre Richard révèle le pessimisme sombre de l'univers balzacien, ou – pour remonter de la mythologie charnelle à la mythologie du politique – le darwinisme social qui anime le monde libéral bourgeois.

Le roman-poème

Au drame romanesque des énergies, Jean-Pierre Richard oppose cependant les intermittences d'un roman-poème qui introduit une heureuse détente, quoique provisoire et précaire. Ces *poèmes en prose* (le maître utilise d'ailleurs cette expression à propos de l'évocation de l'Océan dans *L'Enfant maudit* [p. 121]) s'associent aux descriptions de paysages naturels dont on dirait qu'ils portent une leçon de vie par l'équilibre harmonieux entre la forme et la force qu'ils offrent au regard. Deux grandes qualités s'y manifestent en effet dans des moments de répit en des vues apaisées. D'abord le paysage est éminemment lisible, organisé autour de contrastes particulièrement nets (c'est une version heureuse de l'antithèse). Un regard serein embrasse d'une proéminence un espace constitué par des oppositions de couleurs, par un dessin tranché des formes. Le pittoresque balzacien est d'un coloriste et d'un dessinateur. À cet art de peindre, Frenhofer pourrait servir de repoussoir, lui qui pour avoir voulu abolir le dessin, le délimité, n'aura produit qu'une *muraille de peinture* (voir p. 77-78). Ce paysage, c'est sa seconde qualité, est animé par des facteurs de changement, des invitations à la vie. La force habite la forme. Le panorama s'associe au « goût si marqué de la mobilité » chez Balzac (p. 120). Ainsi la lumière, ce feu fluide, parcourt les objets, fait événement dans le paysage, tout comme les accidents météorologiques introduisent le temps dans l'espace. La description balzacienne est une chronographie, au temps réglé : *tantôt... tantôt*, voilà un balancement binaire qu'affectionne Balzac. Rien à voir avec « la maladie de l'intervalle » naguère analysée par Jean-Pierre Richard à propos de Flaubert, chez qui les *parfois*, les *çà et là* dessinent un monde en morceaux angoissant[18]. Le *tantôt... tantôt* pose une loi d'alternance. Les formes se renouvellent, se recomposent suivant un rythme ordonné : juste ce qu'il faut de *drame* pour témoigner de la vie dans ce roman des phénomènes.

Cette équanimité liée à un regard en surplomb s'amplifie en une forme de bonheur supérieure, quand les personnages prennent place dans le cadre naturel. Le titre de l'étude de Jean-Pierre Richard, avec son assonance, y revêt tout son sens : « Corps et décors balzaciens ». Une correspondance apparaît entre le personnage et le monde sensible qui n'est pas celle du paysage état de l'âme dont parle Amiel, mais plus archaïquement l'harmonie d'un corps-au-monde. Jean-Pierre Richard met ainsi au jour un *locus amoenus* balzacien, avec ses ingrédients indispensables, le végétal (sa tempérante fraîcheur), l'aquatique (indispensable correctif au feu trop intense, en même temps que facteur de mobilité), la lumière (feu idéalisé, disait Gaston Bachelard dans sa *Psychanalyse du feu*) dans un cadre circonscrit protégé du dehors (c'est « la mythologie du

---

18. Voir *Stendhal, Flaubert*, éd. citée, p. 183.

Balzac, la forme et la force 227

nid » [p. 132] [19]). De la sorte peuvent se combiner vitalité et mesure. Rien de tel qu'une lumière miroitant à la surface d'une rivière (comme une heureuse synthèse de l'eau et du feu) ou tamisée par un feuillage. Jean-Pierre Richard suit ainsi le poème du roman dans *Le Curé de village* où le végétal et l'humide s'associent à la quête d'un salut : verdure autour de la maison du curé (indice d'une fertilité, d'un élan de la vie), travaux d'irrigation menés par Véronique (expier le feu de la passion criminelle en arrosant la terre sèche, redonner vie : le motif réaliste a valeur symbolique, la dénotation connote). Par son exégèse du paysage, le maître donne à ce roman la forme d'une parabole.

C'est bien sûr avant tout aux scénarios amoureux que se lie le *locus amoenus*. Le roman-poème s'organise autour du « corps désirant et désiré » (p. 18), singulièrement le corps féminin : la chair sensuelle avec les courbes de la poitrine, de la nuque qui semblent répondre aux sinuosités des rivières et des collines dans le paysage. À quoi s'ajoute leur vêtement : des robes *flottantes* (dans le signifiant s'inscrit la correspondance avec l'élément aquatique), de tulle ou de mousseline, caressées par un vent complice qui dévoile les formes (p. 75). Associées à l'eau, ces femmes le sont également à la lumière qui les nimbe et magnifie leur chair (p. 71). Là aussi, le signifiant a pu jouer son rôle : le teint *rayonnant*. Ainsi la figure féminine dans le *locus amoenus* accomplit-elle un heureux équilibre de l'eau et du feu.

Sans doute les exemples de ce bonheur fragile ne sont-ils pas nombreux dans *La Comédie humaine*. Jean-Pierre Richard les puise dans les *Scènes de la vie de campagne* (avec une prédilection marquée pour *Le Lys dans la vallée*), mais aussi dans *Mémoires de deux jeunes mariées* [20] où la seconde passion de la flamboyante Louise prend effectivement la forme d'une « scène de la vie de campagne ». On reconnaîtra dans cette

19. Grand archétype, mais Jean-Pierre Richard, toujours attaché au singulier et non à l'imaginaire collectif, ne se réfère pas au chapitre sur le nid dans la *Poétique de l'espace* (1957) de Gaston Bachelard, par ailleurs fugitivement mentionné pour sa *Psychanalyse du feu*.
20. Et *La Grenadière*, et *La Femme abandonnée*.

228   *Philippe Dufour*

« mythologie du nid » le chronotope romantique de l'idylle, la morale d'un *fuge et late* à l'écart de la société [21]. Le paysage du roman-poème balzacien se retrouvera dans la « Petite suite poétique » : chez Lamartine (la clôture du vallon ou du lac [22], le végétal [23], l'eau courante, les courbes) avec la même précarité de ces asiles ; chez le Vigny de « La maison du berger » avec son heureuse géographie de l'intime – et cette fois Jean-Pierre Richard reconnaîtra une commune « rêverie archétypale du nid » entre les deux poètes (p. 172), sans rappeler en revanche la présence du motif chez Balzac. D'ailleurs, si l'affinité entre Lamartine et Vigny est concédée, elle est aussitôt nuancée. Dans les *Études sur le romantisme*, la notion d'« imaginaire romantique », comme Jean Rousset avait caractérisé un imaginaire baroque, ne prend pas consistance : Jean-Pierre Richard privilégie décidément l'irréductiblement particulier des rêveries. En n'écrivant pas d'introduction ni de conclusion à ses *Études sur le romantisme*, le maître convie ses lecteurs à rêver cette histoire littéraire de l'imagination dont il leur offre les linéaments [24]. Dans son introduction à *L'Univers imaginaire de Mallarmé* [25], il confiait à de futurs chercheurs un tel travail de synthèse pour la littérature du XIXe siècle : « Nous serions heureux si notre travail avait pu offrir quelques matériaux nouveaux à cette histoire future de l'imagination et de la sensibilité, qui n'existe pas encore pour le XIXe siècle. » Descendance inattendue, les historiens des sensibilités (comme

21. Sur le chronotope moderne de l'idylle, initié par *La Nouvelle Héloïse*, voir Bakhtine, *Esthétique et théorie du roman*, Paris, Gallimard, coll. « Bibliothèque des idées », 1978, p. 367-383.

22. À propos desquels Jean-Pierre Richard utilise le mot *nid* (p. 151).

23. La maison de Milly tapissée de lierre à la semblance de celle du curé de village balzacien, p. 153.

24. Dans la dernière partie de son livre, Jean-Pierre Richard en aura donné une amorce par l'intermédiaire de Sainte-Beuve qu'il charge de ces rapprochements que lui-même refusait... Dans une même page (p. 266), Hugo, Lamartine, Musset et Balzac sont rassemblés en une famille d'esprits : les génies romantiques intempérants, à la force immaîtrisée, par opposition au génie classique concentré (la force équilibrée de Molière et de Racine). Binaire tout balzacien !

25. Aux éditions du Seuil, coll. « Pierres vives », 1962, p. 30, n. 27, après avoir fait référence au livre de Jean Rousset, *La Littérature de l'âge baroque en France*.

Balzac, la forme et la force 229

Alain Corbin) ont depuis tenté de répondre à cet appel, non sans diluer la littérature dans une histoire culturelle globale : plus de place pour le singulier dans l'écoute du discours social.

Comme à l'accoutumée dans les parcours richardiens, le moment du bonheur est évoqué avec un accent d'insistance : aux corps maléfiques succèdent les corps épanouis, les scénarios d'agression sont suivis du roman-poème. Mais si la tension appelle la détente, cette résolution n'est pas pour autant un dénouement. Les pages sur le *locus amoenus* sont les dernières du parcours, mais elles sont tempérées par la conclusion d'ensemble qui les suit. Les exemples qu'on y trouve (le bonheur de corps dans la nature à Clochegourde, avec en contrepoint le nid d'amour de Louise de Chaulieu) disent par leur petit nombre que la détente est l'exception. De plus à l'intérieur même de ces romans de l'idylle, la détente est provisoire. L'énergie destructrice a le dernier mot : *Le Lys dans la vallée* comme *Mémoires de deux jeunes mariées* s'achèvent par la mort de l'héroïne.

Jean-Pierre Richard construit un parcours : il faut bien un ordre d'exposition, un point de départ et un point d'arrivée, mais le terme n'est pas la fin, ni le commencement l'origine. Ce sont une entrée et une sortie : le parcours n'est pas orienté vers une vérité ultime. Il pouvait l'apparaître davantage à travers le titre de la prépublication parue dans le numéro 1 de la revue *Poétique* : « Balzac, de la force à la forme » (article correspondant à la partie sur « le champ énergétique » dans la version définitive, et au vrai la conclusion d'ensemble de l'étude dans le volume incline malgré tout à souligner l'idéal de la force endiguée par la forme). De fait, Jean-Pierre Richard propose un structuralisme original qui ne bloque pas le sens, qui ne privilégie pas l'équilibre de la forme. La critique thématique vise à « décrire des *équilibres mobiles* »[26]. La trame dramatique du roman balzacien est « un jeu de révolutions structurales compensées » (p. 102). Chez Jean-Pierre Richard,

---

26. « Quelques aspects nouveaux de la critique littéraire en France » (1963), *Sur la critique et autres essais*, éd. citée, p. 70. Entendons-y une réponse anticipée à l'article que Jacques Derrida publiera quelques mois plus tard, « Force et signification », et que je vais évoquer dans le paragraphe suivant.

230   *Philippe Dufour*

même le binaire fondamental euphorie / dysphorie n'est pas stable : des motifs qui peuvent sembler uniment heureux se révèlent néfastes dans certains contextes (ainsi la plénitude guettée par l'excès), et inversement[27]. De même, les rôles actantiels évoluent au fil du récit (l'agresseur est agressé, l'opposant devient adjuvant...). Le récit vit de *désordre*. Jean-Pierre Richard aime ces retournements (les *cependant*, les *mais*[28]) qui sont autant de relances. Son art du glissement de motifs en motifs nous rappelle que ceux-ci auraient pu être distribués autrement, qu'ils s'appellent et qu'ils s'éclairent. La notion psychanalytique d'ambivalence, centrale dans la démarche de Jean-Pierre Richard, introduit du jeu dans la structure, en des glissements d'affects (comme on dit des glissements de terrain : le sol se dérobe, la force déforme).

L'étude sur Balzac résonne, je crois, comme une discrète réponse, sans accents polémiques : seulement pour dire que le reproche était injustifié, une réponse presque allégorique (puisqu'ici le structuraliste, c'est véritablement Balzac qui fait dire à Blondet « une moralité toute structuraliste : "Tout est bilatéral dans le domaine de la pensée. Les idées sont binaires[29]" » [p. 136]) à une critique que Jacques Derrida, défendant le sens toujours en instance de l'œuvre contre une signification arrêtée, adressait à Jean Rousset en englobant au passage Jean-Pierre Richard, à la thèse duquel le philosophe entendait opposer son Mallarmé à la signifiance débridée : « N'y a-t-il chaque fois qu'une structure fondamentale et comment la reconnaître et la privilégier[30] ? » Le structuralisme : une reconstitution, l'épure d'une stylisation (« le champ déserté des forces[31] ») ; l'œuvre : un langage-*énergéia*, la pro-

---

27. La fermeture par exemple, si elle s'associe à l'être sournois, peut aussi traduire une admirable énergie concentrée chez l'homme de bronze qui ne s'éparpille pas.

28. Par exemple : « Mais ces noces de l'air et de la chair n'iront pas sans faire quelquefois problème » (p. 76).

29. *CH*, t. V, p. 457. Balzac est le structuraliste et Jean-Pierre Richard l'est par contrecoup, au nom de sa démarche empathique, comme il le fut naguère pour Mallarmé, cet autre structuraliste.

30. « Force et signification », *Critique*, n° 193-194, 1963. Repris dans *L'Écriture et la différence*, Paris, Seuil, coll. « Points », 1981, p. 43 pour la citation.

31. *L'Écriture et la différence*, éd. cit., p. 13.

Balzac, la forme et la force   231

crastination indéfinie du sens. Mais Jean-Pierre Richard ne pense pas autrement. Quarante ans plus tard, il écrira encore, soucieux de prévenir le malentendu, continuant de répondre à Derrida, même s'il ne le cite pas : « Thèmes et motifs se lient ainsi de façon nécessaire et cohérente. Il faut bien voir pourtant que cette liaison ne peut jamais connaître aucun arrêt, aucun blocage, donc aucune réduction à ce qui serait un thème ou un motif majeur (ou originel) [32]. » Le mot *structure* tendra à s'effacer dans la suite de l'œuvre du critique écrivain au profit de *paysage* déjà affiché dans le titre du livre consacré à Chateaubriand. À la différence du structuralisme de Jean Rousset qui dans *Forme et signification* dégage un schéma géométrique informant les œuvres, Jean-Pierre Richard caractérise des schèmes imaginaires essentiellement constitués par des tensions, une instabilité permanente. Les motifs de l'agression et du maléfique dominent d'ailleurs cette étude. Le bonheur est une exception provisoire dans ce monde. Le schème agonistique informe la trame narrative des romans balzaciens : à quoi bon pour Balzac écrire *La Bataille*, insinue Jean-Pierre Richard, puisque ses personnages passent leur temps à livrer bataille sur le champ social comme dans les joutes amoureuses (p. 89-90) ? Le scénario était éculé : *La Comédie humaine* est une bataille ininterrompue. Le parcours invite à reparcourir. Les personnages balzaciens ne connaissent pas le repos. Héros de l'inquiétude, ils vivent sous la menace. Lucien, l'agresseur agressé, ballotté continuellement du succès à l'échec, est le héros exemplaire de *La Comédie humaine*.

La composition du parcours richardien est ainsi en consonance avec l'imaginaire balzacien, suivant le principe d'empathie qui caractérise la méthode thématique [33] : l'essai de Jean-Pierre Richard combine le glissement des motifs (la force) et la rigueur d'une démonstration (la forme). À première lecture, on peut s'y tromper, se laisser emporter par la dérive des motifs, le plaisir de l'analyse de détail et perdre de vue l'ordonnancement d'une réflexion. À la relecture, on est fasciné par

32. « Sur la critique thématique », *op. cit.*, p. 49.
33. Rêver avec, penser comme, dans les termes de l'auteur étudié : Jean-Pierre Richard retrouve la *Einfühlung* qui caractérise l'herméneutique de Schleiermacher.

la mise en récit de la prodigieuse cohérence d'un imaginaire. Rendant ainsi justice à Balzac, le critique-écrivain associe lui-même « sens de la pulsion et besoin du système ». Le rythme à deux vitesses de son texte, sa dérive maîtrisée, restitue l'aventure d'être du romancier.

Peut-être ce souci de maintenir la tension de la force et de la forme explique-t-il le refus d'un développement attendu (trop convenu ?), que l'on croit pourtant sentir venir (horizon d'attente d'invétéré khâgneux !), sur l'artiste qui par ses typologies, ses classements des romans à l'intérieur de *La Comédie humaine,* redonne forme et sens aux forces du « présent qui marche »[34]. Balzac a écrit des romans, pas *La Comédie humaine :* 1842 ne fait pas date. « Comme me l'a dit Hugo, je suis un audacieux architecte », écrit Balzac à Mme Hanska le 25 décembre 1843[35]. Dans son étude sur Victor Hugo précisément, après avoir décrit la débâcle de la matière et de l'esprit devant le regard du visionnaire effaré, Jean-Pierre Richard soulignait comment le romancier-poète remettait de l'ordre dans le chaos grâce à sa puissante rhétorique de la comparaison et de l'antithèse : l'écriture contenait le réel et la surnature. Dans les pages sur Balzac, la pirouette d'un salut par l'écriture n'a pas lieu ; pas de « ressaisissement verbal » comme chez Hugo (p. 191). Non pas des antithèses rhétoriques, mais une structuration enfouie, irréfléchie, en binaires tourbillonnants. La cohérence d'un imaginaire aux prises avec le désordre du monde. Forme et force mêlées.

Philippe DUFOUR.

34. Une seule référence à *La Comédie humaine* comme totalité, à travers Michel Butor (p. 111).
35. *LHB,* t. I, p. 759.

LES REPENTIRS DE BARTHES

De l'insolubilité de Balzac
dans la « French Theory »

Figure de père à assassiner pour les Nouveaux Romanciers, l'auteur de *La Comédie humaine* attire aussi à la même époque les foudres des ténors de la *French Theory*, et notamment de Roland Barthes, qui consacre un ouvrage entier à l'analyse de *Sarrasine*. Dans S/Z, en effet, ce texte de Balzac constitue l'exemple d'une catégorie littéraire archaïque, le « lisible », se caractérisant par sa densité connotative et par sa volonté d'une fixation du sens conforme à l'idéologie (bourgeoise) dont le texte lui-même serait empoissé, au point d'avoir « une sorte de vertu vomitive [1] » pour le lecteur.

Avec Barthes s'impose ainsi une vulgate critique – dont l'origine remonte à Robbe-Grillet – qui voit en Balzac le dernier des écrivains « classiques », apôtre du sens avant que l'apôtre de la forme, Flaubert, ne vienne inaugurer la modernité. Balzac serait donc, selon la formule de Barthes insérée comme quatrième de couverture de l'édition originale de S/Z, l'auteur d'« [u]n texte, ancien, très ancien, un texte antérieur, puisqu'il a été écrit avant notre modernité ».

Il est intéressant de souligner qu'un écart s'ouvre ainsi entre la nouvelle critique et ce qu'on appelle la nouvelle critique balzacienne, qui se développe à partir des années 1970 sous l'impulsion de Claude Duchet, avec l'objectif de donner à

---

1. Roland Barthes, *S/Z*, chap. LIX, Paris, Seuil [1970], « Points », édition originale de poche, 1976, p. 145.

L'Année balzacienne 2023

Balzac droit de cité dans la modernité, en focalisant son attention sur les contradictions et la pluralité de l'œuvre, plutôt que sur son caractère unitaire et systématique. Lucien Dällenbach impute ainsi au Nouveau Roman et à Barthes la faute d'avoir forgé l'image d'un Balzac archaïque et totalitaire, dont le texte serait « "complet"[...], "plein", sans failles, continu, lisse, non fragmentaire, monolithique, bavard, homogène, *lisible*[2] ».

Si je rouvre ce dossier aujourd'hui, c'est d'abord pour interroger les raisons du choix barthésien d'analyser un texte de Balzac au cours des deux années de séminaire à l'École Pratique des Hautes Études (de 1967 à 1969) qui donneront lieu à la publication de *S/Z*. Puis, j'essaierai de montrer, à l'aide de quelques éléments très peu connus de l'épitexte de cet ouvrage (notamment des interviews que Barthes a données au moment de la parution), le caractère insoluble du texte balzacien, dans les deux acceptions du terme ; ce qui ne peut pas se dissoudre (dans ce cas, dans une théorie), mais aussi dans le sens d'une énigme dont on ne trouve pas la solution.

Les raisons d'un choix

La publication des notes du séminaire tenu sur *Sarrasine*, dans la collection « Traces écrites » du Seuil – outil très précieux pour les chercheurs –, permet de lire comment, dans la première séance du séminaire (le 8 février 1968), Barthes présente le programme de l'année :

> Nous allons travailler sur un seul texte, et ce texte appartient au dix-neuvième siècle : une nouvelle de Balzac, *SarraSine*. [...] Ce travail ne concerne ni l'histoire littéraire ni la thématique balzacienne (il ne sera pas question de Balzac) ; il va se rattacher à l'*analyse structurale du récit*[3].

---

2. Lucien Dällenbach, « Un texte "écrit avant notre modernité" », *in* Stéphane Vachon (dir.), *Balzac, une poétique du roman*, Saint-Denis/Montréal, Presses Universitaires de Vincennes/XYZ éditeur, 1996, p. 452.

3. Roland Barthes, « *Sarrasine* » *de Balzac. Séminaires à l'École pratique des hautes études (1967-1968 et 1968-1969)*, édition de Claude Coste et Andy Stafford, Paris, Seuil, « Traces écrites », 2011, p. 55-56.

Les repentirs de Barthes   235

Dans la première phrase, l'allusion au XIXe siècle est moti-
vée pour signaler un écart par rapport à l'intitulé du séminaire,
censé porter sur « la littérature contemporaine » ; et la mention
du titre de la nouvelle balzacienne, avec le S central en majuscule, montre que Barthes a déjà à l'esprit le jeu de miroirs
entre les lettres S et Z, qui inspirera plus tard le titre de l'essai.
La dernière phrase est plus importante : elle nous dévoile que
Balzac fournirait moins un texte qu'un *prétexte* au développement d'une analyse qui, tout en prenant la forme de l'enquête
(la lecture pas à pas de *Sarrasine*), vise à établir une grille
d'interprétation théorique, valable en principe pour tout récit.
Or, l'un des principaux enjeux théoriques de l'époque
concerne précisément la « mort de l'auteur », proclamée par
Barthes au moment même où il travaille sur *Sarrasine* : l'article
du même titre est publié en anglais en 1967, puis en français
en 1968 dans la revue *Manteia*. Les deux textes entrent en effet
en résonance ; pour preuve, citons le célèbre début de
l'article :

> Dans sa nouvelle *Sarrasine*, Balzac, parlant d'un castrat déguisé en
> femme, écrit cette phrase : "C'était la femme, avec ses peurs soudaines,
> ses caprices sans raison, ses troubles instinctifs, ses audaces sans cause,
> ses bravades et sa délicieuse finesse de sentiments." Qui parle ainsi ? Est-
> ce le héros de la nouvelle, intéressé à ignorer le castrat qui se cache
> sous la femme ? Est-ce l'individu Balzac, pourvu par son expérience
> personnelle d'une philosophie de la femme ? Est-ce l'auteur Balzac,
> professant des idées "littéraires" sur la féminité ? Est-ce la sagesse uni-
> verselle ? La psychologie romantique ? Il sera à tout jamais impossible
> de le savoir, pour la bonne raison que l'écriture est destruction de toute
> voix, de toute origine. L'écriture, c'est ce neutre, ce composite, cet
> oblique où fuit notre sujet, le noir-et-blanc où vient se perdre toute
> identité, à commencer par celle-là même du corps qui écrit [4].

La citation liminaire sert à étayer, par l'exemple, la thèse
barthésienne, qui revient à refuser à l'auteur le rôle de producteur de texte, puisque la signification du texte lui-même se
trouverait uniquement dans le langage, impersonnel, sans origine et anonyme. La phrase extraite de *Sarrasine* constitue un
leurre textuel, car le narrateur, adoptant le point de vue du

---

4. Roland Barthes, « La mort de l'auteur », *Manteia*, n° 5, 1968, p. 61.

sculpteur amoureux, considère la Zambinella comme étant une femme dont il décrit les attitudes. Or cette citation permet ici de poser la question de savoir « qui parle ? », à laquelle Barthes donne plusieurs éléments de réponse. Il s'agit en effet d'un énoncé assertif, qui condense toutes les connotations de féminité relevant du lieu commun ; mais c'est aussi une phrase typiquement balzacienne, qui présente le personnage en même temps qu'elle véhicule un sens, dans ce cas particulièrement codé, archaïque et réactionnaire autour de la féminité – le lecteur découvrira ensuite qu'elle renvoie à un castrat, dont la féminisation est ambiguë et finalement trompeuse, ce qui a pour conséquence la fissuration du sens codé.

Barthes passe alors en revue toutes les origines possibles de la phrase : du personnage de fiction, dont le texte transcrit les pensées, à l'individu et à l'auteur, le premier étant évoqué par une « expérience personnelle », le deuxième professant des « idées littéraires » ; un changement de niveau est ainsi introduit, de l'individuel à l'auctorial. Le raisonnement débouche sur une vision de l'auteur comme figure d'imposition du sens, vecteur d'un code culturel composé d'éléments étrangers au texte.

La réponse finale de Barthes, qui dévoile l'inadéquation des précédentes, condense une longue réflexion du critique autour de l'idée d'écriture (à partir de son premier ouvrage, *Le Degré zéro de l'écriture*), dont l'acception se trouve radicalement modifiée. Si en effet l'écriture, selon le sens courant, a une origine identifiée dans la figure de l'auteur et sert à véhiculer un message, Barthes renverse cette acception point par point, afin de montrer que l'écriture n'a pas d'origine (*exit* l'auteur), tend vers le neutre (*exit* le sens) et doit désormais être considérée uniquement en tant qu'acte : l'auteur n'est donc plus qu'un scripteur, tout comme le texte idéal trouvera dans *S/Z* la définition de « scriptible », néologisme forgé à partir de l'étymologie latine pour restreindre l'acception à l'acte d'écrire, en excluant l'origine.

Cette « scripture » ne pourrait venir que des textes qui l'ont précédée, dans une vision citationnelle et intertextuelle de la littérature qui refuse à l'auteur son rôle de créateur, ainsi que l'autorité historiquement et culturellement liée à l'écriture. La

Les repentirs de Barthes

mort ici proclamée de l'auteur devient alors simultanée de la naissance du lecteur, ou en tout cas d'une nouvelle figure de lecteur qui acquiert un pouvoir créateur, en rupture avec le rôle passif auquel il a été contraint dans l'histoire de la réception littéraire.

L'idée est confirmée par la conclusion du bref article sur la mort de l'auteur, où Barthes, après avoir apporté plusieurs exemples, revient à son début pour amener un supplément de réponse :

> Revenons à la phrase de Balzac. Personne (c'est-à-dire aucune « personne ») ne la dit : sa source, sa voix, n'est pas le vrai lieu de l'écriture, c'est la lecture. [...] Un texte est fait d'écritures multiples, issues de plusieurs cultures et qui entrent les unes avec les autres en dialogue, en parodie, en contestation ; mais il y a un lieu où cette multiplicité se rassemble, et ce lieu, ce n'est pas l'auteur, comme on l'a dit jusqu'à présent, c'est le lecteur : le lecteur est l'espace même où s'inscrivent, sans qu'aucune ne se perde, toutes les citations dont est faite une écriture [5].

L'aspect multiple de l'écriture, preuve de sa diversité, relève précisément d'une intertextualité en quelque sorte obligée – car personne ne parle dans un texte – qui conduit à l'affirmation de l'importance du lecteur comme lieu de rassemblement des citations. L'auteur, dépossédé de ses prérogatives et de son rôle fondamental dans la communication littéraire, cède la place au lecteur : non pas un lecteur subjectif (une « personne »), mais un lecteur sans histoire, sans biographie, sans psychologie, c'est-à-dire une figure inscrite dans le texte et programmée par lui, qu'Umberto Eco et Wolfgang Iser définiront respectivement, à la suite de Barthes, par les termes de lecteur modèle ou implicite.

Le fil intertextuel

Le séminaire sur *Sarrasine*, dont le début est concomitant de la parution de l'article cité dans *Manteia*, constitue au premier abord une mise en pratique de la construction théorique

5. *Ibid.*, p. 66.

238   *Andrea Del Lungo*

autour de la mort de l'auteur, en particulier dans sa démonstration initiale. Après neuf chapitres purement méthodologiques, dans lesquels Barthes explique sa méthode, le chapitre X, qui s'intitule « *Sarrasine* », va à l'encontre de la rhétorique universitaire, dans la mesure où il refuse tout élément de justification du corpus analytique. Aucune mention sur les raisons du choix du texte à analyser, ni sur la biographie de son auteur (qui se trouve réduit à un nom), ni sur la date de parution de l'œuvre et de son contexte historique : l'analyse se passe de l'auteur – qui est cependant un colosse de la littérature française –, les seuls éléments de réponse étant significativement relégués à l'intérieur d'une parenthèse :

> Quant au texte qui a été choisi (pour quelles raisons ? Je sais seulement que je désirais depuis assez longtemps faire l'analyse d'un court récit dans son entier et que mon attention fut attirée sur la nouvelle de Balzac par une étude de Jean Reboul ; l'auteur disait tenir son propre choix d'une citation de Georges Bataille, ainsi je me trouvais pris dans ce *report*, dont j'allais, par le texte lui-même, entrevoir toute l'étendue), ce texte est *Sarrasine*, de Balzac [6].

Au-delà d'une nécessité contingente, celle de trouver un texte assez court pour en donner une analyse globale, la seule explication du choix est précisément intertextuelle, à travers le déroulement d'un fil de citations qui renvoie d'abord à Jean Reboul, psychanalyste et auteur d'un article intitulé « Sarrasine ou la castration personnifiée », dont la première note avoue l'origine de l'intérêt pour le texte balzacien : « Trois lignes de Georges Bataille, disparu sans avoir trouvé le temps d'y aller voir de plus près, nous mirent sur la voie de *Sarrasine* [7] ». Le « report » intertextuel dans lequel est pris Barthes se révèle donc entièrement vérifiable, et nous fait ensuite remonter à Georges Bataille : dans l'avant-propos du *Bleu du ciel*, l'écrivain évoque certains romans capables de révéler « la vérité multiple de la vie » au lecteur, en dépassant les limites imposées par les conventions, et qu'il considère comme « des

6. *S/Z*, éd. citée, p. 23.
7. L'article en question est paru dans la très confidentielle revue *Cahiers pour l'analyse*, 1967, p. 91-96.

Les repentirs de Barthes

239

livres auxquels [...] l'auteur n'a pas été *contraint* »[8] ; sans plus de justification, il dresse une liste de titres dans laquelle *Sarrasine* – que Bataille orthographie *Sarrazine* – figure parmi des chefs-d'œuvre de la littérature mondiale (*Le Procès*, la *Recherche*, *Le Rouge et le Noir*, *L'Idiot*...). Le déséquilibre en termes de canon littéraire est tel que l'écrivain se sent obligé de mettre une note pour renseigner le lecteur sur les textes « mineurs » qu'il a intégrés dans la liste : *Eugénie de Franval*, de Sade ; *L'Arrêt de mort*, de Blanchot ; et enfin *Sarrazine* [*sic*], « nouvelle de Balzac, relativement peu connue, pourtant l'un des sommets de l'œuvre »[9]. Ce qui semble présider au choix de Barthes est donc le hasard de la lecture, qui construit une suite intertextuelle dans laquelle s'intègre aussi *S/Z*, suivant ce « report » qui sert à exemplifier l'idée de la littérature comme texte continu, entièrement citationnel, étalé sur l'infini du langage.

Barthes opère presque comme si le texte choisi n'était pas de Balzac. Je dis « presque » parce que l'un des derniers chapitres de *S/Z*, qui s'intitule « Le texte balzacien », présente la particularité d'ouvrir la réflexion sur d'autres textes de *La Comédie humaine*, en reconnaissant donc la paternité de l'œuvre. L'Auteur (avec majuscule) y est certes considéré comme une « déité quelque peu vétuste de l'ancienne critique », mais sa figure est réévaluée dans la mesure où elle « pourra un jour constituer un texte comme les autres »[10]. Cette opération consiste alors à se dégager de la *personne* de l'auteur, et à le transformer en une figure inscrite dans le texte, comme mise en scène de l'origine d'une voix dépourvue de toute responsabilité, et prise dans la pluralité de l'intertexte.

Le meurtre raté

Le besoin de Barthes de justifier, à la fin de *S/Z*, un « retour » de la figure auctoriale, intrigue et montre qu'en

---

8. Le propos de Georges Bataille est donné en annexe de *S/Z*, éd. citée, p. 271. La référence qu'indique Barthes est la suivante : *Le Bleu du ciel*, Paris, J.-J. Pauvert, 1957, avant-propos, p. 7.

9. *Ibid.*

10. *S/Z*, chap. XC, p. 217.

réalité ce programme d'élimination de l'auteur n'a pas été accompli : son meurtre est finalement raté. Plusieurs raisons le prouvent : d'abord, dans *S/Z*, la présence relativement importante de Balzac, ainsi que la réévaluation des aspects « cubistes » ou polyphoniques du récit, qui rendent le « pluriel » du texte beaucoup moins limité que Barthes ne le prétendait au début de sa démonstration (où Balzac devenait le modèle du texte « lisible », classique, à pluralité limitée). Puis, comme j'ai pu le montrer ailleurs [11], les principes qui définissent le lisible – pluralité, solidarité, causalité – semblent s'appliquer aussi dans *S/Z*, au point de fonder la structure, la méthode et la forme de l'œuvre critique, comme si Barthes avait été pris au piège, ou s'était fait prendre au jeu, du texte balzacien qu'il recopie, qu'il réécrit, et dans lequel « tout se tient », comme il l'affirme. Mais dans *S/Z* tout se tient aussi : l'ouvrage propose à la fois une démonstration très serrée grâce au « tressage » des cinq codes, et une analyse systématique, conduite « pas à pas » au plus près du texte, qui débouche sur une exigence de nomination de chaque « lexie » du récit, de chaque scène, de chaque action, de chaque élément culturel ou symbolique du texte, suivant une entreprise à plusieurs égards mimétique de celle du romancier – si l'on acquiesce à la conception unitaire et déterministe de l'œuvre que Barthes attribue à Balzac.

Enfin, et j'en viens à l'épitexte de *S/Z*, le ratage du meurtre est en quelque sorte avoué par Barthes lui-même dans des interviews qui suivent la publication de l'ouvrage, et qui sonnent comme de véritables repentirs. Le premier concerne le seuil de la modernité, considéré comme une coupure épistémologique « factuelle », qui détermine historiquement (ou, dirait-on, chronologiquement) l'appartenance de Balzac à l'époque antérieure. Dans une interview de mars 1970, Barthes répond ainsi à André Bourin, qui lui avait fait remarquer sa manière de parler de Balzac comme d'un « auteur très lointain » :

11. Je me permets de renvoyer à mon article « Éloge du lisible (sur *S/Z*) », publié dans la revue électronique *Carnets*, série II, numéro spécial 6, Maria de Jesus Cabral, Andrea Del Lungo et Franc Schuerewegen (dir.), *Exotopies de Barthes*, 2016, p. 143-152.

Les repentirs de Barthes

Cela renvoie à des élucidations récentes. Nous sommes un certain nombre à croire qu'il y a eu au XIXᵉ siècle une coupure [...] qui est ce qu'on appelle noblement maintenant la "coupure épistémologique". Elle est marquée par le nom de Marx, au niveau mondial ; au niveau littéraire, elle le serait par la tentative mallarméenne. Et de cette coupure naîtrait un âge nouveau du langage, dans les balbutiements duquel nous sommes, et qui serait la modernité. Pour un certain nombre d'entre nous, cette notion de modernité est très précise, importante, et absolument hétérogène au passé. Il s'agit véritablement d'une coupure. Alors, quand je dis que Balzac est un auteur très ancien, c'est évidemment par une sorte de paradoxe un peu provocant, je le reconnais, mais justifié, puisque Balzac se situe avant la coupure ; il n'est pas dans la modernité [12].

Le seuil de la modernité glisse ici dans la seconde moitié du siècle, et non pas au milieu comme le soutenait Robbe-Grillet en opposant Flaubert à Balzac ; la fin de la phrase, qui avoue le caractère paradoxal et provocatoire de la vision d'un Balzac très ancien, semble suggérer une certaine modernité du texte balzacien que seul le respect strict de la chronologie – la « coupure » se situant après l'œuvre du romancier – viendrait contredire. La suite de l'interview confirme cette hypothèse, cette fois en réponse à la question de considérer Balzac comme l'« Ancien Testament » en littérature :

Je tiens d'ailleurs à ajouter que si je ne m'occupe absolument pas de la personne, du personnage Balzac, comme propriétaire et père de son texte, je le fais pour des raisons théoriques. Mais j'espère bien que dans mon livre, le lecteur sentira tout de même vivement que j'ai une profonde admiration pour le texte que je dissèque. Je n'aurais tout de même pas pu vivre avec lui pendant des mois sans être captivé par lui. D'ailleurs je n'ai pas été le seul, puisque Georges Bataille avait déjà reconnu *Sarrasine* pour l'un de ces textes-limite, qui, dans l'œuvre d'un grand écrivain, représentent des tentations très étranges qui lui font en quelque sorte prévoir parfois la modernité [13].

La fin de la citation, qui nous fait revenir à ce fil intertextuel dont l'origine remonte à Georges Bataille, sonne comme un aveu encore plus inattendu : en dépit d'un ensemble de

---

12. Roland Barthes, entretien avec André Bourin, *Les Nouvelles littéraires*, 5 mars 1970, transcrit dans *Œuvres complètes*, Paris, Seuil, 2002, t. II, p. 993.
13. *Ibid.*

242 *Andrea Del Lungo*

précautions adverbiales (« en quelque sorte », « parfois »), Balzac en vient finalement à être considéré comme un ancêtre de la modernité grâce à une sorte de vision prophétique qui serait l'apanage des « textes-limite », dont *Sarrasine*. Il s'agit certes d'une concession, et on pourrait facilement objecter que, pour Barthes, l'auteur de *La Comédie humaine* est moderne « malgré lui », de manière inconsciente et restreinte d'ailleurs à ce seul texte mineur qui échapperait à sa volonté. Cette citation ajoute cependant un autre élément de repentance qui concerne le jugement de valeur, que Barthes avait soigneusement et rigoureusement exclu jusque-là : l'arrêt de mort de l'auteur – avoue l'auteur de *S/Z* – n'a en effet été promulgué que pour des raisons théoriques, et le dépassement de cette perspective implique ici la réévaluation du texte balzacien, profondément admiré et considéré comme un texte-limite dont la valeur devient divinatoire.

Une dernière citation, extraite d'une autre interview de mai 1970, définit finalement cette notion de texte-limite qui, dans *S/Z*, était reléguée dans la référence à Bataille donnée en annexe. La réponse barthésienne à la question posée par l'intervieweur (cette fois anonyme) éclaire aussi les raisons du choix du texte balzacien :

> — Vous venez de consacrer un livre entier à l'analyse d'une courte nouvelle de Balzac, *Sarrasine*, pourquoi ?
> — Parce que *Sarrasine* est un texte-limite dans lequel Balzac s'avance très loin, jusque vers des zones de lui-même qu'il comprenait mal, qu'il n'a pas assumées intellectuellement ni moralement, bien qu'elles soient passées dans son écriture[14].

Le texte-limite serait celui qui, certes, échappe à l'*intentio auctoris*, mais qui en même temps dévoile des zones d'ombres de l'auteur lui-même, subrepticement ressuscité, et qui se trouve au cœur de l'écriture. La figure de l'auteur revient donc en force, réintégrant la possibilité même d'une lecture biographique du texte, veinée de psychanalyse. Cette ultime repentance sonne comme une mise à mort de la mort de l'auteur,

---

14. « *L'Express* va plus loin avec… Roland Barthes », entretien dans *L'Express*, 31 mai 1970, transcrit dans *Œuvres complètes*, éd. citée, t. II, p. 1017.

Les repentirs de Barthes   243

comme l'aveu d'un meurtre raté duquel l'auteur sort plus vivant que jamais.

La voix du repentir

Ajoutons une dernière pièce à ce chemin de repentance dont l'aveu se fait par la voix même de Barthes : il s'agit d'une interview donnée à l'émission « Arcane 70 » de *France Culture*, le 16 avril 1970, malheureusement non transcrite dans les *Œuvres complètes*, et depuis peu accessible sur le site de la chaine de radio. Internet nous rend donc un précieux service, en comblant une lacune de l'édition papier, et en nous permettant d'écouter un document d'époque qui nous plonge au cœur des années 70, comme en témoigne le titre de l'émission consacrée à Barthes, que Jean Paget annonce en ces termes : « Arcane. De l'édification collective d'une théorie de libération du signifiant » ! L'interview qui suit est tout particulièrement intéressante : Barthes revient à la fois sur le choix du récit de Balzac et sur la notion de texte-limite, en développant de manière plus étendue ses arguments. Je me permets ici de donner une citation un peu plus longue de cet entretien, dont la transcription (que j'ai faite en respectant à la lettre la parole de Barthes, même dans ses hésitations) est évidemment inédite.

Jean Paget : — Roland Barthes, je voudrais avant toute chose que vous nous disiez pourquoi vous avez choisi ce texte assez peu connu finalement de Balzac.

Roland Barthes : — Eh bien on ne sait jamais, vous savez, au fond pourquoi on choisit un texte. Je veux dire qu'il y a des raisons d'ordre purement contingent : j'avais besoin d'un texte court d'une trentaine de pages, disons d'une nouvelle, appartenant à la littérature classique, lisible, hautement lisible de notre temps ; d'une part pour pouvoir faire un travail minutieux d'analyse de détails, et d'autre part j'avais besoin d'un texte malgré tout qui présente une certaine densité symbolique, une possibilité d'interprétation un peu riche. Alors je suis tombé − et c'est là que joue le hasard ou la contingence, et que par conséquent parle peut-être l'inconscient et non plus la contingence −, je suis tombé sur cette nouvelle de *Sarrasine* que je ne connaissais pas. Je ne crois pas d'ailleurs que je sois le seul à être dans cette ignorance : c'est une nouvelle pas très connue dont avait parlé déjà Georges Bataille, ce qui était déjà un indice justement d'une sorte de richesse, de secrets, de limites et d'ésotérisme, car Bataille s'est toujours intéressé à ce qu'on appelle maintenant des textes-limite, des textes qui sont allés en quelque sorte à la limite même de leur propre auteur ; et ce texte de Balzac, repris ou signalé déjà par Georges Bataille, l'avait été une fois encore, une seconde fois, par un psychanalyste, Jean Reboul, qui en avait fait une analyse centrée évidemment sur le problème de la castration, puisque *Sarrasine* est au fond une histoire de castration [15].

La théorie fondamentale de Barthes, celle de l'existence d'un texte « lisible » comme contre-valeur d'un texte « scriptible » et idéal, se trouve *de facto* niée au début de cette citation. Il s'agit bien, en effet, de ce que Barthes cherchait dans Balzac : un exemple de littérature classique, à pluralité limitée, et pour cela susceptible de faire l'objet d'un travail d'analyse minutieux et exhaustif ; mais voilà qu'une « certaine densité symbolique » est également nécessaire à la richesse de l'interprétation, et que le texte de Balzac recèle cette richesse en même temps qu'il la rend inaccessible à l'analyste du récit (disons : au structuraliste). *Sarrasine* devient alors un texte secret, voire « ésotérique », qui va à la limite de son auteur mais sans doute aussi de son exégète, et qui nécessite, pour être abordé, le détour par une approche psychanalytique intégrant plusieurs éléments d'ordre biographique – ce qui est exactement le cas de l'article de Jean Reboul, pour qui l'auteur est loin d'être mort...

Le véritable problème que pose cet entretien est donc celui du rôle de la critique, au point que la question suivante porte précisément sur la méthode de Barthes, que Paget définit comme une tentative de réunion de différentes formes critiques afin d'« amplifier » la sienne. La réponse convoque une figure ancienne de la « critique » au sens large, le compilateur médiéval :

15. Roland Barthes, entretien avec Jean Paget, enregistrement intégral accessible dans le Podcast de l'émission « Les Nuits de France-Culture », intitulée « Quand Roland Barthes analysait *Sarrasine* de Balzac », et diffusée le 17 février 2019. Lien : https://www.franceculture.fr/emissions/les-nuits-de-france-culture/arcanes-70-roland-barthes-a-propos-de-son-livre-sz-1ere-diffusion-16041970. L'extrait transcrit commence à la minute 5:55.

Les repentirs de Barthes

Au Moyen Âge il y avait un problème extrêmement précis : le Moyen Âge ne produisait pas à proprement parler de textes littéraires originaux, tout au moins dans le cadre de la culture disons universitaire, et il ne s'occupait que des textes de l'Antiquité grecque et latine. Ce que nous appellerions aujourd'hui le critique – c'était en général un maître ou un professeur – n'avait à cette époque-là qu'une fonction, disons, de gestion d'un texte très antérieur, très ancien ; alors je me suis mis en quelque sorte dans la position d'être moi-même le gestionnaire d'un texte relativement ancien par rapport à notre modernité, qui est un texte de Balzac ; et alors là j'ai essayé à la fois de faire ce qu'on faisait au Moyen Âge sur un texte, c'est-à-dire de le copier, et effective-ment en une certaine mesure j'ai copié le texte de Balzac puisqu'il est réimprimé dans mon propre commentaire. J'ai comme on dit "com-pilé", c'est-à-dire que j'ai utilisé sans aucune espèce de restriction des idées et même des formulations qui me viennent de ma culture, c'est-à-dire de mes contemporains principalement, des chercheurs, des écri-vains, des philosophes, des psychanalystes qui travaillent autour de moi ; et j'ai malgré tout été l'auteur du commentaire, dans la mesure où j'ai pris moi-même la responsabilité d'une certaine reconstruction du texte balzacien [16].

Barthes finit donc par se comparer aux maîtres du Moyen Âge qui assuraient une fonction de « gestion » des textes anté-rieurs de l'antiquité, sous la forme de la glose ou du commen-taire ; et il revendique ce positionnement par rapport au texte de Balzac, qui devient ainsi objet de copie, de « compilation » mais aussi d'adaptation. Barthes avoue en effet l'avoir com-menté à la lumière de sa propre culture, et au croisement des disciplines contemporaines (philosophie, psychanalyse), par un travail de compilation qui le transforme finalement en auteur, « malgré tout » et surtout malgré lui : auteur du commentaire, certes, mais aussi auteur d'une reconstruction textuelle à tra-vers laquelle il réécrit Balzac, en endossant pleinement la fonc-tion auctoriale. Ici se conclut donc le parcours qui mène de la mort proclamée de l'auteur à sa réévaluation, et enfin à sa réincarnation, pourrait-on dire, dans la figure du critique qui intervient dans l'infini du langage et des textes pour prendre la parole et engager sa responsabilité.

16. *Ibid*. Le début de la réponse de Barthes se trouve à la minute 7:57 du podcast.

L'analyse du texte balzacien, au départ choisi comme simple prétexte, aura donc posé le critique devant son caractère insoluble (à l'image de la dernière lexie de *S/Z*, qui reste suspendue et qui ne permet pas de figer le sens), et engendré finalement un changement de perspective. Avec *S/Z*, ou plutôt après *S/Z*, par les jugements qu'il porte sur son ouvrage, Barthes franchit le passage qui mène du structuralisme orthodoxe et systématique, pratiqué jusque-là, à ce qu'on appelle le post-structuralisme, qui s'ouvre à un pluralisme critique, en dialogue avec d'autres disciplines, et qui élargit la sémiologie au-delà de ses fondements initiaux, hérités de la linguistique saussurienne.

Grâce à *Sarrasine*, Barthes devient auteur, en quête de ce roman qui reste la tentation de ses dernières années, mais qu'il n'écrira jamais.

Andrea DEL LUNGO.

LE MOMENT BARBÉRIS

Le tournant des années 1970

Nous pouvons nous accorder sur un point : il y eut un *moment Barbéris* dans les études balzaciennes. Il y eut aussi un moment professoral, mais je ne ferai ici qu'évoquer en passant son enseignement. Nous sommes plusieurs à en avoir bénéficié et je crois que nous en gardons un souvenir impérissable [1]. Pierre Barbéris fut un moment décisif de notre vie. Il fut un moment climatérique des études balzaciennes. Il fut un moment de l'éthique universitaire.

Il me suffira de rappeler ici les titres des principaux ouvrages que, durant cette brève mais décisive période, Pierre Barbéris consacra à Balzac et destina plutôt à un public universitaire ou lettré, sans même énumérer ses articles, ses éditions

---

1. On ne pouvait qu'admirer et envier son charisme. Le corps délié, il tenait au pas de charge un discours qui vous prenait, prononcé d'une voix claire, forte, sans hésitation ni ralentissement, alternant formules pétaradantes, remarques fulgurantes et pointes d'humour, sans négliger de moquer ou d'enterrer sous ses sarcasmes les propositions tièdes de tel critique pauvrement estimé. C'est que Pierre Barbéris ne pouvait concevoir son enseignement différemment de sa recherche, autrement dit engagé. Référence, modèle, exemple, *Maître* par excellence, Pierre Barbéris suscita bien des vocations, influença, orienta, détermina, forgea, provoqua, secoua, en somme il imprima dans l'esprit de ses élèves et étudiants une attitude, une noblesse, une exigence intellectuelles. Il nous apprit à nous saisir des textes d'une manière nouvelle. Certes, nombre de ceux qui lui doivent tant se sont éloignés de ses options idéologiques ou ont pu prendre telle distance avec certaines de ses perspectives. Peu importe, ils ne l'ont pas renié, car ils savent bien que, sans lui, ils n'auraient pu apprendre à penser comme ils le font.

L'Année balzacienne 2023

commentées ni ses études conçues pour les étudiants, à une exception :

Balzac et le mal du siècle. Contribution à une physiologie du monde moderne, Gallimard, 1970 ;
Balzac, une mythologie réaliste, Larousse université, coll. « Thèmes et textes », 1971 ;
Mythes balzaciens, Armand Colin, 1972 ;
Le Monde de Balzac, Arthaud, 1973.

En 2004, à propos de la réédition de 1999, chez Kimé, du *Monde de Balzac* avec la « postface 2000 », Pierre Laforgue pouvait déclarer avec force dans *L'Année balzacienne* : « Il y a plus de trente ans Pierre Barbéris s'affirmait comme le plus grand balzacien de sa génération, et de loin, en publiant presque en même temps trois livres magistraux[2] ». Dans sa notice nécrologique[3] parue en 2014 dans *L'Année balzacienne*, Nicole Mozet écrivait pour sa part : « P. Barbéris a effectué un travail conceptuel essentiel sur la relation entre les déclarations politiques de Balzac et son œuvre de romancier : penseur de droite et écrivain révolutionnaire[4] ». Jacques-David Ebguy, quant à lui, pouvait affirmer en 2015 dans *Romantisme* : « [...] les livres de P. Barbéris auront d'abord été une vigoureuse et raisonnée invitation à lire, à lire *réellement*[5] ». Enfin, pour ma modeste part, j'ai souligné que « quelles que soient les réticences ou les réserves du milieu universitaire parfois ébouriffé par la fulgurance de ses analyses, la vivacité de son propos, la vigueur de son engagement, tout le monde ou presque s'accorda à voir dans ses publications balzaciennes un renouvellement méthodologique qui fit date[6] ».

Il me semble que, pour essentiel qu'il ait été, cet apport ne constitue qu'une partie de ce que l'on doit à Pierre Barbéris.

---

2. *AB 2004*, p. 407.
3. Pierre Barbéris est décédé le 8 mai 2014 et il est inhumé au cimetière de Courseulles-sur-Mer.
4. *AB 2014*, p. 496.
5. *Romantisme*, n° 168, 2015, p. 106.
6. « Pierre Barbéris, lecteur militant », *La Vie des idées*, 8 mai 2015. En ligne : https://laviedesidees.fr/Pierre-Barbéris-lecteur-militant.html

Le moment Barbéris 249

2015 : Pierre Barbéris, la possibilité d'un bilan critique

Je reviens au « Débat critique » présenté par Jacques-David Ebguy et publié dans *Romantisme*[7]. Je vois dans l'analyse de Boris Lyon-Caen[8] l'exposé le plus lumineux de la lecture de Balzac proposée par Pierre Barbéris. S'y trouvent mis en évidence les sept « marqueurs critiques » qui la définissent. Je les rappelle, dans l'ordre où ils apparaissent :
– l'érudition comme arme de guerre idéologique contre trois adversaires (le catéchisme marxiste, le formalisme structural, les conceptions idéalistes et classiques) ;
– une écriture humorale et polémique ;
– le prisme marxiste ;
– contre toute théorie du reflet, l'élection, au chapitre des unités d'analyse privilégiées, des seules représentations littéraires, qui distingue la sociocritique des contenus de Pierre Barbéris ;
– un travail profond de reconnaissance du littéraire ;
– un domaine d'élection, le romantisme français, en privilégiant le romantisme critique ou révolutionnaire ;
– l'indexation de ce romantisme sur la thématique du mal du siècle.
Une conclusion s'imposait alors : « Ainsi pratiquée, l'historicisation du fait littéraire transforme en *appel d'air* le romantisme français[9] ».
Si la lecture « humorale et polémique » indisposa quelques âmes sensibles[10], ce qui suscita les débats les plus vifs, les plus stimulants, les plus revigorants, c'est bien entendu ce fameux « prisme marxiste ». Posons donc la question : ce « prisme »

7. Numéro cité, *p.* 105-127.
8. « "Et pour cause !" Logiques de Pierre Barbéris », *ibid.*, p. 107-118.
9. *Ibid.*, p. 112.
10. Pierre Barbéris développait ses idées à partir d'une posture polémique, sorte d'embrayeur nécessaire. Véhément, brusque, nerveux, son style ne s'embarrasse pas de rhétorique ou d'onction universitaires. Percutant, il peut être familier, provocant, voire incorrect, toujours au service d'une conviction et d'une volonté farouche de démontrer et de convaincre. Cela lui valut d'être accusé, parfois violemment, de partialité, de sectarisme, de schématisme, de militantisme outrancier. Mais comme cela était réjouissant pour nous qui avions entre vingt et trente ans, nous qui n'aimions pas l'eau tiède !

250   *Gérard Gengembre*

dévaluerait-il la lecture pratiquée par Pierre Barbéris, ou la
daterait-il comme strate archéologique de la critique balzacienne ? Ou, formulée autrement, que reste-t-il de cette lecture ? Le moment Barbéris relève-t-il uniquement de l'histoire
de la critique balzacienne comme butte témoin, voire borne
kilométrique permettant de mesurer le chemin parcouru
depuis les années 1970 ?

Un premier élément de réponse réside dans l'auto-bilan
énoncé sans complaisance par Pierre Barbéris lui-même dans
la postface à la réédition du *Monde de Balzac*, où, posant la
question de la signification de Balzac au début du XXIe siècle,
il exprimait à la fois ses désillusions, une forme de désespé-
rance et une charge au vitriol contre l'état de la culture, la
médiocrité des médias, la pauvreté intellectuelle ambiante. Il
en était venu à penser que Balzac, dont pourtant l'actualité
était encore plus criante en ces années 2000, ne faisait plus sens
pour le plus grand nombre. Citons ici deux passages essentiels :

> Il y a donc eu l'aujourd'hui de Balzac, notre aujourd'hui-70, lisant
> cet ancien aujourd'hui, et, aujourd'hui, ce nouvel aujourd'hui lisant
> celui d'il y a trente ans […]
> Le « monde de Balzac » est un monde non-fini béant sur du vertige,
> les balzaciens professionnels l'ont trop souvent oublié, qui ont comme
> assagi Balzac en leur érudition [11].

La première citation exprime le courage de Pierre Barbéris,
capable de se mettre lui-même à distance en revenant sur sa
propre pratique. Dans sa vertigineuse densité, ouvrant sur
l'infini de la recherche, la seconde me paraît condenser l'une
des perspectives les plus fécondes sur l'univers du roman balzacien. Une citation d'*Hamlet* ouvre le discours critique sur son
au-delà poétique, ouverture qui aboutit à cette conclusion
imprimée en capitales : « PAS DE CHRISTOLOGIE HISTO-
RIQUE, DONC [12] ».

Un deuxième élément de réponse figure dans un dialogue
avec Georges Duby :

> […] à mes yeux, la littérature ne mourra pas. J'ai vécu la période
> d'après la Libération, et j'ai cru moi-même que la littérature était une

---

11. *Le Monde de Balzac*, Paris, Kimé, 1999, p. 622 et p. 618.
12. Cité par Pierre Laforgue, art. cité, p. 412.

Le moment Barbéris

forme culturelle appelée à dépérir le jour où une humanité plus consciente, mieux armée conceptuellement, politiquement, etc., marcherait vers un destin plus sûr, et j'ai pensé autrefois que la littérature pouvait peut-être appartenir à une forme préhistorique de la culture.

Ayant vécu les dix ou quinze dernières années, et les années d'aujourd'hui, j'ai changé d'avis. L'analyse politique et l'analyse historique voient certaines choses, mais pas tout. Dans toute situation historique, pour la conscience, pour l'être, pour les hommes qui vivent cette situation, il y a toujours de l'historique non dominé. Or, cet élément historique non dominé, l'Histoire, l'analyse historique et l'analyse politique ne peuvent pas le saisir. C'est le discours littéraire, c'est l'acte littéraire, en tant qu'acte spécifique, qui le saisit et l'exprime[13].

Cette apologie de la littérature comme *acte* ne serait-elle pas le dernier mot, prononcé en 1974 bien avant l'autocritique de 1999 ? dernier mot, non pas mot de la fin, mais horizon de tout le travail de Pierre Barbéris...

Un troisième élément de réponse réside dans le sous-titre de *Balzac et le mal du siècle* : *Contribution à une physiologie du monde moderne*. Le choix du terme physiologie renvoie à l'idée d'une description analytico-critique ainsi qu'à une prise de distance sinon objective du moins situant l'observateur, faisant entrer celui-ci dans la chose observée.

Si, au risque du schématisme, l'on essayait de condenser tout ce qu'a pu écrire Pierre Barbéris, sur Balzac comme sur les autres auteurs qu'il a étudiés, je pense que l'on dirait ceci : à la problématique du *comment*, qu'il affectait de rejeter, il entendait substituer celle du *pourquoi*, ou en tout cas la privilégier. Je dis qu'il « affectait », car ayant toujours besoin d'écrire contre, Pierre Barbéris aimait frapper fort quitte à ne pas toujours frapper juste. En réalité, il a prouvé dans mainte analyse de Balzac en particulier qu'il savait fouiller et mettre au jour le *comment*, ou plus précisément, ce qui dans le *comment* permet de comprendre le *pourquoi*.

Parmi tant d'autres, prenons un exemple tiré de sa critique de *S/Z*[14], où il cite Barthes puis commente :

---

13. « Littérature et société », dialogue entre Georges Duby et Pierre Barbéris, dans *Écrire... Pour quoi ? Pour qui ?*, Grenoble, Presses Universitaires de Grenoble, 1974, p. 48.

14. Roland Barthes, *S/Z*, Paris, Seuil, coll. « Tel Quel », 1970.

252   Gérard Gengembre

Minuit venait de sonner à l'horloge de l'Élysée-Bourbon. Une logique métonymique conduit de l'Élysée-Bourbon au sème de *Richesse*, puisque le faubourg Saint-Honoré est un quartier riche. Cette richesse est elle-même connotée : quartier de nouveaux riches, le faubourg Saint-Honoré renvoie par synecdoque au Paris de la Restauration, lieu mythique des fortunes brusques, aux origines douteuses ; où l'or surgit diaboliquement sans origine (c'est la définition symbolique de la spéculation).

Voilà qui est intéressant et vise à quelque exactitude, mais bien insuffisant aussi. Car lorsqu'on entend parler du "Paris de la Restauration", il convient d'être précis et complet : des trois quartiers riches, chacun porte et signifie la richesse d'une manière précise. Le Faubourg Saint-Germain, c'est la richesse et la noblesse (richesse antique éventuellement retrempée dans les sinécures et indemnités diverses obtenues depuis 1815 ; voir *La Duchesse de Langeais* et *Le Rouge et le Noir*). La Chaussée-d'Antin (chez Nucingen), c'est la richesse nouvelle, matérialiste, tapageuse, effrontée. Le Faubourg Saint-Honoré, c'est bien le quartier des nouveaux riches, mais de ceux qui sont déjà à la recherche d'un sacre et d'un style. La Chaussée d'Antin n'est pas réellement le monde, le noble faubourg est un monde mort. Le Faubourg Saint-Honoré est un monde intermédiaire où la bourgeoisie riche s'essaie à jouer les aristocraties. Toute l'analyse ne ferait que gagner à tenir compte de ces réalités. Mais quoi ? s'occuper des rues de Paris ? [15]

15. « À propos de *S/Z* de Roland Barthes : deux pas en avant, un pas en arrière ? », *AB 1971*, p. 115-116. Andrea del Lungo a bien synthétisé la lecture de l'essai barthésien exercée par Pierre Barbéris : « Barbéris, à qui l'on doit par ailleurs des analyses extrêmement raffinées, reconnaît d'abord à Barthes le mérite d'avoir remis en cause une lecture de type classique qui visait à "domestiquer le texte". Tout cela, bien entendu, pour mieux signaler les erreurs et les absurdités que "les livres des amateurs" risquent de mettre en circulation, et pour mieux répondre à la question fatidique : "à qui cette lecture montre-t-elle qu'on n'a pas su lire ?" (p. 110). C'est donc avec une remarquable cohérence que Barbéris s'engage à lire cette lecture "naturellement plurielle". D'abord, le critique prend soin d'éreinter Jean Reboul, dont l'article paru en 1967 ("Sarrasine ou la castration personnifiée") fut le point de départ de l'essai de Barthes : "un texte vide et prétentieux, visant à privilégier *Sarrasine* contre le reste de *La Comédie humaine*. Une opération de pseudo avant-garde. Un bluff" (*ibid.*). L'accusation majeure réside donc dans le fait d'avoir détaché de manière coupable, voire scandaleuse, un petit morceau, tout compte fait marginal, de l'ensemble de l'œuvre complète. Deux autres accusations surgissent aussitôt, cette fois-ci dressées uniquement contre *S/Z*, en raison notamment du refus

Le moment Barbéris 253

Autres exemples, auxquels on se contentera ici de renvoyer, son analyse de la description de la colonne militaire et civile en marche dans le premier chapitre des *Chouans*[16] montrant comment l'écriture pittoresque est celle d'une sociologie, ou encore sa lecture de la première page du *Père Goriot*, en particulier son commentaire du mot *drame*[17].

Plus profondément, le *pourquoi* s'articule sur le *comment*. En effet, que veut dire *pourquoi* ? Pour Pierre Barbéris, on ne pouvait qu'admettre que les constituants des textes littéraires sont des signes entretenant des relations complexes, mais aussi que ces signes renvoient à des rapports entre les choses, ces contradictions spécifiques d'un référent données à lire par les signes, ce qui s'appelle le réel. Un réel déterminé par l'histoire. Lire, dès lors, c'est d'abord repérer la forme matricielle d'une œuvre, situation / personnage (par exemple le dilemme dans *La Peau de chagrin*) ou personnage / situation (Raphaël). C'est donc bien lié au *comment*...

de recourir aux informations externes au texte, qui mène à "se priver d'une certaine intelligence" de celui-ci et à "encourager un mode de lecture impressionniste susceptible de conduire à l'arbitraire et au bavardage" (p. 112-113). La première accusation porte sur la mise à l'écart volontaire de tout élément biographique, en particulier au sujet de la mère castratrice, un thème "ne pouvant être compris que si l'on songe aux relations de Balzac à sa propre mère" (p. 113). La deuxième imputation – péché capital – concerne l'oubli de l'Histoire (celle à qui Barbéris donnera le privilège de la majuscule dans *Prélude à l'utopie*) et la négligence des aspects socio-politiques d'un texte publié quelques mois après la révolution de Juillet 1830. Après avoir relevé un certain nombre de "fautes" dans la lecture de Barthes, le critique attaque en affirmant que la symbolique sexuelle propre à *Sarrasine* et à *La Peau de chagrin* "ne prend forme et signification que par référence à un ensemble trans-textuel, en relation avec les rapports sociaux" et donc – on attend la remarque – en relation avec "rapports de production" (p. 118). Le jugement final est complexe, mais sans possibilité de rédemption : la lecture de Barthes pèche par idéalisme et relève "d'une sorte de nihilisme et de primitivisme culturel selon lequel on pourrait se passer de corpus et faire de la méthodologie sans contenu" (p. 123) ; bref, pour revenir au début de l'article, "*Sarrasine* n'est, dans *S/Z*, qu'une occasion et un point d'application" (p. 111) » (http://www.andreadellungo.com/wp-content/uploads/2016/01/Barbéris-AB-1971.pdf, p. 2).

16. « Lectures et contre-lecture : *Les Chouans* de Balzac, *Pratiques*, n° 3/4, septembre 1974, p. 33-36.

17. Voir *Le Père Goriot de Balzac. Écriture, structures, significations*, Paris, Larousse université, coll. « Thèmes et textes », 1972, p. 130-137.

Penser Balzac

Pierre Barbéris n'a eu de cesse de proclamer que la littérature peut être *pensée*, autrement dit à la fois interprétée en fonction du contexte de sa production, évaluée dans sa capacité à révéler les contradictions du réel social et de l'imaginaire social, et soumise par les lecteurs successifs à un double mouvement de déconstruction et de réinterprétation.

N'est-ce pas là le cœur même du travail de Barbéris sur Balzac ? Il se plaçait dans l'ombre portée de Balzac et repensait le mal du siècle, et partant tout le romantisme 1830, en prenant Balzac pour guide. Repenser..., le maître mot de l'entreprise de Pierre Barbéris.

Que telle analyse, que telle affirmation, que telle proposition réductrice soient datées, on en conviendra. Invalident-elles l'ensemble ? Nullement... On ne saurait parler de grille de lecture marxiste, c'est pour cela que j'aime la formule « prisme marxiste ». Éclairage donc, décomposition de la lumière pour en faire apparaître les composantes. Pierre Barbéris a éclairé Balzac. Il ne se l'est pas approprié :

> Les textes de Balzac ne sont pas la propriété des balzaciens. Non plus que les balzaciens ne sont les détenteurs du sens des textes de Balzac. Il est normal, il est sain que des lectures se fassent jour (et non simplement soient proposées : nous sommes ici dans une perspective scientifique, non platement éclectique) qui éventuellement court-circuitent ou essoufflent spécialistes et exercices de spécialité. Ceux-ci oublient facilement qu'ils travaillent et portent sur du texte, sur une réalité dont on ne peut plus faire qu'elle ne soit pas, qui est là, devant nous, qui fonctionne et qu'on peut faire fonctionner, dont il faut s'arranger par-delà toute information sur elle, sur ses entours et ses antécédents. Que serait-ce d'ailleurs qu'une spécialité purement documentaire et qui ne viserait − ni ne parviendrait − à mieux éclairer le sens profond du texte et son fonctionnement [18] ?

De cet éclairage, de cette révélation au sens le plus plein du terme, ne signalons que la lecture du *Médecin de campagne* et du *Curé de village*, pour la compréhension desquels il est impossible de ne pas se référer à Pierre Barbéris. Qui avant lui

---

18. « À propos de *S/Z* de Roland Barthes... », art. cité, p. 111.

Le moment Barbéris 255

avait démontré de manière aussi lumineuse ce qu'il en était de la politique implicite mise en texte ? la mise en rapport des contradictions historiques et des contradictions idéologiques de Balzac ? Comme le soulignait Nicole Mozet : « Balzac, le premier, fit à l'économique, dans ses romans, la place qui est la sienne dans la réalité [19] ». Phrase capitale, car ce Balzac-là, c'est bien Barbéris qui l'a découvert le premier et lui a donné ses véritables dimensions. Il a démontré de manière définitive que, sur la double base de la condamnation du libéralisme et de la reconnaissance de la place et du rôle majeurs de l'économique, Balzac fait œuvre révolutionnaire en tant qu'il oriente ses romans selon une interprétation matérialiste des structures du réel. Par ailleurs, ce que P. Barbéris appelle « mythe » est une relation créatrice de l'individu au collectif en devenir, qu'il désigne sous le terme d'Histoire. Voilà qui correspondait à ce que l'on pouvait comprendre alors du régime de l'historicité.

La prise de parti

Peut-on conclure ? Peut-on cerner le Balzac de Pierre Barbéris, ce qui était mon titre initial ?

Que ce soit sur Balzac, Stendhal, Fromentin, et même sur *Le Misanthrope*, ce qui lui valut une bordée d'injures de la part de René Pommier (entre nous, aurait-on l'idée aujourd'hui d'interroger le Molière de René Pommier ?), Pierre Barbéris exprime une passion. Celle-ci explique son parti pris, entendez prise de parti. Prise de parti, prendre parti pour le texte. Les analyses du texte balzacien formulées par Pierre Barbéris se signalent par leur acuité. Elles restent donc pertinentes pour nous aujourd'hui. Plus largement, sa conception de la littérature comme une avant-garde de la pensée et comme réaction au monde devrait continuer d'inspirer tous ceux pour qui lire et écrire veulent encore dire quelque chose.

19. Nicole Mozet, « Le réalisme balzacien selon Pierre Barbéris », *Littérature*, n° 22, 1976, p. 102.

256   *Gérard Gengembre*

En outre, il a voulu pratiquer une lecture totale du Balzac romancier, à la confluence des sciences humaines.

Le moment des sciences humaines dans la critique littéraire

Faut-il rappeler ce que Barbéris écrivait dès 1971 ?

> Une lecture marxiste qui n'inclurait pas – quitte à les repenser [...] – les autres approches développées par les sciences humaines [...] ne serait qu'une approche schématique, mutilante, et donc théoriquement dangereuse. [...] [U]n texte [est] produit, c'est-à-dire qu'il ne relève pas de quelque opération totalement mystérieuse mais d'un processus complexe (origines, environnement, expériences, traumatismes, frustrations, aliénations, conditions du métier d'écrivain, état du marché littéraire public, etc.) tout au long et au terme duquel interviennent la qualité, la rédaction personnelle de l'écrivain, de celui qui est plus apte qu'un autre à les signifier, par là même à en tirer un objet neuf, lequel prend place à son tour dans l'ensemble du processus, y provoque des réactions etc. [20]

J'ai eu l'occasion d'écrire ceci, et l'on voudra bien me pardonner de me citer une nouvelle fois :

> Mieux qu'une méthode, qui eût présenté le risque d'être dogmatique, ou d'être trop dépendante d'une théorie, il a enseigné une manière de considérer les textes et d'envisager la littérature telle qu'un large pan du XIXe siècle l'avait définie : production sociale et reformulation des grandes questions que se posent à un moment donné une société et les individus qui la composent. Mais une reformulation tellement profonde et subtile qu'elle est susceptible de relectures permanentes, qu'elle demeure actuelle et donc assure la pérennité des grandes œuvres. Celles-ci entrent en résonance avec les époques successives, mais, pour toujours mieux les comprendre et faire entendre les harmoniques de cette résonance, il faut comprendre – au sens d'embrasser – l'expérience humaine, l'histoire, les mentalités. P. Barbéris fut pleinement en phase avec le moment des sciences humaines, et il entreprit de défendre et d'illustrer ce moment en prenant le risque de mesurer les textes à l'aune de celui-ci [21].

---

20. Colloque organisé par *La Nouvelle Critique*, publié en 1971. Cette communication est reprise dans *Lectures du réel*, Éditions sociales, 1973, p. 248, 258, 261, 263 pour les fragments cités.
21. « Pierre Barbéris, lecteur militant », art. cité.

Le moment Barbéris 257

Là se situe la sociocritique telle que la définissait Pierre Barbéris :

La littérature n'est donc ni ornement ni supplément (si l'on est méchant on dira d'âme), mais avant-garde seulement à définir et situer si l'on entend ne pas tomber dans un avant-gardisme purement verbal. [...] Peut-être vaut-il mieux parler d'effets de connaissance ? Il faut en tout cas aborder ces problèmes de manière non pas mécanique mais dialectique : l'écriture n'est pas dépositaire, tenancière, d'un sens anticipateur [...] certaines écritures, certaines organisations fictionnelles et symboliques du réel [...] font apparaître ce que les saint-simoniens appelaient « de nouvelles combinaisons [...] » Je dirai ici plutôt les signalent [...] [22].

Du réel comme succession de lectures

Que la finalité militante ne soit plus de saison importe peu, à mon sens. Reste cette ambition.

Certes, il serait absurde d'occulter que Pierre Barbéris menait une guerre idéologique et que, comme l'écrit Nicole Mozet, « une lecture matérialiste de Balzac n'est pas une lecture comme les autres, une lecture de plus [23] ». Ce que je veux dire, c'est que si cette guerre a été perdue – mais ce n'est pas le fait des études littéraires –, la défaite n'a pas entraîné la chute de la maison Barbéris. C'est qu'il a mis au point sinon une théorie du moins une pratique de textanalyse.

D'ailleurs, Pierre Barbéris fut-il un marxiste orthodoxe ? Reformulons : quelle distance mit-il entre sa pratique, ses concepts d'une part, et l'orthodoxie [24] ?

J'attire l'attention sur une significative absence. Dans son panorama de la critique balzacienne figurant dans Balzac, une

---

22. *Le Prince et le Marchand, idéologiques : la littérature, l'histoire*, Paris, Fayard, 1980, p. 18-19.

23. « Le réalisme balzacien selon Pierre Barbéris », art. cité, p. 109.

24. En incidente, je ne fais que rappeler ici tout l'intérêt de la communication de Laélia Véron et Alix Bouffard : « De Marx à Balzac. Fondement d'une lecture marxiste de *La Comédie humaine* par Lukács », Colloque « Histoire des études dix-neuviémistes », *HumaRom*, 2016, en ligne : https://hal.science/hal-03438680

258   *Gérard Gengembre*

mythologie réaliste, Pierre Barbéris, à l'entrée « matérialisme historique », ne s'y fait pas figurer. Il y a bien Marx et Engels, Grib, Lukács, Wurmser, mais de Barbéris, point. Cette absence s'explique selon moi par le jugement suivant : « [...] la critique marxiste est sans cesse guettée par un néo-positivisme larvé. Elle tendrait à oublier que le réel est multiple et vivant [25]. »

Je cite ici un inédit, la préface générale qu'il écrivit pour un roman qui aurait dû – ou pu – être une autofiction et qui resta inachevé (ô Balzac !), intitulé *Raphaël,* Pierre Barbéris se pensant fictionnellement comme un avatar du héros balzacien. Il l'entama alors qu'il était encore à l'université de Caen, y travailla probablement durant sa retraite à Courseulles-sur-Mer : « Je me souviens comme je me fis engueuler aux Éditions sociales lorsque j'avais dit en quatre de couverture censuré : le réel n'existe que par ses lectures ». Rappelons que le volume de l'*Histoire littéraire de la France* auquel il est fait référence date de 1973. Je verse cette pièce au dossier du « Barbéris aujourd'hui », particulièrement aux intelligentes pages de Jérôme David interrogeant le postmarxisme de Pierre Barbéris [26].

Revenons à cette proposition qui lui valut l'« engueulade » des gardiens du temple : le réel n'existe que par ses lectures. Jamais Pierre Barbéris n'avait formulé aussi nettement son postulat à la lumière duquel toute son œuvre s'est construite. Son autre postulat, dont j'attends toujours qu'on le réfute sérieusement, et je risque d'attendre longtemps : il n'y a pas de lecture neutre. Et la lecture est un *travail,* comme Pierre Barbéris le souligne dans son étude sur *Le Père Goriot.*

À la mesure de Balzac

Nul besoin de lire entre les lignes, de faire surgir du nondit, de mettre au jour un impensé de Pierre Barbéris. En un

---

25. *Balzac, une mythologie réaliste, op. cit.,* p. 270.
26. « Une sortie du marxisme. Méditer (avec) Pierre Barbéris », dans « Débat critique », *Romantisme,* n° cité, p. 118-127.

Le moment Barbéris 259

énergique investissement, il a voulu prendre à bras le corps le texte balzacien et analyser un

> Balzac total et continu, de 1820 à 1850 pour la diachronie et pour l'itinéraire ; du réalisme au fantastique et de l'exact au visionnaire, de l'écriture à l'idéologie, pour la synchronie et pour l'ensemble [...] pendant trente années, Balzac a réagi au monde moderne [...] le choix du roman répondant à des besoins et des possibilités, mais aussi engendrant peu à peu sa propre vision du monde et son idéologie, les façonnant et les élaborant. [Il] a prouvé qu'il n'était de vraie poésie que dans le réel, et que le réel était poétique [27].

Tout en développant des analyses autres, une grande partie de la critique balzacienne depuis ces années 1970 a prolongé, affiné, nuancé bien des conséquences logiques de cette entreprise. Pierre Barbéris n'a pas eu de vrais disciples, ni de véritables épigones ; il a eu mieux que cela : tous ceux qu'il a, non pas influencés, mais *orientés* dans l'exploration du continent Balzac. Grâce à lui, nous avons un peu mieux compris ce qu'était le roman balzacien, car il nous a convaincus qu'avec Balzac quelque chose de nouveau était apparu.

Oserais-je suggérer que Pierre Barbéris a rêvé d'une critique qui soit à la mesure de Balzac, à la mesure quantitative déjà, qualitative aussi... comme si appréhender le monument Balzac, depuis les romans de jeunesse, impliquait de construire un monument critique... comme s'il avait identifié en Balzac le défi qu'il lui fallait relever pour exercer son intelligence...

C'est aussi pour cela que Pierre Barbéris demeure une référence, un modèle même, en ce sens que se vouloir totalement balzacien devrait idéalement mener à se modeler sur ce rapport profond, intime, quasi charnel au grand œuvre balzacien. Ce n'est qu'un rêve...

Peut-être le *moment Barbéris* fut-il celui de ce rêve. Nous savons bien que l'œuvre de Balzac échappe à toute tentative de totalisation, que son inachèvement ne fait qu'anticiper sur l'inachèvement obligé du discours critique... Pierre Barbéris lui-même a rendu impossible l'encerclement de son Balzac. Simplement il l'a fait *in fine* sur un mode pessimiste, cette

---

27. *Balzac, une mythologie réaliste, op. cit.*, p. 33-34.

fameuse « postface 2000 ». Il est revenu au fond sur la question de la modernité, dont il avait montré qu'elle était le sujet central du roman balzacien, mais en la teintant de couleurs sombres et désespérantes.

Devons-nous partager ce pessimisme ? C'est là l'objet d'un autre débat.

Gérard GENGEMBRE.

CONSTRUCTIONS CRITIQUES D'UN « BALZAC 1830 »

« Il a existé un Balzac 1830 que les lecteurs modernes ont bien du mal à se représenter : un Balzac journaliste et parisien, fournisseur sur tous les fronts en contes et nouvelles, écrivain brillant ou scandaleux beaucoup plus que visionnaire ou quotidien [...] Un Balzac non épique. » C'est ainsi que Pierre Barbéris décrivait, dans *Balzac : une mythologie réaliste* (1971) la manière dont l'auteur de *La Comédie humaine* s'est « imposé pour la première fois au siècle et au monde moderne »[1].

Je me permets d'emprunter à mon tour ce millésime à la forte portée symbolique afin de distinguer, parmi la nébuleuse de Balzac que donne à voir la critique, dont un « Balzac sociologue » (Andrea Del Lungo), un « Balzac géographe » (Philippe Dufour et Nicole Mozet), un « dernier Balzac » (Stéphane Vachon), un « Balzac avant Balzac » (Claire Barel-Moisan et José-Luis Diaz), voire un « Balzac balzacien » (Pierre Barbéris), les différents avatars du Balzac marqué de la « griffe de 1830 ». Il s'agira, autrement dit, de revenir sur les constructions critiques dont Balzac a pu faire l'objet, à la lumière des imaginaires attenants à 1830, à commencer par celui de la crise historique et politique dont Balzac aura été, en son temps, un des principaux théoriciens.

Rappelons donc, sans plus tarder, que la frustration des espoirs libéraux après Juillet, globalement associée au mal

---

1. Pierre Barbéris, *Balzac, une mythologie réaliste*, Larousse, 1971, p. 85.

L'Année balzacienne 2023

générationnel des « enfants du siècle » consacré par Musset en 1836, trouve son articulation précoce dans la onzième des *Lettres sur Paris* que Balzac fait paraître dans *Le Voleur* en janvier 1831. Discrète annonce de parution pour *La Peau de chagrin*, cette lettre rassemble quatre ouvrages représentatifs du « génie de l'époque » – la *Physiologie du mariage, L'Histoire du roi de Bohême* de Nodier, *Le Rouge et le Noir* de Stendhal et *La Confession* de Janin – sous la bannière de l'« école du désenchantement »[2].

Parmi la remarquable postérité qu'a connue cette expression dans la critique littéraire, on retiendra surtout le quatrième volet de la démonstration magistrale de Paul Bénichou, *L'École du désenchantement*. Cet ouvrage dont le titre emprunte l'expression phare de la onzième *Lettre sur Paris* pour la réduire intratextuellement à une note de bas de page[3], permet de mesurer l'influence de la théorisation balzacienne du mal du siècle sur la réception critique de cette étape du romantisme.

Inversement, l'absence, ou disons plutôt, la présence fantomatique de Balzac 1830 chez Paul Bénichou invite à en recenser les manifestations dans la critique balzacienne. C'est ce que je me propose de faire au moyen d'une brève rétrospective qui se concentrera sur quelques jalons marquants, de l'idéologue déçu, décelé par Pierre Barbéris entre les lignes d'un Balzac commentateur social, à l'homme de presse, dont Roland Chollet a analysé l'effervescente activité, au conteur fantastique, étudié par Pierre-Georges Castex, et enfin au Balzac inventeur de lui-même, révélé par les travaux de José-Luis Diaz. À la vue de ce panorama, ce n'est pas un mais plusieurs « Balzac 1830 » que la critique balzacienne nous invite à découvrir.

---

2. *OD*, t. II, p. 933-939.

3. Paul Bénichou, *L'École du désenchantement. Sainte-Beuve, Nodier, Musset, Nerval, Gautier*, Gallimard, 1992, Introduction, p. 8, n. 1. Paul Bénichou rappelle (p. 9, n. 1) que, avant lui, Bernard Guyon en 1947, Pierre Barbéris en 1970 et Pierre-Georges Castex en 1980 ont commenté diversement cette expression.

Constructions critiques d'un « Balzac 1830 »   263

L'homme du Mouvement

Toute réflexion visant à articuler la crise de 1830 à l'évolution de la pensée et de l'écriture de Balzac trouve un point de départ évident dans l'ouvrage fondamental de Pierre Barbéris, *Balzac et le mal du siècle. Contribution à une physiologie du monde moderne* (1970). Le poncif d'une mélancolie générationnelle faite de « plainte et prédication » y est d'emblée écarté au profit d'une définition matérialiste du mal du siècle comme la « découverte lente, patiente, de la réalité capitaliste[4] ». Quelques pages plus haut, le chapitre « Définitions et perspectives » situe cette définition dans le contexte historique de l'après-Juillet. La révolte morale que ce contexte engendre à l'égard tant des « structures bourgeoises » que de « la civilisation industrielle » constitue, selon le critique, « la première forme, timide encore, incomplète, sentimentale, de la mise en accusation de la pourtant récente organisation de la vie par le capitalisme. *Ce sont les bourgeois non satisfaits par la bourgeoisie qui vont, avant les premiers théoriciens socialistes, soit par leurs révoltes, soit par leurs obscures tristesses, ouvrir le vrai procès du siècle* » (p. 99) ; cette dernière référence est explicitée par une longue citation de l'*Anti-Dühring* d'Engels.

Revenant au contexte de 1830, Pierre Barbéris décèle les premiers signes de ce nouveau mal du siècle chez les adeptes du saint-simonisme qui, étant les premiers à avoir perçu « ce qu'une société rationnelle pourrait tirer de l'industrie », sont aussi les premiers à exprimer « la dissonance, le désenchantement politique et social ; la perte des illusions » (t. II, p. 870). Cette désillusion se trouve également partagée par les partisans de la ligne politique représentée par *Le Courrier* ou *Le Temps*, les journaux du parti du Mouvement. C'est à partir de ces observations que se développe la lecture marxiste de la production balzacienne entre l'été 1830 et 1831. Ainsi, le chapitre « Mésaventures d'une révolution » voit dans les articles que

---

4. Pierre Barbéris, *Balzac et le mal du siècle*, Gallimard, 1970, 2 vol., t. I, p. 137. Les références suivantes à cet ouvrage seront placées in-texte entre parenthèses.

Balzac publie dans *La Mode* durant l'hiver 1830 le raisonnement d'un « homme de la gauche au pouvoir », affichant la rémanence de ses « positions para-saint-simoniennes » d'avant Juillet. Ce même chapitre voit dans les écrits politiques de Balzac, à partir de 1831, l'omniprésence d'une volonté de dépassement et d'invention, de tentative d'intégrer, « comme le voulaient ses toujours peu visibles, mais toujours présents, maîtres saint-simoniens, ce que la France ancienne signifiait d'*ordre* et ce que la France nouvelle signifie de *progrès* » (p. 1281). Aussi l'assimilation du mal du siècle à la déception saint-simonienne et libérale d'après Juillet permet-elle à Pierre Barbéris de déduire que « Balzac a été, en 1830, un homme du *Mouvement* » (*ibid.*) et de rattacher « incontestablement aux journaux du *Mouvement* » (p. 1279) le désenchantement des *Lettres sur Paris* parce « qu'il est impossible de faire naître du mouvement autre chose que des agitations désordonnées » (p. 1281).

Or, cette lecture permet, très paradoxalement, de faire remonter le « carlisme balzacien » (p. 1363) au « nouveau *mal du siècle*, qui s'exprimera dans *La Peau de chagrin* », et dont *La Comédie humaine*, en tant que fresque magistrale de « l'expérience de la réalité capitaliste au jour le jour » (p. 1254), constitue l'aboutissement. De manière plus synthétique, *Balzac, une mythologie réaliste* fait le point sur cette interprétation marxiste dans la section intitulée « Du Balzac 1830 au Balzac balzacien ». Pierre Barbéris y aligne la conversion du conteur en romancier sur celle, politique, d'un individu jusque-là « de gauche » (c'est le terme employé) en néo-carliste. Contraint au choix légitimiste par le rejet tant de l'anarchie libérale que du juste-milieu bourgeois, ce n'est qu'au terme du ravalement de son libéralisme dans le romanesque que Balzac 1830 devient, pour Pierre Barbéris, Balzac balzacien, devant dorénavant exprimer sa « vraie politique balzacienne [...] par des romans [5] ».

Si la focale idéologique selon laquelle Pierre Barbéris aborde la production balzacienne tend à minimiser l'importance du support médiatique, son analyse n'en est pas moins

---

5. *Balzac, une mythologie réaliste, op. cit.*, p. 91.

Constructions critiques d'un « Balzac 1830 » 265

tributaire, les écrits sur lesquels elle s'appuie étant majoritairement journalistiques. Aussi l'auteur de *Balzac et le mal du siècle* reconnaît-il volontiers toute la spécificité du « bouillonnement 1830 », de la « Presse nouvelle, spirituelle, foisonnante et généreuse, interprète et instrument du devenir du siècle »[6] vers laquelle il se tourne pour sonder les motivations politiques de l'écriture balzacienne.

L'homme de presse

C'est dans la continuité de ce constat que nous abordons cet autre Balzac 1830 que donnent à voir dans une perspective plus socio-économique les études de presse, à commencer par l'enquête pionnière de Roland Chollet. Le choix significatif de l'empan chronologique de *Balzac journaliste* (1983), au « tournant de 1830 », met en ligne de mire la crise déjà abordée, entre autres, par Pierre Barbéris, afin de restituer, dans toute sa complexité, l'évolution parallèle de l'écriture balzacienne et du paysage littéraire en modernité médiatique.

En se limitant à la période qui va de la publication de la *Physiologie du mariage*, fin décembre 1829, à celle de *La Peau de chagrin*, début août 1831, l'ouvrage met en effet en lumière la rémanence des expériences formatrices de Balzac homme de presse dans son œuvre romanesque comme dans ses activités ultérieures, que ce soit de collaborateur ou de directeur de journal (la *Chronique de Paris* en 1836, la *Revue parisienne* en 1840). C'est bien l'objectif de Roland Chollet qui rappelle d'emblée : « Journaliste, Balzac l'a été avant 1830, il l'a été après, il n'a pas cessé de l'être[7] ». Dans cette perspective, le tournant de 1830 permet d'appréhender, au travers des conditions matérielles de l'évolution de son écriture, un Balzac jusqu'alors méconnu, à savoir l'homme de presse dont la perspicacité, pour ne pas dire l'opportunisme, en ce qui concerne

---

6. *Balzac et le mal du siècle*, t. II, p. 954.
7. Roland Chollet, *Balzac journaliste. Le tournant de 1830*, Paris, Klincksieck, 1983, p. 9. Les références suivantes à cet ouvrage seront placées in-texte.

266   *Maria Beliaeva Solomon*

les nouvelles dispositions du paysage médiatique, se mesure par un foisonnement d'articles, de chroniques, d'initiatives et de collaborations, dont Roland Chollet a fait le minutieux décompte.

La passionnante et nécessaire enquête à travers le « fastidieux labyrinthe des identifications » (p. 429), autrement dit l'attribution des productions anonymes ou pseudonymes, permet ainsi de situer l'effervescente activité journalistique de Balzac dans la dynamique d'une presse littéraire en rapide transformation. Ce faisant, l'enquête de Roland Chollet permet de revenir sur certaines compromissions, dont par exemple, la collaboration de Balzac aux journaux voleurs de Girardin malgré son engagement, exactement contemporain, dans la cause de la propriété littéraire et de la réforme de la librairie, avec le *Feuilleton des journaux politiques*. Compromissions que le critique attribue aux *realia* de l'entrée de la littérature dans un univers capitaliste : Balzac « dut se rendre à l'évidence : Girardin, à la tête de ses capitaux, de ses journaux et de ses ambitions, avait acquis des droits sur lui. Il fallait vivre dans ces contradictions » (p. 100). Par son côté résolument pragmatique, le Balzac que révèle l'étude de Roland Chollet est également un créateur à l'inventivité stimulée par les exigences formelles et génériques du milieu dans lequel il évolue. Les « conditions particulières de la publication en revue » représentent ainsi, pour ce Balzac 1830, tant des contraintes que des opportunités, suscitant « autant de formules que de talents » (p. 575).

Roland Chollet revient ainsi sur la collaboration satirique de Balzac, dans le sillage de la *Physiologie du mariage*, à *La Caricature*, avec des articles comme « Le ministre », « L'archevêque » ou « Les voisins » tous parus en automne 1830. Or, ces esquisses pittoresques nourrissent l'élaboration exactement parallèle d'une écriture drolatique (« L'Archevêque » formant le canevas du premier des *Contes drolatiques*) comme d'une fresque de mœurs contemporaines (« Les Voisins » étant par la suite intégrés aux *Petites misères de la vie conjugale*). L'enquête de Roland Chollet s'attache aussi à montrer comment la ligne éditoriale de la presse « artiste », par exemple (p. 213), a donné lieu à des expérimentations aux conséquences durables tant

Constructions critiques d'un « Balzac 1830 » 267

sur la pensée que sur l'écriture balzacienne, avec, notamment, l'emprunt analogique de formats plastiques permettant d'intégrer la texture du journal artiste : croquis, panoramas, mais surtout *scènes*, format dont on connaît la place déterminante dans l'imaginaire balzacien. Dans un même ordre d'idées, l'examen des articles que Balzac fournit à *La Mode* au printemps 1830, en amont du *Traité de la vie élégante* paru en automne dans la même revue, fait ressortir, en-deçà du journalisme *fashionable*, l'évolution de la réflexion balzacienne sur la forme que doit prendre l'histoire et l'observation des mœurs. Enfin l'analyse, au dernier chapitre de l'ouvrage, des contributions balzaciennes à la *Revue de Paris* et à la *Revue des Deux Mondes* permet de faire l'historique de l'abandon de l'esthétique artiste, à la faveur de l'adoption des critères littéraires prisés par la grande presse, à savoir les « *effets* simples, intenses, et variés » permettant de conquérir le lecteur impatient « par surprise et par sentiment » (p. 572), et les « genres, thèmes ou styles, mis à la mode par les revues littéraires » (p. 568) – avec, en premier lieu, le fantastique lancé par les traductions d'Hoffmann par Loève-Veimars diffusées, entre autres, par la *Revue de Paris*.

Aussi Roland Chollet souligne-t-il (p. 569-570) que si « l'inspiration fantastique de Balzac ne date pas de la lecture d'Hoffmann », on ne saurait en ignorer la dimension commerciale autour de 1830. L'adoption du terme « fantastique » comme du référent hoffmannien répond en effet aux demandes spécifiques du lectorat des grandes revues littéraires. Le sous-titre « conte fantastique » des *Deux Rêves*, reproduit dans la *Revue des Deux Mondes*, revient ainsi à « solliciter indiscrètement les faveurs d'un nouveau public », tandis que l'épigraphe de *Sarrasine* (nouvelle publiée les 21 et 28 novembre dans la *Revue de Paris*) : « Croyez-vous que l'Allemagne ait seule le privilège d'être absurde et fantastique ? » fait état d'une contrainte d'écriture à laquelle Balzac ne songe manifestement pas à se soustraire.

Par la contradiction apparente entre cet assentiment aux lois de la mode et de la littérature marchande et la critique de l'actualité littéraire et politique dans les *Lettres sur Paris*, publiées dans *Le Voleur* de l'automne 1830 et au printemps 1831, l'étude de Roland Chollet donne à voir un Balzac pluriel, voire contradictoire, dispersé entre les multiples opportunités et modèles de réussite que propose l'entrée en modernité médiatique. Aussi faut-il rappeler que l'influence critique de *Balzac journaliste* ne se limite pas aux études de presse, puisque c'est dans son prolongement direct que se construit cet « autre Balzac », pour emprunter l'expression de Stéphane Vachon, que révèle le deuxième tome des *Œuvres diverses* rassemblées par Roland Chollet, René Guise, Christiane Guise et Pierre-Georges Castex [8].

Le conteur fantastique

Ce rappel sera pour nous l'occasion de revenir, à la lumière des travaux ultérieurs du fondateur de *L'Année balzacienne* et du directeur de *La Comédie humaine* et des *Œuvres diverses* dans la Bibliothèque de la Pléiade, sur le Balzac auquel Pierre-Georges Castex a voulu consacrer un chapitre de son étude fondamentale sur *Le Conte fantastique en France de Nodier à Maupassant* [9] (1951). En effet, le conteur fantastique qui se dégage du chapitre sur « Balzac et ses visions » dans cet ouvrage a, me semble-t-il, durablement marqué la réception critique de la production balzacienne autour de 1830.

Pierre-Georges Castex y fait référence, par son titre, au débat pérenne opposant, depuis au moins *L'Art romantique* de Baudelaire (1852), un Balzac visionnaire à un Balzac observateur. De fait, l'expression baudelairienne « Balzac visionnaire [10] » donne également son titre à un célèbre essai d'Albert Béguin (1946) consacré à la dimension mystique voire occul-

---

8. Gallimard, « Bibliothèque de la Pléiade », 1996 ; et le compte rendu de ce volume par Stéphane Vachon, « Y a-t-il un "autre" Balzac ? », *Romantisme*, n° 96, 1997, p. 83-97.

9. *Le Conte fantastique en France de Nodier à Maupassant*, José Corti [1951], réimpr. 1987. Les références à cet ouvrage figureront in-texte.

10. « Il m'avait toujours semblé que son principal mérite était d'être visionnaire, et visionnaire passionné » (Baudelaire, « Théophile Gautier », *Œuvres complètes*, Robert Laffont, « Bouquins », 1980, p. 502).

Constructions critiques d'un « Balzac 1830 » 269

tiste de *La Comédie humaine*. Dans *Le Conte fantastique en France*, cependant, ce n'est pas du visionnaire mais des visions qu'il est précisément question, ce qui annonce la démarche poéticienne du critique, qui se propose d'« étudier les aspects successifs qu'a revêtus l'imaginaire fantastique chez Balzac de *Falthurne* à *Séraphita* » (p. 169), c'est-à-dire de 1820 à 1834, un empan légèrement plus étendu que le tournant de 1830 auquel est cependant consacrée la majeure partie du chapitre.

Revenant sur la production balzacienne entre 1829 et 1831, Pierre-Georges Castex en énumère les différentes configurations : satanique, fantaisiste, burlesque, humoristique, extravagante et, bien évidemment, fantastique. Aussi le critique est-il contraint de s'interroger sur la légitimité de l'étiquette « conte fantastique » dans la production balzacienne de cette période. Bénéficiant de l'enthousiasme collectif pour les traductions hoffmanniennes, la vogue du conte, surtout dans sa configuration fantastique, est alors à son apogée : « [...] il en est de toutes les sortes : contes drolatiques, philosophiques, maritimes, galvaniques... contes fantastiques, enfin, sans doute les plus nombreux [...]. Il paraît particulièrement habile, vers 1830, d'accoler ces deux mots : conte et fantastique, au point que les écrivains abusent parfois de ce recours » (p. 68 et p. 70). Ainsi, le récit *Les Deux Rêves*, paru avec le sous-titre « conte fantastique » en décembre 1830 dans la *Revue des Deux Mondes* [11], provoque la réflexion suivante :

> Ce conte est-il proprement fantastique ? Oui, sans doute. À vrai dire, au cours du souper dont il est question, aucun événement surnaturel ne se produit, et les deux singulières histoires qui sont rapportées correspondent expressément à des rêves et non à des aventures vécues. Si puissant cependant est l'art du conteur que le fantôme de Catherine de Médicis évoqué par Robespierre parmi les mornes conversations de cette réunion mondaine, prend, pour le lecteur, une réalité charnelle et s'exprime avec toute l'autorité d'un être vivant. (p. 184)

Rattachant le récit à l'idée directrice de l'ensemble des *Études philosophiques*, Pierre-Georges Castex y voit avant tout

---

11. Une première parution, en mai 1830 dans *La Mode*, ne comprenait pas le sous-titre.

l'expression du monisme balzacien, par lequel le monde invisible des idées s'incarne et fait effraction dans le monde matériel (p. 187). Dans sa présentation du premier tome des *Œuvres diverses*, le critique insiste sur la pérennité de ce système de pensée dans l'œuvre de Balzac qui serait demeuré « fidèle, jusque dans les derniers écrits, à son principe initial, celui d'un dynamisme cosmique. Ce principe enveloppe l'œuvre entière et éclaire l'unité du projet balzacien [12] ».

En parallèle de ce fantastique métaphysique, se développe cependant la collaboration fantaisiste et ironique à *La Silhouette*, que le chapitre consacré à Balzac dans *Le Conte fantastique en France* met en relief, avec son analyse des fantaisies allégoriques « Tout » et « Zéro », parues en octobre 1830, soit au moment même où Balzac commence à dresser dans les *Lettres sur Paris* un premier bilan de la révolution de Juillet. Sans vouloir attacher une importance excessive à ces dénommés « contes fantastiques » (notons ici encore l'emploi abusif de l'étiquette), Pierre-Georges Castex les juge « trop précis pour les croire absolument gratuits. Spontanés ou non, ils correspondent à un état d'âme » (p. 191).

Développant cette idée, les éditeurs du deuxième tome des *Œuvres diverses*, précédemment évoqué, voient dans l'ironie grinçante du diptyque formé par « Tout » et « Zéro » l'expression précoce du désenchantement, traité dans sa double dimension sociale et spirituelle [13], que viendra bientôt théoriser la onzième *Lettre sur Paris* et que *La Peau de chagrin* mettra en récit. Or, ce roman dont la donnée originelle demeure, ainsi que le rappelle l'auteur du *Conte fantastique en France*, ostensiblement fantastique, est sous-titré « roman philosophique », choix déterminant pour un ouvrage destiné à former la clé de voûte des *Études philosophiques* au sein de *La Comédie humaine*. Emblématique de la production balzacienne au tournant de 1830, ce roman constitue, pour Pierre-Georges Castex, une « sorte de transition entre les histoires où domine le fantastique et les récits de plus longue haleine où dominent l'analyse psychologique et l'observation réaliste [14] ».

12. *OD*, t. I, p. XXIX.
13. Voir *OD*, t. II, p. 1537.
14. *Le Conte fantastique en France*, p. 199.

Constructions critiques d'un « Balzac 1830 » 271

L'inventeur de lui-même

Ce retour sur le motif de la conversion ou de la reconversion nous amène au dernier volet de ce panorama qui va du Balzac du *mal du siècle* à l'autre Balzac des *Œuvres diverses*, pour aborder le Balzac excentrique et phosphorique, praticien virtuose de la réclame personnelle, que José-Luis Diaz a dégagé tout au long de ses travaux, et particulièrement dans *Devenir Balzac* (2007) et *L'Écrivain imaginaire* (2007).

S'inscrivant dans la sociologie des identités culturelles menée depuis plusieurs années par José-Luis Diaz, ce Balzac 1830 est en effet tributaire des nouveaux modes d'affirmation et de commercialisation de l'auctorialité à l'époque romantique. Ainsi que l'a montré José-Luis Diaz, c'est à cette époque de profonde restructuration des procédés de légitimation artistique, résultant de l'avènement simultané de la presse et de l'édition moderne, que se développent un certain nombre de nouvelles pratiques (auto)promotionnelles mettant l'accent sur la personnalité de l'auteur, mise en vitrine selon des scénarios singularisants, quoique paradoxalement fondés sur des imaginaires préalables et partagés. Les travaux de José-Luis Diaz soulignent, en outre, que ces figurations répondent d'une nécessité pragmatique de s'affirmer dans un paysage littéraire dorénavant marqué par les lois du marché et de la concurrence. Au vu de ces constats, le paradigme des « scénographies auctoriales » prend pour nous une importance capitale, puisqu'il permet de déceler, dans les constructions critiques de Balzac 1830, la rémanence des figurations textuelles auxquelles Balzac a pu avoir recours en cette période charnière.

L'Écrivain imaginaire aborde le *Balzac excentrique* de 1830 sous un jour résolument pragmatique. Soulignant les perspicacités d'un Balzac « soucieux de se modeler une nouvelle image publique », de « se mouler dans le nouveau costume auctorial à la mode » [15], conscient, enfin, « du dommage financier que

---

15. José-Luis Diaz, *L'Écrivain imaginaire. Scénographies auctoriales à l'époque romantique*, Champion, 2007, p. 490.

risque de lui causer une mauvaise "image de marque"[16] », l'enquête nous le révèle « tuant son propre fantôme » dans la Préface à la première édition de *La Peau de chagrin*, en l'occurrence le « célibataire » scabreux, signataire de la *Physiologie du mariage*. Prise dans cette perspective, la théorisation du désenchantement dans la onzième *Lettre sur Paris* se révèle elle aussi sous un jour plus pragmatique.

Le cinquième chapitre de *Devenir Balzac*, consacré à « Balzac conteur phosphorique », fait ainsi ressortir tout le charlatanisme du collectif fantasmé, réunissant, dans une même école, Balzac, l'auteur de *Rouge et Noir* et les « astres du néo-Panthéon français de la littérature déceptive que sont Janin et Nodier », une opération permettant à Balzac « de se raccorder au train de ces deux succès romanesques de l'année »[17]. Au terme d'une minutieuse analyse rassemblant articles de camarade et recensions conniventes, anonymes ou pseudonymes, le chapitre démontre l'habileté scénographique de Balzac cultivant pour lui-même cet effet de « Panthéon », tant avec les camarades qu'avec les valeurs sûres de la bourse littéraire, à savoir Sterne, Hoffmann, mais aussi Rabelais, toujours dans le souci d'assurer la légitimité d'une production journalistique nécessairement éphémère.

Ce même chapitre détaille, par ailleurs, l'élaboration d'une nouvelle image auctoriale, diffusée de connivence par Balzac et ses aides de camp, celle du « conteur [et] amuseur de gens qui prend pour base la criminalité secrète, le marasme et l'ennui de son époque[18] », image que glorifie, entre autres, Philarète Chasles dans son « Introduction » aux *Romans et contes philosophiques* (septembre 1831) : ce panégyrique de la « frénésie d'invention », de l'« énergie » et de la « fécondité » du conteur participe, lui-aussi, de l'« effet Panthéon », invoquant Byron et Godwin pour mieux faire l'éloge des talents de « M. de Balzac », virtuose observateur de son siècle moribond, galvaniquement animé et scintillant de « lueur phosphorique »[19].

16. *Ibid.*, p. 182, de même que les quatre mots cités ensuite.
17. José-Luis Diaz, *Devenir Balzac. L'invention de l'écrivain par lui-même*, Saint-Cyr-sur-Loire, Christian Pirot, 2007, p. 122.
18. *Ibid.*, p. 127.
19. Ph. Chasles, *CH*, t. X, p. 1187.

Constructions critiques d'un « Balzac 1830 »   273

L'attention à la mise en scène de soi ne revient pas, cependant, à réduire les expérimentations de cet inventeur de lui-même à de l'opportunisme mercantile, loin de là. C'est ce que démontre l'article « Ce que Balzac fait au fantastique », qui nuance les interprétations de Maurice Bardèche ou de Pierre-Georges Castex quant à l'adoption de la mode hoffmannienne. En effet, l'analyse de José-Luis Diaz dans cet article fait justement ressortir la création originale, par le truchement des exigences de la mode et de la mise en scène de soi, d'un fantastique spécifiquement balzacien, allant de pair avec le personnage auctorial dont nous venons de voir la médiatisation, mais aussi avec la théorisation du désenchantement qui y ressortit.

Plutôt que la fantaisie hoffmanienne ou bien le fantastique surnaturel démarqué du roman noir, c'est un « fantastique social » et « urbain » que l'analyse de José-Luis Diaz dégage de la production balzacienne au tournant de 1830, une production qui « tire le fantastique des entrailles même d'une société désorganisée »[20]. Plus tard, le refus de l'étiquette fantastique, notamment, dans le cas des deux contes que Balzac fournit au recueil collectif des *Contes bruns*, atteste la remarquable perspicacité d'un Balzac abandonnant le rôle de « conteur » alors que la mode du fantastique commence justement à s'essouffler, pour se transfigurer une nouvelle fois en historien des mœurs, à la tête du projet, expansif et totalisant, de *La Comédie humaine* en gestation.

Les nouvelles perspectives ouvertes sur les années climatériques de 1829 à 1831 par les travaux de José-Luis Diaz permettent ainsi de redonner la place qui lui revient à cet autre « autre Balzac », virtuose inventeur de lui-même, dont la participation aux effets de modes, aux logiques promotionnelles et à la presse ne relève pas simplement de l'ambition de réussite, mais correspond à une réflexion complexe sur la valeur et le rôle de l'identité auctoriale. Ce que nous offre la critique balzacienne, c'est donc autant de perspectives distinctes mais

---

20. José-Luis Diaz, « Ce que Balzac fait au fantastique », *AB 2012*, p. 79.

complémentaires sur un auteur qui a la particularité d'avoir su, très tôt, se donner lui-même pour objet de construction.

Maria BELIAEVA SOLOMON.

« Mémoires de deux jeunes mariées » :
approches critiques et pédagogiques

INTRODUCTION AUX LECTURES DE *MÉMOIRES DE DEUX JEUNES MARIÉES*

« *Le cœur est prolixe* » [1]

Dans le parcours « Raison et sentiments », *Mémoires de deux jeunes mariées* est proposé à l'étude des élèves de Première technologique. Nul doute que la question du mariage, qui passionne Balzac depuis ses débuts littéraires, ne continue à soulever de l'intérêt, voire des débats animés en classe... même si elle ne se pose pas dans les mêmes termes juridiques et sociétaux en 1842 et en 2023. Si le sujet reste d'actualité, la formulation du titre balzacien apparaît délicieusement désuète, pour ne pas dire franchement obsolète. Le statut sexuel et social de la « jeune mariée », caractéristique de cette étape obligée dans la vie des femmes du XIXe siècle, méritera de la part des enseignants explication et contextualisation [2].

Paru en feuilletons dans *La Presse* du 1er novembre 1841 au 15 janvier 1842, puis en deux volumes in-8° chez Souverain en février 1842, ce roman épistolaire ouvre le tome II de *La Comédie humaine* publiée par Furne, Dubochet et Cie, Hetzel et Paulin, en septembre 1842, dans la section *Scènes de le vie privée*, socle des *Études de mœurs*. Primitivement conçu

---

1. Préface de la première édition des *Mémoires de deux jeunes mariées*, CH, t. I, p. 193. Toutes les références à ce roman se feront in-texte.
2. On pourra consulter avec profit l'ouvrage de Michelle Perrot, *La Vie de famille au XIXe siècle*, suivi des *Rites de la vie privée bourgeoise* par Anne Martin-Fugier, Seuil, coll. « Points », 2015.

L'Année balzacienne 2023

autour d'une jeune mariée, puis étendu à un duo féminin, le roman est élaboré à une période de découragement de Balzac, hanté par la vieillesse [3]. On est bien loin du fringant célibataire auteur de la *Physiologie du mariage* qui fit scandale en 1829. « Je ne crois plus guère à un avenir heureux, écrit-il à Mme Hanska le 2 décembre 1839, et je vais poussé par la main rigoureuse du devoir [4]. » « À quarante ans, poursuit-il en janvier 1840, après quinze années de travaux constants, il est permis de se lasser du travail quand il donne en résultat, une renommée contestable, une misère réelle [...] J'ai perdu goût à bien des joies, et il y a bien des plaisirs que je ne conçois plus. Je suis effrayé d'une espèce de vieillesse intérieure qui m'a saisi [...] [5] ». Le temps des personnages conquérants est révolu ; Rastignac s'efface devant les artistes incompris, les travailleurs méconnus et trahis par la femme aimée, tels Gambara ou Albert Savarus. Et pourtant, Balzac souhaite « terminer [s]a jeunesse par toute [s]a jeunesse, par une œuvre en dehors de toutes [s]es œuvres, par un livre à part qui reste dans toutes les mains, sur toutes les tables, ardent et innocent [...] [6] ».

Mémoires de deux jeunes mariées réalise-il ce programme ? Il s'agit bien d'un livre à part dans *La Comédie humaine*, par le choix de la forme épistolaire, « peut-être le dernier des véritables romans par lettres », comme le suggère Jean Rousset [7]. Le jeune Balzac s'est essayé au roman par lettres, avec *Sténie ou les Erreurs philosophiques*, texte inachevé, inspiré par la lecture de *La Nouvelle Héloïse* [8]. Il reprend partiellement en 1835 dans *Le Lys dans la vallée* le choix épistolaire sous forme de la longue confession qu'envoie Félix de Vandenesse à Natalie de Manerville, suivie de la sèche lettre de rupture. C'est bien

---

3. Voir l'Introduction d'Arlette Michel aux *Mémoires de deux jeunes mariées*, « GF », 1979, p. 31.

4. *LHB*, t. I, p. 495.

5. *Ibid.*, p. 500.

6. *Ibid.*, p. 453. Lettre du 20 mai 1838.

7. Jean Rousset, *Forme et signification, essais sur les structures littéraires de Corneille à Claudel*, José Corti, 1962, p. 101.

8. Publié dans les *Œuvres diverses*, *Pl.*, t. I, p. 719-855. Pour les questions de datation (entre 1819 et 1822) voir la présentation de Pierre-Georges Castex, p. XXV, et les annotations de René Guise, p. 1569 et suiv.

Introduction aux lectures de « Mémoires... » 279

avec *Mémoires de deux jeunes mariées* que s'épanouit la forme dialoguée entre deux correspondantes. Désireux de composer un grand roman de la destinée féminine, à partir de ce seuil qu'est l'entrée dans le monde, précédant le mariage, Balzac adopte une forme qui favorise le débat, en multipliant parallèles et jeux d'oppositions. Comme les deux sœurs Guillaume de *La Maison du Chat-qui-pelote*, qui se marient par amour ou par raison, la parisienne Louise de Chaulieu et la provinciale Renée de l'Estorade débutent dans la vie par le mariage, seul moyen pour ces filles bien nées, mais sans dot (Molière n'est pas loin), d'échapper aux vœux monastiques. L'une, Louise, privilégie la passion amoureuse (les « sentiments »), par deux fois, et se sert de la lettre pour faire « sentir les passions [9] » ; l'autre, Renée, accepte par « raison » un mariage conclu par sa famille et, « petit docteur en corset » (p. 338), selon les termes de Louise, s'efforce en argumentant de convertir son amie aux joies de la maternité. Effusion de l'âme ou discours argumentatif, la lettre se prête tour à tour à la confrontation idéologique et au « poème » d'amour (p. 279) ou de passion maternelle (p. 353). Toutefois les rôles ne sont pas fixés une fois pour toutes : Renée la raisonneuse connaît à son tour la violence des sentiments lorsqu'elle devient mère et Louise, la passionnée, ne perd pas sa faculté d'observation critique quand elle se fait chroniqueuse mondaine ou quand elle gère ses affaires.

En reprenant ainsi une forme héritée du siècle précédent, Balzac participe aux débats d'idées sous la monarchie de Juillet autour du mariage et de la condition féminine ; il le fait en développant une poétique du roman bien particulière, et suscite, grâce à la complexité des échanges entre les épistolières, des lectures critiques dont nous voudrions esquisser quelques pistes.

---

9. Jean Rousset, *op. cit.*, p. 67. Rousset cite les *Réflexions* pour la réédition de 1754 des *Lettres persanes* de Montesquieu : « Ces sortes de romans réussissent ordinairement parce que l'on rend compte soi-même de sa situation actuelle, ce qui fait plus sentir les passions que tous les récits qu'on en pourrait faire ».

I

MÉMOIRES DE DEUX JEUNES MARIÉES OU DÉBAT « SUR LE BONHEUR ET LE MALHEUR CONJUGAL [10] »

Par sa formation de juriste et par les préoccupations de sa vie privée – les échanges épistolaires dans la famille Balzac en 1820 et 1821 concernent en grande partie les mariages des deux sœurs d'Honoré [11] –, Balzac a eu l'occasion de méditer sur l'institution du mariage et d'en débattre, avec George Sand notamment, à qui le roman est dédié (p. 195).

Mémoires et mémoire

Le titre choisi pour cet échange épistolaire peut surprendre. Des « mémoires », à caractère historique ou autobiographique, supposent un récit rétrospectif, un retour sur le passé par le mémorialiste qui, plus avancé dans la vie, relate et juge en même temps les événements révolus et la formation de sa personnalité. Or, les deux jeunes femmes échangent pendant une douzaine d'années leurs expériences et leurs sentiments sur le vif, sur le mode diariste. Balzac a-t-il préféré le titre de « mémoires », pour désigner « cette double chronique épistolaire », à celui de « lettres » parce que les épistolières ne sont pas seules à écrire et que les *Mémoires de deux jeunes mariées* comportent aussi des lettres des « jeunes mariés » et de leurs relations [12] ? Ne peut-on superposer aussi au sens de « mémoires », celui de « mémoire » au singulier, comme le fait Max Andréoli [13], dans son acception juridique, voire littéraire (dissertation sur un sujet précis) ? En ce cas Balzac instruirait

---

10. On aura reconnu une partie du sous-titre de la *Physiologie du mariage ou Méditations de philosophie éclectique sur le bonheur et le malheur conjugal*.

11. Voir Roger Pierrot, *Honoré de Balzac*, Fayard, 1999, chap. 18, p. 82 (« Laure Balzac devient Laure Surville ») et chap. 22, p. 99 (« Le mariage de Laurence »).

12. C'est l'hypothèse de Roger Pierrot, éd. citée, p. 1252.

13. Dans son article « Un roman épistolaire : les *Mémoires de deux jeunes mariées* », *AB 1987*, p. 256.

Introduction aux lectures de « Mémoires... » 281

le dossier du mariage en versant tour à tour les pièces et les arguments apportés par chacune des parties. Enfin, ne négligeons pas la référence à la mémoire, au féminin cette fois-ci. Celle-ci nourrit la correspondance entre les deux amies, qui comblent leur séparation physique par l'évocation de leurs souvenirs communs et de leur proximité toujours vivante. Louise rappelle les paroles que lui adressait Renée dans ses « extases d'amitié » (p. 309 [14]) et Renée a consacré un banc, « le banc de Louise » (p. 310) dans un endroit reculé de la Crampade, au souvenir de son amie et à la lecture de ses lettres. De façon plus large, si le roman en tant que genre est habité par l'expérience de la disparition d'un monde révolu, que seul fait revivre le travail de la mémoire, les « héros » balzaciens, selon Isabelle Daunais, vivent les dernières heures d'une « mémoire partagée et visible ». Les plus forts d'entre eux sont reconnus pour personnifier les vertus d'un monde ancien aboli, mais il en est « des adroits et rusés » qui se distinguent par leur aptitude à conquérir le monde nouveau qui leur est offert [15]. Cette double vocation du héros, tourné vers le passé ou projeté dans le présent, peut éclairer le duo complémentaire de Louise et de Renée. À toutes les deux sont présentées les thèses de Bonald, dont Gérard Gengembre évoque l'influence ambivalente dans son article « *Mémoires de deux jeunes mariées* ou Bonald contredit par le romanesque ». Louise, chapitrée par son père qui lui expose la théorie de Bonald sur la famille (p. 242-244), répond ironiquement et se refuse à « être la Jeanne d'Arc des Familles » (p. 242), tout en respectant le code d'honneur de sa caste ; Renée, elle, adhère aux propos de Bonald, qu'elle oppose à la lecture de *Corinne* (p. 272). Or, des deux épistolières, c'est Louise la rebelle qui, tout en refusant le sacrifice que l'on attend d'elle, porte haut les valeurs de l'aristocratie qu'elle cultive en perpétuant le souvenir de sa grand-mère, la princesse de Vaurémont (p. 198-203), et c'est

---

14. « [...] toi qui disais dans tes extases d'amitié, sous le berceau de vigne, au fond du couvent : "Je t'aime tant, Louise, que si Dieu se manifestait, je lui demanderais toutes les peines, et pour toi toutes les joies de la vie". »

15. Isabelle Daunais, *Les Grandes Disparitions, essai sur la mémoire du roman*, Presses universitaires de Vincennes, 2008. Les citations sont extraites de la page 28.

282 *Mireille Labouret*

Renée, chantre du « patriarcalisme absolutiste [16] », qui dirige dans l'ombre « toute la politique de la maison de l'Estorade » (p. 348) et qui se montre fort habile pour tirer profit du nouveau régime de la monarchie de Juillet (p. 372-373). Louise ressuscite « l'ombre de la chère princesse » (p. 202-203) et remonte le temps encore plus avant en se plaçant sous le patronage de Louise de La Vallière (p. 198) ; discret personnage reparaissant, Renée saura s'intégrer au cercle restreint des femmes influentes de *La Comédie humaine* [17].

Dès son titre, le roman se propose donc comme un débat contradictoire autour de la conception de l'amour et de la famille. Il s'inscrit tout naturellement dans la lignée de *La Nouvelle Héloïse*, dont Louise-Balzac veut se démarquer (p. 239). Avatar romantique de Julie d'Étange, Louise de Chaulieu réitèrerait les erreurs de Julie, en s'abandonnant sans frein à deux passions mortifères, cependant que Renée endosserait le rôle de Julie de Wolmar, convertie à la raison, ou celui de la sage Claire d'Orbe. La conclusion de Balzac reste proche de celle de Rousseau. Les seules valeurs viables sont celles de Renée, la bien nommée, qui redonne vie à son mari et à sa bastide (p. 221) et sauve de la mort son fils malade (p. 342). Mais si Louise meurt de n'atteindre l'absolu de l'amour que par intermittences, c'est elle, la romanesque, qui porte la dynamique du roman. Ce dernier ne s'achève-t-il pas, comme le roman de Rousseau, par la mort de Louise ?

Moins célèbres que *La Nouvelle Héloïse*, des romans par lettres, quasi contemporains des *Mémoires de deux jeunes mariées*, exposent les misères et les rares bonheurs de la vie conjugale en tirant des conclusions opposées [18]. Qu'ils soient

16. Selon la classification qu'opère Claudie Bernard, *Penser la famille au dix-neuvième siècle (1789-1870)*, Publications de l'Université de Saint-Étienne, 2007, p. 205.

17. Balzac la fait reparaître sur une liste de « reines de Paris », dans *La Fausse Maîtresse* (1842), *CH*, t. II, p. 199-200, et en conclusion d'*Ursule Mirouët* (1841), *CH*, t. III, p. 987.

18. Voir Arlette Michel, *Le Mariage chez Honoré de Balzac. Amour et féminisme*, Les Belles Lettres, 1978, particulièrement le chapitre IV, « Féminisme aristocratique et féminisme bourgeois » qui rappelle l'importance du roman de Théophile de Ferrière (1837), journaliste légitimiste, *Les Romans et le mariage*, ainsi que les extraits de Ferrière donnés en annexe de son édition des *Mémoires*

Introduction aux lectures de « Mémoires... »   283

proches de Bonald ou de sensibilité saint-simonienne, ils nourrissent un débat qui se poursuit entre Balzac et George Sand. Faut-il rappeler la célèbre conclusion de la lettre de remerciement qu'adresse à Balzac la dédicataire des *Mémoires de deux jeunes mariées* ? « J'admire celle qui procrée, mais *j'adore* celle qui meurt d'amour. Voilà tout ce que vous avez prouvé et c'est plus que vous n'avez voulu ». Et la réponse de l'auteur : « [...] chère, soyez tranquille, nous sommes du même avis, j'aimerais mieux être tué par Louise que de vivre longtemps avec Renée [19] ».

Scène de la vie privée et poétique du secret

Publié dans la section *Scènes de la vie privée*, *Mémoires de deux jeunes mariées* retrace, comme nombre de récits regroupés dans cette rubrique, « le tableau vrai de mœurs que les familles ensevelissent aujourd'hui dans l'ombre [20] ». Sous la plume de Félix Davin, Balzac se montre désireux de créer, à côté de « grands types » et de « passions majeures », « des types secondaires et des passions de moyen ordre, non moins dramatiques, et surtout plus neufs. Ces passions et ces types, il est allé les chercher presque tous dans la famille, autour du foyer » [21]. Le roman par lettres, propice à la confidence, traque les secrets de famille. À peine sorties de leur couvent qui les tenait à l'écart de la vie familiale, la « Mignonne » et la « Biche blanche », sous des dehors ingénus, découvrent les dessous de cartes peu avouables de leurs familles aristocratiques. Les mères indifférentes et lointaines ont laissé les pères disposer

de deux jeunes mariées (« GF », éd. citée, p. 308-311). En suivant les vicissitudes de trois couples, Ferrière prône un mariage d'inclination fondé sur un amour raisonnable, qui permettrait à la femme de s'accomplir comme épouse et mère. On est loin des conclusions amères du roman épistolaire de George Sand, *Jacques* (1834), qui s'achève sur le suicide de Jacques, laissant ainsi libre son épouse.

19. Lettre de George Sand à Balzac, février 1842, et réponse de Balzac, février ? 1842, *Corr. Pl.*, t. III, p. 19.

20. Préface de la première édition des *Scènes de la vie privée* (1830), *Pl.*, t. I, p. 1173.

21. *Introduction* aux *Études philosophiques*, *Pl.*, t. I, p. 1208.

des parts de fortune de leurs filles au profit de leur fils cadet, en contournant la loi (p. 206-207 et p. 219) [22]. Leur retour dans le monde répond au hasard des tribulations d'un revenant pour Renée (p. 218), au hasard d'une décision familiale pour Louise qui s'interroge : « Qui donc a eu des entrailles ? est-ce ma mère, est-ce mon père, serait-ce mon frère ? » (p. 207). L'apôtre de la Famille, le duc de Chaulieu, joue « si parfaitement [...] son rôle de père » que sa fille lui en croit le cœur (p. 205). « En quinze jours », Louise la perspicace a « découvert les secrets de la maison » (p. 229) : vie séparée des parents qui ne sauvent que les apparences, adultère de la duchesse avec le poète Canalis, « qui étudie sans doute avec elle la diplomatie de trois heures à cinq heures » (p. 229), jalousie du frère aîné et absence du cadet. Quant à la famille Maucombe, elle est comparée par Louise à « une vraie famille Harlowe, plus l'esprit provençal » (p. 330), ce qui fait de Renée une victime potentielle de sa famille. Les secrets de famille des deux correspondantes sont redoublés par les échanges entre les frères Hénarez, qui dévoilent les drames cachés de la maison de Soria : proscription de don Felipe, amour secret de la fiancée de ce dernier pour le cadet Fernand, fuite en Sardaigne et exil en France sous le nom d'Hénarez (p. 223-225). La deuxième partie du roman accentue le romanesque du secret : la naissance adultérine de Marie Gaston et la disparition mystérieuse de son frère qui lui a servi de père (p. 361) préludent au quiproquo fatal. Roman des secrets de famille, *Mémoires de deux jeunes mariées* se ferme sur le piège d'un secret mal interprété : Louise se méprend sur l'identité de cette autre Mme Gaston qui n'est que sa belle-sœur légitime (p. 395 et p. 397).

---

22. Pour Louise de Chaulieu, son père voulait employer l'héritage laissé à Louise par sa grand-mère pour constituer un majorat (part inaliénable de fortune prélevée sur la fortune familiale) au profit de son frère cadet ; pour Renée de Maucombe, son père, enchanté de voir Louis de l'Estorade disposé à l'épouser sans dot tout en lui en reconnaissant fictivement une, contourne ainsi l'égalité des droits des enfants à l'héritage : Renée sera lésée de ses droits au moment de la succession, puisqu'elle est censée avoir déjà reçu sa part.

Introduction aux lectures de « Mémoires... » 285

Illusions perdues au féminin ?

Le titre le souligne bien : il s'agit des débuts dans la vie de deux « jeunes » femmes, âgées de dix-sept ans quand commence leur correspondance (p. 252). Ce sont les hommes, l'Estorade et Macumer, qui portent les stigmates du temps, tous deux vieillis par les épreuves de l'Histoire. Avatar plus heureux du colonel Chabert et du comte de Mortsauf réunis, Louis de l'Estorade incarne « l'exilé » que sa fiancée présente plaisamment : il « est comme la grille, bien maigre ! [...] À trente-sept ans, il a l'air d'en avoir cinquante » (p. 220). « [P]etit et laid », le futur mari de Louise n'a pas « plus de vingt-six à vingt-huit ans » alors qu'il en paraît quarante (p. 234). L'éclat de la jeunesse semble l'apanage des femmes. La duchesse de Chaulieu éblouit sa fille par une beauté sur laquelle le temps n'a pas de prise (p. 204). Renée surprend Louise par son épanouissement de jeune mère (p. 329) et Louise elle-même meurt, comme elle l'a souhaité, « à trente ans, jeune, belle, tout entière » (p. 400). Acmè de la gloire féminine et début du déclin pour Louise [23], les trente ans sont vus par Renée de façon plus apaisée : « J'ai trente ans, voici le plus fort de la chaleur du jour passé, le plus difficile du chemin fini. Dans quelques années, je serai vieille femme... » (p. 374). Il n'y a pas deux femmes de trente ans semblables dans *La Comédie humaine* [24]...

Si les marques physiques du vieillissement semblent épargner les épistolières, qu'en est-il de leur conscience du temps et de leur apprentissage de la vie au cours des ans ? Claude-Edmonde Magny compare très justement *Mémoires de deux jeunes mariées* à *Illusions perdues* ; elle le lit comme l'« histoire d'une graduelle "démystification", contrepartie féminine des

---

23. Taraudée par le doute quand elle épouse le jeune et beau Marie Gaston : « J'ai trente ans bientôt, et à cet âge une femme commence de terribles lamentations intérieures. Si je suis belle encore, j'aperçois les limites de la vie féminine ; après, que deviendrai-je ? Quand j'aurai quarante ans, *il* ne les aura pas, *il* sera jeune encore, et je serai vieille » (p. 383).

24. Comme le souligne Félix Davin dans l'*Introduction* aux *Études philosophiques, CH*, t. X, p. 1207 : « [...] dans l'innombrable série des sujets déjà connus, il se rencontre soixante figures féminines, toutes dissemblables ».

viriles *Illusions perdues*[25] ». L'apprentissage des jeunes filles passe, comme pour les jeunes gens, par un changement de lieux, dont Cyrille Fabre-Lalbin analyse les modalités et les enjeux : dans la première partie du roman, Renée la première, puis Louise quittent le couvent de Blois dans lequel elles ont reçu une première éducation et retrouvent leur famille en Provence et à Paris ; Louise de Macumer reçoit l'aristocratie parisienne « dans un charmant hôtel, rue du Bac » (p. 307), se retire en été dans sa terre de Chantepleurs et voyage à travers l'Italie en compagnie de Macumer (p. 335-336), suivant le rythme des saisons mondaines. Renée progresse plus lentement ; elle améliore sa bastide provençale et finit par s'installer à Paris, elle aussi, pendant les sessions parlementaires (p. 348).

Nous savons peu de choses de l'enseignement dispensé au couvent[26] ; leur véritable et fantasque formation vient de leurs rêveries partagées et de leur propension à la fantaisie (p. 196-197), complétée par « une éducation inconnue, celle que nous nous sommes donnée l'une à l'autre en raisonnant à perte de vue », précise Louise (p. 210). Antonia Maestrali a recherché les traces de leurs lectures et l'influence que ces dernières ont eue sur elles. Ce mince bagage leur permet-il de comprendre le monde qui les attend et d'y prendre place ? La science de la toilette et la pratique de la danse n'empêchent pas Louise de se sentir « d'une ignorance crasse » et de croire Mme de Staël encore en vie (p. 210). Mais la débutante apprend vite et parvient à troquer la gaucherie passive de la jeune fille à marier (p. 216) pour des manœuvres dignes de Célimène (p. 324). La voici qui « règne enfin dans ce Paris où [elle] étai[t]si peu de chose il y a bientôt deux ans » (p. 325-326). Renée n'est pas en reste, elle qui a rapidement saisi le parti qu'elle pouvait tirer de son mariage avec l'Estorade et

25. Introduction aux *Mémoires de deux jeunes mariées*, éd. « Formes et Reflets », 1950, t. VI, p. 12.

26. On peut consulter à ce sujet la méditation VI de la *Physiologie du mariage* intitulée « Des pensionnats », *CH*, t. XI, p. 967-975 et particulièrement la page 969 consacrée aux couvents ainsi que la visite qu'Anna de Fontaine rend à son amie de pension, Dinah de La Baudraye, le « phénix » du pensionnat Chamarolles dans *La Muse du département* (*CH*, t. IV, p. 656-657).

Introduction aux lectures de « Mémoires... »   287

s'est discrètement substituée à lui comme chef de famille[27]. Elle reste maîtresse de leur sexualité (p. 253), en stipulant son « libre-arbitre » de se donner à son mari quand il lui plaira, maîtresse de la fécondité du couple (p. 271 et p. 345), et dirige totalement la carrière de son mari en s'appuyant sur les relations de Louise (p. 339). Il n'est jusqu'à leurs finances qu'elle n'ordonne et ne calcule (p. 372-373)... « [T]u t'es faite ambitieuse sous le nom de Louis de l'Estorade », comprend Louise (p. 309) et la famille de l'Estorade a réussi grâce à elle une jolie ascension sociale.

Les deux couventines manifestent ainsi des facultés d'adaptation et de compréhension du monde plus grandes, semble-t-il, que celles de leurs homologues masculins d'*Illusions perdues*. Il est vrai que, nées au cœur du noble Faubourg ou à ses marges provinciales, les jeunes filles n'ont pas les mêmes obstacles sociaux à surmonter que les roturiers désargentés Lucien Chardon ou David Séchard. De quelle « démystification » parle donc Claude-Edmonde Magny et peut-on considérer ce roman comme un roman d'apprentissage au féminin ?

« [...] nos âmes folâtraient à l'envi en s'emparant de ce monde qui nous était interdit. Il n'y avait pas jusqu'à la Vie des Saints qui ne nous aidât à comprendre les choses les plus cachées ! », rappelle Louise dans sa première lettre (p. 197). Les premiers contacts avec sa famille, absente pour l'accueillir (p. 198), le premier bal qui lui fait découvrir « la brutalité du beau monde » et « l'égoïsme général » (p. 231), l'amour véritable dont elles ont tant rêvé ensemble absent des préoccupations mondaines, contribuent à la désillusion de Louise. Sa famille et le monde parisien auquel elle aspirait ne lui offrent qu'un simulacre de rôles et de masques. À quelles valeurs s'attacher si tout n'est que comédie ? Louise de Chaulieu choisit, comme Mathilde de la Mole du *Rouge et le Noir*, de faire revivre l'idéal chevaleresque, qu'elle voit incarné en Macumer. Elle lui impose une série d'épreuves (échanges de lettres et sonnets, promenade au clair de lune, foi absolue en

---

27. Dès leurs fiançailles, « M. de l'Estorade annonce l'intention formelle de se laisser conduire par sa femme. Or, comme je ne ferai rien pour l'entretenir dans cette sagesse », analyse Renée, « il est probable qu'il y persistera » (p. 222).

l'être aimé, même si l'on annonce son mariage) avant de l'agréer pour époux : « Felipe, mon ami, je suis par ma seule volonté votre femme dès cet instant » (p. 295). Loin de se laisser marier, c'est elle qui choisit son époux. La mort de Macumer, « tué par [l]es exigences, par [l]es jalousies hors de propos, par [l]es continuelles tracasseries » de Louise (p. 356), qui clôt la première partie du roman, ne la dissuade pas de renoncer à la passion amoureuse. L'expérience de son second mariage avec le poète Marie Gaston inverse les rôles et la conduit rapidement à la mort. À l'agonie, elle reconnaît ses erreurs sans regretter toutefois sa vie : « [...] j'ai eu soixante années d'amours. Ainsi, pour moi, pour lui, ce dénouement est heureux » (p. 400). Peut-on parler pour Louise d'apprentissage ? La répétition de ses erreurs manifeste la force intacte de sa passion stérile : « Oui, il n'y a que toi dans ton amour, et tu aimes Gaston bien plus pour toi que pour lui-même », dénonce Renée (p. 386). Le roman de Louise correspondrait plutôt à celui de « l'idéalisme abstrait », théorisé par Lukács [28] et illustré par *Don Quichotte*, dont Louise serait la version féminine [29]. La conscience de Louise, aveuglée par la recherche amoureuse, reste trop étroite pour s'adapter à la complexité décevante du monde.

La trajectoire de Renée épouse mieux le troisième type de roman qu'analyse Lukács, celui du roman d'apprentissage dont *Wilhelm Meister* de Goethe est l'illustration : « réconciliation de l'homme [ici de la femme] problématique – dirigé par un idéal qui est pour lui expérience vécue – avec la réalité concrète et sociale [30] ». La « *belle Renée de Maucombe* » (p. 221) renonce promptement à imaginer « les romans et les situations bizarres » dont Louise et elle-même se faisaient « les héroïnes ». Tombée « de l'Empyrée [...] dans les réalités vulgaires d'une destinée simple comme celle d'une pâquerette », elle accepte de réduire ses rêves et ses ambitions à l'existence

28. Georg Lukács, *La Théorie du roman*, [1920], Gallimard, coll. « Tel », 1989, p. 91.

29. Voir Mireille Labouret, « Honoré de Balzac lecteur du *Quichotte* », *AB 1992*, en particulier p. 44-51 qui se proposent de lire les *Mémoires de deux jeunes mariées* comme une réécriture d'un *Quichotte* féminin.

30. *Op. cit.*, p. 131.

Introduction aux lectures de « Mémoires... » 289

d'une « campagnarde » (*ibid.*). Cela ne va pas sans regret ni envie, lorsqu'elle vit par procuration les amours de son amie (p. 270). Mais la maternité, « à laquelle [elle a] ouvert un crédit énorme » (p. 280), devient pour elle ce que l'amour était à Louise et l'aide à concilier ses devoirs et ses plaisirs. La répartition des lettres le montre de façon éloquente : si les deux parties s'ouvrent sur une lettre de Louise et se ferment sur une de Renée, la première partie consacre le versant romanesque des *Mémoires de deux jeunes mariées*, dominé par Louise, qui écrit vingt-six lettres et en reçoit seize de Renée. L'équilibre s'établit dans la deuxième partie ; chaque épistolière écrit quatre lettres. Le comble du romanesque revient encore à Louise, mais les années d'apprentissage de Renée de Maucombe ont porté leurs fruits. Sa maternité heureuse rayonne sur une existence parfaitement accordée aux possibilités du monde extérieur.

II

LECTURES DES *MÉMOIRES DE DEUX JEUNES MARIÉES*

Il est impossible de présenter toutes les lectures qui ont été faites de ce roman épistolaire [31]. Les articles qui composent ce dossier mettent l'accent sur les contradictions entre l'idéologie du paratexte, le patronage affiché de Bonald et la fiction romanesque (Gérard Gengembre), sur le rôle de la lecture et la réflexion qu'elle suscite chez les personnages mais aussi chez les lecteurs et lectrices (Antonia Maestrali), sur les lieux et chemins de formation qu'empruntent les deux héroïnes (Cyrille Fabre-Lalbin).

Esquissons, en guise d'ultimes suggestions, deux autres pistes de lecture, qui s'inspirent de la poétique des éléments chère à Bachelard et à Gilbert Durand, ainsi que des travaux de la sociologue Nathalie Heinich. Elles nous conduisent à

---

31. Voir l'annexe qui donne la liste des articles de l'*AB* publiés sur ce roman.

290   *Mireille Labouret*

réfléchir sur l'élaboration de ce roman comme analogue du monde naturel ou du monde social.

Poétique des éléments

« Nous avons tant rêvé de compagnie, tant de fois déployé nos ailes », rappelle Louise à Renée dans sa première lettre (p. 196). Le clôture du couvent favorise l'essor de l'imagination et les deux jeunes filles se font littéralement « filles du feu » ou de l'air [32]. Proche du *Lys dans la vallée* en cela, *Mémoires de deux jeunes mariées* met en scène deux femmes qui incarnent les éléments essentiels de la nature, avec une nette prédominance pour l'eau et le feu [33]. Louise la blonde place son autoportrait sous le signe du feu : « [...] la santé mord de sa flamme vive et pure ces lignes nerveuses [...] Mon front étincelle [...] je ne suis pas une blonde fade et à évanouissements, mais une blonde méridionale et pleine de sang, une blonde qui frappe au lieu de se laisser atteindre » (p. 212). Louise « feu follet » (p. 398) se brûle aux tortures de la jalousie, si bien que l'on peut lire sa stérilité comme l'image de l'autodestruction qu'elle s'inflige. Comme lady Dudley, dans *Le Lys dans la vallée* [34], elle absorbe les larmes et les émotions d'autrui sans les restituer et sans y répondre. Ainsi déplore-t-elle la mort de Macumer : « Cet intarissable amour qui me souriait toujours, qui n'avait que des fleurs et des joies à me verser, cet amour fut stérile » (p. 357). Ce sont des métaphores de feu qui caractérisent ses soupçons à l'encontre de Gaston : « Je n'avais pas encore posé le pied dans cette fournaise [35] » (p. 391). Fille du feu, Louise est naturellement attirée par les « yeux de feu qui brillaient comme deux escarboucles » de

---

32. « [...] nous étions tour à tour l'une pour l'autre un charmant hippogriffe » (p. 197).

33. Voir Mireille Labouret, *Balzac, la duchesse et l'idole, poétique du corps aristocratique*, Champion, 2002, chapitre V, « Une nature féminine en harmonie avec la nature ».

34. *Le Lys dans la vallée, CH*, t. IX, p. 1144-1145.

35. Elle évoque dans la même page « les sombres et ardents palais de la souffrance ».

Introduction aux lectures de « Mémoires... »   291

l'Espagnol Hénarez (p. 250), qui ne sont pas sans rappeler les yeux noirs de Renée[36]. En vain Louise espère-t-elle combattre le feu qui la dévore par l'eau des larmes (p. 398). L'eau lui sera fatale. « Je me mettais en sueur la nuit et courais me placer au bord de l'étang, dans la rosée » (p. 400). Non plus « signe de l'ouverture érotique, du don amoureux de soi[37] », la sueur représente ici l'antagonisme mortel du feu et de l'eau, à jamais incompatibles.

Face à cette fille du feu, Re-née oppose l'apaisement de l'eau baptismale et nourricière et préfère les métaphores marines[38]. Quoique brune aux yeux noirs, elle apparaît comme le nouveau lys de l'« oasis » de Gémenos et la nymphe de la Crampade, qu'elle irrigue et métamorphose en « gazons toujours verts », grâce à la source venant de Maucombe (p. 221). La « valorisation substantielle qui fait de l'eau un lait inépuisable, le lait de la nature Mère, [...] marque l'eau d'un caractère profondément féminin », souligne Bachelard[39]. Femme féconde et mère heureuse, Renée célèbre la poésie de l'allaitement : « [...] être nourrice, ma Louise, c'est un bonheur de tous les moments. On voit ce que devient le lait, il se fait chair, il fleurit au bout de ces doigts... » (p. 321). L'aïeul avare lui-même, à la vue de Renée nourrissant son petit-fils, laisse échapper une « larme dans ces deux yeux secs où il ne brille guère que des pensées d'argent » (p. 322). Elle se plaît à donner à Louise les soins détaillés des bains des enfants[40], ce

36. « [...] ces yeux noirs qui, disais-tu, faisaient mûrir les fruits que je regardais » (p. 220-221). Louis de l'Estorade vante également « [l]'éclat de tes yeux noirs » (p. 257).

37. Selon l'interprétation de Jean-Pierre Richard, « Corps et décors balzaciens », *Études sur le romantisme*, Seuil, 1970, p. 41.

38. Renée rêve aussi, mais à sa façon : « Qui m'empêche de laisser voguer sur la mer de l'infini les embarcations que nous y lancions ? » (p. 236).

39. *L'Eau et les rêves. Essai sur l'imagination de la matière*, Corti [1942], 1978, p. 171.

40. « Mon jeune singe est, en cinq mois, devenu la plus jolie créature que jamais une mère ait baignée de ses larmes joyeuses, lavée, brossée, pomponnée » (p. 321). « Je passe mon peignoir : on retrousse ses manches, on prend devant soi le tablier ciré ; je baigne et nettoie alors mes deux petites fleurs, assistée de Mary. Moi seule je suis juge du degré de chaleur ou de tiédeur de l'eau [...] » (p. 350).

que critique avec humour George Sand[41]. La jeune femme déploie toutes ses forces vives lors d'une maladie d'Armand, qu'elle sauve en le baignant de ses larmes salvatrices : « [...] la peau était si sèche, si rude, si aride, que l'onguent ne prit pas. Je me mis alors à fondre en larmes pendant si longtemps au-dessus du lit, que le chevet en fut mouillé. [...] j'ai débarrassé mon enfant de tous les topiques de la médecine, je l'ai pris, quasi folle, entre mes bras [...] » (p. 341-342).

L'antagonisme de l'eau et du feu se double d'une opposition du jour et de la nuit. La brune Renée est associée à l'éclat du jour provençal ; la vie réglée qu'elle mène – « Nous sommes toujours couchés à neuf heures et levés au jour » (p. 298) – privilégie les activités diurnes et les contemplations de paysage au grand jour (p. 309). La vie de Louise se décline en une série de nocturnes : soirées mondaines, clair de lune propice aux rencontres avec l'amant (p. 261), à la nuit de noces (p. 305) ; et sa mort tout naturellement vient de l'eau dormante qu'elle hante la nuit (p. 400). Elle meurt cependant au lever du jour ; l'« ange le plus charmant » (p. 403) serait-il rendu à sa vocation céleste ?

Les composantes naturelles présentes dans les deux personnages féminins trouvent une correspondance dans les paysages qu'elles façonnent à leur guise. Renée, on l'a vu, accepte d'épouser Louis de l'Estorade « à la condition expresse d'être maîtresse d'arranger la bastide et d'y faire un parc » (p. 220). L'eau de Maucombe sauvera les arbres brûlés, verdira les gazons poudreux de la vieille bastide. Renée construit patiemment son jardin provençal, planté d'orangers et citronniers, en terrasses qui culminent avec un kiosque, d'où ses « yeux pourront voir peut-être la brillante Méditerranée » (p. 221). Lieu de l'élévation, espace ouvert sur l'infini de la contemplation marine, l'oasis de la Crampade a tout d'un Éden retrouvé.

Après l'intermède de Chantepleurs, dont le nom se passe de commentaire, aménagé par Felipe pour son épouse, Louise

---

41. Lettre de février 1842, *Corr. Pl.*, t. III, p. 18 : « Ainsi je trouve que vous lavez trop ces enfants devant nous ! et cependant avec quel art prodigieux et quelle charmante poésie, vous nous faites, malgré tout, accepter toutes ces éponges et tous ces savons ! »

Introduction aux lectures de « Mémoires… »   293

au début de la deuxième partie modèle à son tour ce qu'elle croit être un paradis (p. 364-366). Si elle prend soin de creuser un étang alimenté par « des sources ravissantes » (p. 364), d'aménager une île et de dissimuler toutes les constructions du Chalet sous une végétation exubérante, la disposition en entonnoir du parc, la clôture absolue du lieu en font un Éden provençal inversé [42]. La flotte de cygnes blancs qui vogue sur l'étang et le silence « à réjouir les morts » (p. 366) annoncent le chant du cygne final [43], et la crainte que Louise exprime une dernière fois sous forme ignée : « Pourvu que j'aie fait autre chose que de me préparer un magnifique bûcher ! » (p. 367) se révèle prophétique.

Mieux encore que les échanges polémiques de la correspondance, ces « corps et décors » opposés et intimement complémentaires signifient la force du duo féminin : « Pauvre homme qui croit épouser une seule femme ! S'apercevra-t-il qu'elles sont deux ? » (p. 222).

Construction de l'identité féminine dans « Mémoires de deux jeunes mariées »

La sociologue Nathalie Heinich s'intéresse à ce roman dans son ouvrage *États de femme, l'identité féminine dans la fiction occidentale*. À partir de la lecture d'environ deux cent cinquante œuvres de fictions européennes des XIXe et XXe siècles, elle mène une enquête anthropologique sur ces représentations de l'identité féminine que construit la fiction. Elle répertorie une « configuration relativement stable, faite d'un petit nombre d'"états" dûment structurés, définis par quelques paramètres, et dont les changements obéissent à des règles précises [44] ».

42. Ce que devient explicitement le Chalet quand la tentation du doute s'installe : « J'étais comme au fond d'un précipice au milieu des serpents, des plantes vénéneuses ; je ne voyais plus de Dieu dans le ciel » (p. 388).
43. La « belle mort » de Louise ne peut s'accompagner que des airs d'opéra qui lui procuraient un « plaisir divin » (p. 229) : « Elle a chanté d'une voix éteinte quelques airs italiens des *Puritani*, de la *Sonnambula* et de *Mosé* » (p. 403).
44. Nathalie Heinich, *États de femme, l'identité féminine dans la fiction occidentale*, Gallimard, « nrf essais », 1996, p. 13. Les références suivantes à cet ouvrage figurent in-texte.

Ces « états de femme » épousent les âges de la vie féminine, en partant de l'état de « fille » (à prendre, mal prise, laissée…) pour parcourir toutes les gammes de la femme liée (mariée) ou non liée (courtisane, vieille fille, bas-bleu, veuve…). La fiction occidentale développe pour l'identité féminine l'équivalent du complexe d'Œdipe pour les garçons, le « complexe de la seconde » (p. 25 et p. 149) : la jeune fille sur le point de se marier peine à « se mettre symboliquement à la place de celle qui depuis toujours occupait cette place – la place de l'épouse et mère des enfants de l'homme » (p. 25). L'analyse des *Mémoires de deux jeunes mariées* illustre, au chapitre VI, « la première [épouse] clivée ». Nathalie Heinich part de l'opposition que dénonce George Sand dans la préface d'*Indiana* entre « le moyen de concilier le bonheur » de la femme et « la société » qui l'opprime (p. 106-107). Pourquoi imputer à la société la responsabilité du malheur féminin ? Ne faudrait-il pas plutôt parler de clivage interne à chaque femme entre deux principes contraires (la fidélité à la famille ou à l'époux et le besoin authentique d'aimer, par exemple) ? Dans notre roman épistolaire, Balzac, selon N. Heinich, déplace l'antagonisme individu/société en le faisant passer entre deux héroïnes très proches, chacune incarnant un pôle du clivage. Il « construit un dispositif extrêmement efficace permettant d'expliciter la faille qui habite toute épouse » (p. 108). N. Heinich résume assez fidèlement [45] le parcours croisé des deux amies pour conclure sur l'intérêt de ce roman qui oppose deux expériences « antinomiques, en restituant l'ambivalence qui habite le rapport au mariage, sans chercher à en tirer une conclusion morale » (p. 111) qui pencherait en faveur de l'une ou de l'autre. Elle souligne l'ambivalence fondamentale entre l'aspiration individuelle à une forme d'indépendance et l'aspiration au lien, « qui ligote en même temps qu'il relie » (p. 113), et note que la maternité accentue le clivage entre la femme et la mère.

Quelles solutions, qui excèdent le cadre des *Mémoires de deux mariées*, émergent pour que les femmes représentées dans la fic-

---

45. Une erreur à rectifier toutefois (p. 108) : ce roman, quoique épistolaire, appartient bien à *La Comédie humaine*.

Introduction aux lectures de « Mémoires... » 295

tion puissent retrouver une existence plus autonome et échapper à l'aliénation du lien ? Nathalie Heinich en suggère trois. Elle mentionne en premier « la chambre à soi » prônée par Virginia Wolf, espace dévolu à la création. Pour nos héroïnes, la création se confond avec l'échange épistolaire, comme le suggère bien Cyrille Fabre-Lalbin. Écrire, c'est créer peut-être à deux [46] ! Si Louise peut disposer, dès son retour à Paris, d'un espace intime d'où elle écrit librement (p. 203), et si elle garde cette forme de liberté tout au long de sa vie, Renée devenue mère renonce à écrire longuement et avoue qu'« [u]ne vraie mère n'est pas libre : voilà pourquoi je ne t'écris pas » (p. 351). La deuxième possibilité offerte aux femmes mariées de garder un jardin secret, c'est précisément « la création en tant qu'elle relève de la nature créée » : goût pour la botanique ou « fabrication d'un jardin, mixte de naturel et de civilisation, qui instaure un espace d'autonomie intermédiaire entre la libre solitude et les liens familiaux » [47]. On a vu combien la fabrication de leurs Édens respectifs, La Crampade et le Chalet, comblait les deux héroïnes, tout en exacerbant la force vitale de l'une et la pulsion de mort de l'autre. Quant à la troisième solution, la plus répandue dans les romans pour échapper aux liens conjugaux et familiaux, l'adultère, elle n'a pas de place dans les *Mémoires de deux jeunes mariées*, car Louise a épousé ses amants et Renée semble comblée sensuellement et affectivement par ses enfants (p. 384). Avant même d'être cette mère passionnée, le « nom d'amitié » dont elle se servait pour son mari en privé n'était-il pas « mon enfant ? » (p. 280).

Le clivage, conclut Nathalie Heinich, n'est pas extérieur, il ne passe pas entre une femme et une autre, mais il est intérieur à chacune. On pourrait rétorquer que les deux jeunes mariées en effet... ne font qu'une ! « [...] je crois nos âmes soudées l'une à l'autre », comme des sœurs siamoises, écrit Louise en commençant sa première lettre (p. 196). Renée répond dans la dernière, adressée à son mari : « Tu sais que j'ai tout autant vécu par Louise que par moi » (p. 400). Le grand principe de

---

46. Selon la formule célèbre : « Lire, c'est créer peut-être à deux », *Physiologie du mariage*, *CH*, t. XI, p. 1019.
47. N. Heinich, p. 118 et p. 119.

vie par délégation, qui unit Carlos Herrera à Lucien, régit aussi bien les relations entre Louise et Renée, mais aussi celles entre Renée et Louis de l'Estorade, entre Renée et ses enfants, entre Felipe et Fernand, entre les frères Gaston. Dans *La Comédie* humaine, dès qu'il y relation passionnée, il s'applique indifféremment aux « deux sexes et autres [48] ».

Lire *Mémoires de deux jeunes mariées* dans la seule perspective du couple « raison et sentiments » pourrait s'avérer une entreprise quelque peu réductrice [49]. Ce roman épistolaire, s'il présente l'énoncé de doctrines et s'il débat du rôle de la famille et de la place dévolue aux femmes, n'est pas un roman à thèse et il serait vain d'établir qui des deux jeunes mariées l'emporte sur l'autre. Les trois articles qui constituent le dossier le démontrent amplement. L'amour fou de Louise feu follet est promis à la mort – Denis de Rougemont l'a dit depuis longtemps, on n'imagine pas Yseult devenir Mme Tristan. N'est-il pas moins la force vive du romanesque ? Quant à la raisonneuse et raisonnable Renée, son goût pour la vie passionnée de son amie et son appétit d'ogresse pour la « jeune chair si blanche » de ses petits (p. 350) laissent entrevoir une étonnante propension à l'excès. Placé sous le patronage de l'ingénieux Hidalgo plus que sous celui du philosophe de l'Aveyron, *Mémoires de deux jeunes mariées* nous invite à « posséder [...] comme seule certitude la *sagesse de l'incertitude* [50] » et à relier ces deux parcours singuliers aux multiples itinéraires de vie que suivent leurs sœurs balzaciennes [51].

Mireille LABOURET.

48. Selon le célèbre écriteau de la maison Vauquer, « *Pension bourgeoise des deux sexes et autres* » (*Le Père Goriot, CH*, t. III, p. 51).

49. Même lorsque Renée accentue l'opposition : « De nous deux, je suis un peu la Raison comme tu es l'Imagination ; je suis le grave Devoir comme tu es le fol Amour » (p. 331), le jeu de l'allégorie ne peut servir de seule clef à l'interprétation.

50. Milan Kundera, *L'Art du roman*, Gallimard, 1986, p. 21.

51. On a déjà évoqué, pour le versant bourgeois, les sœurs Guillaume de *La Maison du Chat-qui-pelote* et le duel contrasté de Mme de Mortsauf et lady Dudley dans *Le Lys dans la vallée*. N'oublions pas non plus les deux sœurs Mignon, Bettina et Modeste, de *Modeste Mignon*, les deux demoiselles Goriot, les deux filles du comte de Granville, Marie-Eugénie et Marie-Angélique dans *Une fille d'Ève*...

ANNEXE
LISTE DES ARTICLES PUBLIÉS
DANS *L'ANNÉE BALZACIENNE*
ET CONSACRÉS

En tout ou en partie aux *Mémoires de deux jeunes mariées*

Thierry Bodin, « Du côté de chez Sand », *AB 1972.*
Arlette Michel, « Balzac juge du féminisme », *AB 1973.*
Thierry Bodin, « De *Sœur Marie des Anges* aux *Mémoires de deux jeunes mariées* », *AB 1974.*
Jean-Pierre Galvan, « Documents nouveaux sur quelques œuvres de Balzac », *AB 1985.*
Jean-Hervé Donnard, « Balzac inspiré par Senancour ? », *AB 1987.*
Max Andréoli, « Un roman épistolaire : les *Mémoires de deux jeunes mariées* », *AB 1987.*
Myriam Lebrun, « Le souvenir de la duchesse d'Abrantès dans les *Mémoires de deux jeunes mariées* », *AB 1988.*
Mireille Labouret, « Honoré de Balzac, lecteur du *Quichotte* », *AB 1992.*
Arlette Michel, « L'Europe chevaleresque dans *La Comédie humaine* », *AB 1992.*
André Lorant, « Balzac et le plaisir », *AB 1996.*
Anne-Marie Baron, « Une adaptation réussie des *Mémoires de deux jeunes mariées* », *AB 1998.*

L'Année balzacienne 2023

Mireille Labouret, « Romanesque et romantique dans *Mémoires de deux jeunes mariées* et *Modeste Mignon* », *AB 2000*.

Bénédicte Milcent, « Liberté intérieure et destinée féminine dans *La Comédie humaine* », *AB 2001*.

Ye Young Chung, « *Mémoires de deux jeunes mariées* : paroles au féminin », *AB 2005*.

DES PERSONNAGES-LECTEURS AUX ÉLÈVES-LECTEURS DES *MÉMOIRES DE DEUX JEUNES MARIÉES* : LIRE POUR GUIDER SA VIE ?

Au début des *Mémoires de deux jeunes mariées*, Louise et Renée semblent s'inscrire dans la lignée littéraire des jeunes filles fraîchement sorties du couvent, qui découvrent l'amour ou le mariage (rarement les deux ensemble), à l'image d'Agnès dans *L'École des femmes* (1662) ou de Cécile de Volanges dans *Les Liaisons dangereuses* (1782). Peut-être sont-elles même les ancêtres d'Emma Bovary [1], qui non seulement a été élevée chez les sœurs à l'écart du monde, mais y a de plus lu quantité de romans qui ont forgé son imaginaire et ses attentes de la vie. Il apparaît en effet bien vite dans le roman de Balzac que nos deux héroïnes sont des lectrices, qui citent de nombreux auteurs et se réfèrent à plusieurs *topoi* littéraires au fil de leurs lettres. Chacune a son genre de prédilection et ses sujets favoris, ce qui contribue à façonner son identité aux yeux du lecteur. Chacune a également sa propre manière d'envisager l'amour et le mariage, et de mener sa vie en conséquence, ce qui nous invite à examiner les liens entre les lectures des personnages et leur manière de vivre, de faire des choix.

---

1. Le roman de Flaubert est publié en 1857, soit seize ans après les *Mémoires*.

L'Année balzacienne 2023

En effet, Louise et Renée suivent des trajectoires diamétralement opposées. En classe de première technologique, cette œuvre s'étudie en lien avec le parcours « Raison et sentiments ». Cet intitulé reprend une antithèse répandue : le cœur contre le cerveau, car les sentiments et la raison ne dictent pas les mêmes comportements. Il fait aussi écho au roman de Jane Austen, *Sense and sensibility* (1811), en général traduit en français par *Raison et sentiments*, précisément. Ce roman illustre l'antithèse à travers ses deux héroïnes : Elinor et Marianne, chacune incarnant l'une des deux facultés. Balzac semble recourir à un procédé similaire : Renée représenterait la raison, et Louise la passion, l'excès de sentiments. Cette vision tranchée est contenue dans l'expression « raison *et* sentiments » : la conjonction peut certes indiquer une addition, une alliance (raison *plus* sentiments), mais semble ici plutôt évoquer une opposition, un choix à faire (raison *ou* sentiments), tant nos deux jeunes mariées se distinguent dans leurs caractères et dans leurs destinées [2].

Nous nous proposons de considérer *Mémoires de deux jeunes mariées* sous l'angle de l'influence des lectures sur la vraie vie. Cette question ne saurait guider l'intégralité d'une séquence dans le cadre de l'étude en classe, mais mériterait assurément d'être posée et discutée avec les élèves.

Il s'agira tout d'abord d'analyser les goûts littéraires de Louise et de Renée, en étudiant en quoi leurs lectures correspondent à leurs caractères et à leurs attentes concernant la vie, l'amour, le bonheur. Les références, explicites et implicites, aux livres qui les ont marquées sont nombreuses au fil de leurs lettres, et contribuent à dessiner les figures de Louise, passionnée et romanesque, et de Renée, raisonnable et vertueuse.

Dans un second temps, la question sera déplacée pour se poser à l'échelle des élèves, dont l'âge n'est pas très éloigné de celui des protagonistes au début de l'œuvre. Que leur dit-on en leur faisant lire et étudier cette œuvre, qui pourrait ressem-

---

2. Le projet initial de Balzac ne concernait qu'une seule jeune mariée l'ajout d'une deuxième est venu ensuite, permettant de confronter leurs personnalités. On veillera toutefois, lors de l'étude, à ne pas caricaturer l'antithèse : Louise n'est pas exempte de raison, et Renée connaît aussi des passions.

Des personnages-lecteurs aux élèves-lecteurs…   301

bler à un roman à thèse à la morale bien austère, si l'on n'en faisait qu'une lecture hâtive ? Nul doute que le débat entre raison et sentiments suscitera l'intérêt et éveillera des réactions. L'enjeu essentiel, semble-t-il, de l'étude de ce roman sera de dépasser la tentation de l'antithèse simpliste (Louise choisit la passion et elle meurt, c'est donc Renée qui a raison) pour appréhender toute la subtilité de l'œuvre, et entrevoir en quoi la lecture de fictions et la projection dans des personnages peuvent participer à aiguiser la réflexion sur sa propre vie et le sens qu'on veut lui donner.

I

PORTRAITS DES JEUNES MARIÉES EN LECTRICES

Les bibliothèques de Louise et de Renée : sentiments contre raison

Au fil des lettres, les références à des lectures, explicites ou implicites, sont si nombreuses qu'elles nous permettent de reconstituer les bibliothèques des héroïnes, du moins en partie.

Commençons par celle de Louise, qui est la plus fournie, classée dans le tableau suivant par genres et sous-genres littéraires. Le relevé n'est pas exhaustif : il s'agit de lister les références principales, les lectures qui sont montrées comme importantes pour le personnage.

Genre littéraire	Auteurs et œuvres
Roman	
Roman picaresque	◊ Cervantes, *Don Quichotte*, 1605-1615, à partir de 1614 pour la traduction française (p. 234 [3])
Roman pastoral	◊ Honoré d'Urfé, *L'Astrée*, 1607-1627 (p. 267)
Roman précieux	◊ Madeleine et Georges de Scudéry, *Artamène ou le Grand Cyrus*, 1649-1653 (p. 267)
Roman épistolaire préromantique	◊ Samuel Richardson, *Clarisse Harlowe*, 1748, 1751 pour la traduction française (p. 239, 266) ◊ Rousseau, *Julie ou la Nouvelle Héloïse*, 1761 (p. 239, 266)
Roman d'analyse	◊ Mme de Staël, *Corinne ou l'Italie*, 1807 (p. 210) ◊ Benjamin Constant, *Adolphe*, 1816 (p. 210)
Roman de chevalerie	Allusions (pas de référence explicite)
Roman d'aventure	Allusions (pas de référence explicite)
Théâtre	
Tragédie	◊ *Antigone*, sans doute la version de Sophocle (p. 230) ◊ Shakespeare, *Roméo et Juliette*, 1597, 1778 pour la traduction française (p. 267) ◊ Shakespeare, *Othello*, 1603, 1745-1748 pour la traduction française (p. 229) ◊ Corneille, *Cinna*, 1641 (p. 250) ◊ Racine, *Andromaque*, 1667 (p. 360)

3. Les références aux *Mémoires de deux jeunes mariées* renvoient à *CH*, t. I. Comme dans ce tableau initial, elles seront par la suite insérées in-texte entre parenthèses.

Des personnages-lecteurs aux élèves-lecteurs... 303

	◊ Racine, *Bérénice*, 1670 (p. 285)
Tragi-comédie	◊ Corneille, *Le Cid*, 1637 (p. 233)
Comédie de mœurs	◊ Molière, *Le Misanthrope*, 1666 (p. 324) ◊ Beaumarchais, *Le Barbier de Séville*, 1775 et/ou *Le Mariage de Figaro*, 1778 (p. 293)
Drame romantique	◊ Victor Hugo, *Ruy Blas*, 1838 (p. 246)
Conte	◊ *Les Mille et une nuits*, 1704-1717 pour la traduction française (p. 266)
Poésie	◊ Dante, *La Divine comédie*, 1303-1321, 1597 pour la traduction française (p. 287, 383, 398)

On remarque d'emblée que ce sont le roman et le théâtre qui sont les genres les plus représentés. En réalité, pour les pièces citées, Louise se réfère le plus souvent à une représentation scénique. Elle ne *lit* pas Shakespeare (ou du moins n'en évoque pas la lecture) : en femme du monde parisien, elle va voir les opéras de Zingarelli (*Roméo et Juliette*) et de Rossini (*Otello*). Il convient donc de garder à l'esprit la distinction entre la lectrice et la spectatrice, même si les pièces vues en représentation ont elles aussi leur place dans la culture et l'imaginaire du personnage. Le fait qu'elle lise beaucoup de romans mérite d'être noté : ce genre littéraire a souvent été associé à un lectorat féminin, *a fortiori* dans le cas des romans d'amour. Balzac, en mettant en scène des personnages-lecteurs, ne fait pas exception à la règle : les romans sont lus avant tout par les femmes [4]. Il s'agirait donc d'une lecture genrée, ce qui pouvait correspondre à une certaine réalité de l'époque, entretenue par la littérature elle-même, comme le fera Flaubert avec

4. Voir Marie Baudry, « Lecteurs et lectrices dans *La Comédie humaine* : le sexe de la lecture en question chez Balzac », *AB 2010*, p. 22 : « [...] chez Balzac – mais ce phénomène n'est pas propre au romancier dans cette première moitié du XIXe siècle – les lecteurs de romans sont presque toujours des lectrices ».

Madame Bovary : la jeune Emma dévore les romans, tout particulièrement ceux dits « à l'eau de rose ».

Les œuvres fréquentées par Louise, dans leur majorité, racontent des histoires d'amour ; elles se rangent très clairement du côté des *sentiments*. Force est de constater qu'il s'agit le plus souvent d'amour malheureux. Dans les romans évoqués, on s'aime secrètement mais la vie vous sépare (*Julie ou la Nouvelle Héloïse*), on meurt de chagrin après avoir été trahie ou désaimée (*Clarisse Harlowe, Corinne, Adolphe*). Cette idée qu'on peut mourir d'amour est essentielle, au regard du dénouement du roman de Balzac : Louise se suicide par désespoir amoureux en reproduisant la mort typique d'une héroïne de la littérature romantique [5]. La tuberculose est bien présente en 1841 et ne peut se résumer à un *topos* littéraire ; il est néanmoins intéressant de remarquer que Louise attrape délibérément cette maladie, qui avait la réputation de toucher les personnes sensibles. Pour sa mort, elle choisit d'incarner une figure éthérée qui peut conserver un certain charme ; on est bien loin de la description répugnante de l'empoisonnement d'Emma Bovary. Les lectures de Louise ne sont pas toujours aussi sombres, mais même dans l'univers du roman pastoral (*L'Astrée*), les personnages rencontrent des obstacles et des difficultés. Comme l'a montré Denis de Rougemont à partir de son analyse du mythe de Tristan et Iseult, le lectorat occidental affiche une préférence marquée pour le malheur, plus précisément pour « l'amour réciproque malheureux [6] » : il n'est pas question ici d'un amour malheureux parce qu'à sens unique, mais d'un amour réciproque qui se heurte à des obstacles qui l'empêchent de s'épanouir, quand bien même les ingrédients essentiels (A aime B, B aime A) sont réunis. On observe le même schéma dans le deuxième mariage de Louise : elle aime Marie Gaston et est aimée par lui, mais se laisse emporter par

5. Rappelons que c'est de tuberculose que meurt Julie Charles, à laquelle Lamartine dédie « Le lac », publié en 1820. En revanche, le roman *La Dame aux camélias* d'Alexandre Dumas fils (1848), dont l'héroïne phtisique incarne un certain idéal féminin du Romantisme, n'est pas encore publié quand Balzac écrit *Mémoires de deux jeunes mariées*.

6. Denis de Rougemont, *L'Amour et l'Occident* [1939], Plon, « Bibliothèques 10/18 », 1972, p. 53.

Des personnages-lecteurs aux élèves-lecteurs...   305

son imagination et sa jalousie, au point de créer elle-même la fin de leur histoire. Dans sa culture littéraire, les pièces de théâtre, en majorité des tragédies, ne sont pas en reste, et s'achèvent généralement par la mort d'une voire de plusieurs victimes de l'amour : Roméo et Juliette se suicident, Othello assassine Desdémone, Oreste tue Pyrrhus par amour pour Hermione, celle-ci se suicide par amour pour Pyrrhus... Le cas de *Bérénice*, la moins violente des tragédies citées, est intéressant : l'amour est bel et bien réciproque, personne ne meurt, mais le couple doit pourtant se séparer, fatalement, « malgré lui et malgré elle [7] ». Les œuvres lues par Louise ne dessinent donc pas de modèles pour une relation amoureuse heureuse, stable et saine.

Hormis les références directes à des auteurs et des œuvres, on relève également des allusions diffuses à certains genres ou *topoi* littéraires. Louise semble avoir fréquenté, de première ou de seconde main, la littérature courtoise, tant elle en reprend les codes dans le jeu qu'elle instaure avec Felipe. En effet, celui-ci doit se comporter comme son serviteur, prouver à la fois son héroïsme et sa patience pour se montrer digne d'elle. Avant même de le rencontrer, elle affirmait à Renée : « Moi, je suis pour les longues épreuves de l'ancienne chevalerie » (p. 229). C'est ensuite Renée qui lui enjoint de « soumet[tre] Felipe aux épreuves subtiles que nous inventions pour savoir si l'amant que nous rêvions serait digne de nous » (p. 279) : il s'agit d'appliquer dans la vraie vie leurs méthodes de jeunes filles, tirées de leur imagination, elle-même influencée par l'univers de l'amour courtois. Dans un autre passage, Louise se souvient très probablement de romans d'aventure, lorsqu'elle assène à Renée, qui vient de lui annoncer son mariage : « À votre place, j'aimerais mieux aller me promener aux îles d'Hyères en caïque, jusqu'à ce qu'un corsaire algérien m'enlevât et me vendît au grand seigneur ; je deviendrais sultane, puis quelque jour validé ; je mettrais le sérail cen dessus dessous, et tant que je serais jeune et quand je serais vieille »

---

7. Racine, préface de *Bérénice*, Gallimard, « Bibliothèque de la Pléiade », 1999, p. 450.

(p. 228). Voyage, enlèvement, corsaire, exotisme, rebondissements... tous les ingrédients y sont, de façon stéréotypée et caricaturale. Louise prend soin d'y ajouter l'amour (si on peut l'appeler ainsi...), puisqu'elle projette de devenir sultane, donc de séduire le seigneur auquel elle aurait été vendue, au point qu'il l'épouse. Ce passage peut évoquer une forme de bovarysme, mais il convient de garder quelques distances : Louise rêve-t-elle vraiment d'une telle destinée ? Il semble plutôt qu'elle force le trait pour mieux s'opposer à Renée, de même qu'elle caricature et ridiculise le futur mariage de celle-ci. Le roman d'aventure fournit un imaginaire vers lequel tendre, sans nécessairement y adhérer réellement.

Il nous faut enfin noter que ce n'est pas avec n'importe quel livre que Louise apprend l'espagnol : *Don Quichotte*. Certes, c'est un grand classique de la littérature espagnole, ce qui peut suffire à justifier ce choix. Mais c'est aussi une œuvre centrée sur un personnage-lecteur, qui se projette à l'extrême dans les histoires qu'il lit, en l'occurrence des romans de chevalerie. Ne pourrait-on pas y voir une mise en abyme de la façon dont lit Louise [8] ? La figure de don Quichotte a souvent été rapprochée de celle d'Emma Bovary, vue comme son pendant féminin : l'un se rêve en preux chevalier, l'autre en héroïne romanesque menant une vie d'aventure et de sentiments exacerbés. Attention toutefois à ne pas identifier trop rapidement Louise à Emma. Tout d'abord, elle fait preuve d'un certain recul critique ; sa façon de lire ne se résume pas à une adhésion totale et sans réserve au contenu des ouvrages. Si elle apprécie *Corinne* et *Adolphe*, elle formule en revanche des reproches à *La Nouvelle Héloïse* et à *Clarisse Harlowe*. Si elle reconnaît que son début d'histoire avec Felipe présente des similitudes avec l'intrigue du roman de Rousseau, elle prétend rapidement se distinguer de ce modèle : « [...] il y aurait quelque chose de sinistre à recommencer la *Nouvelle Héloïse* de Jean-Jacques Rousseau, que je viens de lire, et qui m'a fait prendre l'amour en haine. L'amour discuteur et phraseur me paraît insupportable » (p. 239). De plus, Louise fait déjà partie

---

8. Voir Mireille Labouret, « Honoré de Balzac, lecteur du *Quichotte* », *AB 1992*, p. 39-51.

Des personnages-lecteurs aux élèves-lecteurs… 307

du monde dont rêve Emma : train de vie luxueux, sorties régulières à l'opéra… Enfin, c'est essentiellement après sa sortie du couvent que Louise commence à lire, à la différence d'Emma qui fait son éducation sentimentale par l'intermédiaire des romans, dans ce lieu clos hors du monde. Sa lecture est logiquement moins naïve [9]. Mieux encore : Louise a une telle confiance en elle-même qu'elle se juge même supérieure aux modèles littéraires. Dès sa deuxième lettre, elle affirme à Renée :

> Ce que j'ai lu de la littérature moderne roule sur l'amour, le sujet qui nous occupait tant, puisque toute notre destinée est faite par l'homme et pour l'homme ; mais combien ces auteurs sont *au-dessous* de deux petites filles nommées la biche blanche et la mignonne, Renée et Louise ! (p. 210 ; nous soulignons.)

Nos deux héroïnes seraient donc, selon elle, *au-dessus* de ce qu'on trouve dans les livres. On peut y voir une pose, à ne pas nécessairement prendre au sérieux, mais Louise revient à la charge lorsqu'elle reçoit sa première lettre d'amour de Felipe : « Par une seule lettre, il est *au-delà* des cent lettres de Lovelace et de Saint-Preux » (p. 266 ; nous soulignons). Ainsi, l'œuvre littéraire est un modèle auquel se confronter et se mesurer, plutôt qu'un idéal à atteindre.

Quant à Renée, sa bibliothèque semble plus réduite : elle mentionne beaucoup moins de livres que Louise. N'oublions pas qu'elle devient rapidement épouse puis mère, ce qui lui laisse moins de temps pour s'adonner à cette activité. Mais il semble aussi qu'elle soit moins avide de lectures que son amie. Renée est un personnage pragmatique, l'imagination l'intéresse finalement assez peu : quand elle lit, ce ne sont généralement pas des romans, même si elle mentionne Rabelais (p. 299) et Senancour (p. 312) – qui ne prennent pas l'amour

---

9. Voir Mireille Labouret, « Romanesque et romantique dans *Mémoires de deux jeunes mariées* et *Modeste Mignon* », *AB 2000*, p. 52 : « Aussi, loin de disqualifier la lecture en faisant de ses adeptes des aliénés, des inadaptés au monde réel, Balzac met en scène des figures de lectrices plus complexes. À la différence d'Emma Rouault, Louise et Renée ont peu lu pendant leurs années de couvent ; elles "ont rêvé de compagnie" en développant ce que Louise appelle "la fantaisie" [p. 196] ».

pour sujet principal. Elle s'étend davantage sur son goût pour les moralistes : ceux du Grand siècle (Bossuet, p. 272 ; La Fontaine, p. 313) mais aussi ses contemporains (Bonald, p. 272, 278). Ses lectures se rangent donc du côté de la *raison*. La relative absence de romans parmi les lectures de Renée pourrait relever d'un choix inconscient, son goût ne l'attirant pas vers ce genre, mais cela ressemble en réalité à un choix délibéré de sa part. Ce ne sont pas les romans qui dictent sa vie, mais plutôt sa vie qui lui dicte de négliger ce genre littéraire et l'imaginaire qui l'accompagne. Comme elle l'explique à la fin de la lettre v, une fois la décision prise de se marier avec M. de l'Estorade, son avenir est tout tracé : « Adieu donc, pour moi du moins, les romans et les situations bizarres dont nous nous faisions les héroïnes. Je sais déjà par avance l'histoire de ma vie » (p. 221), écrit-elle avant d'énumérer les soins à apporter aux futurs enfants et d'évoquer une vie de couple paisible, dans le calme de la campagne. En renonçant à la vie de roman pour elle, il semblerait qu'elle renonce aussi à en lire.

Nos deux héroïnes ont conscience que leurs vies s'opposent et le disent explicitement à plusieurs reprises. Cela passe également par une mise en opposition de leurs lectures. Dans la lettre XVIII, Renée avoue avoir pleuré de regret en apprenant la passion que vivait Louise avec Felipe, avant de se reprendre :

> Mais mon père m'a fait lire un des plus profonds écrivains de nos contrées, un des héritiers de Bossuet, un de ces cruels politiques dont les pages engendrent la conviction. *Pendant que tu lisais* Corinne, *je lisais Bonald*, et voilà tout le secret de ma philosophie : la Famille sainte et forte m'est apparue (p. 272-273 ; nous soulignons).

Au roman d'analyse romantique, elle confronte les préceptes conservateurs ; à la passion amoureuse, elle oppose l'idéal de la famille. C'est comme si son père, à la manière d'un médecin rédigeant une ordonnance, lui avait prescrit une lecture qui agit comme un contre-poison face à l'attraction exercée par la vie romanesque de Louise. À son tour, c'est pour le bien de Louise que Renée voudrait utiliser la littérature comme un antidote. Quand elle s'inquiète de la démesure de sa passion pour Felipe et de l'éventualité qu'elle délaisse la

Des personnages-lecteurs aux élèves-lecteurs... 309

prière et le respect de Dieu, elle justifie sa préoccupation en se référant à une fable de La Fontaine : « Les deux amis ». C'est ainsi qu'elle lui écrit : « [...] pense que mes craintes cachent une excessive amitié, l'amitié comme l'entendait La Fontaine, celle qui s'inquiète et s'alarme d'un rêve, d'une idée à l'état de nuage » (p. 313). Renée ne semble pas lire par plaisir ni par curiosité, mais pour des raisons sérieuses et pratiques : trouver et affermir des lignes de conduite conformes à la morale et à la raison pour sa propre vie, mais aussi trouver des arguments pour ramener son amie dans le droit chemin.

Chacune se fait autrice de sa propre vie et lectrice de celle de l'autre

Dans le cadre du roman épistolaire, il existe un autre type de lecture effectué par les personnages, non littéraire cette fois, qui doit être évoqué : chacune lit les lettres que l'autre lui écrit. Cela relève de l'évidence, mais mérite notre attention, car les lettres de ce roman revêtent parfois une fonction littéraire pour les personnages eux-mêmes.

Comme on a vu, Renée ne lit presque pas de romans, mais les lettres de Louise lui tiennent finalement lieu de littérature romanesque. C'est ainsi que dès le début, elle lui annonce : « Tu seras, ma chère Louise, la partie romanesque de mon existence » (p. 222), avant de lui demander de tout lui raconter. Renée lit chaque nouvelle lettre de Louise comme le nouvel épisode d'un roman-feuilleton haletant. Sa vie est moins mouvementée, certes, mais le fonctionnement est réciproque : chacune vit par procuration, à travers ce que l'autre lui raconte dans ses lettres. En effet, si Renée écrit à Louise : « Malgré la distance, je te vois, j'éprouve tes émotions. Aussi, ne manque pas à m'écrire, n'omets rien ! Tes lettres me font une vie passionnée au milieu de mon ménage si simple » (p. 279), Louise lui tient un discours parallèle : « Si j'ignore les joies de la maternité, tu me les diras, et je serai mère par toi » (p. 316). Chacune fait entrer l'autre dans son intimité, au point d'insérer ou de reproduire des lettres de son amant ou de son mari dans leur correspondance : Renée insère le mot écrit par son époux (lettre XIII) en commentant son style ;

puis Louise fait de même avec la lettre de Felipe (lettre xv), dans une logique de rivalité et de surenchère. Chacune exhibe sa lettre d'amour et met en scène la réussite de sa vie.

A priori, la lettre relève de la communication intime, ce qui implique un style de l'ordre de la spontanéité, du naturel. Mais dans ce roman, ce n'est pas toujours le cas, tout d'abord parce que certaines lettres reproduisent elles-mêmes des modèles littéraires. Rose Fortassier, dans son article consacré au roman par lettres chez Balzac, voit dans l'autoportrait qu'écrit Louise (lettre III) un « autoportrait à la Scudéry », dont elle a justement lu *Artamène ou le Grand Cyrus* ; elle souligne aussi que chaque lettre d'amour de Felipe est « chevaleresque », et que ses poèmes sont des « sonnets pétrarquisants, à la Gongora »[10]. Le cas de la poésie, précisément, est intéressant : on a vu que Louise comme Renée en lisent bien peu, hormis Dante qu'elles citent toutes les deux. Finalement, la poésie appartient au niveau intradiégétique, avec les sonnets de Felipe. Mieux encore : la poésie est vécue, et non lue, par Louise. En effet, elle considère que l'amour est « un poème » (p. 240) et affirme : « Ce que j'ai senti, c'est la poésie » (p. 245) quand Felipe lui baise la main pour la première fois. Renée n'est pas en reste, quand elle déclare que « la maternité comporte une suite de poésies douces ou terribles » (p. 349) et que « voir des enfants parés par nos mains [...] mais c'est mieux qu'un poème ! » (p. 353). Reste à savoir s'il s'agit d'une réelle volonté d'associer maternité et poésie, ou d'une surenchère face aux propos de Louise... Le genre épistolaire contribue aussi à expliquer pourquoi certains événements relatés manquent de vraisemblance. Rose Fortassier évoque un critique qui fait ce reproche à Balzac : « Et de s'en prendre non seulement au style, mais au romanesque qui fait qu'un ancien ministre espagnol en vient à se percher sur un mur et sur un orme pour entrevoir dans sa chambre celle qu'il aime », auquel elle répond : « C'est ne pas voir que la lettre, qui est récit, possède le même privilège que lui [...], le pouvoir de faire

---

10. Rose Fortassier, « Balzac et le roman par lettres », *Cahiers de l'Association internationale des études françaises*, Les Belles Lettres, n° 29, 1977, p. 220.

Des personnages-lecteurs aux élèves-lecteurs… 311

tout passer, de poétiser la réalité »[11]. Au-delà de cet aspect littéraire, les lettres font aussi l'objet d'un travail réfléchi quand elles servent à manipuler. On se rapproche en effet parfois de l'atmosphère des *Liaisons dangereuses*, comme à la lettre XII, quand Louise recopie pour Renée le portrait de l'homme idéal qu'elle a préalablement rédigé et fait lire à Felipe. Notons qu'il s'agit d'une fausse lettre : Louise feint d'avoir décrit l'homme idéal en écrivant à une amie, alors que ce texte a été créé uniquement dans le but de mettre Felipe à l'épreuve. Ce n'est qu'ensuite qu'elle envoie ce texte à son amie : son plaisir semble culminer quand elle la rend témoin de son stratagème[12].

Sans aller jusqu'à l'extrême du bovarysme, on a donc vu que les goûts – et dégoûts – littéraires de Louise et Renée correspondent à leurs personnalités et à leurs choix de vie, voire contribuent à les façonner. La question pourrait maintenant se déplacer au niveau des élèves-lecteurs des *Mémoires de deux jeunes mariées* : dans quelle mesure la lecture de cette fiction peut-elle participer à aiguiser leur réflexion sur leur propre vie et la façon de la mener ?

II

ÊTRE LYCÉEN(NE) ET LIRE LES *MÉMOIRES DE DEUX JEUNES MARIÉES* AUJOURD'HUI

À monde complexe, roman complexe

Lors de la première publication du roman, dans l'avertissement en tête du premier feuilleton dans *La Presse*, Balzac annonce : « C'est, en un mot, un éclatant démenti donné à

---

11. *Ibid.*, p. 218.
12. Voir notamment la lettre XLVIII des *Liaisons dangereuses*, encore plus complexe : Valmont fait lire à Mme de Merteuil la lettre qu'il écrit à Mme de Tourvel sur le dos d'Émilie.

toutes les théories nouvelles sur l'indépendance de la femme, et un ouvrage écrit dans un but essentiellement moral [13] ». On pourrait effectivement lire les *Mémoires de deux jeunes mariées* comme un roman à thèse prônant l'importance du mariage et de la famille, et condamnant les passions, en incarnant ces principes dans les personnages : à la fin du roman, Renée gagne et Louise perd, pour le dire de façon simpliste. Cela semble d'autant plus pertinent que Balzac, dans l'« Avant-propos » de *La Comédie humaine*, désigne « la Famille et non l'Individu comme le véritable élément social » et ajoute : « au risque d'être regardé comme un esprit rétrograde, je me range du côté de Bossuet et Bonald » [14], qui sont, on l'a vu, deux auteurs importants pour Renée. L'auteur prendrait donc parti pour ce personnage, dont la trajectoire serait le chemin à suivre, à l'opposé des égarements de Louise.

Pourtant, Balzac lui-même semble contredire cette lecture, lorsqu'il écrit à George Sand : « [...] j'aimerais mieux être tué par Louise que de vivre longtemps avec Renée [15] ». Dès lors, la leçon du roman se complique : qui faut-il suivre, Renée ou Louise ? La vie raisonnable de Renée est-elle un idéal, si l'auteur lui-même la rejette ? La complexité est redoublée par le choix du genre épistolaire. En effet, le roman par lettres maintient l'ambiguïté : en l'absence d'instance narrative surplombante, il donne à lire sans trancher. C'est au lecteur de reconstituer les blancs entre les lettres, de décrypter si ce qu'écrivent les deux amies est sincère et fidèle à ce qu'elles vivent, ou bien si leurs propos opèrent une reconstruction, avec exagération voire manipulation – ce qui est parfois le cas, comme on l'a vu. De plus, Balzac ne se contente pas d'une diaphonie entre Louise et Renée : il crée une polyphonie, car le roman comporte également quelques lettres des époux des héroïnes (Felipe, Marie Gaston, Louis de l'Estorade). Le lecteur accède ainsi à encore plus de points de vue, encore plus de visions de l'histoire, qu'il doit recomposer.

13. *La Presse*, 19 novembre 1841, cité par Roger Pierrot dans son introduction au roman, *CH*, t. I, p. 180.

14. *CH*, t. I, p. 13.

15. Lettre datable de février 1842, *Corr.* Pl., t. III, p. 19.

Des personnages-lecteurs aux élèves-lecteurs...   313

La difficulté de trancher entre raison et sentiments, entre Renée et Louise, n'est finalement pas très étonnante : l'œuvre de Balzac résiste aux systèmes parfaitement binaires, et ce roman ne fait pas exception à la règle. Son étude en classe offre ainsi l'occasion d'appréhender le roman comme une approche de la complexité du monde, car il ne se prête pas à une lecture manichéenne. Cela semble d'autant plus important qu'il peut être tentant et rassurant, pour un(e) adolescent(e) qui prépare le baccalauréat, de ranger les personnages et leurs choix dans des cases bien délimitées. Pourtant, comme l'affirme Kundera :

> L'esprit du roman est l'esprit de complexité. Chaque roman dit au lecteur : « Les choses sont plus compliquées que tu ne le penses ». C'est la vérité éternelle du roman mais qui se fait de moins en moins entendre dans le vacarme des réponses simples et rapides qui précèdent la question et l'excluent. Pour l'esprit de notre temps, c'est ou bien Anna ou bien Karénine qui a raison, et la vieille sagesse de Cervantes qui nous parle de la difficulté de savoir et de l'insaisissable vérité paraît encombrante et inutile [16].

Ces propos écrits dans les années 1980 semblent toujours actuels une quarantaine d'années plus tard : encore aujourd'hui, il faudrait que *ou bien* Louise *ou bien* Renée ait raison. C'est d'autant plus le cas qu'elles incarnent des stéréotypes : la passionnée et la raisonnable, mais aussi la Parisienne et la provinciale, l'amante et la mère... Faut-il absolument choisir ? Ne peut-on pas envisager qu'il soit possible d'incarner plusieurs de ces figures au cours d'une vie ? Il semble ainsi particulièrement important, lors de l'étude en classe et de l'appropriation de l'œuvre par les élèves, de résister à la tentation de la simplification.

Lit-on pour trouver des modèles et des guides de vie ?

On pourrait aisément reprendre les propos de Balzac au niveau du lecteur : ne préfère-t-on pas lire les aventures sentimentales de Louise, plutôt que la vie raisonnable de Renée ?

16. Milan Kundera, *L'Art du roman*, Gallimard, 1986, p. 34.

Suivre les longues années d'un mariage paisible, sans passion ni événements romanesques, présente-t-il un intérêt pour le lecteur ? N'oublions pas que Renée elle-même est demandeuse du récit des aventures romanesques de son amie ! Si l'on suit Denis de Rougemont, la réponse à ces questions est négative : « Sans traverses à l'amour, point de "roman". Or c'est le roman qu'on aime, c'est-à-dire la conscience, l'intensité, les variations et les retards de la passion, son crescendo jusqu'à la catastrophe – et non point sa rapide flambée [17] ». La structure du roman de Balzac semble confirmer cette théorie : les lettres de Louise constituent la plus grande partie du roman, qui, après tout, s'éteint avec elle. Autrement dit : la raison (Renée) l'emporte sur le plan moral, mais la passion (Louise) a plus d'intérêt sur le plan littéraire. Il faut bien faire la différence entre ce qu'on veut vivre et ce qu'on veut lire : on peut très bien aspirer à une vie heureuse et tranquille comme celle de Renée, sans pour autant trouver palpitant un roman qui retracerait son histoire. Il serait ici intéressant, pour faire un parallèle, d'interroger les élèves sur les fictions qu'ils apprécient, qu'elles soient littéraires ou sous une autre forme, notamment les séries : on risque de trouver bien peu d'adeptes des récits de vie paisible.

On touche ici à un autre problème : la littérature fournit peu de modèles d'amour heureux, de relations saines, de vies de couple qui s'inscrivent dans la durée. C'est encore très récemment le constat de Mona Chollet, au début de son essai *Réinventer l'amour* :

> Nos contes de fées s'achèvent par cette formule rituelle et remarquablement évasive, « ils vécurent heureux et eurent beaucoup d'enfants ». Nous semblons désemparés quand il s'agit d'évoquer ce qui se passe ensuite, la façon dont cet amour continue d'être vécu et d'évoluer au jour le jour. Nous estimons qu'il n'y a rien à en dire ; nous trébuchons, l'imagination soudain paralysée [18].

Elle propose deux hypothèses pour expliquer cette béance. D'une part, on aurait tendance à penser qu'il n'y a plus rien

---

17. Denis de Rougemont, *op. cit.*, p. 54.
18. Mona Chollet, *Réinventer l'amour*, La Découverte, « Zones », 2021, p. 29.

Des personnages-lecteurs aux élèves-lecteurs... 315

à raconter une fois que l'amour est reconnu comme réciproque et que la relation se stabilise, tant la suite semble convenue. Or, Balzac, lui, fait le choix original d'écrire sur la vie maritale de Renée dans la durée ; mais il contrebalance ce récit par les péripéties de la vie romanesque de Louise, comme si l'histoire de Renée ne pouvait suffire au roman. D'autre part, on mépriserait ce sujet, jugé prosaïque et ennuyeux ; sur ce point, on laissera chacun juger à l'aune de sa propre lecture des lettres de Renée. Mona Chollet ajoute que « ce dédain contribue à expliquer un goût très répandu pour les histoires impossibles, pour celles qui tournent court ou qui finissent mal, par un meurtre, un suicide, ou les deux » : on reconnaît ici les histoires dans lesquelles se plonge Louise, et qu'elle vit également. C'est pourquoi, selon l'essayiste, n'ayant accès à aucun autre modèle, nous trouvons difficile « d'imaginer une manière de vivre effectivement l'amour »[19].

C'est ainsi que l'on se propose de conclure : prenons la lecture des *Mémoires de deux jeunes mariées* comme une pierre de touche contre laquelle aiguiser sa perception de la vie et de l'amour. La lecture de ce roman pousse à s'écarter de l'extrême du bovarysme, mais aussi de toute lecture moraliste trop rigide ; c'est finalement une invitation à inventer sa propre voie. Louise avait peut-être tout dit (p. 240) : « L'amour est, je crois, un poème entièrement personnel. Il n'y a rien qui ne soit à la fois vrai et faux dans tout ce que les auteurs nous en écrivent ».

Antonia MAESTRALI.

19. *Ibid.*, p. 30.

DU LIEU À L'ESPACE

*Chemins de formation des personnages féminins
dans « Mémoires de deux jeunes mariées »*

Roman centré sur deux parcours féminins singuliers, *Mémoires de deux jeunes mariées* compose un univers qui entremêle destinée féminine et configuration des lieux, et ce dès les premières lignes, où la voix de Louise de Chaulieu retentit d'emblée, tel un cri de liberté, la jeune fille se félicitant d'avoir franchi la clôture monastique : « je suis dehors aussi, moi ! [1] ». Aussi nous intéresserons-nous aux lieux et à l'espace diégétiques, en relation avec la formation au sens d'apprentissage, de développement et de parcours des héroïnes, le roman de Balzac pouvant être appréhendé comme « un roman d'éducation au féminin [2] », voire comme un récit de formation. Louise de Chaulieu et Renée de Maucombe, deux « couventines » au seuil du roman, transformées, quelques pages plus loin, en « deux jeunes mariées », habitent des lieux spécifiques, occupent et traversent un espace propre à leur genre, à leur éducation et à leur rôle social, sous la Restauration, puis la monarchie de Juillet.

Il est ici nécessaire de distinguer lieu et espace. Si le lieu est défini comme une « portion déterminée de l'espace », celui-ci apparaît comme un « lieu plus ou moins bien délimité », selon le *Dictionnaire de la langue française* de Robert. En outre,

---

1. *CH*, t. I, p. 195. Les références au roman seront insérées in-texte entre parenthèses.
2. Mireille Labouret, « Romanesque et romantique dans *Mémoires de deux jeunes mariées* et *Modeste Mignon* », *AB 2001*, p. 44.

L'Année balzacienne 2023

318   *Cyrille Fabre*

d'après les dictionnaires étymologique [3] et philosophique [4] consultés, les définitions soulignent une différence de limites. Le lieu semble en effet plus borné que l'espace. Cette nuance nous paraît importante à préciser, puisqu'elle nous servira d'instrument, en quelque sorte, pour appréhender les spécificités de la mobilité au féminin, dans l'espace romanesque balzacien. Nous avons choisi de partir de la notion de lieu, un endroit délimité et restreint, pour ensuite, sinon le quitter, du moins en tempérer l'influence sur le destin des héroïnes, au profit de la notion d'espace, plus large et plus en lien avec des données abstraites et imaginaires, comme l'indique la définition du *Dictionnaire historique de la langue française*. Cette démarche nous semble à la mesure des parcours des deux jeunes mariées dont nous examinerons l'inscription, possiblement adéquate sinon harmonieuse, dans les lieux configurés, qu'ils soient géographiques, familiaux ou sociaux. En d'autres termes, il s'agira de se demander comment Balzac ménage une articulation entre les lieux et le destin de Louise et de Renée et plus précisément comment les lieux et les espaces romanesques laissent apparaître peu ou prou les chemins de formation empruntés par les deux amies, leurs trajectoires singulières liées à leurs caractères en apparence fortement opposés, en incluant notamment les différences sociales et géographiques.

---

3. Lieu : « est issu du latin *locus*, "lieu", "place", "endroit", qui sert à traduire le grec *topos* et en a repris les sens techniques (médecine, littérature), y compris rhétorique ». Espace : « Emprunt du XIIe siècle au latin *spatium*, "champ de course, arène", puis "espace libre, étendue, distance" et aussi "laps de temps, durée". [...] C'est au XVIIe siècle qu'il devient un terme scientifique (1647, Descartes). Par extension du sens "étendue des airs", il est employé pour désigner l'espace céleste (1662, Pascal), acception sortie d'usage au pluriel (les espaces), d'où au figuré (XVIIIe siècle) espaces (imaginaires), "rêve, utopie" et l'expression se perdre dans les espaces imaginaires, "se créer des idées chimériques" (avant 1778) » (Alain Rey (dir.), *Dictionnaire historique de la langue française*, Le Robert, 1998).

4. Lieu : « Étendue occupée par un corps, en tant que cette étendue est distinguée par la pensée de l'étendue environnante, et considérée comme une partie de l'espace ». Espace : « Milieu idéal, caractérisé par l'extériorité de ses parties, dans lequel sont localisés nos percepts, et qui contient par conséquent toutes les étendues finies » (André Lalande, *Vocabulaire technique et critique de la philosophie*, Puf, 1926).

Du lieu à l'espace 319

Si la mobilité des héroïnes romanesques françaises de la première moitié du XIXe siècle ne va pas de soi[5], et si *Mémoires de deux jeunes mariées* souligne cette difficulté en représentant le rapport tendu voire conflictuel entre le désir féminin d'ouverture au monde et les lieux assignés aux jeunes femmes, le roman épistolaire de Balzac donne à voir, néanmoins, la circulation de Louise et de Renée, leurs déplacements, le franchissement des limites spatiales, autant de mouvements qui s'accompagnent d'une évolution possible des deux protagonistes. Pour l'une et l'autre, dès la toute première lettre, il s'agit bien de « sortir » d'un lieu non choisi et de tenter d'échapper ainsi à un destin imposé, même si elles empruntent des voies différentes. Sous la plume de Louise, ce mouvement peut être assimilé à une victoire : celle de la liberté individuelle sur la volonté familiale ; or, il reste à s'interroger sur l'espace que les jeunes filles s'apprêtent à découvrir et à parcourir. Quelle est la configuration de cet espace du « dehors[6] » et quelle place réserve-t-il aux femmes ? Nous nous efforcerons d'en examiner les caractéristiques tout en repérant les modalités de déplacement et les trajectoires propres aux deux héroïnes. Les mouvements favorisent-ils un élargissement de l'espace romanesque qui s'accompagnerait d'un déploiement des facultés de Louise et de Renée, par le franchissement des limites particulières aux lieux habités ? S'agit-il de « trouver sa place » dans l'espace familial et social, comme Renée de l'Estorade, ou de conquérir « un lieu à soi », avec comme exemple significatif le Chalet de Ville-d'Avray, un espace dévolu à l'amour, intensément imaginé et méthodiquement configuré par Louise Gaston ?

Enfin, nous tenterons d'interpréter le cheminement des protagonistes, tel que les lettres échangées le retracent, comme la recherche d'un espace de liberté, que les lieux *hic et nunc* n'offriraient pas tout à fait, mais que l'espace épistolaire favoriserait. La lettre-mémoire apparaît notamment comme un

---

5. Voir Franco Moretti, *Le Roman de formation*, CNRS Éditions, 2019.
6. « On est toujours dehors » note Louise « curieuse », une fois à Paris, à propos de sa famille (p. 214).

espace où se déploient l'imagination, la fantaisie (dont l'hippogriffe brièvement évoqué dans la toute première lettre serait l'emblème), le rêve, voire la folie. L'espace épistolaire ouvert à l'autre et à l'ailleurs autorise les renversements de toutes sortes, des lieux communs, des « schémas » littéraires amoureux traditionnels, des rapports entre les sexes, des oppositions classiques entre la Raison et la Folie. Par rapport au « réel » dont le chronotope de ce roman « féminin » souligne le caractère circonscrit, quand bien même la trajectoire de Renée tend à en ouvrir les limites, la lettre devient alors, pour les deux jeunes femmes, un extraordinaire mode de compensation dans l'imaginaire, par la mobilité et l'audacieuse liberté d'invention et d'échange qu'elle favorise.

L'espace diégétique : état des lieux

Le roman épistolaire de Balzac se distingue d'emblée par sa complexité générique puisqu'il prend aussi la forme de « mémoires [7] » et à ce titre entremêle les événements de la vie privée et de la vie publique, *Mémoires de deux jeunes mariées* appartenant aux *Scènes de la vie privée* de *La Comédie humaine*. Les lettres se font ainsi l'écho des bouleversements historiques, de la Restauration à la monarchie de Juillet, du passage d'un régime politique à un autre, en ce « siècle des révolutions ». Elles composent, à travers le récit à la première personne de vies féminines, en majeure partie (des vies limitées sinon « minuscules »), de 1823 à 1835, un tableau historique qui s'inscrit pleinement dans le projet de *La Comédie humaine*. Peut-être, le titre promet-il audacieusement de lier le récit de grands événements à celui de destins féminins, ce qui ne va pas de soi, les héroïnes paraissant devoir mener des existences en dehors du temps historique bouleversé et dans des lieux fermés aux amples mouvements du monde. Témoins de l'his-

---

7. « Au XVIe siècle, [...] le mot, *mémoires* au pluriel, a pris le sens d'"ouvrage faisant le récit des événements dont on a été le témoin" [...] formant l'appellation d'un genre littéraire » (Rey, *Dictionnaire historique de la langue française*).

Du lieu à l'espace 321

toire collective, à défaut d'en être actrices, les deux épistolières mémorialistes de leur propre histoire inscrivent leur parcours dans des lieux où s'imposent les normes historiques et sociales de la première moitié du XIXe siècle. Dès lors, nous nous demanderons dans quelle mesure les lieux et les espaces particuliers au roman de Balzac engagent des trajectoires féminines réalistes. Le chronotope [8] est-il révélateur des obstacles à la formation féminine qui déterminent des parcours contraints ?

Topographie romanesque : chronotope et effet de réel

Le chronotope favorise tout d'abord la création d'un effet de réel. Dans l'espace diégétique s'inscrit un ensemble d'endroits typiques de la société française du début du XIXe siècle, que le lecteur découvre habités, traversés, parcourus par les héroïnes, deux jeunes filles de l'aristocratie, ainsi que les autres personnages qui les entourent. Quels sont donc ces lieux et ces espaces ? *Mémoires de deux jeunes mariées* se distingue tout d'abord par un espace géographique clairement structuré, notamment, par l'opposition récurrente dans *La Comédie humaine* entre la province et Paris. En province, plus exactement à Blois, se trouve placé le couvent des Carmélites, lieu initial de l'histoire et lieu de rencontre entre les deux jeunes filles, couvent dont le seuil est franchi par Renée puis par Louise. Par ce mouvement, celles-ci semblent se lancer en quelque sorte dans l'aventure. Pour Renée, « l'aventure » se situe d'abord en Provence, dans la vallée de Gémenos dont elle admire « le sublime paysage » (p. 218). Elle quitte rapidement le château familial (où sa chambre semble avoir échappé au temps : « j'ai retrouvé ma chambre à peu près dans l'état où je l'avais laissée », *ibid.*) pour la bastide de l'époux. Louise, quant à elle, regagne Paris, le faubourg Saint-Germain

8. « Nous appellerons *chronotope*, ce qui se traduit, littéralement, par "temps-espace" : la corrélation essentielle des rapports spatio-temporels, telle qu'elle a été assimilée par la littérature. [...] En tant que catégorie de la forme et du contenu, le chronotope établit aussi (pour une grande part) l'image de l'homme en littérature, image toujours essentiellement temporelle » (Mikhaïl Bakhtine, *Esthétique et théorie du roman*, Gallimard, 1978, p. 237-238).

où se situe le majestueux hôtel de Chaulieu. Dans cette demeure familiale désertée lors de son retour (« je n'ai trouvé personne pour me recevoir », p. 198), elle prend possession de l'appartement de sa grand-mère, lieu qui appartient au passé, figé depuis la mort de la princesse (« L'appartement était comme elle l'avait laissé ! », *ibid.*) et délabré depuis la Révolution : c'est le lieu d'une formation aristocratique progressive où la jeune fille est dûment armée pour faire une entrée réussie dans le monde [9] et partir à la conquête d'un espace social marqué par des étapes obligées : le bal, le théâtre, l'opéra, le Bois, les Champs-Élysées. C'est dans ce même faubourg Saint-Germain, rue du Bac, que, plus tard, Louise, jeune mariée, réside avec Felipe, quand Renée habite « La Crampade », bastide des l'Estorade, près du château de ses parents. Ainsi Renée s'émeut de la différence de leurs « destinées » dans la première lettre écrite à son amie, soulignant le contraste saillant entre les existences parisienne et provinciale : « Dans quel monde brillant tu vas vivre ! dans quelle paisible retraite achèverai-je mon obscure carrière ! » (p. 218). Le domaine de « Chantepleurs », dans le Nivernais, apparaît bien comme une « paisible retraite » pour les Parisiens Louise et Felipe, emportés dans un tourbillon exténuant : « Le monde porte à la tête [...] Avec quel bonheur on fait ses apprêts de voyage pour aller se reposer à Chantepleurs des comédies de la rue du Bac et de tous les salons de Paris ! » (p. 326). Aussi cette opposition entre la province et Paris est-elle travaillée de manière continue dans le roman, donnant lieu à un renversement notable, puisque sous la monarchie de Juillet, Paris, qui est déserté par Louise après ses secondes noces au profit d'un lieu clos, le Chalet, situé « au-dessus des étangs de Ville-d'Avray, sur la route de Versailles » (p. 364), devient l'espace de l'ambition et de la réussite sociales de Renée et Louis de l'Estorade, dans la deuxième partie du roman : « Naturelle-

---

9. « Ma chérie, me voici prête à entrer dans le monde [...] Ce matin, après beaucoup d'essais, je me suis vue bien et dûment corsetée, chaussée, serrée, coiffée, habillée, parée. J'ai fait comme les duellistes avant le combat : je me suis exercée à huit clos. J'ai voulu me voir sous les armes, je me suis de très bonne grâce trouvé un petit air vainqueur et triomphant auquel il faudra se rendre » (p. 211).

Du lieu à l'espace   323

ment, la nouvelle dynastie a nommé Louis pair de France et grand-officier de la Légion d'honneur » (p. 372-373).

L'espace géographique s'organise aussi plus fugacement autour du rapport entre l'ici et l'« ailleurs » qui souligne les différences notables entre parcours féminin et masculin : si l'Italie, pays visité par Louise et Felipe, réunit les époux et amants, l'Espagne, la Sardaigne, la Russie sont autant de pays associés uniquement aux personnages masculins sur lesquels l'Histoire a posé sa lourde empreinte. Ainsi Felipe Hénarez est obligé de fuir sa terre natale après le retour des Bourbons en Espagne, quand Louis de l'Estorade a été forcé d'intégrer l'armée napoléonienne en 1813, puis a été fait prisonnier en Russie. Renée relève en ces termes la différence de trajectoires entre son fiancé « l'exilé » et elle-même, jeune couventine recluse et voyageuse en pensée : « Qui nous eût dit que pendant les courses vagabondes de notre pensée, mon futur cheminait lentement à pied à travers la Russie, la Pologne et l'Allemagne ? » (p. 218).

Du couvent au berceau familial, puis à l'espace conjugal, les deux trajectoires féminines renvoient donc à une réalité historique et sociale du XIXe siècle. Les lieux habités sont précis : ils résultent de choix familiaux. Ce sont des lieux circonscrits, tel le couvent, lieu d'une maigre éducation dont Louise souligne les limites en écrivant cet aveu : « Je suis d'une ignorance crasse » (p. 210), « ignorance » compensée par la « mutuelle éducation » que Louise et Renée ont développée (p. 238). Autres lieux circonscrits : la sphère privée, qu'elle soit familiale ou conjugale (Renée fait cette confidence à Louise : « Je passe ainsi mes journées entre un vieillard heureux, sans désirs, et un homme pour qui je suis le bonheur », p. 299), et l'espace mondain. La découverte du grand monde par Louise s'organise sous le regard omniprésent d'autrui, celui de la société aristocratique comme celui de ses parents (son père et sa mère aux Champs-Élysées, p. 214-215). La jeune débutante est ainsi emprisonnée dans un espace soumis à des codes : elle en fait l'apprentissage, par exemple, après un bal, au gré d'une conversation avec sa mère, qui se charge de former sa fille aux usages mondains et de corriger les « maladresses » de Louise :

Je suis revenue lasse et heureuse de cette lassitude. J'ai très naïvement exprimé l'état où je me trouvais à ma mère, en compagnie de qui j'étais, et qui m'a dit de ne confier ces sortes de choses qu'à elle. « Ma chère petite, a-t-elle ajouté, le bon goût est autant dans la connaissance des choses qu'on doit taire que dans celle des choses qu'on peut dire » (p. 217).

Cette éducation sociale, parce qu'elle limite l'expansion de la « nature franche » de Louise, suscite la mélancolie de la jeune fille : « Je me suis couchée triste. Je sens encore vivement l'atteinte de ce premier choc de ma nature franche et gaie avec les dures lois du monde. Voilà déjà de ma laine blanche laissée aux buissons de la route » (*ibid.*). Les autres corollaires de ces destins contraints sont l'isolement et la solitude, celle de Renée à La Crampade (« dans la solitude où nous vivons » p. 254), celle de Louise au sein de sa propre famille, solitude devinée par Felipe qui déclare à la jeune fille : « J'ai surpris le secret de votre isolement ! » (p. 265).

L'examen de l'espace diégétique semble soulever la question de la possibilité d'un « lieu à soi [10] » pour les héroïnes : celles-ci n'ont de cesse, à leur manière, de faire évoluer les limites qui restreignent leur développement. Ce qui apparaît finalement comme une inadéquation entre les lieux assignés, étroits, figés (comme si le temps s'était arrêté, à l'image de certains contes de fées) et leur désir absolu est mis en valeur par un aveu de Renée : « nous sommes, chère ange, de celles qui veulent tout » (p. 251). Cette volonté engage les mouvements d'expansion spatiale et temporelle, à la mesure des ambitions et des désirs des héroïnes.

Mouvements et déplacements

« [D]éployer [ses] ailes » (« Nous avons tant rêvé de compagnie, tant de fois déployé nos ailes... », p. 196) [11] : en dépit

10. Nous reprenons le titre du célèbre essai de Virginia Woolf, publié en 1929 et retraduit en ces termes par Marie Darrieussecq (Denoël, 2016).
11. « Le motif du déploiement de soi revient à plusieurs reprises dans les lettres de Renée comme dans celles de Louise », écrit Bénédicte Milcent dans son article « Liberté intérieure et destinée féminine dans *La Comédie humaine* » (*AB 2001*, p. 251).

Du lieu à l'espace 325

des contraintes et difficultés observées, *Mémoires de deux jeunes mariées* trace des parcours féminins atypiques. À la faveur du romanesque, les héroïnes sont représentées dans des itinéraires plus larges et mouvementés que prévu, malgré de nombreux obstacles qui les maintiennent dans un espace borné. Ces parcours sont peut-être en dehors des normes, voire déviants, et font la preuve que le roman de Balzac tend à déjouer le risque de « figement » des personnages féminins dans des lieux circonscrits et des aventures convenues.

« Sortir [12] » : Louise exprime d'emblée ce puissant désir de « sortir » d'un lieu dans lequel elle ne veut pas rester enfermée pour le restant de ses jours, ce « cri » conférant à l'ouverture du roman une mémorable et lyrique tonalité : « Ma chère biche, je suis dehors aussi, moi ! » (p. 195), ou : « […] dis-moi plutôt, me demanderas-tu, comment tu es sortie de ce couvent où tu devais faire ta profession ? » (p. 196). Le franchissement de la clôture monastique peut être assimilé à une conquête ; la sortie du couvent de Blois se fait à l'issue d'une « révolte » menée par Louise : « Les cris d'une conscience épouvantée ont fini par l'emporter sur les ordres d'une politique inflexible » (*ibid.*). Ainsi, Louise ne reste pas à la place qui lui a été réservée : la jeune fille « trompe les desseins » de ses parents, ce que lui reproche plaisamment son père qui compose un vif portrait de Louise en « fille rebelle », à la première rencontre :

> « Vous voilà donc, fille rebelle ! […] Vous réparerez le chagrin que nous cause votre changement de vocation par les plaisirs que nous donneront vos succès dans le monde. […] « Alphonse, dit-il à un beau jeune homme qui est entré, voilà votre sœur la religieuse qui veut jeter le froc aux orties » (p. 205).

En ne restant pas au couvent, en quittant le lieu assigné, elle « dérange » (p. 207) les projets de son père, elle bouleverse un ordre savamment organisé, un espace idéalement « rangé »,

---

12. Michelle Perrot, *Le Chemin des femmes*, Robert Laffont, 2019, p. 749. Au début de ce chapitre intitulé « Sortir », l'historienne cite les propos de Marie-Reine Guindorf, « ouvrière saint-simonienne, acharnée à briser cet encerclement » : « Une femme ne doit pas sortir du cercle étroit tracé autour d'elle », p. 750.

rompant ainsi avec une tradition familiale qui a vu le sacrifice d'une sœur pour son frère : « Ma tante s'est sacrifiée à un frère adoré » (p. 197). Quant à Renée, elle quitte le couvent de manière discrète, quelques semaines avant son amie, plongeant celle-ci dans une « noire mélancolie » (p. 196) et provoquant sa révolte. Or, la sortie de Renée n'est pas une conquête puisqu'elle est conditionnée par l'acceptation d'un mariage arrangé, ce qui souligne au passage les différences de trajectoires des deux jeunes filles :

> J'ai mieux aimé être mariée à Louis de l'Estorade que de retourner au couvent. Voilà qui est clair. Après avoir deviné que si je n'épousais pas Louis, je retournerais au couvent, j'ai dû, en termes de jeune fille, me résigner. Résignée, je me suis mise à examiner ma situation afin d'en tirer le meilleur parti possible (p. 251).

Renée échappe au couvent par le mariage consenti : une sortie d'un espace clos, qui mène à un autre espace prévisible, à savoir le foyer conjugal, dont « la bergère » (p. 299) occupée par Renée pourrait représenter l'exiguïté, par métonymie. Cependant, une forme de liberté est conquise par la sage jeune fille apparemment « résignée », qui loin d'abandonner sa volonté, « veut rester maîtresse absolue d'elle-même » (p. 251), affirme son libre-arbitre et impose ses conditions à Louis de L'Estorade, au risque de l'« épouvant[er] » (p. 252). Le mariage est alors envisagé par Renée non comme « une servitude, mais un commandement perpétuel » (p. 251), à rebours des recommandations maternelles exhortant sa fille à « obéi[r] passivement » (p. 253) à son époux.

D'un lieu l'autre : trajectoires féminines et modalités de déplacement

De l'espace assigné par la société à celui que les héroïnes cherchent à conquérir par le déplacement, la transformation, la configuration, les chemins de formation s'élargissent. En outre, conformément à leurs différences de caractère, les protagonistes sont en mouvement à des degrés divers, selon des *tempi* différents. Il convient d'examiner les modalités de dépla-

Du lieu à l'espace 327

cement de l'une et de l'autre qui tendent, comme écrit Louise qui souligne ici leur commun désir d'ouverture, « à déployer [leurs] ailes » (p. 196).

Le parcours de Renée pourrait être résumé ainsi : de la patiente immobilité au déploiement, à l'épanouissement, à l'expansion. La reconfiguration progressive du domaine conjugal, La Crampade, sous les ordres de Mme de l'Estorade qui engage divers travaux d'embellissement et d'agrandissement, est une image de la volonté agissante de la jeune mariée. Renée habite l'espace conjugal avec « résignation » et modestie tout d'abord, contrairement à l'envol de Louise de Macumer : « Ton épanouissement dans la vie rayonne à ton gré ; le mien est circonscrit, il a l'enceinte de la Crampade » (p. 272). Or, son cheminement patient révèle le caractère raisonnable de la jeune femme, adepte de la voie droite et véritable « docteur en corset » (p. 285, 338, 346, 401) auteur d'un nouveau *Discours de la méthode* « pour bien conduire » son existence, et tout apprendre de l'art de tracer des chemins. Cet art s'applique à La Crampade, et devient la métaphore de celui qui s'applique à tracer heureusement son chemin familial et social. L'épanouissement de Renée se fait en tant que mère (Louise la compare plaisamment à une « affreuse mère Gigogne », p. 347) et se double d'une expansion par les ambitions sociales et politiques pour sa famille : la sortie du domaine provençal pour Paris, lieu de la conquête des hautes sphères du pouvoir, en représente le succès.

De son côté, Louise, étincelant « feu follet » (p. 398), occupe brillamment l'espace aristocratique sous la Restauration, et y remporte de nombreux succès à partir de son mariage avec Felipe. La couventine maladroite et ignorante s'est muée en l'une des plus grandes mondaines du Faubourg Saint-Germain de *La Comédie humaine*, ce que sa trajectoire, du lieu circonscrit de l'hôtel familial à l'espace mondain, révèle :

> Après avoir commencé par me blâmer, le monde m'approuve beaucoup. Je règne enfin dans ce Paris où j'étais si peu de chose il y a bientôt deux ans. Macumer voit son bonheur envié par tout le monde, car je suis *la femme la plus spirituelle de Paris* (p. 325-326, Balzac souligne).

Contrairement à Renée, Louise, femme-oiseau (à trois reprises, p. 196, 210 et 306, Louise utilise la métaphore de l'oiseau dans ses lettres), chemine selon la ligne des « folâtres arabesques » (p. 200) qui décorent la chambre de l'appartement de la princesse de Vaurémont, dont la jeune fille prend possession. Tout se passe comme si ces arabesques avaient définitivement influencé sa trajectoire, ses choix (n'épouse-t-elle pas successivement des hommes « en dehors » des normes qui prévalent dans son monde ?) et ses mouvements : le voyage en Italie semble suivre les lignes sinueuses des arabesques. Celles-ci sont aussi musicales, et la musique accompagne le cheminement de Louise, jusque dans la mort : « Elle a chanté d'une voix éteinte quelques airs italiens des *Puritani*, de la *Sonnambula* et de *Mosé* », écrit Renée à son mari (p. 403). Louise est aussi celle qui pratique l'art de la fuite : la fuite de Blois vers Paris, de La Crampade vers Marseille puis vers l'Italie, les chevauchées de Ville-d'Avray à Paris, autant de mouvements qui échappent à la voie droite et qui peuvent être interprétés comme des franchissements possibles.

Le franchissement spatial va donc de pair avec le mouvement de transgression. Le rapport à l'espace nous renseigne sur la transgression effective de Louise dont le déplacement final s'accompagne d'un déclassement : Louise de Macumer, devenue Mme Gaston par son second mariage, s'enferme dans le Chalet de Ville-d'Avray qui est conçu comme un lieu à soi, une sorte d'utopie. Or, ce lieu circonscrit, dédié à l'amour et dissimulé aux regards curieux, où s'achève le destin de Louise, n'est pas un espace de liberté : le Chalet voit son enfermement final, puisqu'il devient un lieu mortel. La trajectoire du personnage s'achève sur un finale funèbre. Du couvent au chalet, d'un lieu clos à l'autre, le cheminement de Louise semble tracer une boucle, moins une arabesque qu'un cercle, en définitive, comme si le parcours de l'héroïne, à l'image du vol imprudent d'Icare, voyait son insolente extravagance châtiée.

Trouver sa place « hic et nunc » ?

La question prend tout son sens quand on observe le cheminement de Louise et de Renée qui tentent de concilier

Du lieu à l'espace 329

leurs aspirations individuelles, leurs ambitions et l'existence sociale. Les héroïnes de ce roman s'efforcent de gouverner leur destin, à l'instar des héros des romans d'apprentissage.

Louise occupe une place remarquable au sein de la société aristocratique : son salon éclipse ceux des autres grandes mondaines de *La Comédie humaine*. Elle consacre sa vie à l'amour, sentiment qui occupe toute la place dans ses deux unions successives. Or, ce type d'existence dévie par rapport aux voies tracées par la société. La stérilité de la jeune femme est définie comme une « monstruosité » par Louise elle-même : « Une femme sans enfants est une monstruosité ; nous ne sommes faites que pour être mères. Oh ! docteur en corset que tu es, tu as bien vu la vie » (p. 346). Cette stérilité vient peut-être sanctionner une existence « en dehors » des normes et des lois :

Hélas ! ma Renée, je n'ai toujours point d'enfants. […] Oh ! quelle monstruosité que des fleurs sans fruits. Le souvenir de ta belle famille est poignant pour moi. Ma vie à moi s'est restreinte, tandis que la tienne a grandi, a rayonné. […] Ton bonheur m'a fait envie en te voyant vivre dans trois cœurs ! Oui, tu es heureuse : tu as sagement accompli les lois de la vie sociale, tandis que je suis *en dehors de tout* [13]. […] tu as dans tes enfants un bonheur varié qui va croissant, tandis que le mien … (p. 383).

Le franchissement, voire la transgression des limites et des normes ne favorisent pas pleinement la conquête d'un lieu et d'une place à soi, même si le cheminement de Renée vient nuancer cette conclusion. Le roman ouvre alors une autre voie, en donnant à lire la quête d'une compensation par l'écriture épistolaire : la lettre devient le lieu de l'échange privilégié entre les « sœur[s] d'élection » (p. 331.)

À la recherche d'un espace de liberté : l'ici et l'ailleurs dans l'espace épistolaire

Le réel reste borné et n'offre pas tant d'occasions aux héroïnes de « déployer [leurs] ailes », alors que l'espace épistolaire est le lieu de la fantaisie, de la sortie hors de soi par le dialogue avec l'autre, la « sœur d'élection », par l'imagination

---

13. Nous soulignons.

330 Cyrille Fabre

de la vie de l'autre. Louise devient la part « folâtre » de Renée (« Adieu, ma chère imagination, mon amie, toi qui es ma folie ! », p. 273) et celle-ci donne l'occasion à son amie de se sentir mère. À celles qui « veulent tout », l'échange épistolaire offre un « territoire » d'envergure.

Lieux physiques capables d'héberger l'imaginaire, les hétérotopies [14] apparaissent dans l'espace diégétique et font naître des duos et des échos. Sous la feuillée, au couvent, le lieu est celui des confidences amicales ; le banc de Renée, dédié à Louise à La Crampade, a pour pendant celui de Louise à Chantepleurs, même la « bergère » de Renée est le point de départ de rêveries qui conduisent la jeune femme vers son amie : « Quelquefois, le soir, quand je ne suis pas utile à la partie, et que je suis enfoncée dans une bergère, ma pensée est assez puissante pour me faire entrer en toi ; j'épouse alors ta belle vie si féconde, si nuancée, si violemment agitée » (p. 299). Ces lieux réels qui servent d'introduction au développement de l'imagination (et dont il conviendrait de mener une étude précise) sont complétés par des espaces fictifs imaginaires. Contre la pesanteur ou l'étroitesse des lieux réels, s'impose la force des espaces imaginaires, au premier chef les lettres où Louise, qui « incarne un Quichotte femelle [15] », développe un art de la fantaisie et de l'extravagance. L'échange épistolaire accueille les chimères, les voyages sur le dos de « l'hippogriffe [16] » (p. 197). Il est aussi l'espace qui rend imaginable l'enchantement d'un univers évanoui, tombé du rêve, ainsi la description lyrique d'un lieu réactualisé par la force d'un souvenir intime (« lieu consacré par mes souvenirs » écrit Louise à son amie, p. 198) : il s'agit de l'appartement de la grand-mère de Louise, haut lieu d'une élégance disparue, celle du XVIIIᵉ siècle, que l'épistolière réussit à réanimer par son

14. Michel Foucault, *Les Hétérotopies*, Nouvelles éditions Lignes, 2009. Lors d'une conférence radiophonique prononcée par Michel Foucault en 1966, le philosophe définit les « hétérotopies » comme des « contre-espaces ou [...] utopies localisées », « lieux réels hors de tous les lieux », p. 24-25 de l'édition citée.

15. Mireille Labouret, « Honoré de Balzac, lecteur du *Quichotte* », *AB 1992*, p. 47.

16. Voir Brigitte Mera, « En chevauchant l'hippogriffe », *AB 2012*, p. 109-120.

Du lieu à l'espace   331

écriture picturale sensible. Se déploient également, dans cet espace épistolaire, la reprise de modèles amoureux littéraires (l'amour courtois ou *fin'amor*), la subversion de lieux communs, celui du *locus amœnus* à l'hôtel de Chaulieu, les pastiches et jeux littéraires (l'hippogriffe étant une double allusion à l'Arioste et à une lettre de Mme de Sévigné à sa fille [17]) ainsi que l'expression d'un héroïsme au féminin par Louise, qui souhaite « combattre » Napoléon : « Oh ! comme j'aurais dominé Napoléon ! comme je lui aurais fait sentir, s'il m'eût aimée, qu'il était à ma discrétion ! » (p. 239). Cette allusion fantaisiste au personnage historique rappelle le renversement des rapports entre les époux qui est à l'œuvre dans le roman ; Renée s'attache en effet à diriger et à former Louis, comme Louise subjugue tour à tour ses deux époux. Toutes ces références, qui ont vocation à créer un espace imaginaire et culturel partagé, peuvent être interprétées comme autant de moyens mis en œuvre pour se rapprocher de l'absente, à la manière d'une véritable relation épistolaire.

Enfin, l'échange entre les deux héroïnes favorise l'invention d'un espace commun où la vie « par délégation » est permise. Lieu des confidences inavouables à tout autre qu'à l'amie, ainsi les envies « bizarres » de Renée lors de sa grossesse qui la font sortir hors de sa voie, pour courir jusqu'à Marseille [18] (quant à Louise, ne demande-t-elle pas à Renée de brûler ses lettres [19] ?), la lettre donne à entendre un duo plus qu'un duel de la Folie et de la Raison, où les rôles ne sont pas fixes, duo qui s'achève lors de la disparition de Louise, et qui contraint Renée au silence, les deux amies ayant leurs « âmes soudées l'une à l'autre comme étaient ces deux filles hongroises dont la mort [leur] a été racontée par M. Beauvisage » (p. 196).

Les chemins empruntés par les personnages féminins se déroulent entre passages obligés, lacunes déterminées par la

---

17. Voir Mme de Sévigné, *Lettres de l'année 1671*, Gallimard, 2012, p. 244.
18. « [...] je sors quelquefois furtivement, je galope à Marseille d'un pied agile, et il me prend des tressaillements voluptueux quand j'approche de la rue » (p. 312).
19. « Oh ! Renée, tu brûles mes lettres, n'est-ce pas ? moi, je brûlerai les tiennes. » (p. 274).

condition féminine telle qu'elle se définit historiquement, en France, dans la première moitié du XIXe siècle. Les voies parcourues semblent étroites, ce qui rend souvent difficiles la mobilité et la liberté de Louise et de Renée, qui peuvent apparaître comme des êtres liés et voués à l'immobilité. Les obstacles à la construction et au développement des héroïnes, les contraintes qui pèsent sur le destin des femmes, la solitude, l'isolement des jeunes filles qui figent toute mobilité sociale, et l'impossibilité pour la jeune fille de choisir sa « place » dans la société française régie par le Code civil, infléchissent le parcours des héroïnes, autant d'obstacles dont l'espace diégétique peut rendre compte.

Or, les trajectoires féminines d'un lieu à l'autre permettent de souligner l'évolution intérieure des héroïnes, quand bien même les deux n'apparaissent pas augmentées à l'issue de leur formation. La réussite de la socialisation des héroïnes, comme dans le *Bildungsroman* goethéen, reste en suspens. Peut-être le cas de Renée, qui accepte le monde tel qu'il est, qui parvient à transformer son mari et à le placer dans la haute société parisienne et les sphères du pouvoir, permet-il de trancher en faveur d'une formation accomplie. Quant à Louise, son cheminement montre, au contraire, son refus de se plier aux lois du monde tel qu'il est devenu.

Au-delà des différences de trajectoires, il paraît pertinent de souligner l'unité formée par les deux héroïnes. Si les lieux habités et les voies empruntées accusent leurs évidentes différences, l'espace épistolaire qui rend possible le déploiement de l'imaginaire tend à en estomper les plus saillantes. L'humeur folâtre de Louise (son chalet n'est-il pas une « folie » ?) a pour pendant l'extravagance de Renée enceinte, en quête d'oranges en décomposition, ou son amour maternel « dévorant[20] ». Ainsi, l'idée d'extravagance (au sens étymologique de « s'écarter de la voie ») semble relier ces personnages féminins, qui s'imposent comme des figures du franchissement, par la singularité de leur évolution et des chemins de formation parcourus.

Cyrille FABRE-LALBIN.

---

20. Voir l'article de Ye Young Chung, « *Mémoires de deux jeunes mariées* : paroles au féminin », *AB 2005* (pages de début et de fin).

MÉMOIRES DE DEUX JEUNES MARIÉES OU BONALD CONTREDIT PAR LE ROMANESQUE

À l'instar du dialogue, un des avantages qu'offre au romancier la forme épistolaire consiste en la mise en texte d'opinions et de débats légitimés par la proximité des personnages, leur situation, leurs expériences. L'échange peut devenir le support et le moyen de prises de position exposées dans cette forme d'intimité partagée et libre de ton, sans recourir à la voix du narrateur ni *a fortiori* à la voix auctoriale.

Dans les *Mémoires de deux jeunes mariées*, cette « histoire simple et facile à suivre [1] », Balzac, agence avec une remarquable habileté une opposition entre les deux épistolières sur les questions du mariage, de la passion et des valeurs sociales. Depuis Maurice Bardèche jusqu'à Andrzej Rabsztyn, en passant par Claude-Edmonde Magny, Jean Rousset, Pierre Citron, Rose Fortassier, Max Andréoli, Jean Bellemin-Noël, Mireille Labouret, Edgar Pich, Ye Young Chung, nombre de travaux ont fort bien analysé et discuté la structure du roman ainsi que les termes du contraste entre une Louise romantique emportée par la passion et une Renée sage et résolument

---

1. Roger Pierrot, Introduction aux *Mémoires de deux jeunes mariées*, *CH*, t. I, p. 169. Dans la suite de l'article les références au roman seront placées in-texte entre parenthèses.

L'Année balzacienne 2023

334 Gérard Gengembre

ambitieuse de même qu'ils ont calibré leurs énergies respectives[2]. Par ailleurs, la dimension idéologique du roman, en particulier les questions du mariage et de la destinée féminine, a donné lieu à plusieurs études décisives, d'Arlette Michel à Alex Lascar, en passant par Catherine Nesci, Martine Léonard, Philippe Berthier et Bénédicte Milcent[3]. Quant à l'inscription des *Mémoires* au programme du baccalauréat, elle a suscité plusieurs éditions avec introductions, annotations et dossiers, venant ainsi s'ajouter aux différentes éditions de poche, ainsi qu'à nombre de ressources en ligne destinées aux enseignants et aux lycéens.

2. Voir Maurice Bardèche, Introduction aux *Mémoires de deux jeunes mariées* [1944], *CHH*, t. I, 1956 et 1968 ; Claude-Edmonde Magny, Introduction aux *Mémoires de deux jeunes mariées*, Balzac, *Œuvres*, Club français du Livre, t. VI, 1954 ; Jean Rousset, *Forme et signification, essai sur les structures littéraires*, Corti, 1963, p. 99-108 ; Pierre Citron, Notice aux *Mémoires de deux jeunes mariées*, *La Comédie humaine*, Seuil, « L'Intégrale », t. I, 1965 ; Rose Fortassier, « Balzac et le roman par lettres », *Cahiers de l'AIEF*, n° 29, 1977, p. 205-221 ; Max Andréoli, « Un roman épistolaire : *Mémoires de deux jeunes mariées* », *AB 1987*, p. 255-295 ; Jean Bellemin-Noël, « Avance à l'interprétation (Balzac, *Mémoires de deux jeunes mariées*) », *Semen. Revue de sémiolinguistique des textes et discours*, n° 11, 1999 ; Mireille Labouret, « Romanesque et romantique dans *Mémoires de deux jeunes mariées* et *Modeste Mignon* », *AB 2000*, p. 43-63 ; Edgar Pich, « *Mémoires de deux jeunes mariées* » *d'Honoré de Balzac. Un roman de l'identité*, Lyon, Aldrui, 2004 ; Ye Young Chung, « *Mémoires de deux jeunes mariées* : paroles au féminin », *AB 2005*, p. 323-346 ; Andrzej Rabsztyn, « *Mémoires de deux jeunes mariées* : la volonté vs. le libre arbitre », *Kwartalnik Neofilologiczny*, LXVI, n° 2, 2020.

3. Voir Arlette Michel, « Balzac juge du féminisme. Des *Mémoires de deux jeunes mariées* à *Honorine* », *AB 1973*, p. 183-200 ; *Le Mariage et l'amour dans l'œuvre romanesque d'Honoré de Balzac*, Champion, 1976 ; Catherine Nesci, *La Femme, mode d'emploi. Balzac de la « Physiologie du mariage » à « La Comédie humaine »*, Lexington, French Forum, 1992 ; Martine Léonard, « Balzac et la représentation du sujet féminin », *Protée* [Québec], 1992, p. 35-41 ; Philippe Berthier, « *Frauenliebe und Leben* (*Mémoires de deux jeunes mariées*) », in Lucienne Frappier-Mazur et Jean-Marie Roulin (éd.), *L'Érotique balzacienne*, SEDES, 2001, p. 157-170 ; Bénédicte Milcent, « Liberté intérieure et destinée féminine dans *La Comédie humaine* », *AB 2001*, p. 247-266 ; Alex Lascar, « Les réalités du mariage dans l'œuvre balzacienne. Le romancier et ses contemporains », *AB 2008*, p. 165-216. Voir aussi Nicolas Rousse, « Structure sociale, loi et graphisme dans *Mémoires de deux jeunes mariées* », *Imaginaire de l'écrit dans le roman. Carnet de recherche*, n° 10, 2016, en ligne sur le site de l'Observatoire de l'imaginaire contemporain de l'Université du Québec : https://oic.uqam.ca/fr/carnets/imaginaire-de-lecrit-dans-le-roman/structure-sociale-loi-et-graphisme-dans-memoires-de-deux

Bonald contredit par le romanesque 335

Malgré l'abondance et la densité des approches critiques, nous aimerions revenir sur la mise en texte d'une théorie du mariage et, plus généralement sur celle de l'ordre social et de ses valeurs, menacés par le désordre de la passion ou paradoxalement servis par sa canalisation. Il s'agira de montrer que les contradictions qui le dynamisent assurent le triomphe du romanesque sur la statue du Commandeur Bonald.

Balzac, Bonald et le moment 1840

Contentons-nous de rappeler ici que la fin de la rédaction du manuscrit coïncide avec la consolidation chez Balzac de sa pensée politique et sociale, laquelle donnera lieu aux énoncés définitifs de l'« Avant-propos » : « Aussi regardé-je la Famille et non l'Individu comme le véritable élément social. Sous ce rapport, au risque d'être regardé comme un esprit rétrograde, je me range du côté de Bossuet et de Bonald, au lieu d'aller avec les novateurs modernes [4] ». On sait que l'annonce des *Mémoires* dans *La Presse* le 9 novembre 1841 se donne comme une prescription de lecture : « C'est, en un mot, un éclatant démenti donné à toutes les théories nouvelles sur l'indépendance de la femme [...] [5] ».

La proximité avec les thèses bonaldiennes est évidente et le philosophe est dûment mentionné dans le texte. Après sa présentation du mariage dans la *Théorie du pouvoir politique et religieux* de 1796 [6], Bonald la décline en 1802 dans la *Législation primitive* sous forme codifiée d'articles, présentés comme

4. « Avant-propos », *CH*, t. I, p. 13.
5. Cité dans l'« Histoire du texte », *CH*, t. I, p. 1248.
6. « Le mariage, ou l'union indissoluble d'un homme et d'une femme forme la société naturelle *dont la fin est la production de l'homme*. C'est un rapport *nécessaire* ou parfait ; un rapport *d'une* volonté à *une* volonté, *d'un* amour à *un* amour, *d'une* force à *une* force, c'est-à-dire *d'une* âme à *une* âme, et *d'un* corps à *un* corps. Donc ce rapport est une loi fondamentale, expression de la volonté générale ; donc cette société est constituée ; donc elle parvient parfaitement à sa fin. Effectivement, il est démontré que le mariage, ou l'union indissoluble d'un homme et d'une femme, est la société naturelle la plus favorable à la propagation de l'espèce humaine » (italiques de Bonald), *Théorie du pouvoir politique et religieux dans la société civile démontrée par le raisonnement et par l'histoire, Œuvres complètes*, Au Petit-Montrouge, J.-P. Migne, 1859, t. I, p. 153-154.

un contre-Code civil avant la lettre sous l'intitulé « De la formation de la société domestique, ou du mariage », et dont voici le premier, d'où tout découle : « La société domestique ne peut être formée que par le mariage [7] ».

La conception bonaldienne de la famille occupe une position centrale dans l'ensemble d'une théorie fondamentalement anti-individualiste. La reconstitution contre-révolutionnaire de la société doit d'abord s'attacher à défendre et promouvoir la famille, concept qui permet de penser le social comme organisme régi par la complémentarité des organes, comme hiérarchie des familles et comme suprématie d'un pouvoir dont l'unicité est analogue à celle du père dans la famille [8].

Il suffira de rapprocher ici le dogme bonaldien des propos bien connus du duc de Chaulieu et de Renée de l'Estorade, où se donnent notamment à voir, en apparence du moins, tant le poids que le rôle des pères dans le discours idéologique et la transmission [9] :

> En coupant la tête à Louis XVI, la Révolution a coupé la tête à tous les pères de famille. Il n'y a plus de famille aujourd'hui, il n'y a plus que des individus. En voulant devenir une nation, les Français ont renoncé à être un empire. En proclamant l'égalité des droits à la succession paternelle, ils ont tué l'esprit de famille, ils ont créé le fisc ! Mais ils ont préparé la faiblesse des supériorités et la force aveugle de la masse, l'extinction des arts, le règne de l'intérêt personnel et frayé les chemins à la Conquête. Nous sommes entre deux systèmes : ou constituer l'État par la Famille, ou le constituer par l'intérêt personnel : la démocratie ou l'aristocratie, la discussion ou l'obéissance, le catholicisme ou l'indifférence religieuse, voilà la question en peu de mots. […] Tout pays qui ne prend pas sa base dans le pouvoir paternel est sans existence assurée.

7. *Législation primitive considérée dans les derniers temps par les seules lumières de la raison, ibid.*, t. I, p. 1237.

8. Nous renvoyons à l'introduction de notre édition conjointe avec Flavien Bertran de Balanda† de Louis de Bonald, *Œuvres choisies*, t. II, *Écrits sur le divorce*, Classiques Garnier, 2022, p. 9-37. Sur la doctrine bonaldienne concernant la famille, voir aussi F. Bertran de Balanda†, « "Nous ne nous fâcherons point pour cette question…" À propos des *Mémoires de deux jeunes mariées* », « Maison Balzac », *Suite française. Rivista di cultura e politica*, n° 2, 2019, p. 115-130, et notamment sur cette doctrine p. 117-121.

9. Voir A. E. McCall Saint-Saëns, « Pour une esthétique du père porteur : *Mémoires de deux jeunes mariées* », in Stéphane Vachon (dir.), *Balzac. Une poétique du roman*, Saint-Denis, Presses universitaires de Vincennes, 1996, p. 295-306.

Bonald contredit par le romanesque

Là commence l'échelle des responsabilités, et la subordination, qui monte jusqu'au roi. Le roi, c'est nous tous ! Mourir pour le roi, c'est mourir pour soi-même, pour sa famille, qui ne meurt pas plus que ne meurt le royaume. Chaque animal a son instinct, celui de l'homme est l'esprit de famille. Un pays est fort quand il se compose de familles riches, dont tous les membres sont intéressés à la défense du trésor commun : trésor d'argent, de gloire, de privilèges, de jouissances ; il est faible quand il se compose d'individus non solidaires [...]. Nous allons à un état de choses horrible, en cas d'insuccès. Il n'y aura plus que des lois pénales ou fiscales, la bourse ou la vie (lettre XII, p. 242-243).

[...] mon père m'a fait lire un des plus profonds écrivains de nos contrées, un des héritiers de Bossuet, un de ces cruels politiques dont les pages engendrent la conviction. Pendant que tu lisais *Corinne*[10], je lisais Bonald, et voilà tout le secret de ma philosophie : la Famille sainte et forte m'est apparue. De par Bonald, ton père avait raison dans son discours (lettre XVIII, p. 272-273).

Mon philosophe de l'Aveyron a raison de considérer la famille comme la seule unité sociale possible et d'y soumettre la femme comme elle l'a été de tout temps (lettre XX, p. 279).

Les *Mémoires* se donnent bien comme un roman sur la famille, ou plus exactement sur sa fonction et sa valeur comme matrice sociale[11]. Elle triomphe sans conteste, là encore en apparence du moins, et avec elle semblent triompher les valeurs de la Restauration. Or, par rapport à l'orthodoxie bonaldienne, se donne à lire un significatif manquement hérétique, lequel participe de la complexité romanesque. En effet, de même que la société, la famille selon Bonald présente une

10. Balzac n'ignore probablement pas qu'en 1818, Bonald avait publié une réfutation posthume des *Considérations sur la Révolution* de Mme de Staël, qualifiées de « roman sur la politique et la société écrit sous l'*influence* des affections domestiques et des passions politiques qui ont occupé ou agité l'auteur » (italiques de Bonald), lui reprochant notamment d'avoir voulu traiter de l'histoire comme *Corinne* et *Delphine* « qui font de la politique comme elles faisaient de l'amour [...] » (*Observations sur l'ouvrage ayant pour titre « Considérations sur les principaux événements de la Révolution française », par Mme la baronne de Staël, Œuvres complètes*, éd. citée, t. II, p. 593.
11. Nous renvoyons à Claudie Bernard, *Penser la famille au XIXe siècle (1789-1870)*, Publications de l'université de Saint-Étienne, 2007, et *Le Jeu des familles dans le roman du XIXe siècle*, id., 2013, notamment p. 33-52.

structure tri-fonctionnelle Pouvoir / Ministre (moyen et ministère à la fois) / Sujet, soit Mari-Père / Femme-Mère / Enfant [12]. Cependant, ce modèle patriarcal n'est guère respecté dans la famille et le couple l'Estorade. Le beau-père de Renée est une figure diminuée, un vieillard, certes riche à la mode provinciale et « très chrétien », et son fils, marqué par sa captivité lors des guerres de l'Empire, à trente-sept ans « a l'air d'en avoir cinquante » (lettre V, p. 218 et p. 220). Puissance régénératrice et organisatrice, Renée prend de fait le pouvoir et façonnera son mari pour le faire accéder à un rôle politique, comme nous le verrons plus avant. Parallèlement, Louise réduit Macumer au rôle de chevalier servant avant de l'épuiser par sa voracité sexuelle. D'ailleurs, et comme par voie de conséquence, l'union restera stérile [13]. Pour le bien de la famille comme pour sa destruction, la femme, l'épouse se voit donc attribuer une fonction supérieure à celle que lui assigne la doctrine bonaldienne. Comme l'écrit Flavien Bertran de Balanda†, « [n]ous sommes donc en présence de deux ménages marqués chacun par une hypertrophie du *Ministre* au détriment du *Pouvoir* [14] ». Si l'on a coupé la tête à tous les pères de famille, ici, la mère, elle, a gardé la sienne. Roman sur le mariage et sur la famille, les *Mémoires* valent aussi, et peut-être surtout, comme roman sur le pouvoir des femmes.

---

12. Voir F. Bertran de Balanda†, « "Nous ne nous fâcherons point..." », art. cité ; Gérard Gengembre, « La famille des contre-révolutionnaires : une réponse archaïque à la modernité » dans Irène Théry et Christian Biet (éd.), *La Famille, la loi, l'État. De la Révolution au Code civil*, Centre de Recherche Interdisciplinaire de Vaucresson, Imprimerie nationale et Centre Georges Pompidou, 1989, p. 157-166 ; André Burguière, « La famille comme enjeu politique (de la Révolution au Code civil) », *in* Jacques Commaille, Irène Théry et Christian Biet (dir.), *Droit et Société*, n° 14, 1990, « La Famille, la loi, l'État », p. 25-38.

13. « L'amour pur et violent comme il est quand il est absolu serait-il donc aussi infécond que l'aversion, de même que l'extrême chaleur des sables du désert et l'extrême froid du pôle empêchent toute existence ? Faut-il se marier avec un Louis de l'Estorade pour avoir une famille ? Dieu serait-il jaloux de l'amour ? Je déraisonne » (lettre XLVI, p. 357-358).

14. Art. cité, p. 128.

Bonald contredit par le romanesque 339

Un hymne bonaldien à la maternité ?

On ne reviendra pas sur ce qu'ont établi les exégètes précédemment cités à propos de la question féminine dans les *Mémoires*. Parmi les romans de *La Comédie humaine* mettant en scène la condition et les drames privés de la femme mariée, les *Mémoires* développent par le moyen d'un discours féminin l'un des plus riches bilans. Héroïsation sanctifiante de Renée, héroïsation romantique de Louise : deux images de la femme se répondent, et Balzac joue subtilement en ménageant rapprochements et renversements, notamment en les rendant envieuses l'une de l'autre. Loin d'opposer de manière manichéenne une adepte rigide des thèses bonaldiennes et une exaltée, les lettres organisent un véritable débat, dont les termes et les enjeux progressent tant avec l'évolution des deux femmes dans leur vie amoureuse et conjugale qu'avec la marche du temps. Quelques citations peuvent suffire ici pour l'illustrer :

Renée :
[...] une seule de tes lettres ruine cet édifice bâti par le grand écrivain de l'Aveyron [...] (lettre XX, p. 278).
Ne te lasse pas de tout me dire. [...] En jouissant de ton heureux mariage (et pourquoi ne t'avouerais-je pas tout ?), en l'enviant de toutes mes forces, j'ai senti le premier mouvement de mon enfant qui des profondeurs de ma vie a réagi sur les profondeurs de mon âme (lettre XXVIII, p. 313 et p. 310).

Louise :
Ton mariage purement social, et mon mariage qui n'est qu'un amour heureux, sont deux mondes qui ne peuvent pas plus se comprendre que le fini ne peut comprendre l'infini (lettre XXVII, p. 307).
Ta fécondité m'a fait faire un retour sur moi-même, qui n'ai point d'enfants après bientôt trois ans de mariage. [...] Une femme sans enfants est une monstruosité ; nous ne sommes faites que pour être mères. Oh ! Docteur en corset que tu es, tu as bien vu la vie (lettre XLIII, p. 346).

Le dépassement des contradictions, la sublimation du sacrifice s'opèrent d'abord par la maternité, puis, nous le verrons plus avant, par l'exercice d'une habile direction du mari.

Les *Mémoires* comportent un véritable hymne à la maternité, sans laquelle la femme et la famille seraient incomplètes [15]. Elle est d'abord présentée de manière quelque peu trouble sous la plume de Renée, qui voit dans la naissance du premier enfant la seule réponse à la « grande question, presque terrible pour [elles] » de la nécessaire soumission des femmes à la famille : « Aussi voudrais-je être mère, ne fût-ce que pour donner une pâture à la dévorante activité de mon âme » (lettre XX, p. 280). Elle compare les douleurs de l'enfantement à une « couronne au-dessus de [s]a tête » : « Il m'a semblé qu'une immense rose sortie de mon crâne grandissait et m'enveloppait » (lettre XXXI, p. 319). De fait, la maternité devient une sorte de libération individuelle, de jouissance et d'élévation mystique. Quant à l'allaitement [16], il est décrit en termes nettement érotiques, la « morsure » de l'enfant étant même qualifiée de « jouissance » (*ibid.*, p. 320) :

> Enfanter, ce n'est rien ; mais nourrir, c'est enfanter à toute heure. Oh ! Louise, il n'y a pas de caresses d'amant qui puissent valoir celles de ces petites mains roses qui se promènent si doucement, et cherchent à s'accrocher à la vie. Quels regards un enfant jette alternativement de notre sein à nos yeux ! Quels rêves on fait en le voyant suspendu par les lèvres à son trésor ? (*ibid.*)

Cependant, Renée ajoute à ces considérations un peu trop sensuelles un credo bonaldien :

> [...] l'amour peut et doit cesser ; mais la maternité n'a pas de déclin à craindre, elle s'accroît avec les besoins de l'enfant, elle se développe avec lui. N'est-ce pas à la fois une passion, un besoin, un sentiment, un devoir, une nécessité, le bonheur ? Oui, mignonne, voilà la vie particulière de la femme. Notre soif de dévouement y est satisfaite, et nous ne trouvons point là les troubles de la jalousie. Aussi peut-être est-ce pour nous le seul point où la Nature et la Société sont d'accord. En ceci, la Société se trouve avoir enrichi la Nature, elle a augmenté le sentiment maternel par l'esprit de famille, par la continuité du nom, du sang, de la fortune (*ibid.*, p. 322-323).

15. « [...] il n'y a pas de famille sans enfant [...] » (lettre XXVIII, p. 312).
16. Signalons avec quelque amusement que Renée s'éloigne ici des prescriptions bonaldiennes. Le philosophe de l'Aveyron réprouve ce qu'il considère comme une funeste mode rousseauiste.

Bonald contredit par le romanesque 341

Subtilement, Balzac fait répondre Renée à elle-même, car elle avait auparavant opposé Nature et Société, rejetant le dogme bonaldien en prononçant un réquisitoire contre la tyrannie que le mariage exerce sur la femme : « [...] toute femme mariée apprend à ses dépens les lois sociales, qui sont incompatibles en beaucoup de points avec celles de la nature » (lettre XVIII, p. 271). Voilà donc une passion glorifiée, qui s'oppose par sa légitimation idéologique à celle de la romanesque Louise, dont le comportement semble illustrer cet axiome balzacien bien connu : « [...] la femme porte le désordre dans la société par la passion [17] ».

De l'usage féminin de la passion et du calcul

Il serait aisé d'énumérer les composantes de la dichotomie entre raison et passion incarnée par la brune provinciale Renée et la blonde parisienne Louise : famille / couple passionnément fusionnel ; mesure / démesure ; énergie concentrée / énergie dissipée ; économie / dépense ; soumission à la loi du devoir / recherche de la jouissance ; sexualité calme / exaltation orgasmique ; maternité / stérilité ; sacrifice / plénitude égoïste. Ces éléments se rassemblent dans l'opposition société / individu, autrement dit entre ordre et désordre.

Renée prône la mesure dans l'exercice de l'amour conjugal :

Tu me taxes de fausseté parce que je veux mesurer au jour le jour à Louis la connaissance de moi-même ; mais n'est-ce pas une trop intime connaissance qui cause les désunions ? Je veux l'occuper beaucoup pour beaucoup le distraire de moi, au nom de son propre bonheur ; et tel n'est pas le calcul de la passion. Si la tendresse est inépuisable, l'amour ne l'est point : aussi est-ce une véritable entreprise pour une honnête femme que de le sagement distribuer sur toute la vie (lettre XVIII, p. 271).

Passion en quelque sorte distillée, passion ainsi devenue licite, l'amour doit donc être modéré, tempéré dans la durée.

---

17. *Illusions perdues*, CH, t. V, p. 313.

342 — Gérard Gengembre

Louise répond vertement à cette annonce de programme conjugal :

> Tu as immolé ta jeunesse en un jour, et tu t'es faite avare avant le temps. Ton Louis sera sans doute heureux. S'il t'aime, et je n'en doute pas, il ne s'apercevra jamais que tu te conduis dans l'intérêt de ta famille comme les courtisanes se conduisent dans l'intérêt de leur fortune ; et certes elles rendent les hommes heureux, à en croire les folles dissipations dont elles sont l'objet. Un mari clairvoyant resterait sans doute passionné pour toi ; mais ne finirait-il point par se dispenser de reconnaissance pour une femme qui fait de la fausseté une sorte de corset moral aussi nécessaire à sa vie que l'autre l'est au corps ? Mais, chère, l'amour est à mes yeux le principe de toutes les vertus rapportées à une image de la divinité ! L'amour, comme tous les principes, ne se calcule pas, il est l'infini de notre âme (lettre XV, p. 260-261 [18]).

Autre passion licite : l'ambition de Renée voulant pousser son mari dans les allées du pouvoir, et faisant de cet « homme ordinaire » un « homme supérieur » (lettre XXXVI, p. 334). On aurait pu s'attendre à ce que la bonaldienne Renée restât fidèle à la monarchie légitime après la révolution de Juillet. Or, et c'est là toute la signification de l'ellipse temporelle entre les première et deuxième parties du roman, puisque l'on passe de 1829 à octobre 1833, Louis de l'Estorade est devenu « pair de la France semi-républicaine de Juillet », comme l'écrit Louise (lettre XLVIII, p. 360).

Vétéran de la Grande Armée, élu à deux reprises sous la Restauration dans les rangs légitimistes, et la première fois sur les conseils de Louise, nommé par Charles X comte et président de chambre à la Cour des comptes, l'Estorade reçoit de Louis-Philippe la pairie et la dignité de grand-officier de la Légion d'honneur (voir lettre LI, p. 372 et p. 373). Joli parcours et cynique réalisme politique, dénué de tout romantisme, ainsi justifié par Renée :

> [...] est-ce avec quarante mille livres de rentes, dont trente appartiennent à un majorat, que je pouvais convenablement établir Athénaïs

---

18. Louise ajoute plus tard une question embarrassante et se permet d'ironiser : « Jusqu'à quel point le calcul est-il la vertu ou la vertu est-elle le calcul ? Hein ? Nous ne nous fâcherons point pour cette question, puisque Bonald est là » (lettre XIX, p. 273).

Bonald contredit par le romanesque 343

et ce pauvre petit mendiant de René ? Ne devions-nous pas vivre de notre place, et accumuler sagement les revenus de nos terres ? En vingt ans nous aurons amassé environ six cent mille francs, qui serviront à doter et ma fille et René, que je destine à la marine. Mon petit pauvre aura dix mille livres de rentes, et peut être pourrons-nous lui laisser en argent une somme qui rende sa part égale à celle de sa sœur. Quand il sera capitaine de vaisseau, mon mendiant se mariera richement, et tiendra dans le monde un rang égal à celui de son aîné. [...]
Ces sages calculs ont déterminé dans notre intérieur l'acceptation du nouvel ordre des choses. [...] Pour rester fidèle à la branche aînée et retourner dans ses terres, il ne fallait pas avoir à élever et à pourvoir trois enfants (*ibid.*).

Condamné *idéologiquement* – mais l'est-il *littérairement* ? – comme dangereuse incitation à l'amour débridé et folie entraînant la femme dans le tourbillon de la passion, le romantisme de Louise est *aussi* celui de la foi légitimiste. La mort tragique de celle qui porte le nom de Mme Gaston après avoir été Chaulieu puis Macumer est lourde de significations. Disparaissent avec elle plusieurs rêves romantiques : le couple chevaleresque formé avec le dernier Abencérage, l'aspiration à un monde libéré des trivialités de l'histoire contemporaine, la vie avec un jeune poète pauvre dans un lieu solitaire et charmant, mais aussi la monarchie restaurée. Femme qui meurt à trente ans [19], trois ans après l'épopée ratée de la duchesse de Berry, Louise quitte le monde au moment où le régime de Juillet n'a plus grand-chose à craindre du parti légitimiste. Cette mort précoce réalise le vœu que Louise formulait dès janvier 1826 en une sorte de défi féminin héroïco-romantique à la Loi :

[...] voici dix fois en dix mois que je me surprends à désirer de mourir à trente ans, dans toute la splendeur de la vie, dans les roses de l'amour, au sein des voluptés, de m'en aller rassasiée, sans mécompte, ayant vécu dans ce soleil, en plein dans l'éther, et même un peu tuée par l'amour, n'ayant rien perdu de ma couronne, pas même une feuille, et gardant toutes mes illusions (lettre XXX, p. 316).

Une telle déclaration sonnerait bien dans une scène de drame (ô Scribe et ses *Dix ans de la vie d'une femme* !), voire

---

19. « [...] je parais n'avoir que trente ans, mais, en réalité, j'ai eu soixante années d'amours » (lettre LVII, p. 400).

de mélodrame. Notons cependant que Louise a su intelligemment tirer un parti financier de la nouvelle donne en plaçant son argent dans le trois pour cent et en vivant ainsi confortablement de la rente dans son « Chalet » de Ville-d'Avray. La cigale sentimentale sait être fourmi quand il le faut... Habile retournement, ce calcul tout bourgeois de la belle aristocrate à la tête pas si folle est ainsi présenté : « Je calcule presque aussi bien que ton roi-citoyen. Sais-tu ce qui peut donner cette sagesse algébrique à une femme ? L'amour ! » (lettre XLVIII, p. 360). Après celle de la lettre XV précédemment citée, voici une admirable nouvelle réponse à la gestion rationnelle de l'amour que préconisait Renée !

Au bout du compte, puisque *compte* il y a, la romantique Louise n'a-t-elle pas pleinement vécu durant sa courte vie ? Sa dépense énergétique ne s'est-elle pas traduite en jouissances ? Son cœur et son corps n'ont-ils pas exulté ? N'a-t-elle pas trouvé ce bonheur charnel et affectif que la société refuse aux femmes ? N'a-t-elle pas *profité* du mariage ? Là encore, Balzac ménage un renversement, puisque Louise et Felipe, puis Marie Gaston filent le parfait amour dans le cadre conjugal : « [...] ce que toutes les femmes demandent aujourd'hui à l'amour, le mariage me le donne » (*ibid.*, p. 362). Quand bien même Renée condamne Louise – « tu dépraves l'institution du mariage » (lettre LIII, p. 385) –, son union ordonnée, mesurée, sage lui procure-t-elle autant de joies ? On serait tenté de détourner la célèbre affirmation [20] qu'adresse Balzac à George Sand, dédicataire du roman : « J'aimerais mieux être tué par Louise que de vivre longtemps avec Renée », en proposant : « Ne vaut-il pas mieux jouir avec Louise que de se morfondre en lisant Bonald ? »

Nulle part ailleurs dans *La Comédie humaine* Balzac n'a mis en texte un usage aussi remarquable de sa lecture des œuvres de Bonald, en la tissant avec maestria dans la progression romanesque et en évitant brillamment les écueils du roman à thèse. Les *Mémoires* offrent la richesse des contradictions et des paradoxes exprimés par les discours et la vie de Renée et de Louise qui remettent en cause les préceptes bonaldiens. L'apo-

---

20. Citée par Roger Pierrot, Introduction aux *Mémoires*, p. 191.

Bonald contredit par le romanesque 345

logie du mariage s'énonce du point de vue d'une Renée dont la réussite s'accomplit par la prise du pouvoir au sein du couple et donc renverse la hiérarchie des fonctions. Pour scandaleux qu'ils puissent être à l'aune des bons principes, puisque trop fusionnels et stériles, les deux mariages de Louise ont apporté à notre Traviata les prestiges romantiques, voire mélodramatiques de l'acmé du bonheur et de la mort quasi opératique. On comprend pourquoi Bonald déteste les romans...

Ainsi, le bilan des *Mémoires* s'établirait-il ainsi : ambivalence de la passion au sein du mariage, victoires antithétiques de deux femmes supérieures, triomphe du romanesque [21] et relativisation de la doctrine bonaldienne. Dès lors, le propos souvent cité de Renée (lettre XVIII, p. 272) peut-il être lu dans toute sa portée oxymorique, tant idéologique que littéraire : « Entre nous deux, qui a tort, qui a raison ? Peut-être avons-nous également tort et raison toutes les deux [...]. »

Gérard GENGEMBRE.

---

21. Sur le romanesque en général et balzacien en particulier, nous renvoyons à la problématique et aux indications bibliographiques de la journée d'études du GIRB, « Un "je ne sais quoi de romanesque". Les enjeux du romanesque balzacien », 17 juin 2022. https://www.fabula.org/actualites/103969/journee-detudes-balzac-du-girb----un--je-ne-sais-quoi-de-romanesque--les-enjeux-du-romanesque-balzacien--jose-luis-diaz-jacques-david-ebguy-et-christelle-girard.html

Variétés

BALZAC OU LES AMBIGUÏTÉS

Une relecture des « Œuvres complètes de feu Horace de Saint-Aubin », édition Souverain (1836-1839) (2de partie)

III

FERDINAND DE GRAMMONT ET SES DEUX ROMANS

La date de naissance de Ferdinand de Grammont est incertaine. Il est baptisé en 1812. Ce jeune littérateur est de cette classe d'âge à laquelle appartiennent Émile Regnault, Jules Sandeau et Auguste de Belloy qui entourent Balzac à l'époque de l'édition des œuvres de Saint-Aubin. Il sort de Saint-Cyr en 1830. Légitimiste, il refuse de servir la monarchie de Juillet et décide de vivre de sa plume. Il traduit Pétrarque et Dante, s'intéresse à Walter Scott et à Goethe. C'est un vrai romantique.

Il est recommandé à Balzac par Auguste de Belloy dans sa lettre du 9 mai 1837 [1]. Grammont se manifeste peu de jours après et se plaint amèrement de sa profonde misère. L'argent se fait rare, lui dit-on. Il termine sa missive en ces termes :

Je suis bien obligé de le croire et je désirerais bien vivement que vous ne fussiez pas réduit à partager cette opinion. Autrement, comme je ne puis pas voler (vous l'entendrez comme il vous plaira) il faudra

---

1. Voir *Corr. Pl.*, t. II, p. 220. Les références suivantes à ce volume sont insérées in-texte.

L'Année balzacienne 2023

que je me résigne à crever comme un chien ou me jeter à l'eau comme un imbécile. Le choix est assez triste. Je puis encore aller trois jours. Vous êtes ma dernière espérance. *De profundis* (p. 236).

Il ne cesse de se lamenter, il poursuit Balzac jusque dans sa retraite – à cette époque, harcelé par ses créanciers, le romancier se cache à Chaillot, sous le nom de la veuve Durand – et il l'adjure de lui procurer du travail : « […] je n'ai plus à choisir qu'entre le plomb, le fer, la corde et l'asphyxie soit par le charbon, soit par l'eau » ; il plaisante quand il pense à sa propre situation : « J'aimerais l'asphyxie par le Champagne ; mais c'est coûteux et je n'ai plus même de crédit » (p. 245). À la fin du mois, dans une lettre désespérée écrite sur un ton respectueux et qui témoigne de son admiration pour le grand auteur, il reprend ses propos antérieurs :

> […] j'ai bien pu vous demander si vous aviez sous la main quelque travail pour lequel je vous convinsse mais je ne voudrais pas que vous éprouvassiez pour moi ni gêne ni dérangement. Vos moments et votre tranquillité sont précieux et moi je puis crever de faim ou me jeter à l'eau sans qu'on n'y perde rien. Adieu très cher et vénéré Maître : croyez, je vous supplie au dévouement sans bornes du pauvre diable qui se nomme F. de Grammont (p. 254).

Un peu plus d'un mois après, le 29 juillet 1837, il fait savoir à Balzac qu'il a « presque achevé le premier tome des *Convertis* » (p. 265), titre provisoire de *Dom Gigadas.* Je note que le 19 mars 1838, ne pouvant pas joindre le jeune littérateur, Hippolyte Souverain réclame le roman ainsi intitulé à Balzac pour régler « cette vieille affaire » (p. 323). Il ressort de cette lettre que, sans conteste, l'auteur en est bien Grammont. Son rôle est plus important dans l'édition des romans attribués à Saint-Aubin qu'on l'a cru jusqu'ici.

Remarquons au préalable qu'il est hors de doute que *Dom Gigadas* (t. XI-XII) et *L'Excommunié* (t. XV-XVI) ont été publiés avec l'assentiment de Balzac dans l'édition Souverain. L'insertion de ces deux romans ne s'imposait point dans les *Œuvres complètes de feu Horace de Saint-Aubin.* Balzac voulait-il faire plaisir à ses collaborateurs qui étaient à peine plus âgés que lui en 1822 ?

Belloy et Grammont n'avaient pas une conception identique de l'art romanesque. À en juger par les corrections

Balzac ou les ambiguïtés 351

apportées par le premier au *Centenaire*, à *Wann-Chlore* et au fragment autographe du manuscrit de *L'Excommunié*, on perçoit en lui un jeune écrivain conservateur qui n'apprécie guère les innovations stylistiques de Balzac en rapport avec le magnétisme dans *Le Centenaire*, ni l'amoralité de *Wann-Chlore* à laquelle son auteur confère une dimension mystique. En quelque manière, il voudrait assagir, devine-t-on, la pensée bouillonnante et le style parfois échevelé du maître à ses débuts. Tout autre est la philosophie de son camarade qui d'ailleurs le qualifie dans sa lettre datée probablement d'août 1837 d'« ex-ami ». Alors que Belloy censure les sentiments amoureux que Balzac décrit dans le premier tiers de *L'Excommunié*, Grammont qui, j'en suis convaincu, reprend la plume des mains de son collaborateur, libère la belle sensualité qui se dégage du manuscrit et la développera, l'accentuera dans le reste de l'œuvre.

J'ai l'impression que Balzac n'est pas intervenu dans les corrections souvent intempestives et contraires à ses intentions primitives apportées par ses jeunes relecteurs à ses premiers romans. En revanche, il a suivi attentivement l'élaboration des deux récits complémentaires, bien qu'ils fussent peu conformes à ses principes esthétiques.

Il est temps de redécouvrir les deux romans mal connus ou ignorés de Grammont. Éditeur des *Premiers romans* des années 1822-1824, j'estime qu'ils méritent d'être étudiés de près. Dans les pages qui suivent j'invite le lecteur à m'accompagner dans l'exploration de leurs univers singuliers qui nous réservent plus d'une surprise.

IV

L'EXCOMMUNIÉ

Considéré comme une œuvre posthume et inédite de Saint-Aubin, *L'Excommunié* occupe les tomes XV et XVI de l'édition Souverain et paraît en 1837. Rappelons ici ce que ce

352 André Lorant

roman presque oublié de nos jours nous relate afin de saisir quelques-uns de ses traits spécifiques. Notons au préalable que Balzac, déçu par l'insuccès de *Wann-Chlore*, en écrit le premier tiers, vraisemblablement en 1824. Le fragment manuscrit ne nous est connu que depuis sa publication dans *L'Année balzacienne* en 1985[2].

Les événements

Balzac éprouve le besoin de faire précéder les chapitres romanesques proprement dits par un préambule historique. L'action se déroule en 1407, sous le règne de Charles VI « le Fou ». Le royaume dont l'étendue est peu considérable est livré à l'anarchie ; une soldatesque effrénée dévaste le pays constitué en un petit nombre de provinces. Les mœurs sont corrompues, le libertinage s'y donne libre cours. Le duc d'Orléans, frère de Charles VI, époux de Valentine Visconti de Milan, courtise Isabeau de Bavière, femme du roi, qui ne demeure pas insensible à ses avances. Séducteur, indolent et facile, le duc refuse de subir l'ascendant de Jean Ier, duc de Bourgogne, fils de son oncle Philippe le Hardi, impétueux, violent et austère. Lorsque débute l'intrigue, les deux cousins se réconcilient provisoirement à Paris privé de tous ses privilèges.

Apparemment, Balzac est à l'école de Walter Scott. Envisage-t-il d'écrire un roman où un chef historique interviendrait d'une manière décisive dans la politique du moment et le sort du peuple ? N'a-t-il point pour projet de composer une *Histoire de France pittoresque* ? En réalité, j'ai l'impression à la lecture des pages d'introduction qu'il se débarrasse, pour ainsi dire, des données historiques afin de s'adonner à sa passion d'inventer des personnages, dans le cadre d'un récit qui tient incontestablement compte de certains aspects de la réalité contemporaine du XVe siècle.

---

2. « Manuscrit de *L'Excommunié* de Balzac », texte établi, avec relevé de variantes, par René Guise, *AB 1985*, p. 31 et suiv.

Balzac ou les ambiguïtés 353

L'action débute dans un cadre idyllique tourangeau cher à Balzac, d'où émerge le château de Roche-Corbon, peu éloigné de celui de la Bordaisière, dans le voisinage du monastère de Marmoutiers. Bien que cet établissement religieux doive son existence au jeune baron Ombert de Roche-Corbon, celui-ci se voit menacé d'excommunication par le terrifiant Dom Hélias qui veut s'affranchir de toute subordination juridique féodale. Ombert a en outre eu le malheur de renverser le hargneux ecclésiastique au moment où, à la tête de ses hommes d'armes, il est entré au grand galop dans la cour de l'abbaye pour demander compte au vieil abbé intraitable de son attitude hostile. Dès le début de l'histoire apparaît un mendiant, présent dans la vie d'Ombert jusqu'à la fin du roman, qui l'avertit sur les dangers qui le menacent et lui prédit son inévitable déchéance. Entre en scène également M. de la Bourdaisière, un gentilhomme pansu, issu peut-être de *L'Héritière de Birague*, père de Catherine, épouse d'Ombert.

La châtelaine est un être fragile, mélancolique, car elle est profondément déchirée par son amour pour son mari et pour un mystérieux comte Adhémar, en réalité le duc Louis d'Orléans, qui bénéficie de l'aide de Dom Hélias et de ses complices pour la séduire. Les moines dévoyés font parvenir à Catherine une bible richement enluminée qui contient un tendre message de la part du duc. Le projet de l'excommunication n'est pas sans rapport avec l'intention que nourrit Orléans d'enlever la femme d'Ombert : d'après les lois du temps, l'épouse de l'excommunié est considérée comme veuve. En attendant, Adhémar s'introduit au château et promet à Catherine qu'elle sera tendrement aimée et qu'il l'abritera à l'abbaye lorsqu'elle aura été séparée de son mari exclu de la communauté des chrétiens.

Une ultime fois, Ombert et sa troupe armée attaquent le monastère mais, défaits par les gens du duc d'Orléans, ils doivent se retirer. L'excommunication ne peut plus être évitée. Les défilés des cavaliers, des moines du monastère, des prêtres de la cathédrale de Tours, des porteurs de cierges noirs, des grands dignitaires ecclésiastiques, parmi lesquels l'évêque et Dom Hélias, enfin le terrifiant discours de l'excommunication occupent plusieurs pages, à vrai dire peu dramatiques car de caractère décoratif. L'abbé prononce ces paroles graves : « Catherine de la Bourdaisière n'est plus la femme de l'excommunié, elle est veuve, nous la délions de tout serment prononcé devant les autels, et si elle reste près de l'excommunié, elle aura le même sort que lui [3] ». De plus, un héraut du roi convoque Ombert au Louvre « pour se relever du crime de félonie dont il est déclaré coupable » (p. 132).

Ombert, abandonné de tous ses vassaux, demeure désespérément seul et s'apprête à se rendre à Paris. Catherine, bravant l'interdiction ecclésiastique, « eût voulu pouvoir suivre son mari, et elle désirait rester en même temps dans les lieux où se trouvait Adhémar » (p. 142). Finalement, sous l'impulsion des moines, elle se réfugie à la Bourdaisière, château de son père.

Au moment de son départ, Ombert se trouve en compagnie de Jehan le Réchin, le mendiant du début du roman. D'une intelligence supérieure, ce dernier lui dévoile le cours des choses à venir. Il remet au banni une bourse contenant de beaux et bons ducats d'or :

> Cet homme était une énigme qui eût embarrassé des esprits plus subtils que n'était celui du baron. Ses paroles à sens couvert qui, sous une apparence de généralité, renfermaient assurément des allusions à des choses existantes, ou même à des choses qui n'étaient point encore accomplies, ses allures mystérieuses, le contraste de ses grossiers vêtements délabrés avec sa faculté à s'exprimer et avec la possession de sommes aussi considérables, tout cela devait naturellement donner matière à des réflexions (p. 152).

Après avoir accepté la bourse que lui tend le Réchin, le mystérieux errant, Ombert prend la route, après avoir mis le feu à son château. Il croise le duc d'Orléans qui se trouve en compagnie du cynique Savoisy, son ami au service de ses plaisirs. Ils voudraient s'emparer du fidèle chien-loup d'Ombert, mais l'excommunié les traite de jeunes étourdis imprudents et les écarte de son chemin.

Auguste de Belloy a revu ce fragment. Ses corrections visaient à maîtriser la fougue du jeune romancier de 1824, à

---

3. *L'Excommunié* [Souverain, 1840], nouv. éd., Calmann Lévy, 1876, p. 131. (Les références suivantes seront insérées in-texte.)

Balzac ou les ambiguïtés 355

rendre certaines phrases plus explicites, voire à censurer certaines expressions liées à la thématique de la sensualité fortement présente dans le roman. Ombert s'interroge sur la mélancolie de sa femme Catherine et sur son manque d'enthousiasme dans leurs rapports conjugaux. Il s'en plaint à son beau-père et se souvient à ce propos de leur présence aux fêtes données à Tours en l'honneur de l'armée du duc d'Orléans : « [...] je ne pense pas que parmi cette foule elle ait fait un amant ». Belloy atténue la formule : « ... ait pu être courtisée » (p. 28). J'ai l'impression qu'il a accompagné en quelque sorte la carrière romanesque du héros inventé par Balzac jusqu'à son départ de la Roche-Corbon, puis qu'il a remis le soin de raconter la suite du roman entre les mains de Ferdinand de Grammont. Comme nous allons le voir, la nature des aventures du jeune baron et le ton même du récit changent radicalement dès que le banni s'engage dans le chemin qui le mène à Paris.

Ombert se berce d'illusions ; il a confiance en l'équité du monarque et ne doute point des bonnes intentions du duc d'Orléans. « C'est un prince de noble race, il se souviendra des services de mes aïeux » se dit-il (p. 160). Il traverse Blois, Orléans et une partie du Gâtinais, s'approche de Fontainebleau et s'enfonce dans la forêt des environs. Il y rencontre deux jeunes femmes masquées, accompagnées d'archers qui les suivent de fort près. L'une d'elles leur adresse la parole en ces termes, évoquant l'homme auprès de qui ils la conduisent, apparemment de force : « Nous savons que monseigneur ne voyage point sans s'assurer des relais de femmes, comme des relais de chevaux ; et nous trouvons de fort bon goût cette façon de mener l'amour en poste. En vérité, pour ma part, je suis vraiment flattée d'avoir mon jour dans les plaisirs de monseigneur » (p. 164). Dans un élan fort donquichottesque, Ombert les délivre de leur escorte. Son geste généreux se révèle parfaitement vain, car ces dames se destinaient à satisfaire les bons plaisirs du duc. L'une d'elles remet un gant rose à son soi-disant libérateur avant de prendre congé de lui dans un grand éclat de rire.

Quelque peu égaré dans la forêt, Ombert, toujours accompagné de son fidèle serviteur Bertram, rencontre un « jeune gars » (p. 181) aux accents étranges qui se propose de lui servir de guide. Il est fort troublé par ses propres incertitudes quant à l'identité sexuelle de son compagnon, assis en selle au plus près de lui. Garçon ou fille déguisée, Ombert ne reste pas insensible à son charme ambigu. La confusion de ses sentiments est extrême. Ils approchent d'un camp de Tsiganes. Les accents de musiques bizarres qui parviennent au baron, dans les bras de son guide androgyne, le bercent « dans une lourde rêverie, dont la souffrance avait un charme âcre et poignant » (p. 173). Il se trouve dans la « Gorge aux Loups », campement fortifié aussi bien contre les attaques du populaire que contre les archers du souverain. C'est Jehan le Réchin, dont Ombert découvre la « majesté sauvage », qui est le roi du lieu. Il revoit son guide, en réalité la bohémienne Zéa, richement habillée, fière de son indépendance d'orpheline de treize ans. Douée d'une rare intuition, elle devine les difficultés du couple d'Ombert et de Catherine, mariés trop tôt, et au cours d'une orgie, elle charme l'excommunié et se donne à lui. Zéa fait découvrir à son amant, peu initié à l'érotisme, que le comte Adhémar n'était autre que le duc d'Orléans déguisé pour subjuguer Catherine. D'une manière rétrospective, Ombert acquiert une vision plus lucide des épreuves qu'il a dû affronter avant de quitter son château.

Le jeune baron arrive à Paris – Grammont imagine la capitale d'après la description hugolienne dans *Notre-Dame* – en longeant l'abbaye et l'église Saint-Victor au pied de la montagne Sainte-Geneviève. Il passe sa première nuit dans une hôtellerie peu éloignée. Le lendemain, il découvre l'Université, une véritable ville dans la ville « qui a des lois, une langue, un art, des mœurs à part » (p. 201), correspondant à notre quartier Latin et décrite d'ailleurs dans le roman de Hugo. Finalement il s'établit dans l'auberge des Trois-Maures, au cœur du Marais. Grammont recompose la configuration des lieux en fonction des exigences du récit. Ombert se débarrasse de ses hardes de chevalier errant, s'habille en gentilhomme et pénètre dans le cœur de Paris. Près de la cathédrale, il recroise la dame malencontreusement libérée de ses gardes dans la forêt de Fontainebleau. Elle ne porte plus qu'un seul gant rose, ayant abandonné l'autre à Ombert lors de leur précédente ren-

Balzac ou les ambiguïtés 357

contre. La jolie aventurière, en service auprès de la reine, l'invite à l'hôtel Saint-Pol, belle demeure royale, pour le revoir. À l'hôtellerie, il tombe sur son beau-père M. de la Bourdaisière qui lui donne des nouvelles de sa fille Catherine. L'épouse d'Ombert, enlevée et séquestrée par le duc d'Orléans, a été délivrée par un jeune page en qui le lecteur reconnaît Zéa.

Gant rose en main, l'excommunié se rend à l'hôtel Saint-Pol pour présenter ses hommages à la dame du lieu qui porte le nom historique de Mme de Vic. Au moment d'accéder aux appartements de l'aristocrate, il se trouve confronté à Savoisy, compagnon de débauche du duc d'Orléans, qui revendique sa priorité dans les faveurs de la courtisane. Ombert lui propose de se battre dans une fosse à lion – épisode saugrenu et surprenant – située non loin de là. Le jeune baron de la Roche-Corbon sauve la vie de son rival et tue le sauvage animal qui le menace. Savoisy lui offre sa reconnaissance éternelle. Mme de Vic ensorcèle Ombert par sa sensualité savante de sorte que son amant n'a plus de secret pour elle. Au milieu de « tourbillonnantes voluptés » (p. 289), il lui révèle qu'il participe au complot ourdi par le duc de Bourgogne contre le duc d'Orléans. Une fois en possession de ces renseignements, Mme de Vic fait arrêter son amant endormi dans ses bras par les sbires du duc d'Orléans et du prévôt de Paris. Ombert et son beau-père, qui l'avait rejoint, sur le point d'être livrés au bourreau sont libérés par Savoisy.

Entretemps, Zéa conduit Catherine à l'hôtel d'Artois, adossé à la muraille de Philippe Auguste, résidence de l'austère Valentine de Milan, épouse légitime du duc d'Orléans. Catherine se confie à la duchesse, chrétiennement résignée à son sort ; elle promet à la jeune femme de lui ramener son mari. Mais, pour le moment, Valentine de Milan veut dégager l'épouse trahie des intrigues politiques et privées dont elle est prisonnière. Elle l'emmène en Italie dans son château de Solenza, nom forgé par Grammont peut-être d'après Solenzara, en Corse.

« Les événements marchent », comme l'annonce le titre du XXIIe chapitre (p. 275). Le complot contre la vie du duc d'Orléans – dont l'un des épisodes se déroule dans les ruines

358 *André Lorant*

du château de Vauvert – est sur le point d'aboutir. Sa mort passe pratiquement inaperçue dans le récit.

Le duc de Bourgogne, désormais à la tête du royaume, apprécie la personnalité d'Ombert et lui confie une importante mission : il doit accompagner des agents secrets à Rome auprès du pape Grégoire XII qui s'est engagé à éteindre le schisme qui déchire la chrétienté (Grammont embellit l'histoire, car la renonciation à la tiare de chacun des deux papes, celui de Rome et celui d'Avignon, n'a pas permis de mettre fin à la division de la communauté catholique). La délégation est attaquée dans une gorge étroite du Milanais. Ombert est très gravement blessé, mais sauvé par les soins de Jehan le Réchin qui l'avait secrètement suivi et l'a transporté jusqu'à la résidence de Valentine. Le jeune baron se réveille à la vie et retrouve Catherine près de lui.

Le couple décide de se retirer en Sicile, monte sur un navire « aux blanches voiles » (p. 321), non sans avoir dit adieu au Réchin et à Zéa.

La conclusion nous apprend que là-bas, à l'ombre du temple de Vénus Genitrix – déplacé ici du Forum romain à Agrigente – Catherine donne à son époux « des preuves d'un amour chaste et ardent ... elle rendit Ombert onze fois père dans l'espace de huit années » (p. 325). L'un de ses descendants, Rocca Corboni, devient un membre illustre de l'aristocratie sicilienne. Jehan le Réchin disparaît, probablement engagé dans la guerre civile provoquée par la condamnation à mort du théologien Jan Hus. Zéa, « maltraitée par l'amour, résolut d'amortir les ennuis de son cœur » et, cédant à une pulsion destructrice digne d'une reine des Amazones, ravage palais, châteaux et églises. Capturée, condamnée, « elle prononça sur le bûcher en souriant le nom d'Ombert et de Catherine » (p. 326).

Zéa et sa sœur Esmeralda

Lors de la création de l'étrange dévergondée du camp des Tsiganes de la Gorge aux Loups, Grammont s'est-il souvenu du personnage d'Esmeralda de Hugo, importante source litté-

Balzac ou les ambiguïtés

359

raire de *Dom Gigadas* ? Ombert, l'excommunié, semble subjugué à la fois par son identité double, qui confond des traits masculins avec le charme féminin, et par sa voix et ses vocalises qui passent « avec rapidité des sons les plus aigus aux plus graves » (p. 172). Zéa, au moment de guider le voyageur à travers la forêt de Fontainebleau, s'élance d'un bond sur son cheval et glisse ses deux jambes autour de celles d'Ombert. Cette souplesse est également celle d'Esmeralda, libérée par Phœbus de ses ravisseurs et des bras de Quasimodo : « La bohémienne se dressa gracieusement sur la selle de l'officier, elle appuya ses deux mains sur les deux épaules du jeune homme, et le regarda fixement quelques secondes, comme ravie de sa bonne mine et du bon secours qu'il venait de lui porter [4] ».

À la suite de Hugo, Grammont s'intéresse également à l'origine des bohémiens et à leur parcours depuis l'Inde jusqu'à l'espace méditerranéen. Dans *Notre-Dame de Paris*, je lis : « Les bohêmes, disait Gringoire, étaient vassaux du roi d'Alger, en sa qualité de chef de la nation des Maures blancs. Ce qui était certain, c'est que la Esmeralda était venue en France très jeune encore par la Hongrie [5] ». Et dans *L'Excommunié*, je relève ces propos d'adieu du Réchin, père probable de Zéa, adressés à Ombert : « "Monseigneur de la Roche-Corbon … nous partons pour la Hongrie, où nous allons rejoindre des frères, dont nous sommes séparés depuis longtemps" » (p. 321).

« L'Excommunié » ou la physiologie du couple

Tout en retraçant l'histoire du conflit qui oppose le monastère de Marmoutiers au château de la Roche-Corbon, Balzac observe dans le fragment autographe qui nous est parvenu le changement intervenu dans le comportement de Catherine, peu après son mariage. Elle aime la solitude, elle est silencieuse et distraite. Ombert s'en plaint à son beau-père : « elle ne

---

4. Victor Hugo, *Notre-Dame de Paris*, Gallimard, « Folio classique », p. 153.
5. *Ibid.*, p. 381.

tourne plus ses yeux sur moi avec le même plaisir », propos corrigés par Belloy : « avec la même expression qu'autrefois » (p. 27). Catherine, de son côté, se confie à son père : « Rendre heureux l'époux que vous m'avez donné est un devoir sacré ; j'y mets tous mes soins ; je l'estime, je l'aime, je l'adore ; mais les beaux jours de votre Catherine ont fui avec son innocence, et la châtelaine de Roche-Corbon est la plus malheureuse des femmes » (p. 38) – comme si avec sa virginité perdue, elle avait cessé d'éprouver du plaisir. Le lecteur sait que la jeune femme est tourmentée par son amour passionnel pour le duc d'Orléans, *alias* comte Adhémar, alors qu'elle voudrait rester fidèle à son mari menacé d'excommunication.

Dans son récit, Grammont se fonde sur l'analyse balzacienne de la psychologie de Catherine qui – nous le devinons – doit connaître de rares moments d'intimité, plutôt subie, avec son époux. Balzac développe la thématique de l'adultère physiquement non accompli, qui plonge l'âme dans la mélancolie du renoncement. Catherine s'ouvre à son séducteur : « "N'êtes-vous pas assez flatté de savoir que, loin de vous, dans le silence et dans la douleur, une pauvre plante se fanera lentement, que vous serez aimé malgré moi-même, et que cet amour me conduira au tombeau… Loin de vous une jeune femme inconnue et peut-être oubliée fera de vous son dieu et l'objet constant de toutes ses pensées" » (p. 76). Après cet aveu, elle le supplie de s'éloigner, de la sauver d'elle-même. Le narrateur commente la scène : « À ces mots la châtelaine, rayonnante d'espoir, regarda le comte avec des yeux où il lisait les derniers efforts de la vertu et le premier triomphe de l'amour ; car, en prononçant ces paroles délirantes, le désespoir, la passion et la sainte vertu avaient tour à tour animé Catherine » (p. 77). Avant même le départ d'Ombert pour Paris, le roman devient celui de son épouse et du duc.

À la suite de l'excommunication du baron de la Roche-Corbon, Catherine est déclarée « veuve » (p. 131), selon les lois de l'Église, par Dom Hélias, le redoutable abbé du monastère de Marmoutiers. La jeune femme n'est cependant pas prête à abandonner son mari qui est devenu son « ami » et son « frère » (p. 139). Grammont ne manque pas de subtilité en remarquant à propos du soutien accordé par Catherine à

Balzac ou les ambiguïtés 361

Ombert, au moment de l'excommunication : « Elle semblait prendre plaisir à remplir tous ces petits devoirs et à accabler Ombert de soins et de prévenances, précisément parce que son cœur était en proie à un autre amour » (p. 122). Le baron est naïf, il ne soupçonne pas la souffrance de sa femme. Il a besoin d'être éclairé sur la passion féminine.

Zéa, qui le séduit, s'en charge au campement des Tsiganes. Elle devine les secrets du couple, aussi bien la soumission d'Ombert à son épouse que le manque de désir pour son mari chez elle : « "Quand son regard tombe sur toi, tu te sens ému jusque dans les entrailles, et le frémissement de ta voix décèle le trouble de ton cœur... Quand tu lui parles, tu t'arrêtes parfois tout à coup, et tu trembles de lui avoir déplu... Voilà pourquoi elle ne t'aime pas" » dit-elle à Ombert (p. 180).

Et c'est encore Zéa qui réveille chez Catherine – tremblez, Belloy ! – des pulsions lesbiennes. Déguisée en page, la bohémienne apparaît dans la maison de plaisance du duc d'Orléans, pour avertir la châtelaine qui, d'après ma lecture, a déjà cédé aux instances de son séducteur, que ce grand seigneur abuse d'elle sans scrupule. Zéa connaît les secrets de la demeure, notamment ce siège de volupté dont le dossier se renverse. Elle en profite pour surprendre Catherine par d'« ardents baisers » (p. 234) qu'elle imprime sur ses lèvres. L'épouse d'Ombert perd « tout sentiment ou toute colère de l'outrage » ; après avoir ressenti un plaisir orgasmique, revenue à la réalité, elle découvre à ses pieds « le page, dont le pourpoint ouvert laissait échapper la gorge dorée de Zéa » (*ibid.*). Le torrent de la sensualité submerge les deux femmes et, après le départ de la séduisante Tsigane, Catherine songe aux moments délicieux passés en sa compagnie et à la découverte de l'amour plus que sororal : « [...] ce beau page aux seins bruns, cette douce rivale dont les caresses venaient d'endormir sa douleur, l'avait initiée aux premières délices d'un sentiment nouveau pour elle, car Catherine avait ignoré jusqu'alors combien l'amitié chez les femmes a de baume à répandre sur les blessures de l'amour » (p. 236).

On voit à quel point *L'Excommunié* est érotisé. Il est probablement superflu de revenir sur les sentiments troubles d'Ombert pour la personne, garçon ou fille, qui se propose

362 *André Lorant*

d'être son guide. La page consacrée à l'orgie dans le camp des Tsiganes, au cours de laquelle le jeune noble perd le sens des réalités et fantasme serpent, femmes nues, seins bruns, océan et flots mugissants, mériterait d'être analysée de plus près, car c'est aussi la nuit où il se trouve dans les bras de Zéa de treize ans.

Diane de Vic, qui entretient des rapports fort intimes avec sa cousine, sa compagne dans la forêt, est pour sa part une aristocrate sensuelle, calculatrice. Elle réserve des tourbillons de voluptés à son amant Ombert dans le but de lui soutirer des secrets concernant le projet de complot contre le duc d'Orléans. Dans ses bras, Ombert oublie Zéa.

À la fin du roman, comme dans un *finale* d'opéra, les intimes, Catherine, Ombert, Zéa, se rejoignent sur la scène (p. 321). Mais la Tsigane quitte la compagnie, se jette dans la mer pour aborder le rivage où l'attendent Jehan le Réchin et ses compagnons. Il a fallu que Catherine connaisse le duc d'Orléans et les plaisirs que lui a procurés Zéa. Ombert a quant à lui dû se dévergonder et dans les bras de l'intrigante bohémienne et dans le giron de Mme de Vic, pour mûrir et comprendre quelques secrets de la physiologie du plaisir. Le bonheur retrouvé du couple était à ce prix.

Dans le flamboiement de la pensée

Plus il avance dans la création de son roman, plus Grammont semble s'éloigner des intentions premières de Balzac. Et pourtant... Ce jeune homme de vingt-cinq ans connaît et respecte la philosophie de son aîné. Le texte illustre la pensée balzacienne.

Ombert se retrouve dans les ruines de Vauvert, en compagnie du Réchin, parmi les conspirateurs dévoués à la cause de duc de Bourgogne. Ils contemplent « un feu clair et pétillant ». L'entretien du jeune baron et du Réchin, ce mystérieux errant, mérite d'être cité ici :

« Eh bien maître, dit le baron, que regardez-vous là, de cet air mélancolique et possédé ? »

Balzac ou les ambiguïtés 363

Le bohémien tressaillit, comme si Ombert l'eût réveillé.

« Monseigneur, dit-il, le feu a pour nous des mystères que je ne saurais vous dévoiler en un jour. Nous adorons en lui l'image la plus sensible de *la pensée, qui est le plus dissolvant et le plus actif de tous les éléments* [c'est moi qui souligne], car il ne faut pas moins d'une heure à celui-ci pour dévorer quelques misérables tronçons de bois sec, et il y a telle combinaison de la pensée qui en moins d'une minute fait d'un homme sain un cadavre » (p. 264).

Il complète ses propos peu après : « "[...] la pensée est un élément plus dissolvant et plus actif que le feu lui-même, car son triomphe ne gît qu'en ses ravages ; mais la pensée elle-même est un fait dont les suites s'enchaînent avec une inexorable rapidité, et mieux vaut marcher avec elle qu'entreprendre de lui résister" » (p. 266).

Grammont devait connaître soit *La Peau de chagrin* soit le texte même des pensées philosophiques de Balzac, regroupées sous le titre de *Discours sur l'immortalité de l'âme*. Balzac y écrit notamment :

On ne peut pas se refuser à donner à la pensée une force très active et dont les conséquences produisent des effets physiques. Les massacres des Vêpres siciliennes, de la Saint-Barthélemy et de la Révolution française comme de toutes les révolutions sont le résultat d'une certaine masse d'idées qui fermentent dans les cerveaux à l'exclusion d'autres pensées [6].

Cet emprunt fait par Grammont aux propos philosophiques du jeune Balzac n'est-il pas un hommage du disciple à son maître, qu'il renie dans le domaine de l'art du roman mais dont il vénère la puissance créatrice ?

Pour conclure, rappelons un épisode particulièrement dramatique de *Vie et malheurs de Horace de Saint-Aubin* – suggéré sans conteste par Balzac à Jules Sandeau – qui relate une visite du jeune littérateur débutant à l'auteur de la *Physiologie du mariage* et des *Scènes de la vie privée*. Horace lui fait connaître les pages de *L'Excommunié*. Mais, après avoir pris connaissance des textes de son hôte, il est découragé au point de vouloir briser sa plume.

6. *OD*, t. I, p. 560.

Balzac se souvient – mais c'est Saint-Aubin qui le dit – d'avoir abandonné la rédaction de *L'Excommunié* qu'il estimait indigne de ses ambitions de romancier de l'histoire. Néanmoins, il intègre (ou tolère que Souverain insère) ce texte, dont il n'a rédigé que le premier tiers, dans les *Œuvres complètes de feu Horace de Saint-Aubin*. Par nécessité éditoriale ? On sait que Lepoitevin de L'Égreville refusa que les deux romans qu'ils avaient écrits en collaboration, *L'Héritière de Birague* et *Jean-Louis*, fussent réédités par Souverain. Balzac a-t-il voulu faire plaisir à Grammont ou sauver l'introduction manuscrite de l'œuvre même revue par Belloy ? Avait-il l'intention d'enfermer le roman d'une manière définitive dans la bibliothèque de l'oubli ?

V

DOM GIGADAS

Ce roman, l'avant-dernier des *Œuvres complètes de feu Horace de Saint-Aubin* (t. XIII-XIV), paru en 1839, demeure pratiquement inconnu, car il n'a jamais fait l'objet d'une publication préalable. Malgré des péripéties souvent mélodramatiques et un dénouement précipité, il mérite notre attention à plus d'un égard.

Le titre renvoie au nom d'un vieillard à la fois astrologue et médecin, éminent physiognomoniste qui lit aussi bien dans l'âme humaine que dans la constellation des planètes ; le passé lui livre son sens et l'avenir ses secrets. Incarnation du savant errant, il est présent pratiquement du début à la fin de l'histoire et intervient dans la vie des personnages.

La majeure partie de l'action se déroule dans une province chère au jeune Balzac en tant qu'auteur de *Clotilde de Lusignan*, plus précisément dans « la région qui avoisine les embouchures du Rhône, et dont une partie appartient à l'ancienne Provence et l'autre au Languedoc [7] ». Ces contrées

---

7. L'édition Souverain de 1839 est conservée à la bibliothèque de l'Institut. Étant donné qu'elle est difficile d'accès, je me réfère à l'édition Michel Lévy Frères de 1867, ici p. 2. (Les références suivantes seront insérées in-texte.)

Balzac ou les ambiguïtés 365

surgissent à la fois d'un guide de la France pittoresque et de l'expérience personnelle de l'auteur dans lequel nous découvrons F. de Grammont [8].

Le récit débute en 1659. Le narrateur ne respecte guère la chronologie des événements historiques qui embrassent la conversion forcée des protestants, les dernières années de la gouvernance de Mazarin, l'accession au trône de Louis XIV, l'installation de la cour à Versailles, la révocation de l'édit de Nantes. Le conflit des huguenots du Midi avec la monarchie centralisée sous le règne d'un roi « Très Chrétien », ainsi que la soumission des rebelles au pouvoir central, influent d'une manière significative sur le sort des protagonistes fictifs. Cependant, au sujet de *Dom Gigadas*, on ne saurait parler de roman historique, car ce sont les descriptions de la vie privée et de la psychologie des personnages qui priment dans cette œuvre.

L'intrigue s'ouvre sur la présentation de René, descendant de l'illustre famille de Meyran, soutien de Henri IV, victime de la persécution des protestants. Après la mort de sa mère, née Rohan, et à la suite de l'emprisonnement et du décès de son père, René vit au château familial en compagnie de son austère grand-père infirme. Le narrateur s'intéresse à la sensualité encore refoulée du jeune homme : « Bien que ses vingt ans n'eussent point échappé à l'inquiétude que cet âge éveille d'ordinaire dans une organisation saine et active, il ne s'était point avisé de distractions autres que la chasse et les exercices » écrit-il (p. 6). Son portrait psychologique est réussi :

> Ses vœux pour la restauration du protestantisme en France étaient aussi ardents ; mais, quoiqu'il n'en dît rien, il ne pouvait se cacher à lui-même qu'il ne s'y mêlât un profane espoir de guerre et d'aventures. Enfin il était forcé de s'avouer qu'il ne ressentait que bien peu d'éloignement pour la société des catholiques, quoiqu'il professât pour la cour et les ministres la haine qu'en bon fils il devait vouer aux persécuteurs de son père. Bref, il se trouvait en plein sur la voie de tiédeur qui

---

8. Voir Lucette Besson, « De monsieur de Courchival à René de Meyran ou la Camargue de *Dom Gigadas* » *Le Courrier balzacien*, n° 64, 3e tr. 1996. Cette étude est essentiellement consacrée au voyage de F. de Grammont à Arles, vraisemblablement en 1837, et à ses déplacements réels et supposés, reflétés par le roman, en Provence.

mène à l'indifférence, tandis qu'on le croyait plongé dans les rayons du plus chaud enthousiasme (p. 7).

Sur la route qui mène d'Arles aux Saintes-Maries-de-la-Mer, en compagnie de son piqueur, René s'adonne à sa passion de la chasse au faucon. Son oiseau rapace a le malheur de capturer une colombe appartenant à Mlle Louise de Lampérière. René s'empresse d'abattre son gerfaut et de restituer le pigeon blessé à sa propriétaire. Un paysan qui assiste à la scène témoigne d'une attitude agressive à l'égard du chasseur. Il est calmé par la jeune fille qui connaît son Gautier, car tel est son nom.

René doit se rendre compte que Louise est la fille du marquis de Lampérière, ennemi héréditaire de sa maison, responsable de la mort de son père. Louise, heureuse de récupérer sa colombe, accepte que le jeune homme lui présente son genou pour l'aider à remonter en selle. Ce dernier « admir[e][…] la petitesse de ses pieds et en savour[e] la pression » (p. 26). Les deux amants qui viennent de découvrir leur amour réciproque avancent ensemble jusqu'au bord de la mer. Sur leur chemin, ils rencontrent « un petit vieillard enseveli dans une cape brune » (p. 27) et Louise l'aborde en l'appelant *Domine*. Le lecteur devine en lui Dom Gigadas. Celui-ci s'adresse à René en ces termes : « Sachez monsieur … que je ne suis pas seulement médecin, et que mes regards vont plus loin que les choses apparentes et présentes. Il y a en vous et autour de vous beaucoup de mauvaises influences ; mais nous en triompherons avec l'aide de Dieu et l'agrément des saints » (p. 28). Ces propos, ce présage témoignent incontestablement chez le narrateur d'un souci d'ouvrir des perspectives sur l'ensemble du roman.

Les amoureux revoient Gautier demeuré hostile à l'égard de René. Ce personnage énigmatique pour le moment découvre un symbole dans l'issue de la récente chasse au faucon : « […] je suis bon catholique, et, à ce titre encore, il ne doit y avoir rien de commun entre nous. Les catholiques et les protestants ne peuvent être unis qu'à la façon de la colombe et du faucon que vous avez séparés ce matin » (p. 30). Ces paroles intriguent le compagnon de Louise. Gautier serait-il un observateur catholique déguisé en pays protestant ?

Balzac ou les ambiguïtés 367

Tout sépare les jeunes gens qui s'avouent mutuellement leur amour, aussi bien la religion que le passé familial. Ils se donnent régulièrement rendez-vous au lac de Saint-Gilles, abrités de « figuiers aux feuilles larges et opaques, et de grands peupliers blancs que des vignes sauvages enlaçaient jusqu'au sommet de leurs guirlandes vigoureuses et chevelues » (p. 36). Ce réduit est peu éloigné de la cabane de Gautier qui les espionne. Le style du romancier n'est pas toujours des plus heureux, on ne saurait le blâmer, car il n'est pas facile de récrire l'histoire de Roméo et Juliette transposée en Provence, dans une atmosphère passionnelle, saturée d'antagonismes religieux. Lors d'une ferrade en Camargue, René se trouve encore en butte aux provocations de Gautier, qui lui rappellent sa situation fort contrariante : « Il se voyait comme enfermé dans un chemin sans issue, bordé d'un côté d'une rivière de sang qui représentait le passé, et de l'autre d'un torrent de larmes qui figurait l'avenir » (p. 46).

L'un des chapitres les plus étonnants, peut-être le plus scabreux ou le plus ambigu, est le VIIIe, intitulé « Cabri ». Ce sobriquet, qui rappelle les noms de l'étang ou du village de Cabris en Provence, désigne une jeune fille à peine nubile qui vit en compagnie de Gautier, dans sa hutte au bord du Rhône. Elle est d'une sensibilité quasi pathologique et ne peut guère communiquer par la parole. Ses chants semblent faire allusion aux mystères de ses origines et à l'histoire de ses premières années. Gautier l'invite à s'asseoir sur ses genoux. Au catholique marquis de Lamperière, dont il est l'espion en cette Provence protestante, il révèle qu'il a acheté Cabri à des baladins de Lyon, qui l'avaient probablement volée à ses parents. Cette fillette, à la fois proche de Mignon de Goethe, d'Esmeralda de Hugo et de Fenella de Walter Scott, ne saurait nous laisser indifférents, ne serait-ce que par les traits hérités de ses modèles littéraires.

Gautier dévoile au marquis que sa fille Louise rencontre chaque jour le jeune comte de Meyran. Il comprend parfaitement l'intention de son commanditaire de mettre fin à l'idylle des jeunes gens ; néanmoins il lui fait savoir qu'à ses yeux l'amoureux de Louise de Lamperière n'est point un homme méprisable : « il a un caractère hardi et un esprit pénétrant ; il est d'ailleurs brave et fait pour être distingué en tous les lieux » estime-t-il (p. 59). Gautier est déçu par ses diverses activités sociales, il a été prêtre, soldat, juriste et il se sent banni de la société, n'étant pas d'origine nobiliaire. Le marquis l'encourage à reprendre du service et l'engage en tant que secrétaire. Afin de l'anoblir, il lui fait don de son fief de Varillas. Gautier de Varillas n'aura pas à rougir à ses côtés.

Les événements se précipitent dans cet univers où les vieux seigneurs, fanatiquement attachés à leurs convictions, empêchent le bonheur de leurs jeunes descendants. Le marquis va récupérer sa fille Louise qui s'est réfugiée au château de son amant. Le grand-père de René, hanté par l'esprit des ancêtres, pressent sa mort. Il prédit à son petit-fils qu'à l'approche de la date du synode général des Églises de France, la cause du protestantisme sortira triomphante de ses ruines. Il lui destine comme épouse la fille de son compagnon d'armes Serizy – nom de famille ô combien balzacien. En apprenant que René ne saura respecter sa dernière volonté, il le maudit et meurt.

René est inconsolable d'avoir perdu Louise. Pour le moment, il n'arrive pas à suivre les conseils de son cousin le volage Antoine de Quesmes, un jeune aristocrate d'humeur facile et aventureuse en visite au château de Meyran. Au moins sur le plan politique, ce dernier veut rendre son parent conscient de l'évolution inévitable de la France contemporaine vers une monarchie absolue. Il lui parle en homme d'expérience :

> « La noblesse, épuisée de sang et de ressources, n'est pas assez puissante pour embrasser tout le royaume : il faut qu'elle se réunisse autour du roi, qui est, après tout, son chef naturel. Le roi est le premier gentilhomme de France. C'est près de lui que nous devons chercher un appui, et en le servant nous servons encore notre cause » (p. 121).

Il n'exclut pas d'abjurer la religion réformée. En suivant son exemple, René pourrait se rapprocher de Louise la catholique, désormais à la cour.

Au château de Meyran, les deux cousins accueillent Dom Gigadas. Cet excellent physiognomoniste, qui est à la recherche du principe de l'immortalité, les surprend par ses propos :

Balzac ou les ambiguïtés 369

« Vous vous connaissez en divination, monsieur ? demanda René avec quelque dédain.

— J'ai étudié les sciences auxquelles on donne ce nom, et qui sont plus mathématiques que pythoniques, comme m'en a convaincu une longue expérience. ... chaque homme porte en lui-même, dans son caractère et dans ses facultés, l'ensemble de sa destinée. C'est un privilège du libre arbitre. On peut donc lire le grand mot de son existence sur son front où son âme se réfléchit » (p. 138-139).

Serait-il un Centenaire *redivivus*, dépourvu des aspects terrifiants de son modèle balzacien ?

Le lecteur retrouve Cabri à Paris, sous la protection du désormais vicomte de Quesmes, héritier du titre et de l'hôtel de son frère décédé. Arrivé à la capitale en compagnie de René, Dom Gigadas reconnaît en Cabri sa petite-fille, qui lui avait été enlevée dix ans auparavant. Rosette, sa mère et fille de Dom Gigadas, a été séduite par le protestant M. de Meyran, c'est-à-dire par le père de René, qui avait trouvé refuge au foyer du médecin à l'époque des persécutions. Grâce à Quesmes, Cabri est introduite au Luxembourg où, considérée comme « la pauvre folle », elle devient le jouet, pareil à un singe ou à un petit chien, des grandes dames.

À propos de la cour, installée au palais du Louvre, et des personnages historiques du temps, le narrateur reprend à son compte des clichés en vogue au XIXe siècle, et qui connaîtront une longue survie. Il considère Mazarin comme « le plus puissant génie politique qui ait marqué son nom dans l'histoire » (p. 176). En même temps, il n'hésite pas à juger bien sévèrement ses défauts :

Il est vrai qu'il accumula trois duchés réunis dans sa famille, qu'il allia et dota royalement ses trois nièces ... Enfin, nous ne dissimulerons pas même ceci : il est parfaitement avéré qu'il gagnait perpétuellement au jeu et que son bonheur n'était pas uniquement fondé sur l'habileté de ses combinaisons ; mais il ne faut pas oublier que toute espèce de ruse était alors admise pour corriger le hasard et soutenir les calculs qui seuls président aujourd'hui aux chances des cartes et des dés : tout le monde trichant, personne ne trompait (p. 178).

Certaines de ses formules sont percutantes : « Persécuté, il méprisa les injures ; puissant, il les pardonna » (p. 177).

Le romancier rappelle son propre nom dans le livre. Le chevalier de Gramont, « ce beau joueur, si cruel aux femmes » (p. 180) appartient à l'entourage proche du jeune roi Louis XIV. Quand il mentionne M. de Marsillac parmi les « galants seigneurs » de la cour (*ibid.*), il pense probablement aussi au grand-oncle d'Eugène de Rastignac dans *Le Père Goriot*. De cette manière, il crée une continuité toute balzacienne entre son roman et *La Comédie humaine*.

D'après le narrateur, le roi s'entoure de jeunes gens à sa dévotion et la reine mère choisit pour lui tenir compagnie des jeunes personnes bien faites et agréables qui obtiennent grâce à leur distinction « un brevet de beauté aussi bien que de grande noblesse » (p. 182). Parmi celles-ci se trouve Mlle de Lamperière que son père ne refuserait pas au bon plaisir du souverain.

C'est le protestant maréchal de Schomberg – personnage historique, gouverneur du Languedoc – qui introduit René au Louvre où il est favorablement accueilli par le roi. À l'occasion des fêtes de Vaux, René revoit Louise et la blesse par des paroles d'une froide courtoisie. La jeune fille s'évanouit et Louis XIV expulse cet amant importun de la cour.

Meurtri dans son amour-propre, René ne pense qu'à se venger. Il rêve de devenir « le champion de la féodalité expirante, pour ne pas dire expirée, et de périr en s'opposant au torrent envahisseur de la royauté absolue » (p. 200). Il se manifeste chez le marquis de Serizy, l'un des piliers de l'opposition protestante et, par dépit, accomplit le vœu de son grand-père en épousant sa fille Geneviève.

Mais les futurs mariés n'arrivent pas à s'entendre. Tourmenté par son échec amoureux et découragé par son exil de la cour, René reproche à Geneviève, trop abritée par les ailes de son ange gardien : « Nulle passion n'y a jeté son souffle pénible. Vous vivez sans désir et sans regrets. Jamais vos regards ne se sont étendus au-delà des ombrages de Serizy, au-delà du jour du lendemain. (p. 214). Ils s'avouent qu'ils se connaissent à peine. René est culpabilisé de vouloir unir la destinée si pure de la jeune fille à la sienne « si troublée déjà » (p. 216). Quelque peu apaisés, ils se promènent au bord du Rhône à

Balzac ou les ambiguïtés 371

l'endroit même où René a connu le bonheur en compagnie de Louise.

Le vicomte de Quesmes assiste au mariage et se plaît à troubler la cérémonie car, chasseur de dot, il avait envisagé un jour de prétendre lui aussi à la main de Geneviève qui, à cette époque, n'était pas insensible à ses propos. René, sous prétexte de ne point froisser la pudeur de sa femme, en réalité ne la désirant point, renonce à consommer le mariage.

Chacun des époux évolue d'une manière singulière. Geneviève se sent attirée par la « figure noble et pure » de son mari. Certes, René sent « naître en son cœur pour Geneviève une tendre affection », mais cette affection ne parvient pas à « remplir le vide que lui avait laissé l'oubli de Louise. C'était bien un véritable amour, celui-là, un amour absolu, profond, intime, fécond en racines et en fleurs, et dont il était bien difficile aux froids rameaux de l'hymen de remplacer jamais la sève exubérante et parfumée » (p. 234-236).

Armé de ses pensées vindicatives, tourmenté par son indifférence à l'égard de sa femme, René plonge dans les « souterrains du protestantisme » (p. 235). Son beau-père Serizy l'introduit dans les conciliabules secrets qui doublent le synode national. Mais on se défie de lui et on le traite d'enfant ou d'étranger. Sa ferveur est suspecte aux yeux des fanatiques qui n'ont pas confiance en lui à cause de ses convictions marquées par l'intelligence et la sincérité. Il se range à l'opinion des protestants libéraux opposés à l'exaltation aveugle du révérendissime Daniel Sauvegrain – ce nom de famille n'est pas inventé non plus et se retrouve encore sur Internet – « une grande et terrible figure » (p. 242) qui réclame d'une manière véhémente, ignorant les réalités historiques de l'époque, l'indépendance temporelle et la restitution des « places de sûreté » accordées aux protestants en 1570.

René appartient définitivement à cette fraction de la noblesse protestante qui estime que l'état de la religion est assuré durablement sous le règne de Louis XIV, qu'elle doit par conséquent se contenter de la liberté spirituelle que le roi lui concède. Il se livre à un examen de conscience, reconsidère son passé, son échec à la cour, son mariage par dépit amoureux, l'aliénation de sa liberté en faveur d'une cause perdue, les effets de sa chaste et paisible adolescence sur ses décisions ultérieures. Il se remet en question, décide de quitter provisoirement sa femme Geneviève et de se retirer dans son château de Courchival – le château de Meyran change de nom dans le courant de l'action – pour conjurer le passé.

À l'occasion du séjour de la cour en Provence, le roi assiste à une chasse au héron. La curée aux gerfauts a lieu à peu de distance de la résidence de René. Louis XIV se rend au château de Courchival. René trouve les mots justes pour exprimer sa parfaite soumission et réussit à gagner la sympathie du monarque. J'ai l'impression qu'à partir de cet épisode le récit dérape sous la plume de Grammont. Ce n'est qu'à l'aide de péripéties mélodramatiques, de retournements de situation peu vraisemblables et contraires à une certaine logique des caractères que le narrateur arrive au dénouement. Voici les étapes successives de cette course vers une conclusion qui prône la réconciliation.

René réside désormais dans son château. Il rend visite à Dom Gigadas qu'il trouve dans un état de « douloureuse inquiétude » (p. 265) au sujet de sa petite-fille Madeleine, surnommée Cabri. Chiromancien savant, il lit dans les lignes de la main de celle-ci de sinistres augures. De retour chez lui, René apprend que Louise a fait irruption dans la demeure. Elle s'est réfugiée dans la salle funeste où le grand-père de René a maudit son héritier. Louise se repent d'avoir été coquette, égarée par l'atmosphère frivole de la cour. Elle s'est empoisonnée avant de se présenter et demande à René de lui pardonner. L'ami de ses jeunes années la ramène chez elle, au château de Lagny.

René décide de se rendre auprès de Mazarin et de trahir les conjurés protestants dont il faisait partie auparavant. Il accable le cardinal de l'histoire de sa vie et lui dévoile son intention de se retirer du monde. Tandis qu'il se trouve à l'archevêché, Gautier pénètre au château de Lagny. Il force le marquis de Lampérière à reconnaître qu'il est son fils bâtard et le rend responsable de la mort de Louise :

> « Elle s'est empoisonnée. Et c'est vous qui l'avez poussée là par votre infâme et stupide ambition ; pour la faire duchesse, ou, mieux encore,

Balzac ou les ambiguïtés   373

pour la faire maîtresse du roi, vous n'avez pas voulu qu'elle épousât un homme qu'elle aimait, parce que cet homme était d'une famille disgraciée » (p. 281).

Incapable de dominer sa fureur, Gautier provoque René, fort réticent à accepter le défi. Une figure fantomatique vêtue de blanc surgit du cimetière voisin et se jette entre les deux épées. C'est Cabri qui, enferrée par Gautier, tombe aux pieds de René. Celui-ci, son demi-frère, se rue sur son adversaire et le blesse mortellement. Apparaît Dom Gigadas qui soulève la tête de Gautier et l'absout de son meurtre involontaire.

René se voit obligé de quitter la France où le duel est interdit par le pouvoir royal. Son cousin Antoine de Quesmes l'accompagne jusqu'à la frontière. René se retire dans un couvent de bénédictins en Italie. Converti, il découvre les beautés de la religion catholique. Il se confesse au père supérieur qui est prêt à l'admettre dans la communauté à l'issue d'une période probatoire de trois ans.

Ce prieur devine la véritable personnalité de René qui n'est pas mûr pour entrer dans les ordres. En effet, vêtu de son habit de moine, il reparaît à Aix au bout des années de mise à l'épreuve. Dans l'auberge tenue par son ancien écuyer et l'ancienne suivante de Louise, il apprend que cette dernière, que l'on croyait morte à l'époque de son prétendu empoisonnement, ne s'était qu'évanouie sous l'effet d'un somnifère. Elle s'est mariée avec Antoine de Quesmes. Geneviève, l'épouse de René, convertie au catholicisme, s'est retirée dans le château de Meyran-Courchival et vit dans de tristes appartements tendus de gris, couleur par excellence du deuil des veuves. Le couple séparé depuis trois ans se retrouve enfin. Grammont profite des leçons qu'il pouvait tirer de la *Physiologie du mariage* pour décrire le désir qui unit les conjoints :

Telle fut la reconnaissance des deux époux, bien éloignée de la froideur de leurs adieux. C'est que, pendant trois ans, ils avaient eu le temps de voir clair dans leur cœur et d'oublier les habitudes de réserve qu'ils avaient prises l'un à l'égard de l'autre. En se revoyant après une si longue séparation, la surprise avait fait déborder des sentiments qu'ils ne savaient plus comprimer. Nous disons ceci surtout pour Geneviève. L'émotion de la jeune femme avait fort aidé celle de René, qui avait plus de bonne volonté que d'amour réel, ce que l'on concevra sans

374 André Lorant

peine. Son âme avait surtout besoin d'affection. Après avoir vécu trois ans repliée sur elle-même, et s'être retrempée dans les eaux pures du désert, elle se relevait au grand air, affamée d'enlacements et de tendresse. Aussi sa plus grande raison pour aimer sa femme est qu'il en était aimé (p. 325).

Avant de disserter sur la vanité de « la destinée humaine » dans les dernières lignes de son livre (p. 336), le romancier unit la fille aînée de René au fils de son cousin, mettant fin à tout ce qui opposait les deux familles. Dom Gigadas, qui a prêté son nom au titre du roman, est mort à la suite du décès tragique de sa petite-fille Cabri.

Cabri et ses sœurs

On demeure stupéfait en lisant les pages consacrées à la cohabitation de Gautier et de Cabri. Les scènes qui l'illustrent paraissent innocentes mais, en fait, sont fort scabreuses. Gautier invite la jeune fille à s'accroupir sur ses genoux. L'auteur note :

[...] sa chemise fendue par-devant laissait voir une gorge déjà formée et bien détachée de la poitrine, qui décelait au moins quinze ou seize ans. Du reste, rien dans ses manières ingénues n'annonçait que cette nubilité eût éprouvé le besoin de s'épanouir ; rien dans celles du jeune homme ne tendait à l'éveiller (p. 53-54).

Juger ces pages à la lumière des révélations récentes d'actes de pédophilie ne servirait à rien, car à propos de Cabri, il ne s'agit pas de perversion, mais d'une fiction romanesque, de variations à partir de prototypes littéraires dévoilés par l'auteur : « Son cœur était pétri de feu et d'éther, comme celui de toutes les créatures dont elle procède, Mignon, Fénella, Esméralda, ondines, sylphides, salamandres, et toutes les forces aimantes de ce cœur s'étaient concentrées sur Gautier » (p. 55). Ces jeunes filles essentiellement instinctives incarnent l'irrationalité dans les œuvres de Goethe et, dans une certaine mesure, de Walter Scott et de Hugo. Elles témoignent de l'attrait de Grammont pour le romantisme. Il nous paraît plus particulièrement intéressant d'examiner de plus près la

Balzac ou les ambiguïtés 375

manière dont il s'est inspiré de ces figures, lors de la création de Cabri.

Gautier révèle au marquis de Lamperière, qui l'utilise comme espion dans le Languedoc protestant : « J'ai trouvé cette petite, il y a deux ans, sur une place publique de Lyon, où elle dansait et faisait des tours de force devant le public. Sa gentillesse et son air craintif et souffrant m'ont intéressé à elle. Je l'ai arrachée au moyen de menaces et de quelque argent aux baladins avec qui elle se trouvait, et qui l'avaient probablement volée autrefois » (p. 60).

Ce récit rappelle de près l'aventure du héros des *Années d'apprentissage de Wilhelm Meister* de Goethe. Il aperçoit Mignon au milieu d'une troupe de saltimbanques qui se produit dans une foire. Le jeune Meister est fasciné par la personnalité énigmatique de la fillette :

> Wilhelm ne se rassasiait pas de la contempler, les yeux et le cœur irrésistiblement attirés par le mystère de cette créature. Il lui donnait douze ou treize ans ; le corps était bien proportionné, les membres toutefois semblaient destinés à une taille plus forte, ou annonçaient une croissance entravée. Ses traits n'avaient rien de régulier, mais ils étaient saisissants ; un front chargé de mystère, le nez d'une exceptionnelle beauté, et la bouche – bien que déjà trop serrée pour son âge et dont parfois les lèvres se crispaient d'un côté – la bouche avait gardé assez d'ingénuité et de charme [9].

Wilhelm achète l'enfant à l'entrepreneur italien de spectacles qui la maltraite. L'affaire ne se déroule pas sans incident, car le jeune homme menace ce personnage de le traîner devant la justice. Il est intéressant de constater à propos de Mignon et de Cabri qu'à la suite d'un traumatisme originel – Mignon est le fruit d'un inceste, Cabri est un enfant volé – chez chacune des fillettes « le corps semblait être en contradiction avec l'esprit », pour reprendre ici la réflexion intérieure de Wilhelm [10]. Dans le roman de Grammont, cette inadéquation a un caractère sensuel : « À n'en juger que par sa taille exiguë et la délicatesse de ses membres, à n'écouter que son

---

9. *Wilhelm Meister. Les Années d'apprentissage*, trad. Bernard Groethuyen, Gallimard, « Bibliothèque de la Pléiade », 1954, p. 454.

10. *Ibid.*, p. 489.

rire naïf et vibrant, et ses discours puérils, cette singulière créature ne paraissait en effet qu'un enfant ; mais sa chemise fendue par-devant laissait voir une gorge formée et bien détachée de sa poitrine [etc.] » (p. 53).

Les chants insérés dans *Wilhelm Meister* ont une fonction précise, celle de traduire ce qui est inexprimable par des mots ordinaires. Ils libèrent des pulsions irrationnelles qui s'opposent à la raison, à la base de la *Bildung*. Meister écoute l'admirable lied de Mignon, qui débute par « Connais-tu le pays des citronniers en fleurs », où la jeune fille qui se sent exilée dans ces contrées septentrionales rêve de son Italie natale. Elle commence par évoquer un décor classique en marbre caractéristique du Sud et finit par imaginer qu'elle se trouve au Nord « dans les cavernes » où « gîte l'antique race des dragons » [11]. Wilhelm s'efforce de décrypter le langage difficile à comprendre de cet être nostalgique. Bien sûr dans un contexte différent, le chant de Cabri surprend également l'auditeur : « Ses chants, bizarrement entrecoupés et interrompus subitement, appartenaient à tous les pays : une barcarolle italienne s'y entait sur une ronde française, et une valse allemande sur une romance andalouse : c'était l'harmonie la plus discordante qu'il soit possible d'imaginer » (p. 51). À cause de ses excentricités, Cabri est considérée comme folle et l'auteur fait à son propos l'éloge de la folie.

Esmeralda hugolienne figure sur la liste des modèles littéraires de Grammont. Elle danse comme Mignon et Fénella. Le poète Gringoire, personnage protéiforme de *Notre-Dame de Paris*, est fasciné par son chant :

C'étaient de continuels épanouissements, des mélodies, des cadences inattendues, puis des phrases simples semées de notes acérées et sifflantes, puis des sauts de gammes qui eussent dérouté un rossignol, mais où l'harmonie se retrouvait toujours, puis de molles ondulations d'octaves qui s'élevaient et s'abaissaient comme le sein de la jeune chanteuse [12].

Néanmoins, il y a dans ses propos, comme chez Mignon et Cabri, une curieuse confusion langagière : « Les paroles

---

11. *Ibid.*, p. 498-499.
12. *Notre-Dame de Paris*, éd. citée, p. 142, de même que la citation suivante.

Balzac ou les ambiguïtés   377

qu'elle chantait étaient d'une langue inconnue à Gringoire, et qui paraissait lui être inconnue à elle-même, tant l'expression qu'elle donnait au chant se rapportait peu au sens des paroles ».

Fenella la gracieuse danseuse, agile, passionnée et prétendument muette, sœur en littérature de Mignon, fait partie de la constellation complexe des personnages de *Peveril du Pic*, roman de Walter Scott publié en 1823 et traduit la même année en français. L'action de ce récit historique se déroule dans les dernières années de l'ère de Cromwell et au début de la restauration de la monarchie, sous le règne de Charles II. Voici quelques données fondamentales de l'intrigue foisonnante, indispensables pour appréhender la place occupée par Fenella dans cette œuvre.

L'épiscopalien Sir Geoffrey Peveril, châtelain de Martindale, dont l'arbre généalogique remonte à Guillaume le Conquérant, est un partisan farouche de la royauté et se montre attaché à ses privilèges d'aristocrate. Son épouse, l'aimable et sereine Lady Margaret, est la sœur de James Stanley, seigneur de l'île de Man, exécuté en 1651 en raison du soutien qu'il a apporté à la cause du roi d'Angleterre. Les Peveril bénéficient de la protection du major Ralph Bridgenorth, d'origine roturière, leur voisin et créancier, zélé presbytérien. Ce partisan de Cromwell est un personnage mélancolique ; père malheureux, il a enterré six de ses enfants et perdu son épouse, lors de l'accouchement du dernier. Surmontant les divergences politiques et confessionnelles entre les deux maisonnées, Bridgenorth confie sa fille Alice à Lady Peveril qui lui promet de soigner la santé chancelante de l'adolescente et de l'élever avec son fils Julien.

Bridgenorth assiste à l'arrivée au château de Martindale de Charlotte Stanley, comtesse de Derby, souveraine de l'île de Man, belle-sœur de Lady Margaret. Elle est venue chercher refuge chez les Peveril, ayant fait exécuter, en ignorant volontairement l'amnistie royale, le rebelle William Christian qui l'a tenue prisonnière pendant sept ans. Or, ce partisan de Cromwell était le frère de l'épouse décédée de Bridgenorth. Celuici, rétabli dans ses fonctions de juge de paix, décide d'arrêter la comtesse de Derby.

Sous la protection de Sir Geoffrey et d'une petite troupe, elle s'enfuit du château des Peveril dans la direction de Liverpool. Entouré d'officiers subalternes de la justice, Bridgenorth arrive à les rejoindre. Par une habile manœuvre, Sir Geoffrey désarçonne le poursuivant et lui fait mordre la poussière. Bridgenorth lui en voudra à mort, d'autant plus amèrement que son noble voisin refuse de se battre contre lui.

Le major quitte alors son château de Moultrassie-Hall, devient un errant et sombre dans le fanatisme religieux. Il arrache sa fille Alice à la garde de Lady Margaret et l'emmène dans un coin retiré de l'île de Man. C'est là qu'elle et Julien Peveril se retrouvent et que ce dernier, confié par ses parents à la comtesse de Derby, se promet de l'épouser malgré tout ce qui les sépare.

Cinq ans après le violent accident sur la route vers Liverpool, l'action se déplace sur l'île de Man dans la mer d'Irlande. C'est en compagnie de la comtesse autoritaire qu'apparaît Fenella, de petite taille, au teint brun. Les autochtones l'appellent « la reine des lutins ». Elle n'appartient pas au monde des Européens. Sourde-muette − acceptons-la pour le moment telle que Walter Scott la présente lors de son entrée en scène − elle est au service de la comtesse de Derby, toujours à la tête de l'île de Man. Rapidement, elle tombe amoureuse de Julien qui aspire, rappelons-le, à la main d'Alice. Fenella s'oppose d'une manière violente au départ du jeune homme, porteur de messages de la comtesse aux catholiques de Londres, car elle estime que cette mission le met en danger en Angleterre où on combat un prétendu « complot des papistes » :

Ce fut alors que la jeune muette s'abandonna à toute la violence de son caractère. Frappant des mains plusieurs fois, elle fit entendre en même temps, pour exprimer son mécontentement, un son si discordant, qu'il ressemblait au cri d'un sauvage plutôt qu'à une articulation produite par les organes d'une femme [13].

13. *Peveril du Pic, Œuvres de Walter Scott*, trad. Defauconpret, 20e édition, Furne, t. XIV, 1861, p. 217. Les références suivantes à ce roman sont insérées in-texte.

Balzac ou les ambiguïtés

C'est un être passionné à l'extrême et le lecteur qui a pris connaissance de l'ensemble du livre doit se rendre compte que Fenella, sœur de Mignon et d'Esmeralda, émet ce son inarticulé par amour ou par colère, autant que par suite de l'interdiction qu'elle s'est imposée de parler.

Elle danse comme la mystérieuse héroïne de Goethe ou la Tsigane de Victor Hugo. Grâce aux intrigues d'Édouard Christian, frère de William que la comtesse de Man a fait exécuter, Fenella parvient à la cour de Charles II où, toute sourde qu'elle prétend être, elle danse sur un air de flageolet, en présence du roi :

> Peveril [il s'agit de Julien] oublia presque la présence du roi en voyant avec quelle précision merveilleuse Fenella devinait la mesure marquée par les sons de l'instrument qu'elle ne pouvait entendre, et dont elle ne pouvait juger que par les mouvements des doigts de celui qui en jouait. ... Mais le phénomène qu'il avait sous les yeux était bien plus étonnant, puisque le musicien peut être guidé par les notes tracées sur le papier, et le danseur par les mouvements des autres, au lieu que Fenella n'avait d'autre guide que le mouvement des doigts de l'homme qui jouait du flageolet, et qu'elle semblait observer avec beaucoup d'attention (p. 391).

La feinte sourde se trahit à l'issue du roman, lorsque le roi Charles II annonce dans son dos la fausse nouvelle de la mort de Julien :

> La preuve muette que donna le pouls, qui bondit comme si un coup de canon eût retenti aux oreilles de la pauvre fille, fut accompagnée d'un tel cri de détresse, que le bon monarque en tressaillit, et fut presque fâché de son épreuve. ...
>
> « Je me suis trahie ! dit-elle les yeux baissés, je me suis trahie, et il était juste que celle qui a passé sa vie à trahir les autres, se laissât prendre dans ses propres filets » (p. 598).

Walter Scott ne se soucie guère de coordonner les divers renseignements concernant les origines et la carrière de la jeune Fenella. Le capitaine du voilier qui transporte Julien Peveril de l'île de Man à Liverpool affirme à son passager que la comtesse, l'ayant vue sur un théâtre d'Ostende, l'a achetée par pitié à un bateleur qui la maltraitait (son geste rappelle celui de Wilhelm qui libère Mignon de la compagnie des saltimbanques). Mais le lecteur apprend à la lecture d'une scène opposant Fenella, devenue une jeune femme autonome prénommée Zarah, à Édouard Christian que c'est ce personnage intriguant qui l'a délivrée du « faiseur de tours » des foires (p. 577). C'est encore lui qui l'a fait engager par la comtesse et lui a ordonné d'entrer dans le rôle d'une sourde-muette, afin qu'elle le renseigne sur la vie de la cour de Man et sur le moment le plus propice pour venger son frère William. Édouard finit par avouer qu'il est lui-même le père de Fenella, amant de passage d'une femme de couleur :

> Vous m'avez dit, s'écria-t-elle enfin, que j'étais la fille de votre frère, qui a perdu la vie par ordre de cette dame.
> — C'était pour vous décider à jouer le rôle que je vous destinais dans le drame de ma vengeance, autant que pour cacher ce que les hommes appellent l'ignominie de votre naissance. Mais vous êtes bien véritablement ma fille, et c'est du climat oriental sous lequel votre mère est née que vous avez reçu ces passions indomptables dont j'ai tenté de profiter (p. 599).

Sur la mission d'espionnage de Fenella, prétendument sourde-muette, auprès de la comtesse de Derby, Walter Scott se tait, car sa plume est avant tout inspirée par l'amour secret et violent que la jeune fille éprouve pour Julien.

« Peveril du Pic » et « Dom Gigadas »

J'ai l'impression que le roman de Walter Scott a pu influencer Grammont lors de la rédaction de *Dom Gigadas*. L'opposition du château de Lagny, propriété du catholique marquis de Lamperière, et du château de Meyran, fief de la famille Meyran, rappelle dans une certaine mesure celle du château de Martindale, résidence des royalistes Peveril du Pic, et de Moultrassie-Hall, domaine du presbytérien Bridgenorth. Dans chacune des deux œuvres les jeunes amoureux, chez Scott Julien et Alice, chez Grammont René et Louise, appartiennent à des familles adverses.

L'action des deux romans est pareillement marquée par une profonde crise religieuse qui influence la vie et la pensée des personnages. Dès le rétablissement de la monarchie, le sei-

Balzac ou les ambiguïtés 381

gneur Peveril du Pic oblige le pasteur protestant Solsgrace à quitter sa paroisse. Le langage de ce ministre intolérant et violent s'inspire de la Bible. Au sujet des sentiments amicaux que son coreligionnaire Bridgenorth éprouve pour Sir Geoffrey Peveril, il déclare : « Lorsque Dieu commanda aux corbeaux de nourrir Élisée caché près du torrent de Chérit, nous ne voyons pas qu'il ait caressé les oiseaux impurs qu'un miracle forçait, contre leur nature, à pourvoir à ses besoins » (p. 130). Dans le roman de Grammont, le pasteur Daniel Sauvegrain incarne un personnage semblable. Il appartient à cette fraction des protestants du Midi qui ne se contente pas de la liberté du culte, mais qui réclame la restitution des places de sûreté confisquées aux rebelles sous Louis XIII. Il s'adresse en ces termes aux gentilshommes qui l'entourent :

> « Vous êtes soumis, vous deviendrez esclaves ; esclaves, on vous prendra vos nouveau-nés, et pour les racheter, il faudra que vous sacrifiiez aux idoles. ... Le repos même dont on vous laisse jouir en ce moment est sinistre : on veut vous égorger durant votre sommeil. N'at-on pas déjà fait ainsi ? Ô Israël ! réveille-toi donc – car l'arche sainte est menacée ; lève-toi, que tes ennemis te contemplent ! » (p. 244.)

Balzac aurait-il collaboré à l'édition Souverain ?

À l'issue de cette tentative d'exploration des textes de l'édition Souverain, on ne peut être que profondément étonné de l'attitude de Balzac tout au long de la publication programmée des œuvres à partir de 1835, date de la signature du contrat qui lui assure un anonymat fort ambigu jusqu'à la fin des opérations en 1840. En ce qui concerne la révision des premiers romans par ses jeunes collaborateurs, il n'intervient point, même si ce laisser-faire est contraire à ses intentions primitives d'écrivain débutant qui est avant tout « à l'écoute de son cœur » et qui se désintéresse du monde réel. L'auteur d'*Eugénie Grandet*, devenu célèbre, renie le conteur mélancolique de *La Dernière Fée*, comme le prouve *Vie et malheurs de Horace de Saint-Aubin*, la plus féroce autoflagellation que la littérature européenne ait jamais connue.

Non moins ambigu demeure son accord qui a permis que soient intégrés les deux romans de Ferdinand de Grammont aux *Œuvres complètes de feu Horace de Saint-Aubin*. En ce qui concerne *L'Excommunié*, Balzac accepte les corrections apportées par le conservateur et pudibond Auguste de Belloy à la mise en place de l'intrigue, en fait un tiers du roman rédigé de sa main. Quand il lit la suite fort sensuelle du récit, estime-t-il que Grammont a libéré les potentialités latentes de ses pages d'introduction ?

Les documents acquis par Jean-Pierre Galvan révèlent que Balzac est intervenu plus directement dans le texte de *Dom Gigadas*, en établissant la division en chapitres et en supprimant des passages. L'article cité plus haut de Lucette Besson sur Grammont en Camargue reproduit une page d'épreuve où figure en marge, à droite, l'indication « chap. Cabri » de la main de Balzac.

Aurait-il pris une part plus active dans la rédaction du roman, par exemple en y insérant, dans le chapitre XX intitulé « La cour », une historiette en parfaite conformité avec le style et le ton de la conversation galante, marquée d'une certaine préciosité, en usage autour du jeune roi ? Dans *L'Année balzacienne 1967*, Bruce Tolley n'exclut pas cette possibilité. Avant d'examiner l'argument principal de son hypothèse, je voudrais faire connaître ici le fragment en question.

« "Les personnes d'un certain rang, disait le roi, sont bien malheureuses, en ce qu'elles ne peuvent jamais être sûres d'être aimées pour elles-mêmes" » (p. 189). Mlle d'Orléans réagit aux propos du souverain et relate « une histoire amoureuse » pour illustrer le bien-fondé de sa remarque. Voici le résumé de cet extrait.

La guerre entre les royaumes de Mysie et de Paphlagonie finit par la soumission de cette dernière. La paix est scellée par les fiançailles de la princesse de Paphlagonie au jeune roi de Mysie. La princesse, accompagnée d'un cortège « nombreux et magnifique », se met en marche pour rejoindre son fiancé dans la capitale de la Mysie. L'ennui s'empare de la jeune fille qui traverse le désert enfermée dans sa litière. À son grand bonheur, un ménestrel se joint à la caravane. Par ses chants, par sa présence même il égaie la voyageuse. Il défend le cor-

Balzac ou les ambiguïtés 383

tège contre une bande de bandits arabes. Blessé dans le combat, il bénéficie des soins attentifs de la princesse qui, pour le panser, déchire le voile qu'elle porte. Arrivée à la capitale, cette dernière se présente au palais royal et... se trouve à nouveau confrontée au ménestrel. Ce déguisement avait été choisi par son fiancé pour éprouver sa constance. La princesse n'a pas su deviner dans le poète ambulant un personnage supérieur. Le roi la renvoie chez elle.

Bruce Tolley constate que cette histoire, publiée dans *Le Voleur* le 15 novembre 1840, est attribuée à Balzac. Dans *Le Magasin littéraire* de février 1844, elle est cette fois signée de Balzac. Il relève en outre que l'épisode en question semble être emprunté aux *Amours des anges* de Thomas Moore, poème qui inspirait aussi *Wann-Chlore*. En conclusion de son article, Bruce Tolley remarque qu'il ne fait que suggérer la collaboration de Balzac au roman de Grammont. Son hypothèse ne me convainc guère. Ne serait-ce que du point de vue stylistique, l'histoire de la princesse de Paphlagonie est parfaitement intégrée au chapitre XX, sans la moindre solution de continuité.

En guise de conclusion

L'ambiguïté balzacienne à l'égard de ses romans de jeunesse n'est peut-être pas insondable. Alors que les contemporains, souvent malveillants comme Sainte-Beuve, considèrent que le « papillon » de 1836, c'est-à-dire l'auteur du *Père Goriot* et d'*Eugénie Grandet*, n'est que l'avatar de la « chenille », allusion au fournisseur des cabinets de lecture, Balzac estime que ses romans des années 1822-1824 ne sont pas à l'origine de ses œuvres de maturité. Devenu un écrivain célèbre qui publie désormais en in-8°, il a probablement besoin de piétiner les in-12 de Saint-Aubin. Il se désintéresse de la réédition de ces romans, même corrigés par ses collaborateurs irrespectueux. Toutefois, il s'amuse à donner quelques coups de pouce stylistiques aux textes de Grammont intégrés dans l'édition Souverain.

Cependant, nous devons l'affirmer fermement – et c'est ce qui nous servira ici de conclusion – Balzac n'a jamais rejeté ses essais philosophiques fondés sur le postulat d'une substance unique réunissant le matériel et le spirituel, écrits qui puisent dans le monisme du XVIIIe siècle, mais qui renferment *in nuce* le principe de l'unité de composition [14]. Dans l'« Avant-propos » de 1842, il note : « L'idée première de *La Comédie humaine* ... vint d'une comparaison entre l'Humanité et l'Animalité. ... L'*unité de composition* occupait déjà sous d'autres termes les plus grands esprits des deux siècles précédents. ... Le créateur ne s'est servi que d'un seul et même patron pour tous les êtres organisés [15] ». Cette idée fondamentale permet à Balzac d'établir des rapports entre société et nature. Ses réflexions des années 1818-1819 sur la force matérielle de la pensée, la psychologie du vieillissement, le principe vital, le sommeil créateur, le fluide magnétique, témoignent de son ambition de trouver un soubassement scientifique de la pensée et alimenteront toute son œuvre. Les ambiguïtés de l'attitude balzacienne à l'égard de ses débuts n'ont qu'un caractère littéraire et ne concernent que les productions d'un auteur de romans qui écrivait avant d'avoir vécu.

André LORANT.

---

14. Dans ces considérations, je m'inspire de mon maître Pierre-Georges (voir *OD*, t. I, introduction, p. XX-XXI).

15. *CH*, t. I, p. 7-8.

BALZAC, L'AMÉRIQUE ET LA TRANSFORMATION DE LA RÉALITÉ [1]

Balzac prétend dans l'« Avant-propos » de *La Comédie humaine* qu'il écrit « à la lueur de deux Vérités éternelles : la Religion, la Monarchie [2] ». Quoique la clarté de ces deux mots soit fort contestable, la conclusion générale que l'on doit en tirer se voit assez facilement. Comme souvent chez Balzac, pour bien comprendre sa pensée romanesque, il faut remonter aux idées de l'Ancien Régime, avant le grand tournant vers la laïcité et la démocratie après 1789. Sa conception de l'Amérique ne fait pas exception et, pour savoir ce que les Français en pensaient au temps de Louis XVI, nous n'avons qu'à puiser dans la correspondance de l'Américain le plus connu à l'époque, Benjamin Franklin. Dès son installation à Passy en 1776, le plénipotentiaire se voit envahi par une véritable foule de Français se disant prêts à rejoindre la cause révolutionnaire. Pourtant, leur enthousiasme paraît un peu forcé. « Souvent, si un homme est onéreux pour ses parents, n'a pas de talents utiles et n'est bon à rien, ou s'il est indiscret, débauché et prodigue », se plaint Franklin à un ami parisien, « ils sont heureux de se débarrasser de lui en l'envoyant à l'autre

---

1. Cette étude est écrite à partir d'une intervention (en français) lors du 47e colloque annuel de l'association Nineteenth-Century French Studies à New York en novembre 2022.
2. *CH*, t. I, p. 13.

L'Année balzacienne 2023

386   *Thomas Welles Briggs*

bout du monde [3] ». Du point de vue français, l'Amérique, en soi, n'a guère de réalité indépendante ; l'important, c'est qu'elle soit loin de l'Europe. Même La Fayette, richissime héritier qui mène une belle vie en France, fait le voyage pour aller à la rencontre non pas du Nouveau Monde mais de l'armée anglaise, c'est-à-dire ce qu'il appelle « glory » dans ses lettres à George Washington [4]. Avant la Révolution, l'Amérique reste donc peu connue et largement mystérieuse.

La réalité historique et symbolique

Après la Restauration, cela commence à changer. Quand il s'agit de l'Amérique réelle, le grand événement littéraire, bien sûr, est la publication en 1835 et 1840 des deux parties de *De la démocratie en Amérique* d'Alexis de Tocqueville. Mais si ces quatre volumes de commentaires perspicaces et détaillés sur la jeune république font autorité jusqu'à nos jours – surtout aux États-Unis – il paraît que le romancier ne les a probablement jamais vraiment lus. En 1843, dans sa *Monographie de la presse parisienne*, il ironise sur un certain « [é]crivain monobible » anonyme, auteur d'« un livre ennuyeux » et si « illisibl[e] » que « tout le monde se dispense de le lire et dit l'avoir lu » [5]. Pour ceux qui auraient du mal à comprendre la référence peut-être obscure, la page est illustrée d'une caricature de Tocqueville portant sur son épaule un tome énorme, « *De*

---

3. Lettre à Barbeu-Dubourg, après le 2 octobre 1777, William B. Willcox (éd.), *The Papers of Benjamin Franklin*, New Haven, Yale University Press, 1986, vol. 25, p. 20–22. Nous traduisons de l'anglais cette lettre souvent citée.

4. Voir, par exemple, ses lettres des 14 octobre 1777 (« l'amour de la gloire »), 30 décembre 1777 (« idées de la gloire et des projets brillants »), 31 décembre 1777 (« ambition pour la gloire » ; « amoureux ardent des lauriers ») et 19 février 1778 (« je n'ambitionne qu'une chose : la gloire »), Philander D. Chase et Edward G. Lengel (éds.), *The Papers of George Washington. Revolutionary War Series*, Charlottesville, University Press of Virginia, vol. 11, 2001 p. 505–508, et vol. 13, 2003, p. 68-71, 84 et 594-597. Nous traduisons de l'anglais de La Fayette.

5. *La Grande Ville, nouveau tableau de Paris*, Bureau central des publications nouvelles, 1843, t. II, p. 132 et p. 162, repris (malheureusement sans l'illustration) dans *CHH*, t. XXVIII, p. 362 et p. 384.

Balzac, l'Amérique et la transformation de la réalité   387

la démocratie », à l'Institut, où l'auteur fut admis en 1838. Il paraît aussi que Balzac ne s'est pas beaucoup trompé. D'après l'étude soignée de René Rémond, le « suprême degré de la compréhension » de Tocqueville « ne se communique guère aux autres [6] » ; d'après l'étude plus récente de Françoise Mélonio, son œuvre si respectée aujourd'hui n'atteint ni « le grand public » ni les « littérateurs » et « trouve donc sa place exclusive dans l'espace public politique » où elle « n'est pas lue hors le cercle [encore plus] restreint des républicains cultivés [7] ». Ce livre « illisible » reçoit néanmoins une sorte de compte rendu indirect quelques semaines après la parution des deux derniers volumes : Balzac informe les lecteurs de sa *Revue parisienne* que la démocratie est une « ignoble et lâche forme de gouvernement » et que « [l]'élection ne choisit que les médiocrités » [8]. Or, l'Amérique que décrit Tocqueville est la première grande démocratie établie depuis la chute de la République romaine. Nous comprenons, alors, pourquoi cette réalité si centrale pour les lecteurs d'aujourd'hui intéresse si peu Balzac.

Reste la réalité plutôt symbolique que tocquevillienne. Puisque les États-Unis n'ont ni religion officielle ni roi, ils paraissent établis sur des principes de base qui sont incontestablement le contraire absolu de la « Religion » et de la

6. *Les États-Unis devant l'opinion française, 1815-1852*, Armand Colin, 1962, t. II, p. 861. Voir aussi : « Universellement admirée, [l'œuvre] n'eut qu'une influence restreinte sur le jugement des contemporains. Ses leçons restèrent incomprises » (t. I, p. 387).

7. *Tocqueville et les Français*, Aubier, 1993, p. 45, 49, 59. L'on pourrait facilement croire aussi que Sainte-Beuve n'est pas le seul de ces lecteurs rares qui ne cherchent pas à se renseigner sur l'Amérique, mais plutôt sur les « destinées européennes futures ». Voir son compte rendu, « De la démocratie en Amérique, par M. de Tocqueville », *Le Temps*, 7 avril 1835, p. 2, repris dans *Premiers Lundis*, nouv. éd., Calmann-Lévy, 1885, t. II, p. 286.

8. « Lettres russes », *Revue parisienne*, 25 juillet 1840, p. 105 ; et « À Madame la comtesse E. », *ibid.*, 25 août 1840, p. 205, repris dans *CHH*, t. XXVIII, p. 151 et p. 113. Les deux derniers volumes, en un tome, de Tocqueville sont parus en avril 1840. Voir *La Presse*, 10 avril 1840, p. 4 (réclame de Gosselin) ; *Bibliographie de la France*, 2 mai 1840, p. 216 (rapport de dépôt légal). L'ironie ici est que Tocqueville semble partager l'opinion de Balzac sur les médiocrités : « Il est évident que la race des hommes d'État américains s'est singulièrement rapetissée depuis un demi-siècle. [...] Les grands talents [...] s'écartent en général du pouvoir [...] » (*De la démocratie en Amérique*, éd. Françoise Mélonio, Robert Laffont, « Bouquins », 1986, p. 197 et p. 203).

« Monarchie » si chéries de Balzac. Ils n'ont pas d'aristocratie non plus. Pour le romancier, ils deviennent donc une sorte de cauchemar dystopique dont il se sert comme symbole de tous les maux du gouvernement bourgeois sous le règne du roi des Français et de ses ministres malheureusement élus. Il ne s'intéresse pas plus aux États-Unis réels du XIXe siècle qu'à la loi canonique du XIIIe siècle dans *Le Succube* : les deux ne sont que des métaphores, ou des symboles, parfois utiles pour critiquer une France contemporaine à la fois trop bourgeoise et républicaine et insuffisamment religieuse et monarchiste. En fait, et d'après ce que nous pouvons constater, les États-Unis plus ou moins réels n'entrent en scène qu'une fois dans toute *La Comédie humaine*, et seulement dans une préface où il s'agit d'un supposé « vol à l'américaine » diplomatique des années 1830[9].

Les États-Unis de Balzac sont si affreux qu'ils deviennent presque une parodie dystopique. *Le Curé de village*, par exemple, roman moral et économique d'inspiration religieuse et (du moins en partie) saint-simonienne, nous présente New York, et les États-Unis en général, comme un « triste pays d'argent et d'intérêts où l'âme a froid » et où « il n'y a ni espérance, ni foi, ni charité »[10]. Évidemment, le lecteur doit en tirer quelque leçon en étudiant le contraste extrême entre l'utopie construite en France par l'héroïne et la supposée dystopie qu'est devenue la nouvelle république américaine. La réalité n'y est pour rien. Sur le plan de l'individu, le contraste entre cette conception idéale d'une France légitimiste et catholique et les États-Unis entièrement imaginés du romancier devient une sorte de stéréoscope encore plus révélateur. L'antihéros de *La Rabouilleuse*, Philippe Bridau, surtout, développe « les mauvais penchants du soudard » et devient « brutal, buveur, fumeur, personnel, impoli » après quelques « malheurs au Texas » et un « séjour à New York ». Ce « pays où la spéculation et l'individualisme sont portés au plus haut degré, où la brutalité des intérêts arrive au cynisme, où l'homme, essentiel-

9. Voir *Une ténébreuse affaire*, Préface de la 1re édition, *CH*, t. VIII, p. 497 et la note 2.
10. *CH*, t. IX, p. 842-843.

Balzac, l'Amérique et la transformation de la réalité 389

lement isolé, se voit contraint [d'abandonner] les moindres scrupules en fait de moralité » [11] achève sa dépravation complète. De même, dans *Eugénie Grandet*, le cousin de la protagoniste fait « la traite des nègres » et, « [d]ans les Indes, à Saint-Thomas, à la côte d'Afrique, à Lisbonne et aux États-Unis, le spéculateur avait pris, pour ne pas compromettre son nom, [un] pseudonyme ». Ainsi, nous dit le narrateur, il « pouvait sans danger se montrer partout infatigable, audacieux, avide, en homme qui, résolu de faire fortune *quibuscumque viis*, se dépêche d'en finir avec l'infamie ». Par conséquent, il « n'eut plus de notions fixes sur le juste et l'injuste » et, « [a]u contact perpétuel des intérêts, son cœur se refroidit, se contracta, se dessécha » [12]. Cela ne construit certainement pas un portrait admirable, ni du personnage, ni des États-Unis. L'« auguste mensonge » du roman balzacien toujours « vrai dans les détails » de l'« Avant-propos » [13] est difficile à croire, surtout pour un lecteur américain.

Cette conception dystopique atteint son apogée dans l'espèce d'utopie bizarre dont rêve Vautrin, le célèbre antihéros de *La Comédie humaine*. « Mon idée », dit-il à Rastignac dans *Le Père Goriot*, « est d'aller vivre de la vie patriarcale au milieu d'un grand domaine, cent mille arpents, par exemple, aux États-Unis, dans le sud ». Jusqu'ici, il n'y a rien de trop étonnant. Il continue : « Je veux m'y faire planteur, avoir des esclaves, gagner quelques bons petits millions à vendre mes bœufs, mon tabac, mes bois, en vivant comme un souverain, en faisant mes volontés, en menant une vie qu'on ne conçoit pas ici ». Un peu plus loin, il précise qu'il « veu[t] deux cents nègres », voire du « capital noir », pour en gagner « trois ou quatre millions ». Avec « [d]es nègres », ajoute-t-il, « on fait ce qu'on veut, sans qu'un curieux de procureur du roi arrive vous en demander compte » [14]. Même si l'on met de côté les chiffres douteux de Balzac concernant le prix des terres et des esclaves, ainsi que ses opinions ambiguës sur l'esclavage en

11. *CH*, t. IV, p. 303.
12. *CH*, t. III, p. 1181-1182.
13. *CH*, t. I, p. 15.
14. *CH*, t. III, p. 141.

général [15], ce rêve apparemment utopique semble peu réalisable. Avant la guerre de Sécession américaine, l'économie des États du Sud dépendait du coton, la culture la plus rentable, non des bœufs ou du tabac. Or, cette culture, très onéreuse, produisait une classe de planteurs certes riche en terres mais très souvent endettée. L'argent liquide était rare [16].

De plus, il est possible de lire la version sud-américaine de ce rêve dans *La Cousine Bette* comme une sorte de commentaire ultérieur sur son aspect dystopique. Le baron Montès de Montéjanos, l'assassin du roman, est une sorte de Dantès (Monte Cristo) maléfique, de sang portugais qui « vi[t] dans une capitainerie » de « dix lieues carrées » au Brésil où, dit-il : « [J]e me moque de vos lois ». Comme Vautrin, il ne craint aucun procureur. Quelques répliques plus loin, il poursuit sa description :

> « [...] j'y ai cent nègres, rien que des nègres, des négresses et des négrillons achetés par mon oncle [...] je suis un roi, mais pas un roi constitutionnel, je suis un czar, j'ai acheté tous mes sujets, et personne ne sort de mon royaume, qui se trouve à cent lieues de toute habitation, il est bordé de Sauvages du côté de l'intérieur, et séparé de la côte par un désert grand comme votre France... » [17]

Ce « royaume », ou pastiche de royaume, semble moins magnifique que sombre, une sorte de grand donjon presque médiéval d'où « personne ne sort » sans la permission de ce « roi » absolu, de cet assassin sans loi. Quant au réalisme, et même en mettant de côté les dimensions exagérées du domaine, il paraît qu'il n'y a pas un tel « désert grand comme [la] France » au Brésil – quelque chose que Balzac, ainsi que le lecteur naturellement, sait très bien. Cette utopie brésilienne est donc peut-être à lire plutôt comme une métaphore de la noirceur de l'âme humaine, des dangers d'un monde sans Monarchie (française) ou sans Religion (catholique).

---

15. Voir Léon-François Hoffman, « Balzac et les noirs », *AB 1966*, p. 297-308.

16. Voir, par exemple, Samuel Eliot Morison, *The Oxford History of the American People*, New York, Penguin [1965], 1972, vol. 2, chap. 12, p. 252-264 (résumé de l'esclavage et de l'économie agricole du Sud, 1820-1850).

17. *CH*, t. VII, p. 414-416.

Balzac, l'Amérique et la transformation de la réalité 391

Montès est un « naturel de l'Amérique [...] n[é] dans la Nature [18] ; comme Vautrin, il ne connaît aucune limite morale. Tout cela pourrait préfigurer quelques aspects de l'Afrique en partie métaphorique que Joseph Conrad décrit un demi-siècle plus tard dans *Heart of Darkness* : sans la lumière (et les limites) de la civilisation, l'âme humaine se révèle dans toute sa noirceur. Encore une fois, les « détails » de « l'auguste mensonge » réaliste de Balzac ne sont guère crédibles.

La réalité romanesque

Cette réalité peu réelle peut aussi jouer un rôle plus romanesque que philosophique, surtout si l'on adopte la perspective américaine. L'exemple le plus frappant dans toute l'œuvre balzacienne se trouve, sans aucun doute, dans le troisième tome de *Jean Louis*, roman de jeunesse écrit en 1822. En parlant au protagoniste, l'oncle Barnabé lui conseille de rejoindre l'armée de Washington : « [...] tu deviendras un héros, non pas ici, car il n'y a aucune occasion de te distinguer, mais en Amérique. Reviens en France après avoir délivré les États-Unis [19] ». Pour un lecteur américain, cette réplique est absolument choquante : on est en 1788 ! Les États-Unis sont déjà effectivement indépendants depuis la défaite de Cornwallis à Yorktown en 1781, le traité de Paris est signé par Franklin et les autres représentants en 1783, et la Constitution actuelle est de 1787. De surcroît, Jean Louis fait d'un certain « général Wallis » son prisonnier en 1788 et paraît jouer le rôle de La Fayette à Yorktown (qui devient « K*** » dans le roman) en 1789 (p. 429, p. 446-447). Comme La Fayette, Jean Louis et ses hommes cherchent « la gloire » (p. 418) ; ils veulent aussi pouvoir revenir en France « célèbres et riches » avec du « butin » (p. 447). Au lieu d'un cauchemar dystopique, les États-Unis deviennent « la terre de la liberté » (p. 429).

Pourquoi situer la guerre de l'indépendance américaine en 1788 et 1789, presque en même temps que la Révolution

18. *Ibid.*, p. 218.
19. *PR*, t. I, p. 411. Les références suivantes à ce roman seront insérées in-texte.

française ? Ce n'est pas seulement une « poétique infidélité faite à l'histoire » comme celle dont parle le romancier dans la deuxième préface des *Chouans*[20]. Tout lecteur doit reconnaître l'énormité de cette déformation de la réalité historique. Certes, l'objet principal du romancier est de mettre notre jeune héros de la guerre d'indépendance des États-Unis au milieu des guerres de la Révolution française pour qu'il puisse connaître encore d'autres aventures glorieuses et romanesques et devenir général de division. Le lecteur curieux pensera néanmoins aux autres raisons possibles d'une telle déformation. Se peut-il que Balzac s'amuse en se moquant à la fois de son lecteur et de son « je » narratif, parfois ridicule, de Lord R'Hoone ? Quand ce « je », en discutant une autre difficulté, dit dans le tome suivant de *Jean Louis* que « *[l]a vérité historique* commence à devenir gênante » (p. 474), ce lecteur curieux se demande naturellement s'il s'agit seulement d'un petit embarras factice qui est la raison ostensible de cette gêne ou s'il s'agit de quelque principe littéraire plus grand, c'est-à-dire si cette « *vérité historique* », en italique, a peu d'importance par rapport aux besoins romanesques en général.

Une réponse possible à cette question[21] se trouve, naturellement, dans *La Comédie humaine*, depuis ses premiers romans jusqu'aux derniers. Dans l'exposition de *Gobseck*, par exemple – texte de 1830 remanié en 1835 – le narrateur intradiégétique nous raconte « les seules circonstances romanesques de [s]a vie[22] » quand il est devenu l'avoué principal du héros éponyme. L'entrée en scène du vieil usurier, surtout, est significante. Balzac lui donne le « rire à vide de *Bas-de-Cuir* » et, d'emblée, nous avons l'image romanesque du héros américain laconique et à moitié civilisé de James Fenimore Cooper. Mais chez Balzac les choses sont rarement simples. Dans son étude détaillée de Cooper publiée quelques années plus tard dans sa *Revue parisienne*, il écrit que « Bas-de-cuir est une statue, un

20. *CH*, t. VIII, p. 903.
21. D'après Samuel Silvestre de Sacy, « Balzac et le mythe de l'aventurier », *Mercure de France*, 1er janvier 1950, p. 120, « l'irréalité n'est pas seulement un caractère de l'exotisme balzacien, elle en est la condition même ».
22. *CH*, t. II, p. 964, et p. 965 pour la citation suivante.

Balzac, l'Amérique et la transformation de la réalité   393

magnifique hermaphrodite moral né de l'état sauvage et de la civilisation [23] ». Cela pourrait faire penser à plusieurs aspects plus profonds de *La Comédie humaine*, y compris au personnage de Vautrin. Gobseck aussi se montre « hermaphrodite moral » tout au long de l'épopée balzacienne, une espèce d'homme sauvage aux apparences civilisées mais capable de cruauté et de générosité... selon ce que Vautrin appelle les « circonstances [24] ». D'après ce qu'il raconte à l'avoué Derville, il a passé sa jeunesse aux Indes et en Amérique où il subit des « traverses romanesques [25] ». Il « n'était étranger à aucun des événements de la guerre de l'indépendance américaine », il avait eu « des relations » avec « plusieurs célèbres corsaires » [26], et il a « fait sa partie sur un tillac quand il fallait vaincre ou mourir [27] ». Quoi que l'on puisse penser de Gobseck, cela peint une image certainement plutôt romanesque que réaliste.

Il n'est pas inutile de faire observer ici que cette image se voit parfois aussi dans la correspondance de Balzac. Dans une lettre à Victor Ratier, fondateur de *La Silhouette*, il donne ses impressions mi-sérieuses, mi-comiques de la Bretagne profonde : « Oh ! mener une vie de Mohican, courir sur les rochers, nager en mer, respirer en plein l'air, le soleil ! Oh ! que j'ai conçu le sauvage ! oh ! que j'ai admirablement compris les corsaires, les aventuriers, les vies d'opposition ». Mais il sait bien que c'est seulement un rêve romanesque, irréel. Revenu de son voyage « sans argent », il ajoute : « [L]'ex-corsaire est devenu marchand d'idées » [28].

Dans *La Comédie humaine*, ce genre de peinture rêvée, mais inspirée par Cooper, devient une image reparaissante [29]. L'« historien américain », écrit Balzac dans son étude pour la

---

23. « À Madame la comtesse E. », *Revue parisienne*, 25 juillet 1840, p. 70, repris dans *CHH*, t. XXVIII, p. 90, et dans Stéphane Vachon (éd.), *Balzac, écrits sur le roman*, Le Livre de poche, 2000, p. 161.
24. *Le Père Goriot*, *CH*, t. III, p. 144.
25. *Gobseck*, *CH*, t. II, p. 967.
26. *Ibid.*
27. *Ibid.*, p. 987.
28. Lettre du 21 juillet 1830, *Corr. Pl.*, t. I, p. 303-304.
29. Voir Fernand Baldensperger, *Orientations étrangères chez Honoré de Balzac*, Champion, 1927, p. 68-73 (à propos de Cooper dans un chapitre sur Walter Scott).

Revue parisienne, possède le « génie » de savoir « idéaliser les magnifiques paysages de l'Amérique ». Cela devient aussi presque une sorte de synesthésie : « Jamais l'écriture typographiée n'a plus empiété sur la peinture. Là est l'école où doivent étudier les paysagistes littéraires, tous les secrets de l'art sont là ». Cette « prose magique », continue Balzac quelques lignes plus loin, « vous fai[t] frissonner en vous laissant apercevoir des Indiens derrière les troncs d'arbres, dans l'eau, sous les rochers »[30].

Les conséquences romanesques de cette admiration sont directes. Dans sa leçon philosophique, par exemple, Vautrin semble conseiller à Rastignac d'entamer une chasse sauvage : « Paris, voyez-vous, est comme une forêt du Nouveau Monde, où s'agitent vingt espèces de peuplades sauvages, les Illinois, les Hurons, qui vivent du produit que donnent les différentes chasses sociales[31] ». Quelques années plus tard, en épousant la fille de Delphine de Nucingen, il semble que Rastignac ait choisi de faire une « chass[e] à la dot ». Et dans *Splendeurs et misères des courtisanes*, Balzac nous donne une image proche de la caricature. Il s'agit d'une lutte clandestine entre Vautrin et ses ennemis dans la police secrète. « [L]a poésie de terreur que les stratagèmes des tribus ennemies en guerre répandent au sein des forêts de l'Amérique, et dont a tant profité Cooper, s'attachait aux plus petits détails de la vie parisienne ». Puis l'image devient quelque peu exagérée : « Les passants, les boutiques, les fiacres, une personne debout à une croisée, tout offrait [...] l'intérêt énorme que présentent dans les romans de Cooper un tronc d'arbre, une habitation de castors, un rocher, [...] un feuillage à fleur d'eau »[32]. Bien que l'on s'étonne de retrouver « l'eau » et l'un des « rochers » américains dont parle l'étude de la *Revue parisienne*, on est encore plus étonné de reconnaître (à peu de chose près) les Indiens de Cooper chassant leur proie humaine dans un feuilleton plus ou moins populaire racontant une histoire strictement urbaine. L'image semble plus mélodramatique que réelle.

30. « À Madame la comtesse E. », art. cité, *Revue parisienne*, p. 69-72 ; *CHH*, t. XXVIII, p. 90-92 ; *Écrits sur le roman*, p. 160-162.
31. *Le Père Goriot, CH*, t. III, p. 143, de même que la citation suivante.
32. *CH*, t. VI, p. 673.

Balzac, l'Amérique et la transformation de la réalité   395

L'aspect américain de Vautrin, d'ailleurs, est encore moins réel sur scène. Dans la pièce de 1840, le forçat se plaint de mener la « vie d'un Indien entouré d'ennemis » et ajoute : « [J]e défends mes cheveux »[33]. Le criminel se transforme ainsi en héros de Cooper. Trois actes plus tard, il se déguise en gros général mexicain au « teint cuivré »[34] et, du moins ici, Balzac comprend qu'il est finalement allé trop loin. « J'ai cédé au désir de jeter sur la scène un personnage romanesque et j'ai eu tort », écrit-il à Ève Hanska[35]. À côté de ce péché fondamental, l'on pourrait presque pardonner une petite réplique, étonnante de la part du faux « libérateur de l'Amérique » : « Le Mexique éprouvait le besoin de son indépendance, il s'est donné un empereur ! »[36]. Mais la pièce se passe en 1816, six ans avant le premier de ces événements historiques. Évidemment, le portrait du Mexique révolutionnaire n'est pas plus fidèle que celui des États-Unis après 1776.

En effet, la plupart des références à l'Amérique dans *La Comédie humaine* semblent viser plus ouvertement cette « poésie de terreur » aussi bien que d'autres buts purement romanesques. Cela se voit dès la parution des *Chouans* en 1829[37]. Bien que ce premier roman historique contienne, selon Balzac, « tout Cooper et tout Walter Scott[38] », la réalité américaine reste pour l'essentiel invisible. Dans l'exposition, les chouans bretons sont décrits comme « des Sauvages qui servaient Dieu et le roi, à la manière dont les Mohicans font la guerre[39] » – apparemment une idée reçue de l'Amérique autochtone, à l'époque, en France[40]. Quoique possédant

33. *Vautrin*, acte I, sc. 5, *BO*, t. XXII, p. 141.
34. *Ibid.*, acte IV, sc. 2, p. 226.
35. Lettre de février 1840, *LHB*, t. I, p. 504.
36. *Vautrin*, acte IV, sc. 5, p. 235, puis sc. 2, p. 227.
37. Voir Edwin Preston Dargan, « Balzac and Cooper : *Les Chouans* », *Modern Philology*, août 1915, vol. 13, n° 4, p. 193-213 (étude générale utile).
38. Lettre du 20 décembre 1843, *LHB*, t. I, p. 756.
39. *CH*, t. VIII, p. 920.
40. Dans son ouvrage *Les États-Unis devant l'opinion française*, *op. cit.*, t. I, p. 406, René Rémond observe : « Le continent américain jouissait dans l'opinion des prestiges conjugués de l'immensité, de l'inconnu et de l'aventure. Les Indiens surtout exercèrent sur l'imagination du lecteur européen un puissant attrait : leur ruse, leur impassibilité dans les supplices, leur sauvagerie, la menace que l'on sent rôder dans la forêt, il y avait là une atmosphère des plus excitantes pour le lecteur français ».

« d'héroïques vertus », les paysans bretons sont « plus pauvres de combinaisons intellectuelles que ne le sont les Mohicans et les Peaux rouges de l'Amérique septentrionale, mais aussi grands, aussi rusés, aussi durs qu'eux ». Dans l'autre camp, l'héroïne républicaine, « [s]emblable à un sauvage d'Amérique, [...] interrogeait les fibres du visage de son ennemi lié au poteau »[41]. Comme l'Amérique lui-même, ce « poteau » est seulement métaphorique et n'a absolument rien à faire avec la réalité d'outre-Atlantique. Balzac s'en sert seulement pour donner à son roman un intérêt plus romanesque et pour mieux peindre, en couleurs fauves, la férocité sans bornes des luttes post-révolutionnaires.

Quinze ans plus tard, quand le soleil du romancier a commencé à baisser, il revient à la même idée dans *Les Paysans*. Ce roman malheureusement inachevé de son vivant donne aux lecteurs de « saisissantes images[42] » d'une bataille clandestine mais non moins acharnée entre les paysans, cette fois-ci « au commencement de la Bourgogne[43] », et un général retiré de Napoléon, propriétaire d'un château si magnifique qu'il fait penser à Versailles. Au deuxième chapitre, le visiteur parisien de l'*incipit* voit un pauvre paysan vieux, mal habillé et édenté, immobile auprès d'une petite rivière : « "Voilà les Peaux-Rouges de Cooper, se dit-il, il n'y a pas besoin d'aller en Amérique pour observer des Sauvages" » (p. 71). Cette référence à l'Amérique de Cooper séduit à une première lecture, mais elle cache plus de complexités que celles de 1829. Le paysan semble un simple chasseur de la forêt mais, en réalité, le gibier qu'il chasse est parisien : le visiteur lui donne dix francs pour lui apprendre à « chasse[r] à la *loute* » (p. 74). Après qu'un valet du château lui a dessillé les yeux, la victime se « livr[e] à quelques réflexions sur la profonde astuce des paysans » (p. 78). Or, quand l'intendant du général conseille la prudence face à cet ennemi dangereux, le Parisien demande railleusement : « [N]ous sommes donc ici comme les héros de Cooper dans les forêts de l'Amérique, entourés de pièges par

---

41. *Les Chouans*, *CH*, t. VIII, p. 918 puis p. 1024.
42. « Avant-propos », *CH*, t. I, p. 10.
43. *CH*, t. IX, p. 50. Les références suivantes à ce roman figurent in-texte.

Balzac, l'Amérique et la transformation de la réalité

les Sauvages » (p. 124) ? Comme le général, il n'aperçoit pas le danger. De l'autre côté, cette fois-ci il y a l'image (dans le même chapitre) de la terre quasi-royale « entièrement clos[e] de murs » (p. 68) qui semble aussi redoutable que civilisée [44]. Malgré cette apparence forte, elle succombe vers la fin du roman, dépecée par la bande noire. Quelquefois les couleurs fauves peuvent cacher des « pièges » pour le lecteur inattentif.

Et quelquefois les couleurs fauves de l'Amérique imaginée de Balzac ne cachent rien [45]. Au contraire, elles donnent un intérêt simple et romanesque aux romans qui n'ont absolument rien à voir avec les batailles du Nouveau Monde ou de l'Ancien. Par exemple, dans *Pierrette*, Sylvie Rogron, la marâtre de cette triste histoire, devient si « sauvag[e] » et cruelle que « [l]es Illinois, les Cherokees, les Mohicans auraient pu s'instruire avec elle [46] » ; dans *La Cousine Bette*, l'héroïne maléfique devient « le Mohican dont les pièges sont inévitables, dont la dissimulation est impénétrable, dont la décision rapide est fondée sur la perfection inouïe des organes [47] » ; et dans la seconde préface très révélatrice du *Père Goriot*, l'auteur évoque la jeunesse féroce du protagoniste, dans ces temps-là « Illinois de la farine, [...] Huron de la halle-aux-blés [48] ». Quand le soleil du romancier est pratiquement

---

44. Nous nous permettons de citer ici notre article discutant l'importance symbolique de ce château, « Une illusion perdue : la fonction romanesque des châteaux chez Balzac », mis en ligne le 9 juin 2022, Centre d'Études et de Recherches de l'université Rouen-Normandie, http://publis-shs.univ-rouen.fr/ceredi/index.php?id=1268. Voir également les articles de Jeannine Guichardet, « Un "Château périlleux" : les Touches dans *Béatrix* d'Honoré de Balzac », et d'Alex Lascar, « Châteaux maléfiques et mystérieux de Balzac à George Sand, de *L'Héritière de Birague* à *Consuelo* », *in* Pascale Auraix-Jonchière (éd.), « *Ô saisons, ô châteaux* ». *Châteaux et littérature, des Lumières à l'aube de la modernité (1764-1914)*, Clermond-Ferrand, Presses universitaires Blaise-Pascal / Maison de la recherche, 2004, p. 113-123 et *p.* 183-198. Mentionnons également Willi Jung « Littérature et architecture : châteaux balzaciens », *AB 2011*, p. 213-229.

45. Sur l'imagerie « sauvage » en général, voir l'étude fort intéressante d'André Vanoncini, « Le sauvage dans *La Comédie humaine* », *AB 2000*, p. 231-247.

46. *CH*, t. IV, p. 125.

47. *CH*, t. VII, p. 152.

48. *CH*, t. III, p. 46.

398 Thomas Welles Briggs

couché, finalement, il met dans la bouche de Vautrin une réplique pleine de résignation : « Je puis, avec un passeport, aller en Amérique et vivre dans la solitude, j'ai toutes les conditions qui font le Sauvage [49] ». Bien que Vautrin soit certainement un personnage sauvage, il se peut aussi que son créateur pense un peu à son propre sort (on est en 1847) et à une fin paisible. En racontant ses déboires financiers à Ève Hanska l'année suivante, il écrit qu'il pense à s'en aller « aux États-Unis » pour y « vivre la vie pastorale » en Arkansas [50]. Apparemment, un artiste peut se servir des couleurs fauves pour peindre un paysage sauvage moins frénétique qu'une scène parisienne.

La réalité utopique

Parfois, alors, et malgré ses éléments dystopiques et sauvages, l'Amérique de *La Comédie humaine* paraît aussi comme un pays où les personnages peuvent à la fois fuir leurs créanciers et leurs autres problèmes français et rétablir leurs fortunes – s'engager dans ce que Thomas Jefferson appelle dans la phrase si mémorable de la Déclaration d'indépendance « the Pursuit of Happiness ».

L'exemple phare de ce genre est l'épisode intitulé « Les Méchancetés d'un saint » dans *L'Envers de l'histoire contemporaine* [51]. Balzac a publié cette « nouvelle » d'une vingtaine de pages comme histoire indépendante dans le *Musée des familles* quelques années avant sa parution posthume dans le roman tel que nous le lisons aujourd'hui [52]. Ce n'est donc pas seulement une référence passagère, sans grande importance. De plus, le roman achevé, ultime œuvre du romancier déjà gravement

---

49. *Splendeurs et misères des courtisanes*, *CH*, t. VI, p. 924.

50. Lettre du 12 mai 1848, *LHB*, t. II, p. 834. Voir aussi une lettre antérieure du 3 juillet 1840, *LHB*, t. I, p. 515 (« Je suis au bout de ma résignation. Je crois que je quitterai la France et que j'irai porter mes os au Brésil »).

51. *CH*, t. VIII, p. 257-278. Les citations sont référencées in-texte.

52. Voir le *Musée des familles*, septembre 1842, p. 353-361. La note de la première page prévient le lecteur : « Cette nouvelle, déposée conformément aux lois, ne peut être reproduite, sous peine de contrefaçon ».

Balzac, l'Amérique et la transformation de la réalité   399

malade, est surtout une étude, très sérieuse, décrivant une utopie charitable, chrétienne et, certes, romanesque à Paris. Le héros de l'épisode, le fondateur de la banque Mongenod, rend cette utopie possible en fournissant « toutes les sommes » nécessaires (p. 276). Mais voici l'ironie : il a trouvé son succès à New York ! « [A]ux prises avec le malheur » et accablé de dettes (p. 270), il devient émigré vers 1802 « pour y acheter des terres » (p. 267) et faire fortune. (New York avant le début de l'ère des canaux en 1825 n'était pas encore l'entrepôt commercial que l'on connaît aujourd'hui.) Après avoir perdu une première fortune en 1806 à la suite d'une des vicissitudes politiques et diplomatiques de l'époque[53], il en reconstitue une deuxième et revient à Paris en 1816 afin d'établir ce qui devient la grande banque catholique de *La Comédie humaine*. Et quoique l'on en apprenne, comme toujours, très peu sur ce New York si heureux, il reste quand même difficile d'y reconnaître le pays sans « foi, ni charité » décrit par l'émigrée revenue en France du *Curé de village* ou, encore pire, celui que visite le terrible Philippe Bridau dans *La Rabouilleuse*. En fait, dans ce dernier roman achevé, New York donne la force motrice à la charité idéalisée et française de Balzac.

Les beautés et (disons-le) les richesses de l'Amérique attirent des hommes moins charitables aussi. L'exemple phare de cet « envers » est donné dans *Un homme d'affaires* et *Les Petits Bourgeois* où nous apprenons le sort de Claparon, un des banquiers les plus malhonnêtes de *La Comédie humaine*. Cet homme, « doué du même talent que Chopin le pianiste possède à un si haut degré pour contrefaire les gens », se voit finalement contraint de se mettre « en route pour l'Amérique [...] car il sera probablement condamné par contumace pour banqueroute frauduleuse à la prochaine session »[54]. De surcroît, il subit l'indignité de devoir se « déguis[er] en vieille femme » pour le voyage au Havre[55] – évidemment une métaphore de la déchéance et de la dégradation. Pourtant, puisqu'il

---

53. Il s'agit de la réunion de la Hollande à l'Empire, qui en réalité date de 1810.

54. *Un homme d'affaires, CH*, t. VII, p. 780.

55. *Les Petits Bourgeois, CH*, t. VIII, p. 146, de même que les mots cités ensuite.

400   *Thomas Welles Briggs*

s'agit de l'Amérique romanesque, tout n'est pas perdu. Il peut
« commence[r] là [s]a fortune » (*ibid.*) comme tant d'autres
personnages balzaciens. Du côté des multiples avoués véreux,
Fraisier dans *Le Cousin Pons* pense aussi à prendre un passeport
pour les États-Unis [56]. Quant au simple escroc Victurnien
d'Esgrignon, double falot de Rastignac dans *Le Cabinet des
Antiques*, il conçoit l'« atroce idée » de fausser une lettre de
change pour pouvoir « fuir avec la duchesse [de Maufri-
gneuse], aller vivre dans un coin ignoré, au fond de l'Amérique du Nord ou du Sud ; mais fuir avec une fortune, et en
laissant les créanciers nez à nez avec leurs titres » [57]. Bon gré
mal gré, pour les hommes vertueux comme pour les véreux,
l'Amérique de Balzac est un « paradis des fortunes faciles [58] »
– une utopie financière loin des huissiers et des procureurs
français [59].

Cette utopie fonctionne non seulement comme lieu de
prédilection pour les personnages malheureux, mais aussi
presque comme une bizarre sorte de *deus ex machina* dont
Balzac se sert pour lancer ou (le plus souvent) dénouer ses
romans. L'Amérique réelle, de nouveau, n'y est pour rien.
Dans *Pierrette*, par exemple, l'Amérique anime l'exposition, la
crise et le dénouement : au début du roman, la faillite d'un
négociant nantais emporte toutes les espérances de la petite
héroïne, qui devient effectivement orpheline ; vers la fin, son
retour de l'Amérique, où il « avait recommencé courageuse-
ment une autre fortune [60] », donne à la grand-mère de Pier-

56. Voir *CH*, t. VII, p. 638.
57. *CH*, t. IV, p. 1035.
58. Voir le paragraphe intéressant de Simon Jeune sur Balzac dans sa thèse,
Les Types américains dans le roman et le théâtre français (1861-1917), Didier, 1963,
p. 10-11.
59. Cette conception des États-Unis en France est assez répandue. Dans
Les États-Unis devant l'opinion française, *op. cit.*, t. I, p. 213, René Rémond décrit
la spéculation américaine du richissime héros de *La Maison Nucingen*
(quoiqu'elle semble plus précisément mexicaine) et donne le commentaire suivant : « Ce thème romanesque n'est-il pas une preuve que l'opinion songe aux
États-Unis comme à une terre bénie pour les spéculateurs, à quelque paradis
des capitaux et des capitalistes ? » ; voir aussi t. II, p. 763-778 (chapitre sur les
« interprétations de l'économie américaine » sous la monarchie de Juillet).
60. *CH*, t. IV, p. 139.

Balzac, l'Amérique et la transformation de la réalité   401

rette (ancienne créancière) les moyens d'entamer un combat juridique et médical, quoique vain, pour la sauver. La fin quelque peu plus heureuse de *La Muse du département* est rendue possible, en partie, par la mort de l'oncle fort romanesque de l'héroïne : après avoir quitté la France « dans un état voisin de la misère » et « après avoir fait et perdu plusieurs fortunes dans divers pays », il est mort à New York avec une fortune de « douze cent mille francs »[61]. Et l'exposition de *Modeste Mignon* est animée par la résolution du colonel Mignon « d'aller faire fortune en Amérique, en abandonnant le pays où la persécution pesait déjà sur les soldats de Napoléon » : il envoie « vers New York » le lieutenant Dumay, son agent fidèle, qui y réalise deux fortunes en ramenant un énorme « chargement de coton acheté à vil prix » pour le colonel et une « jolie petite femme » pour son propre compte ; puis, dix ans plus tard en 1826, « trois lettres, venues de New York, de Paris et de Londres, avaient été comme autant de coups de marteau sur le palais de verre de la Prospérité » et le contraignent à partir pour refaire fortune en laissant l'héroïne seule au Havre avec sa femme et les Dumay[62]. On pourrait penser aussi à la fin très dramatique du *Faiseur* où un certain Godeau mystérieux doit « être quelque chose comme un oncle d'Amérique, un associé dans les Indes[63] » pour sauver le héros de son embarras financier. Ces exemples, entre beaucoup d'autres, donnent l'impression que les Indes ou l'Orient – le colonel Mignon refait sa fortune à Constantinople – auraient pu avoir la même fonction que l'Amérique imaginée d'un auteur qui semble parfois s'intéresser plus à la Chine[64] qu'au Monde Nouveau.

Un lecteur américain, finalement, ne peut que regretter le manque de connaissances de son pays chez l'auteur. Comme

61. *CH*, t. IV, p. 634, 768, 776.
62. *CH*, t. I, p. 486-488 pour les fragments cités.
63. *Le Faiseur*, acte IV, sc. 3, *BO*, t. XXIII, p. 341.
64. C'est un autre sujet passionnant dont les deux textes de base sont le long article de Balzac pour *La Législature* en 1842, « La Chine et les Chinois » (*CHH*, t. XXVIII, p. 456-482), et *L'Interdiction*, roman de 1836 où Balzac met en scène un héros qui se rend presque fou en rédigeant une énorme *Histoire pittoresque de la Chine*.

le dit Aimé Dupuy en parlant des colonies françaises, il apparaît que Balzac « n'[a] eu ni goût ni particulière compétence pour s'autoriser [...] à ajouter une galerie supplémentaire au projet monumental d'une collection de romans essentiellement "métropolitains", projet dont il fut loin d'ailleurs d'épuiser le programme [65] ». Balzac n'a jamais voyagé en outre-mer. De toute façon, à la dernière page de sa « Lettre sur Kiew » inachevée de 1847, Balzac nous donne un échantillon de quoi il aurait été capable en décrivant son arrivée en Ukraine pour y rejoindre sa bien-aimée : « Je vis alors de vraies steppes [...]. C'est le désert, le royaume du blé, c'est la prairie de Cooper et son silence [66] ». C'est aussi l'Amérique de Cooper rendu réelle, quoique seulement pour un instant malheureusement trop court et, pour lui, trop tard.

L'Amérique de Balzac, en somme, ressemble de très près à une caricature de la réalité, pleine d'intérêt plutôt philosophique et littéraire qu'historique. La démocratie réelle étudiée par Tocqueville l'intéresse peu. Pour un écrivain se disant inspiré plutôt par la Religion et la Monarchie, les États-Unis – fondés pour échapper à l'une et à l'autre – peuvent surtout mettre en lumière les perfections potentielles d'une France plus catholique et royaliste que celle sous Louis-Philippe. Balzac s'en sert pour nous donner un cauchemar dystopique et instructif, un monde sans charité « où l'âme a froid » ; malgré le paradoxe apparent, il s'en sert aussi pour bâtir un rêve romanesque et intéressant, un monde plein de merveilles où l'on trouve des corsaires et des Mohicans sauvages. Une « poésie de terreur » inspirée par Cooper se mêle avec les « détails » vrais de la France pour créer un nouveau monde imaginé à la fois romanesque et réel, amusant et philosophique. Du moins en principe, ce monde doit « faire concurrence à l'État Civil » bien qu'il soit peint avec les couleurs

65. « Balzac colonial », *Revue d'histoire littéraire de la France*, juillet-septembre 1950, p. 257.
66. *CHH*, t. XXVIII, p. 536. Voir aussi « Itinéraire de Paris à Wierzchownia », *Revue des Deux Mondes*, 1er octobre 1927, p. 683-684 (donnant les paragraphes sur l'Ukraine).

Balzac, l'Amérique et la transformation de la réalité   403

fauves d'une Amérique imaginée. Pourtant (nous répétons) chez Balzac rien n'est univoque. L'Amérique de *La Comédie humaine* est aussi une utopie financière, où les âmes sans tache, les malheureux et même les escrocs purs peuvent refaire leurs fortunes. C'est également un asile pour ceux qui veulent tout simplement échapper à leurs difficultés : Honorine, femme vertueuse, parle d'y fuir « à tire-d'aile » pour ne pas souffrir la « brutalité des passions » en devenant la concubine légitime d'un mari peu aimé [67]. Naturellement, l'Amérique irréelle peut aussi être toujours utile pour n'importe quel romancier ayant besoin d'un *deus ex machina* déguisé en « oncle d'Amérique » capable de verser des millions à ses neveux et à ses nièces français. Le lecteur américain cherchant une scène réelle reste donc souvent déçu.

Cela nous ramène, enfin, à Franklin. Les seules faibles lueurs de l'Amérique réelle dans *La Comédie humaine* proprement dite, où l'on perçoit l'ombre de ce génie célèbre, paraissent dans la partie d'*Illusions perdues* critiquant l'honnêteté du journalisme parisien : « Le canard [au sens de fausseté journalistique] est une trouvaille de Franklin, qui a inventé le paratonnerre, le canard et la république ». Hormis la référence au paratonnerre − invention vraie du savant − rien ici n'est à prendre trop au sérieux [68]. Mais les commentaires de Balzac qui s'ensuivent visant la presse sont plus directs : « Quand Franklin vint à Paris, il avoua ses canards […] à la grande confusion des philosophes français [qui les ont crus vrais].

---

67. *CH*, t. II, p. 574.

68. D'après le *Benjamin Franklin* d'Edmund Sears Morgan, « la vérité était que l'homme à qui [les Européens] attribuaient la création des États-Unis avait très peu d'influence sur la forme que sa supposée création a prise » (New Haven, Yale University Press, 2002, p. 312. Nous traduisons de l'anglais). Quant aux canards, l'on en trouve partout déjà dans les articles de Joseph Addison et Richard Steele publiés à Londres entre 1709 et 1714. Voir, par exemple, Joseph Addison et Richard Steele, *Selected Essays from « The Tatler »,« The Spectator » and « The Guardian »*, éd. Daniel McDonald, Indianapolis et New York, The Bobbs Merrill Company, 1973. Pour une autre contribution à la littérature satirique sur le canard journalistique, voir l'article de Nerval, « Histoire véridique du canard », *in* Pierre-Jules Hetzel (éd.) *Le Diable à Paris*, t. I, 1845, p. 281-288 (« Le canard est une nouvelle quelquefois vraie, toujours exagérée, souvent fausse »).

404   *Thomas Welles Briggs*

Et voilà comment le Nouveau Monde a [...] corrompu l'ancien » [69]. Et voilà encore une autre lueur de la réalité, cette fois-ci littéraire. La perspective de Balzac sur une Amérique imaginée paraît avoir le même genre d'utilité pour lui que la perspective persane pour Montesquieu, écrivain souvent cité dans ses œuvres. Il s'agit surtout de la France contemporaine pour l'auteur et, pour le lecteur, de la philosophie littéraire ou politique. Autrement dit, cette perspective peut nous montrer un aspect nouveau du « visionnaire passionné » décelé pour la première fois par Baudelaire il y a maintenant si longtemps [70]. La réalité modifiée de Balzac ainsi peut nous aider à mieux comprendre comment il a créé l'une des origines du roman moderne.

Thomas Welles BRIGGS. [71]

---

69. *CH*, t. V, p. 437, pour cette citation et la précédente.

70. Baudelaire, « Théophile Gautier », *L'Artiste*, 13 mars 1859, p. 167, repris dans Stéphane Vachon (éd.), *Honoré de Balzac : mémoire de la critique*, Presses de l'Université de Paris-Sorbonne, 1999, p. 248.

71. Nous tenons à remercier le doyen, Robert B. Ahdieh, et les bibliothécaires de la faculté de droit de Texas A&M University pour leur accueil toujours courtois.

« PEINDRE LA SOCIÉTÉ MODERNE EN ACTION »

Une théorie de l'art : le tableau balzacien

Pour Martin

> *Depuis longtemps je me vantais de posséder tous*
> *les paysages possibles, et trouvais dérisoires les*
> *célébrités de la peinture et de la poésie moderne.*
> Arthur Rimbaud [1].

Dans une lettre à George Sand datée du 18 janvier 1840, quelques années avant le célèbre « Avant-propos » de *La Comédie humaine*, Balzac ramassait dans une formule succincte la nature de son ambitieuse entreprise : « peindre la société moderne en action [2] ». Vers les mêmes années, la formule revient dans d'autres écrits de Balzac [3] : le moment rétrospectif synthétique et génial de l'œuvre balzacienne est imminent.

La monumentalité d'une telle entreprise, si elle suppose pour sa réalisation des capacités idiosyncrasiques hors du commun, témoigne sans doute, et plus largement, de présupposés esthétiques et épistémologiques spécifiques. Un

---

1. « Alchimie du verbe », *Une saison en enfer*, Gallimard, « Poésie », 1999, p. 192.

2. *Corr. Pl.*, t. II, p. 665.

3. Notamment : « Voilà ma situation, *dear* commandant, et il faut toujours écrire, être toujours neuf, jeune, ingénieux, et achever mon histoire de la société moderne en action » (au commandant Périolas, les Jardies, fin juin ou début juillet 1839, *ibid.*, p. 516) ; et, sous une forme négative, dans l'article à propos de Stendhal : « Quant à moi, je me range sous la bannière de l'Éclectisme littéraire pour la raison que voici : je ne crois pas la peinture de la société moderne possible par le procédé sévère de la littérature du XVIIᵉ et du XVIIIᵉ siècles » (« Études sur M. Beyle », *Revue parisienne*, 25 septembre 1840, *Écrits sur le roman*, Paris, éd. Stéphane Vachon, Le Livre de poche, 2000, p. 201).

L'Année balzacienne 2023

406 *Guillaume Ménard*

tel projet littéraire ne paraît effectivement plus pensable aujourd'hui, non seulement en raison de la prétention rédhibitoire qui consisterait à refaire du Balzac, mais surtout parce que *La Comédie humaine* paraît trouver ses conditions de possibilité dans une disposition propre du savoir artistique qui n'est plus la nôtre ; et de fait, on ne retrouve guère après Balzac, hormis peut-être chez Zola – et encore –, une œuvre littéraire qui afficherait et réaliserait l'ambition de donner à lire la synthèse de toute une société. Et surtout, l'entreprise balzacienne suppose la concrétion de l'aporie poétique qui consiste à peindre (et donc à immobiliser) la société moderne en *action*.

C'est à une théorie générale de l'art balzacien, fédérant à la fois peinture et littérature, que je m'intéresserai ici, et qui réside dans une représentation du monde en tableau. Dans cette théorie du *tableau balzacien* semble se découvrir le pouvoir normatif et descriptif qui gouverne tout à la fois le geste pictural et scripturaire de *La Comédie humaine*. L'analyse sera conduite, plus spécifiquement mais non exclusivement, du côté du discours non romanesque de Balzac, c'est-à-dire de ses préfaces (en particulier l'« Avant-propos »), de ses articles (celui sur Stendhal) et de sa correspondance.

Frenhofer, Stendhal et l'échec de l'art

Le reproche que Balzac formule à l'endroit de Frenhofer, peintre fictif de sa nouvelle *Le Chef-d'œuvre inconnu*, et de Stendhal, auteur réel de *La Chartreuse de Parme*, consiste dans le fait d'avoir *peint sur le motif* – pour reprendre un *topos* de l'histoire de l'art. L'erreur des deux artistes a effectivement été leur désir, impossible mais en cela absolu, de reproduire dans leur art respectif la nature.

Dans *Le Chef-d'œuvre inconnu*, la folie et, ultimement, l'échec du peintre Frenhofer sont d'avoir voulu reproduire dans son tableau – inconnu – une femme, d'avoir fantasmé à travers les techniques propres au signe pictural l'incarnation d'une femme. Non pas seulement une copie du modèle, mais la *matière* femme même substituée à la *manière* artistique : « Ce n'est pas une toile, c'est une femme ! » affirme dans sa folie

« *Peindre la société moderne en action* » 407

Frenhofer[4]. À la fois maître des techniques classiques de la peinture (celles généralement mises en opposition du coloris et du dessin), dépositaire d'un savoir initiatique (il est le seul héritier, suivant la relation maître et élève, du savoir ésotérique de Mabuse), et habité d'une singularité artiste toute-puissante (du moins d'un tel désir), Frenhofer, comme l'a montré Nathalie Heinich, incarne la figure romantique du peintre, dont Balzac donne la toute première représentation dans l'histoire littéraire[5]. À la fin, son tableau n'est que « chaos de couleurs, de tons, de nuances indécises, espèce de brouillard sans forme[6] » ; et seul un pied réchappe à l'entreprise, moins salvateur finalement que *punctum* révélateur de l'échec du « tableau d'ensemble », qui transmue la folie du peintre dans le geste ultime du suicide − confirmation romantique du génie selon la logique du talent génial payé du tribut de sa vie.

Dans l'article qu'il réserve à son contemporain Stendhal, au côté duquel il se positionne dans une élite esthétique cosmopolite restreinte, Balzac expose toute une théorie de la littérature, qui lui permet d'opérer un classement des œuvres, dont *La Chartreuse de Parme*. Reprenant une opposition structurante pour le champ littéraire du XIXe siècle entre les romantiques et les classiques, le romancier redouble ce couple par celui composé de la littérature de l'Image et de la littérature de l'Idée. Balzac n'étonne personne lorsqu'il fait de Hugo le plus éminent représentant de la littérature de l'Image − autrement dit du romantisme −, pas plus qu'il ne nous surprend à situer Stendhal du côté de la littérature de l'Idée, c'est-à-dire en compagnie des classiques −Balzac reconduisant l'idée d'un Stendhal écrivain du XVIIIe siècle. Mais s'il place le romancier du *Rouge et le noir* tout au haut de la hiérarchie de cette catégorie, il n'en demeure pas moins qu'une réserve est formulée, et non pas d'une importance moindre : Balzac, pour sa part, aurait fait de la scène de la bataille l'*incipit* de la *Chartreuse* non pas selon l'ordre supposé dans l'histoire (réelle), mais selon la logique interne au récit (fictif) :

---

4. *Le Chef-d'œuvre inconnu*, *CH*, t. X, p. 431.
5. Voir Nathalie Heinich, *L'Élite artiste. Excellence et singularité en régime démocratique*, Gallimard, « Bibliothèque des sciences humaines », 2006.
6. *Le Chef-d'œuvre inconnu*, p. 436.

408   *Guillaume Ménard*

Si j'ai trouvé de la confusion à la première lecture, cette impression sera celle de la foule, et dès lors évidemment ce livre manque de méthode. M. Beyle a bien disposé les événements comme ils se sont passés ou comme ils devraient se passer; mais il a commis dans l'arrangement des faits la faute que commettent quelques auteurs, en prenant un sujet vrai dans la nature qui ne l'est pas dans l'art. En voyant un paysage, un grand peintre se gardera bien de le copier servilement, il nous en donne moins la Lettre que l'Esprit. Ainsi, dans sa manière simple, naïve et sans apprêt de conter, M. Beyle a risqué de paraître confus [7].

Ce rapport de l'art à la nature chez l'artiste, que George Didi-Huberman a analysé chez Frenhofer en termes d'aliénation [8], pose la question de la *mimésis* : selon une phénoménologie du visible chez Frenhofer et une logique du lisible chez Stendhal, tous deux sont astreints à un rapport visible et lisible de l'immédiateté signifiante du réel. Or l'article de la *Revue parisienne* sur l'auteur de la *Chartreuse* nous permet de chercher les causes de la critique balzacienne plus avant. En proposant un cadre d'analyse éclairant la situation de l'œuvre de Stendhal, Balzac ne manque pas, en bon commentateur moderne, de poser sa propre singularité au sein de ce cadre (romantiques, classiques ; littérature de l'Image, littérature de l'Idée) et d'orienter, par le fait même, la réception critique de son œuvre [9]. Et le romancier n'est pas en reste, il appartiendrait à une troisième catégorie, résultante synthétique de la dialectique proposée :

Quant à moi, je me range sous la bannière de l'Éclectisme littéraire pour la raison que voici : je ne crois pas la peinture de la société

7. « Études sur M. Beyle », *Écrits sur le roman*, p. 263.
8. Voir George Didi-Huberman, *La Peinture incarnée suivi du « Chef-d'œuvre inconnu »*, Minuit, « Critique », 1985.
9. Voir « Études sur M. Beyle », p. 200-202. On trouvait déjà la même répartition du champ littéraire dans *Un grand homme de province à Paris* quand Lousteau enseigne à Lucien, dans le chapitre intitulé en 1839 « Les premières armes », les rudiments de la critique littéraire journalistique (voir *Illusions perdues, CH*, t. V, p. 442-444). Lousteau insiste par ailleurs sur un point essentiel, celui de l'imitation des classiques (p. 443), critère de dévalorisation des œuvres, de même que sur les catégories de la littérature de l'Idée et de l'Image. Balzac les réemploie dans son propre article, un an après les avoir développées dans une fiction. Voir Patrick Berthier, « La critique littéraire dans *Illusions perdues* », *AB 2008*, p. 63-80.

« *Peindre la société moderne en action* »   409

moderne possible par le procédé sévère de la littérature du XVIIe et du XVIIIe siècles. L'introduction de l'élément dramatique, de l'image, du tableau, de la description, du dialogue me paraît indispensable dans la littérature moderne. Avouons-le franchement, *Gil Blas* est fatigant comme forme : l'entassement des événements et des idées a je ne sais quoi de stérile. L'Idée, devenue Personnage, est d'une plus belle intelligence. Platon dialoguait sa morale psychologique [10].

Chantre de la pensée dialectique, fidèle en cela à l'intelligence « *bifrons* » qu'il promulgue [11], on peut également supposer que, en termes picturaux, Balzac se trouverait à mettre en œuvre la synthèse de la ligne et de la couleur :

> Néanmoins, quel que soit le genre d'où procède un ouvrage, il ne demeure dans la Mémoire Humaine qu'en obéissant aux lois de l'Idéal et à celles de la Forme. En littérature, l'Image et l'Idée correspondent assez à ce qu'en peinture on appelle le Dessin et la Couleur. Rubens et Raphaël sont deux grands peintres ; mais si l'on se tromperait étrangement si l'on croyait que Raphaël n'est pas coloriste ; et ceux qui refuseraient à Rubens d'être un dessinateur, pourraient aller s'agenouiller devant le tableau que l'illustre Flamand a mis dans l'église des Jésuites à Gênes, comme un hommage au dessin.

Il s'agit moins pour Balzac, en effet, de copier servilement la nature que d'en transmettre l'esprit, et quand Frenhofer cherche le signe visible et Stendhal, la *lettre*, Balzac prend un pas de recul et s'installe dans l'*esprit*. La querelle du coloris, telle que Balzac la reprend, concerne moins l'enjeu de la représentation du visible, sa copie, que le souhait d'additionner le dessin *et* la couleur. Même chose du côté des catégories littéraires : il ne s'agit pas de choisir entre l'Idée ou l'Image, mais de s'emparer des moyens classiques *et* des moyens romantiques. Comme toujours, Balzac convoque les termes opposés de couples conceptuels dans l'horizon d'une représentation totalisante des choses. La ligne et la couleur, l'idée et l'image concourent à parts égales dans la transmission de l'esprit de la nature ou, plus précisément, de la nature sociale.

---

10. « Études sur M. Beyle », p. 201-202.
11. *Ibid.*, p. 196, puis p. 197 pour la citation qui suit.

410 *Guillaume Ménard*

De l'« ut pictura poesis » au tableau balzacien

La critique adressée à Frenhofer et à Stendhal paraît viser, implicitement, la notion antique et classique de l'*ut pictura poesis*, qui traverse la théorie artistique du classicisme, notamment par d'Aubignac, Colletet, Rapin, La Bruyère et Fénelon [12]. Selon cette tradition, c'est la peinture, et son mode spécifique de représentation, d'imitation, qui ordonnent une théorie générale de l'art, au sein de laquelle la littérature n'est qu'une des manifestations, et est en cela privée de sa spécificité poétique. La représentation privilégiée dans ce régime artistique, la *mimésis* qui y est mise en œuvre, repose tout entière sur l'alliage rimé de la peint*ure* et de la nat*ure* : la nature et son double rimé, la peinture. L'art, visuel comme scripturaire, y a comme visée l'imitation de la nature au sens de redoublement, de copie de cette dernière. Quand Balzac accuse un peintre et un écrivain de *copier* servilement le nature, on conçoit bien qu'il subsume ces pratiques distinctes sous le même principe d'imitation, qui trouve son modèle théorique dans la peinture.

Or la « peinture de la société moderne » que propose le romancier ne trouve pas sa signification dans l'idéal classique de la peinture, et le sens de la *mimésis* balzacienne n'est pas à chercher, cela semble aller de soi, dans l'imitation comme copie servile ou redoublement de la nature. Si Balzac refuse la *lettre* à Frenhofer et à Stendhal, on peut supposer qu'il engage pour sa part l'*esprit*, et que l'esprit consiste en une forme particulière d'imitation et, plus généralement encore, en l'idée selon laquelle il faut préférer à la lettre (copie désingularisante) l'esprit (une poétique singulière). Il faut sans doute retrouver la valeur de cette imitation dans la *mimésis* aristotélicienne qui, aux yeux de Gérard Dessons, « ne consiste plus à dupliquer une réalité déjà signifiante, mais à élaborer le monde comme signification [13] ». Nous passons de l'imitation comme copie, selon cette lecture des choses, à l'imitation

---

12. Cités par Gérard Dessons dans « Copier, inventer », *L'Art et la manière. Art, littérature, langage*, Champion, 2004, p. 239, n. 1.
13. *Ibid.*, p. 241.

« Peindre la société moderne en action »   411

comme « spécificité du travail poétique », c'est-à-dire comme *imitation* et, tout à la fois, *invention* de la nature (sociale, empirique) faite par un sujet artiste spécifique. Ce rapport, au sein duquel il s'agit « d'élaborer le monde comme signification », et qui comprend une subjectivation et une théorie de l'art comme geste singulier, réside chez Balzac dans la notion clef de « tableau », dont la valeur propre est ici à examiner. C'est de ce côté qu'il faut chercher l'esprit, tel que Balzac le formule dans son discours critique, l'esprit balzacien du tableau.

On se souviendra ici, en revanche, de cette proposition de l'« Avant-propos » où le romancier supposait que, s'il était possible de dresser le tableau des espèces animales, il était tout autant possible de faire celui des espèces humaines. Or on souligne moins souvent que le rapport de l'animal à l'humain ne tient pas simplement à une homologie où le naturalisme des Buffon et des Cuvier servirait simplement de modèle à l'art romanesque, mais que chez Balzac, comme dans la pensée classique, il y a une continuité de l'un à l'autre – il existe donc pour Balzac, indépendamment de sa manière poétique, un tableau de la nature, qui lui est immanent. La nature humaine se pense ainsi dans un rapport de continuité avec la nature, plutôt que de rupture. Le classicisme balzacien présupposerait ainsi une représentation du monde, telle que l'a décrite Michel Foucault dans ses travaux d'épistémologie, en tant que vaste tableau des espèces humaines et animales [14], et dont le sens se mesure à l'aune de sa progression indéfinie et infinie en direction de l'horizon dernier qu'est Dieu. Au fondement de la représentation ou, autrement dit, du tableau git donc un principe, qui est celui de « l'unité de composition » (selon l'expression de Balzac placée au seuil de *La Comédie humaine*) et qui suppose un rapport de continuité organique entre l'animal et l'humain. Si les espèces animales peuvent être classées, ordonnées selon leur appartenance à une espèce, à un genre, à une famille, etc., il en est de même pour l'humain, qui occupe nécessairement une place précise dans le vaste tableau social. Si quelqu'un comme Auerbach dans sa célèbre

14. Voir Michel Foucault, « Classer », *Les Mots et les choses*, Gallimard, « Tel », 1966, p. 137-176.

412   *Guillaume Ménard*

Mimésis était en droit de reconnaître le « défaut de composition [15] » de l'œuvre balzacienne en tant que celle-ci témoigne d'une forte hétérogénéité apparente, le postulat du classicisme épistémologique de Balzac avance au contraire sa profonde unité. L'esprit de totalisation repose sur une vision du monde sans reste, vision du monde qui précède la pensée moderne des Flaubert, Baudelaire, Rimbaud et Mallarmé où le langage est guetté par le vide, le néant, le rien ; et l'ironie rimbaldienne qui consiste à se vanter de « posséder tous les paysages possibles » est précisément une manière d'indiquer, en creux, les limites de la représentation poétique et, explicitement, de tourner en dérision la tradition moderne – peut-être Balzac lui-même. La représentation balzacienne n'est pour sa part inquiétée par aucun extérieur : seules les cases encore vides du tableau sont susceptibles d'appeler l'écriture, jamais des espaces inconnus ou exogènes. Le tableau balzacien compose un espace quadrillé au contour fini, mais à l'extension interne infinie, et c'est pleinement l'espace quadrillé de la représentation qu'occupe *Louis Lambert* de même que Frenhofer, sortes de trouées au sein du tableau comme infini du sens, plutôt que de dessiner les rebords vacillants de la représentation en proie à l'aspiration du vide.

La notion de tableau sur laquelle repose, chez Balzac, le rapport entre art et nature (société) est à découvrir dans l'« Avant-propos » : « Mais, ayant moins imaginé un système que trouvé sa manière dans le feu du travail ou par la logique de ce travail », analyse Balzac à propos de Walter Scott, « il n'avait pas songé à relier ses compositions l'une à l'autre de manière à coordonner une histoire complète, dont chaque chapitre eût été un roman, et chaque roman une époque [16] ». Cette structure entre les parties de la composition, Balzac la donne à son œuvre sous le titre général de *Comédie humaine* et, comme on le sait, rétrospectivement, à un moment où celle-ci est bien entamée. La notion épistémologique de « milieu », fondement des savoirs de la période selon Canguil-

---

15. Erich Auerbach, *Mimésis*, Gallimard, « Tel », 1969, p. 467.
16. « Avant-propos », *CH*, t. I, p. 10-11.

« *Peindre la société moderne en action* » 413

hem [17], se lit toutefois à tous les niveaux de l'œuvre balzacienne, pas seulement dans le rapport entre les personnages et les lieux qu'ils habitent, comme c'est le cas par exemple des intérieurs en désordre du poète crotté ou du génie malheureux. Non seulement chaque personnage, mais également chaque nouvelle, chaque roman trouve son emplacement spécifique ; et l'ensemble des tableaux littéraires qu'offre Balzac (personnage, nouvelle ou roman) s'insère dans le Tableau du monde social, unité sémantique fondamentale à l'œuvre. Les tableaux balzaciens, logés dans le système de *La Comédie humaine*, constituent une vaste chaîne métonymique, qui désigne moins une poétique proprement romanesque où on devinerait les développements d'aventures inattendues, qu'un aboutement stable et ordonné, calme et continu de figures, de personnages et d'œuvres. Il s'agit de lire ici ce qu'on pourrait appeler une *poétique balzacienne du tableau*, où les unités signifiantes que sont la phrase, le paragraphe, le roman, l'époque, voire le monde social, s'emboîtent les unes dans les autres, moins à la manière des poupées russes que comme vaste casse-tête où chaque pièce s'imbrique dans d'autres et où il est possible de parcourir le *sens* de l'œuvre du particulier au général et à l'inverse.

La question est alors moins de penser le rapport entre peinture et littérature comme une analogie (le roman fait comme la peinture ou l'écrivain comme le peintre), que l'idée même de tableau comme pensée de l'art qui englobe peinture et littérature. Et la peinture de la société, on le comprend mieux, repose sur l'idée de tableau, dans le sens explicité ici. Peindre le *tableau* de la société moderne en action ne suppose pas une fidélité aux formes ou un respect de la lettre, mais signifie tracer les coordonnées sociales d'un individu ou d'un type. L'enjeu de la représentation ressortit moins chez l'auteur de *La Comédie humaine* à la question de la *mimésis* qu'à la possibilité d'offrir un tableau du monde social, au sens d'une typologie de celui-ci, de rendre visibles, non pas seulement

---

17. Voir Georges Canguilhem, *La Connaissance de la vie*, Vrin, « Bibliothèque des textes philosophiques », 1993.

picturalement, mais socialement aussi les individus de la société.

La norme et la description

« Peindre la société moderne en action » ne recoupe donc pas le geste du peintre propre à l'*ut pictura poesis* qui consiste à redoubler la visibilité du monde dans le signe pictural, mais à produire le « tableau » de cette société, à la fois immanent à la nature (condition épistémologique de l'œuvre de Balzac) et transcendant (propre à la poétique du romancier) ; à la fois notion inductive et déductive, mais surtout : normative et descriptive.

La peinture de la vie moderne, on le conçoit désormais peut-être mieux, repose sur cet assemblage métonymique de tableaux, qui va de l'individu à la fresque sociale. Se profile sous cet ordonnancement en tableaux des espèces sociales un fantasme balzacien de la totalisation, qui se mesure à l'aune d'une logique propre à la dialectique historique. L'univers social est croqué selon de vastes oppositions qui, dans leur intervalle, produisent l'effet de tout voir, tout dire, tout saisir – l'effet, en somme, d'omniscience du roman réaliste : l'individu et la société, l'animal et l'humain ; et, sur le plan esthétique, des couples conceptuels comme ceux entre une littérature de l'idée (classique) et une littérature de l'image (romantique), dont Balzac prétend offrir une synthèse, et, pour la peinture, entre la ligne et le dessin. Balzac pensait cette dialectique historique dans l'horizon d'une fin dernière, et croyait en une « règle éternelle du vrai, [et] du beau », vers laquelle s'achemineraient les sociétés modernes. C'est tout l'aspect déterministe du tableau balzacien qui se joue ici ; aspect déterministe et en quelque sorte protosociologique [18],

18. Sur ce point, voir Andrea Del Lungo et Pierre Glaudes (dir.), *Balzac, l'invention de la sociologie*, Classiques Garnier, 2019 ; ainsi que *AB 2020, Balzac ou la pluralité des mondes*, notamment les articles de Nathalie Heinich, « Balzac en précurseur de la sociologie analytique » p. 207-221 et d'Anne-Gaëlle Weber, « Portrait de Balzac en sociologue des sciences », p. 241-271.

« *Peindre la société moderne en action* » 415

dans la mesure où Balzac engage une vision du monde selon laquelle chaque individu trouve sa place au sein du tableau social, et dont il ne saurait se dépêtrer, de la même manière que l'espèce animale appartient à une espèce, pas à une autre. Le paradoxe d'une peinture qui immobiliserait une société en action résume tout l'enjeu de pouvoir qui se joue dans la représentation balzacienne. Si le tableau des espèces *décrit* le monde social tel qu'il est, en rend compte, pourrait-on dire, objectivement, on peut également penser que ce tableau balzacien comporte une valeur normative : Balzac décrit aussi le monde social tel qu'il désirerait le voir, et le mouvement que suppose le geste romanesque de cet auteur n'est autre chose que l'acheminement en direction de cet idéal régulateur que constituent la monarchie et la religion, défendu notamment par le romancier dans l' « Avant-propos » de 1842 à *La Comédie humaine*. Et pourtant, cette norme paraît ménager un espace de « jeu », de mobilité, comme si la norme, mais cela va de soi, ne pouvait exister sans le contraste avec l'anomie (en premier lieu sans doute celle de l'artiste), en particulier, et les pratiques sexuelles de certains personnages, comme l'a finement analysé Michael Lucey [19] (les marginaux ébranlent ainsi le strict cadre de la cellule familiale telle que normée par la classe bourgeoise). Folie de l'artiste et déviance sexuelle paraissent, au cœur de l'espace symbolique ordonné du tableau, constituer un ordre symbolique autre, plus ambigu – Émile Benveniste, pour décrire cette ouverture signifiante propre à l'art, parle de « sémantique sans sémiotique [20] » – et la peinture, cette fois-ci prise pour elle-même, participe de cet ordre symbolique sur lequel Balzac n'a pas de prise ou, plus habilement, avec l'aide duquel il inscrit le mouvant au cœur même du cadre immobile.

Une totalisation des moyens esthétiques pour dire l'ensemble de la société présuppose la fonction descriptive et normative de la théorie du tableau – et ces fonctions sont

19. Voir *Les Ratés de la famille. Balzac et les formes sociales de la sexualité*, trad. Didier Eribon, Fayard, 2008.
20. « Sémiologie de la langue », *Problèmes de linguistique générale, 2*, Gallimard, « Tel », 1974, p. 65.

réversibles : décrire consiste à produire une norme et imposer une norme revient à décrire parce que le tableau appartient tout à la fois, dans le cadre d'une pensée poétique, à l'invention du romancier (configuration sémantique propre) et à l'imitation de la nature sociale (Balzac est aussi tributaire, notamment par l'entremise qu'offre le modèle des naturalistes, d'une préfiguration du monde). Entre norme et description, induction et déduction, la théorie de l'art balzacienne ménage un espace de conflit où le mouvement s'installe dans le cadre : on connaît ce topos balzacien du personnage qui, soudain, et presque de manière fantastique, sort du cadre de son tableau pour investir le monde social ; on connaît aussi – ce n'est plus à démontrer – l'influence de la peinture flamande pour le romancier comme espace de la profondeur et de l'ouverture signifiante des personnages [21].

Figure de l'écrivain comme universel singulier

S'il incarne une poétique singulière, une *mimésis* entre imitation (elle repose sur des présupposés d'ordre épistémologique – notamment la continuité dans la raison classique entre nature et nature humaine, de même que la notion de « milieu ») et invention, le tableau balzacien suppose aussi une conception du sujet artiste, et une forme singulière de subjectivation. On en trouve des traces dans la correspondance du romancier où, s'il est difficile de ne pas y déceler une pose (posture de l'écrivain en poseur), Balzac explicite la spécificité du sujet peignant le tableau social :

> Au surplus, madame, comme je ne veux plus avoir à vous parler de moi, car rien ne m'est plus à charge et n'est plus ridicule, je vous dirai que vous ne pouvez rien conclure de moi, contre moi, que j'ai le caractère le plus singulier que je connaisse. Je m'étudie moi-même comme je pourrais le faire pour un autre. Je renferme dans mes cinq pieds deux pouces toutes les incohérences, tous les contrastes possibles, et ceux qui me croiront vain, prodigue, entêté, léger, sans suite dans les

21. Voir Thierry Laugée, « Les couleurs de l'âme : Balzac et les peintres d'intérieur », *AB 2011*, p. 45-61.

« *Peindre la société moderne en action* »   417

idées, fat, négligent, paresseux, inappliqué, sans réflexion, sans aucune constance, bavard, sans tact, malappris, impoli, quinteux, inégal d'humeur, auront tout autant raison que ceux qui pourraient dire que je suis économe, modeste, courageux, tenace, énergique, négligé, travailleur, constant, taciturne, plein de finesse, poli, toujours gai. Celui qui dira que je suis poltron n'aura pas plus tort que celui qui dira que je suis extrêmement brave, enfin savant ou ignorant, plein de talents ou inepte ; rien ne m'étonne plus de moi-même. Je finis par croire que je ne suis qu'un instrument dont les circonstances jouent.

Ce kaléidoscope-là vient-il de ce que le hasard jette dans l'âme de *ceux qui prétendent vouloir peindre toutes les affections et le cœur humain*, toutes ces affections mêmes afin qu'ils puissent par la force de leur imagination ressentir ce qu'ils peignent et l'observation ne serait-elle qu'une sorte de mémoire propre à aider cette mobile imagination. Je commence à le croire [22].

Dans cette lettre aux allures de *Confessions* de Rousseau [23], la singularité dont Balzac se targue est au fond paradoxale : il est singulier précisément parce qu'il ne l'est pas ; Balzac n'est « comme aucun autre », pour reprendre Rousseau, précisément parce qu'il est comme tous les autres − tous les autres additionnés et contenus dans l'unique. Il s'agit d'un véritable universel singulier, tel que pouvait encore se le figurer le XIXe siècle ; un universel, toutefois, non pas abstrait (qui précéderait Balzac), mais un universel empirique (qui précisément repose sur l'expérience empirique du sujet-romancier). La distinction qui serait la sienne serait de contenir en soi l'ensemble des affections humaines. Dans cette mesure, il ne semble pas excessif d'affirmer qu'une pensée de la *distinction esthétique* a cours chez Balzac, dans la mesure où c'est sur la base d'une esthétique anthropologique (« les affections et le cœur humain ») que l'auteur érige son ascendant, et que c'est sur cette *distinction* − largement performée sans doute − que repose la possibilité d'une pensée artistique du tableau. C'est cette esthétique anthropologique que d'aucuns, dans l'ordre

---

22. À Mme d'Abrantès, 22 juillet 1825, *Corr. Pl.*, t. I, p. 175-176. Je souligne.

23. Si Balzac pense qu'il a « le caractère le plus singulier qu['il] connaisse », Rousseau pour sa part croit qu'il n'est « fait comme aucun de ceux qu['il] a connus » (*Les Confessions*, Gallimard, « Folio classique », 2009, p. 33).

418   *Guillaume Ménard*

de la critique savante ou du discours commun, ont reconnue dans le signifiant de « génie ».

Le rapport entre le sujet artiste balzacien et la nature est ainsi à comprendre comme un enveloppement réciproque, qui découvre Balzac à la fois tributaire des conditions épistémologiques de son temps (une représentation de la nature et de la notion de milieu) et producteur de la nature sociale (engageant un appareillage de technique artistique) : un monde intérieur qui le contient en entier (universel) lui-même élément particulier (singulier) de ce monde.

À travers cette théorique artistique du tableau, Balzac paraît à la jointure du classicisme et de la modernité, artistique ou philosophique. Le déplacement qu'on peut repérer chez Roland Barthes entre la lecture d'un Balzac classique puis d'un Balzac moderne n'est en cela guère étonnant[24]. Car si son tableau impose, d'une part, la lisibilité et l'ordre des classiques, il fait d'autre part la part belle à l'illisible moderne, à son hermétisme ; en dernière analyse, aux confluences de ces forces, classicismes et modernité, nature et art, on découvre en Balzac un sujet profondément conflictuel et une historicité inimitable. En cela, le romancier nous apparaît, ou bien le plus moderne des classiques ou bien le plus classique des modernes, indécidablement, indéfiniment.

On s'étonne toujours – ou alors on feint la surprise – de redécouvrir les analyses de tradition marxiste qui, malgré les velléités monarchistes de Balzac, ont fait de son œuvre un modèle de progrès social : c'est Marx et Engels qui font du romancier un progressiste ou, sans doute plus subtilement Lukacs, qui découvre dans *La Comédie humaine* la représentation de types qui synthétiseraient la « totalité sociale » (manière de prêter au romancier la neutralité axiologique du sociologue). Et l'étonnement est feint effectivement quand on se rapporte au postulat, voire à la l'idée toute faite selon laquelle l'œuvre dépasse toujours son auteur. La force individuante de l'œuvre balzacienne réside dans sa capacité à passer pour totali-

---

24. À ce sujet voir Jacques-David Ebguy, « Prendre la mesure. Balzac, d'une modernité à l'autre », *in* José-Luis Diaz et Mathilde Labbé (dir.), *Les XIXᵉ siècles de Roland Barthes*, Bruxelles, Les Impressions nouvelles, 2019, p. 147-173.

« Peindre la société moderne en action » 419

sante, à dire l'ensemble de sa société et, en cela, à accueillir les réceptions de critiques diversement orientées idéologiquement.

Peindre la société moderne en action semble constituer un acte performatif. Le *dire* paraît être pour le lectorat de Balzac, le *faire*, et la puissance de *La Comédie humaine* réside dans sa force illocutoire : elle est ce qu'elle dit être, une synthèse de la société moderne. Mais expliciter la notion balzacienne de tableau, c'est saisir la manière singulière qu'a Balzac de passer pour universel ; et peut-être pouvons-nous alors reconnaître dans *La Comédie humaine* ce que Bourdieu, autrefois, nommait une « révolution symbolique réussie [25] », réussie dans la mesure où les cadres de la pensée et de la poétique du romancier se seraient imposés, devenant les nôtres et continuant de créer l'illusion rétrospective d'offrir une représentation totalisante de la société.

Guillaume MÉNARD.

---

25. Voir Pierre Bourdieu, *Manet. Une révolution symbolique*, (éd. Pascale Casanova, Patrick Champagne *et al.*,), Paris, Raison d'agir/Seuil, coll. « Essais », 2013. Pour la notion de révolution symbolique, voir plus particulièrement les deux premières séances de ce cours de Bourdieu au Collège de France (1998-2000) : « Cours du 6 janvier 1999 », p. 13-43, ainsi que le « Cours du 13 janvier 1999 », p. 45-72.

FLORINA ILIS, *LE LIVRE DES NOMBRES*

Une « *Comédie humaine* » roumaine

Stéphane Vachon, dans l'introduction au recueil d'articles intitulé *Balzac. Une poétique du roman*, affirme : « [...] tout romancier, dans sa décision d'écrire, rencontre Balzac, écrit forcément selon l'idée qu'il se construit du roman balzacien, à côté duquel il s'installe et situe sa propre entreprise d'écriture [1] ». Le dernier ouvrage de Florina Ilis, *Le Livre des nombres* paru en Roumanie en 2018 et dont la traduction française a été publiée en 2021, illustre parfaitement ce propos [2]. Certes, ce livre d'un peu plus de cinq cents pages n'est pas marqué comme l'entreprise balzacienne par la disparate générique et l'inachèvement [3], mais il donne la même impression de foisonnement. Cinquante et un chapitres se présentent comme des unités textuelles qui constituent autant de coups de projecteur sur l'histoire de la Roumanie et sur celle d'une famille transylvaine sur quatre générations [4]. Mais il ne s'agit nullement d'une saga car l'œuvre convoque aussi une multiplicité

---

1. Stéphane Vachon (dir.), *Balzac. Une poétique du roman*, Presses universitaires de Vincennes, 1996, p. 21.
2. Florina Ilis, *Le Livre des nombres*, traduit du roumain par Marily le Nir, Éditions des Syrtes, 2021.
3. Voir Dominique Massonnaud, « Une "énorme cathédrale inachevée" à l'origine d'une forme littéraire », *Courrier balzacien*, nouv. série, n° 32, avril 2015.
4. La complexité des liens familiaux est telle qu'un arbre généalogique a été placé au début du livre. Dans la suite de cet article les renvois au texte seront placés in-texte entre parenthèses.

L'Année balzacienne 2023

422 *Danielle Dupuis*

de personnages étrangers à cette famille en s'affranchissant de la linéarité chronologique. Ainsi, par exemple, le livre débute par la description d'une scène de labours en avril 1956 (p. 13 *sqq.*), puis un long développement concerne l'arrestation, en février 1959, du grand-père du narrateur, Gherasim, parce qu'il a refusé de céder ses bêtes à la ferme collective (p. 52 *sqq.*). Une analepse revient sur la jeunesse du patriarche Petre Barna et sur l'enfance de sa fille Zenobia (p. 71 *sqq.*) mais plus loin prend place le récit de Gherasim fait prisonnier par les Russes en 1944 (p. 244 *sqq.*). Est décrite ensuite une scène de chasse ayant eu lieu fin 1939 (p. 260 *sqq.*). Le trente-cinquième chapitre s'ouvre sur la révolution de décembre 1989 (p. 328 *sqq.*) puis le narrateur revient sur les années qui ont précédé en évoquant la situation des artistes sous la dictature de Ceausescu (p. 354 *sqq.*). La consultation de la voyante Angelina a lieu en 1994 (p. 368 *sqq.*) et un peu plus loin nous pouvons lire l'histoire d'Anghel Ion (l'enfant né de manière intempestive au moment de l'arrestation de Gherasim) et le récit de sa fuite en Italie lors de l'avènement du régime communiste (p. 456 *sqq.*). Cette profusion d'événements traités de manière aléatoire nous conduit ainsi, approximativement, du début du XXe siècle au seuil du XXIe lorsqu'a lieu la fête du village (p. 479 *sqq.*). L'on notera d'ailleurs que comme ce fut le cas pour *La Cousine Bette* et pour *Le Cousin Pons* le temps de la diégèse se rapproche de celui de l'écriture et de l'actualité de la lecture[5] avec, entre autres, l'allusion à Donald Trump (p. 451) ou la mention de l'Union européenne (p. 467). Dans cette perspective, le propos de l'auteur de *La Comédie humaine* affirmant dans la préface d'*Une fille d'Ève* : « Vous ne pouvez raconter chronologiquement que l'histoire du temps passé, système inapplicable à un présent qui marche. L'auteur a devant lui pour modèle le dix-neuvième siècle, modèle extrêmement remuant et difficile à faire tenir en place[6] » nous paraît parfaitement transposable à la démarche de Florina Ilis

---

5. Voir l'histoire de ces textes, *CH*, t. VII, p. 1221 *sqq.* et p. 1377 *sqq.*
6. *Une fille d'Ève*, préface, *CH*, t. II, p. 265.

Florina Ilis, « Le Livre des Nombres »   423

de même que la métaphore de la mosaïque rencontrée sous la plume de Félix Davin ou de Balzac lui-même [7].

Ce dernier révélait dans l'« Avant-propos » de *La Comédie humaine* son ambition d'« écrire l'histoire oubliée par tant d'historiens, celle des mœurs [8] ». Telle semble avoir été aussi la démarche de la romancière roumaine dans *Le Livre des nombres*, accordant toute son importance à « ces petits riens de vie » (p. 222) qui font que, selon le narrateur, « la littérature est vraie, mais d'une façon belle et différente de l'histoire » (p. 220). Comme Balzac elle s'attache à décrire avec une grande précision les lieux où évoluent les protagonistes. La maison de Petre Barna qui dénote une certaine aisance en est un exemple parmi tant d'autres :

> Toutes les pièces de la maison avaient un parquet en pin, fait de planches apportées de la scierie de Budureasa, et dans la cuisine trônait une cuisinière en fonte noire, commandée à Beiuş, presque neuve, car Sofica, sa première femme, n'avait guère eu le temps de l'utiliser. Dans les autres pièces, il y avait des poêles en céramique verte, et les murs étaient ornés d'icônes et de photos d'automobiles joliment encadrées ! (p. 71)

Les objets, par ce qu'ils révèlent d'une époque ou d'un personnage, retiennent évidemment son attention. Ainsi en est-il du poste de radio de la marque Orion qui, « avec ses deux gros boutons ronds de chaque côté » (p. 32), fascinait le petit fils du grand-père Spiridon et de la grand-mère Terezia quand il restait passer la nuit chez eux, symbole de modernité dans ce foyer de paysans aisés mais aussi source de nouvelles angoissantes concernant la collectivisation qui les menaçait. Une page entière est consacrée aux appareils du photographe Fehér Lorand parmi lesquels « de véritables objets rares mais impossibles à utiliser faute de pièces de rechange » (p. 91) ! Le détail est ironique et relève d'une critique du régime communiste mais la mention de l'outil de travail favori du personnage : « un Zeiss Ikon Nettar 515 » prend une tout autre dimension quand on apprend l'usage dévoyé – des photos de

---

7. Voir « Introduction » aux *Études de mœurs au XIXe siècle*, *CH*, t. I, p. 1154 ; t. VII, p. 882-883 ; t. VIII, p. 1678.

8. *CH*, t. I, p. 11.

424 *Danielle Dupuis*

très jeunes filles qu'il se plaisait à dénuder – qui en a aussi été fait par son détenteur. Quant au métier à tisser de Zenobia le détail de son mécanisme avec « les pieds, le cadre, les pédales, l'ourdissoir, le cantre, les cannes d'envergure, le peigne et son battant, l'ensouple, les navettes... » (p. 80) n'a rien à envier à celui de l'antique presse de Séchard dans *Illusions perdues* où nous pouvons lire : « Le vieil Ours abaissa la frisquette sur le tympan, le tympan sur le marbre qu'il fit rouler sur la presse ; il tira le barreau, déroula la corde pour ramener le marbre, releva tympan et frisquette avec l'agilité qu'aurait mise un jeune Ours [9] ». En outre il est évident que ce métier à tisser acquiert une dimension mythique puisque, nouvelle Pénélope, son utilisatrice « tissa sans cesse, sans couper la toile derrière les supports » (p. 80) jusqu'à ce que son époux, interné pour insoumission, fût libéré.

Le vêtement occupe évidemment comme dans *La Comédie humaine* une place de choix dans les descriptions des personnages. Ainsi en est-il de la tenue traditionnelle du jeune danseur qui au début du roman s'apprête à parader « comme un jeune coq » avec « sa chemise paysanne brodée aux épaules et aux poignets, sa veste en mouton retourné ornée de savantes broderies d'or et d'argent et de boutons en fil tressé », mais qui est en proie au cruel dilemme consistant à assortir des bottes en cuir « parfaites pour danser » à des pantalons droits en étoffe à la dernière mode au lieu des habituels pantalons bouffants. D'ailleurs cette « synthèse tradition-modernité » s'avère finalement impossible, le bas de son pantalon ne passant pas « dans la tige trop étroite de la botte », pour le plus grand amusement de ses parents assistant à la scène (p. 50-51). L'épisode final de la fête au village évoque des tenues qui nous sont beaucoup plus familières :

> Les jeunes femmes avaient mis ce qu'elles avaient de mieux dans leur garde-robe, on était frappé par le mélange de vêtements modernes à la dernière mode avec des nippes venues de Turquie ou de Chine. Des blouses d'été vaporeuses, des robes à fleurs, des T-shirts décolletés ornés de noms de marques célèbres, si chères qu'on ne pouvait s'empê-

9. *Illusions perdues*, *CH*, t. V, p. 131.

Florina Ilis, « Le Livre des Nombres »   425

cher d'y voir des contrefaçons, tout témoignait de l'immense désir des jeunes femmes de se faire remarquer (p. 482 [10]).

Le réalisme n'exclut cependant nullement la satire d'où de savoureux portraits comme celui des notables. Ainsi :

> Le maire, Zamfir Ipsas, était vêtu d'un costume gris perle, avec chemise blanche et cravate. On avait l'impression que les boutons de la chemise menaçaient de sauter à tout instant sous la pression du ventre qui semblait augmenter de volume à chaque inspiration, d'autant qu'il n'y avait rien pour les entraver, puisque la ceinture du pantalon avait été glissée, par précaution, sous la rondeur de ce ventre. Sur les chaussures à bout pointu impeccablement cirées se reflétaient les rayures bleues et jaune doré de la cravate (p. 480).

Le lecteur de *La Comédie humaine* est enclin à faire le rapprochement avec le portrait de César Birotteau, ou celui d'Hector Hulot vieillissant dans *La Cousine Bette* [11].

Comme Balzac, Florina Ilis s'est faite historienne d'un présent relativement proche de l'actualité de son lecteur. Les protagonistes les plus âgés ne sont guère que les arrière-grands-parents du narrateur comme le signalent dans un style biblique justifiant le titre de l'ouvrage les deux premières pages : « Au début il y a eu le père. Mon père Ioachim. Mais, avant mon père, il y eu le père de mon père. Gherasim. Mon grand-père. Et avant le père de mon père, il y eut le père du père de mon père. Anton. Mon arrière-grand-père ». Et : « Au début il y a eu la mère. Ma mère. Ana. Mais, avant ma mère, il y a eu la mère de ma mère. Terezia. Et avant la mère de la mère il y a eu la mère de la mère de ma mère. Mon arrière-grand-mère, Teodosia » (p. 11-12). Et ce narrateur, en fin de compte, est notre contemporain, le dernier chapitre du roman ne laissant aucun doute à ce sujet. De cette volonté d'évoquer les soubresauts de l'Histoire au travers de la destinée de gens ordinaires grâce à « l'immensité des détails [12] » de leur vie quotidienne

---

10. Balzac lui aussi a plus d'une fois mentionné des tenues féminines dont on pouvait trouver la description dans les journaux de mode de l'époque. Voir à ce propos notre article : « Toilette féminine et réalisme balzacien », *AB 1986*, p. 115-138.
11. Voir *CH*, t. VII, p. 5 et p. 94.
12. Avertissement du *Gars*, *CH*, t. VIII, p. 1681.

découle le fait que comme dans *La Comédie humaine* les figures historiques deviennent des personnages de second plan. Ainsi Nicolae Ceausescu apparaît-il de manière fugace, après la visite de la Ferme agricole où il voulait faire cultiver du tabac « pour devancer Cuba et Fidel Castro » (p. 279). Ayant exigé l'organisation d'une chasse dans la forêt proche du village il aurait ensuite tiré sur un cerf – ce n'est d'ailleurs qu'une supposition – depuis un hélicoptère (p. 274) !

De même que dans l'ensemble des romans de Balzac, sous la plume de Florina Ilis les destinées s'entrecroisent car il ne s'agit pas seulement, nous le soulignons, d'une histoire familiale comme pourrait le laisser supposer l'arbre généalogique placé en tête du livre. Toute une galerie de personnages apparaît au fil des pages, donnant une impression de foisonnement parfois déroutant. N'est-il pas emblématique de ce procédé que le jeune Robert qui, dès sa naissance a été confié à un orphelinat, ayant atteint l'âge adulte et étant devenu en quelque sorte le fils adoptif de la voyante Angelina, rencontre sa mère sans le savoir alors qu'elle est venue consulter la vieille femme (p. 368-376) ? Sur le modèle de *La Comédie humaine* la biographie des personnages se construit de manière aléatoire, par touches éparses. Fehér Lorand en fournit un excellent exemple. Il est pour la première fois mentionné lorsque le narrateur décrit longuement une photo de famille datée de l'année 1929 (p. 72). Un peu plus loin, nous apprenons que le décor qu'il a imaginé pour faire poser le petit Anghel Ion en costume de marin et tenant une maquette de bateau (p. 87) a eu une influence déterminante sur la destinée de celui-ci qui avouera bien des années plus tard que ce bateau lui a fait prendre conscience de sa vraie nature : « J'étais fait pour partir, pour naviguer, pas pour m'établir quelque part » (p. 456). Une analepse nous informe ensuite des débuts du photographe apprenti puis gendre de « Lobontz Antal, un des premiers photographes de la région de Crişana » (p. 91) qui lui a légué son atelier en héritage. La découverte d'une croix gammée figurant en bonne place sur un tableau brodé est un choc pour le fils revenu dans la maison familiale un an après le décès de son père : « Que son père ait été un sympathisant nazi, ce qui était dans l'air du temps, ça ne l'étonnait pas, mais de la sympathie

Florina Ilis, « Le Livre des Nombres »   427

au quasi-fanatisme il n'y avait qu'un pas à franchir que Zoltan
[…] était obligé de comprendre, mais aussi d'accepter » (p. 96).
Un peu plus tard, il apparaît que Margareta, petite cousine du
narrateur, est en réalité la fille naturelle que le photographe a
eu avec une très jeune lycéenne venue poser chez lui. Le
retour au moment où le fils vient inventorier les affaires de
son père nous le montre découvrant un album de nus (p. 123),
certes artistiques mais fort compromettants car Zoltan n'est
pas au bout de ses découvertes. En effet il finit par trouver
aussi des brouillons de rapports de Fehér pour la *Securitate*, qui
avait utilisé ces photos comme moyen de chantage (p. 128-
129) sur ce « satyre dépravé » (p. 132) qui n'est pas sans rappeler le libidineux Hulot de *La Cousine Bette*. L'exercice auquel
nous venons de nous livrer pourrait être effectué en ce qui
concerne beaucoup de personnages du *Livre des nombres* [13].
    L'impression de diversité est d'ailleurs accentuée par la
polyphonie discursive. En effet, divers récits se trouvent
enchâssés dans la trame du roman. Il serait fastidieux d'en dresser une liste exhaustive, aussi nous bornerons-nous à n'en citer
que quelques-uns. Ainsi le chapitre 14 est-il consacré dans son
intégralité au récit de Margareta retraçant le destin de sa mère
ainsi que sa propre vie sentimentale tumultueuse. Deux récits
de guerre assez longs s'intercalent dans le cours du récit principal. Il s'agit d'abord de « l'histoire étonnante, incroyable » de
Petre Barna narrant « ce qui s'était passé sur le front, le long
du fleuve Isonzo, où il avait passé deux ans dans les tranchées,
[en Italie] sur le versant d'une montagne au nom de sainte,
Santa Luisa » (p. 183 *sqq.*). Gherasim, quant à lui, fait frémir
son auditoire avec le récit de la retraite, en août 1949, de
l'armée roumaine, rapportant notamment comment son chef,
« un sous-lieutenant, tout juste sorti de l'école, un gars jeune,

---

13. Eleonora fournit elle aussi un excellent exemple de ce procédé. Nous
la voyons accoucher lors du procès de Gherasim. Nous apprenons qu'elle n'est
autre que la jeune fille ayant perdu son travail à cause de l'arrestation du notaire
du village, son employeur. En effet, elle a épousé Marin Ion, l'instituteur
devenu un membre influent du conseil populaire si bien qu'elle a accédé au
poste de directrice du foyer culturel. Nous la rencontrerons encore à la fin du
roman ayant épousé en secondes noces l'ex-activiste Sandu Ipsas qui au début
du livre courtisait Ana.

428   *Danielle Dupuis*

beau comme un astre » est mort à ses côtés, écrasé par un tank
(p. 250-251). Zenobia pour sa part raconte à son petit-fils une
histoire « chargée d'un frisson poétique » – nous serions tentée
de dire épique – vécue par elle-même : à l'automne 1940, son
père était allé à cheval la chercher à Oradea où elle était en
pension et, comme la ville venait d'être cédée avec le nord de
la Transylvanie, ils avaient dû, au prix d'un long périple, passer
illégalement la frontière, « affrontant de nombreux dangers »
pour revenir chez eux (p. 380). Des faits similaires peuvent en
outre recevoir un traitement variable selon le point de vue
adopté : nous songeons tout particulièrement aux récits faits
successivement par Ecatarina, Emilia et Efimia, les trois demi-
sœurs de Zenobia, chacune d'elles évoquant à sa manière le
déroulement de la vie familiale jusqu'à son mariage (p. 319
sqq., 328 *sqq.*, 334 *sqq.*).

Le lecteur du *Livre des nombres* pourrait être dérouté par
cette profusion d'instances narratives. Dominique Massonnaud
a observé le même phénomène concernant *La Comédie
humaine* : « La disparate propre au chaos du réel est démulti-
pliée par le procédé d'emboîtement : l'enchâssement de récits
délégués aux personnages [...] complexifie et varie le rythme
du narratif au sein de l'ensemble », écrit-elle, soulignant que
cet « effet-monde » est avant tout lié à une démarche de
mémorialiste [14]. Mais elle note aussi la présence d'un « auteur
reparaissant qui assure l'unité de l'ensemble » et « assure par le
nouage des fils sa présence au centre de la tapisserie » [15]. Il en
va de même pour le livre de Florina Ilis car la cohésion de
l'ensemble est assurée par la présence unificatrice d'un narrateur principal. Certes la romancière a pris soin de préciser
qu'elle a fait de celui-ci un homme « pour éviter au lecteur
de dire de manière trop hâtive qu'il s'agit d'un roman plus ou
moins autobiographique [16] ». Mais ce narrateur, et ce n'est pas
un hasard, est justement écrivain et se livre de manière récur-

---

14. Dominique Massonnaud, *Faire vrai. Balzac et l'invention de l'œuvre-
monde*, Droz, 2014, p. 556 et p. 559.

15. *Ibid.*, p. 391.

16. *Lettres capitales*.com, grand entretien traduit par Olimpia Verger et Dan
Burcea, 4 juin 2021.

Florina Ilis, « Le Livre des Nombres »   429

rente à des digressions sur la littérature. Celles-ci nous paraissent relever de la même démarche si ce n'est des mêmes préoccupations fondamentales que celles dont témoignent notamment les préfaces rédigées par l'auteur de *La Comédie humaine*. Elles contribuent en tous cas alors à effacer la frontière entre l'auteur et le personnage-narrateur du *Livre des nombres* en assurant le maillage du texte. Ces réflexions sont nombreuses. Dès les premières pages de l'œuvre figure une sorte de définition de la démarche de l'écrivain : « S'efforcer de déchiffrer un texte presque entièrement effacé, qui est le passé, pour exprimer, ne serait-ce que par des notes en marge un peu de ce que l'auteur anonyme, le Temps, a voulu dire » (p. 23). Plus loin nous pouvons lire cette affirmation : « La littérature n'est ni fausse ni menteuse. La littérature est vraie, mais d'une façon belle et différente de l'histoire » (p. 220). La question de la vérité littéraire est abordée comme un *leitmotiv* tout au long du roman par le narrateur : « [...] nous avons le privilège poétique d'inventer un peu par-ci par-là [...]. Seule l'expérience du récit me permet d'atteindre le réel que je ne puis récupérer autrement » (p. 315), déclare-t-il par exemple ou encore :

> [...] j'aurai recours aux recherches et à la documentation juste assez pour ne pas tuer l'histoire et, pour avancer peu à peu dans le passé qui ne me laisse pas en paix, je me laisserai aller au plaisir de raconter et je me servirai des souvenirs de tous, en espérant en apprendre le plus possible, tous les détails, même des liens invisibles, secrets, qui existent entre les choses et que nous ne remarquerons pas à l'examen trop hâtif ou tout simplement objectif. (p. 407)

Citons pour clore ce rapide panorama des prises de positions littéraires qui donnent son assise au projet romanesque mis en œuvre dans *Le Livre des nombres* cette très balzacienne remarque :

> [...] comme je m'obstine à chercher la vérité et ose rendre, avec mes propres moyens, cette complexité humaine, parfois ennuyeuse et mesquine, ou bien froide et imparfaite, presque toujours confuse et secrète, alors je me dois de laisser de côté tous principes moraux, et, sans craindre des contacts indésirables, de suivre mon personnage là où

430   *Danielle Dupuis*

il m'appelle, de ne rien lui refuser, même si j'aurais préféré [...] défiler
le fil imaginaire, inventé... (p. 473 [17]).

Cette présence très forte du narrateur-écrivain n'est pas le
seul moyen utilisé par Florina Ilis pour donner sa cohérence à
l'univers foisonnant qu'elle évoque. Le système des personnages reparaissants exploité par son prédécesseur participe aussi
à la structuration du livre et à son « effet-monde ». Petre Barna
est sans nul doute, parmi ceux-ci, la figure la plus marquante
par sa longévité, qui fait qu'il apparaît à de multiples reprises
avec pour toile de fond les moments-clefs de l'histoire de la
Roumanie pendant près d'un siècle mais surtout du fait de sa
forte personnalité. Florina Ilis le présente comme « un caractère ». « Un caractère n'accepte pas les déterminations du
monde, mais il s'impose au monde, obligeant les autres à
s'adapter à ses intérêts », précise-t-elle [18]. On lit à son propos
(p. 76-77) :

> Il avait la passion des jeux de cartes et de la chasse. [...] Quand il
> n'avait pas d'argent, il jouait des terres, des chevaux, des trophées de
> chasse, des bois de cerfs et des oiseaux empaillés. Une fois, au restaurant
> *La Couronne*, il avait même mis en enjeu Zenobia, qui restait collée
> contre lui, en attendant parmi les buveurs qui crachaient par terre et
> commentaient la partie, de voir comment tout allait finir.

C'est avec beaucoup de brio que lui-même raconte la pal-
pitante histoire d'amour qu'il a vécue en 1918 sur le front
italien et sous la mitraille (p. 181-195). Nous avons déjà
évoqué sa chevauchée épique pour faire sortir sa fille de Transylvanie. Il aurait aussi tué par mégarde, en décembre 1937,
un de ses compagnons, Lajos, lors d'une chasse au sanglier
(chap. 28, p. 254-265). L'une de ses filles, Agafia, raconte qu'il
est entré boire sans descendre de son cheval qui s'est alors
cabré provoquant d'importants dégâts dans l'établissement
(p. 320-321). Il n'a pas hésité, en août 1949, à se tirer une
balle dans le pied pour échapper au travail dans la ferme collective (p. 326). Comme nous pouvons le constater le person-

---

17. *Cf.* par exemple la « Lettre à Hippolyte Castille » de 1846 *in* Stéphane
Vachon (éd.), *Écrits sur le roman*, Le Livre de poche, 2000, p. 307-323.

18. *Lettres capitales.* com, entretien cité ci-dessus.

Florina Ilis, « Le Livre des Nombres »   431

nage est hors du commun et l'histoire de sa vie ainsi reconstituée est un véritable roman dans le roman. D'autres membres de la famille apparaissent ponctuellement : sa fille Zenobia, notamment, qui a un caractère aussi bien trempé que son père et dont le lecteur peut reconstituer la vie, petit à petit, au gré des informations qui nous sont livrées de manière aléatoire, ou Ioachim et Ana, parents du narrateur. Mais une multitude d'autres protagonistes – plusieurs dizaines – reçoivent le même traitement, occupant un moment le devant de la scène, disparaissant ensuite ou cités de manière allusive pour réapparaître éventuellement de façon plus ou moins inattendue, si bien qu'un véritable répertoire de personnages, à la manière de celui qui a été établi pour ceux de *La Comédie humaine*, pourrait à notre avis être envisagé. Cet « effet-monde » se trouve d'ailleurs amplifié lors de la scène finale du roman qui convoque les descendants des principaux protagonistes : Marin Ion, fils de l'ex-maire, Rozalia Fehér, arrière-petite-fille du photographe, Eleonora Ipsas portant le même prénom que sa grand-mère, Augustin, petit-fils de Filoteia la « sorcière », Cornelia Dima « l'arrière-petite-fille de l'illustre député Tiberius Illea, fils du village » (p. 511), et bien d'autres encore. Cette mise en perspective a d'ailleurs été amorcée par l'épisode précédant la fête, l'office religieux pendant lequel le narrateur se remémore les places occupées autrefois par les membres de sa famille et dont les noms se trouvent encore gravés sur les sièges (p. 492-494) ainsi que par le sermon du prêtre lisant « les listes des fidèles vivants et défunts » et reproduites dans leur intégralité (p. 500).

Un autre facteur unifiant plus propre à Florina Ilis, cette fois, est la mention d'un lieu reparaissant tout au long de l'œuvre, à savoir un certain pavillon de chasse. Il apparaît pour la première fois au début du roman transformé en foyer culturel par le régime communiste et servant de décor à un bal populaire :

Il ne restait presque plus rien de la splendeur ancienne du pavillon, si ce n'est peut-être les murs ornés de fresques représentant des scènes de chasse, les hautes fenêtres, le plafond en forme de voûte. […] On disait que, après avoir été tout d'abord pillé par l'armée soviétique victorieuse, tout ce qui se trouvait dans la maison d'aisément transportable avait disparu en l'espace d'une nuit après la nationalisation. (p. 41)

Le narrateur suppose, à partir des confidences d'une parente, que c'est même en cet endroit qu'il aurait été conçu car « en haut, à l'étage, [...] l'une des chambres avait quelque peu conservé son aspect d'antan. La cousine Laetiția avait suggéré avec des sourires complices, des phrases inachevées, que là-haut [pendant le bal] les couples se retiraient à tour de rôle, se relayant pour *des mamours* » (p. 173) ! Une analepse ressuscite l'endroit au temps de sa splendeur lors d'une chasse organisée la veille de Noël pour le banquier Dragomir et ses amis (p. 257). Un épisode ultérieur nous le montre transformé en orphelinat sous la dictature de Ceausescu : « Les anciennes fresques de chasse avaient été recouvertes d'une couche de chaux blanche. On avait retiré le mobilier pour le remplacer dans les chambres des enfants par des lits de fer, comme à l'hôpital ». Margareta qui espérait y retrouver l'enfant qu'elle avait autrefois abandonné « se demandait si le puits de la cour, bâti par son arrière-grand-père Vavara, était toujours là » p. 290-291). Les dernières pages du livre font réapparaître ce même pavillon de chasse comme objet de la convoitise d'Anghel Ion revenu anonymement au village après avoir fait fortune en Italie. Ce dernier, en effet, dans le cadre d'un projet grandiose, projette d'y aménager des chambres d'hôtes et un restaurant de spécialités locales (p. 470 [19]).

Une dernière caractéristique structurelle nous semble relever du modèle balzacien. Il s'agit du découpage du texte en scènes très théâtrales. Parmi celles-ci, dont le nombre est particulièrement important, nous pouvons citer par exemple la comparution de Gherasim devant le conseil populaire communal (p. 54 *sqq.*), la danse d'Ioachim et d'Ana qui « a laissé tout le monde sans voix » (p. 108), la scène de confiscation manquée du fusil de Petre Barna par la milice (p. 324 *sqq.*), la visite de Margareta chez la voyante (p. 370 *sqq.*), l'entrevue du

---

19. Anghel Ion, dit l'Italien, appartient selon Florina Ilis à la génération contemporaine, celle des « récupérateurs ». Voir son entretien avec Monica Irinia, 1er avril 2021. *Lettres capitales*.com

Florina Ilis, « Le Livre des Nombres » 433

narrateur avec Anghel Ion suivie d'une soirée animée dans un restaurant au bord du Criş (p. 459 *sqq*.). Une liste exhaustive de ces séquences serait fort longue. Nous en retiendrons la maîtrise des dialogues et surtout la justesse et la concision du trait quand il s'agit de saisir un geste. Ainsi pouvons-nous lire que « lentement, sans gestes inutiles, [Marin Ion] saisit du bout des doigts deux feuilles de papier, puis revint vers le grand-père Gherasim et les posa devant lui, sur la table » (p. 61) ou qu'Angelina, « la magicienne » aveugle, « tendit ses mains noires et noueuses vers le visage de la femme inconnue » venue l'interroger (p. 372). Plus gracieux et digne d'une élégante balzacienne est le manège d'Aurelia Illea ôtant son manteau avant d'entrer dans la salle de spectacle pourtant très froide afin « de ne pas rater l'occasion d'afficher la silhouette dont elle était si fière » (p. 228).

Ces scènes relèvent parfois d'un comique incontestable. Quand le narrateur raconte comment, enfant, il a découvert la liaison adultère de sa mère avec son professeur de français, la scène assez scabreuse devient farcesque :

[…] j'avais devant moi ce qu'aucun enfant ne devrait voir s'agissant de sa mère et d'un homme étranger. J'avais l'image d'un cul blanc, brillant, très beau, le cul de mon professeur, avec les cuisses de ma mère collées à ses cuisses dans une fusion des corps qui me semblait davantage relever d'un combat que d'une étreinte. Le professeur n'avait pas eu le temps de retirer son pantalon qui s'était enroulé autour de ses chevilles comme les chaînes des condamnés. Ses chaussons avaient glissé, c'est pourquoi je vis très distinctement qu'il avait une chaussette trouée au talon. (p. 429-430)

Un épisode de la remise des prix à la fin du roman est de la même veine :

Sur la scène, Iuliana prit son diplôme, monta sur la pointe des pieds pour recevoir le baiser du maire sur les deux joues, puis, serrant tendrement son oie sur sa poitrine, elle fit demi-tour. Elle s'apprêtait à descendre les trois marches de la scène […]. L'oie dans les bras de Iuliana s'agita frénétiquement et renversa la femme, qui faillit tomber de la scène. (p. 513)

Tout aussi savoureux est le portrait caricatural d'une enseignante telle que la perçoit le jeune Robert : « La camarade a une tête grosse comme un chaudron. Un chaudron de cheveux sur sa tête. Un nid de cigognes, dit Robi. Combien y a-t-il de petits dans le nid ? » (p. 349). Plus subtile est la parodie du discours officiel sur l'art manié à la perfection par Hortansa, l'épouse du sculpteur Inochentiu Dima qui a du mal, faute d'inspiration, à honorer une commande destinée à être offerte par le comité municipal du parti « au *conducator* bien-aimé ». « L'art est une émanation du génie du peuple [...] seulement cette émanation doit être guidée par un artiste » affirme-t-elle à son interlocuteur qui s'impatiente (p. 357).

Nous ferons enfin observer, sous la plume de Florina Ilis, la même tendance à la dérision que chez l'auteur de *La Comédie humaine*. Ainsi, par exemple, est-il précisé que le pavillon de chasse ayant été transformé en salle de bal, « quelques lampes à pétrole [étaient] accrochées aux murs au petit bonheur la chance aux endroits où étaient fixées autrefois les têtes empaillées de cerfs ou de sangliers » (p. 42). Au beau milieu du procès fait à Gherasim, la folle du village se met à chanter à tue-tête une chanson obscène (p. 67 [20]). Nous apprenons, par ailleurs, qu'Ana et Ioachim n'avaient pas remporté le premier prix lors de la compétition nationale de danse alors qu'ils l'avaient largement mérité, parce qu'au parti « on avait insisté pour l'attribuer à une formation issue d'une commune plus valeureuse, qui avait annoncé l'achèvement de la collectivisation et était, de surcroît, championne dans la réalisation du plan de production de maïs » (p. 109). Dans la même perspective les propos dithyrambiques du prêtre procédant à l'éloge funèbre du photographe Fehér Lorand contrastent avec les pensées de son fils qui qualifie secrètement son père de « vieillard pervers », de « sale lâche », « hypocrite » et « traître » (p. 135).

Le Livre des nombres par son titre convoque le modèle biblique. Le quatrième livre du Pentateuque relate l'histoire de la longue marche du peuple d'Israël qui le mena, sous la conduite de Moïse, du mont Sinaï, à travers le désert, jusqu'aux steppes de Moab, face à Jéricho. On y trouve des

---

20. Voir à ce propos notre article : « Dérision du pathétique et pathétique de la dérision », *AB 1999*, t. I, p. 229-256.

Florina Ilis, « Le Livre des Nombres » 435

récits, des prophéties et des listes généalogiques. Par bien des aspects le livre de Florina Ilis dans sa diversité foisonnante s'y apparente mais, comme nous avons essayé de le montrer, le modèle balzacien en explique aussi la forme apparemment disparate conjuguant factuel et fictionnel, voix narratives multiples, registres variés dans la perspective d'une vaste fresque que, parodiant Balzac, nous définirons comme une histoire des mœurs au XXe siècle, en Roumanie.

Nous voudrions cependant dire combien Florina Ilis a su aussi imprimer sa marque propre à une œuvre parcourue par un authentique et profond attachement à son pays. Sa plume, lorsqu'elle en évoque les paysages, est animée par un puissant et authentique souffle poétique. À titre d'exemple nous citerons cette scène de vendanges où par « un automne opulent, d'or et d'azur, impérial, les arômes de raisin et de moût flottaient dans l'air, débordant en vagues d'ambroisie sur les collines de vagues infinies » (p. 160), ou ce magnifique paysage hivernal : « Parfois, dans la journée, une nouvelle couche ténue de neige venait se poser comme une poudre de diamant. Dans l'éclat immaculé, les maisons semblaient tout droit issues d'un conte d'hiver nordique. Au cours de la journée, la lumière devenait aveuglante, de cristal » (p. 181). Un endroit quelque peu sordide subit cette étonnante métamorphose alors que le narrateur remarque un rosier sauvage ayant poussé là :

[…] comme plus rien ne l'entravait, il s'était vrillé obstinément de toutes parts et retombait en cascade vive et éclatante de fleurs. […] et soudain, tout, le parking défoncé, la vieille Dacia, les potagers retournés à l'état sauvage, la remise, les poules et tout le reste prirent des couleurs et de l'éclat, au point que le tourbillon de la vie se figea, comme si l'espace s'était étendu à une autre dimension, imperceptible aux sens communs et à l'ouïe, et se tut. (p. 447)

Comparant l'écrivain à la voyante Angelina, Florina Ilis est persuadée que celui-ci « possède un savoir secret sur le monde et sur la réalité que les moyens poétiques, artistiques tentent d'interpréter, d'exprimer et de rendre aux lecteurs ». Elle affirme aussi : « L'Histoire ne peut pas retenir et contenir tout le passé ; la littérature, en revanche, par sa capacité de représentation, poétiquement parlant, le peut »[21]. Gageons que l'auteur de *La Comédie humaine* aurait souscrit sans réserve à ce propos...

Danielle DUPUIS.

---

21. *Lettres capitales*.com, entretien cité.

LE CHÂTEAU DE *L'HÉRITIÈRE*

« *comme les Dreux reparurent un jour en Brézé* [1] »

En mémoire de Pierre-Georges Castex

Si par son architecture et sa topographie, le château de Birague se calque en partie sur celui de Brézé, en quelle circonstance l'auteur est venu en Saumurois ? Ce fait supposé de la vie de Balzac invite à une relecture de son contexte. L'hypothèse biographique se développe alors, nourrie du savoir balzacien, qui dans le moins bon des cas reste la « preuve que l'imaginaire du biographe se superpose souvent à celui du romancier auquel il emprunte formes et tropes qui construisent son récit [2] ».

Onomastique à Brézé en 1820

L'onomastique ouvre sur l'imaginaire balzacien, associant parfois même nom à une terre et à un patronyme, signifiant redondant, origine possible d'une « inquiétante étrangeté [3] ». Qui vivait au château de Brézé en 1820, dont le nom propre

---

1. *Eugénie Grandet*, *CH*, t. III, p. 1184. Cette étude fait suite à : « Le château de *L'Héritière*. *La pierre angulaire* », *AB 2022*, p. 367-385.
2. Laurent Giraud, « Louis XVI à la tour du Temple ou l'imaginaire de l'historiographie révolutionnaire », *in* Pascale Auraix-Jonchière (dir.), *Ô saisons, ô châteaux. Châteaux et littérature, des Lumières à l'aube de la modernité (1764-1914)*, Clermont-Ferrand, Presses Universitaires Blaise Pascal / Maison de la Recherche, « Révolutions et romantismes », 2004, p. 32.
3. Voir Nicole Mozet, *Balzac et le temps*, Saint-Cyr-sur-Loire, Christian Pirot, 2005, p. 29 ; Ada Smaniotto, *Poétique balzacienne des noms de personnages : « Faire concurrence à l'état civil »*, Classiques Garnier, 2020 ; ainsi de Taillefer, p. 310-311.

L'Année balzacienne 2023

438 *Jean-Jacques Gautier*

pût servir de prête-nom [4] ? Est-il possible de constituer une chaîne signifiante patronymique [5] ?

Depuis le 20 août 1820, René Volland est « fondé de pouvoir », successeur de René Victor [6]. Habitant le hameau de Grandfond, commune de Brézé, il dispose d'un cabinet au château. René Morillon est « garde particulier de M. de Brézé à Brézé », domicilié « au château de Brézé [7] ». À la mort de sa fille, le 30 mars 1813, Paul Fontaine est « garde de M. de Brézé ». Joseph Robert, le 12 mars 1814, fils du vigneron Louis Robert, décède « en la maison de monsieur Dreux de Brézé ». Lors de l'inventaire du château, en mars 1829, est en charge « Louise Robert veuve François Hurtault domestique dudit château », nièce de Louis [8]. Dans une « note des ouvrages à faire », non datée, le marquis de Dreux-Brézé inclut : « Garde-meuble de M. Moriceau [...]. Boucher la cheminée de la grande fruiterie au-dessous de la grande chambre de M. Moriceau [9] ». Il semble au vu de la chaîne patronymique des habitants du château en 1820, que l'on est en présence d'une souche onomastique exploitée par Balzac.

Au-delà du nom, René[10]-François Moriceau intéresse par ses fonctions, son rôle pendant la Révolution. Né à Saint-Pierre de Saumur, le 27 août 1759, de René Moriceau, tonnelier, il épouse en 1784, alors qualifié de « feudiste », Perrine-

---

4. Les registres paroissiaux de Brézé dépouillés sont ceux de Sainte-Catherine et de Saint-Vincent ; à Saumur : Nantilly depuis 1741, Saint-Pierre depuis 1756, Saint-Nicolas depuis 1759, avec incursions antérieures, extérieures à Varains, Le Coudray-Macouard, Fontevrault (Saint-Michel), Allonnes. Les registres de l'état civil prennent le relais jusqu'en 1830. La méthode consiste à relever les patronymes balzaciens, tout en y incluant ceux de Nivelleau (tiré de l'imaginaire saumurois) et de Dupuis. Ces registres non cotés sont accessibles sur internet, et les dates tiennent lieu de référence. Archives départementales de Maine-et-Loire (ADML, à partir de cette note).

5. Ada Smaniotto, *Poétique balzacienne des noms de personnage*, op. cit., p. 92.

6. ADML, 5E14/ 2, doc. 4983.

7. Il l'est jusqu'à sa mort (30 décembre 1836). Pour Morillon, voir *La Recherche de l'Absolu*, CH, t. X, p. 1626, seconde note 2.

8. ADML, 5E14/22.

9. Relevé par Guy Massin-Le Goff que je remercie, Archives du château de Brézé.

10. Dans l'imaginaire angevin, « René », souvent attribué aux deux sexes, doit au « bon roi René ».

Le château de l'Héritière 439

Françoise Lorier[11]. Les naissances entre 1785 et 1788 permettent de suivre René-François, « feudiste de l'abbaye royale de Fontevrault », « demeurant au-dit Fontevrault », comme « officier de l'abbaye »[12]. Lors du mariage de son frère Joachim à Saint-Pierre de Saumur, le 22 juin 1789, il est encore « feudiste de l'abbaye de Fontevrault et y demeurant ». Mais le 20 juin 1791, veille de Varennes, au mariage d'Étienne Dezé, tonnelier, à Saint-Nicolas de Saumur, René-François est qualifié d' « archivique [*sic*] du district de cette ville ». Séduit par son expérience de feudiste, Henri-Évrard de Dreux-Brézé (1762-1829) passe procuration devant M⁰ Anjubault, le 21 août 1791, qui le fait « régisseur de la terre de Brézé, demeurant au château dudit lieu, au nom et comme procureur général et spécial du marquis de Brézé[13] ». Dreux-Brézé, en octobre 1793, séjourne à Lausanne[14]. Moriceau, au 20 ventôse an III (10 mars 1795) est au poste de « greffier adjoint au district de Saumur y demeurant ». Il se retire au Coudray-Macouard, proche de Brézé et reçoit les provisions d'un office notarial le 2 vendémiaire an IV (24 septembre 1795), « notaire public [...] demeurant au dit lieu du Coudray[15] ».

En ces temps de Révolution, Dreux-Brézé s'évertue à sauver ses biens. En pleine Terreur, il réside aux Andelys (Eure) depuis au moins le 26 décembre 1792. En 1802 et 1803, il emprunte en hypothéquant, en particulier au négociant Jean-Jacques-Pierre Nivelleau. Un fondé de pouvoir est nommé le 3 juillet 1809 : René Victor « demeurant au château de Brézé[16] ». En 1812, le 8 janvier, est levée chez M⁰ Moriceau l'hypothèque de Nivelleau sur le marquis de

11. ADML, registre paroissial de Baugé (25 novembre 1784).
12. ADML, non coté. Naissances des 24 mars 1786, 18 septembre 1787 et 10 octobre 1788. L'aîné René-Joachim, notaire à Cormeilles-en-Parisis, décède à Saint-Germain-en-Laye en novembre 1813 (Archives départementales des Yvelines : 4E2840, n° 233), laissant un fils, René-François, né en 1812, avocat à Paris, 47 rue de Seine.
13. Même titre et domicile les 30 septembre 1791, 3 mars 1793 et 27 frimaire an II (17 décembre 1793). ADML, 5E14/3 et 4.
14. Voir Michel de Dreux-Brézé, *Les Dreux-Brézé*, éd. Christian, 1994.
15. ADML, 2B516.
16. Il succède à René-Gabriel Brun, fondé de pouvoir depuis le 29 vendémiaire an V (20 octobre 1796), ancien curé, puis maire de Brézé.

Brézé du 2 pluviose an XI (22 janvier 1803), et le 28 février, celle de Jean-Nicolas Poussineau de Vendeuvre, du 19 brumaire an XI (10 novembre 1802) [17].

René-François notaire, passe à Brézé le 24 janvier 1814, « résident commune de Brézé ». Dreux-Brézé lui garde sa confiance comme le montre une lettre datée du 28 décembre 1825, au régisseur Volland : « M. Moriceau a dû vous communiquer les lettres que je lui ai écrites, et on lui parlait de tous les travaux [...] [18] ». Des actes notariés le montrent prêtant de fortes sommes d'argent [19]. En septembre 1838, une donation-partage au profit de ses enfants révèle sa réussite. Il est propriétaire du domaine de La Martinière à Chinon acheté en 1822, d'une maison au Coudray-Macouard acquise du vivant de son épouse décédée en 1811, ainsi que d'une maison limitrophe du parc de Brézé, depuis 1814. Cette maison existe encore avec puits, marches du jardin, escalier intérieur de bois, palier et trois portes à l'étage [20]. Ce dernier lot, maison de notaire, est celui du fils unique de son aîné, qui le revend dès octobre au notaire Pierre-Émile-Gustave Olivier [21]. Maître Moriceau abandonne son office en 1839 ; présent aux mariages de ses deux petites-filles, il étoffe la dot de chacune de dix mille francs, les 24 juillet 1839 et 1841, y signe comme « ex-notaire [22] ». Il meurt au Coudray-Macouard, le 21 novembre 1841.

La Martinière échoue à sa fille Perrine-Jeanne née à Fontevrault en 1788. Lors de son mariage au Coudray-Macouard, le 27 mai 1816, seul le prénom « Jeanne » apparaît. Par la suite, certainement sous l'influence romanesque de la Jeanie Deans de Walter Scott, c'est la forme « Jenny » qu'elle fait prévaloir

17. ADML, 5E14/211, dossiers 3018 et 3048. Poussineau réside à Brézé, à la Ripaille.

18. Archives du château de Brézé, communiqué par Guy Massin-Le Goff.

19. ADML, 5E14/31.

20. ADML, 5E14/27.

21. ADML, 5E14/33.

22. ADML, 5E14/28 et 33. Le Bouchard signalé par Serval et celui ayant épousé Adélaïde Moriceau en 1841, sont de deux familles distinctes ; voir Maurice Serval, *Autour d'Eugénie Grandet, d'après des documents inédits*, Champion, 1924.

Le château de l'Héritière 441

dans les actes officiels [23]. Le 2 octobre 1829 à Chinon, la mère d'Antoine est dite se prénommer « Jenny ». Tout comme dans le très formel « pouvoir » qui lui permet d'être présente à Brézé en 1838, ou encore le 5 décembre 1841 lors de la vente des biens de son père et à Chinon, à la mort de son fils Antoine le 11 mars 1851. Sa fille née en 1819 s'appelle Eugénie, forme d'assonance de Jenny. Jenny est le nom de *La Dernière Fée*. Plusieurs personnages portent ce prénom dans *La Comédie humaine*, en particulier dans *L'Illustre Gaudissart* [24]. Occurrence unique à valeur démonstrative, l'un d'entre eux apparaît dans *Les Paysans* : « À la mort de Mlle Laguerre, Jenny fille aînée du régisseur [du château des Aigues] fut demandée en mariage [...] » par le banquier, « antagoniste de la fameuse maison Grandet » [25] ! Surinterprétation que d'y voir, par association d'idées, un souvenir de 1820 ? Eugénie est le nom de l'autre héroïne de *Wann-Chlore*, publié en 1825 [26].

La famille R'Hoone

En 1820, Honoré est sous le coup d'un échec doublement frustrant : la condamnation de *Cromwell* ruine ses aspirations de gloire et rend infondé, à l'œil paternel, son refus d'une carrière notariale. Fils aîné, Honoré entend l'injonction parentale dont il fait part à Laure dès septembre 1819 : « Ma

23. L'officier d'état civil de Chinon semble perturbé face au prénom « Jenny » : à la naissance de l'aîné, le 25 décembre 1816, il note que la mère se prénomme « Anne » et, le 11 mai 1819, le prénom « Eugénie » est attribué à la fille et la mère !
24. Voir *Eugénie Grandet*, éd. Pierre-Georges Castex, [Garnier, 1965], Classiques Garnier, 2018, p. XXX.
25. *CH*, t. IX, p. 134.
26. La fréquence du prénom « Eugénie » à Saumur traduit-elle un engouement pour le roman de Balzac ? L'état civil de l'an XI à 1833, date de l'édition originale, montre que le nombre de petites Eugénie ne dépasse pas quatre par an, sauf en 1822 où on en relève huit. 1833 n'a aucune incidence et ce jusqu'à la publication de *La Comédie humaine*. C'est lors de la sortie du tome V en 1843 que la courbe s'infléchit : sept chaque année de 1844 à 1846, six en 1847, sept en 1848, quinze en 1849, onze en 1850, neuf en 1851 et treize en 1852 ! Le mariage d'une Eugénie aux Tuileries en 1853 interdit de poursuivre le relevé.

sœur, ma bonne Laure, je voudrais vous voir tous richement placés afin qu'on ne me tourmentât pas de ma destinée [...] [27] ». Le 3 décembre, Bernard-François Balzac livre à cette même Laure la profonde amertume qu'a suscitée en lui le refus de son fils de reprendre l'ascension sociale que lui-même avait commencée sous l'Ancien Régime : « Que n'ai-je pas tenté pour prévenir le mal qui pourrait nous arriver et si celui sur lequel je comptais le plus pour planter ma famille a perdu en quelques années la majeure partie des trésors que la nature lui avait prodigués, dont j'aurai toujours à gémir [28] ». Honoré paye le prix du surmenage dans une ambiance de désaveu paternel : « Hélas, il est déjà assez puni et je dois l'aider comme si les circonstances avaient répondu à ma grande attente [29] ». C'est le père qui condamne les premiers achats jugés dispendieux de la rue Lesdiguières [30] ! Laure insiste pour qu'Honoré « soit discret sur [ses] travaux », concluant : « ils n'iraient pas avec le caractère de papa » [31]. En 1819, leur relation est équivoque : censé être à Albi, tout en se cachant à Paris, le jeune homme s'isole pour écrire [32] ! Bernard-François garde ombrage du choix filial, et on peut penser que *L'Héritière de Birague* se ressent de cette disgrâce par une distanciation avec une réalité trop astreignante [33]. La frégate *Honoré* peut toutefois compter sur les souffles intéressés des quatre membres féminins de la famille, à contre-courant de la volonté paternelle. Honoré cherche à composer avec cette figure

27. *Corr. Pl.*, t. I, p. 22.

28. Danielle Dupuis, « Lettres de Bernard-François Balzac à sa fille Laure », *AB 1994*, p. 354.

29. *Ibid.*, p. 355. *Cf.* Balzac, en 1826 : « Il est peut-être le seul de nos grands hommes dont la vocation ait été en harmonie avec les vœux paternels », *Notice sur la vie de La Fontaine*, *OD*, t. II, p. 142.

30. *Corr. Pl.*, t. I, p. 11, 10 août 1819.

31. *Ibid.*, p. 46, 24 janvier 1820.

32. Le père de Balzac est-il dans le secret ? Dablin le sait ! La situation semble intenable. Dans sa lettre du 18 septembre 1819, cette remarque : « Vous êtes tous de petits démons que le diable tente, et je ne connais pas si vous y résistez » (D. Dupuis, art. cité, p. 350), laisse supposer le père fermant l'œil, car comment imaginer les retrouvailles et la cohabitation à Villeparisis ?

33. Philibert Audebrand, « Souvenirs de la vie littéraire. Le père d'Honoré de Balzac », *La Revue universelle illustrée*, 1888, p. 203-216. Serait l'acquéreur d'un manuscrit intitulé : *Quelques mots sur le père d'H. de Balzac*.

Le château de l'Héritière   443

d'autorité, d'autant plus impressionnante qu'elle est aimante.
Certains traits déjà relevés dans *Jean Louis* sont connus [34].
L'écho à la publication, en 1814, par Balzac père, d'un opuscule afin d'ériger une statue à la mémoire d'Henri IV, est
perceptible [35] : « l'aigle du Béarn », sorti tout armé de l'imagination du fils, est certainement un trait pour railler l'opportunisme du père :

> « [...] On a toujours eu soin dans la famille d'en agir ainsi à chaque
> grand événement ; témoin lorsque Henri IV ...
> — Dites l'*aigle du Béarn*, s'écria Chanclos en caressant *henriette*.
> — Ce titre n'est pas consigné dans les annales de mon
> intendance... » [36]

Honoré dissimule ses premiers rapports avec le monde
journalistique et sa passion du théâtre. Alors qu'il s'est donné
trois ans pour faire œuvre de gloire, il est contraint à Villeparisis-
sis, dès 1820, à une cohabitation familiale sous déclassement
social. Le désaveu du père peut tétaniser, auquel répond une
somatisation de défense. Dans sa lettre du 11 mars 1821, il
confie à Laure : « Honoré est *repris* particulièrement de son
indifférence. Quand, comme lui, on est toujours chancelant,
on peut être excusé, jusqu'à un certain point [37] ». Est-ce un
rappel du *coma* de Vendôme ? Et il trahit son ironie à l'égard
du monde artistique dans une autre lettre à Laure, du
19 décembre 1821 : « Mais ton frère lié avec un prince de la
cour musicale, m'a dit hier soir qu'il se chargerait par ce
moyen de choisir pour toi tout ce qui paraîtrait de plus exquis
dans ce royaume de liberté [38] ». Dans la même missive, son
approche dédaigneuse des ambitions de son fils se donne libre
cours : « [...] quoique Honoré, hier soir, d'un bel élan, ait
promis de t'écrire aujourd'hui, car lancé dans les hautes
régions pour amuser les oisifs expirants et réveiller l'esprit de

34. Voir la préface d'André Lorant à *Jean Louis*, PR, t. I, p. 269.
35. *Id.*, préface à *L'Héritière de Birague*, *ibid.*, p. 11. Voir Roger Pierrot,
« Bernard-François Balzac et son opuscule sur la statue équestre de Henri IV »,
Le Courrier balzacien, n° 68, 1997, p. 14-32.
36. PR, t. I, p. 133. À partir de cette note, les références in-texte renvoient
à cette édition.
37. Danielle Dupuis, art. cité, p. 361.
38. *Ibid.*, p. 380-381.

ceux qui n'en ont guère, il pourrait fort bien l'oublier [39] ». Après les premières publications, Bernard-François nuance cette impression. Le 5 juin 1822, il conseille à son fils : « [...] prends garde de bien consulter tes forces physiques pour ne jamais les excéder, sans quoi tout croulera, puis prends garde à tes édifices, les matériaux pour les fonder sont si innombrables, les bons à choisir si difficiles à démêler dans cet océan qu'on ne saurait trop se hâter lentement [40] ». La métaphore architecturale liant la santé et l'œuvre est à relever.

Cromwell est rédigé principalement rue Lesdiguières, mansarde louée depuis août 1819 et dont le bail s'est achevé fin 1820. Les verdicts de l'académicien Andrieux et du comédien Lafon apportent une fin d'année douloureuse : remise en question qui atteint Honoré dans ce qu'il estime être sa glorieuse vocation [41]. La rencontre d'Auguste Lepoitevin lui permet d'envisager de briser le mur que les jugements sur *Cromwell*, viennent d'ériger. Mais comme il a été souligné, le roman destiné au cabinet de lecture ne peut être synonyme de gloire ! Dans le « Roman préliminaire c'est-à-dire préface » de *L'Héritière de Birague*, certainement rédigé après coup, le dialogue entre les deux héritiers, variante de celui avec le domestique Moi-même, oppose un « gros monsieur » et un « petit monsieur » (p. 18). On sait que Lepoitevin était grand et mince [42]. Ce serait le jeune Balzac confronté à lui-même qui se lit dans ce premier roman publié, ne s'interdisant pas de jeter dans la trame des indices qui renvoient à des réalités

39. *Ibid.*, p. 378.
40. Lettre du 5 juin 1822, *Corr. Pl.*, t. I, p. 128.
41. En 1819 commence l'action du *Père Goriot* : « Sans ses [il s'agit de Rastignac, prêt à percer les mystères du père Goriot dans la pension Vauquer] observations curieuses et l'adresse avec laquelle il sut se produire dans les salons de Paris, ce récit n'eût pas été coloré des tons vrais qu'il devra sans doute à son esprit sagace et à son désir de pénétrer les mystères d'une situation épouvantable aussi soigneusement cachée par ceux qui l'avaient créée que par celui qui la subissait » (*CH*, t. III, p. 56).
42. « Lepoitevin Saint-Alme n'était pas alors ce que les années, le découragement, les ennuis de toutes sortes l'ont fait plus tard. C'était un grand homme, tout droit, au maintien digne et distingué » (Jules Viard, « Mes souvenirs sur Lepoitevin de Saint-Alme », éd. Marie-Bénédicte Diethelm, *AB 2010*, p. 140).

Le château de l'Héritière 445

intimes [43] ! Le comte de Morvan, Mathieu XLVI, dans la position d'un parricide bourrelé de remords, conscient de son crime, y voit aussi une rupture de la légitimité de la maison de Morvan [44]. Balzac ressent cette fracture culpabilisante. Comme Villani avec sa figure de bel homme, admirant l'architecture de Birague, il interroge pour son compte un environnement énigmatique et hostile : « Ses yeux, attachés au parquet, y cherchaient une réponse » (p. 147).

Une mise au point sur la datation du voyage en Touraine est due à Marie-Bénédicte Diethelm [45]. Ce retour s'appuie notamment sur la date donnée dans *Les Martyrs ignorés* : « en 1821, je revenais à Tours pour la troisième fois [46] ». En 1836, dans *Ecce Homo*, Balzac écrit « 1822 » : « Je ne sais par quelle *fatalité* ou par quel *hasard*, après avoir revu dans l'année 1822, Louis Lambert, à Blois ...] Je revenais pour la troisième fois depuis ma naissance dans une belle vallée de l'Indre [...] [47] ». Dans le processus fictionnel de Balzac, le fait mémoriel s'énonce souvent biaisé.

C'est au second semestre de 1820 qu'il faut hypothétiquement situer ce séjour. On peut supposer que Balzac, sous prétexte de santé, va chercher du repos à la campagne. L'état psychique dans lequel il est n'a pas échappé à sa famille. L'investissement, lors de la rédaction de *Cromwell*, est immense : Laure l'invite à venir passer huit jours à Villeparisis

---

43. Voir Éric Bordas, « Écriture frénétique, écriture drolatique dans *L'Héritière de Birague* », *AB 1997*, p. 402. Anne-Marie Baron voit, dans la dédicace du *Chef-d'œuvre inconnu*, une évocation de Lord R'Hoone. Ce procédé d'occultation est déjà présent (voir son article « Le mystère des lords balzaciens », *AB 2019*, p. 104-105).

44. Relevé par André Lorant : « Sa conduite présentait les contrastes les plus étonnants. Ses paroles et son maintien faisaient voir qu'il était sans cesse reporté vers un autre spectacle que le spectacle présent ; l'avenir et le passé semblaient tout pour lui » (p. 29). Cet éditeur montre Balzac déjà capable de décrire les symptômes d'une pathologie psychique (voir sa préface au roman, p. 8).

45. Marie-Bénédicte Diethelm, « De Balzac à Honoré. La hantise du retour au pays natal », *AB 2007*, p. 60 ; voir Nicole Mozet, « Biographie et description : quand Balzac est-il allé à Saumur ? », *AB 1980*, p. 295-297, proposant une date entre 1821 et 1823.

46. *CH*, t. XII, p. 740.

47. Voir J.-J. Gautier, « "N'allez-vous pas du côté d'Azay ?" Du *Grand Propriétaire* à *Ecce Homo* : un château de famille », *AB 2020*, p. 428.

446   Jean-Jacques Gautier

« pour [s]e refaire un peu [48] » au début de 1820 ; le cousin
Édouard Malus, le 16 mars, lui conseille : « Adieu, cher
ermite, je ne veux pas te distraire plus longtemps de tes occu-
pations je termine par un conseil d'amitié Ménage toi [49] ! »
Un voyage à L'Isle-Adam au printemps, dont il revient préci-
pitamment pour le mariage de Laure en mai, a pu laisser un
sentiment de frustration. Échapper à la pression familiale
devait être indispensable. En 1821, alors qu'il est pris dans la
rédaction de plusieurs projets, sa légitimité au sein du noyau
familial devait être plus évidente, fut-ce au prix de sa santé.
Est-il possible de préciser la date de ce séjour ? On sait que
Mme Balzac et sa fille aînée Laure rendent visite à François-
Adrien Andrieux au mois d'août 1820 afin d'entendre de vive
voix ses appréciations sur *Cromwell*. Lors de cette visite, Laure
dérobe la note de lecture écrite par l'académicien sur la tragé-
die et que lui renvoie Mme Balzac, le 14 août. La réponse
d'Andrieux est du 16. On comprend bien qu'Honoré est
absent lors de ces scènes, et même absent de Paris. Ce n'est
que vers le 20 septembre qu'il rend visite à Andrieux, qu'il
ne trouve pas ; ce dernier l'invite, dans une lettre du 22, à
passer le voir soit le 3, soit le 4 octobre, saluant, dit-il, « Monsieur Balzac avec qui je serai fort aise de faire connaissance [50] ».
On peut supposer qu'en août et une partie de septembre,
Honoré est en Touraine et pousse jusqu'à Saumur.

Alfred Coudreux, Henri B., Eugène Morisseau et les variantes du comte Alex. de B★★★

Premier roman publié, *L'Héritière de Birague* augure de la
place de ce qui relève de l'immeuble et du meuble, et mérite
qu'on s'intéresse à ce que Balzac qualifiait toutefois de
« *cochonnerie* littéraire [51] ». Le fief de Morvan se réduit au

48. *Corr. Pl.*, t. I, p. 45.
49. *Ibid.*, p. 47.
50. *Ibid.*, p. 50-52 et p. 1202, n. 1.
51. *Ibid.*, p. 106 (souligné par Balzac). Voir Stéphane Vachon, « Du nouveau sur Balzac : l'écho des romans de jeunesse », *AB 1998*, p. 121-122 ; faut-il
envisager un « dérèglement du pacte de lecture » volontaire ? Voir aussi Caroline

Le château de l'Héritière 447

« beau château de Birague » : lieu majeur de l'action, symbole héréditaire, il est le champ de l'intime, théâtre de projections familiales [52]. En ce proto-Balzac, R'Hoone maîtrise le vocabulaire d'architecture en fonction du registre littéraire, jouant d'une topographie authentique. Liée à la géopolitique familiale, la mention inaugurale d'éléments architecturaux surgit comme métaphore :

> Ce fut dans l'antique chapelle de Birague que se fit le mariage. Des bruits coururent au sujet de cet hymen. La disparition du chapelain, qui arriva bientôt après, et la précipitation avec laquelle le jeune comte épousa sa maîtresse, firent dire que la tombe du vieillard avait servi d'autel aux époux, qui semblaient craindre le réveil d'un homme sommeillant à jamais (p. 28).

Au sein de la chapelle, l'alliance entre autel et tombe est pour Aloïse, fruit de cette union, un paradoxe pétrifiant de vie et de mort : « Le temple a repris sa tranquillité ; le rosaire est sur l'autel. Elle s'en saisit, et sort en courant comme si tous les spectres des Mathieu, soulevant les marbres de leur tombe, étaient à sa poursuite » (p. 102). Toutefois Aloïse, grâce à sa faculté onirique, exploitant temple, tombe et autel, saisit l'enjeu majeur de sa destinée d'héritière et prend conscience du rôle de l'homme au diamant homonyme, « pierre angulaire de [sa] glorieuse intendance » (p. 239) d'un édifice rêvé comme métaphore anthropomorphique.

> Elle rêva qu'après une longue course elle arrivait enfin à la [chapelle, plutôt que *ruelle*] du château ; que là, une énorme pierre se soulevait par les efforts d'un homme qui sortait de la tombe et l'embrassait ; mais

Raulet-Marcel, « Les romans de jeunesse de Balzac : une représentation problématique de l'auctorialité ou le jeu de piste avec le lecteur », *in* Claire Barel-Moisan et José-Luis Diaz (dir.), *Balzac avant Balzac*, Christian Pirot, 2006, p. 63-78. Selon André Lorant, ce roman est « publié avec beaucoup de négligences et de désinvolture » (*PR*, t. I, p. 3).

52. Les scènes au château couvrent tout le roman, sauf : t. I, chap. 4, 5, 7 ; t. II, chap. 6 ; t. IV, chap. 3, 6. Comment concilier ce constat avec la phrase de Mme Balzac sur les « chapitres honoréains » mutilés ? Si ce n'est en faisant sienne la justification du fils, reprise par la mère sur « certaines phrases » devenues « galimatias » (Hachiro Kusakabe [éd.], *Lettres de Mme Bernard-François Balzac (mère d'Honoré de Balzac) à sa fille Laure Surville*, préface de Roger Pierrot, Kyoto, Seizancha, s. d., p. 26). L'incertitude due à l'absence de manuscrit n'interdit pas de penser qu'Honoré ne dit pas tout à sa mère !

448   *Jean-Jacques Gautier*

son baiser avait la froideur du marbre ; et de l'assemblage d'une foule de ruines, de portraits de famille, sortait le vieux Robert, haletant et criant : « Sauvez l'honneur de mon intendance, sauvez… » (p. 184.) [53]

Dans un contexte d'héritage, une question d'honneur impose une quête familiale *intra-muros*, enceinte de Birague en partie effondrée [54]. Dans sa préface [55] André Lorant a relevé le duo Aloïse et Robert cherchant à contrer l'inéluctable d'une destinée ruinée :

> La tête vénérable de Robert, ses cheveux blancs, ses petits yeux expressifs et son pas tardif, contrastaient singulièrement avec la figure douce de l'héritière, sa taille svelte, son marcher bondissant et ses formes délicieuses. On aurait dit un des anciens dieux prenant des formes humaines, guidant une de ses progénitures mortelles à travers des obstacles créés par une déesse jalouse (p. 179).

Psyché du jeune Balzac, incarnée par Aloïse, guidée par le verbe énigmatique d'une figure tutélaire [56] ? Au défaut d'une paternité, l'intendant Robert, à la croisée des parentèles, substitut social des Morvan, reprend aussi à son compte, non sans ambiguïté, la protection du fruit de la mésalliance [57].

53. Dans sa préface à *Jean Louis*, Lorant souligne le retour de cette image : « […] ce serait faire servir la tombe d'Ernestine d'autel pour ce mariage » (*PR*, t. I, p. 274).

54. Voir A. Smaniotto, *Poétique balzacienne des noms de personnages*, *op. cit.*, chapitre « De l'honneur de la famille à la célébrité de l'individu », p. 257-268.

55. *PR*, t. I, p. 10. Lorant rapproche la figure maternelle du caractère de Mathilde (*ibid.*, p. 5). Relevons cette ruade émancipatrice : « Du reste, il était noble, très noble. Par compensation, sa prévoyante mère s'arrangeait toujours de manière à ce qu'il fût le plus bel homme de la famille ; ce qui motivait les tourments que ces bonnes mères se donnaient pour parvenir à léguer de tels avantages à leurs puinés ; c'était l'exemple des Quélus, des Maugiron, des Bellegarde […] lisez l'histoire… et vous verrez que ces dames avaient l'expérience des cours » (p. 67). Voici qui incite à dater d'au moins 1821 la connaissance de la naissance adultérine d'Henry.

56. De nombreuses sources ont été relevées par André Lorant (préface, p. 5-7). Ajoutons *L'Antiquaire* de Walter Scott, accessible aux francophones dès 1816. L'antiquaire Oldbuck y évoque les destructions des bibliothèques des cloîtres, « avec la douleur de Rachel pleurant sur ses enfants » (*L'Antiquaire*, trad. Auguste Defauconpret, Furne et Gosselin, nouv. éd., 1839, t. III, p. 169) ; *cf.* le chapelain de Birague : « Et l'on entendit Rachel qui pleurait ses enfants ! … » (p. 138). Chauny est-il tiré de Rabelais (p. 81-82) ?

57. Il essaie de faire porter à une aile de Birague le nom de Robert (p. 200) !

Le château de l'Héritière 449

Anne-Marie Baron souligne : « Balzac a voulu faire des images plus ou moins ressemblantes de lui-même. On peut [...] étendre cette pratique à tous les personnages, même les moins ressemblants en apparence [58] ». Robert renvoie à Balzac, mâtiné de la figure paternelle au « pas tardif », entité incarnée en d'autres personnages, tous s'opposant à Mathilde, comme Chanclos, Vieille-Roche, le sacristain ou le vieux Morvan dit Jean Paqué [59]. Ce dernier a ce pouvoir basé sur la volonté : « Il suffit de ma volonté, sénéchal, pour qu'elle ne le soit pas » (p. 125). Relevé par André Lorant, Robert, face au comte de Morvan fils, se fait l'expression d'une angoisse héréditaire bien balzacienne : « Monseigneur... je crois... nous ne sommes pas maîtres de nos pensées... Voyez-vous, monseigneur... la pensée... Ah ! c'est une grande calamité... » (p. 96). Pour trois de ces personnages, l'autodérision est reprise à son compte par R'Hoone, comme quand l'initiale de son prénom vient brocher sur les armes parlantes de Chanclos.

La chaîne onomastique relevée à Brézé (Robert, Morillon, Moriceau et peut-être Fontaine et Victor) s'inscrit dans le temps long de l'écriture balzacienne. Hérédité et attache vernaculaire, où terre et nom se légitiment mutuellement, persistent plus ou moins dans ces temps de quête de signature [60]. La terminologie architecturale contribue à figurer cette thématique, diversement nuancée selon l'inspiration. Si la chapelle de Birague présente le plan inhabituel de cinq piliers et de deux nefs, c'est qu'il correspond à celui de Notre-Dame de Nantilly qui, après une visite à Saumur, s'est imposé à

58. Anne-Marie Baron, « L'homme miroir », *in* José-Luis Diaz et Isabelle Tournier (dir.), *Penser avec Balzac*, Christian Pirot, 2003, p. 73. Cette ressemblance peut se situer au niveau du comportement : un tic de Robert annonce celui de César Birotteau : « En disant cela, Robert se haussa par un mouvement imperceptible, sur la pointe de ses pieds [...] » (p. 106). C'est aussi celui de Taillevant (voir *Clotilde de Lusignan*, *PR*, t. I, p. 737).
59. Mathieu XLVI le fils porte le nombre de l'année de naissance du père de Balzac ! Témoin du jeu de passe-passe balzacien ?
60. Voir José-Luis Diaz, *Devenir Balzac. L'invention de l'écrivain par lui-même*, Christian Pirot, 2007, p. 68. Limité à des prénoms, un lien onomastique existe pour un plan de pièce (voir Balzac, *Théâtre, BO*, t. XXI, p. 88-89 ; voir A. Smaniotto, *Poétique balzacienne des noms de personnages, op. cit.*, p. 41-43).

l'esprit du jeune Balzac pour y placer son autel de Saint-Mathieu. Témoin de la volonté de retour sur le fait mémorisé, en mars 1826, est publié, sans signature, « Le Droit d'aînesse (Esquisses du dix-neuvième siècle) ». Le château décrit est remarquablement celui de Brézé réduit à sa stricte économie :

> Ce château consiste en un reste de tour étayée par deux corps de bâtiments, dont l'un appartenait à l'ancien donjon, et l'autre d'une construction plus moderne, est aujourd'hui la seule partie habitée. D'immenses lierres qui garnissent toute la muraille de la tour jusqu'à la corniche qui supporte son toit en cône allongé [...] un reste de pont-levis abandonné qui servait de communication avec un rocher voisin [...] Tout donne à cet antique manoir un aspect essentiellement féodal et tout à fait romantique [61].

La permanence de phénomènes mémoriels, en réminiscences thématiques se greffant sur le discours, interroge [62]. Lors de sa participation, en 1830, à *La Caricature*, Balzac adopte quatre pseudonymes. Pour trois d'entre eux, les prénoms sont issus de sa famille : Alfred son neveu, Henry son frère et Eugène son beau-frère, révélant l'affect que Balzac y investit. On sait que le nom de Coudreux est celui des propriétaires de La Grenadière que Balzac loue en 1830. Moriceau apparaît en 1833, sur le manuscrit du *Médecin de campagne*, en surcharge spontanée sur le « Morisseau » journalistique de 1830 [63]. On a vu que l'homme fort de Brézé, en 1820, après le marquis, se nomme Moriceau. Balzac tire certainement ce pseudonyme du notaire-régisseur de Brézé. Concernant Henry B., on soupçonne l'intention de se substituer par le prénom, à celui qui semble plus légitime par l'amour maternel qui lui est prodigué. Et par le nom, à ceux qui, propriétaires, semblent pouvoir jouir d'une terre symbo-

---

61. Nicole Mozet, « Ce texte est-il de Balzac ? », *AB 1980*, p. 269-277 ; le passage cité se trouve au début du texte, p. 273-274. La réponse à la question du titre semble affirmative : « maître Guignon », « homme d'affaires de Madame », fait penser à maître Moriceau, « régisseur de Brézé ».

62. Voir Anne-Marie Meininger, « Balzac et Grandlieu », *AB 1976*, p. 107-115, où est relevée « la force créatrice des réminiscences ».

63. On sait que certains de ces pseudonymes ont été repris par d'autres journalistes.

Le château de l'Héritière   451

lique où toutes les ambitions conjugales et les visées nobiliaires peuvent se concrétiser.

Ainsi, de la charge de grand veneur, est retenu l'aspect régalien, parfois à connotation sexuelle, inspirée dans *L'Héritière de Birague* de celle d'un Maillé-Brézé sous le roi René, ou de celle, depuis le 18 mars 1819, occupée par Richelieu, logé place Vendôme à l'hôtel du Grand-Veneur [64]. Elle est évoquée dans *Le Rendez-vous* (*La Femme de trente ans*), de l'automne 1831, où l'époux de Julie d'Aiglemont ironise : « Madame, le Grand Veneur chasse quand il veut, et où il veut. Nous allons en forêt royale tuer des sangliers [65] ». Ou dans *Modeste Mignon*, avec le prince de Cadignan, grand veneur [66]. Nul n'ignorait sous la Restauration – et surtout pas la presse – que la charge était honorifique et que l'essentiel de la fonction était rempli par le premier veneur, le comte Alexandre de Girardin (1776-1855), père d'Émile : « De 1815 à 1819, il resta par intérim à la tête de la Vénerie. Il le demeura après la nomination du duc de Richelieu, qui insista pour lui laisser la direction du service et proposa de lui accorder le titre autrefois donné par Louis XVI à d'Yauville de premier veneur [67]. » Le quatrième pseudonyme ne doit-il pas au comte Alexandre de Girardin, dans une revendication régalienne digne de sa réputation et qui est celle de Robert remplaçant le comte de Morvan en certaines circonstances ? En 1830, ces quatre pseudonymes esquisseraient les traits d'un Balzac noble et titré, légitime châtelain d'un bonheur terrestre ? Autoportrait à l'onomastique en quelque sorte [68] !

Une alliance avec une femme fortunée participe de cette ambition. En septembre 1819, Honoré imagine hériter de

---

64. Dans le Marais se trouve un hôtel du Grand Veneur, 60 rue de Turenne. La dénomination est-elle antérieure à 1820 ?

65. « Je pars pour une longue chasse où je vais avec le grand veneur » (*CH*, t. II, p. 1095).

66. Voir Maurice Regard, introduction à *Modeste Mignon*, *CH*, t. I, p. 447-467.

67. Charles-Éloi Vial, *Le Grand Veneur de Napoléon Ier à Charles X*, École des Chartes, 2016, p. 255.

68. Voir Pierre Laforgue, *Balzac dans le texte*, Christian Pirot, 2006, en particulier p. 22-27.

« quelque gros drôle de banquier [69] ». Puis, en pleine écriture, il demande à Laure Surville : « [...] et surtout cherche-moi quelque veuve héritière. Enfin tu comprends à merveille ce que je veux te dire [70] ». Il renouvelle la demande en juillet : « Tu ne m'as pas dit s'il y avait à Bayeux des veuves riches [71] ? » Mais dès ses premiers émoluments, il envisage une affection selon son cœur. La famille R'Hoone est alors prise dans la course au mariage. Dans ses deux premiers romans, l'intrigue tourne autour d'un mariage interrompu et le souvenir persistant de l'imaginaire de Saumur est celui d'une tentative matrimoniale de Balzac avec une riche héritière [72]. À la date du 22 juillet 1821, Honoré écrit à Laure : « Du reste, tu sauras que depuis 10 grands mois je suis sans amour et sans maîtresse [...] [73] », ce qui nous renvoie au mois de septembre 1820 et donc à la période envisagée de ce discret amour.

En 1964, Pierre-Georges Castex éclaire un repentir de Balzac sur une épreuve d'*Eugénie Grandet*, où les rives de la Loire succèdent au « beau soleil des automnes de Touraine [74] ». Le souvenir de 1820 hésite en 1833, de la Touraine à Saumur et procède par association. Dans *La Comédie humaine*, les réminiscences de 1820 sont parfois liées à « [l]'éternelle comédie de *L'Héritière* [75] » dont celle de « la rue montueuse qui mène au château » à Saumur. Le pédant *Boni Fontis* (Bonfons) n'est pas sans rappeler le *Fons Ebraudi* de Fontevraud [76]. L'onomastique semble encore le lien avec le passé dans la construction du roman balzacien. À Brézé, en 1820, se rencontrent les Girard de Charnacé à Meigné [77]. Le 22 février 1819, Pierre Robert est dit « garde-champêtre de M. de Charnacé au hameau de Meigné y demeurant ». L'abbé

---

69. *Corr. Pl.*, t. I, p. 26.
70. *Ibid.*, p. 58, vers le 18 juin 1821.
71. *Ibid.*, p. 66.
72. *Eugénie Grandet*, éd. critique citée, p. XXII-XVII.
73. *Corr. Pl.*, t. I, p. 67.
74. *Eugénie Grandet*, éd. citée, p. XXIX.
75. *Modeste Mignon*, *CH*, t. I, p. 618, de même que les mots cités ensuite.
76. Suggéré par Étienne Vacquet, *Dictionnaire historique Célestin Port*, art. Fontevrault, p. 158. Voir *Eugénie Grandet*, éd. Castex p. 21 et *CH*, t. III, p. 1037.
77. Dupuy ne peut être Dujay, vérifié sur l'original (Lov. A 276, *Corr. Pl.* t. I, p. 58-59).

Le *château de* l'Héritière

Raoul de Charnacé, « propriétaire du château de Meigné et dépendances », en hérite par sa mère Marie-Charlotte-Françoise du Tronchay[78]. Né le 16 mars 1764 à Nantilly de Saumur, ses parrain et marraine sont Louis-André et Jeanne-Victoire Pinot de la Gaudinaye, famille angevine[79]. En 1843, on constate, lors des corrections apportées par Balzac à *Eugénie Grandet* pour la publication de *La Comédie humaine*, que l'aïeule d'Eugénie, mère de Mme Grandet, est renommée Mme de la Gaudinière[80]. Tout « [...] comme les Chabot reparurent un jour en Rohan », de 1833, devient alors « [...] comme les Dreux reparurent un jour en Brézé[81] ». On peut penser que l'expérience saumuroise fut profondément marquante pour que Balzac en évoque encore et enfin le souvenir, vingt-trois ans plus tard !

Le sondage onomastique au sein du château de Brézé en 1820, contribuant à accréditer l'hypothèse du château référent, fait de *L'Héritière de* Birague un des plus anciens exemples d'une onomastique patronymique authentique. La posture auctoriale du jeune Balzac l'autorise à s'appuyer sur son expérience personnelle, plus ou moins perceptible. Il y développe en particulier une thématique autour de l'hérédité et de la légitimité qui perdure longtemps dans son œuvre. Le bâti architectural et l'ameublement servent cette thématique tout en trahissant des préoccupations personnelles de l'auteur. C'est cette grille de lecture qui a permis de révéler ce fragment de vie peu connu de l'homme et de l'écrivain en devenir. L'écriture du jeune Balzac est déjà constitutive de discours palimpsestes.

Jean-Jacques GAUTIER.

---

78. En octobre 1842, Armand Pérémé cite un baron de Charnacé qui est Jean-Charles Gautier de Charnacé (1817-1870) (*Corr. Pl.* t. III, p. 76). En pensant à ce dernier, « si c'est le même, ce que l'âge indiquerait », Balzac répond à Mme Hanska, le 15 février 1845, en lien à Dresde avec un Girard de Charnacé et ses deux fils (*LHB*, t. II, p. 19-20. Né en 1800, l'âge laisse pourtant peu de place au doute !

79. Un premier mariage Pinot de la Gaudinaye et Du Tronchay a lieu à Nantilly de Saumur, le 14 juin 1728.

80. Éd. Castex, p. 12 et *CH*, t. III, p. 1031.

81. *Ibid.*, p. 236 et p. 1184.

Documentation

REVUE CRITIQUE

BARON (Anne-Marie), *Balzac, spiritualiste d'aujourd'hui. Au-delà du bien et du mal*, Paris, Honoré Champion, 2022, 386 p.

La couleur est clairement annoncée dès la première phrase de l'introduction : « Balzac est, certes, un grand romancier du réel, mais quel réel ? Sait-on qu'il a fait du père Goriot "le Christ de la paternité" ? De Lucien de Rubempré un ange déchu ? Et d'Eugénie Grandet une véritable sainte ? » (p.10). Il est vrai que, depuis qu'elle travaille sur Balzac, Anne-Marie Baron n'a jamais accepté d'assigner au texte de *La Comédie humaine* la transparence d'un document, ni d'ailleurs de le verser dans toute autre catégorie d'évidence discursive. Les nombreux ouvrages qu'elle a déjà publiés comprennent tous l'écriture de Balzac comme un tissu de renvois doublement significatifs – au contexte biographique et historique d'un côté à un fonds mythologique et mystique de l'autre. L'affinement progressif de cette démarche depuis *Le Fils prodige ou l'inconscient de « La Comédie humaine »* (Nathan, 1993) jusqu'à *Balzac occulte* (L'Âge d'homme, 2012), en passant par plusieurs autres études importantes, lui permet de présenter avec *Balzac, spiritualiste d'aujourd'hui* une pièce maîtresse magnifiquement aboutie.

L'ouvrage commence par la brève section « Définitions » qui sert à clarifier le sens proprement balzacien de certains concepts fondamentaux comme *matière*, *substance* et *spiritualité*.

L'Année balzacienne 2023

Dans ces mêmes pages se formule aussi l'approche méthodologique : « une auscultation de l'œuvre en profondeur pour essayer de saisir l'écriture à sa source, d'en tracer une genèse qui ne soit pas génétique [...] mais en quelque sorte généalogique et philosophique » (p. 23). Une fois ces perspectives dessinées, peuvent se déployer les grandes parties de la réflexion.

Le premier chapitre insiste sur la notion de *pensée* que Balzac, à travers *Louis Lambert* notamment, inscrit non seulement dans un système physiologique mais aussi dans un champ métaphorique. Ce dernier lui fournit des registres comparatifs tels que la démarche, la nature végétale, la grâce féminine, le magnétisme ou la génération et croissance humaines. Il résulte de ce procédé une étonnante concrétisation d'un sujet abstrait, la pensée se révélant dans un texte banalement appelé *Théorie de la démarche* comme le condensé d'une incessante coulée de métaphores.

Mais la pensée devenue idée, volonté et action est aussi la plus grande dévoratrice d'énergie. Elle fait du génie, en particulier, un martyr dans la tradition du Christ, un « surhomme de douleur » détruit par sa quête de transcendance. D'où l'intérêt de mettre en parallèle les conceptions de Balzac et de Nietzsche en matière d'analyse morale. Alors que le premier fait attaquer par Vautrin une éthique chrétienne fragilisée, le second prend sur lui de la renverser intégralement. Et si le premier crédite encore le catholicisme de vertus éducatrices pour les masses – en se réservant un accès élitiste à la spiritualité johannique – le second se hisse sans scrupule sur le piédestal du génie créateur de son propre évangile. Les deux lancent ainsi leur *ecce homo* comme un défi au règne moderne des médiocrités mais aussi comme une mise en doute radicale de la prétention véridictionnelle du langage.

Grâce à ces analyses préparatoires peut s'ouvrir le deuxième chapitre (« Un réalisme balzacien ? »). Si, en fait, le mot ne désigne qu'imparfaitement la chose, c'est toute la matérialité descriptive de *La Comédie humaine* qui pose problème. Décors ou vêtements y représentent certes un monde cohérent mais ils pointent toujours aussi vers un au-delà de la pure référence, au-delà qui se rattache à un ensemble de lois supérieures. Anne-Marie Baron considère la présence de ces dernières chez

Revue critique 459

Balzac comme une résurgence de lois bibliques, soumises auparavant aux incessantes exégèses des rabbins. De sorte que tout dans l'Ancien Testament, jusqu'au moindre détail, a été doté par ses interprètes d'une dimension symbolique qui garantit la signifiance de l'Ecriture et la possibilité d'en tirer un corpus de règles de vie : le Talmud. Aussi Balzac, en partie instruit de ces modes de pensée, expose-t-il souvent les problématiques du mariage comme des « cas talmudiques » (p. 80), comme il le fait plus généralement pour les questions de droit et de justice. En témoigne le soin avec lequel il veille à toujours distinguer dans l'évocation d'une affaire son aspect purement juridique et ses implications au regard d'une équité supérieure.

Il est logique que suivent ici deux grands chapitres consacrés l'un au mal, l'autre au bien. Anne-Marie Baron souligne d'abord qu'une partie de l'Avant-propos de *La Comédie humaine* renvoie à la conception des trois premiers chapitres de la Genèse. Et c'est donc par analogie à l'éthique issue de l'autorité divine que s'établit une dialectique du bien et du mal propre à la société balzacienne. On comprend dès lors pourquoi tant de figures de l'œuvre possèdent une énergie de rayonnement colossale : elles sont investies de la force mythique de leurs modèles bibliques.

Ainsi Chabert, victime innocente du mal, comme Job ; mais surtout pécheurs par luxure, envie et autres vices, tous transgresseurs rattachés à des précédents stigmatisés par la Bible. Rien d'étonnant à ce que se greffe sur ce fonds la thématique plus moyenâgeuse de l'enfer. Paris est devenu la cité dolente de la modernité, les avares prennent la relève de Mammon et Lady Dudley sur son cheval par un clair de lune apparaît comme la Grande Prostituée de l'Apocalypse (p. 130). Or, comme Balzac connaît l'univers ténébreux du Romantisme et qu'il se passionne pour les quêtes théosophiques de Saint-Martin, de Boehme et de Swedenborg, il est capable de transformer « le problème moral du Mal en problème psychosocial et métaphysique, puis esthétique » (p. 149).

Aux abîmes du Mal s'opposent les hauteurs du Bien, qui n'est autre que celui de l'Église primitive. Il s'agit là, dès Saint-Jean, d'un idéal reconstruit, élaboré à l'intention des initiés.

Mais cet idéal devient chez Balzac un mythe personnel où convergent tous les courants philosophiques, scientifiques et littéraires qu'il a reconnus comme fondateurs de sa pensée. Et c'est finalement l'*Histoire intellectuelle de Louis Lambert* qui en fournit la synthèse, à la place d'une *Histoire de l'église primitive*, amorcée dès les essais de jeunesse mais jamais réalisée. Dans le monde de Balzac, cet idéal d'une religion du cœur s'incarne dans les personnages surtout féminins de martyres et de saintes : Eugénie Grandet et Henriette de Mortsauf mais aussi Coralie et Esther en sont les émouvantes illustrations. Quant aux hommes, si l'enveloppe de leur cœur semble plus résistante, rien n'exclut une miraculeuse illumination, comme la connaît le docteur Minoret.

Le chapitre suivant (« Du réel à l'au-delà ») présente certaines des figures clefs au moyen desquelles Balzac organise et allégorise son univers. On y découvre le jeu des « correspondances », notion que Balzac charge de références swedenborgiennes, nourries elles-mêmes de réminiscences kabbalistiques (p. 200-203). Viennent enfin les images de l'échelle et des sphères. Ces dernières permettent d'inscrire les phénomènes sociaux, physiologiques, moraux ou spirituels dans une conceptualité le plus souvent tripartite (p. ex. instinct, abstraction, spécialité). Quant à l'échelle de Jacob, elle sous-tend les destins des personnages selon le sens ascendant ou descendant dans lequel ils franchissent les limites des sphères.

Le dernier chapitre, « Écriture et spiritualité », soulève la question, toujours déjà sous-jacente aux développements préalables, des modes d'expression générateurs du texte balzacien. Comme l'auteur de *La Comédie humaine* s'est donné la tâche difficile de toucher au sublime indicible – de même que Frenhofer à la perfection irreprésentable – il ne peut trouver une solution que dans l'élaboration d'une double écriture (p. 251) : un langage de la matérialité au service des humains et un langage de la spiritualité animé du souffle divin, les deux expressions se fécondant et s'interpénétrant. Lettres, nombres, noms et syntagmes peuvent alors dédoubler leurs fonctions, demandant outre la compréhension de leur signification ordinaire le déchiffrement de leurs sens secrets. Comme le dit Anne-Marie Baron, ce n'est qu'en postulant l'unité substan-

Revue critique 461

tielle de toute chose, y compris celle de l'alphabet humain et de la Parole divine, que Balzac réussit cette gageure : « Son écriture en est l'instrument pour ainsi dire talismanique. Elle montre la continuité ascensionnelle de la Création, "depuis les marbres jusqu'à Dieu". Ou la descente de l'influx divin, selon la Kabbale, depuis l'*Ein Soph* jusqu'à la dixième *sephira*, *Malkhout* » (p. 300).

Balzac, spiritualiste d'aujourd'hui exige une bonne connaissance des écrits balzaciens, de même qu'un intérêt pour l'archéologie du savoir philosophique, religieux, mystique et scientifique. L'ouvrage nécessite donc une lecture constamment attentive à la complexité des réflexions et interprétations qu'il propose. Si le lecteur est prêt à consentir un tel effort, il s'en trouvera amplement récompensé. Car l'écriture de Balzac est ici appelée, avec beaucoup d'intuition et de précision à la fois, à révéler quelques-unes des sources productrices de son incroyable richesse sémantique.

Anne-Marie Baron, dans la lignée de Baudelaire, Béguin, Curtius, Madeleine Ambrière et Max Andréoli, scrute le millefeuille balzacien sans jamais s'arrêter à ses couches supérieures, Elle les lève l'une après l'autre pour en constater l'interdépendance et l'interaction. Et grâce à ce travail de généalogie, elle montre pourquoi l'œuvre de Balzac a pu acquérir sa valeur universelle, tournant sa lumière vers les récits fondateurs du passé, mais les projetant aussi vers les mythes d'une modernité à venir, jusqu'à notre époque et au-delà.

Dans cette perspective, bien des évidences apparentes s'estompent en faveur de connaissances plus subtiles. Ainsi, par exemple, les bouquets que Félix offre à Henriette symbolisent-ils, outre l'intensité de son désir sexuel, son aspiration à l'union mystique avec la femme angélique (p. 191). Ou encore, la leçon de Vautrin à l'intention de Rastignac ne fournit-elle pas seulement une analyse socio-économique digne du futur matérialisme historique de Marx mais aussi les prolégomènes d'une antimorale nietzschéenne (p. 46-57). Chez Balzac, l'évocation d'une « apocalypse rétrograde » sous les auspices de Cuvier n'implique pas l'idée de finalité mais plutôt

celle d'un éternel retour sur fond de dynamique ascensionnelle. Anne-Marie Baron en fait la brillante démonstration.

André VANONCINI.

GLEIZE (Joëlle), *Balzac ininterrompu*, Rennes, Presses Universitaires de Rennes, coll. « Interférences », 2023, 301 p.

Dédicacé à Claude Duchet, ce recueil d'articles et de chapitres, dont une première version a été publiée ailleurs, se situe
au carrefour de la sociocritique, de la pragmatique historique
et de l'esthétique de la réception telle qu'elle a été pratiquée
par certains membres de l'École de Constance. Là il s'agirait
des travaux Wolfgang Iser plutôt que de ceux de Hans Robert
Jauss, dans la mesure où Joëlle Gleize s'intéresse surtout aux
relations entre les lecteurs internes aux textes balzaciens et les
lecteurs « réels » que Balzac cherche à convoquer et à fidéliser.
Ce qui sous-tend donc cette étude est l'inscription de la lecture dans l'élaboration, la production et la réception des textes
de Balzac.

Le volume, qui se distingue par l'étendue de son emprise
et par la profondeur de sa réflexion, se divise en cinq parties.
Dans une première partie, intitulée « Balzac pseudonyme »,
Joëlle Gleize nous montre un Balzac des premiers romans en
train de se forger une identité d'écrivain sous une succession
de masques et de pseudonymes dont il nie la paternité. Une
série de textes où Balzac assume le rôle de simple traducteur,
et une série de préfaces satiriques qui se désavouent eux-
mêmes en tant que documents authentiques, permettent
d'ailleurs à Balzac de « se poser en lecteur et en commentateur
de son propre récit, dans un dialogue constant avec son destinataire » (p. 25) : plus Balzac s'affiche comme lecteur plutôt
que comme auteur de ses propres fictions, plus le lecteur
« réel » est intégré dans la fiction : « de destinataire, il est
devenu narrataire » (p. 31). En même temps, et un peu paradoxalement, Balzac se construit un nom à travers ses noms de
plume, ces noms de plume devenant, tel Horace de Saint-
Aubin, des *personnages* créés par Balzac plutôt que l'un de ses

Revue critique 463

masques. Qui plus est, tous ces tours de passe-passe s'élaborent sur un fond d'incertitude quant au statut de roman par rapport au théâtre et à la poésie et quant à sa valeur autre que marchande – le genre romanesque étant « encore méprisé par l'institution critique et destiné d'abord aux femmes et aux jeunes gens » (p. 25).

Une deuxième partie, intitulée « L'Analytique et *Les Parents pauvres* », s'interroge sur la relation entre *Pathologie de la vie sociale* en tant que texte(s) fragmentaire(s) et des fictions balzaciennes comme *Les Parents pauvres* en tant que romans exemplaires d' « une sociologie du quotidien » (p. 97). Pour fragmentaire et pour hybride qu'elle soit – étant une œuvre incomplète à la fois moraliste et scientifique – *Pathologie de la vie sociale* constitue une sorte d'*Urtext* pour un Balzac qui transforme l'analytique en roman par l'intermédiaire de personnages types dont l'énergétique passionnelle (par exemple celle de Hulot) est « inventive d'intrigues » (p. 109). Le fait que d'autres personnages comme la cousine Bette observent et *analysent* les signes du social que véhicule cette énergétique passionnelle donne une autre dimension au récit pathologique – le récit réussit à la fois à incarner et à analyser le pathologique. La lectrice « interne » qu'est la cousine Bette donne au texte qui porte son nom « toute une anthropologie sociale des passions qui se voit mise en intrigue et en images » (p. 109). Le fragment qu'est *Pathologie de la vie sociale* devient donc le résumé de toute une vision – et de toute une lecture – de la société balzacienne.

Une troisième partie du volume en vient à l'un des sujets de prédilection de Joëlle Gleize – le rôle joué par « les immenses détails » chez Balzac. Là encore il s'agit de montrer que la lecture d'un texte est préfigurée par des lectures – parfois simplistes ou erronées – dans le texte. Dans *Modeste Mignon*, par exemple, Joëlle Gleize démontre que le texte (le mot « roman » n'y figure point) présente et démonte le stéréotype du poète romantique dont le lyrisme et l'égoïsme déceptifs se doivent d'être remplacés par une lecture plus avisée qui cherche le réel et le social véhiculés par la vérité de la prose : « [la] seule œuvre qui ne soit pas mensongère est [...] celle où l'auteur se livre le moins » (p. 127). Encore un protocole de

464   *Owen Heathcote*

lecture est mis en avant dans une étude des *Codes* où il s'agit de faire un tri parmi les « immenses détails » et parmi toutes les nuances qu'incarnent la toilette, la « science des manières », et la spécificité (ou non) des identités sociales et des mœurs françaises ... Telle est la complexité des détails ici que les stéréotypes – comme ceux qui surdéterminent le type allemand dans *Le Cousin Pons* – doivent être dépassés et remis en question car « les identités sociales sont décrites dans leurs transformations comme les identités nationales dans leurs migrations » (p. 139). On en vient donc à des identités hybrides et à une mosaïque en mouvement, tant pour les espèces sociales que pour les textes qui les véhiculent. Car les romans eux-mêmes sont (ne sont que) des « immenses détails » dans la très grande *Comédie humaine.*

Intitulée « Publication, composition, montage », une quatrième partie confirme qu'une œuvre de Balzac n'est bel et bien qu'une sorte de détail, de fragment, car, qu'elle paraisse en revue ou en volume, elle n'est jamais complète ni définitive. Cela s'explique en partie par le fait que Balzac cherche toujours à enrôler un plus large public et en partie par le fait que tout texte de Balzac ne constitue qu'une partie du tout jamais achevé. L'incomplétude s'avère inévitable puisque c'est au lecteur que revient la tâche de remplir les blancs – par exemple dans la biographie d'un personnage reparaissant – ou bien de faire le lien entre des textes différents quand il est sommé de lire un autre texte cité entre parenthèses où une intrigue reçoit de plus amples développements. Comme l'explique très pertinemment Joëlle Gleize : « cette discontinuité serait précisément le moyen de faire participer le lecteur à la construction de la cohérence et achever l'opération de maîtrise visée par le texte » (p. 168).

Mettant davantage l'accent sur les lecteurs « réels », une cinquième et dernière partie du volume examine les rapports entre les différents supports qu'exploite Balzac – publication en feuilleton, en volume, en location, en vente – et la popularité et la postérité toujours grandissantes d'un Balzac vraiment « ininterrompu ». Suit une « sociologie qualitative » du *Colonel Chabert*, qui montre que les avatars différents du personnage « Chabert » – comme de la comtesse Ferraud – permettent

Revue critique 465

des lectures différentes du texte selon l'optique choisie : le texte est une sorte de palimpseste chronologique et historique qui se prête, grâce à ses temporalités distinctes mais superposées, à de multiples interprétations. Pour terminer son travail, Joëlle Gleize passe en revue le développement de la critique balzacienne depuis les années 1950, explore les particularités des différentes éditions de *La Comédie humaine*, et analyse les visions contrastées de Balzac qu'on trouve chez Huysmans et Michon. En fin de parcours, elle espère avoir fait de ces pièces détachées un livre, un livre sur la lecture de Balzac. Il n'y a aucun doute : Joëlle Gleize a écrit un livre qui impressionne par l'acuité de ses aperçus et par la clarté et la rigueur de ses analyses. La promesse a été tenue.

Owen HEATHCOTE.

BIBLIOGRAPHIE BALZACIENNE

Année 2021

Cette bibliographie recense les publications de l'année 2021 (ainsi que celles, antérieures, qui n'avaient pas été signalées). La numérotation des références prend la suite de la rubrique sur l'année 2020 contenue dans *L'Année balzacienne 2022* (p. 409-419). Dans la mesure du possible nous ne répétons pas ici les informations sur les traductions des œuvres de Balzac et sur les articles en langue étrangère dès lors que ces informations figurent à titre principal dans la rubrique « Balzac à l'étranger », dans ce numéro ou dans un numéro précédent. Le lieu d'édition n'est précisé que s'il n'est pas à Paris ; l'année de publication des ouvrages comme des articles n'est précisée que si elle est antérieure à 2021.

REVUES BALZACIENNES - BIBLIOGRAPHIES

6956 *Le Courrier balzacien*, publié par la Société des Amis d'Honoré de Balzac et de la Maison de Balzac, nouvelle série, n°s 53-56. [Les principaux articles de cette série sont détaillés ci-après].

6957 *The Balzac Review/ Revue Balzac*. 2021, n° 4, *L'édition/Publishing*. Classiques Garnier, 301 p. [Les principaux articles de cette revue sont détaillés ci-après,

L'Année balzacienne 2023

468   *Julien Dimerman et Michel Lichtlé*

quand ils ne figurent pas ou n'ont pas figuré déjà dans la rubrique « Balzac à l'étranger »].

6958   Dimerman (Julien), *Bibliographie de la littérature fran-çaise*, année 2021, hors-série de la *Revue d'Histoire litté-raire de la France*, Classiques Garnier, 2022, 879 p. ; sur Balzac, p. 256-262.

6959   Klapp-Lehrman (Astrid), *Bibliographie der französischen Literaturwissenschaft* [fondée par Otto Klapp], t. LIX ; Frankfurt am Main, V. Klostermann, 2022, 1346 p. ; sur Balzac, p. 500-509.

ÉDITIONS

6960   *Le Chef-d'œuvre inconnu* ; sous la direction de Thierry Dufrêne ; Paris-Musées / Maison de Balzac, 165 p. Bibliogr. p. 161-165. Voir également ci-dessous la rubrique consacrée à cette œuvre.

6961   *Des artistes : critiques et tableaux de mœurs littéraires, suivis d'une satire inédite de l'auteur dédiée à ceux qui aiment à rire comme des bossus : Mahieux*. Coeuvres : Ressouve-nances, 2021. Réunit des chroniques de critique litté-raire s'échelonnant de 1830 à 1840, incluant un compte rendu d'*Indiana* signé Eugène Morisseaux dans *La Caricature* de mai 1832, et en fin de volume une « satire » signée Alfred Coudreux d'attribution douteuse.

6962   *L'Interdiction* ; présentation et notes de Marie-Bénédicte Diethelm ; Éditions Manucius, 2021. 147 p. Bibliogr. p. 42 (Littéra)

6963   *Récits oniriques*. Paris-Musées / Maison de Balzac, 74 p. Réunit : « Théorie du conte » ; « Croquis » ; « La danse des pierres » ; « Le dôme des Invalides » ; « Zéro » ; « Tout » ; « Voyage pour l'éternité » ; « Les amours de deux bêtes ».

Bibliographie balzacienne 469

OUVRAGES

6964 Bordas (Éric), Glaudes (Pierre) et Mozet (Nicole) (dir.), *Dictionnaire Balzac*. Classiques Garnier, 2 vol., 1558 p. (Dictionnaires et synthèses, 21)

6965 Kamada (Takayuki), *Balzac : multiples genèses*. Saint-Denis : Presses universitaires de Vincennes, 480 p. Bibliogr. p. 453-473 (Manuscrits modernes)

6966 Karklins-Marchay (Alexis), *Notre monde selon Balzac : relire* La Comédie humaine *au XXIe siècle*. Ellipses, 519 p. Bibliogr. p. 497-498

6967 Lecoq (Titiou), *Honoré et moi : parce qu'il a réussi sa vie en passant son temps à la rater, Balzac est mon frère*. Le Livre de poche, 206 p.

ARTICLES BIOGRAPHIQUES ET CRITIQUES

6968 Alliet (Jérémie), « Portraits balzaciens à l'ombre du romantisme noir dans *La Rabouilleuse, La Cousine Bette* et *Splendeurs et misères des courtisanes* : valeurs des corps, corps sans valeur ? », *Otrante*, 50, p. 137-150.

6969 Bordas (Éric), « Les jardins de Balzac : histoire d'une réduction », *Travaux de Littérature*, 34, p. 221-231.

6970 Bourdin (Jean-Claude), « Que sont les moeurs devenues ? Étude sur l'effacement du concept politique des moeurs », in *La science des moeurs au siècle des Lumières. Conception et expérimentations*, sous la direction de Laurie Bréban, Séverine Denieul et Élise Sultan-Villet, Classiques Garnier, p. 227-247.

6971 Briggs (Thomas W.), « Incomprehensibility Reduced. The Digitization of Balzac Resources », *The Balzac Review/Revue Balzac*, 4, p. 99-117.

6972 Conroy (Melanie), « Thinking Literary Systems. Print and Digital Databases of Balzacians », *The Balzac Review/Revue Balzac*, 4, p. 81-98.

6973 Del Lungo (Andrea), « *e*Balzac. pour une édition génétique et hypertextuelle de l'œuvre de Balzac »,

470 *Julien Dimerman et Michel Lichtlé*

Cahiers de l'Association Internationale des Études Françaises, 73, p. 305-321.

6974 Del Lungo (Andrea), « L'édition numérique eBalzac. Une nouvelle lecture de *La Comédie humaine* », *The Balzac Review/Revue Balzac*, 4, p. 119-140.

6975 Gerwin (Beth), « Révision et subversion : Balzac et le mythe de Napoléon », *Le Courrier balzacien*, 54, p. 5-37.

6976 Huynh (Kathia), « Une ténébreuse province. Transposition structurale et enquête éthique dans *Le Curé de Tours* et *Pierrette* de Balzac », *Otrante*, 50, p. 119-135.

6977 Kamada (Takayuki), « Éditer les dossiers préparatoires de Balzac. Éléments de bilan et perspectives », *The Balzac Review/Revue Balzac*, 4, p. 39-60.

6978 Laforgue (Pierre), « (Il)lisibilité de Balzac ? », *The Balzac Review/Revue Balzac*, 4, p. 25-38.

6979 Le Huenen (Roland), « Balzac préfacier de l'histoire. Les rapports de l'Histoire et du roman », *Le Courrier balzacien*, 53, p. 53-68.

6980 Mello (Lucius de), « Le rêve de Balzac : comédie humaine ou bible mondaine ? », *Le Courrier balzacien*, 53, p. 38-52.

6981 Michelot (Isabelle), « Les prisons du regard : œil espion et enfermement chez Balzac », *Le Courrier balzacien*, 55, p. 5-19.

6982 Mimouni (Isabelle), « Balzac est-il encore lisible ? Ou comment l'éditer pour un public élargi », *The Balzac Review/Revue Balzac*, 4, p. 61-80.

6983 Plagnol (Hervé), « Réponses à notre questionnaire sur "Comment lire Balzac" », *Le Courrier balzacien*, 55, p. 25-37.

6984 Romero Barea (José de María), « Honoré de Balzac : la épica intermitente [l'épopée intermittente]», *Quimera*, 447, p. 51-54.

6985 Roney (Kristina M.), « A Tale of Two Bankruptcies. *César Birotteau* and *La Maison Nucingen* », *The Balzac Review/Revue Balzac*, 4, p. 197-213.

6986 Shields (Martin), « Balzac, Business as Metaphor for the Unpredictability of the Political and Socio-econo-

Bibliographie balzacienne 471

mic Tranformatins of Near-History », *The Balzac Review /Revue Balzac*, 4, p. 179-195.

6987 Tain (Jean), « Le réalisme "excentrique" de Balzac selon Adorno », in *Approches matérialistes du réalisme en littérature*, sous la direction de Vincent Berthelier, Anaïs Goudmand, Mathilde Roussigné et Laélia Véron, Saint-Denis : Presses universitaires de Vincennes, p. 91-108.

6988 Vidotto (Ilaria), « Retour sur un balzacisme genettien. Forme linguistique et valeurs stylistiques du tour désignatif "X, cet Y de Z" », *The Balzac Review/Revue Balzac*, 4, p. 215-237.

Le Chef-d'œuvre inconnu

6989 Bergounioux (Pierre), « "J'ay haste" », in *Honoré de Balzac*, Le Chef-d'œuvre inconnu, p. 95-99. Voir n° 6960.

6990 Dufrêne (Thierry), « Faire voir *Le Chef-d'œuvre inconnu* », in *Honoré de Balzac*, Le Chef-d'œuvre inconnu, p. 39-59. Voir n° 6960.

6991 Gagneux (Yves), « *Le Chef-d'oeuvre inconnu*. Interprétations, adaptations, inventions », in *Honoré de Balzac*, Le Chef-d'œuvre inconnu, p. 63-72. Voir n° 6960.

6992 Gamboni (Dario), « "Tu ne troueras point" », in *Honoré de Balzac*, Le Chef-d'œuvre inconnu, p. 129-137. Voir n° 6960.

6993 Maingon (Claire), « Dans la peau du modèle féminin », in *Honoré de Balzac*, Le Chef-d'œuvre inconnu, p. 103-110. Voir n° 6960.

6994 Michael (Androula), « Picasso poète et *Le Chef-d'oeuvre inconnu* », in *Honoré de Balzac*, Le Chef-d'œuvre inconnu, p. 83-93. Voir n° 6960.

6995 Orlan / Dufrêne (Thierry), « Conversation autour du *Chef-d'œuvre inconnu* », in *Honoré de Balzac*, Le Chef-d'œuvre inconnu, p. 123-127. Voir n° 6960.

472 *Julien Dimerman et Michel Lichtlé*

6996   Pamuk (Orhan), « La leçon de Balzac », in *Honoré de Balzac*, Le Chef-d'œuvre inconnu, p. 139-143. Traduit de l'anglais par Jeanne Bouniort. Voir n° 6960.

6997   Spiewak (Julien), Le Chef-d'oeuvre inconnu *d'Honoré de Balzac*. Photographies de Julien Spiewak, préface de Dominique Baqué, Genève : Espace_L, 136 p.

6998   Sudour (Jeanne-Yvette), « *Le Chef-d'oeuvre inconnu* illustré par Pablo Picasso », in *Honoré de Balzac*, Le Chef-d'œuvre inconnu, p. 75-81. Voir n° 6960.

Le Colonel Chabert

6999   Rizk (Annie), « Deux fables politiques en écho ? *Le Colonel Chabert* et *Le Fleuve détourné* », in *Relire Rachid Mimouni, entre hier et demain*, sous la direction de Patrick Voisin, Classiques Garnier, p. 179-185.

La Cousine Bette

7000   Kamińska (Aleksandra), « La puissance des clichés langagiers dans *La Cousine Bette* de Balzac : entre le dévoilement de stéréotypes et leur reconnaissance par le lecteur contemporain », *Romanica Silesiana*, 3, p. 50-58. Bibliogr.

La Duchesse de Langeais

7001   Brémond (Mireille) et Prévot (Anne-Marie), « *La Duchesse de Langeais* dans tous ses états », *Cahiers Jean Giraudoux*, 49, p. 145-204. [Sur l'adaptation cinématographique de Giraudoux]

Bibliographie balzacienne

Eugénie Grandet

7002 Baron (Anne-Marie), « *Eugénie Grandet*, entre roman et cinéma », *Le Courrier balzacien*, 55, p. 39-46.

Illusions perdues

7003 Huynh (Kathia), « *Illusions perdues* », in *Khâgnes 2022*, Neuilly : Atlande, p. 147-250. Bibliogr. p. 325-328 (Clefs concours. Khâgnes littérature)

7004 Baron (Anne-Marie), « Un film à la hauteur du roman », *Le Courrier balzacien*, 56, p. 15-19.

7005 Plagnol (Hervé), « *Illusions perdues* 1966, entre adaptation et création », *Le Courrier balzacien*, 56, p. 20-22.

Le Lys dans la vallée

7006 Besson (Lucette), « *Le Lys dans la vallée* ou le *Contre Sainte-Beuve* de Balzac », *Le Courrier balzacien*, 53, p. 21-36.

Les Paysans

7007 Lyon-Caen (Boris), « Balzac fabuliste. « Le tour de la loute » (1844) », in *Histoires de chasse. Traces et traques dans la littérature du XIXᵉ siècle*, sous la direction de Bertrand Marquer et Éléonore Reverzy, Classiques Garnier, p. 207-223.

La Peau de chagrin

7008　Mahrer (Rudolf) et Zufferey (Joël), « Variance de l'œuvre moderne. De la variante à l'édition numérique », *The Balzac Review/Revue Balzac*, 4, p. 141-172.

Les Proscrits

7009　Prévost (Maxime), « Écrire la voyance : la présence de Dante Alighieri dans *Les Proscrits* de Balzac », *Le Courrier balzacien*, 54, p. 40-52.

Splendeurs et misères des courtisanes

7010　Goulet (Alizée), « Le pouvoir du discours oral dans *Splendeurs et misères des courtisanes* d'Honoré de Balzac », *Romantisme*, 192, p. 38-47.

Une fille d'Ève

7011　Baron (Anne-Marie), « À propos d'*Une fille d'Ève* : origines d'un titre, titre des origines », *Le Courrier balzacien*, 56, p. 27-31.

Une ténébreuse affaire

7012　Parmentier (Marie), « La "ténébreuse affaire" de la chasse chez Balzac. Réflexion sur le modèle cynégétique de la lecture », in *Histoires de chasse. Traces et traques dans la littérature du XIXᵉ siècle*, sous la direction de Bertrand Marquer et Éléonore Reverzy, Classiques Garnier, p. 207-223.

Bibliographie balzacienne 475

INFLUENCES ET RELATIONS

7013 Alleaume (Muguette), « Filles d'Ève chez Balzac et Flaubert : cadre social et cercle de l'intime », *Le Courrier balzacien*, 56, p. 32-52.

7014 Allen Hernández (Jonathan), « Balzac chez Galdós : une empreinte profonde », *Le Courrier balzacien*, 53, p. 5-13.

7015 Baron (Anne-Marie), « *Les Enfants du Paradis* : Marcel Carné à l'école de Balzac », *Le Courrier balzacien*, 56, p. 23-26.

7016 Besson (Lucette), « Flaubert, lecteur de *Louis Lambert* », *Le Courrier balzacien*, 56, p. 53-58.

7017 Desestoiles (Sophie), *Balzac Gonzague : enfants de Touraine, hommes de l'être*. Saint-Genès-Champanelle : Aigle botté Éditions, 246 p. (Traversées)

7018 Hofer (Hermann), « Présence de Balzac », *La Revue des lettres modernes : Barbey d'Aurevilly*, 5, p. 81-119.

7019 Hollywood (Amy), « Honoré de Balzac, Henry James, and Seraphic Devotions », *Representations*, 153, p. 127-143.

7020 Konstantinidis (Nektarios-Georgios), « Balzac vu par Giraudoux », *Cahiers Jean Giraudoux*, 49, p. 129-143.

7021 Richard-Pauchet (Odile), « Diderot, Balzac et le roman (épistolaire) », *Recherches sur Diderot et sur l'Encyclopédie*, 56, p. 181-195.

COMPTES RENDUS

7022 Marion Mas, *Le théâtre de Balzac : splendeurs et misères d'un parent pauvre* [Classiques Garnier, 2019], *Histoires littéraires*, 86, p. 208-211.

7023 Gendrel (Bernard), CR d'André Vanoncini, *Balzac, roman, histoire, philosophie* [Champion, 2019], *Romantisme*, 191, p. 146-147.

7024 Huynh (Kathia), CR de Francesco Spandri (dir.), *Balzac penseur* [Classiques Garnier, 2019], *Romantisme*, 193, p. 165-167.

7025 Wulf (Judith), CR de Éric Bordas (dir.), *Balzac et la langue* [Kimé, 2019], *Romantisme*, 194, p. 136-138.

RESSOURCES ÉLECTRONIQUES

7026 Marty (Frédérique), « Le handicap au risque de l'amour. Un combat incertain contre les représentations sociales du XIXe siècle », *Sociopoétiques*, 6. [Porte sur *César Birotteau* et *Modeste Mignon*.]
URL : https://revues-msh.uca.fr/sociopoetiques/index.php?id=1390
DOI : https://doi.org/10.52497/sociopoetiques.1390

Julien DIMERMAN et Michel LICHTLÉ.

BALZAC À L'ÉTRANGER

ALLEMAGNE
(2021-2022)

Bibliographie

– Klapp-Lehrmann (Astrid), *Bibliographie der französischen Literaturwissenschaft* [fondée par O. Klapp], t. 58 (2020), Frankfurt am Main, V. Klostermann, 2021.
– Klapp-Lehrmann (Astrid), *Bibliographie der französischen Literaturwissenschaft* [fondée par O. Klapp], t. 59 (2021), Frankfurt am Main, V. Klostermann, 2022.

Blog

Voir http://blog.romanischestudien.de/balzac. Rubrique « Lectures de Balzac ».

Traductions

– Balzac (Honoré de), *Ein Abglanz meines Begehrens: Bericht einer Reise nach Russland 1847.*Herausgegeben und mit einem Nachwort von Brigitte van Kann, aus dem Französischen von Nicola Denis. Berlin, Friedenauer Presse, 2019.

L'Année balzacienne 2023

478 *Balzac à l'étranger*

- Balzac (Honoré de), *Analytische Studien zur Ehe*. Übersetzung: Walter Brendel. Berlin, epubli, 2021.
- Balzac (Honoré de), *Die falsche Geliebte*. Übersetzung: Walter Brendel. Berlin, epubli, 2021.
- Balzac (Honoré de), *Meister Frenhofer*. Übersetzung: Ernst Stadler. Saarbrücken, Calambac Verlag, 2021.
- Balzac (Honoré de), *Traumreisen* (China und die Chinesen / Reise von Paris nach Java). Herausgegeben, aus dem Französischen und mit einem Nachwort versehen von Ulrich Esser-Simon. Berlin, Friedenauer Presse, 2021.
- Balzac (Honoré de), *Cousine Bette. Die Rache einer Frau*. Aus dem Französischen von Nicola Denis. Berlin, Matthes & Seitz, 2022.
- Balzac (Honoré de), *Glanz und Elend der Kurtisanen*. Von Rudolf von Bitter (Herausgeber, Nachwort, Übersetzer). München, Hanser, 2022.
- Balzac (Honoré de), *Das Mädchen mit den Goldaugen*. München, neobooks, 2022.
- Balzac (Honoré de), *Die Königstreuen*. Essen, apebook Verlag, 2022.
- Balzac (Honoré de), *Seraphita*: Ein fantastischer Roman. Übersetzung: Franz Hessel. Hg, von Karl-Maria Guth. Berlin, Henricus - Edition Deutsche Klassik, 2022.
- Balzac (Honoré de), *Theorie des Gehens: eine Stunde aus meinem Leben*. Herausgegeben, aus dem Französischen und mit einem Nachwort versehen von Andreas Mayer. Berlin, Friedenauer Presse, 2022.
- Balzac (Honoré de), *Tolldreiste Geschichten. Erotische Erzählungen*. Mit Illustrationen von Gustave Doré. Übersetzung: Benno Rüttenauer. Essen, apebook Verlag, 2022.

Livres audio

- [*Le Père Goriot*], *Vater Goriot*. Ungekürzte Lesung mit Walter Andreas Schwarz. Übersetzung aus dem Französischen von Rosa Schapire. Berlin, Der Audio Verlag, 2022.

Balzac à l'étranger 479

Livres

- Faßbeck (Gero), *Wirklichkeit im Wandel: Schreibweisen des Realismus bei Balzac und Houellebecq*. Bielefeld, transcript, 2021(Thèse, Heinrich-Heine-Universität Düsseldorf, 2019).
- Pfeiffer (Helmut), *Das zerbrechliche Band der Gesellschaft: Diagnosen der Moderne zwischen Honoré de Balzac und Henry James*. Paderborn, Brill/Wilhelm Fink, 2021.
- Rieger (Angelica), *Balzac gourmand. Honoré de Balzac und Christof Lang*. Aachen, Robert Mertens, 2020 (La cuisine du poète, 9).

Articles et chapitres d'ouvrages collectifs

- Bollschweiler (Patricia), « Queer(ness) erzählen. Wie Virginia Woolf und Honoré de Balzac queere Figuren, avant la lettre' erschufen », in *IZGOnZeit. Onlinezeitschrift des Interdisziplinären Zentrums für Geschlechterforschung (IZG)*, August 2021, p. 5–20 (DOI:https://doi.org/10.11576).
- Hansen-Löve (Aage A.), « Balzacs, Das unbekannte Meisterwerk. Kunst oder Leben », in *id. Schwangere Musen - rebellische Helden. Antigenerisches Schreiben. Von Sterne zu Dostoevskij, von Flaubert zu Nabokov*. Paderborn, Wilhelm Fink, 2019, p. 6-9.
- Klauk (Tobias), « Balzacs "ehrwürdiger Geistlicher" und die Theorie der narrativen Diskursmetalepse », in *GRM (Germanisch-romanische Monatsschrift)*, LXX, 2020, p. 19-30.
- Küpper (Joachim), « Zum historischen Roman in Frankreich und Italien: Balzac, Flaubert und Manzoni », in *Literaturwissenschaftliches Jahrbuch*, Vol. 62, 2021, p. 239–264.
- Leopold (Stephan), « Am Nullpunkt des Realismus. Pathos und Taxonomie in Balzacs "La Fille aux yeux d'or" », in Giulia Agostini (Hg.), *Pathos - Affektformationen in Kunst, Literatur und Philosophie*. Festschrift zu Ehren von Gerhard Poppenberg. Paderborn, Wilhelm Fink, 2020, p. 271-307.

480 *Balzac à l'étranger*

- Schnell (Rebekka), « Der Tod Luciens: Exzess und Entleerung der melodramatischen Affektregie in Balzacs ”Splendeurs et misères des courtisanes” », in *Der Affekt der Ökonomie: Spekulatives Erzählen in der Moderne*, dir. p. Gesine Hindemith et Dagmar Stöferle. Berlin, Boston, De Gruyter, 2018, p. 248-259 (https://doi.org/10.1515/9783110479638-013).

Willi JUNG.

CANADA

Sans prétendre à l'exhaustivité, nous récapitulons ici les activités balzaciennes qui ont eu lieu au Canada entre le 30 mars 2021 et le 30 mars 2023. Les travaux, classés par millésime, sont présentés par ordre alphabétique d'auteur.

Articles

2021

- Gerwin, Beth : « Révision et subversion: Balzac et le mythe de Napoléon. », revue *@nalyses* (www.revue-analyses.org), Vol. 8, No. 3, automne 2013, pp. 48-88. Reproduit dans *Le Courrier balzacien* N° 54, printemps 2021, Paris, Société des Amis d'Honoré de Balzac, p. 5-37.
- Roldan, Sébastien, « Décrire la Seine au XIXe siècle : l'engouement des romanciers réalistes », dans Sonia Anton (dir.) *Le Territoire littéraire de la Seine : Géocritique d'un fleuve*, Rouen, Presses universitaires de Rouen et du Havre, 2022, p. 139-164 (de grands pans de cet article portent sur les représentations de la Seine chez Balzac).

2022

- Duclos, Tania : « Balzac et les théories du luxe et de l'élégance à l'épreuve de l'androgyne féminin », dans *Femmes et*

Balzac à l'étranger 481

Luxe, perspectives littéraires, édité par Soundouss El Kettani, Isabelle Tremblay, Presses Universitaires de Rennes, 2022, p. 151-164.

Communications scientifiques

2021

- Gerwin, Beth : « Loi impersonnelle et loi égoïste ; Balzac à rebours de la loi », colloque annuel de l'Association canadienne des études francophones du XIXe siècle (ACÉF–XIX), en ligne, 30 mai – 1 juin 2021.
- Richer, Jean-François : « Connaissez-vous Balzac ? », dans le cadre des conférences « Le plaisir d'apprendre » de la Fédération des ainés francophones de l'Alberta, en ligne, 10 2021.
- Richer, Jean-François : « Balzac et les voix du désir : l'escalier érotique d'Eugénie Grandet », colloque annuel de l'Association canadienne des études francophones du XIXe siècle (ACÉF–XIX), en ligne, 31 mai 2021.
- Richer, Jean-François : "Sounds in Balzac's prose: from Causal Listening to Social Theory", séminaire de doctorat de l'École des langues, de linguistique, de littératures et de cultures (SLLLC), Université de Calgary, en ligne, 27 octobre 2021.

2022

- Gerwin, Beth : "Mirror images: reflections on Balzac", colloque annuel de la Society of Dix-Neuviémistes (SDN), Belfast, UK, 8 avril 2022.
- Gerwin, Beth : « 'Faire de son âme un miroir' : l'artiste, entre égoïste et visionnaire » au colloque annuel de l'Association canadienne d'Études francophones du XIXe siècle (ACÉF-XIX), en ligne, 19 mai 2022.

482 — *Balzac à l'étranger*

- Richer, Jean-François : « *L'Auberge rouge* de Balzac, ou le défi d'avoir vingt ans en 2022 », colloque annuel de l'Association canadienne des études francophones du XIXe siècle (ACÉF–XIX), en ligne,18 mai 2022.
- Richer, Jean-François : « D'une adaptation de Balzac : *Le Colonel Chabert* au Cinéma », conférence publique à l'Alliance française de Calgary, 23 septembre 2022.
- Richer, Jean-François : « *Le Père Goriot* ou les trois leçons de Rastignac », conférence publique à l'Alliance française de Calgary, 30 septembre 2022

2023

- Gerwin, Beth : Projection publique du film *Illusions perdues* (2021), de Xavier Giannoli, Movie Mill, Lethbridge, 25 janvier 2023.
- Gerwin, Beth : "'The Book was Better…': thinking about film adaptations with Honoré de Balzac", conférencière invitée dans le cadre de la Modern Languages & Linguistics Speaker Series, Université de Lethbridge, 3 février 2023.

Cours universitaires

Entre 2021 et 2023, les cours sur Balzac se sont principalement donnés dans trois provinces canadiennes : Stéphane Vachon, éminent spécialiste de Balzac, a poursuivi, à l'Université de Montréal, au Québec, ses importantes activités d'enseignement consacrées au corpus littéraire du 19e siècle français et à l'œuvre de Balzac en particulier ; Sébastien Roldan professeur à l'Université de Winnipeg au Manitoba a donné à l'hiver et à l'automne 2022 un cours sur le roman- feuilleton où figurait en belle place une étude de *La Vieille Fille* ; un autre de ses cours, consacré à la « microlecture » et donné à l'hiver 2022 et à l'hiver 2023, a lu *Sarrasine* à l'aune du célèbre *S/Z* de Barthes. En Alberta, enfin, Elizabeth Gerwin, professeure à l'Université de Lethbridge, a fait cours sur *Eugénie*

Balzac à l'étranger 483

Grandet au semestre d'automne 2022, et sur *Une Passion dans le désert* à l'hiver 2023. Toujours en Alberta, mais à l'Université de Calgary cette fois, Jean-François Richer a étudié l'œuvre de Balzac dans son séminaire « *Theories in Balzac studies* » ainsi que dans son cours de premier cycle intitulé « Évolution du roman réaliste ». Au cours des deux dernières années universitaires, lui et ses étudiants ont travaillé sur *La Fille aux yeux d'or*, *Traité de la vie élégante*, *L'Auberge Rouge*, *Eugénie Grandet*, *La Duchesse de Langeais*, *Le Chef-d'œuvre inconnu*, *Le Père Goriot*, *Adieu* et *La Vieille fille*.

Jean-François RICHER.

ÉTATS-UNIS
2022

Livres

- Linton (Anne E.) [San Francisco State University], *Unmaking Sex: The Gender Outlaws of Nineteenth-Century France*, Cambridge University Press, 2022. Comprend une analyse de *Séraphîta*.
- Lucey (Michael) [University of Califormia, Berkeley], *What Proust Heard: Novels and the Ethnography of Talk*, University of Chicago Press, 2022. Un chapitre en partie sur la parole dans *Le Cousin Pons*.
- Marcus (Lisa Algazi) [Hood College], *Milk and Male Fantasy in Nineteenth-Century French Narrative*, Liverpool University Press, 2022. Comprend une analyse de l'allaitement dans *Mémoires de deux jeunes mariées*.
- Titus (Julia) [Yale University], *Dostoevsky as a Translator of Balzac*, Brookline, Mass., Academic Studies Press, 2022.

Articles

- Naginski (Isabelle) [Tufts University], « Balzac et Dostoïevski : le texte du mandarin », *Courrier balzacien*, avril 2020, p. 21–37.

Communications

- Blix (Göran) [Princeton University], « Balzac/Rancière, ou l'égalité de tous les sujets », colloque « Failure is Our Greatest Option : The Question of Reading and the Politics of Literature », Dartmouth College, 10–11 mai 2022.
- Blix (Göran) [Princeton University], « Balzac zoographe : *Une passion dans le désert* et le refus de l'allégorie », Colloque de Cerisy, 22–28 août 2022.
- Goulet (Andrea) [University of Pennsylvania], « Balzac stratigraphe, ou Horace de Saint-Aubin auteur de l'anthropocène ? », Colloque de Cerisy, 22–28 août 2022.
- Roney (Kristina M.) [Washington and Lee University], « Balzac & Money in 19th-Century France—An Interdisciplinary Study of French & Business », 93e Colloque annuel de l' American Association of Teachers of French (AATF), New Orleans, Lousiana, 11-14 juillet 2022.

- Communications sur Balzac au 47e colloque annuel du Nineteenth-Century French Studies, « Transatlantiques », New York City, 3-5 novembre 2022 :

Briggs (Thomas W.) [chercheur indépendant], « Balzac, America, and the Transformation of Reality »
McCall (Anne) [Xavier University], « Empires Strike Back: Movements, Meat, and Madness in *Adieu* and *Le Meunier d'Angibault* »
Meister (Jacob) [Harvard University], « Rues déshonorées: Transgressive Digressions in Balzac's *Ferragus* »
Mortimer (Armine Kotin) [University of Illinois], « Allan Pasco's Balzac »
Mortimer (Armine Kotin) [University of Illinois], « Balzac's Transatlantic Imagination »
Romaniuc-Boularand (Bianca) [University of Rhode Island], « Travestissements et transmutations identitaires chez Balzac »
Roney (Kristina M.) [Washington and Lee University], « Inheritance & Intergenerational Transfers: Balzac's Provincial Polemic »

Balzac à l'étranger 485

Sugden (Rebecca) [University of Cambridge], « Benevolent Capitalism: Charitable Conspiracy in Balzac's *L'Envers de l'histoire contemporaine* »
Tilby (Michael) [University of Cambridge], « Balzac, Christopher Columbus, and the Poetics of Immortality »
Watts (Andrew) [University of Birmingham], « Memories of a Balzacian Companion »
Watts (Andrew) [University of Birmingham], « Transformative Adaptation: Recreating Balzac's *La Peau de chagrin* in France and the United States »

Comptes rendus

– Kelly (Dorothy) [Boston University], compte rendu de Spandri (Francesco), ed., *Balzac Penseur* (Paris, Classiques Garnier, 2019), dans *French Forum* Vol. 47 (1) (printemps 2022), p. 177–79.

Thèse de doctorat

– Mancuso (Eleonora) [Boston University], « The Paralyzed Bodymind: A Study of Female Paralysis in Selected Nineteenth-Century Novels by Zola and Balzac », sous la direction de Dorothy Kelly.

Armine Kotin MORTIMER.

GRANDE BRETAGNE

Articles

– Jones (Sarah), «The Moral Ambiguity of Money: Doctor Halpersohn and *L'Envers de l'histoire contemporaine* », *The Balzac Review/Revue Balzac*, 2022, n° 5, p. 95-109.

486   *Balzac à l'étranger*

- Sabee (Olivia), « The *Rat de l'Opéra* and the Social Imaginary of Labour: Dance in July Monarchy Popular Culture », *French Studies*, octobre 2022, t. 76, n° 4, p. 554–575.
- Shields (Martin), « Balzac, Business as Metaphor for the Unpredictability of the Political and Socio-economic Transformations of Near-History », *Balzac Review / Revue Balzac*, 2021, n° 4, p.179-195.

Comptes rendus

- Bouju (Emmanuel), « Dufour Philippe, *Le Réalisme pense la démocratie*, Genève, La Baconnière, 2021, 260 p. », *French Studies*, janvier 2023, t.77, n° 1, p. 137–138.
- « Scott, Maria, *Empathy and the Strangeness of Fiction: Readings in French Realism*. Edinburgh EUP, 2020. 235 p. », *Forum for Modern Language Studies*, juillet 2021, t. 57 n° 3 [anonyme].

Thèses en préparation

- Birk (Jennifer) [University of Birmingham], « Representations of Emotion in Adaptations of Balzac », dir. Andrew Watts.
- Rushton (Jessica) [University of Durham], « The Representation of the Rebellious Maidservant in Nineteenth-Century French Literature », dir. Catherine Dousteyssier-Khoze, Sam Bootle.
- Vuckovic, Dana [University of Oxford], « The Consecration and Canonization of Balzac as a Classic Writer: Between the Educational Institution, Adaptation and the Serialized Novel », dir. C. Bourne-Taylor, T. Farrant.

Balzac à l'étranger

Autres travaux en cours

Livres

- Jones (Sarah) [University of Oxford], « The Doctor-Patient Relationship and Encounter in the Nineteenth-Century French Novel ».
- Sugden (Rebecca) [University of Cambridge]: « Secret Histories: Fictions of Conspiracy in Nineteenth-Century France ».
- Watts, Andrew (dir.) [University of Birmingham], « Adaptation / L'Adaptation », *The Balzac Review / Revue Balzac*, n° 6 (à paraître en automne 2023).
- — , « Adaptive Selection and Selective Adaptation : Honoré de Balzac's *La Peau de chagrin* (1831) on Screen », chapitre dans Andrew Watts, *Darwinian Dialogues: Adaptation, Evolution, and the Nineteenth-Century Novel* (à paraître chez Legenda en 2024).

Articles

- Heathcote (Owen) [University of Bradford], « Balzac et la critique féministe ».
- — , « Balzac post-féministe ? ».
- — , « Analogies in Heterotopia : *Le Lys dans la vallée* ».
- Jones (Sarah) [University of Oxford], « Balzac's Medical Utopia: The Case of Le Médecin de campagne ».
- Sugden (Rebecca) [University of Cambridge], « Balzac et la *French Theory* » *Balzac et les disciplines du savoir*, actes du Colloque de Cerisy, 22–28 août 2022 (Paris, Classiques Garnier).
- Watts, Andrew, « Balzac et la loi du plus fort » : l'adaptation, l'éco-traductologie et *La Peau de chagrin*", in *Balzac et les disciplines du savoir*, actes du Colloque de Cerisy, 22–28 août 2022 (Paris, Classiques Garnier).

Colloques, congrès, séminaires et autres manifestations

Au 47ème Congrès annuel du *Nineteenth-Century Studies Association*, qui s'est tenu à City University New York, 3-5 November 2022, ont parlé, dans le cadre du thème des 'Transatlantics / Transatlantiques') : R. Sugden, « Benevolent Capitalism: Charitable Conspiracy in Balzac's *L'Envers de l'histoire contemporaine* » ; Michael Tilby, « Balzac, Christopher Columbus and the Poetics of Immortality » Jennifer Yee [University of Oxford] : « Transferring the Orient to Paris: Sadism and Effeminacy, from Delacroix to Balzac and Baudelaire »; A. Watts, « Memories of a Balzacian Companion » et « Transformative Adaptation: Recreating Balzac's *La Peau de chagrin* in France and the United States ».

Au Colloque « Balzac et les voies de la critique » accueilli par l'École Normale Supérieure de la rue d'Ulm du 17 au 18 novembre 2022, O. Heathcote a fait une communication sur « Balzac et la critique féministe ». Par ailleurs, deux interventions sur Balzac ont figuré au programme du Congrès « Magic: Enchantment and Disenchantment / La Magie: enchantement et désenchantement » de la *Society of Dix-Neuviémistes* à l'University of Oxford du 27 au 29 mars 2023 : celle de Thomas Briggs (avocat indépendant du Texas) : « Balzac, Legal Magic and the Creation of the Modern Novel » et celle de R. Sugden, « Magic Money Trees: Capitalism and Conspiracy in Balzac's *L'Envers de l'histoire contemporaine* ». À l'Association canadienne des études du XIXe siècle qui s'est retrouvée à l'Université York de Toronto du 30 au 31 mai 2023, D. Vuckovic a fait une communication intitulée « Devenir un auteur classique par le biais de l'édition scolaire : la canonisation de Balzac dans la collection des 'Petits classiques' (1920–1963) ». Enfin, O. Heathcote a proposé, au Colloque du GIRB sur « Balzac et les femmes » (Maison de Balzac, 15-16 juin 2023), une communication intitulée « Balzac et la critique post-féministe ».

Tim FARRANT.

Balzac à l'étranger

ITALIE
ADDENDA
2021

Articles

- AA.VV., « Focus. Balzac e il diritto. Discussione intorno a G. Guizzi, Il "caso Balzac". Storie di diritto e letteratura » [« Focus. Balzac et le droit. Débat autour de G. Guizzi, L'"Affaire Balzac". Histoires de droit et de littérature »], Il Mulino 2020, *LawArt Rivista di Diritto, Arte, Storia Journal of Law, Art and History*, Torino, 2, 2021, p. 353-389.
  - Pace Gravina (Giacomo), « La maledizione del giurista » [« La malédiction du juriste »], p. 353-357.
  - Chiodi (Giovanni), « Balzac e i paradossi del diritto privato ottocentesco » [« Balzac et les paradoxes du droit privé au XIXe siècle »], p. 357-373.
  - Gambino (Francesco), « Le verità del credito tra diritto e letteratura » [« La vérité du crédit entre droit et littérature »], p. 373-389.
- Gennari (Mario), « *Sarrasine* di Balzac, *S/Z* di Barthes e il mito di Ermafrodito » [« *Sarrasine* de Balzac, *S/Z* de Barthes et le mythe d'Hermaphrodite »], *Studi sulla formazione. Open Journal of Education*, Firenze, Anno XXIV, N. 2, 2021, p. 113-125.
- Vercesi (Pier Luigi), « Ambiguità balzachiane » [« Ambiguïtés balzaciennes »], dans *La donna che decise il suo destino. Vita controcorrente di Cristina di Belgioioso* [*La femme qui a décidé de son destin. La vie à contre-courant de Cristina di Belgioioso*], Vicenza, Neri Pozza Editore, 2021.

Communications

- Bertini (Mariolina), « Rodin e Balzac: il romanzo di una statua » [« Rodin et Balzac: le roman d'une statue »], « Conversazioni in Accademia », Torino, Accademia delle Scienze, Youtube, 11 janvier 2021. [En ligne].

490 *Balzac à l'étranger*

– Bierce (Vincent), « "Donnez, s'il vous plaist, ung peu plus de vollée à voz cloches": impuissance et autorité dans les *Contes drôlatiques* de Balzac », « Figurations de l'impuissance Échec et création littéraire du XIXe au XXIe siècle », Université G. d'Annunzio de Chieti-Pescara Département de Lingue, Letterature e Culture Moderne, 2 décembre 2021.
– Bordas (Éric), « Les Masques de Balzac dans ses lettres à Madame Hanska », « Les masques de l'écriture. Colloque international de la Società Universitaria per gli Studi di Lingua e Letteratura Francese », Università di Palermo, Complesso Monumentale dello Steri, 15 septembre 2021.
– Di Benedetto (Angela), « L'ambizione sociale attraverso le opere di Balzac, Maupassant e Stendhal » [« L'ambition sociale à travers les oeuvres de Balzac, de Maupassant et de Stendhal »], Università degli studi di Foggia, Piattaforma e-learning di Ateneo, 6 mai 2021.
– Gazzolo (Tommaso), « Balzac: il matrimonio come prostituzione » [« Balzac : le mariage comme prostitution »], Università degli Studi di Bergamo, Seminari di Filosofia del Diritto: « Giuristi e scrittori. Il diritto e il processo nella narrazione » [« Juristes et écrivains. Le droit et le procès dans le roman »], 21 juin 2021.
– Tirinanzi De Medici (Carlo), « Le scritture dell'Altro: « Fare concorrenza allo stato civile» (XIX secolo). Tra cronaca e romanzo di formazione: Balzac, *Illusioni perdute* » [« Les écritures de l'Autre: « Faire concurrence à l'état civil » (XIXe siècle). Entre chronique et roman de formation: Balzac, *Illusions perdues* »], Università degli studi di Torino, Dipartimento di Lingue e Letterature straniere e Culture moderne – Letterature comparate, Anno accademico 2020/2021.

Thèses

– Cusi (Chiara), *Vie privée et publique des animaux. Uno sguardo critico alla società francese della Monarchia di luglio attraverso l'arte di Grandville e la penna di Balzac. Analisi dell'opera collettiva e*

Balzac à l'étranger 491

proposta di traduzione di un racconto [*Un regard critique sur la société française de la monarchie de Juillet à travers l'art de Grand-ville et la plume de Balzac. Analyse de l'œuvre collective et propo-sition de traduction d'un récit*]. Tesi di laurea, Bologna, Università degli studi, Corso di Studio in Mediazione lin-guistica interculturale (Forlì), 2021.

– Schiavone (Emanuela), *Stendhal e Balzac tra autobiografismo e romanzo di formazione: i giovani "di genio" simbolo della moder-nità. Dal "Louis Lambert" alla "Vita di Henry Brulard", dalle "Illusioni perdute" al "Lucien Leuwen"* [*Stendhal et Balzac entre autobiographie et roman de formation : les jeunes « de génie » symbole de la modernité. De "Louis Lambert" à la "Vie d'Henry Brulard", des "Illusions perdues" à "Lucien Leuwen"*]. Tutor : Prof. Emanuele Canzaniello, Università degli Studi di Napoli Federico II, Dipartimento di Studi umanistico, Corso di laurea magistrale di Filologia moderna, Anno accademico 2020-2021.

2022

Traductions

– Balzac (Honoré de), *Gli "chouans" o la Bretagna nel 1799* [*Les Chouans ou la Bretagne en 1799*]. Nouvelle traduction de Angelo Leghi. Con saggi critici di Madore, Sablé, Fess, Bolsena, Massari editore, 2022 ("Aspidistra". 26), 438 p.

– Balzac (Honoré de), *Gli Chouans* [*Les Chouans*]. Illustra-zioni di Julien Le Blant. A cura di Maria Grazia Ceccobelli, Torino, Robin Edizioni, 2022 ("Biblioteca del Vascello"), 381 p. ; ill.

– Balzac (Honoré de), *Il cugino Pons* [*Le cousin Pons*]. Introdu-zione, traduzione e note di Lanfranco Binni, Milano, Gar-zanti, (aprile) 2022 [1996], LXVI-321 p.

– Balzac (Honoré de), *I martiri ignorati* [*Les Martyrs ignorés*]. Traduzione e cura di Mariolina Bertini. Introduzione di Alessandra Ginzburg, Firenze, Edizioni Clichy, (mars) 2022, 126 p.

492   *Balzac à l'étranger*

- Balzac (Honoré de), *Scritti filosofici* [*Études philosophiques*]. Saggio introduttivo di Pietro Paolo Trompeo [*Chiose a Balzac*]. Traduzione di Renato Mucci, Santarcangelo di Romagna, Edizioni Theoria, (juillet) 2022 ("Futuro Anteriore. I classici della letteratura mondiale"), XV-353 p.
- Balzac (Honoré de), *Storia dei Tredici* [*Histoire des Treize*]. A cura di Alessandro Prampolini, Santarcangelo di Romagna, Edizioni Theoria, (septembre) 2022 ("Futuro Anteriore. I classici della letteratura mondiale"), XII-371 p.
- Balzac (Honoré de), *Trattato della vita elegante* [*Traité de la vie élégante*]. Traduzione e prefazione di Paolo Tortonese, Alpignano, Tallone editore (juillet) 2022, 100 p.

Livres

- Brooks (Peter), *Vite di Balzac* [*Vies de Balzac*]. Traduzione di Giuseppe Episcopo, Roma, Carocci editore, 2022 (« Saggi », 86), 217 p.
- Sciarpetti (Rita), *Honoré de Balzac il primo e l'ultimo amore* [*Honoré de Balzac le premier et le dernier amour*], Torrazza Piemonte, Amazon Italia Logistica, 2022, 141 p.

Articles

- Adami (Iacopo), « Il tempo del disincanto » [« Le temps du désenchantement »], *paginauno. Rivista di approfondimento politico e culturale*, Monza, n. 78, luglio-settembre 2022. [En ligne].
- Baroni (Silvia), « Le rouge et le noir chez Balzac. La valeur symbolique de la couleur dans *La Peau de chagrin* », in AA.VV., *L'expression littéraire de la couleur. Perspectives historiques, configurations poétiques et stylistiques*, sous la direction de Davide Vago, *Francofonia*, Bologna, 82, Anno XLII, Primavera 2022, p. 31-46.
- Baroni (Silvia), « Forme e riscritture del mito di Don Giovanni nella *Comédie humaine* di Honoré de Balzac »

Balzac à l'étranger 493

[« Formes et réécritures du mythe de Dom Juan dans *La Comédie humaine* d'Honoré de Balzac »], *Ticontre. Teoria Testo Traduzione*, Università degli Studi di Trento, 17, 2022, p. 1-19. [en ligne].
– Bertini (Mariolina), « Peter Brooks. *Vite di Balzac* » [« Peter Brooks. *Vies de Balzac* »], *Doppiozero*, 10 juillet 2022 [en ligne].
– Bonaguidi (Gloria), « La nascita del romanzo condominiale. *Le père Goriot* di Balzac » [« La naissance du roman de copropriété. *Le Père Goriot* de Balzac »], dans *Le case dei destini incrociati: per una grammatica della narrativa condominiale* [*Les maisons des destinées croisées: pour une grammaire du roman de copropriété*], Roma, Artemide, 2022, p. 132-169.
– Citati (Pietro), « *La ragazza dagli occhi d'oro* di Balzac » [« *La Fille aux yeux d'or* de Balzac »], dans *La ragazza dagli occhi d'oro* [*La Fille aux yeux d'or*], Milano, Adelphi edizioni, 2022 ("Biblioteca Adelphi", 740), p. 187-191.
– Fallois (Bernard de), « Proust è il vero autore della *Comédie humaine?* » [« Proust est-il le véritable auteur de *La Comédie humaine* ? »], dans *Saggi su Proust* [*Essais sur Proust*]. Traduzione di Viviana Agostini Ouafi e Fabrizio Ascari, Milano, La nave di Teseo, 2022 ("i Fari").
– Guizzi (Giuseppe), « *La Maison Nucingen* o le lacune della legge. Un racconto sul diritto, le società per azioni e il mercato finanziario » [« *La Maison Nucingen* ou les lacunes de la loi. Une histoire sur le droit, les sociétés par actions et le marché financier »], *Osservatorio del diritto civile e commerciale*, Anno XI, n° 1, janvier 2022, p. 397-412.
– Mariani (Paolo), « Honoré de Balzac », dans *Letteratura Europea ed Esoterismo* [*Littérature européenne et Ésotérisme*]. *Novalis, Balzac, Nerval, Bulwer-Lytton, Villiers de l'Isle-Adam, Schuré, Yeats, Pessoa, Hesse, Breton, Borges, Daumal*, Rimini, Il Cerchio Iniziative editoriali, 2022 ("Gli Archi"), p. 25-47.
– Meneghelli (Donata), « Glio ggetti di Balzac: tra segno e presenza » [« Les objets de Balzac: entre signe et présence »], *Strumenti critici*, Anno XXXVII, N. 158, janvier-avril 2022, p. 9-38.

494   *Balzac à l'étranger*

- Piperno (Alessandro), « Proust e Balzac. Cauto elogio della volgarità » [« Proust et Balzac. Un éloge prudent de la vulgarité »], in *Proust e gli altri* [*Proust et les autres*], Milano, Mondadori, 2022, p. 103-113.
- Romano Toscani (Rosa), « L'identità di un uomo. Osservazioni psicoanalitiche su *Il colonnello Chabert* di Honoré de Balzac » [« L'identité d'un homme. Observations psychanalytiques sur *Le Colonel Chabert* d'Honoré de Balzac »], *Aracne-Rivista*, aprile 2022, p. 1-8.
- Silvestri (Agnese), « Briganti di carta: Stendhal, Sand, Balzac alle prese con il "tipo" » [« Brigands de papier: Stendhal, Sand, Balzac aux prises avec "le type" »], in AA.VV., *Lo spettacolo del brigantaggio. Cultura visuale e circuiti mediatici fra Sette e Ottocento* [*Le spectacle du brigandage. Culture visuelle et circuits médiatiques entre XVIIIe et XIXe siècles*], a cura di Giulio Tatasciore, Roma, Viella, 2022, p. 159-178.
- Thomä (Dieter), « I parenti del ragazzo di strada: il pezzo d'uomo di Balzac e il piccolo selvaggio di Baudelaire » [« Les proches du gamin des rues : le beau gosse de Balzac et le petit sauvage de Baudelaire »], dans *Puer robustus. Una filosofia del perturbatore* [*Une philosophie du perturbateur*]. Traduzione di Fulvio Rambaldini, Milano-Udine, Mimesis, 2022.

Colloques

- AA.VV., *Colloque international. Balzac et l'imaginaire du brigandage.* Responsables scientifiques: Éléonore Reverzy et Agnese Silvestri, Università di Salerno, 18-19 mai 2022 :
- Oppici (Patrizia) : « Le bandit et le bourreau. Croisements dans l'imaginaire balzacien »
- Pézard (Émilie) « Modèles gothiques du brigand dans *Le Vicaire des Ardennes et Annette et le Criminel* »
- Petitier (Paule) : « Les brigands, mémoire et séquelles de la Révolution »
- Bourdenet (Xavier) : « Guerre, révolution, brigandage dans *Les Chouans* »

Balzac à l'étranger 495

- Glaudes (Pierre) : « Balzac et la communauté du crime »
- Couleau (Christèle) : « La Bourse ou la vie ! »
- Bierce (Vincent) : « "Un si grand trouble dans les rouages de la machine" imaginaire balzacien de la bande et pensée de l'histoire »
- Tatasciore (Giulio) : « Du maquis au bagne (et retour). Le "fameux héros des vendettes corses" »
- Lyon-Caen (Boris) et Lyon-Caen (Judith) : « Balzac en noir : histoire d'une lecture (années 1930-années 1950) »
- Marcandier (Christine) : « "Avec du vrai sang et non avec de l'encre" : poétique du fait-divers balzacien » ;
- Silvestri (Agnese) : « Le brigand aux champs : miroitements d'un imaginaire »
- Yon (Jean-Claude) : « *Les Brigands* d'Offenbach (1869) : parodie et satire sociale ».

– « "Il Rumore del lutto" a partire da *I Martiri ignorati* di Honoré de Balzac » [« "Le Bruit du deuil" à partir des *Martyrs ignorés* d'Honoré de Balzac »], avec Erika Martelli, Andrea Gatti e Cristiano Bonassera, Parma, Laboratorio aperto, 31 octobre 2022.
– « Letture Cafoscarine di Diritto e Società. Il "caso Balzac". Storie di diritto e letteratura » [« Lectures de l'Université Cà Foscari de Droit et Société. Le "cas Balzac". Histoires de droit et de littérature »] *(Giuseppe Guizzi)*. Introduce Giuliana Martina. Presentano e ne discutono con l'autore Mario Stella Richter, Marco N. Miletti. Interviene Olivier S. Bivort. Venezia, Università Ca Foscari, Dipartimento di Economia, Centro Studi Giuridici, 15 décembre 2022 (en ligne).
– Baron (Anne-Marie), « Balzac e il cinema » [« Balzac et le cinéma »], Roma, Università Sapienza, 16 mai 2022 : *La Duchesse de Langeais*; 17 mai 2022 : *Illusions perdues*. Modérateur : Andrea Del Lungo.
– [Bertini (Mariolina)], « Presentazione de *I martiri ignorati* e *Wann-Chlore* di Balzac » [« Présentation des *Martyrs ignorés* et de *Wann-Chlore* de Balzac »], Roma, Fondazione Primoli, 11 novembre 2022, ore 17.00. Intervengono: Mariolina

Bertini, Alessandra Ginzburg, Francesco Spandri, Agnese Silvestri.

- Del Lungo (Andrea), « La notion d'auteur en ligne, de Balzac à François Bon », « L'Écrivain et la machine. Figures de l'auteur à l'ère du numérique », Roma, Fondazione Primoli, 5 mai 2022.
- Canfora (Luciano), « Storia e romanzo storico nel XIX secolo » [« Histoire et roman historique au XIXe siècle »], Genova, Palazzo Ducale, Sala del Maggior Consiglio, 31 mars 2022.
- Fusillo (Massimo), « Honoré de Balzac », « Musica e letteratura », L'Aquila, Auditorium Sigheru-Ban, 7 décembre 2022.
- Galasso (Edmond), « Evento Balzac, una vita di passioni: la madre, la Musa e la Straniera » [« Événement Balzac, une vie de passions: la mère, la Muse et l'Étrangère »], Roma, Libreria Eli, 3 juillet 2022.
- Girimonti Greco (Giuseppe), Innocenti (Barbara) et Rossi (Giovanni Maria), « Tradurre i classici » [« Traduire les classiques »] – *Balzac, Proust, Eliot e Duval*, avec Andrea Geloni, Firenze, Festiva 'La città dei lettori', 9 juin 2022.
- Lyon-Caen (Boris), « Femmes à l'étude : le cas Balzac », « Le roman de formation au féminin. Seminario di Filologia francese », Bari, Università degli studi, Centro Polifunzionale Studenti, Sala Leogrande, 25 novembre 2022.
- Silvestri (Agnese), « Politiche dell'inadeguatezza: Balzac e l'impotenza » [« Politique de l'insuffisance : Balzac et l'impuissance »], « Scrivere l'impotenza e la frigidità. Crisi di genere dall'Ottocento a oggi. Convegno finale [Écrire sur l'impuissance et la frigidité. Crises de genre du XIXe siècle à nos jours. Colloque final] », Progetto FDS esercizio 2019, Cagliari, Università degli studi, Aula Magna, Campus Aresu, ex Facoltà di Lingue, 20 octobre 2022.

Mariolina BERTINI et Marco STUPAZZONI.

Balzac à l'étranger 497

JAPON

Livre

En japonais :
- Yoshikawa (Yasuhisa), *Baruzakku to tekusutoron (Balzac et la théorie du texte)*, Tokyo, Serika-shobo, 2022.

Articles

D'abord, nous reprenons ici exceptionnellement les titres et les noms des auteurs des articles rédigés par nos compatriotes et publiés déjà dans *L'Année Balzacienne* 2022.

[« BALZAC EN COLLABORATION
Takayuki Kamada : « Introduction »
Kyoko Murata : « Comment Delacroix a "collaboré" à la création de Balzac »
Takao Kashiwagi : « Les *Scènes de la vie privée et publique des animaux*. Exemple d'une collaboration éditoriale : Hetzel, Grandville et Balzac »
Hiroshi Matsumura : « La collaboration balzacienne pour *Babel : Pierre Grassou* et la propriété littéraire »
Yoshie Oshita : « Quand l'acteur inspire le romancier. Jacques-Charles Odry dans les œuvres romanesques de Balzac »
Kaoru Hakata : « Balzac et Auber. Collaborations autour des "romances" »
Takayuki Kamada : « Les interventions de Charles Rabou dans *Les Petits Bourgeois* »
« DOCUMENTATION
Takeshi Matsumura : « Sur l'*échelle* ou *escalier de meunier* chez Balzac »]

En japonais :
- Kamada (Takayuki), « Problèmes des œuvres diverses de Balzac », *Shinshu Studies in Humanities*, n° 9, Vol. 2, 2022, p. 151-161.

498   *Balzac à l'étranger*

- Kamada (Takayuki), « *La Muse du département* : fragmentalité et actualité », *Shinshu Studies in Humanities*, n° 10, Vol. 1, 2022, p. 67-85.
- Kashiwagi (Takao), « Sur *Une ténébreuse affaire* de Balzac » in *La Revolution française vues par les écrivains*, Nobutaka Miura (dir.), Tokyo, Hakusuisha, 2022, pp.77-106.
- Murata (Kyoko), « La lecture d'*Illusions perdues* de Balzac à travers le vêtement », *Women's Studies Review*, n° 29, 2022, p. 47-86.

Communications

En japonais :
- Kamada (Takayuki), « Perspectives du *Dictionnaire Balzac* », Société japonaise des études balzaciennes, Université Rikkyo (Tokyo), 4 juin 2022.
- Kamada (Takayuki), « *Le Dictionnaire Balzac* : concept et constitution », Atelier de travail « La dynamique des dictionnaires d'écrivains », Congrès automnal de la Société japonaise de langue et littérature françaises, Université d'Osaka, 23 octobre 2022.

En français :
- Kamada (Takayuki), « La génétique balzacienne et la question de l'inachèvement », Colloque international « Balzac et les voies de la critique » (École Normale Supérieure de la rue d'Ulm), 17 novembre 2022.
- Murata (Kyoko) : « Le thème du féminicide dans la littérature française au XIXe siècle », Atelier « La littérature et le féminicide » dans le Congrès de la Société japonaise de la langue et la littérature françaises (à l'Université d'Osaka), le 23 octobre, 2022.

En anglais :
- Osuga (Saori), « One God and the Love of God: Swedenborg's influence on Balzac », Séminaire « Swedenborg's Prism: Applications of Swedenborgian Spirituality », Bryn Athyn College, Pennsylvania, 23 avril 2022 (en ligne).

Balzac à l'étranger 499

Activites des groupes d'etudes balzaciennes d'Osaka et de Tokyo

Nous signalons que toutes les communications ont été faites en système hybride.

À Osaka
– Le 26 mars : Murata (Kyoko) « La reine de la mode, la duchesse de Maufrigneuse, princesse de Cadignan » / Yamazadki (Yasuhiro) « Poète dans *Gambara* et *Massimilla Doni* »,
– Le 27 août : Kashiwagi (Takao) « La révolution française dans Balzac »
– Le 17 décembre : Iwamura (Izumi), « Sympathie dans *Illusions perdues* » / Matsumura (Hiroshi) « Sainte-Beuve, Balzac et Proust »

À Tokyo
– Le 29 mars : Yoshinouchi (Mieko), « Conception de *La Peau de chagrin*, décryptée par le moyen de *Pantagruel* de Rabelais centrée sur la disposition des caractères dans *La Peau de chagrin* et le libre arbitre »
– Le 10 décembre : Yoshikawa (Yasuhisa), « Sur mon livre : *Balzac et la théorie du texte* »

Takayasu OYA.

RUSSIE
2022

En cette année difficile 2022, rien de neuf comme traductions de Balzac, sauf *La Reconnaissance du gamin*, traduite par les membres de l'atelier de traduction du français (Creative Writing School), dirigé par Véra Milchina. La traduction est publiée avec l'introduction de Milchina sur le site internet Gorky-media le 19 février 2022 (https://gorky.media/fragments/zadom-vlip-vlip-vlip/)
Tout le reste consiste en rééditions, mais il me paraît intéressant de les énumérer pour montrer quels romans attirent toujours les éditeurs.

500 *Balzac à l'étranger*

Ce sont les *Splendeurs et misères des courtisanes* qui ouvrent la liste avec leur tirage de 5 000 exemplaires ; le roman est publié dans la collection *Pages brillantes*.

La Femme de trente ans est publiée avec le même tirage dans la même collection.

Les *Illusions perdues*, de leur côté, n'ont droit qu'à 4 000 exemplaires, mais leur collection est beaucoup plus prestigieuse, au titre long et flatteur : *Classiques exclusifs. Livres qui ont changé le monde. Écrivains devenus un pont entre les générations.*

Mais un autre département de cette même maison d'édition EKSMO/AST publie, de son côté, les *Illusions perdues* dans les *Pages brillantes*, toujours à 4 000 exemplaires.

La Peau de chagrin n'a droit qu'à 3 000 exemplaires, mais elle fait partie des *Classiques exclusifs. Livres qui ont changé le monde. Écrivains devenus un pont entre les générations*, ainsi que d'une autre collection intitulée plus modestement *Littérature mondiale*.

Finalement, les *Contes drolatiques* paraissent tirés à 2 000 exemplaires hors collection.

Tous ces livres ont paru dans la maison d'édition EKSMO/AST, le géant qui a presque monopolisé le marché russe des livres.

Pourtant quelques maisons d'éditions plus petites survivent et publient Balzac à leur tour.

Ainsi, les éditions Vetche ont publié *Béatrix* tirée à 1 500 exemplaires seulement, mais dans la collection *Cent romans célèbres*, et *La Recherche de l'Absolu* (le même tirage et la même collection).

Véra MILCHINA.

INFORMATIONS ET NOUVELLES

SOCIÉTÉ DES AMIS DE BALZAC

L'année 2022 a encore été une année compliquée qui nous a obligés à relever de nombreux défis. La transmission par Zoom nous a heureusement permis de ne laisser personne hors d'atteinte et d'accueillir de plus en plus d'amis étrangers. De surcroît, toutes les conférences enregistrées ont été ensuite mises sur le site lesamisdebalzac.org, admirablement tenu par Dominique Clairembault, que je tiens à remercier, ainsi que tout le bureau, toujours actif, dévoué, et plein d'idées : Hervé Plagnol, rédacteur en chef inspiré du *Courrier balzacien*, Pierre Jomier, trésorier et organisateur incomparable, Martine Quentin, secrétaire générale toujours en mouvement.

Le samedi 15 janvier à 14h30, à la Maison de Balzac, a eu lieu notre Assemblée Générale, suivie de la réunion du Comité directeur, puis à 16h, Julia Kristeva, professeur, psychanalyste, écrivaine, a présenté son livre : *Dostoïevski. Face à la mort ou le sexe hanté du langage* (Fayard, 2021) devant un public passionné.

Le samedi 12 février à 16h, par Zoom, Éric Bordas, professeur à l'École Normale Supérieure de Lyon, a présenté cet outil indispensable qu'est le *Dictionnaire Balzac* (Garnier, 2021), qu'il a dirigé avec Pierre Glaudes et Nicole Mozet, et quelques-uns de ses contributeurs ont présenté leurs notices.

Le samedi 16 mars à 16h, à la Maison de Balzac, André Vanoncini, professeur émérite à l'Université de Bâle, a fait

L'Année balzacienne 2023

502 *Informations et nouvelles*

une remarquable conférence sur Blaise Cendrars et Balzac et a présenté son dernier livre : *Balzac, Roman, Histoire, Philosophie* (H. Champion, 2019).

Le samedi 2 avril, a eu lieu notre sortie annuelle à Vendôme, toujours aussi bien organisée par Pierre Jomier et suivie par une trentaine d'adhérents. Nous avons visité ce qui est accessible du collège, l'abbaye de la Trinité et évoqué les années de collège de Balzac, racontées dans *Louis Lambert* et *Le Lys dans la vallée*.

Le samedi 21 mai, à la Maison de Balzac, à 16h, au cours d'une très belle séance, la grande architecte Françoise Schein et Pierre-Marc de Biasi, artiste et écrivain, nous ont présenté l'édifice construit à Caen autour de Flaubert et du *Dictionnaire des idées reçues*, véritable œuvre conceptuelle.

Le samedi 18 juin à 16h, au Couvent des Dominicains de Paris, 222 rue du Faubourg Saint-Honoré, Bruno Pinchard, philosophe et écrivain, fondateur de la Société dantesque de France, a présenté son nouveau livre : *Rabelais et la philosophie* (Paris, Kimé, 2022), si proche de la pensée balzacienne.

Le samedi 15 octobre à 16h, à la Maison de Balzac, Anne-Marie Baron, présidente de la Société des Amis d'Honoré de Balzac, a présenté son livre *Balzac, spiritualiste d'aujourd'hui. Au-delà du Bien et du Mal* (H. Champion, 2022).

Le samedi 19 novembre, à 16h, dans le Grand Salon de la Bibliothèque de l'Arsenal, 1 rue de Sully, 75004, Georges Zaragoza, président de la Société des Amis de Charles Nodier, a présenté sa *Biographie* de Charles Nodier (Classiques Garnier, 2021), puis Marie-Françoise Melmoux-Montaubin, professeur de littérature française du XIXe siècle à l'Université de Picardie et Valentina Bisconti, professeur des universités, ont présenté l'ouvrage qu'elles ont dirigé : *Charles Nodier, Création et métacréation* (Classiques Garnier 2021).

Enfin l'année s'est terminée en beauté le samedi 10 décembre à 16h avec Jacqueline Razgonnikov, historienne du théâtre, spécialiste de La Comédie Française, qui a parlé avec talent de *Balzac et Molière*.

En dehors des conférences, nous avons publié en 2022 trois numéros du *Courrier balzacien* : le numéro 57 *Balzac chez*

Informations et nouvelles 503

Proust, avec le texte remarquable de Luc Fraisse, le numéro double 58-59 sur *Les Contes drolatiques* et leurs illustrateurs et le numéro 60, consacré à *La Peau de chagrin* – au programme du bac de français cette année – et à la traduction d'*Eugénie Grandet* par Dostoïevski. Tous les numéros de notre revue sont en vente en ligne sur le site lesamisdebalzac.org et certains à la Maison de Balzac, au Musée Balzac de Saché, à la Cinémathèque française et à la Fondation Jérôme Seydoux-Pathé.

Nous n'avons donc pas chômé, toujours à l'affût de l'actualité balzacienne en rapport avec les plus grands écrivains – inspirés par lui ou inspirateurs – dont les anniversaires ont été dignement célébrés, puisque notre mission est d'entretenir des rapports d'amitié avec toutes les sociétés littéraires. Nous l'avons, je crois, dignement remplie.

Anne-Marie BARON.

LA MAISON DE BALZAC

Après les difficultés des dernières années, le retour du public a été accéléré en 2022 et 2023 par des événements de différentes natures et de nombreuses expositions. Cette activité n'aurait pas été possible sans le constant soutien des mécènes de la Maison de Balzac et l'enthousiasme des différents partenaires du musée.

Le récent Cercle des amis de la Maison de Balzac confirme notamment son dynamisme par une activité si débordante qu'on ne pourra ici évoquer que ses réalisations les plus importantes.

Le Cercle a ainsi créé tout récemment un Prix Balzac pour la création contemporaine. Après la première édition récompensant un photographe, une dotation de 20 000 euros a été attribuée en 2023 à un duo composé d'un chef cuisinier et d'un artiste plasticien. Cinq équipes présélectionnées ont travaillé une année durant sur un florilège de textes de Balzac évoquant les repas comme la création artistique. Le résultat s'est trouvé si remarquable que décision a été prise, aussitôt après le concours, d'exposer l'ensemble des travaux (du 9 mai

Informations et nouvelles

au 23 juin 2023), alors que la présentation de la seule réalisation lauréate était initialement prévue. Le jury a récompensé l'artiste Noémie Sauve et le chef Sylvain Parisot (restaurant Jeanne-Aimée, Paris IXe).

La Mairie du XVIe arrondissement a, dans les jardins de la Maison de Balzac, attribué en 2023 son deuxième Prix littéraire Honoré de Balzac, avec une dotation de 5000 euros, à Grégoire Bouillier pour *Le Cœur ne cède pas* (Flammarion). Le premier avait été décerné à Giuliano da Empoli pour *Le Mage du Kremlin* (Gallimard), couronné peu après par le Grand Prix du roman de l'Académie française.

Les expositions ont également bénéficié d'importants soutiens. L'exposition « Rupert Shrive expose la *Peau de chagrin* » (22 septembre - 30 octobre 2022) a eu lieu grâce à un important mécénat. « Balzac face à la photographie » (8 novembre 2022 - 15 janvier 2023), entièrement financée par le Cercle des amis de la Maison de Balzac, est le fruit d'une collaboration avec le lycée des métiers d'art et du design Auguste Renoir. Ces projets ont pris place entre les expositions annuelles organisées par Paris Musées : « Pierre Buraglio à l'épreuve de Balzac » du 13 avril au 4 septembre 2022 et « De *La Comédie humaine* à La Comédie urbaine, Balzac et Daumier » du 22 novembre 2023 au 31 mars 2024.

Enfin, l'accrochage conçu et réalisé par Séverine Maréchal avec plusieurs planches des frères Brizzi, auteurs d'une adaptation en bande dessinée des *Contes drolatiques*, a offert aux Parisiens, du 24 janvier 2023 au 19 mars 2023, un avant-goût de l'exposition proposée ultérieurement à Saché.

Cette activité soutenue a favorisé des dons venant d'artistes (Julien Spiewak et Pierre Buraglio) comme de particuliers. Il convient de remercier très chaleureusement ces donateurs qui contribuent par leur générosité au développement de la Maison de Balzac.

Les *Contes drolatiques* ont non seulement donné lieu à une exposition, ils se sont aussi trouvés au cœur de la politique d'acquisition avec l'achat en 2021 de dix bois moyens ou petits d'après Gustave Doré pour l'édition de 1855 (ces bois sont visibles dans les salles), suivi en 2022 par la préemption de vingt-neuf autres bois, la plupart de grand format. La présen-

Informations et nouvelles

tation des planches des frères Gaëtan et Paul Brizzi a conduit à acquérir cinq dessins, deux planches originales et trois croquis préparatoires. La bibliothèque a obtenu trois volumes des *Contes drolatiques* avec une reliure en parchemin illustrée d'aquarelles (anonymes) figurant des moines.

L'universalité de l'œuvre de Balzac amenant de plus en plus d'artistes à y puiser matière à réflexion, le musée a depuis plusieurs années entrepris de développer un fonds d'art contemporain. Après les achats spectaculaires d'œuvres de Louise Bourgeois, Eduardo Arroyo ou Pablo Picasso, ce sont en 2022 plusieurs dessins de Pierre Buraglio qui sont entrés au musée, offerts en partie par le Cercle des amis de la Maison de Balzac, en partie par l'artiste, cet ensemble étant complété par quelques achats. En 2023, le musée a acquis, toujours grâce au Cercle des amis de la Maison de Balzac, une peinture majeure de Pierre Alechinsky d'après le *Traité des excitants modernes*. Cette réalisation témoigne de l'intérêt porté par cet artiste au texte de Balzac, qu'il avait pris comme source d'inspiration dès 1989 pour des représentations qu'il a déclinées plus de trente années durant. Le musée possède notamment du même thème des versions de 1989, 1991, 2009 et désormais 2022.

La Maison de Balzac a par ailleurs procédé à une première acquisition de mangas, cinq planches dessinées par Toshie Kihara pour *Trois histoires d'amour* [*Étude de femme*, *Autre étude de femme*, *Le Message*], éditées à Tokyo chez Nippan Editions en 2019.

La bibliothèque continue à recueillir les publications récentes mais s'intéresse également à des ouvrages rares qui ne sont parfois référencés ni à la Bibliothèque nationale de France ni au catalogue collectif de France. Ce sont récemment, à titre d'exemples, *La Comédie humaine* illustrée par Daniel Fort et Jacqueline Spurling (Paris, Pierre Chatenoud, 1981-1985, 5 vol.), ou deux contrefaçons belges, l'une pour Théophile Gautier, *Tra los montes*, Bruxelles, Méline, 1843, l'autre pour *Pierrette*, Bruxelles, Société belge de librairie, 1840.

S'agissant des éditions illustrées, l'objectif reste de tendre à l'exhaustivité. Le fonds étant déjà considérable, les acquisitions se font plus rares, on notera cependant celle de *La Rabouilleuse* illustrée par Boris Taslitzky (Paris, La Bibliothèque française, 1946).

Dans le même esprit, le musée a acheté des dessins préparatoires de Picard Le Doux pour *Illusions perdues* (édité à Paris chez A. Guillot, 1949-1950) et d'autres de Quint pour *Le Père Goriot* (édition René Kieffer, 1922).

Yves GAGNEUX.

MUSÉE BALZAC – CHÂTEAU DE SACHÉ
Se ressourcer… Se divertir… Lire

> *J'éprouve un tel bien-être physique ici, que tous les ressorts du cerveau et de l'intelligence si prodigieusement tendus à Paris se sont relâchés, et je sens des difficultés à remonter toutes les cordes au diapason voulu pour le travail. Il y a tant d'oiseaux qui chantent, tant de prairies émaillées qui vous sourient, de si beaux arbres, majesteux comme des douairières avec tant de panaches et de tapisserie qu'on écoute, qu'on regarde et qu'on admire tout cela*[1].
> Honoré de Balzac à Mme Hanska,
> Saché, 8 juin 1848.

Honoré de Balzac appréciait profondément l'environnement naturel du château de Saché. Chacun de ses séjours lui offrait l'opportunité de se ressourcer et lui insufflait l'énergie nécessaire au travail : se promener dans le parc, cheminer dans les bois alentours ou dans la vallée de l'Indre étaient en effet des contreparties essentielles de ces heures laborieuses passées dans sa petite chambre du deuxième étage.

C'est la raison pour laquelle l'équipe du musée Balzac, encouragée par les nouvelles attentes des visiteurs post-COVID, a programmé davantage d'activités en lien avec la nature pour inviter chacun à goûter une forme de plénitude intérieure dans ce cadre préservé, à la manière d'Honoré de

---

1. *LHB*, 8 juin 1848, t. II, p. 862.

Informations et nouvelles

Balzac. Ainsi, aux « siestes balzaciennes », lectures organisées dans le parc du château, et aux « randonnées littéraires » conduites par les médiatrices dans la vallée de l'Indre, se sont ajoutées de nouvelles animations en 2023.

Des « bains de nature » ont été animés par la sophrologue Nadine Bosq pour s'initier à la sylvothérapie au gré des arbres du parc, offrant aux participants des moments d'introspection très appréciés dans ce haut lieu d'écriture. Les plus jeunes ont également pu mettre tous leurs sens en éveil à l'occasion d'ateliers famille « Balzac, la nature & moi » dans lesquels ils ont pu jouer avec la nature et explorer leurs émotions, ou en empruntant, pieds nus, un nouveau parcours sensoriel aménagé avec des matériaux naturels, en lisière du bois.

Par ailleurs, des « concerts allongés » ont été proposés au cœur de l'été. Les spectateurs, confortablement installés dans des transats ou sur l'herbe, ont pu ressentir pleinement toutes les émotions suscitées par les sons de la viole de gambe jouée par le soliste et compositeur Roland Kern. Les morceaux interprétés étaient ceux que l'artiste a composés lors de sa résidence itinérante dans plusieurs maisons d'écrivain de la région, dont le musée Balzac.

Mais l'année 2023 a également été l'occasion de souligner l'importance du rire dans l'œuvre de Balzac. Après plusieurs années complexes où le musée a été fermé par intermittence en raison de l'épidémie de Coronavirus, besoin était de mettre en avant l'humour balzacien pour inviter le public le plus large possible à découvrir ce monument de la littérature française qui souffre encore souvent de la réputation d'un auteur ennuyeux. L'exposition « BALZAC, ENFANT ET RIEUR. Voyage au cœur des *Contes drolatiques* dessinés par les frères Brizzi » a rencontré un vif succès. Cela faisait un certain temps que le musée Balzac souhaitait valoriser davantage *Les Contes drolatiques*, ces récits conçus en partie à Saché auxquels Honoré de Balzac accordait une place fondamentale. Dans une lettre à Mme Hanska du 26 octobre 1834, le romancier présente en effet son œuvre littéraire à venir comme un palais à trois étages et précise : « Et, sur les bases de ce palais, moi *enfant et rieur*, j'aurai tracé l'immense arabesque des *Cent Contes* drolatiques » [2]. La publication en septembre 2021 de la bande dessinée *Les Contes drolatiques d'Honoré de Balzac* par Paul et Gaëtan Brizzi aux éditions Futuropolis fut une véritable aubaine. Séduits par le trait caricatural, le caractère leste, drôle et truculent de ces histoires méconnues du grand public, ces artistes rompus aux techniques des films d'animation des plus grandes sociétés de production ont su adapter avec brio quatre des *Contes* au langage de la bande dessinée tout en préservant l'esprit de l'imaginaire balzacien. Une soixantaine de dessins originaux [3] ont ainsi été présentés au public, dans une scénographie qui plongeait les visiteurs dans l'univers de Paul et Gaëtan Brizzi, tout en les confrontant au texte original d'Honoré de Balzac et aux libertés que les artistes se sont accordées. En complément de l'exposition, des visites « 20 minutes / une œuvre » et des « siestes balzaciennes » dédiées aux *Contes drolatiques* ont été programmées, ainsi que de courtes représentations théâtrales invitant les spectateurs à déceler l'humour de Balzac dans l'ensemble de son œuvre. La Compagnie Alborada a en effet mis en scène le professeur Schmucke dans une magistrale leçon de musique autour du piano Erard du musée [4].

Enfin, l'année 2023 a été marquée par le retour en force des lycéens au musée grâce à l'inscription du roman *La Peau de chagrin* au programme du baccalauréat général [5]. L'équipe des médiatrices du musée Balzac a ainsi proposé un ensemble d'activités pédagogiques autour de ce roman, en particulier des visites thématiques s'appuyant sur les collections du musée et les restitutions des univers du roman, mais aussi des ateliers imprimerie et des ateliers théâtre. C'est dans ce contexte que

---

2. *LHB*, 26 octobre 1834, t. 1, p. 205.

3. À la suite de l'exposition, le musée Balzac a enrichi ses collections de trois planches originales de la bande dessinée (dont une donnée par Paul et Gaëtan Brizzi) ainsi que d'un croquis avec plusieurs portraits crayonnés de Balzac.

4. « Les impromptus musicaux du professeur Schmucke », spectacle conçu pour le musée Balzac par la Cie Alborada avec Paul-Etienne Treffé, comédien-musicien, donné à trois reprises le dimanche 9 juillet 2023.

5. Environ 800 élèves de première ont ainsi été accueillis de septembre 2022 à juin 2023.

Informations et nouvelles 509

le musée Balzac a accueilli en dépôt le portrait monumental du romancier par Rupert Shrive[6]. Dans la continuité de la démarche de Rodin, l'artiste a voulu exprimer l'immensité du génie balzacien avec cette tête du romancier peinte sur une grande toile froissée à la manière d'une feuille de papier, recouverte des premières phrases du roman *La Peau de chagrin* et rappelant son incessant travail de corrections sur épreuves. Avant de l'installer au musée Balzac pour trois ans, l'artiste a réalisé une performance : du 19 au 30 mars 2023, il a poussé ce portrait, sur roulettes, de Paris à Saché, accompagné de son ami le cinéaste Sebastiano d'Ayala Valva. Promener une tête colossale à travers villes et campagnes a signé un exploit rappelant des images telles que Sisyphe roulant éternellement son rocher en haut de la colline, tout en allant à la rencontre de différents publics, dans l'esprit du musée Balzac qui se veut accessible au plus grand nombre.

Isabelle LAMY.

---

6. Portrait conçu pour son exposition à la Maison de Balzac à Paris autour du roman *La Peau de chagrin* (du 22/09/22 au 30/10/22).

RÉSUMÉS / ABSTRACTS [1]

Takayuki KAMADA, La génétique balzacienne et la question de l'inachèvement.

RÉSUMÉ – Longtemps considéré comme un échec dans l'acte d'invention littéraire, le phénomène d'inachèvement suscite désormais un intérêt critique particulier grâce à sa revalorisation par la génétique textuelle, en tant que manifestation d'une dynamique perpétuelle de la création rebelle à toute forme finie. Cet article propose de s'arrêter, dans l'évolution des études balzaciennes en génétique, sur quelques moments privilégiés où le regard des critiques vers différents effets d'inachèvement à divers niveaux chez cet auteur permet de renouveler l'intelligibilité de son écriture tout entière.

ABSTRACT – Long considered a failure in the act of literary invention, the phenomenon of incompletion now arouses particular critical interest since it is being reenergized by genetic studies that oppose any finished form as evidence of constant creativity. In line with developments in Balzac genetic criticism, this article focusses on particular occasions when critical attention has highlighted the different effects of incompletion at various levels in Balzac's works, thereby renewing the intelligibility of his entire *œuvre*.

---

1. Nous tenons à remercier vivement notre collègue et ami Owen Heathcote, professeur à l'université de Bradford, pour sa relecture attentive des résumés en anglais.

L'Année balzacienne 2023

512 *Résumés / Abstracts*

Bernard GENDREL – Balzac et les formalismes.

RÉSUMÉ – Après avoir distingué un formalisme horizontal, plus narratif, qui suit les effets d'écho, de symétrie ou de dissonance d'un texte donné, et un formalisme vertical, plus descriptif, qui propose de lire l'œuvre à travers un modèle abstrait, le présent article distingue dans ce dernier formalisme deux types de critique possibles : la critique formalisée (où le modèle est *a priori*) et la critique formalisante (où le modèle est *a posteriori*). La critique balzacienne des années 1970-1980 a beaucoup utilisé de modèles *a priori* (compositionnels, sémantiques ou tonals) pour décrire *La Comédie humaine*, mais le formalisme le plus récent, en accordant une grande place aux processus de lecture, rend compte de la manière dont les formes naissent, disparaissent et s'enchevêtrent au cours de l'œuvre.

ABSTRACT – Having differentiated a "horizontal", more "narrative", formalism, which follows the effects of echoing, symmetry or dissonance in a given text, from a "vertical", more "descriptive" formalism, which seeks to read the text via an abstract model, this article distinguishes two types of possible critique in the latter: a formal*ized* critique (where the model is *a priori*) and a formal*izing* critique (where the model is *a posteriori*). Balzac criticism of the 1970s and 1980s made extensive use of *a priori* models (compositional, semantic or tonal) to describe *La Comédie humaine*, whereas the most recent formalism, by placing considerable emphasis on the processes of reading, shows how these forms arise, disappear and intermingle throughout the work.

Éric BORDAS, Balzac : études de langue et de style (1850-2019).

RÉSUMÉ – La condamnation du prétendu « mauvais style » de Balzac a été l'un des dogmes de la critique littéraire, indiscuté jusque vers 1950 environ. Puis les approches poéticiennes du récit, parallèlement au développement d'une génétique scientifique des textes, ont modifié la lecture de *La Comédie humaine*. Si la discipline universitaire dite « stylistique » a dû attendre son renouvellement en profondeur dans les années 1980 par les acquis de la linguistique de l'énonciation pour proposer une approche non normative de la langue romanesque, les résultats n'ont cessé, depuis, de s'affiner, dans des travaux réguliers toujours plus exigeants.

ABSTRACT – The condemning of Balzac's alleged "bad style" was one of the dogmas of literary criticism, unchallenged until about 1950.

Résumés / Abstracts

At that point, poetics' approaches to the narrative, in parallel with the development of scientific textual genetics, changed the reading of *La Comédie humaine*. While the academic discipline known as "stylistics" had to wait until the 1980s before undergoing a root-and-branch renewal through the achievements of the linguistics of enunciation and before offering a non-prescriptive approach to the language of fiction, the results have since continued to develop in ever more thorough sustained analyses.

Marie SCARPA, L'ethnocritique et/de Balzac.

RÉSUMÉ – Notre contribution interroge dans un premier temps la place de l'anthropologie dans la critique balzacienne. Si *La Comédie Humaine* est souvent ramenée à une anthropologie générale, une « science de l'homme » construite sur le modèle des sciences naturelles, elle semble avoir, moins que d'autres œuvres du XIXe siècle, donné lieu à des études critiques considérées *comme* anthropologiques (mythocritiques ou girardiennes par exemple). Le second temps de l'article est consacré à l'ethnocritique de la littérature et aux lectures que ce paradigme plus récent a proposées de trois récits de Balzac dont *La Vieille Fille*. La trajectoire de Rose Cormon est analysée ici en termes de (mauvaise) initiation (elle est un personnage liminaire jusque dans son mariage) et de carnavalisation, entre enjeux politiques, esthétiques et culturels.

ABSTRACT – In this article we will first of all reflect on the role of anthropology in critical studies of Balzac. Although *La Comédie humaine* is often perceived through the general lens of anthropology, a "science of man" built on the model of the natural sciences, it does not appear to have been studied as often as other nineteenth-century works through critical paradigms based on anthropology (mythocriticism or approaches based on the work of René Girard). The second part of this article is devoted to a discussion of an ethnocritical approach to literature and to interpretations inspired by this more recent paradigm, of three stories by Balzac, including *La Vieille Fille*. The story of Rose Cormon is analysed in terms of an (unsuccessful) initiation (she remains a liminal character even after her marriage) and of carnavalization involving political, aesthetic and cultural issues.

514 *Résumés / Abstracts*

Dominique MASSONNAUD, Souvent textes (de Balzac) varient.
La production balzacienne et l'analyse textuelle des discours.

RÉSUMÉ – Le titre de ce travail fait écho aux travaux de spécialistes
de linguistique textuelle des discours : Jean-Michel Adam ainsi que Jean
Peytard. Les chemins ouverts par les propositions théoriques et pratiques faites dans l'ouvrage de Jean-Michel Adam – *Souvent textes varient*
(Garnier, 2018) – rencontrent avec force les propositions balzaciennes :
nous faisant voir les textes comme des objets changeants, à ressaisir
patiemment et précisément, sans négliger leurs modes de présence éditoriale, leurs rapports aux productions discursives antérieures, la place
assignée à leurs lecteurs dans un champ social et à un moment historique donnés. La production balzacienne est éminemment significative
dans ce moment historique qui est celui d'une « société des individus »
différente de la société d'ordres d'Ancien régime, alors qu'émergent la
valorisation de la singularité de styles d'auteur et la déprise des modèles
académiques et rhétoriques, compositionnels en particulier. En faisant
place à Balzac et à ses critiques, la voix théorique de Jean-Michel
Adam, rencontre et ouvre effectivement la voie pour les travaux des
balzaciens. Peut-être parce que l'on peut saisir cet écrivain sous la figure
d'un auteur-tisserand : figure venue de Goethe, lorsqu'il définissait,
dans *Faust*, « le fabricant de pensées ». Celui qui assure, par le nouage
des fils, sa présence au centre de la tapisserie, l'auteur d'une œuvre, qui
confirme son métier en reprenant sans cesse son ouvrage.

ABSTRACT – The title of this study echoes the work of specialists
in the field of the textual linguistics of discourse: Jean-Michel Adam
and Jean Peytard. The avenues opened up by the theoretical and practi-
cal proposals made in Jean-Michel Adam's book – *Souvent textes varient*
(Garnier, 2018) – correspond exactly to what we find in Balzac: it
makes us see texts as changing objects that need to be patiently and
precisely recaptured, without neglecting their modes of editorial presence, their relationship to previous discursive productions, and the
place assigned to their readers in a given social field at a given historical
moment. Balzac's production is eminently significant at the particular
historical moment of a "society of individuals" that departs from the
society of the different orders of the Ancien Régime, at a time when
greater value was being ascribed to the uniqueness of a given author's
style and the abandonment of academic and rhetorical models, in particular in the realm of composition. By making room for Balzac and
his critics, the theoretical voice of Jean-Michel Adam espouses, and
indeed opens the door for, the work of Balzac critics. Perhaps because

Résumés / Abstracts

515

we can apprehend this writer in the guise of an author-weaver: a figure taken from Goethe, when, in *Faust*, he defines "le fabricant de pensées". He who, by the knotting of threads, ensures his presence at the centre of the tapestry, the author of a work who confirms his *métier* by constantly working and re-working his work.

Owen HEATHCOTE, Balzac et la critique féministe.

RÉSUMÉ – Balzac était-il féministe ? Afin d'esquisser une réponse à cette question épineuse, cet article se demande dans quelle mesure les questions soulevées par les différentes « vagues » du féminisme trouvent un précurseur dans les textes de Balzac. Tandis que Balzac semble anticiper l'importance de la différence sexuée ou sexuelle mise en avant par les féministes de la première vague afin d'accorder toute son importance au « deuxième sexe » dûment revalorisé, il souligne, comme les féministes de la deuxième vague, la centralité du corps de la femme – corps auquel la femme est trop souvent assigné et circonscrit. Comme les féministes de la deuxième vague encore une fois, Balzac expose la violence faite aux femmes par les hommes, surtout à l'intérieur du mariage, devenu, pour certaines de ses héroïnes, une « prostitution légale ». En même temps, Balzac souligne, à la manière des féministes de la troisième et de la quatrième vague, la fluidité de la catégorie « femme » (comme celle de « l'homme ») : le corps de la femme n'est pas seulement monument mais mouvement, ce qui lui permet de se libérer, voire de s'émanciper. Et les soi-disant deux sexes se complexifient eux aussi, à tel point que le sexe cède le pas devant le « genre » et que les sexualités fusionnent et se multiplient. Il s'avère également que la représentation de la prostitution chez Balzac n'est nullement monolithique, la courtisane étant soit stigmatisée soit valorisée ou même les deux à la fois. Le fait que Balzac arrive à conjuguer l'importance de la catégorie « femme » et la mise en valeur de la femme (même « déchue ») tout en démontrant la fluidité et l'ambiguïté des catégories du sexe et de la sexualité fait de lui un pionnier dans la cause des femmes et des féministes.

ABSTRACT – Was Balzac a feminist? In order to try to answer this difficult question, this article will ask to what extent Balzac prefigures the different "waves" of feminism in his texts. Whereas Balzac seems to anticipate the importance of sexual difference as developed by the feminists of the first wave in order to give its due to a newly revalued

516 *Résumés / Abstracts*

"second sex", he also joins the feminists of the second wave in fore-grounding the centrality of the female body – a body which too often limits and even imprisons women. Also like the feminists of the second wave, Balzac emphasizes the violence inflicted on women by men, notably within marriage which, for some women, is a form of "legal prostitution". At the same time, like the feminists of the third and fourth waves, Balzac underlines the fluidity of the category "woman" (and of that of "man"): a woman's body is not only monument but movement, thereby enabling her to find a way to release and freedom. And the so-called two sexes also become more complex, such as to put gender before sex and to create a mixture and a medley of sexualities. It is also the case that Balzac's portrayal of prostitution is by no means monolithic, with the courtesan being either stigmatized or celebrated, or even both. The fact that Balzac manages to combine giving due importance to the category "woman" (even if "fallen") whilst also demonstrating the permeability and the ambiguity of sexual categories and positions makes him a pioneer in the cause of women and feminists.

José-Luis DIAZ, Les « fils de Balzac » en campagne (1846-1862)

RÉSUMÉ – C'est à considérer le véritable *tournant critique* qu'a été, à partir du milieu des années 1840, l'entrée en scène d'une jeune géné-ration d'admirateurs déclarés de Balzac, rompant du tout au tout avec l'animosité commune dans la critique du temps (Sainte-Beuve, Janin, Chaudesaigues, etc.), qu'est consacrée la présente étude. La formule de notre titre est celle de l'un d'entre eux, parmi les plus assidus dans son action, Champfleury, qui, reprenant en 1887 une expression déjà employée par Zola dans *Le Roman expérimental* (1881), a baptisé ces jeunes écrivains critiques au nombre desquels lui-même a compté comme des « fils de Balzac ». Malgré la complicité admirative qui les unit, ces jeunes écrivains de moins de trente ans ne forment point un groupe homogène, puisque s'opposent ceux qui font de Balzac le fon-dateur de l'école réaliste (Champfleury) et ceux qui ont plutôt tendance à voir en lui un « voyant » (Hippolyte Babou, Baudelaire, Barbey, Louis de Cormenin). Mais il se ressemblent par la sympathie filiale qu'ils manifestent, par la manière qu'ils ont de considérer Balzac comme une grande figure mythologique, d'être en quête de « renseignements » bio-graphiques à son sujet, d'admirer en bloc *La Comédie humaine* tout en étant désireux de voir éditées ses « œuvres diverses ».

Résumés / Abstracts

ABSTRACT – This study is devoted to a consideration of the key critical turning point which, from the middle of the 1840s, witnessed the emergence of a young generation of undisguised admirers of Balzac, breaking completely with the general animosity evident in the criticism of the time (Sainte-Beuve, Janin, Chaudesaigues, etc.). The wording of our title comes from one of these, and one of the most unwavering, Champfleury, who, in 1887, adopted an expression already used by Zola in *Le Roman expérimental* (1881), and baptized these young writer-critics, including himself, as "sons of Balzac". Despite their shared admiration for Balzac, these young writers, all under thirty, did not form a homogeneous group. On the contrary, they were in conflict with each other since some made Balzac into the founder of the realistic school (Champfleury) and others tended to see him as a "seer" (Hippolyte Babou, Baudelaire, Barbey, Louis de Cormenin). However, they all coincided in their filial sympathy towards Balzac, in the way in which they considered him to be a great mythological figure, in their quest for biographical "information" about him, and in admiring *La Comédie humaine en bloc* whilst also being keen to see the publication of his "œuvres diverses".

Tim FARRANT, Balzac et la critique britannique, miroir de la création (1830-2023). 1ʳᵉ partie : 1830-1891.

RÉSUMÉ – La critique britannique de Balzac nous met au défi : en apparence marginale, elle est en réalité un miroir, voire peut-être *le* miroir de la création balzacienne. Cet article se présente en deux parties et se donne pour objet de survoler l'ensemble de la critique britannique du Balzac des débuts à l'époque actuelle. La première partie prend comme point de départ la révolution de 1830, qui précède la publication de toute œuvre ou compte rendu de Balzac en Angleterre mais qui est souvent mise à contribution pour expliquer le caractère « convulsionnaire » de Balzac et de ses pairs. Nous passons en revue les points forts de la réception et donc de la conception britannique de son œuvre ; fonctions nées jumelles dès la publication et la critique simultanées de *Ferragus* à Paris et à Londres en 1834, et confortées ensuite par bien des moments clés, et dont l'exemple capital est peut-être la nébuleuse anglo-française autour d'un tableau du peintre Egg, ami de Dickens, auquel Taine confronte Balzac pour lancer sa vision d'une littérature impassible et artiste qui se jouerait de l'exemplarité morale pour halluciner le vrai. Cette littérature serait incarnée avant tout, mais

518   *Résumés / Abstracts*

sans doute à l'insu de la plupart des Anglais, par Shakespeare, à qui Balzac sera comparé par Lesley Stephen, et avec qui James, Wilde et Symons salueraient un Balzac puissant et visionnaire.

ABSTRACT – British Balzac criticism presents us with a challenge: seemingly marginal, it gives us a mirror, perhaps *the* mirror of his creation. This article is presented in two parts and aims to give an overview of British Balzac criticism from its beginnings to the present day. The first part takes as its starting-point the 1830 Revolution, which precedes the publication of any work or review of Balzac in England, but which is often used to explain the 'convulsive' nature of Balzac and his peers. We review the high points of the British reception and hence conception of his work; twin functions from the simultaneous publication and criticism of *Ferragus* in Paris and London in 1834, and which are subsequently reinforced at many high-points, the biggest being perhaps the Anglo-French constellation around a picture by the painter Egg, a friend of Dickens, to whom Taine will contrast Balzac in order to launch his vision of an impartial and artistic literature which would make light of moral exemplarity in order to hallucinate the true. This kind of literature would above all be embodied, doubtless unbeknown to most British readers, by Shakespeare, to whom Balzac will be compared by Lesley Stephen, and with whom James, Wilde et Symons would hail a Balzac who is puissant and visionary.

Philippe DUFOUR, Balzac, la forme et la force : Jean-Pierre
    Richard répond à Jacques Derrida

RÉSUMÉ – La force et la forme : Balzac, homme d'ordre, n'était pas moins fasciné par l'énergie et les perturbations qu'elle générait. Désireux de donner une image arrêtée du « présent qui marche », il voyait aussi l'instabilité des destins. Jean-Pierre Richard décrit cette paradoxale géométrie en mouvement et répond par là à la critique qu'adressa Jacques Derrida au structuralisme accusé de figer la signification toujours différée des œuvres.

ABSTRACT – Force and form. Balzac, a man of order, was nonetheless fascinated by energy and by the disorder it generated. He wanted to freeze the present as it moved forward but was also aware that destiny was unstable. Jean-Pierre Richard described this paradoxically mobile geometry and used it as a way to rebut Derrida's critique of structuralism which was accused of immobilizing the constantly deferred meaning of works.

Résumés / Abstracts

Andrea DEL LUNGO, Les repentirs de Barthes. De l'insolubilité de Balzac dans la *French Theory*

RÉSUMÉ – Cet article propose de revisiter la réflexion sur la « modernité » du texte balzacien, telle qu'elle a été contestée par la *French Theory*, grâce à l'analyse de quelques éléments peu connus ou inédits, en particulier des interviews de Roland Barthes parus dans la presse ou diffusés à la radio lors de la publication de *S/Z*. L'enjeu est de révéler de surprenants repentirs qui conduisent le sémiologue non seulement à une réévaluation du texte balzacien (qui aurait alors droit de cité dans la modernité), mais aussi à une réintégration théorique de la figure de l'auteur, contredisant l'affirmation de sa mort prétendue. Notre propos, qui s'interroge sur les raisons du choix barthésien de s'attaquer à un texte de Balzac, *Sarrasine*, et qui analyse les différents jugements sur celui-ci, vise à montrer le caractère insoluble du texte balzacien, dans sa double acception : ce qui ne peut pas se dissoudre (dans ce cas, dans une théorie), mais aussi ce qui propose une énigme sans solution et qui suscite un débat critique, depuis près de deux siècles.

ABSTRACT – This article seeks to revisit the debate on the "modernity" of Balzac's text, as contested by French Theory, by analysing some little-known or unpublished material, in particular interviews with Roland Barthes that appeared in the press or were broadcast on the radio when *S/Z* was published. My aim is to expose the semiologist's surprising regrets that led him not only to a reassessment of Balzac's text (which would then have due place in modernity) but also to a theoretical reincorporation of the figure of the author, contradicting the assertion of his supposed death. Questioning the reasons behind Barthes's choice of tackling a text by Balzac, *Sarrasine*, and analysing the different assessments of it, my aim here is to show the insoluble nature of Balzac's text in the dual sense of "insoluble": ie what cannot be dissolved (in this case, in a theory), but also what poses an unsolvable enigma and has prompted critical debate for nearly two centuries.

Gérard GENGEMBRE, Le moment Barbéris

RÉSUMÉ – Au début des années 1970, les travaux de Pierre Barbéris ont marqué un moment décisif dans les études balzaciennes. Si leur prisme marxiste a éclairé le contenu politico-économique des romans, il ne fut nullement réducteur et se combina avec une lecture

520 *Résumés / Abstracts*

sociocritique mettant en relation le *pourquoi* et le *comment* de l'écriture balzacienne. Pierre Barbéris sut également prendre une relative distance critique avec sa propre pratique, dont une grande partie féconda notre connaissance du continent Balzac et reste pertinente pour notre exploration sans cesse continuée.

ABSTRACT – Pierre Barbéris's works in the early 1970s constitute a defining moment in the history of studies on Balzac. Far from being reductive, Barbéris's Marxist approach not only illuminates the political and economic content of the novels, but, combined with a sociocritical method, makes possible an understanding of the relationship between the *why* and the *how* of Balzac's *écriture*. If Barbéris partially distanced himself from his own approach, it is still pertinent for our endlessly continuing exploration of Balzac's world.

Maria BELIAEVA SOLOMON, Constructions critiques d'un « Balzac 1830 »

RÉSUMÉ – La présence fantomatique, chez Paul Bénichou, d'un Balzac théoricien du désenchantement invite à étudier la place qu'occupe la crise historique et politique de 1830 dans la critique balzacienne. C'est ce que cet article entreprend en proposant une rétrospective de quelques avatars mémorables de ce Balzac marqué de la « griffe de 1830 »: de l'idéologue déçu décelé par Pierre Barbéris entre les lignes d'un Balzac commentateur social, au prolifique homme de presse analysé par Roland Chollet, en passant par le conteur fantastique étudié par Pierre-Georges Castex, et enfin au Balzac, génial inventeur de lui-même, que révèlent les travaux de José-Luis Diaz. Au vu de ce panorama, c'est autant de perspectives distinctes mais complémentaires sur Balzac 1830 que la critique balzacienne invite à découvrir.

ABSTRACT – The ghostly presence of a Balzac, theoretician of disenchantment, in the work of Paul Bénichou invites us to examine the legacies of the historical and political crisis of 1830 in Balzac criticism. This article undertakes such an examination through a review of a number of Balzacs marked by the "stamp of 1830": from the disillusioned ideologue lurking between the lines of his social commentaries, recognized by Pierre Barbéris, to the hyperproductive journalist analysed by Roland Chollet, to the narrator of the fantastic studied by Pierre-Georges Castex, and finally to Balzac, self-mythologizer, as revealed by the works of José-Luis Diaz. This overview invites wider

Résumés / Abstracts 521

critical consideration of the distinct yet complementary perspectives through which we can understand Balzac as a figure of 1830.

Mireille LABOURET, Introduction aux lectures de *Mémoires de deux jeunes mariées*.

RÉSUMÉ – Ce roman par lettres de 1842 est proposé à l'étude des élèves de Première technologique, sous la rubrique « Raison et sentiments ». La forme épistolaire favorise le débat d'idées autour du mariage, d'amour ou de « raison », de la famille et de la place qu'y occupent les deux héroïnes, Louise et Renée. Ces « mémoires » donnent à entendre plusieurs acceptions au titre choisi ; scène de la vie privée, ils relèvent d'une poétique du secret et roman de la destinée féminine, ils peuvent être lus comme un roman d'apprentissage au féminin. En guise d'introduction aux trois articles qui suivent, on suggère deux lectures de ce texte abondamment commenté. L'une s'efforcera de lire le duo des deux amies à la lumière de la poétique des éléments. La complémentarité du feu et de l'eau habite aussi bien les corps des personnages que les décors qu'elles façonnent à leur guise. L'autre s'appuie sur les travaux de Nathalie Heinich pour s'interroger sur la construction de l'identité féminine à travers ces deux parcours de femmes.

ABSTRACT – This 1842 letter novel is being offered for study by technology students, under the heading of "Reason and Feelings". The epistolary form encourages debate around marriage, love or "reason", and the family and, within that, the place of the two heroines, Louise and Renée. These "memoirs" suggest a number of meanings for the title chosen: as a scene from private life, they are a poetics of secrecy, and as a novel about women's destiny, they can be read as a female *Bildungsroman*. By way of introduction to the three articles that follow, we suggest two readings of this much discussed text. One will attempt to read the duet of the two women in the light of a poetics of the different elements. The complementary nature of fire and water inhabits both the bodies of the characters and the scenery they create. The other draws on the work of Nathalie Heinich to question the construction of female identity through these two women's lives.

522   *Résumés / Abstracts*

Antonia MAESTRALI, Des personnages-lecteurs aux élèves-lecteurs des *Mémoires de deux jeunes mariées* : lire pour guider sa vie ?

RÉSUMÉ – Cet article se propose de considérer *Mémoires de deux jeunes mariées* sous l'angle de l'influence des lectures sur la vraie vie. Il s'agit tout d'abord d'explorer et d'analyser les goûts littéraires de Louise et de Renée : en quoi leurs lectures correspondent-elles à leurs caractères et à leurs visions de la vie, de l'amour, du bonheur ? En quoi contribuent-elles à dessiner les figures d'une Louise passionnée et d'une Renée raisonnable ? Le questionnement sera ensuite déplacé pour se poser à l'échelle des élèves : quelle lecture peuvent-ils faire du roman de Balzac ? Autrement dit, que leur dit-on en leur faisant lire et étudier cette œuvre, qui pourrait ressembler à un roman à thèse à la morale bien austère, si l'on n'en faisait qu'une lecture hâtive ? Nous mettrons ainsi l'accent sur un enjeu essentiel de l'étude de ce roman : dépasser la tentation de l'antithèse simpliste pour appréhender toute la subtilité de l'œuvre, et entrevoir en quoi la lecture de fictions et la projection dans des personnages peuvent participer à aiguiser la réflexion sur sa propre vie et le sens qu'on veut lui donner.

ABSTRACT – This paper considers *Mémoires de deux jeunes mariées* from the perspective of the influence of readings on real life. We begin by exploring and analysing the literary tastes of Louise and Renée: in what way do their readings correspond to their characters and their visions of life, love and happiness? How do these readings help shape the figures of a passionate Louise and a reasonable Renée? These questions will then be applied to the students themselves: how can they read Balzac's novel? In other words, what are we telling them by making them read and study this book, which could seem like a didactic novel with a very uncompromising moral message, at least on a cursory acquaintance? Our emphasis will therefore be on an essential issue in the study of this text: how can we go beyond the temptation of simplistic antitheses in order to appreciate all the subtlety of the work, and to show how reading fictions and projecting into characters can focus thinking about one's own life and the meaning we give to it.

Cyrille FABRE, Du lieu à l'espace : chemins de formation des personnages féminins dans *Mémoires de deux jeunes mariées*.

RÉSUMÉ – Nous nous interrogerons sur les lieux configurés et évoqués dans l'espace diégétique et sur l'articulation lieux et destin

Résumés / Abstracts　　　　　　　　　　　　　　　　523

des deux héroïnes. En d'autres termes, comment Louise et Renée s'inscrivent-elles dans les lieux représentés dans le roman ? Cette inscription est-elle déterminée par leur genre, en particulier ? En quoi les lieux et les espaces romanesques (et il paraît nécessaire de distinguer lieu et espace) donnent-ils à voir, dans une période historique précise (l'époque transitoire de la fin de la Restauration au début de la monarchie de Juillet) les chemins de formation et d'évolution empruntés par les deux amies, et leurs trajectoires singulières (en incluant notamment les oppositions sociales, géographiques) ? Si la mobilité et la liberté des deux héroïnes sont considérablement entravées au début du récit, nous observons ensuite une série de mouvements et de déplacements. Il s'agit bien de « sortir » d'un lieu non choisi, dès la première phrase écrite par Louise. Le mouvement peut être assimilé à une conquête. On peut s'interroger sur les modalités de déplacement de l'une et de l'autre. Les mouvements s'accompagnent-ils d'un élargissement de l'espace ? S'agit-il de « trouver sa place » dans l'espace social, mondain, familial ? Peut-on interpréter les cheminements des protagonistes comme la recherche d'un espace de liberté que les lieux n'offriraient peut-être pas (la question du « lieu à soi » se pose) mais que l'espace épistolaire favoriserait ? En définitive, la lettre apparaît non seulement comme un espace d'échange, mais également un espace de fantaisie qui autorise de nombreux renversements et qui témoigne de la fécondité des chemins de formation ouverts aux personnages féminins.

ABSTRACT – The aim of this article to examine the physical places configured and referred to in the diegetic space of *Mémoires de deux jeunes mariées* and the relationship between place and the destiny of its two heroines. In other words, how do Louise and Renée fit into the places represented in the novel? In particular, is their place determined by their gender? In what way do the places and spaces in the novel (and it seems necessary to distinguish between place and space) reveal, in a specific historical period (the transitional period from the end of the Restoration to the July Monarchy), the progression and the development of the two friends, and their individual trajectories (including, in particular, their contrasting social and geographical situations)? Whilst the mobility and freedom of the two heroines are considerably hampered at the beginning of the story, we then see a series of movements and shifts in their experiences. From the very first sentence Louise writes, it is a question of "leaving" a place that is not of her choice. Movement can be regarded as a conquest. We can ask ourselves how the pair move. Does movement go hand in hand with an expansion of space? Is it a question of "finding one's place" in (high) society,

524   *Résumés / Abstracts*

family, and other spaces? Can we interpret the protagonists' journeys as a search for a space of freedom that places might not offer (the question of a "place of one's own" figures here) but that would be fostered in the space of an epistolary correspondence? In the final analysis, the letter appears not only as a space for exchange but also as a space for fantasy that allows for many reversals of fortune and illustrates the productiveness of the formative paths open to the female characters.

Gérard GENGEMBRE : *Mémoires de deux jeunes mariées* ou Bonald contredit par le romanesque

RÉSUMÉ – La théorie bonaldienne du mariage et de la famille est au cœur des *Mémoires de deux jeunes mariées* et le roman semble prendre parti pour les principes de Renée de l'Estorade contre la quête de jouissance de Louise de Chaulieu. Cependant, tant la mise en scène épistolaire d'un pouvoir féminin au sein de la famille ou du couple que celle de la passion amoureuse contredisent la thèse idéologique grâce à la dynamique des contradictions, faisant ainsi triompher la séduction romanesque.

ABSTRACT – Louis de Bonald's views on marriage and the family are integral to Balzac's *Mémoires de deux jeunes mariées*, a novel that seems to vindicate the principles of Renée de l'Estorade as opposed to Louise de Chaulieu's pursuit of pleasure. However, their letters praise not only female empowerment within the family or the couple but also passionate love. Such contradictions energize the novel and ensure the triumph of romance over ideology.

André LORANT, Balzac ou les ambiguïtés. Une relecture des *Œuvres complètes de feu Horace de Saint-Aubin*, édition Souverain (1836-1839) – 2de partie.

RÉSUMÉ – Cette étude complète celle déjà effectuée en 2022 et propose également une relecture de deux romans jusqu'alors inédits insérés dans l'édition Souverain. Le premier tiers de *L'Excommunié* est de la main de Balzac, le manuscrit autographe a été revu par Belloy. Nous estimons que la suite est due non point à ce correcteur pudique et conservateur, mais au plus fougueux Grammont qui engage les personnages, sous le règne de Charles VI « le Fou », à l'époque de la rivalité

Résumés / Abstracts

du duc d'Orléans et du duc de Bourgogne, dans des aventures amoureuses fort licencieuses. Il est en outre l'auteur de *Dom Gigadas*, dont l'action se déroule au début du règne de Louis XIV, tandis que Mazarin réprime les protestants contestataires du Midi. L'un des personnages, une jeune fille à peine nubile et douée d'une grande sensibilité, est modelé d'après Fenella (*Peveril du Pic* de Walter Scott), Mignon (*Les Années d'apprentissage de Wilhelm Meister* de Goethe) et Esmeralda (*Notre-Dame de Paris* de Victor Hugo). Certes, Balzac a pu désavouer les œuvres d'Honoré à ses débuts, notamment en demeurant indifférent à l'égard des corrections de Belloy et de Grammont et en accueillant deux romans étrangers aux principes esthétiques de sa maturité. Cependant, il n'a jamais rejeté ses essais philosophiques, élaborés entre 1818 et 1819, fondés sur le postulat d'une substance unique.

ABSTRACT – This article completes a previous study published in 2022 and also offers a rereading of the two novels that remained unpublished until finding their place in the Souverain edition. The first third of *L'Excommunié* (revised by Belloy) was written by Balzac. I suggest that the remaining two thirds were created not by the restrained and conservative Belloy but by the wilder Grammont who involves his characters – in the reign of Charles VI, "le Fou", in the period of the rivalry between the duc de Bourgogne and the duc d'Orléans – in highly licentious love affairs. Grammont is also the author of *Dom Gigadas* whose action takes place at the beginning of the reign of Louis XIV whilst Cardinal Mazarin is repressing the Protestant party agitating in the south of France. One of the characters, the barely nubile and deeply sensitive young girl Cabri, is modelled on Fenella (in Walter Scott's *Peveril of the Peak*), Mignon (in Goethe's *Wilhelm Meister's Apprenticeship*) and Esmeralda (in Hugo's *Notre-Dame de Paris*). We must admit that Balzac disowned the early works of Honoré, remaining indifferent to the corrections by his collaborators Belloy and Grammont and, contrary to his aesthetic principles in this mature period, accepting that the two unpublished novels should be incorporated in the Souverain edition. However, Balzac never rejected his philosophical essays written between 1818 and 1819, based on the premise of a "substance unique".

Thomas Welles BRIGGS, Balzac, l'Amérique et la transformation de la réalité.

RÉSUMÉ – Quoique Balzac se prétende toujours « vrai dans les détails », presque tout ce qu'il écrit du Nouveau Monde – sur lequel il écrit souvent – paraît entièrement inventé. Il transforme la réalité géographique et historique en une réalité nouvelle et imaginée bien loin de la « poétique infidélité faite à l'histoire » des *Chouans*. Pour lui, les Mohicans de Cooper sont réels. Les États-Unis, en particulier, sont à la fois une utopie, une terre de richesses et de gloire sans soucis européens, et un cauchemar dystopique, un « triste pays d'argent et d'intérêts où l'âme a froid ». Bien sûr, la France du romancier n'est pas entièrement « vraie » non plus, mais les décalages ne sont pas si importants. C'est pourquoi une perspective américaine peut nous révéler un aspect nouveau du « visionnaire passionné » décelé par Baudelaire. La réalité modifiée par Balzac ainsi peut nous aider à mieux comprendre comment il a créé l'une des origines du roman moderne.

ABSTRACT – Although Balzac always claimed to remain "vrai dans les détails," virtually everything he ever wrote about the New World – and he wrote about it often – appears entirely made-up. He transformed established geographic and historical reality into a kind of new and fictionalized reality far beyond the mere "poétique infidélité faite à l'histoire" of *Les Chouans*. For him, Cooper's Mohicans are real. The United States, particularly, is somehow at once a utopia, a land of wealth and glory safe from European troubles, and a dystopian nightmare, a "triste pays d'argent et d'intérêts où l'âme a froid." Of course, his France is not entirely "real" either, but the departures are usually subtler. Viewing Balzac through an American lens, in other words, can reveal how Baudelaire's description of him as a "visionnaire passionné" is perhaps true in more ways than one. His imagined reality can thus help us better understand how he created one of the origins of the modern novel.

Guillaume MÉNARD, « Peindre la société moderne en action ».
Une théorie de l'art : le tableau balzacien.

RÉSUMÉ – Cet article se penche sur la pensée de l'art à l'œuvre chez Balzac à partir d'un syntagme qu'on trouve à quelques reprises chez le romancier vers les années 1840, et qui synthétise l'entreprise de *La Comédie humaine* : « peindre la société moderne en action ». Moins tributaire de l'idée antique et classique de l'*ut pictura poesis*, qui fait de la peinture, en tant que duplication visible de la nature, le modèle de l'art, la peinture de la société moderne balzacienne se comprend plutôt autour de la notion de tableau. Entre copie et invention, le tableau balzacien se donne à lire comme catégorie épistémologique et esthé-

Résumés / Abstracts

tique fondamentale de la poétique du romancier. Elle donne finalement à saisir une manière *singulière*, à rebours des lectures qui ne reconnaissent dans Balzac qu'une synthèse totale et générale de la société moderne.

ABSTRACT – This article examines Balzac's thinking on art, starting with a phrase found in several of the novelist's works from the 1840s, which synthesize the enterprise that is *La Comédie humaine*: "peindre la société moderne en action". Less dependent on the ancient and classical idea of *ut pictura poesis*, which makes painting, as a visible duplication of nature, the model of art, the representation of Balzac's modern society is better understood in terms of the notion of the "tableau". Poised between copy and invention, the Balzacian "tableau" can be read as a fundamental epistemological and aesthetic category of the novelist's poetics. This article thus offers a unique form of poetics, quite different from those readings that only recognize in Balzac a total and general synthesis of modern society.

Danielle DUPUIS, Florina Ilis, *Le Livre des Nombres* : une *Comédie humaine* roumaine.

RÉSUMÉ – Nous avons pu, grâce à une excellente traduction, récemment avoir accès au dernier roman de Florina Ilis : *Le Livre des nombres*. Sa lecture permet de constater qu'une fois de plus le modèle balzacien informe les œuvres les plus contemporaines. Florina Ilis y retrace la vie quotidienne des membres d'une famille transylvaine et de leur entourage sur quatre générations. Par ce biais, comme son prédécesseur, elle brosse l'histoire roumaine et européenne du XXe siècle en évoquant les mœurs et les préoccupations de gens ordinaires. Son récit multiforme est foisonnant de personnages, de situations et de détails très concrets. Elle a néanmoins su lui donner une marque très personnelle en lui insufflant une poésie indéniable.

ABSTRACT – Thanks to an excellent translation, we have lately been able to have access to the last novel by Florina Ilis: *The Book of Numbers*. A reading of this work makes us realize yet again that the Balzacian model influences the most contemporary of works. In it Florina Ilis depicts the everyday life of the members of a Transylvanian family and also that of their circle of acquaintances, over four generations. So, like her predecessor, she depicts the Romanian and European history of the 20th century by describing the manners and preoccupations of ordinary people. Her multiform narration abounds in characters, situations and clear, concrete details. She has however succeeded

528 Résumés / Abstracts

in giving her narration a very personal touch, infusing it with unde-
niable poetry.

Jean-Jacques GAUTIER, Le Château de *l'Héritière* (II). « Comme les
Dreux reparurent en Brézé »

RÉSUMÉ – Si le château de *L'Héritière de Birague* se calque sur celui,
bien authentique, de Brézé proche de Saumur, les grilles balzaciennes
de lecture peuvent-elles s'y appliquer ? La « pierre angulaire » métaphorique serait alors celle du discours palimpseste. Et il doit être possible de vérifier une chaîne signifiante onomastique autour de Brézé,
en 1820. À une réponse positive qui vient conforter le château de Brézé
comme référent essentiel, l'étude de l'hypothétique précision biographique qui en découle se justifie par le contexte de la création de ce
premier roman publié en janvier 1822. Au-delà des romans de jeunesse,
l'auteur de *La Comédie humaine* se plaît à conserver des thématiques
développées à l'aube de son existence romanesque, souvent liées à sa vie
personnelle, évoluant dans des jeux de mémoire, souvent autour d'une
riche héritière – *Eugénie Grandet* – et qui sourdent, telles des sources
résurgentes, comme : « Les Dreux reparurent un jour en Brézé ».

ABSTRACT – If the château of *L'Héritière de Birague* is modeled on
the very real château of Brézé near Saumur, is Balzac's way of reading
the château actually applicable? If so, the metaphorical basis for such a
reading would be that of the discourse of the palimpsest. And it should
be possible to establish a chain of onomastic meanings around the Brézé
of 1820. Assuming a positive response confirming the castle of Brézé as
an essential referent, the study of the resulting hypothetical biographical
information is justified by the context of the creation of his first published novel in January 1822. After the early novels, the author of
La Comédie humaine liked to retain the themes developed at the outset
of his novelistic career, often linked to his personal life, as they evolved
in the ebb and flow of memory, often around a rich heiress – *Eugénie
Grandet* – and rising like resurgent springs as in "Les Dreux reparurent
un jour en Brézé".

Cet ouvrage a été mis en pages par

<pixellence>

Imprimé en France sur papiers
issus de forêts gérées durablement

Sepec Numérique

1, rue de Prony - ZA des Bruyères
01960 Peronnas

Achevé d'imprimer en novembre 2023
Numéro d'impression : N17932231055